Chez nous

3e édition canadienne

Chez nous
BRANCHÉ SUR LE MONDE FRANCOPHONE

Albert Valdman
Indiana University, Bloomington

Cathy Pons
University of North Carolina, Asheville

Mary Ellen Scullen
University of Maryland, College Park

Paula Bouffard
Université Concordia

Katherine Mueller
University of Calgary

PEARSON

Toronto

Acquisitions Editor: Matthew Christian
Senior Marketing Manager: Lisa Gillis
Program Manager: Söğüt Y. Güleç
Project Manager: Andrea Falkenberg
Supervising Developmental Editor: Suzanne Schaan
Media Editor: Sonia Tan
Media Producer: Tiffany Palmer
Production Services: Cenveo® Publisher Services
Permissions Project Manager: Marnie Lamb
Photo Permissions Research: Marta Johnson, PreMedia Global
Text Permissions Research: Anna Waluk, Electronic Publishing Services
Art Director: Zena Denchik
Cover Designer: Anthony Leung
Cover Image: Getty Images

Credits and acknowledgments for material borrowed from other sources and reproduced, with permission, in this textbook appear on the appropriate page within the text.

Original edition published by Pearson Education, Inc., Upper Saddle River, New Jersey, USA. Copyright © 2014 Pearson Education, Inc. This edition is authorized for sale only in Canada.

If you purchased this book outside the United States or Canada, you should be aware that it has been imported without the approval of the publisher or the author.

Copyright © 2015, 2011, 2006 Pearson Canada Inc. All rights reserved. Manufactured in the United States of America. This publication is protected by copyright and permission should be obtained from the publisher prior to any prohibited reproduction, storage in a retrieval system, or transmission in any form or by any means, electronic, mechanical, photocopying, recording, or likewise. To obtain permission(s) to use material from this work, please submit a written request to Pearson Canada Inc., Permissions Department, 26 Prince Andrew Place, Don Mills, Ontario, M3C 2T8, or fax your request to 416-447-3126, or submit a request to Permissions Requests at www.pearsoncanada.ca.

3 16

Library and Archives Canada Cataloguing in Publication

Valdman, Albert, author
    Chez nous : branché sur le monde francophone / Albert Valdman, Cathy Pons, Mary Ellen Scullen, Paula Bouffard, Katherine Mueller. — 3e édition canadienne

Includes bibliographical references and index.
ISBN 978-0-13-292894-6 (bound)

    1. French language—Textbooks for second language learners—English speakers. 2. French language—Grammar—Problems, exercises, etc. 3. French language—Composition and exercises. I. Title.

PC2129.E5C456 2014   448.2'421   C2013–907786–3

ISBN 978-0-13-292894-6

Brief Contents

CHAPITRE	Préliminaire	Présentons-nous ! 1
CHAPITRE	1	Ma famille et moi 31
CHAPITRE	2	Voici mes amis 69
CHAPITRE	3	Études et professions 104
CHAPITRE	4	Métro, boulot, dodo 146
CHAPITRE	5	Du marché à la table 191
CHAPITRE	6	Activités par tous les temps 232
CHAPITRE	7	Nous sommes chez nous 272
CHAPITRE	8	Les relations personnelles 315
CHAPITRE	9	Voyageons ! 356
CHAPITRE	10	Bienêtre, environnement et engagement citoyen 399
CHAPITRE	11	Quoi de neuf ? Cinéma et médias 440
CHAPITRE	12	Les beaux-arts 485

Scope and Sequence

Préface/Preface xiii
About the Authors xxiv

CHAPITRE PRÉLIMINAIRE

Présentons-nous ! 1

LEÇON 1 Je me présente 2

POINTS DE DÉPART
Moi, je parle français 2

FORMES ET FONCTIONS
1. Le verbe *être* et les pronoms personnels sujets 6
2. La négation 9

LEÇON 2 Dans la salle de classe 12

POINTS DE DÉPART
La salle de classe 12

SONS ET LETTRES
L'alphabet et les accents 14

FORMES ET FONCTIONS
1. Le genre et les articles au singulier 16
2. Le nombre et les articles au pluriel, et l'expression *il y a* 18
3. *C'est, Ce sont* et les pronoms toniques 20

Écoutons Des Canadiens francophones bien connus 22

> *Venez chez nous !* Le français dans le monde 23
> **Parlons** Qui parle français ? 23
> **Lisons** Titres de journaux 25
> **Observons** Je me présente 26
> **Écrivons** Voyages en francophonie 27

CHAPITRE 1

Ma famille et moi 30

LEÇON 1 Voici ma famille 31

POINTS DE DÉPART
Ma famille 31

SONS ET LETTRES
Les modes articulatoires du français : la tension et le rythme 35

FORMES ET FONCTIONS
1. Les adjectifs possessifs à un possesseur 36
2. Les adjectifs possessifs à plusieurs possesseurs 38
3. Les adjectifs qualificatifs 39

Lisons Faire-part 42

LEÇON 2 Les dates importantes 44

POINTS DE DÉPART
Les fêtes et les anniversaires 44

SONS ET LETTRES
La prononciation des chiffres 48

FORMES ET FONCTIONS
1. Le verbe *avoir* 49
2. Le verbe *avoir* et la forme négative 51

Parlons Trouvez quelqu'un qui… 52

LEÇON 3 Nos activités 53

POINTS DE DÉPART
Une semaine typique 53

FORMES ET FONCTIONS
1. Le présent des verbes en *-er* 56
2. Les questions à réponse *oui / non* 58

Écoutons Le répondeur 60

> *Venez chez nous !* La famille dans le monde francophone 61
> **Lisons** La famille au Québec 62
> **Observons** C'est ma famille 64
> **Parlons** Des familles bien diverses 65
> **Écrivons** Une famille acadienne 65

CHAPITRE 2

Voici mes amis 69

LEÇON 1 Mes amis et moi 70

POINTS DE DÉPART
Voici mes amis ! 70

SONS ET LETTRES
La détente des consonnes finales 72

FORMES ET FONCTIONS
1. Les adjectifs pour décrire la personne 73
2. Les adjectifs de nationalité 76

Lisons Bonheur d'occasion 77

LEÇON 2 Tu viens d'où ? 79

POINTS DE DÉPART
Destinations diverses 79

SONS ET LETTRES
L'enchaînement et la liaison 81

FORMES ET FONCTIONS
1. Demander l'origine de quelqu'un avec le verbe *venir* 82
2. Les articles contractés avec la préposition *de* 84

Écoutons Des portraits d'athlètes 86

LEÇON 3 On fait quoi cette semaine ? 88

NOS ACTIVITÉS

FORMES ET FONCTIONS
1. Le verbe *faire* 91
2. Les articles contractés avec la préposition *à* 93

Parlons Jouons ensemble 95

> *Venez chez nous !* Bienvenue au Canada ! 97
>
> **Lisons** Gens du pays
> **Écrivons** Les plaques d'immatriculation : un symbole de fierté 100
> **Parlons** Qu'est-ce que les Canadiens aiment faire ? 100
> **Observons** Nos passe-temps 101

CHAPITRE 3

Études et professions 104

LEÇON 1 Nous allons à l'université 105

POINTS DE DÉPART
À l'université 105

FORMES ET FONCTIONS
1. Le placement des adjectifs 107
2. Le verbe *aller* et le futur proche 112

Parlons Visitons le campus ! 114

LEÇON 2 Une formation professionnelle 115

POINTS DE DÉPART
Des programmes d'études et des cours 115

SONS ET LETTRES
Les voyelles /o/ et /ɔ/ 119

FORMES ET FONCTIONS
1. Fonction de communication :
   Parler de ses cours 120
   Les verbes en *-ier* 120
2. Poser des questions avec *quel* 121

Écrivons Une description de notre campus 122

LEÇON 3 Choix de carrière 124

POINTS DE DÉPART
Qu'est-ce que vous voulez faire comme travail ? 124

SONS ET LETTRES
Les voyelles /e/ et /ɛ/ 128

FORMES ET FONCTIONS
1. *C'est* et *il / elle est* 128
2. Les verbes *devoir*, *pouvoir* et *vouloir* 130

Lisons Petites annonces 133

> *Venez chez nous !* Étudier et travailler au Canada 135
>
> **Observons** Un peu d'histoire 136
> **Lisons** Le français au Québec 137
> **Parlons** Une langue bien de chez nous 139
> **Écrivons** Les universités au Québec 140

CHAPITRE 4

Métro, boulot, dodo 146

LEÇON 1 La routine de la journée 147

POINTS DE DÉPART
La routine du matin 147

SONS ET LETTRES
La voyelle /y/ 150

FORMES ET FONCTIONS
1. Les verbes pronominaux et les pronoms réfléchis 150
2. Les adverbes d'intensité et de fréquence 153

Lisons Familiale 155

LEÇON 2 À quelle heure ? 158

POINTS DE DÉPART
Je n'arrête pas de courir ! 158
Les moments de la journée 159

FORMES ET FONCTIONS
1. Les verbes en -ir comme dormir, sortir, partir 162
2. Les questions avec des mots interrogatifs 164

Écrivons La visite 167

LEÇON 3 Qu'est-ce qu'on porte ? 169

POINTS DE DÉPART
Les vêtements et les couleurs 169

SONS ET LETTRES
Les voyelles /ø/ et /œ/ 172

FORMES ET FONCTIONS
1. L'adjectif démonstratif 173
2. Les pronoms compléments d'objet direct le, la, l', les 176

Écoutons Boutique Mode-Afrique 180

Venez chez nous ! La vie de tous les jours à travers le monde francophone 182
Observons Mon style personnel 182
Écrivons Une journée typique 183
Parlons Où aller magasiner ? 184
Lisons Sommeil : quelle sorte de dormeur êtes-vous ? 185

CHAPITRE 5

Du marché à la table 191

LEÇON 1 Qu'est-ce que vous prenez ? 192

POINTS DE DÉPART
Au café 192

SONS ET LETTRES
La prononciation de la lettre e 196

FORMES ET FONCTIONS
1. Les verbes prendre et boire 197
2. L'article partitif 199

Lisons La leçon de choses 201

LEÇON 2 À table ! 203

POINTS DE DÉPART
Les repas 203

FORMES ET FONCTIONS
1. Les expressions indéfinies et négatives 207
2. L'imparfait et les suggestions avec si 208

Parlons Allons au restaurant 210

LEÇON 3 Faisons des courses 212

POINTS DE DÉPART
Allons au supermarché 212

SONS ET LETTRES
Le h aspiré et le h muet 216

FORMES ET FONCTIONS
1. Les expressions de quantité 217
2. Le pronom partitif en 219

Écrivons Vos habitudes alimentaires 221

Venez chez nous ! Traditions gastronomiques 223
Lisons Les plats régionaux 223
Observons Voici les spécialités de chez nous 225
Parlons Une recette québécoise 226
Écrivons Une spécialité de chez vous 227

CHAPITRE 6

Activités par tous les temps 232

LEÇON 1 Il fait quel temps ? 233

POINTS DE DÉPART
Le temps à toutes les saisons 233

SONS ET LETTRES
Les voyelles nasales 238

FORMES ET FONCTIONS
1. L'imparfait : la description au passé 239
2. Le passé composé avec *avoir* 241

Lisons Soir d'hiver 245

LEÇON 2 On revient de vacances ! 247

POINTS DE DÉPART
Qu'est-ce qu'on a fait en vacances ? 248

SONS ET LETTRES
Les voyelles nasales (suite) 250

FORMES ET FONCTIONS
1. Le passé composé avec *être* 251
2. La description et la narration au passé 254

Écrivons Une carte postale 256

LEÇON 3 Je vous invite 257

POINTS DE DÉPART
Qu'est-ce qu'on propose ? 259

FORMES ET FONCTIONS
1. Le comparatif des adverbes 260
2. Le superlatif des adverbes 262

Écoutons Des invitations 263

Venez chez nous ! **Vive les vacances ! 266**
Lisons Martinique : Guide pratique 265
Observons De superbes vacances 267
Écrivons Les vacances d'hiver 268
Parlons Mes meilleurs souvenirs de vacances 269

CHAPITRE 7

Nous sommes chez nous 272

LEÇON 1 La vie en ville 273

POINTS DE DÉPART
Appartement à louer 273

SONS ET LETTRES
La consonne *l* 279
La prononciation de -*ill*- 279

FORMES ET FONCTIONS
1. Récapitulatif – La structure de la phrase 280
2. Les verbes en -*ir* comme *choisir* 284

Écoutons Deux appartements 287

LEÇON 2 Je suis chez moi 289

POINTS DE DÉPART
Chez Marie-Pier 289

SONS ET LETTRES
La consonne *r* 292

FORMES ET FONCTIONS
1. Récapitulatif - les adjectifs (accord et placement) 292
2. Le comparatif et le superlatif des adjectifs 295

Parlons À la recherche d'un appartement 298

LEÇON 3 La vie à la campagne 299

POINTS DE DÉPART
Tout près de la nature 299

FORMES ET FONCTIONS
1. Les verbes en -*re* 301
2. La phrase exclamative 303

Lisons Quand j'étais toute petite 304

Venez chez nous ! **À la découverte de la France : les régions 306**
Lisons L'identité de la France : la pluralité culturelle 306
Observons Visitons Seillans 309
Écrivons La ville de… 310
Parlons Un voyage en France 310

CHAPITRE 8

Les relations personnelles 315

LEÇON 1 Les jeunes et la vie 316

POINTS DE DÉPART
Les jeunes parlent 316

FORMES ET FONCTIONS
1. Les verbes de communication *écrire*, *lire* et *dire* 319
2. Les pronoms compléments d'objet indirect *lui* et *leur* 321

Écoutons Lise parle avec sa mère 323

LEÇON 2 Les grands évènements de la vie 324

POINTS DE DÉPART
Les grands évènements 324

SONS ET LETTRES
La semi-voyelle /j/ 327

FORMES ET FONCTIONS
1. Imparfait et passé composé : d'autres contrastes 328
2. Les pronoms compléments d'objet *me*, *te*, *nous* et *vous* 330

Lisons Sur la 132 332

LEÇON 3 Les émotions 335

POINTS DE DÉPART
Pour exprimer les sentiments et les émotions 335

SONS ET LETTRES
Les semi-voyelles /w/ et /ɥ/ 338

FORMES ET FONCTIONS
1. Les verbes pronominaux 339
2. Les verbes *connaitre* et *savoir* 342

Écrivons Un souvenir marquant 344

Venez chez nous ! Les rituels 345
Observons Rites et traditions 345
Parlons Le mariage 347
Lisons Une abominable feuille d'érable sur la glace 348
Écrivons Une tradition importante 352

CHAPITRE 9

Voyageons ! 356

LEÇON 1 Projets de voyage 357

POINTS DE DÉPART
Comment y aller ? 357

SONS ET LETTRES
La liaison obligatoire 360

FORMES ET FONCTIONS
1. Le futur simple 361
2. Le pronom *y* 364

Écoutons Votre attention, s'il vous plait ! 366

LEÇON 2 Destinations 368

POINTS DE DÉPART
Où est-ce qu'on va ? 368

SONS ET LETTRES
La liaison avec *t*, *n* et *r* 371

FORMES ET FONCTIONS
1. Les prépositions avec des noms de lieu 373
2. Les verbes en *-ir* comme *venir* et *tenir* 375

Parlons Un voyage 377

LEÇON 3 Faisons du tourisme ! 378

POINTS DE DÉPART
Le logement et les visites 378

FORMES ET FONCTIONS
1. Les pronoms relatifs *qui*, *que* et *où* 382
2. Le conditionnel 385

Lisons Premières impressions de Paris 387

Venez chez nous ! Paris, Ville Lumière 390
Observons Mes impressions de Paris 390
Parlons La visite d'un monument 391
Lisons Le Tour du monde en quatre-vingts jours 393
Écrivons Brochure de voyage 395

CHAPITRE 10

Bienêtre, environnement et engagement citoyen 399

LEÇON 1 La santé et le bienêtre 400

POINTS DE DÉPART
Un esprit sain dans un corps sain 400

SONS ET LETTRES
Les consonnes *s* et *z* 404

FORMES ET FONCTIONS
1. Le subjonctif des verbes réguliers avec les expressions de nécessité 405
2. Le subjonctif des verbes irréguliers 407

Lisons Le Malade imaginaire 409

LEÇON 2 Sauvons la planète 412

POINTS DE DÉPART
Pour protéger la Terre 412

SONS ET LETTRES
La consonne *gn* 415

FORMES ET FONCTIONS
1. Le subjonctif avec les expressions de volonté 416
2. D'autres verbes irréguliers au subjonctif 417

Écoutons Micro-trottoir sur le réchauffement climatique 419

LEÇON 3 Le bien commun : la politique et le civisme 421

POINTS DE DÉPART
On s'engage 421

FORMES ET FONCTIONS
1. Le subjonctif avec les expressions d'émotion 424
2. Le subjonctif avec les expressions de doute 426

Parlons Les opinions sont partagées 429

Venez chez nous ! La Francophonie face au défi écologique 430
Observons L'environnement et nous 431
Parlons Faire sa part comme citoyen 431
Lisons L'arbre nourricier 432
Écrivons Une brochure 435

CHAPITRE 11

Quoi de neuf ? Cinéma et médias 440

LEÇON 1 Le grand et le petit écran 441

POINTS DE DÉPART
Qu'est-ce qu'il y a à la télé ? 441

SONS ET LETTRES
Le *e* instable et les groupes de consonnes 447

FORMES ET FONCTIONS
1. Les verbes *croire* et *voir* et la conjonction *que* 449
2. L'emploi des temps verbaux avec certaines conjonctions 452

Parlons Opinions sur la télévision 454

LEÇON 2 Êtes-vous branché/e ? 456

POINTS DE DÉPART
Êtes-vous technophile ou technophobe ? 456

SONS ET LETTRES
Le *e* instable et les groupes consonne + /j/ 460

FORMES ET FONCTIONS
1. Les phrases avec *si* 462
2. Les expressions *depuis* et *il y a... que* 463

Écrivons Participer à un forum de discussion sur Internet 465

LEÇON 3 On s'informe 467

POINTS DE DÉPART
La lecture et vous 467

FORMES ET FONCTIONS
1. Quelques prépositions avec les expressions de temps 469
2. L'ordre des évènements 471

Écoutons Revue de presse 473

Venez chez nous ! Le cinéma 475
Observons Réflexions sur le cinéma 475
Lisons Critiques d'un film canadien 478
Écrivons La critique d'un film 480
Parlons Un questionnaire sur le cinéma 481

CHAPITRE 12

Les beaux-arts 485

LEÇON 1 Fêtons la musique ! 486

POINTS DE DÉPART
Tu es musicienne ? 486

FORMES ET FONCTIONS
Vue d'ensemble : les verbes suivis de l'infinitif 490

Écoutons À la claire fontaine 492

LEÇON 2 L'art et ses formes d'expression 494

POINTS DE DÉPART
Les artistes et leurs œuvres d'art 494

FORMES ET FONCTIONS
Vue d'ensemble des temps verbaux : le présent et le passé 498

Parlons Visites de musées 500

LEÇON 3 Allons voir un spectacle ! 503

POINTS DE DÉPART
Le spectacle 503

FORMES ET FONCTIONS
Vue d'ensemble : les combinaisons de pronoms compléments 507

Lisons L'Archer aveugle 510

Venez chez nous ! Modes d'expression artistique 513
Observons L'art et l'artisanat 514
Lisons La découverte de l'art africain 516
Écrivons L'art chez moi 519
Parlons La musique que je préfère 519

Appendices

1 Verbes
   Verbes réguliers A1
   Verbes irréguliers en *-er* A2
   D'autres verbes irréguliers A3

2 Lexique français-anglais A6

3 Lexique anglais-français A31

4 L'alphabet phonétique international A47

Index I1

Préface/Preface

C'est avec fierté que nous vous présentons cette troisième édition du manuel *Chez nous*, une méthode de français mise au point dans une perspective résolument canadienne. Cette méthode est conçue pour être utilisée en milieu universitaire ou collégial; elle se prête bien à un cours intensif sur deux ou trois sessions. Les premiers six chapitres correspondent au niveau débutant d'après le Centre des niveaux de compétence linguistique canadiens ou au seuil A1 d'après le Cadre européen commun de référence pour les langues (CECR). Les chapitres 7 à 12 assurent la transition vers le niveau intermédiaire-débutant ou vers le seuil B1.

Reposant sur une progression grammaticale soigneusement planifiée ainsi que sur un traitement à la fois complet et nuancé de la culture francophone, le manuel et le matériel multimédia qui l'accompagne favorise chez les étudiants le développement de leur compétence de communication. Nous sommes confiants que la méthode permettra aux étudiants de progresser avec assurance tout en acquérant une maitrise de la langue française à mesure qu'ils l'emploient dans différentes situations de communication.

Quelques mots à propos de la troisième édition canadienne

En préparant cette nouvelle édition du manuel *Chez nous*, nous avons adopté une perspective qui tient compte des développements récents en didactique des langues et reflète le contexte social et linguistique propre au Canada. Voici un aperçu des principaux changements :

1. Notre objectif dans cette nouvelle édition est de fournir un manuel qui fait en sorte que les étudiants acquièrent une compétence en communication et mettent à profit leurs aptitudes langagières dès les premiers instants. L'approche développée, à cette fin, mise sur l'utilisation fonctionnelle de la langue ainsi que sur une présentation contextualisée de la grammaire et du vocabulaire.
2. Nous avons considérablement retravaillé la progression thématique et grammaticale et mis en œuvre une approche spirale soigneusement planifiée. Suivant cette approche, les structures et le vocabulaire ayant fait l'objet d'un enseignement sont répétés afin de permettre aux étudiants de les mettre suffisamment en pratique pour qu'ils les acquièrent à mesure de leur avancement. C'est ainsi que, dans chaque chapitre, les étudiants renforcent les notions qu'ils ont déjà apprises tout en découvrant de nouvelles

We are proud to present *Chez nous, troisième édition canadienne*, a complete introductory French program designed from a truly Canadian perspective. It is suitable for use at colleges and universities in intensive courses over two or three terms or semesters. The first six chapters of the program correspond to the beginner level in the Canadian Language Benchmarks or to the A1 level in the Common European Framework of Reference (CEFR). Chapters 7 to 12 ensure the transition towards the low intermediate or B1 level.

Using a careful grammatical progression and a comprehensive and nuanced treatment of francophone culture, the text and its media-enhanced materials help students develop their communicative competence. We believe that the program will allow students to progress with confidence and increasing expertise as they learn to use French in a variety of contexts.

A few words about the development of the third Canadian edition

In developing this third Canadian edition of *Chez nous*, we have adopted a new perspective that is more in tune with recent developments in theory and practice in language teaching, and that reflects the Canadian social and linguistic context. With these principles in mind, the third edition includes several important features:

1. Our goal in the third Canadian edition of *Chez nous* has been to ensure that students develop communicative competence by providing opportunities to use new language skills for effective communication from an early stage. *Chez nous* strives to build students' functional language skills by presenting a contextualized treatment of grammar and vocabulary.
2. We have significantly reworked both the thematic and grammatical progression using a carefully planned spiral approach, in which already-introduced structures and vocabulary are repeated to ensure that students have sufficient opportunity to practise them as they progress through the chapters. This allows students to reinforce concepts that they have already learned while discovering new structures in each chapter. The advantage of this

structures – une démarche intégrée qui possède l'avantage de faire naitre chez l'apprenant un sentiment d'assurance en ce qu'elle construit sur ses connaissances préalables.

3. Notre présentation des points de grammaire tient compte des recherches récentes sur l'enseignement axé sur la forme et cherche à développer chez l'apprenant une conscience de la langue en ce qui a trait à son fonctionnement (grammaire, lexique et prononciation) et à son usage (registre et variation). Nous avons revu activités et exercices afin de systématiser chez les apprenants la mise en place des aptitudes langagières tout en favorisant une meilleure compréhension du fonctionnement de la langue française. Nous sommes en effet persuadées qu'une participation active et réfléchie de la part des étudiants conduit à de meilleurs apprentissages. Dans cette optique, nous avons également pris soin de varier les exercices de telle sorte à mettre à profit différents styles d'apprentissage.

4. En tant qu'auteures canadiennes adaptant un manuel étranger, il nous importait avant tout de représenter la langue et la culture françaises du point de vue des francophones d'Amérique. Au fil des chapitres, nous avons choisi des éléments de contenus socioculturels qui reflètent le Canada dans sa diversité tout en proposant une présentation inclusive des autres pays francophones. Les étudiants seront ainsi en mesure de mettre à profit leur compétence en français nouvellement acquise dans une variété de contextes linguistiques et culturels.

5. En lien avec le contexte linguistique canadien, nous avons décidé d'augmenter l'utilisation du français dans le manuel. Les explications grammaticales et les consignes, d'abord fournies en anglais, sont progressivement données en français dans une langue claire, simple qui met à profit le vocabulaire déjà connu ainsi que les congénères. Enseigner le français *en* français conduit, selon nous, à une expérience d'apprentissage plus cohérente, harmonieuse et procure un moyen efficace pour atteindre un seuil de compétence langagière élevé.

6. Enfin, nous avons adopté, dans cette troisième édition, la nouvelle orthographe recommandée par le Conseil supérieur de la langue française et approuvée par l'Académie française. Pour prendre connaissance des rectifications orthographiques dorénavant en vigueur dans toute la francophonie, on peut se rendre à l'adresse suivante : http://www.nouvelleorthographe.info/

process is that it creates student confidence by providing a balance that allows students to continuously reinforce structures they have already learned while continuing to add new knowledge.

3. In shaping our presentation of grammar, we have incorporated elements from recent Focus on Form research, for example, and have endeavoured to develop students' language awareness throughout. We have redesigned the activities and exercises in order to allow for a systematic development of receptive and productive skills and for a deeper understanding of how the French language works. We believe that engaging students in a thoughtful and reflective way will enhance their ability to learn the language; to that end, particular attention was paid to allowing students with various learning styles to engage with the materials.

4. As Canadian authors adapting an American textbook, we were driven by a strong commitment to represent the French language and culture with the North American context as the main point of reference. Throughout the textbook we chose relevant and diverse Canadian content while presenting a balanced view of the Francophone world. Students will therefore be equipped to use their new French skills in a variety of linguistic and cultural contexts.

5. In keeping with the Canadian linguistic context, we decided to increase the overall amount of French in the textbook. French is used exclusively where possible, to provide explanations and instructions, taking advantage of cognates and words already introduced and is mixed with English wherever students' skills might not be developed sufficiently to follow along. We believe that teaching French *in* French will create a more coherent and harmonious language learning experience for students and constitutes a more effective route to achieving language competence.

6. Finally, we have adopted the spelling reforms recommended by the Conseil supérieur de la langue française and approved by the Académie française. For further information on the changes in use throughout the Francophone world consult the following site: http://www.nouvelleorthographe.info/

Organization of the Textbook

CHAPTER OPENER

Each chapter is built around a cultural theme introduced by informative photographs, line drawings, and realia, is divided into three lessons that pair lexical and grammar presentations, and features a concluding fourth *Venez chez nous !* cultural lesson supported by skill building activities.

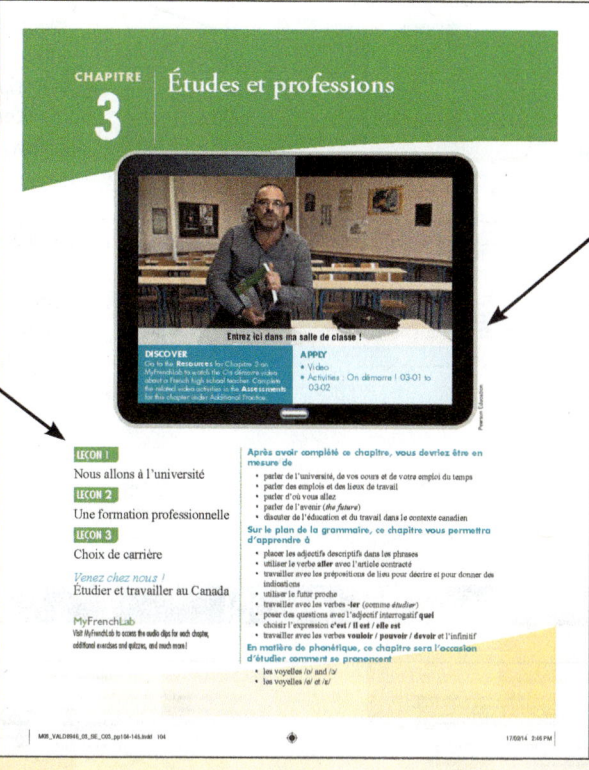

The NEW **On démarre** section opens with a captioned video still from the brand NEW video program. Pre-viewing activities prepare students to better understand the video and are followed by activities that guide and check comprehension during viewing. The video and activities are launched via the eText in MyFrenchLab and are assignable online.

VOCABULARY

Reflecting the chapter theme, this opening section presents situationally oriented vocabulary through varied and appealing visuals and dialogues representing authentic everyday contexts.

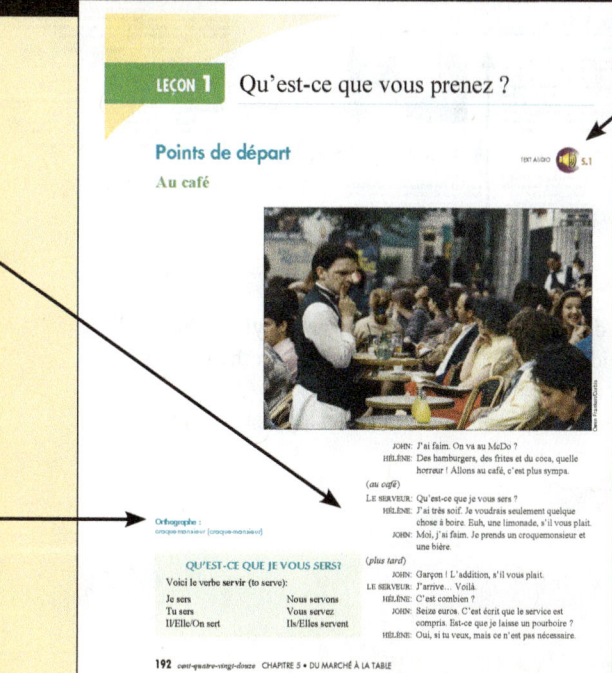

Icons direct students to the text audio clips on MyFrenchLab. The audio can be accessed by clicking on the icon in the eText or by going to the *Textbook and SAM Resources* folder and selecting the appropriate chapter.

Margin notes alert students to words that have changed spelling under the reforms approved by the Académie française.

STUDENT LEARNING TIPS *AND* PRACTICE ACTIVITIES

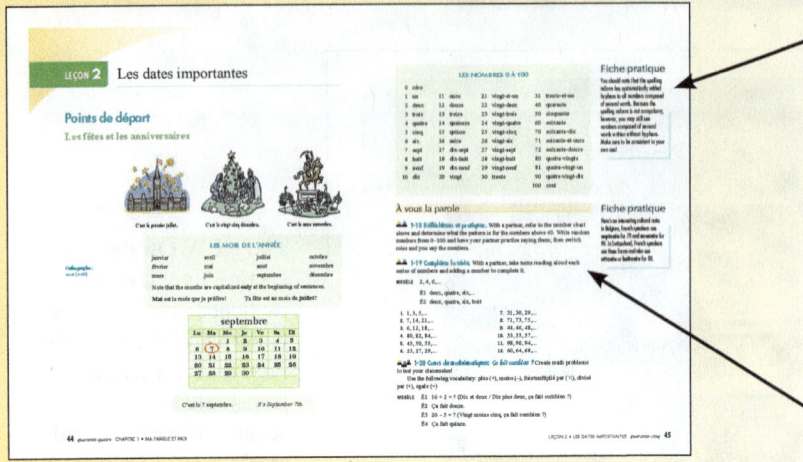

Fiche pratique provides students with practical strategies to help them learn specific lesson content (for example, showing them ways to organize the new material, how to interact with native speakers using new content or structures, or how to test themselves).

Each *Points de départ* section includes a sequence of activities to be used in class to provide meaningful and personalized practice of the words and expressions through whole class, paired, and small group activities.

EVERYDAY CULTURE *AND* PRONUNCIATION

The *Points de départ* section includes extensive and updated cultural notes, entitled *Vie et culture*. These notes elaborate on the cultural references made in the vocabulary presentation. They incorporate photos and realia that students must analyze to discover features of French culture and questions that encourage cross-cultural comparisons.

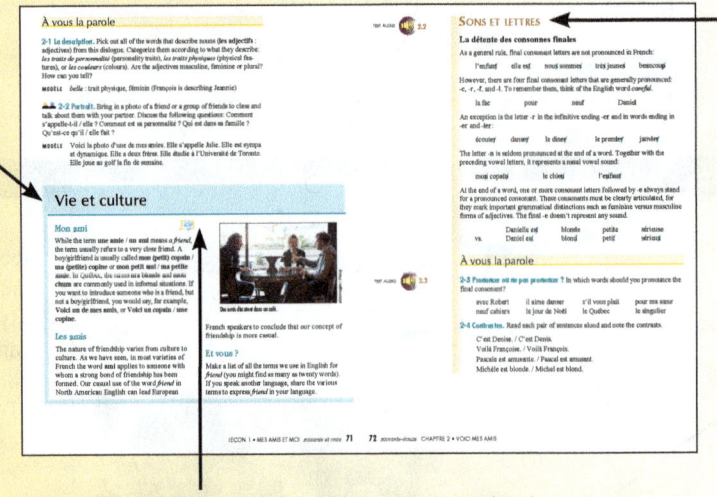

This section presents the main phonetic features and sound contrasts of French. It emphasizes the sound contrasts that determine differences in meaning, the major differences between French and English, and the relationship between sounds and spellings. The related audio clips can be accessed on MyFrenchLab.

Icons direct students to video clips on MyFrenchLab. The video can be accessed by clicking on the icon in the eText or by going to the *Textbook and SAM Resources* folder and selecting the appropriate chapter.

CROSS-CULTURAL COMPARISONS

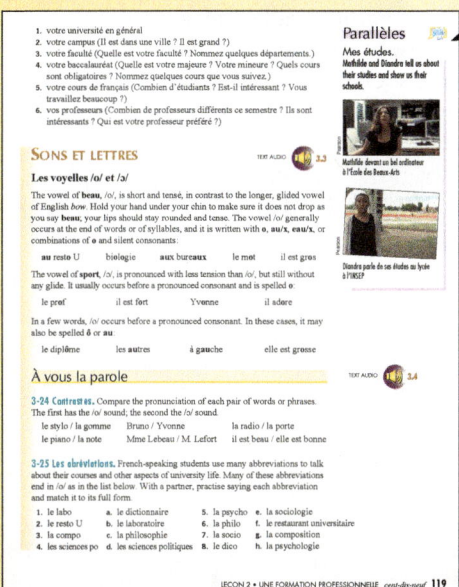

The NEW **Parallèles** section also incorporates the brand NEW video program to accompany *Chez nous*. Introduced by video stills, **Parallèles** features *Chez nous*'s hallmark process approach to skills development. Carefully developed pre-viewing activities help students prepare for the cultural and linguistic content of the video clip; an *En regardant* activity focuses viewing and checks comprehension; and a final activity encourages students to assess what they have seen and heard, make inferences about the lives, families, and friends of Diandra and Mathilde, and relate their outlooks and experiences to their own. The video and activities are found in MyFrenchLab and are assignable online.

GRAMMAR *AND* PRACTICE ACTIVITIES

Clearly written grammar explanations focus on authentic usage and point out features of the spoken versus the written language. They are in English in early chapters, with French explanations progressively introduced in later chapters. Numerous examples are provided and, where appropriate, colour-coded charts summarize the forms. Verb conjugations are illustrated in charts whose colour shadings indicate the number of spoken forms and show students how forms are derived from the base.

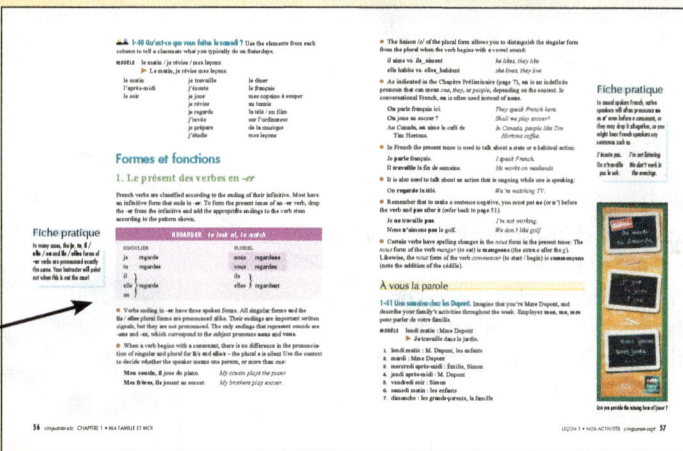

Class-friendly exercises provide a full range of practice—from form based to meaningful and personalized activities—incorporating the theme and the vocabulary of the lesson.

STRUCTURED-INPUT

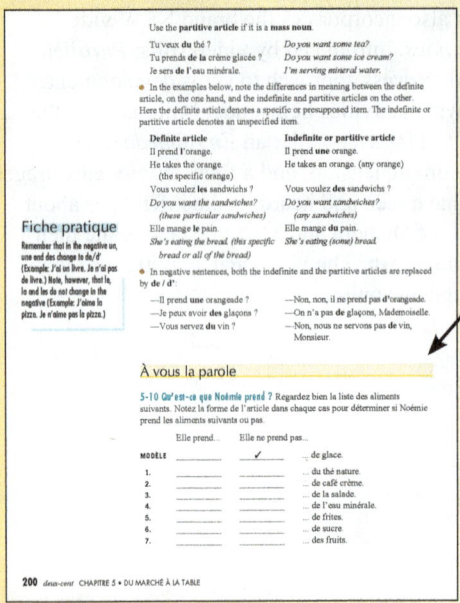

Where appropriate, grammar practice begins with a comprehension-based exercise to focus attention on the link between form and meaning before students are asked to produce the new grammatical structure.

SKILL-BUILDING ACTIVITIES

Each of the *Leçons* concludes with skill-oriented activities, allowing students to put into practice the vocabulary, grammar, and cultural knowledge acquired in the lesson. Through work with an authentic text or task in a reading, listening, speaking, or writing activity, students are guided in their development of receptive and productive skills.

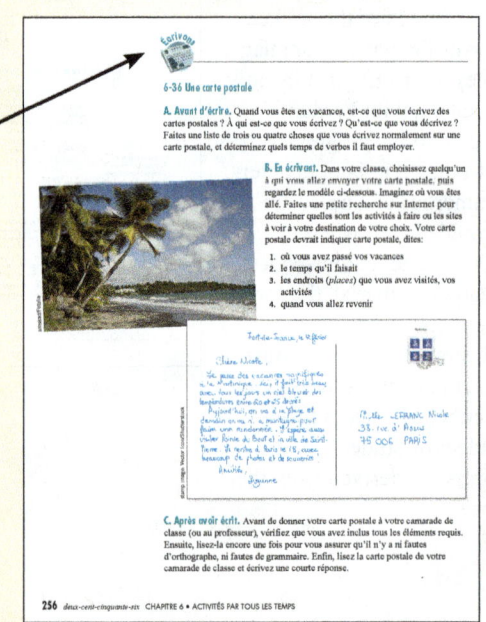

FINAL SYNTHESIS IN A CULTURAL CONTEXT

These culminating cultural lessons allow students to explore the chapter theme in depth. Every *Venez chez nous !* lesson includes process-oriented activities—*Lisons, Parlons, Écrivons*—that promote skill development while encouraging cultural analysis and cross-cultural comparisons. In addition, the *Observons* activities draw on clips from the video (available on MyFrenchLab) to incorporate authentic listening practice with rich visual and cultural elements.

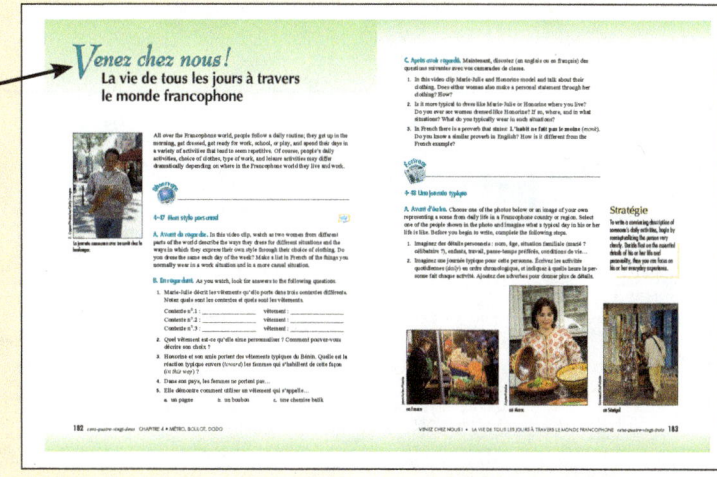

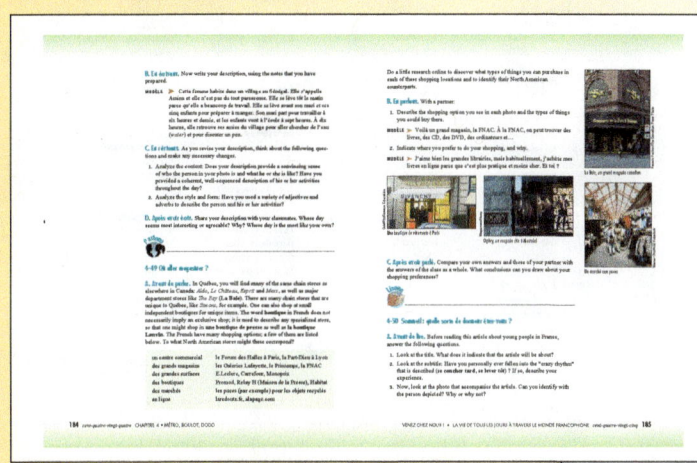

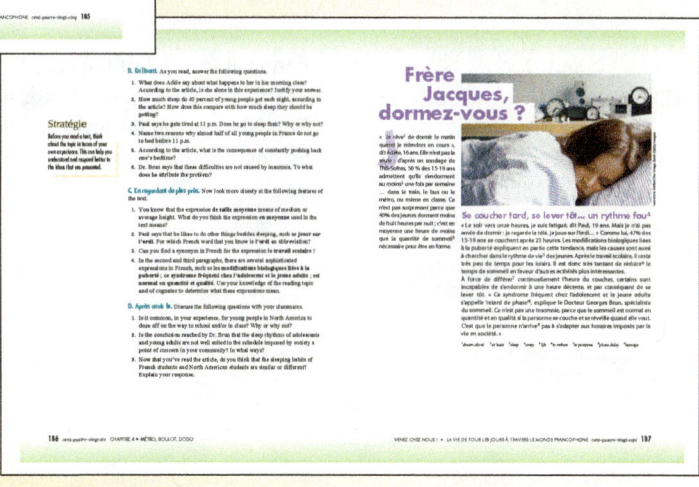

PRÉFACE/PREFACE xix

VOCABULARY SUMMARY

Found at the end of the chapter, this section summarizes the key vocabulary for students' productive use. Words and phrases are grouped semantically by lesson, and English equivalents are provided. Canadian French terms are grouped together at the beginning.

Other Program Components

Outstanding supplements provide additional opportunities for practising lexical and grammatical features while extending the breadth and depth of the cultural presentation and the introduction to the francophone world.

MyFrenchLab (www.myfrenchlab.com). This online learning system was created specifically for students in university and college language courses. It brings together—in one convenient, easily navigable site—a wide array of language-learning tools and resources:

- The **audio program** for the text can be accessed through MyFrenchLab, including each chapter's **Points de départ**, **Sons et lettres**, and **Écoutons** segments, as well as the end-of-chapter vocabulary lists.
- The complete **video program** can be accessed through MyFrenchLab. See below for details.
- **Readiness check assessments and grammar tutorials** presented in English individualize instruction to meet the needs of each student.
- The complete **Student Activities Manual** is available in an interactive, online format, including written, audio, and video exercises. See below for further details.
- **Additional practice exercises**, comprised of video activities as well as vocabulary, grammar, and oral exercises, provide students with the opportunity to practise their skills.
- **Pearson eText** gives students access to the text whenever and wherever they have access to the internet. eText pages look exactly like the printed text, but offer powerful new functionality for students and instructors. Users can create notes, highlight text in different colours, create bookmarks, zoom, click hyperlinked words and phrases to view definitions, and view in single-page or two-page view. Pearson eText allows for quick navigation to key parts of the eText using a table of contents, and provides full-text search.

Instructors can use this online learning system to create assignments, set grading parameters, listen to student-created audio recordings, and provide feedback on student work. See your local sales representative for details and access.

Video Program. The unscripted but guided video introduces students to natural, authentic language as used by a variety of people living in France. We enter their homes, neighborhoods, schools, and places of work, and we meet their friends and families. The video and related activities are accessed via the eText in MyFrenchLab and are found in two new sections of the text:

- **NEW!** The chapter-opening **On démarre !** video-based section introduces the chapter theme and functions while previewing cultural concepts and basic expressions that will be presented in the **Points de départ** and **Vie et culture** sections. The video clip encourages students to use visual clues such as the setting and speakers' gestures, as well as their own prior knowledge, to help derive meaning from what they see and hear.
- **NEW!** The **Parallèles** video clips introduce students to two young French women, Diandra and Mathilde, who share a distinctly French perspective on the chapter themes, even though they come from very different backgrounds and have equally interesting but extremely different aspirations for the future. Activities provide opportunities for cross-cultural analysis. This section appears at the most appropriate point within the chapter.
- Additional **Chez nous** videos are integrated with the **Vie et culture** sections and the **Venez chez nous !** lessons in the textbook. The textbook's **Observons** exercises and the Video Manual activities take a process-oriented approach to the development of viewing skills.

A note about the authentic language featured in the video: The unscripted video clips that form an integral part of *Chez nous* provide samples of natural conversations. As such, they reflect the everyday speech of educated speakers and present some features that depart from careful, monitored speech such as the elision of the vowel of *tu* (*t'es prête ?*), the absence of *ne* in negative sentences (*j'ai pas très faim*), and the use of *on* instead of *nous* for the first-person plural (*on s'entraine*). Some of these features, such as the absence of *ne*, find their way into speech used by prominent persons in formal situations. However, although we want students to see authentic, communicative native interactions and to hear natural speech (which is the objective of the video clips), we present more "standard" forms such as the inclusion of negative *ne* and the retention of the vowel in *tu* in the classroom context for student production.

Student Activities Manual (ISBN 978-0-13-297852-1). The printed Student Activities Manual (SAM) includes the Workbook, Lab Manual, and Video Manual; an interactive version of all these components, including the audio, is available on MyFrenchLab. The manual provides reading and writing practice along with listening activities related to the audio and video components. Written exercises provide meaningful and communicative practice, incorporating the vocabulary and structures introduced in each chapter and offering additional process-oriented activities. Exercises linked to audio recordings provide listening practice that progresses from comprehension to production, based on what students hear. The exercises stress authentic speech and real-life tasks, and recordings feature native speakers of French. Video-based activities complement the listening practice provided in the textbook using additional video clips and expanded activities. Each chapter of the SAM concludes with a **Venez chez nous !** section that is closely tied to the chapter theme and allows students to delve deeper into the cultural focus of the **Venez chez nous !** lesson in the textbook through guided web-based activities. An Answer Key for the SAM is available to instructors.

CourseSmart for Students. CourseSmart goes beyond traditional expectations, providing instant, online access to the textbooks and course materials you need at an average savings of 60%. With instant access from any computer and the ability to search your text, you'll find the content you need quickly, no matter where you are. And with online tools like highlighting and note-taking, you can save time and study efficiently. See all the benefits at **www.coursesmart.com/students**.

INSTRUCTOR SUPPLEMENTS

The following supplements are available for downloading from Pearson Canada's catalogue at **www.pearsoncanada.ca/highered**.

- **Instructor's Resource Manual.** The Instructor's Resource Manual (IRM) provides sample lesson plans and detailed chapter notes and usage ideas. Information-gap activities, ready for classroom use, are provided for each chapter. The IRM also provides the scripts for the Lab Manual audio exercises and for the videos.
- **Answer Key for Text Exercises.** This key provides answers to all the exercises in the text.
- **Answer Key for Student Activities Manual.** This key provides answers for all discrete and short-answer exercises in the SAM.
- **Testing Program with Audio.** A highly flexible testing program allows instructors to customize tests by selecting modules or exercises. This complete testing program includes quizzes, chapter tests, and comprehensive examinations that test reading and writing skills as well as cultural knowledge. For all elements in the testing program, detailed grading guidelines are provided. The audio component is provided on CD (978-0-13-357602-3).
- **Image Library.** Labelled and unlabelled versions of all of the line art images from the textbook are provided in digital format for use in presentation slides, worksheets, and transparencies.

CourseSmart for Instructors. CourseSmart goes beyond traditional expectations—providing instant, online access to the textbooks and course materials you need at a lower cost for students. And even as students save money, you can save time and hassle with a digital eTextbook that allows you to search for the most relevant content at the very moment you need it. Whether it's evaluating textbooks or creating lecture notes to help students with difficult concepts, CourseSmart can make life a little easier. See how when you visit **www.coursesmart.com/instructors**.

Learning Solutions Managers. Pearson's Learning Solutions Managers work with faculty and campus course designers to ensure that Pearson technology products, assessment tools, and online course materials are tailored to meet your specific needs. This highly qualified team is dedicated to helping schools take full advantage of a wide range of educational resources, by assisting in the integration of a variety of instructional materials and media formats. Your local Pearson sales representative can provide you with more details on this service program.

Pearson Custom Library. For enrollments of at least 25 students, you can create your own textbook by choosing the chapters that best suit your own course needs. To begin building your custom text, visit www.pearsoncustomlibrary.com. You may also work with a dedicated Pearson Custom editor to create your ideal text—publishing your own original content or mixing and matching Pearson content. Contact your local Pearson representative to get started.

Acknowledgments

The publication of the third Canadian edition of *Chez nous* represents the culmination of two years of planning, preparation, and fine-tuning, to which many dedicated people have contributed their ideas and experience. We are proud of the unique perspective that our collaboration has brought to this project. The pairing of Paula, a trilingual Québécoise linguist with strong roots in Canada's Francophone traditions, and Katherine, a trilingual Albertan pedagogue raised in Ontario, has created a unique conversation about the needs of second-language students in Canada's diverse cultural fabric.

We wish to thank in particular the team at Pearson Canada in Toronto. Our grateful thanks to Carolin Sweig, Deana Sigut, and Matthew Christian, Acquisitions Editors, for their vision and enthusiasm throughout this project. Special thanks to Suzanne Schaan, Developmental Editor, whose guidance, suggestions, and patience have been invaluable in the preparation of the manuscript. We are indebted also to Jeanne Duperreault, Copy Editor; Nancy Siegel and Amy Lawler, Proofreaders; Andrea Falkenberg, Project Manager (Pearson); and to Loula March, Marketing Manager, and Sonia Tan, Media Content Editor, who was responsible for MyFrenchLab. And finally, thanks to Heidi Allgair, Project Manager (Cenveo ® Publisher Services), who did an excellent and efficient job of preparing the manuscript for production.

Paula Bouffard: Je souhaite exprimer ma reconnaissance envers les collègues du Département d'études françaises de l'Université Concordia qui ont pris le temps de me faire part de leurs commentaires sur l'édition précédente de manière constructive ; certains ont vraiment visé dans le mille. Je tiens par-dessus tout à adresser mes remerciements et mon appréciation à ma coauteure, Katherine, pour la collaboration exceptionnelle qui s'est nouée entre nous. À l'équipe éditoriale de *Chez nous* j'aimerais dire un grand merci ; votre soutien constant et chaleureux a fait toute la différence. Sur une note plus personnelle, qu'il me soit permis d'exprimer ici mes remerciements chaleureux à Claude, la lectrice, pour ses suggestions judicieuses de romans québécois et à Denis qui a gentiment accepté que l'on publie sa photo : la distributrice de livres. Enfin, pour les petits sourires, les mots d'encouragement et les tapes dans le dos merci à Elias, Gabriel et Ali.

Katherine Mueller: I wish to thank Paula Bouffard for the inspiring collaboration that has resulted in this book. A warm professional and personal bond has been formed thanks to many hours spent together on Calgary-Montréal Skype sessions! Thanks also to the excellent team members (past and present) at Pearson, for their patience, support and helpful guidance. Many grateful thanks also to Mark, Alexandra, and Matthew for their patience, support and encouragement throughout this project.

We also extend our sincere thanks and appreciation to the colleagues who commented on the second Canadian edition or reviewed the manuscript for the third Canadian edition at various stages of development. We are grateful to the following people (and others who choose to remain anonymous) for their participation and candour:

Myrna Andres, Mount Royal University
Lois Barlow-Wilson, University of Regina
Susan Bauman, Seneca College
Barbara Bertner, Okanagan College
Paul Bessler, University of Toronto
Kenan Fanni, Western University
Astrid Heyer, Brock University
Patrick Karsenti, Kwantlen Polytechnic University
Jean Levasseur, Bishop's University
Catherine Phillips, University of Toronto at Mississauga
Annie Poirier, University of Victoria
Marie-Christine Rey-Bilbey, Thompson Rivers University
Judith Spencer, University of Alberta
Paul Venesoen, Western University
Kinga Zawada, Ryerson University

About the Authors

Albert Valdman earned a B.A. in Romance languages at the University of Pennsylvania and a Ph.D. in French linguistics from Cornell University. He started his career at the Foreign Service Institute of the U.S. Department of State and at the Pennsylvania State University before joining Indiana University, where he is Rudy Professor of French/Italian and Linguistics emeritus, director of the Creole Institute and editor of *Studies in Second Language Acquisition*. At Indiana University, he directed the program of elementary and intermediate French, including the mentoring of graduate student instructors and coordinators. A constant in his career has been his interest in developing more effective approaches to the teaching of foreign languages, the training of teachers, and the preparation of pedagogical materials. Valdman held the posts of president of the AATF and of the International Association of Applied Linguistics. For his commitment to the teaching of French language and culture and his pioneering work in the description of French in the United States, he was named *Commandeur dans l'Ordre des Palmes Académiques* of France, member of *l'Ordre des Francophones d'Amérique* of the government of Quebec, and awarded the *Médaille d'Or du mérite francophone* by *Renaissance française*. His work in Haitian Studies and creole linguistics was recognized by Life Time Achievement Awards from the Haitian Studies Association and the Society for Pidgin and Creole Linguistics.

Cathy Pons completed a B.A. in French at the University of North Carolina at Greensboro, and then spent a year in France as a Fulbright Teaching Assistant. Pons completed her doctorate in French linguistics at Indiana University where, as an Assistant Professor, she directed the elementary French program and the MA in French instruction. Teaching at the University of North Carolina at Asheville since 1995, Pons is Professor in the Department of Foreign Languages. In addition to teaching courses in French language, culture, and linguistics, Pons teaches K-12 methods courses for licensure candidates in Chinese, French, German, Latin, and Spanish. She is past president of the Foreign Language Association of North Carolina and has received numerous grants in support of study abroad programs for students and faculty. With more than thirty years' experience in elementary French teaching and teacher preparation, Pons finds the classroom to be a stimulating environment.

Mary Ellen Scullen completed her B.A. in French at Kalamazoo College in Michigan and went to Tours, France, to be a French government sponsored teaching assistant for one year. Three years later, she returned to the U.S. with a *Licence de Lettres modernes, mention Français Langue Étrangère* and a *Maîtrise de Français Langue Étrangère* from the Université François Rabelais in Tours. She earned a joint Ph.D. in French Linguistics and Theoretical Linguistics from Indiana University in 1993. Scullen has taught French language, culture, and linguistics, coordinated the basic French language program, and supervised teaching assistants at the University of Louisville and, since 1998, at the University of Maryland, College Park. She also had the opportunity to teach French in southern Africa at the University of Malawi from 1995 to 1997 and to serve as the Resident Director for the Maryland-in-Nice program in Nice, France, from 2002 to 2003. In 2005, she was named *Chevalier dans l'Ordre des Palmes académiques* of France. For the past several years, Scullen has been involved in training new teaching assistants not only in French, but also in Spanish, German, Hebrew, Chinese, Russian, Persian, Arabic, and Japanese. She finds working with new teaching assistants to be highly rewarding and she truly loves being in the classroom with first year students.

Paula Bouffard possède un doctorat en linguistique de l'Université du Québec à Montréal. Elle est professeure agrégée au département d'études françaises de l'Université Concordia où elle enseigne des cours de français langue seconde et de linguistique française. Ses recherches portent sur la langue française, son enseignement et son aménagement dans la société québécoise et canadienne. Elle a donné des conférences et publié des articles en lien avec ses domaines d'intérêt.

Katherine Mueller was educated at Queen's University in Kingston and at the University of Calgary. She has been a high school French and German teacher, an instructor of French at the University of Calgary, and most recently has taught graduate and undergraduate courses at the Werklund School of Education at the University of Calgary. Katherine specializes in second language pedagogy and teacher training, and is especially passionate about developing the language skills of beginning and intermediate French students. Currently, she is completing her doctorate in Second Language Acquisition and Pedagogy at the University of Calgary.

CHAPITRE Préliminaire | Présentons-nous !

—Tu vas bien ?   —Oui, très bien.

DISCOVER
Go to the **Resources** for Chapitre Préliminaire on MyFrenchLab to watch the *On démarre* video on how to greet people in French. Complete the related video activities in the **Assessments** for this chapter under Additional Practice.

APPLY
- Video
- Activities: On démarre ! 0P-01 to 0P-02

LEÇON 1
Je me présente

LEÇON 2
Dans la salle de classe

Venez chez nous !
Le français dans le monde

After completing this chapter, you should be able to
- Greet people, make introductions, and say goodbye
- Describe your classroom
- Follow and give instructions in class
- Spell words in French
- Identify places where French is spoken throughout the world

This chapter will help you to become familiar with the following grammatical structures:
- Pronoun subjects
- The verb **être**
- Negation
- Gender, number and articles
- The expression **Il y a**
- The structures **C'est** and **Ce sont** and tonic pronouns

You will also practise words containing
- l'accent grave, l'accent aigu, le tréma, la cédille

MyFrenchLab
Visit MyFrenchLab to access the audio clips for each chapter, additional exercises and quizzes, and much more!

LEÇON 1 Je me présente

Points de départ

TEXT AUDIO   P.1

Moi, je parle français

CHANTAL: Salut ! Je m'appelle Chantal. Et toi, comment t'appelles-tu ?*
ALAIN: Je m'appelle Alain.
CHANTAL: Tu es de Paris ?
ALAIN: Non, moi, je suis de Montréal.

Fiche pratique

As you begin the study of French, you will rely on a number of fixed expressions to help you participate in social situations such as greeting people. Memorize these expressions in their entirety rather than trying to translate them literally.

LA PROF: Bonjour, Mademoiselle, bonjour, Monsieur.
CHANTAL ET ALAIN: Bonjour, Madame.
LA PROF: Comment vous appelez-vous ?
CHANTAL: Je m'appelle Chantal Lafont.
LA PROF: Et vous ?
ALAIN: Roussel, Alain Roussel.

* Note that **Comment tu t'appelles** ? is also used.

CHANTAL: Salut, Guy ! Comment ça va ?
GUY: Ça va. Et toi ?
CHANTAL: Pas mal.
GUY: Bonjour, Madame. Comment allez-vous ?
LA PROF: Très bien, merci. Et vous ?
GUY: Bien aussi, merci.

CHANTAL: Madame, je vous présente Guy Davy. Guy, Madame Dupont.
GUY: Enchanté, Madame.
LA PROF: Bonjour, Guy.
CHANTAL: Alain, voici mon ami Guy. Guy, je te présente mon camarade de classe, Alain.
ALAIN: Salut, Guy.
GUY: Salut.

GUY: Bon, au revoir, Chantal, au revoir, Alain.
CHANTAL: Salut, Guy.
ALAIN: À bientôt… Au revoir, Madame.
LA PROF: Au revoir, Alain. À demain.

POUR SALUER ET RÉPONDRE

Comment ça va ?	*How are you?*
Très bien, merci.	*Very well, thanks.*
Ça va (bien).	*Fine.*
Pas mal.	*Not bad. / All right.*
Ça ne va pas.	*Things aren't going well.*

Vie et culture

Bonjour !

Look at the photos here and observe the corresponding video segment, *Bonjour*, in which people are greeting each other: What gestures and phrases do you notice?

When French speakers meet someone they know, or make contact with a stranger (for example, with sales assistants or restaurant personnel), they always greet that person upon arriving and say goodbye when leaving. The greeting includes an appropriate title, and the last name is not used. Usually a woman is addressed as **Madame** unless she is very young. Note that the title is capitalized when addressing the person directly: **M**onsieur, **M**adame, **M**ademoiselle.

> **Bonjour, Monsieur.**
> **Bonsoir, Madame.**
> **Au revoir, Mademoiselle.**

In French-speaking Canada, you will notice the word **Bonjour** used to mean both *Hello* and *Goodbye*, both in person and on the telephone.

Se faire la bise, se serrer la main

In French Canada, as in other Francophone countries, good friends and family members kiss each other lightly on each cheek (**se faire la bise**). When meeting and saying goodbye to both strangers and acquaintances, it is common to shake hands (**se serrer la main**).

Tu et *vous*

When addressing another person in French, you must choose between **tu** and **vous**, which both mean *you*. Use **tu** to address a family member, a close friend, or another student. Use **vous** to address someone with whom you have a more formal relationship or to whom you wish to show respect. For example, use **vous** with people you don't know well, with older people, and with those in a position of authority, such as your teachers. The **tu** (informal) / **vous** (formal) distinction is common in most varieties of French. In Canadian French, **tu** is often used instead of **vous** to address someone even in more formal situations. Remember that **vous** is always used to say *you* when addressing more than one person, whether the situation is formal or informal. Do the people in the video clip use **tu** or **vous**?

Et vous ?

1. Think of how you typically greet people each day. Although we don't make a distinction in English like the **tu / vous** distinction in French, how do we vary our forms of address?
2. What do the practices of shaking hands and kissing on the cheek tell you about the importance of close physical contact in French cultures? In your culture, what is the role of physical contact when greeting someone?
3. View the video segment again, paying close attention to the ways in which people greet each other. What can you conclude about their relationship in each case?

À vous la parole

P-1 Le mot juste. Give an appropriate response.

MODÈLE   Comment vous appelez-vous ?
   ➤ Roussel, Nicolas Roussel.

1. Bonjour, Mademoiselle.
2. Comment t'appelles-tu ?
3. Tu es de Montréal ?
4. Ça va ?
5. Comment allez-vous ?
6. Comment ça va ?
7. Voici mon ami David.
8. Je vous présente mon amie Claire.
9. Au revoir, Monsieur.
10. Bon, à demain !

Stratégie

Throughout this text, *À vous la parole* exercises help you practise the material that has just been presented. In this case, refer back to the dialogues to help you formulate your answers.

P-2 Présentez-vous. Get acquainted with some of your classmates and your instructor, following these suggestions.

MODÈLES   Greet your instructor.
   ➤ Bonjour, Monsieur.
OU ➤ Bonjour, Madame.

   (*Your instructor responds.*)
   ➤ Bonjour, Mademoiselle.
OU ➤ Bonjour, Monsieur.

1. Greet and introduce yourself to a person sitting near you.
2. Ask a classmate what his or her name is, then introduce yourself.
3. Ask a classmate whether he or she is from your city.
4. Greet a classmate and ask how he or she is today.
5. Introduce two people whom you have met in class.
6. Greet your instructor and ask how he or she is today.
7. Introduce a classmate to your instructor.
8. Say goodbye to several classmates.
9. Say goodbye to your instructor.

P-3 Le savoir-faire. Do you know what to say and do in the situations described? Act out each one with classmates.

MODÈLE   You meet a very good friend.

   É1 Salut, Anne ! Ça va ? (se faire la bise)
   É2 Ça va, et toi ?
   É1 Pas mal.

1. You and a friend run into your instructor on campus.
2. You sit down in class next to someone you do not know.
3. You are with your roommate when a new friend joins you.
4. You run into your friend's mother while running errands.
5. You are standing near a new teacher who does not yet know your name.
6. Class is over and you are saying goodbye to a close friend.
7. Class is over and you are saying goodbye to your teacher.

Parallèles

Je me présente.
The **Parallèles** series, featured in each chapter, invites you to explore the lives of two young French women, Diandra and Mathilde, and introduces you gradually as well to their family and friends. In this first video clip, Diandra and Mathilde introduce themselves.

Diandra

Mathilde

P-4 Faisons connaissance. Imagine that you are at a party with your classmates. Greet and introduce yourself to as many guests as possible. Also, make introductions when other guests do not know each other.

MODÈLE   É1 Bonjour, je m'appelle David. Et toi ?
          É2 Je m'appelle Anne. Voici mon ami Jérémie.
          É1 Salut, Jérémie.
          É3 Bonjour.

P-5 Tu es d'où ? You want to find out what city your classmates are from. First say what city you are from, then ask what city they are from.

MODÈLE   É1 Je suis de Regina. Et toi ?
          É2 Moi, je suis de Hamilton.

Formes et fonctions

1. Le verbe *être* et les pronoms personnels sujets

The verb *être* means *to be*. You will use *être* frequently.

ÊTRE to be					
SINGULIER			PLURIEL		
je	**suis**	*I am*	nous	**sommes**	*we are*
tu	**es**	*you are*	vous	**êtes**	*you are*
il		*he / it is*	ils		
elle	**est**	*she / it is*	elles	**sont**	*they are*
on		*we are / one is*			

- The form **être** is called the *infinitive* (**l'infinitif**); it is the form you find at the head of the dictionary listing for the verb. Notice that a specific form of **être** corresponds to each subject (using a different form of the verb for each subject is called *conjugating the verb*). Because these forms do not follow a regular pattern, **être** is called an *irregular verb*. You will learn about *regular verbs* and about other *irregular verbs* in subsequent chapters.

  With any verb, you will use a *subject* to indicate the person or thing that performs the action (*I*, *you*, *we*, *they*, *he*, *it*, for example). Often, the subject will be a proper noun (*Julie*, for example) or the name of a person (*Mon professeur*) or a thing (*Le film*).

- A personal pronoun can be used in place of a noun as the subject of a sentence:

  —**Alex** est de Paris ?   —*Is Alex from Paris?*
  —Non, **il** est de Montréal.   —*No, he's from Montreal.*

—Julie est de Chicoutimi ? —*Is Julie from Chicoutimi?*
—Non, **elle** est de Rimouski. —*No, she's from Rimouski.*

(You'll learn more about masculine and feminine nouns in Lesson 2 of this chapter.)

The pronouns **Il / Elle** and **Ils / Elles** can also refer to *things*, according to whether their gender is masculine or feminine. In this case, **il / elle** means *it*, and **ils / elles** means *they*. **Elles** refers to more than one female person or to a group of feminine nouns. **Ils** refers to more than one male person, to a group of masculine nouns, or to a group that includes both males and females, or both masculine and feminine nouns.

La table est ronde → **Elle** est ronde. (*It is round.*)
Le film est bon ? → Oui, **il** est excellent !
Les sandwichs sont délicieux. → **Ils** sont délicieux.

Anne et Sophie, **elles** sont en forme. *Anne and Sophie are feeling fine.*
Jean-Luc et Rémi, **ils** sont stressés. *Jean-Luc and Rémi are stressed out.*
Julie et David, **ils** sont occupés. *Julie and David are busy.*

- As you have learned, use **tu** with a person you know very well; otherwise use **vous**. Use **vous** also when speaking to more than one person, even if they are your friends. Pronounce the final -**s** of **vous** as /z/ only if the word following it begins with a vowel sound, and link it to that word:

Olivier, **tu** es de Paris ? *Olivier, are you from Paris?*
Madame, **vous**‿êtes de St-Paul ? *Madame, are you from St. Paul?*
Francine et Marc, **vous**‿êtes de Paris ? *Francine and Marc, are you from Paris?*

- **On** is an indefinite pronoun that can mean *one*, *they*, or *people*, depending on the context. In conversational French, **on** is often used instead of **nous** to mean *we*. **On** always takes the 3rd person singular form of the verb (that is, the same form as **il** or **elle**)

Nous, **on** est de Fredericton. *We're from Fredericton.*
On est stressé le lundi matin ! *People are stressed on Monday mornings!*

- Note that **je** is only capitalized at the beginning of a sentence (unlike the English *I*, which is always capitalized).

Je suis malade. Bonjour, **je** m'appelle Amy.

- Use a form of the verb **être** in descriptions or to indicate a state of being.

Elle **est** fatiguée. *She's tired.*
Tu **es** malade ? *Are you sick?*
Je **suis** stressé. *I'm stressed out.*

- The final -**t** of **est** and **sont** is usually pronounced only before a word beginning with a vowel sound.

Il est‿en forme. *He's feeling fine.*
Il est̸ malade. *He's sick.*
Elles sont‿en forme. *They're feeling fine.*
Elles sont̸ stressées. *They're stressed out.*

Unless **ils** or **elles** precede a verb starting with a vowel, the final **s** of these pronouns is not pronounced.

Ils sont en forme. *They are feeling fine.*

COMMENT ÇA VA ?

Je suis en forme.	*I'm feeling fine.*
… fatigué/e.	*… tired.*
… stressé/e.	*… stressed.*
… très occupé/e.	*… very busy.*
… malade.	*… sick.*

À vous la parole

P-6 Comment ça va ? Tell how everyone is feeling today.

MODÈLE   Moi ? Fatigué/e.
➤ Je suis fatigué/e.

1. Mme Dupont ? En forme.
2. Toi ? Fatigué/e.
3. Adrien ? Très occupé.
4. Cécile ? Malade.
5. David et Matt ? En forme.
6. Julien ? Stressé.
7. Nous ? Fatigués.
8. Vous ?

P-7 Vous êtes de… ? Based on the name of the country these people live in, ask them what city they come from. You may choose a city from the list, or provide another: **Bruxelles, Florence, Genève, Madrid, Mexico, Montréal, Nice, Paris, Washington**.

MODÈLE   vous / (France)
➤ Vous êtes de Paris ?

1. elle / (Mexique)
2. Pierre / (Canada)
3. Matthieu et Jonathan / (Belgique)
4. nous / (Suisse)
5. vous / (Italie)
6. toi / (États-Unis)
7. moi / (Espagne)
8. Mélanie et Caroline / (France)

P-8 Identité mystérieuse. Take on a new identity! Assume a new name and city of origin. Circulate around the room and introduce yourself to at least three of your classmates. As a follow-up, you might want to introduce someone you met to the rest of the class!
(Remember to use **de** for a city that starts with a consonant, and **d'** for a city that starts with a vowel.)

MODÈLE   É1   Bonjour, je m'appelle Mathilde.
           É2   Tu es de Paris ?
           É1   Non, je suis de Québec. Et toi ?
           É2   Je m'appelle Louis-Jean, je suis de Port-au-Prince.

2. La négation

- To make a sentence negative, add **ne** immediately after the subject (or **n'** if the next word starts with a vowel), and **pas** after the verb. Note that these words impart the idea of negativity to the sentence, and are not translated directly.

Nous **ne** sommes **pas** occupés.	*We are **not** busy.*
Laure est de Paris. Aline **n'**est **pas** de Paris.	*Laure is from Paris. Aline is **not** from Paris.*

To insist on the negative aspect of an answer, you can add **Non** at the beginning.

Elle est de Paris ?	**Non**, elle **n'**est **pas** de Paris.

- If a word beginning with a vowel follows the word **pas**, you must pronounce the **-s** of **pas** like /z/ to join the two words (this is called liaison and will be explained more fully in Chapitre 2, page 81).

Je ne suis pas‿optimiste.	*I'm not optimistic.*

Fiche pratique

When you hear French speakers using the negative, you may notice that the **ne** or **n'** is not actually pronounced, so you might hear:
« *Je suis pas de Québec.* »
Ne *must* be present in the written form, and it would be a good idea to say it when you speak French until you've become fluent!

À vous la parole

P-9 Non ! Non ! Use the negative construction **ne/n'... pas** to answer in the negative. Be sure to choose the appropriate personal pronoun for your answer!

MODÈLE   É1   Maman, tu es fatiguée ?
           É2   Non, je ne suis pas fatiguée.

1. Pierre est en forme ?
2. Lucie et Paul sont occupés ?
3. Vous êtes fatigués ?
4. Andréa et Suzanne sont malades ?
5. Nous sommes stressés ?
6. Tu t'appelles Louise ?
7. Ça va ?
8. Tu es de Casablanca ?

P-10 Répondez au négatif. Answer each question with a negative sentence, and then provide your personal answer.

1. Vous êtes de Nouvelle Orléans ?
2. Vous êtes stressé ?
3. Vous vous appelez « Justin Trudeau » ?
4. Vous êtes en forme ?
5. Vous êtes pessimiste ?

Stratégie

Use your knowledge of the purpose of a text to anticipate its content. Although you may not understand every word, pay attention to the kind of reading you are doing, and make use of what you already know about the type of text you have before you.

Stratégie

While cognates can help you to expand your French vocabulary quickly, always check the meaning of a word in the dictionary because you can also encounter **faux amis** (*false friends*) which are words that might look similar, but actually have a different meaning.

Example: **la librairie** = bookstore (not *library*, which is **la bibliothèque**)

Look at any written texts in French (even cereal boxes or a tube of toothpaste) and you will notice cognates. When you're trying to understand someone speaking French, listen for patterns of pronunciation, and you will begin to recognize cognates. You will realize that you understand much more than you think!

Lisons

P-11 Des adresses dans le monde francophone

A. Avant de lire. This reading asks you to look at envelopes and postcards addressed to various places in the Francophone world. Before looking at them, make a list of the information you expect to find on an addressed envelope.

B. En lisant. How does the list you made compare with what you actually see on the envelopes and postcards? Now, look more closely; you will find that you actually understand a number of words because their form and meaning are very similar in French and English. These words are called *cognates* (**des mots apparentés**). Examples in the addresses include **avenue** and **prioritaire**. Make a list of all the cognates that you recognize in the addresses.

C. En regardant de plus près. Now examine the following aspects of the text more closely.

1. Given the context and its similarity to English, what do you think the words **Destinataire** and **Expéditeur** mean?
2. Given the context, what do you think the word **rue** means?
3. Provide the full forms in French for the following abbreviations:

    M.   Mlle   Mme   B.P.

4. Although you do not see the phrase **code postal** in the addresses, most of them have one. What do you think the **code postal** is? What is the **code postal** for **Abidjan**, for **Tours**, for **Vieux-Québec**? What is the difference between the **code postal** for Canada and for the other Francophone countries?

D. Après avoir lu. Now that you've studied the addresses, address an envelope to these two people.

Orthographe :
boite (boîte)

1. Salut, je m'appelle Marie-Cécile Kombo. Je suis de Kinshasa. Mon adresse, c'est Boite Postale 357. Il n'y a pas de code postal. Kinshasa est en République démocratique du Congo, bien sûr.
2. Bonjour, je m'appelle Guy Leblanc. Je suis de Genève. Mon adresse, c'est Case Postale 1602. Le code postal, c'est CH-1211 Genève 1. Vous savez que Genève est en Suisse, n'est-ce pas ?

LEÇON 1 • JE ME PRÉSENTE *onze* **11**

LEÇON 2 — Dans la salle de classe

Points de départ

La salle de classe

Labels in illustration: une fenêtre, un tableau, une affiche, une carte, une porte, un feutre, un écran, un lecteur CD, un CD, une télévision, un clavier, un bureau, une craie, une brosse, un cahier, une règle, un stylo, un ordinateur, un lecteur DVD, une calculatrice, un crayon, une efface (Can.) / une gomme (Fr.), des devoirs, un livre, une chaise, un DVD

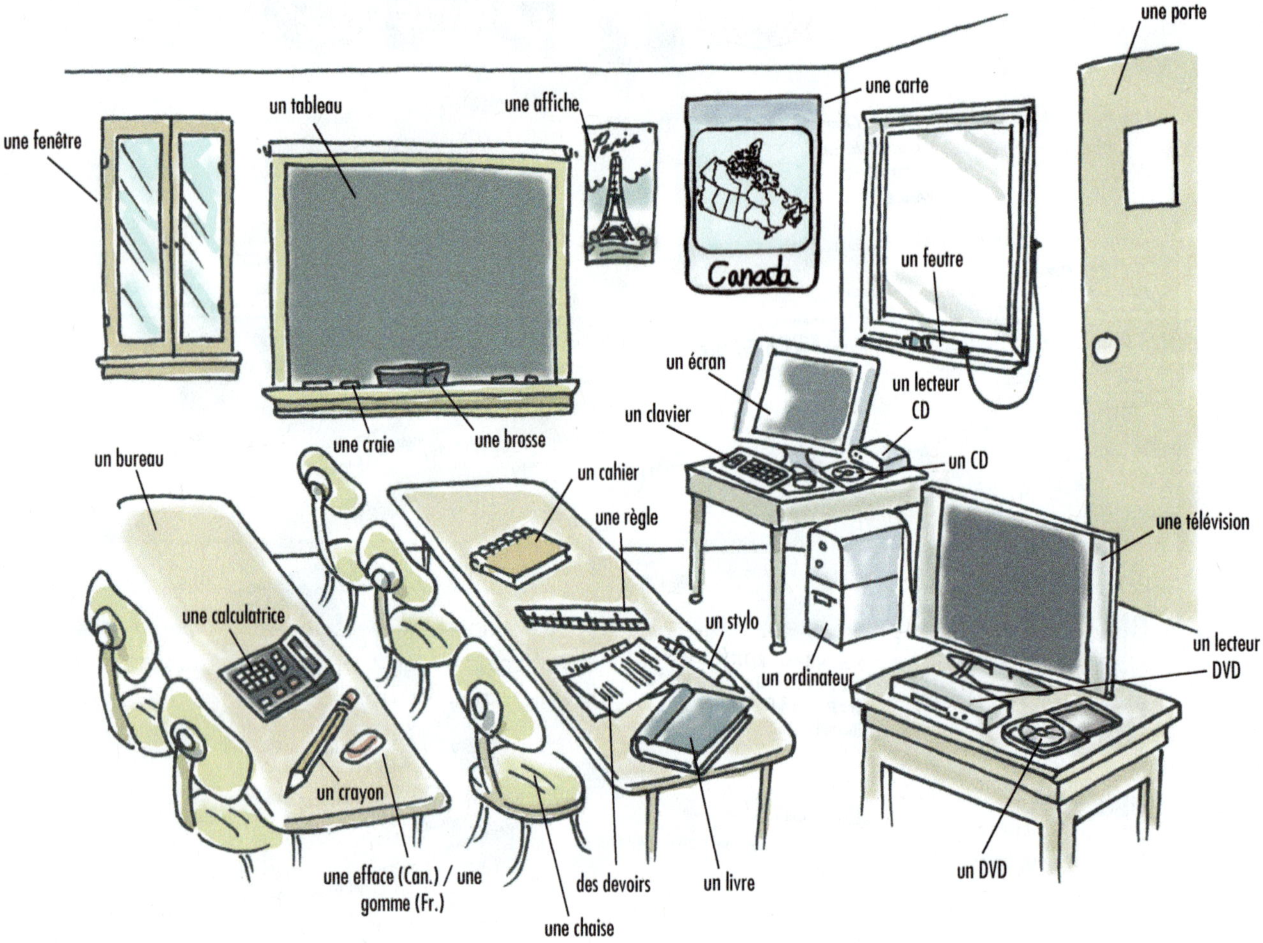

—Il y a un feutre sur le bureau ?
—Non, il n'y a pas de feutre, mais il y a un stylo. Voilà.

—Il y a des affiches dans la salle de classe ?
—Oui, il y a une affiche.

LE PROFESSEUR OU LA PROFESSEURE DIT :

Écoutez bien, s'il vous plait !
Regardez le tableau !
Levez-vous !
Allez au tableau !
Allez à la porte !
Ouvrez la fenêtre !
Fermez le livre !
Montrez-moi votre livre !
Montrez Paris sur la carte !
Prenez un stylo !
Écrivez votre nom et votre prénom !
Lisez les mots au tableau !
Effacez le tableau !
Écoutez sans regarder le livre !
Répondez en français !
Donnez la craie à Marie-Laure !
Rendez-moi les devoirs !
Asseyez-vous !
Merci.

Orthographe :
plait (plaît)

LES ÉTUDIANTS ET LES ÉTUDIANTES RÉPONDENT :

Pardon Madame / Monsieur ? Je ne comprends pas.
Répétez, s'il vous plait.
Parlez plus fort.
Comment dit-on *board* en français ?
Que veut dire… ?

Vie et culture

Merci

In English, if someone says *Thank you,* we frequently reply with *You're welcome.* In French it is much less common to reply to **Merci**. In formal situations, however, you may hear the reply **Il n'y a pas de quoi** or **Je vous en prie**. In less formal contexts, you might hear the familiar version **Je t'en prie** or **De rien**. In Canada, Francophones often use **Bienvenue** as a response to **Merci**.

La rentrée

In French, **la rentrée** is the term used for *back-to-school time*. **La rentrée** marks the end of summer holidays for families, and is an important event for retailers in Canada and in other countries, as school children and post-secondary students stock up on school supplies. Using the vocabulary you just learned, tell the class what you purchased for **la rentrée** this year: **J'ai acheté un / une / des**…

À vous la parole

P-12 Dans la salle de classe. Write down as many different classroom objects as you can see. Now compare your list with that of a classmate. Check each other's spelling and make sure that you choose the correct indefinite article (**un/e**) for each.

P-13 C'est logique. With a partner, complete each command in as many logical ways as possible.

MODÈLE   Ouvrez…
➤ Ouvrez la fenêtre.
OU ➤ Ouvrez le livre.

1. Regardez…
2. Écoutez…
3. Rendez-moi…
4. Montrez-moi…
5. Fermez…
6. Effacez…
7. Répondez…
8. Allez…
9. Écrivez…
10. Prenez…

P-14 Qu'est-ce que vous dites ? What could you say in each situation?

MODÈLE   You want the teacher to speak up.
➤ Parlez plus fort, s'il vous plaît !

1. You want to interrupt the teacher.
2. You want the teacher to repeat.
3. You don't understand.
4. You ask how to say *door* in French.
5. You want to thank someone.
6. You can't hear what's being said.
7. You don't know how to say *please* in French.
8. Someone says **Merci !** to you.

TEXT AUDIO P.3

Sons et lettres

L'alphabet et les accents

Here are the letters of the alphabet together with a guide to their pronunciation in French:

a	(a)	h	(ach)	o	(o)	u	(u)
b	(bé)	i	(i)	p	(pé)	v	(vé)
c	(sé)	j	(ji)	q	(ku)	w	(double vé)
d	(dé)	k	(ka)	r	(èr)	x	(iks)
e	(eu)	l	(èl)	s	(ès)	y	(i grec)
f	(èf)	m	(èm)	t	(té)	z	(zèd)
g	(jé)	n	(èn)				

Accents and other diacritical marks are an integral part of French spelling.

- **L'accent aigu** is used with **e** to represent the vowel /e/ of **stressé** (sounds like the **a** in *say*) :

  Andr**é**   Qu**é**bec   stress**é**   r**é**p**é**tez

- **L'accent grave** is used with **e** to represent the vowel /ɛ/ of **la règle** (sounds like the **e** in *bet*):

  la r**è**gle   le mod**è**le   tr**è**s   Gen**è**ve

It is also used with **a** and **u** to differentiate words:

  la (*the*)   vs.   là (*there*)   ou (*or*)   vs.   où (*where*)

- **L'accent circonflexe** can be used with all five vowel letters. It often marks the loss of the sound /s/ at an earlier stage of French. The **s** is still present in English words borrowed from French before that loss occurred.

  être   s'il vous plaît   bientôt
  la hâte (*haste*)   l'hôpital (*hospital*)

Note that **l'accent circonflexe** usually does not change the pronunciation of the letter on which it appears.

- **Le tréma** indicates that vowel letters in a group are pronounced individually:

  toi   vs.   Loïc /lo-ik/   Claire   vs.   Haïti /a-i-ti/

- **La cédille** indicates that **c** is to be pronounced as /s/ rather than /k/ before the vowel letters **a**, **o**, or **u**:

  reçu   français   Françoise

> ### Fiche pratique
>
> In recent years, French spelling has been officially reformed, such that the *circonflexe* is now not always used on **u** and **i**, where it had previously been required. Be aware that you may see it sometimes and not other times. For your own purposes, it is best to remain consistent with whichever spelling you choose.

À vous la parole

P-15 Les sigles. Pronounce the letters in each French acronym, then match each acronym with its full form.

1. l'ONU
2. la GRC
3. l'OTAN
4. l'UE
5. le SIDA
6. la SRC

a. l'Union européenne
b. la Gendarmerie royale du Canada
c. l'Organisation des Nations-Unies
d. le syndrome d'immunodéficience acquise
e. la Société Radio-Canada
f. l'Organisation du Traité de l'Atlantique Nord

P-16 Qu'est-ce que c'est ? Reorder the letters to identify things you find in the classroom, and spell out the correct word aloud.

MODÈLES   LYSTO   NORACY
   ➤ S-T-Y-L-O, stylo.   ➤ C-R-A-Y-O-N, crayon.

1. LERVI
2. TAREC
3. LATAUBE
4. ICASHE
5. TROPE
6. VISODER
7. DAUNITETÉ
8. CIERA

P-17 Les accents. Correct the following words or phrases by adding the missing accents and other diacritics, then spell out each word aloud. When spelling a word, say the name of the accent or diacritic after the letter on which it appears. For example, **très** would be spelled **T-R-E accent grave-S**. (The asterisks below indicate that these words are spelled incorrectly.)

1. une *television
2. une *regle
3. le verbe *etre
4. *repondez
5. *bientot
6. *repetez
7. *voila

Formes et fonctions

1. Le genre et les articles au singulier

All French nouns are assigned to one of two noun classes—*feminine* or *masculine*—and are therefore said to have a *gender*. The gender of a noun determines the form of other words that accompany it—for example, articles and adjectives. Whether you might perceive something as male or female generally does not help you to predict its gender: you must learn nouns with their gender.

- **The indefinite article**

The indefinite articles **un** and **une** correspond to *a* or *an* in English. **Une** is used with feminine nouns and **un** with masculine nouns. **Un** or **une** can also mean *one*:

Voilà **un** bureau.	*Here's a desk.*
Donnez-moi **une** chaise.	*Give me a chair.*
Il y a **une** fenêtre dans la salle de classe.	*There's one window in the classroom.*

Before a vowel sound, **un** ends with an /n/ sound that is pronounced as if it were part of the next word:

　　un‿ami, **un**‿ordinateur

This will also occur before a silent **h** as in the word **hôtel**:

　　un‿hôtel

In negative sentences, the indefinite article is replaced by **de/d'** (similar to the English negative construction **not any**):

Il n'y a pas de lecteur DVD.	*There's no DVD player.*
Il n'y a pas d'ordinateur dans la salle de classe.	*There's no computer in the classroom.*

- **The definite article**

There are three forms of the singular definite article, corresponding to *the* in English: **la** is used with feminine nouns, **le** with masculine nouns, and **l'** with all nouns beginning with a vowel sound or with a silent **h**. As in English, the definite article is used to indicate a previously mentioned or specified noun, or a noun whose context is familiar to both speakers.

Voilà **la** carte.	*Here's the map. (the one that you asked for)*
C'est **le** professeur.	*That's the professor. (of our class)*
Donnez-moi **l'**affiche.	*Give me the poster. (the one that's over there)*
Voilà **l'**hôtel.	*There is the hotel. (the one we're looking for)*

In French the definite article also designates a noun used in a general, abstract or more global sense. In such cases, no article is used in English.

J'aime **le** soccer.	*I like soccer.*
Ma sœur adore **la** musique.	*My sister loves music.*

> **Fiche pratique**
>
> Remember that in the negative **un**, **une** and **des** change to **de/d'** (Example: J'ai **un** livre. Je n'ai pas de livre.) Note, however, that **le**, **la** and **les** do not change in the negative (Example: J'aime **la** pizza. Je n'aime pas **la** pizza.)

LES ARTICLES		
	masculin	féminin
indéfini	un cahier	une règle
	un ordinateur	une affiche
défini	le cahier	la règle
	l'ordinateur	l'affiche

- **Predicting the gender of nouns**

The following guidelines will help you identify the gender of many nouns.

- Nouns designating females are usually feminine, and nouns designating males are usually masculine:

la dame	*the lady*	**le** monsieur	*the man*
une étudiante	*a (female) student*	**un** étudiant	*a (male) student*

- The names of languages are masculine:

le français	*French*	**le** créole	*Creole*

- Words recently borrowed from other languages are generally masculine:

le markéting   **le** yoga   **le** rap   **le** tennis

- Some endings are good predictors of the gender of nouns:

MASCULINE ENDINGS: -eau, -o, -isme, -age, -ment

le tableau   **le** stylo   **le** socialisme   **le** patinage   **le** gouvernement

FEMININE ENDINGS: -ion, -té

la nation   **la** télévision   **la** liberté   **la** quantité

> **Fiche pratique**
>
> It is a good idea to learn a new noun with the indefinite article, so you can remember the gender. For example, learn **une affiche** rather than **affiche** or **l'affiche**.
>
> **Orthographe :**
> markéting (marketing)

À vous la parole

P-18 Voilà ! Can you find the following objects in your classroom? If so, take turns with a partner indicating to whom they belong.

MODÈLE   un lecteur CD
➤ Voilà un lecteur CD ; c'est le lecteur CD de David.

1. un cahier
2. un crayon
3. une calculatrice
4. un livre
5. un stylo
6. un bureau
7. une règle
8. une efface

P-19 Quel genre ? Can you guess the gender of these unfamiliar words?

MODÈLE   japonais
➤ le japonais

1. camouflage
2. rock
3. château
4. solution
5. beauté
6. métro
7. diva
8. capitalisme

2. Le nombre et les articles au pluriel, et l'expression *il y a*

- **Plurals of nouns**

Most French nouns are made plural by adding letter **-s**:

| un livre | *a book* | deux livre**s** | *two books* |
| une fenêtre | *one window* | trois fenêtre**s** | *three windows* |

Singular nouns that end in a written **-s** do not change in the plural; nouns ending in **-eau** add the letter **-x**:

| un cours | *a course* | deux cours | *two courses* |
| un bureau | *one desk* | trois bureau**x** | *three desks* |

Although a letter **-s** or **-x** is added to written words to indicate the plural, it is not pronounced. You must listen for a preceding word, usually a number or an article, to tell whether a noun is plural or singular.

- **Plurals of articles**

The plural form of the definite article is always **les**, which is pronounced /le/:

| le livre | *the book* | **les** livres | *the books* |
| la chaise | *the chair* | **les** chaises | *the chairs* |

The plural form of the indefinite article is always **des**, which is pronounced /de/:

| un cahier | *a notebook* | **des** cahiers | *notebooks, some notebooks* |
| une carte | *a map* | **des** cartes | *maps, some maps* |

In English, plural nouns often appear without any article; in French, an article almost always accompanies the noun:

    Il y a **des** livres ici.   *There are books here.*
    J'aime **les** affiches.   *I like posters.*

Before a vowel sound, the **-s** of **les** and **des** is pronounced as /z/:

    les chaises vs. **les⁀images**   des bureaux vs. **des⁀ordinateurs**
                     /z/   /z/

- **Les articles avec l'expression** *il y a*

Il y a means *There is* or *There are* (that is, the same expression is used for both singular and plural).

    Il y a un crayon sur la table.   *There is a pencil on the table.*
    Il y a des DVD sur le bureau   *There are DVDs on the teacher's*
      du professeur.   *desk.*

To use this expression in the negative, say **Il n'y a pas de / d'** (which is equivalent to saying *There isn't / aren't any . . .* or *There is / are **no** . . .*)

    Est-ce qu'il y a un crayon sur   Non, **il n'y a pas de** crayon sur
      la table?   la table.
    Est-ce qu'il y a des DVD sur le   Non, **il n'y a pas de** DVD sur le bureau
      bureau du professeur?   du professeur.

À vous la parole

P-20 Dans la salle de classe. What can you name in this classroom?

MODÈLE ➤ Il y a un bureau...

P-21 Voilà ! As your instructor asks about various classroom objects, hand them over, point them out, or say there aren't any.

MODÈLES   Donnez-moi un stylo, s'il vous plait !
➤ Voilà !

Montrez-moi un clavier, s'il vous plait !
➤ Voilà un clavier !

Il y a des affiches ici ?
➤ Oui, voilà des affiches.
OU ➤ Non, il n'y a pas d'affiches.

P-22 Dans ta chambre. Ask a classmate questions to find out what objects are in his or her room.

MODÈLE   É1 Il y a des affiches ?
É2 Oui, il y a trois affiches.
OU Non, il n'y a pas d'affiches, mais il y a des photos.

P-23 Sur mon bureau. In groups of three, compare what is on your desk at home by naming at least three items that are on it.

MODÈLE   É1 Sur mon bureau, il y a un ordinateur, des livres et une photo.
É2 Et sur mon bureau, il y a…
É3 Sur mon bureau, il y a…

3. *C'est, Ce sont* et les pronoms toniques

Use **c'est** (*that / this is*) and **ce sont** (*those / these are*) to identify people and things:

C'est Madame Dupont ?	*Is that Madame Dupont?*
C'est un ami, Kevin.	*This is a friend, Kevin.*
Ce sont M. et Mme Tremblay.	*This is Mr. and Mrs. Tremblay.*
C'est un livre de français.	*This is a French book.*
Ce sont des professeurs.	*Those are professors.*

Les pronoms toniques

● You know that subject pronouns can be used in place of a noun (for example, a person or a thing) as the subject of a sentence. *Subject pronouns* appear with a *verb*:

—Adrien est de Jonquière ?	—*Is Adrien from Jonquière?*
—Non, **il** est de Montréal.	—*No, he's from Montreal.*
—Pierre et Mélanie sont occupés ?	—*Are Pierre and Mélanie busy?*
—Oui, **ils** sont occupés.	—*Yes, they are busy.*
—La chaise est confortable ?	—*Is the chair comfortable?*
—Oui, **elle** est confortable.	—*Yes, it's comfortable.*

- A different type of pronoun, a *stressed pronoun*, is used to put extra emphasis on the people being mentioned, in situations such as the following:

    - in short questions that have no verb:

        Je m'appelle Claire, et **toi** ?   *My name is Claire, and you?*
        Ça va bien, et **vous** ?   *I'm fine, and you?*

    - where there are two subjects in a sentence, one of which is a pronoun:

        et **moi**, nous sommes fatigués.   *Damien and I are tired.*

    - to emphasize the subject of a sentence when providing a contrast:

        Moi, je suis de Montréal, mais **lui**,   *I'm from Montreal, but he's*
        il est de Paris.   *from Paris.*

    Note that in English we usually provide this emphasis with our voice.

    - after **c'est** and **ce sont**:

        C'est Pierre ?   —*Is that Pierre?*
        —Oui, c'est **lui**.   —*Yes, it is he.*
        —Ce sont M. et Mme Dulac ?   —*Is that Mr. and Mrs. Dulac?*
        —Oui, ce sont **eux**.   —*Yes, it is they.*

Here are the stressed pronouns, shown with the corresponding subject pronouns:

moi	je	**nous**	nous, on
toi	tu	**vous**	vous
lui	il	**eux**	ils
elle	elle	**elles**	elles

À vous la parole

P-24 C'est ça. With your partner, confirm who these people are.

MODÈLES   É1 C'est toi ?
　　　　　　 É2 Oui, c'est moi.
　　　　　　 É1 Ce sont Marie et Hélène ?
　　　　　　 É2 Oui, ce sont elles.

1. C'est Christophe ?
2. C'est Jessica ?
3. C'est toi ?
4. C'est Arnaud ?
5. Ce sont Francine et Nathalie ?
6. C'est vous ? Qui c'est nous/moi
7. Ce sont Simon et Maxime ?
8. Ce sont Vanessa et Laurent ?

 **P-25 Et toi ?** Interview each other in groups of three.

MODÈLES É1 Je m'appelle Alex. Et toi ?
 É2 Moi, je m'appelle…
 É3 Et moi, je m'appelle…

1. Je m'appelle… Et toi ?
2. Moi, ça va. Et toi ?
3. Je suis de… Et toi ?

P-26 Présentez-vous ! Help out your forgetful instructor by identifying students in your classroom.

MODÈLE Lui, il s'appelle Matt; elle, elle s'appelle Caroline.

TEXT AUDIO P.4

P-27 Des Canadiens francophones bien connus

A. Avant d'écouter. You will hear descriptions of four famous Canadian Francophones. Look at the chart below—do you recognize any of the names? Do you know anything about these individuals?

B. En écoutant. The first time you listen, fill in the first column of the chart with the city where each person was born. Next, listen again and try to determine why these people are famous. Write their profession in the second column. See whether any of your initial ideas are confirmed.

Nom	Ville d'origine	Profession
Michaëlle JEAN		
Justin TRUDEAU		
Céline DION		
Ricardo LARRIVÉE		

C. Après avoir écouté. Search the Internet for information about other famous Canadian Francophones. Present the results to the class:

  C'est…
  Il / Elle est de…
  Il / Elle est *(other details)*

Venez chez nous !
Le français dans le monde

Parlons

P-28 Qui parle français ?

A. Avant de parler. What do you know about who speaks French, where, and for what purposes? Take the following quiz and see.

1. The French-speaking population of the world totals approximately . . .
   a. 60 million   c. 275 million
   b. 112 million   d. 450 million

2. In a Francophone country, everyone speaks French.
   a. True   b. False

3. Québec is a bilingual province.
   a. True   b. False

4. In the eighteenth century, French was the Western world's major language of diplomacy and international affairs.
   a. True   b. False

5. The world organization for countries where French is spoken is . . .
   a. a political and economic federation, a kind of French commonwealth.
   b. the only international organization based on a language.
   c. a vehicle for recognizing the cultural diversity of French-speaking people.

B. En parlant. Now compare your answers with those of a partner to see how you did.

la Polynésie française

la Tunisie

la Guadeloupe

le Sénégal

le Québec

le Mali

Number 1

Did you answer . . . b. 112 million? You are correct. About 60 million of these people live in France; about 20 million live in countries where part of the population speaks French as an everyday language (Canada, Belgium, Switzerland); about 30 million are people who speak French and some other language(s) as vernaculars (i.e., used in everyday communication) in countries where most of the population doesn't use French every day. The number of French-speaking people in the world has risen by almost 8% since 1990.

Number 2

The answer is False; in a Francophone country, everyone does not necessarily speak French. In some countries, French is both an official language (used in government and education) and a vernacular language. Belgium is an example of a country in which French is both an official and a vernacular language (in Wallonie, the French-speaking part of the country). In Haiti, on the other hand, French serves as one of two official languages, but is spoken by only about 15% of the population. In Canada, French is an official language along with English.

About 80% of Québécois speak French as their native language. French is spoken also by about a third of the population in New Brunswick, and by a smaller number of speakers in Prince Edward Island, Manitoba and Nova Scotia.

Number 3

The answer is False; although Canada is a bilingual country, the only province that is officially bilingual is New Brunswick. Québec is Canada's only officially French-speaking province.

Number 4

True; philosophers such as Montesquieu, Voltaire, and Rousseau had a profound effect on the politics of the eighteenth century. Today French is still an important language in the diplomatic world; it is, for example, one of the official languages of the United Nations, as well as of UNESCO and of the Olympic Games.

Number 5

The answer is both B and C! In 1970 several African nations joined to form an entity that would promote technology and culture across French-speaking countries. The current organization, **l'Agence intergouvernementale de la Francophonie (l'AIF)**, was founded after a series of developments: France disentangled itself from its last colony and became a champion of the Third World in the West; efforts began to counterbalance the predominance of American entertainment on the world's airwaves; Canada struggled with how to accommodate Québec's reaffirmation of its French cultural roots without tearing the country apart. The first meeting of the organization took place in 1986, and more than 50 national delegations have attended the most recent meetings.

C. Après avoir parlé. How did you and your partner do? Did any of these answers surprise you? Why, or why not?

Lisons

P-29 Titres de journaux

A. Avant de lire. Here is a series of headlines from the French-language press. As you read them, you will find that you are able to grasp their general meaning because they include a number of cognates. For example, you can guess that the article entitled **Dossier Beauté : Écolo Cosméto** probably has to do with cosmetics and ecology because of the words **Écolo** and **Cosméto**. The subtitle contains other cognates that help to confirm this guess, including **cosmétologie**, **crèmes**, **plantes**, **aérosols**, and **fréon**.

> ### Stratégie
> Remember to look for **mots apparentés** (*cognates*) as you read a text. These are words whose form and meaning are very similar in French and English. Using them, you can grasp the general meaning of a text.

B. En lisant. Watching for cognates, decide which headline/s deal/s with . . .

1. l'art
2. des nouvelles médicales
3. la politique
4. des désastres naturels
5. une découverte scientifique
6. l'économie
7. l'environnement

How did you make your decision in each case?

1. **Combattre la grippe avec le vaccin antigrippal**
Le vaccin produit pour la saison 2013-2014 est disponible sous deux formes (injectable et intranasal), et protège contre trois souches du virus.

2. **Os de dinosaure découverts en Alberta**
En posant un pipeline dans le nord de l'Alberta en septembre 2012, les travailleurs d'une compagnie d'exploration pétrolière ont découvert des os de dinosaure fossilisés.

3. **DOSSIER BEAUTÉ : ÉCOLO COSMÉTO**
La cosmétologie se met à l'heure écolo. Shampooings biodégradables, crèmes aux plantes, aérosols sans fréon...

4. **CATASTROPHES NATURELLES**
Cayes - inondations : 3.000 familles sinistrées
Est-ce la manifestation du changement climatique ?
La ville des Cayes, troisième ville d'Haïti comptant 100.000 habitants, était en partie sous les eaux mardi...

Haïti en marche (Miami)

5. **Marois investit dans la rénovation verte**
Les Québécois qui réalisent des travaux de rénovation verte recevront un remboursement, a annoncé hier le gouvernement de Pauline Marois.

6. **Voirol ou le regard émerveillé d'un môme photographe**
... Portraitiste subtil, photoreporter nominé à l'European Kodak Award d'Arles, Xavier Voirol reste viscéralement attaché à son indépendance. Il travaille en freelance depuis 20 ans ....

L'Express (Neuchâtel)

C. En regardant de plus près. Now look more closely at these features of the headlines.

1. Point out at least one cognate in each headline.
2. Based on the context and use of cognates, indicate what the following words or expressions mean.
   a. Le vaccin antigrippal (no. 1)
   b. une compagnie d'exploration pétrolière (no. 2)
   c. Écolo cosméto; crèmes aux plantes, aérosols sans fréon (no. 3)
   d. le changement climatique (no. 4)
   e. Il travaille en freelance (no. 6)

D. Après avoir lu. The source newspaper is indicated for two of the headlines. Why are French newspapers published in Miami and in Neuchâtel?

P-30 Je me présente

A. Avant de regarder. What information do people generally give when they introduce themselves? What expressions have you learned that people might use to provide this information in French?

B. En regardant. Watch and listen to the video as the people shown introduce themselves, telling where they are from, and what language(s) are spoken there. Match their photos with the places they come from, and then find those places on the map inside the cover of your textbook. You can expect to listen more than once.

1. Vous avez compris ?
   a. Who is from . . .

      le Bénin ?   Haïti ?
      la République démocratique du Congo ?   le Maroc ?
      la France ?   le Québec ?

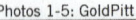

Édouard FLEURIAU-CHÂTEAU   Marie-Éline LOUIS   Fadoua BENNANI   Bienvenue et Honorine AKPAKLA   Marie-Julie KERHARO

b. How many people are from places where languages other than French are spoken?

2. Which of the following languages are mentioned?
   _____ Arabic (*l'arabe*)   _____ Fongbé (*le fongbé*)
   _____ Creole (*le créole*)   _____ Spanish (*l'espagnol*)
   _____ English (*l'anglais*)

C. Après avoir regardé. Discuss the following question with your classmates. What observations can you make about the Francophone world based on the video?

P-31 Voyages en francophonie

A. Avant d'écrire. On the inside cover of this textbook, a world map shows the Francophone countries/regions of the world. Take a look at this map.

B. En écrivant. On a separate sheet of paper, make two lists: (1) Francophone countries/regions that you have already visited (**J'ai déjà visité…**); (2) Francophone countries that you would like to visit in the future (**Je voudrais visiter…**).

MODÈLE   J'ai déjà visité :   Je voudrais visiter :
         le Québec   la France
         la Louisiane   le Maroc
         etc.   etc.

C. Après avoir écrit. Compare your lists with those of other students in the class to see who has visited the most Francophone countries/regions. Talk about your experiences and why you'd like to visit the other places you named.

VOCABULAIRE

 TEXT AUDIO P.5–P.16

Français canadien

P.5
Bienvenue. — *You're welcome.*
Bonjour. — *Hello, Goodbye*
une efface — *eraser (for pencil)*

Leçon 1

P.6 **pour vous présenter** — *to introduce yourself*
Comment tu t'appelles ? / Comment t'appelles-tu? — *What is your name?*
Comment vous appelez-vous ? — *What is your name?*
Je m'appelle Chantal. — *My name is Chantal.*
Je te / vous présente Guy. — *May I introduce/present Guy?*
Voici… — *Here is / are . . .*
Enchanté/e. — *Nice to meet you. / Delighted.*
Je suis de Montréal. — *I am from Montreal.*

P.7 **pour saluer** — *to greet*
Bonjour. — *Hello. / Good morning.*
Bonsoir. — *Good evening.*
Comment allez-vous ? — *How are you?*
Très bien, merci. — *Very well, thank you.*
Bien aussi. — *Fine, also.*
Salut. — *Hi.*
Comment ça va ? — *How's it going?*
Ça va, et toi / vous ? — *Fine, and you?*
Pas mal. — *Not bad. / All right.*
Ça ne va pas. — *Things aren't going well.*

P.8 **pour prendre congé** — *to take leave*
Au revoir. — *Goodbye.*
À bientôt. — *See you soon.*
À demain. — *See you tomorrow.*
Salut. — *Bye.*

des personnes — *people* — P.9
Madame (Mme) — *Mrs. / Ma'am / Ms.*
Mademoiselle (Mlle) — *Miss*
Monsieur (M.) — *Mr. / Sir*
un/e ami/e — *friend*
un/e camarade de classe — *classmate*
moi — *me*

quelques expressions avec le verbe être — *a few expressions with the verb être* — P.10
être en forme — *to feel fine*
être fatigué/e — *to be tired*
être malade — *to be sick*
être occupé/e — *to be busy*
être stressé/e — *to be stressed out*
c'est / ce sont… — *this is / these are . . .*

autres mots utiles — *other useful words* — P.11
oui — *yes*
non — *no*
ou — *or*

Leçon 2

dans la salle de classe — *in the classroom* — P.12
une affiche — *poster*
une brosse — *eraser (for black- or whiteboard)*
un bureau — *desk*
un cahier — *notebook*
une carte — *map*
une calculatrice — *calculator*
un CD — *CD, compact disc*
une chaise — *chair*
un clavier — *keyboard*
une craie — *piece of chalk*
un crayon — *pencil*
des devoirs (m.) — *homework*

un DVD	DVD
un écran	screen
une fenêtre	window
une gomme (Fr.)	eraser (for pencil)
un lecteur CD	CD player
un lecteur DVD	DVD player
un livre	book
un ordinateur	computer
une porte	door
une règle	ruler
un stylo	pen
un tableau	black- or whiteboard
une télé(vision)	television (set)

pour donner des ordres — **to give orders** (P.13)

Allez à la porte !	Go to the door!
Allez au tableau !	Go to the board!
Asseyez-vous !	Sit down!
Donnez la craie à Marie-Laure !	Give the piece of chalk to Marie-Laure!
Écoutez bien, s'il vous plaît !	Listen carefully, please!
Écoutez sans regarder le livre !	Listen without looking at the book!
Écrivez votre nom et votre prénom !	Write down your last name and your first name!
Effacez le tableau !	Erase the board!
Fermez le livre !	Close the book!
Levez-vous !	Get up / stand up!
Lisez les mots au tableau !	Read the words on the board!
Montrez-moi votre livre !	Show me your book!
Montrez Paris sur la carte !	Point to Paris on the map!
Ouvrez la fenêtre !	Open the window!
Prenez un stylo !	Take a pen!
Regardez le tableau !	Look at the board!
Rendez-moi les devoirs !	Hand in your homework!
Répondez en français !	Answer in French!

des expressions pour la salle de classe — **expressions for the classroom** (P.14)

Pardon ?	Pardon (me)?
Je ne comprends pas.	I don't understand.
Répétez, s'il vous plaît !	Repeat, please!
Parlez plus fort !	Speak louder!
Comment dit-on « board » en français ?	How do you say "board" in French?
Que veut dire… ?	What does … mean?
Voilà…	Here / There is / are …
Il y a… (Il n'y a pas de…)	There is / are … (There isn't / aren't any …)

pour remercier quelqu'un — **to thank someone** (P.15)

Merci.	Thank you.
Je vous en prie. / Je t'en prie.	Don't mention it.
De rien.	Not at all.
Il n'y a pas de quoi.	You're welcome.

des personnes — **people** (P.16)

un/e étudiant/e	student
un/e professeur/e	teacher
une dame	lady
un monsieur	man

CHAPITRE 1 | Ma famille et moi

—Enchanté, monsieur.

DISCOVER
Go to the **Resources** for Chapitre 1 on MyFrenchLab to watch the *On démarre* video on greeting family and introducing friends. Complete the related video activities in the **Assessments** for this chapter under Additional Practice.

APPLY
- Video
- Activities : On démarre ! 01-01 to 01-02

LEÇON 1

Voici ma famille

LEÇON 2

Les dates importantes

LEÇON 3

Nos activités

Venez chez nous !
La famille dans le monde francophone

MyFrenchLab
Visit MyFrenchLab to access the audio clips for each chapter, additional exercises and quizzes, and much more!

After completing this chapter, you should be able to
- Talk about and describe family members
- Count from 0 to 100 and tell how old someone is
- Describe everyday activities
- Ask simple questions
- Describe changing family structures in the French-speaking world

This chapter will help you to become familiar with the following grammatical structures:
- Possessive adjectives
- Descriptive adjectives
- The verb **avoir**
- Verbs ending in **-er** (in the present)
- Yes / no questions

You will also practise the pronunciation of
- **French vowels**
- **French speech (rhythm)**
- **Numbers**

LEÇON 1 — Voici ma famille

Points de départ

TEXT AUDIO 1.1

Ma famille

Salut, je m'appelle Éric Brunet. Voici ma famille :

D'abord, il y a mes grands-parents Brunet : ce sont les parents de mon père. Mon père a une sœur ; elle s'appelle Annick Roy. Paul Roy est son mari. Ma tante est divorcée et remariée. Loïc est le fils de son premier mari, mais Marie-Hélène est la fille de son deuxième mari, Paul Roy.

Ma mère est d'une famille nombreuse. Elle a deux frères et trois sœurs. Alors, j'ai beaucoup d'oncles, de tantes, de cousins et de cousines. Ma grand-mère Kerboul habite chez mon oncle ; mon grand-père Kerboul est décédé.

Ma grande sœur Fabienne est fiancée. J'ai aussi un petit frère, Stéphane. Chez nous, il y a des animaux familiers*. Nous avons un chien, César, deux chats, Minou et Cédille, et trois oiseaux.

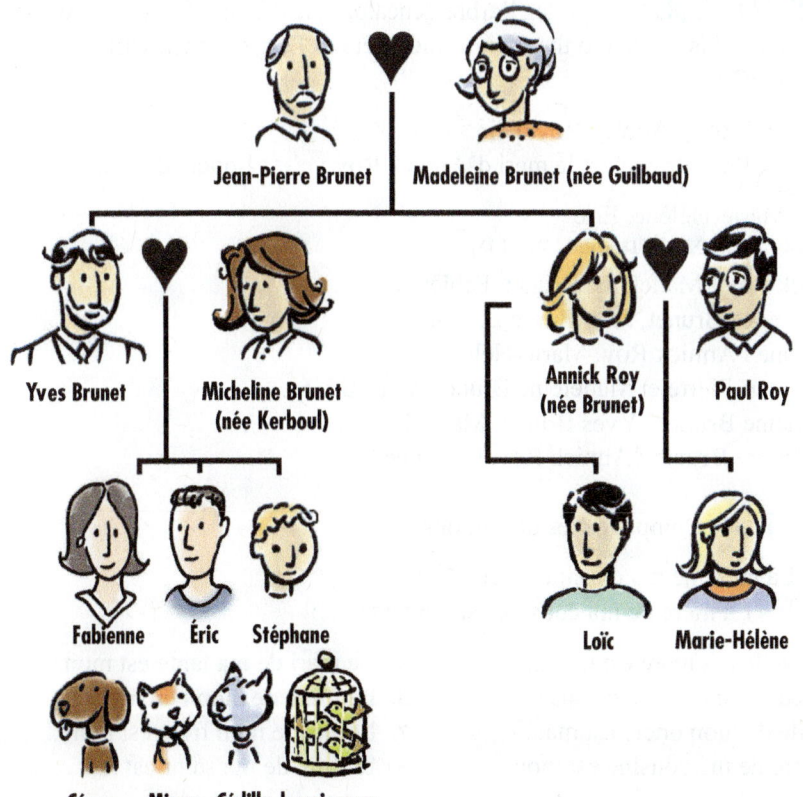

*Note that in Canada, the term **animal domestique** is used instead of **animal familier**. In France and in other French-speaking countries, both expressions are used.

Fiche pratique

As you learn new vocabulary, it can be helpful to organize words and expressions into pairs of logical opposites or counterparts, for example: **la mère et le père, la sœur et le frère.**

LA FAMILLE

le mari / l'époux / le conjoint
la femme / l'épouse / la conjointe
la famille monoparentale

les parents		les grands-parents	
le père	la mère	le grand-père	la grand-mère
le père unique	la mère unique		
le beau-père	la belle-mère		
l'oncle	la tante		

les enfants		les petits-enfants	
le fils	la fille	le petit-fils	la petite-fille
le frère	la sœur		
le demi-frère	la demi-sœur		
le cousin	la cousine		
le neveu	la nièce		

célibataire   fiancé/e   marié/e   divorcé/e   décédé/e

À vous la parole

1-1 Relations multiples. Regardez l'arbre généalogique d'Éric. Describe how the first person listed is related to the various members of Éric's family. Utilisez l'expression «C'est...»

MODÈLE Paul Roy : Annick Roy, Éric
➤ Paul Roy, c'est le mari d'Annick Roy ; c'est l'oncle d'Éric.

1. Loïc : Marie-Hélène, Éric
2. Annick Roy : Yves Brunet, Paul Roy
3. Annick Roy : Madeleine Brunet, Fabienne
4. Loïc : Yves Brunet, Jean-Pierre Brunet
5. Fabienne : Annick Roy, Marie-Hélène
6. Éric : Jean-Pierre et Madeleine Brunet, Yves Brunet
7. Madeleine Brunet : Yves Brunet, Marie-Hélène
8. Jean-Pierre Brunet : Annick Roy, Fabienne

1-2 Le mot juste. Complétez les définitions !

MODÈLE La mère de ma cousine est ma...
➤ La mère de ma cousine est ma tante.

1. Le père de ma mère est mon...
2. La sœur de mon père est ma...
3. La fille de mon oncle est ma...
4. Le frère de ma cousine est mon...
5. Le mari de ma tante est mon...
6. La mère de mon père est ma...
7. Le fils de mon frère est mon...
8. La fille de ma sœur est ma...

Vie et culture

Je m'appelle...

In Francophone countries, as in many cultures, children are often given the name of a relative, the name of a celebrity, or a name that has particular meaning to the family. Naming customs follow trends, and certain names go in and out of style. In Québec, in 2011, the most common boys' names were **William**, **Thomas**, **Alexis**, **Nathan** and **Olivier**. Favourite girls' names in 2011 included **Léa**, **Emma**, **Florence**, **Zoé**, and **Juliette**. Hyphenated names are common: Jean-Christophe, Marie-Hélène, and Anne-Sophie. Among Acadians and other Francophone communities in Canada, English first names are also commonly chosen. Recently, the most fashionable names for boys in France have been **Lucas**, **Thomas**, **Mathis**, **Nathan** and **Enzo**. The most popular girls' names are **Léa**, **Manon**, **Clara**, **Emma**, and **Chloé**. In France too, hyphenated names like Paul-Henri and Anne-Laure are popular. It is also quite trendy in France to give children North American names such as Kevin or James for boys, and Jennifer or Kelly for girls.*

What are the most common names in your language? The most fashionable? Is it trendy to give foreign names to children in your culture? Think of some examples.

Les animaux familiers / domestiques

Look at the video segment *Les animaux familiers* and identify the types of animals you see and where you see them—are there any places that surprise you? How would you feel about dining in a restaurant where pets are regularly allowed under the tables? What does this custom suggest about differences in French and North American attitudes toward public spaces?

*Sources: Based on material from http://www.youcantcallitit.com/2010/04/21/top-100-french-baby-names/; http://www.rrq.gouv.qc.ca/Interactif/PR2I121_Prenoms/PR2I121_Prenoms/PR2SPrenoms.aspx?langue=en

👥 **1-3 Portrait de famille.** Regardez le portrait de famille du peintre impressioniste Frédéric Bazille. Le tableau s'appelle *La réunion de famille*. The artist brought together ten of his close family members for this group portrait. You can see the artist's self-portrait on the far left. With a partner, imagine who the various members of his family are.

MODÈLE Voilà l'artiste...

Frédéric Bazille, « La réunion de famille », Musée d'Orsay, Paris

👥 **1-4 Et vous ?** Tell your partner about your family and pets using the outline below.

MODÈLE ▶ Je m'appelle Anne. Ma mère s'appelle Nancy et mon père s'appelle Rick. J'ai une sœur. Elle s'appelle Christy. Je n'ai pas de frère. J'ai un chien, Hunter.

Je m'appelle...
Ma mère s'appelle...
Mon père s'appelle...

J'ai ___ sœur/s, elle/s s'appelle/nt...   Je n'ai pas de...
J'ai ___ frère/s, il/s s'appelle/nt...
J'ai ___ chat/s, ___ chien/s, ...

SONS ET LETTRES

Les modes articulatoires du français : la tension et le rythme

The tension with which French vowels are pronounced and the rhythm of French speech are distinctive qualities of the spoken language.

- **Pronouncing French vowels**

At the end of a syllable, French vowels are pronounced with the lips and the jaws tense. French vowels are usually shorter than corresponding English vowels, and the lips and jaws do not move as they are produced. In contrast, when you pronounce English vowels, your chin often drops or your lips move, and a glided vowel results. When pronouncing French vowels, be sure that your lips and jaws do not change position.

- French /i/, as in **Mimi**, is pronounced with the lips spread and tense, as if you had a frozen, extreme smile. The sound produced is high-pitched.
- French /u/, as in **Doudou**, is pronounced with the lips very rounded, tense, and projected forward. The tongue is also further back in the mouth. The sound produced is a low-pitched, deep sound, and very different from that of the vowel in the English word *do*.

- **Rhythm**

French speech is organized in rhythmic groups, short phrases usually two to six syllables long. Each syllable within a rhythmic group has the same strength and each receives the same degree of stress. The last syllable tends to be longer but not stronger than the others.

In English, in contrast, some syllables within words are stronger than others. Consider, for example, the pronunciation of the following words:

re***peat***   ***lis***ten   Van***cou***ver   To***ron***to

The syllables that are not stressed are usually short, and their vowel is short and indistinct like that found in the last syllable of the word *furnace* or *sofa*. In French, on the other hand, each syllable, and therefore each vowel, is pronounced evenly and distinctly.

Listen to the pronunciation of the following English and French words. Then, as you pronounce each French word yourself, count out the rhythm or tap it out with your finger.

1-2		1-2-3		1-2-3-4	
English	**French**	**English**	**French**	**English**	**French**
Phillip	Philippe	*Canada*	Canada	*Ontario*	Ontario
machine	machine	*alphabet*	alphabet	*francophonie*	francophonie
Madam	Madame	*Isabel*	Isabelle	*introduction*	introduction

À vous la parole

1-5 Les animaux domestiques. At a pet show, owners are calling their cats. Repeat what they say, paying particular attention to the /u/ and /i/ sounds.

1. Ici (*here*), Mistigri !
2. Ici, Minouche !
3. Ici, Mimi !
4. Ici, Foufou !
5. Ici, Loulou !
6. Ici, Fifine !
7. Ici, Cachou !
8. Ici, Minette !

1-6 Slogan. In a French school zone you will find a sign urging motorists to drive slowly. Practise reading the warning aloud, focusing especially on the pronunciation of the vowels.

Pensez à nous ! Roulez tout doux ! *Think of us! Drive slowly!*

1-7 Répétez. Practise pronouncing the following sentences with even rhythm. Count out the rhythm of each rhythmic group. The last syllable of each rhythmic group is printed in boldface characters.

1. 1-2   1-2   Bon**jour** / Ma**dame**.
2. 1-2   1-2-3   Voi**ci** / Fati**ma**.
3. 1-2-3   1-2   Il s'ap**pelle** / Pa**trick**.
4. 1-2-3-4 1-2-3-4   C'est mon **amie** / Sylvie **Davy**.

TEXT AUDIO 1.3

Formes et fonctions

1. Les adjectifs possessifs : à un possesseur

- Possessive adjectives precede a noun to describe ownership or other types of relationships (so they describe in the same way that adjectives do). Here are some examples of possessive adjectives showing ownership *by one owner*. What do the forms show about the nouns they're used with?

Voilà **ma** mère.	*There's my mother.*
C'est **ton** frère ?	*Is that your brother?*
Ce sont **tes** crayons ?	*Are these your pencils?*

SINGULIER			PLURIEL
masculin + *consonne*	*féminin* + *consonne*	*masc./fém.* + *voyelle*	
mon frère	**ma** tante	**mon**‿oncle	**mes** cousins
ton père	**ta** mère	**ton**‿ami/e	**tes** parents
son copain	**sa** sœur	**son**‿ami/e	**ses**‿amis

↑ His/her

36 trente-six CHAPITRE 1 • MA FAMILLE ET MOI

- The form of the possessive adjective depends on the gender and number of the noun that it modifies (**not** on the gender of the owner).

  —C'est **le frère** de Sarah ?   —Oui, c'est **son** frère.   *Yes, that's her brother.*
  —C'est **la tante** de Simon ?   —Oui, c'est **sa** tante.   *Yes, that's his aunt.*
  —Voilà **les cousins** de Cédric.   —Voilà **ses** cousins.   *There are his cousins.*

- **Mon, ton** and **son** are used for masculine nouns beginning with a consonant, **and** they must also be used before any singular noun beginning with a vowel (even feminine nouns). Remember to pronounce the liaison /n/:

  C'est **mon** ‿amie Sandrine.   *This is my girlfriend Sandrine.*
  C'est **ton** ‿oncle ?   *Is that your uncle?*

- For plural nouns beginning with a vowel, pronounce the liaison /z/:

  Voilà **ses** ‿amies.   *There are his/her friends.*
  Ce sont **mes** ‿oncles.   *These are my uncles.*

À vous la parole

1-8 C'est qui ?
Imagine you are at a family gathering with a friend. Répondez à ses questions.

MODÈLES   É1 Ce sont tes cousins ?
          É2 Oui, ce sont mes cousins.
          É1 C'est le frère de ton père ?
          É2 Oui, c'est son frère.

1. C'est ta mère ?
2. Ce sont tes grands-parents ?
3. C'est ton frère ?
4. C'est ton oncle ?
5. Ce sont ton cousin et ta cousine ?
6. C'est la sœur de ta mère ?
7. C'est le mari de ta sœur ?
8. Ce sont ta nièce et ton neveu ?

1-9 L'arbre généalogique.
Ask your partner questions so that you can draw his/her family tree.

MODÈLE   É1 Paul, comment s'appellent tes grands-parents ?
         É2 Mes grands-parents s'appellent Mitchell et Barbara; ce sont les parents de ma mère.
         É1 Et comment s'appelle ta mère ?
         É2 Ma mère s'appelle Anne.
         É1 Comment s'appelle ton père ?
         É2 Mon père s'appelle David.
         É1 Est-ce que tu as des frères ou des sœurs ? Etc.

1-10 Qu'est-ce que vous prenez ? Imagine that your dorm/house/apartment is on fire, and you have time to take only three things. What would you take? Make a list and share it with your partner. Use the possessive adjectives **mon**, **ma**, and **mes**.

MODÈLE É1 les photos de ma famille et de mes amis
  É2 mes deux chats, Roméo et Juliette
  É3 mon ordinateur

2. Les adjectifs possessifs : à plusieurs possesseurs

Now, let's look at possession by *more than one owner:*

- The following possessive adjectives correspond to the subjects **nous**, **vous**, and **ils / elles**:

Voici **notre** père.	*Here's our father.*
C'est **votre** mère ?	*Is that your mother?*
C'est **leur** tante.	*That's their aunt.*

- There is no distinction between masculine and feminine for **notre**, **votre**, and **leur**.

- For the plural forms, pronounce the liaison /z/ before a vowel:

Ce sont **nos**_oncles.	*These are our uncles.*
Voici **vos**_affiches.	*Here are your posters.*
Ce sont **leurs**_amis.	*These are their friends.*

Remember that **vous** can refer to one person (in a *formal* situation) or more than one person, so **votre** can mean **your** if there is only one owner (someone you're referring to formally) or **your** when there is a group of owners:

Madame, c'est votre frère ?	*Madame, is that your brother? (one owner)*
Léo et Georges, c'est votre mère ?	*Leo and George, is that your mother? (more than one owner)*

This table summarizes all the possessive adjectives.

			SINGULIER *(use for ONE item owned)*			PLURIEL *(use for MORE THAN ONE item owned)*
			masculin + consonne	*masc./fém. + voyelle*	*féminin + consonne*	
à un possesseur	singulier	mon	**mon** frère	**mon**_oncle	**ma** tante	**mes** cousins
		ton	**ton** père	**ton**_ami/e	**ta** mère	**tes** parents
		son	**son** copain	**son**_ami/e	**sa** sœur	**ses**_amis
à plusieurs possesseurs	pluriel	notre		**notre** mère		**nos** cousines
		votre		**votre** oncle		**vos**_amis
		leur		**leur** père		**leurs**_oncles

À vous la parole

1-11 C'est logique. Use the possessive to point out the person(s) indicated.

MODÈLE   Nous avons une fille.
➤ Voici notre fille.

1. Nous avons deux fils.
2. Vous avez un neveu.
3. Vous avez trois cousins.
4. Ils ont une nièce.
5. Ils ont trois enfants.
6. Nous avons une tante.
7. Nous avons deux oncles.

Fiche pratique

Here is a hint to help you distinguish the singular form from the plural form (**leur** vs. **leurs**, for example): remember that these are adjectives and that they must therefore modify their noun. For example, **oncles** is plural, and so the possessive adjective that modifies it (**leurs**) must also be plural.

1-12 Décrivons la famille Brunet. With a partner, describe the family from the point of view indicated (consultez la page 31 pour vous aider).

MODÈLE   pour Annick Roy

É1 Ses parents s'appellent Jean-Pierre et Madeleine.

É2 Sa nièce s'appelle Fabienne.

1. pour Fabienne Brunet
2. pour Jean-Pierre et Madeleine Brunet
3. pour Annick et Paul Roy
4. pour Loïc Leclerc et Marie-Hélène Roy
5. pour Yves Brunet
6. pour Fabienne, Éric et Stéphane Brunet

1-13 La famille étendue. Choose a partner and take turns asking and answering questions to describe your extended family.

MODÈLE   des tantes

É1 Tu as des tantes ?

É2 Oui, j'ai deux tantes.

É3 Comment s'appellent tes tantes ? Etc.

1. des tantes
2. des oncles
3. des cousines
4. des cousins
5. des nièces
6. des neveux
7. des animaux

3. Les adjectifs descriptifs (Les adjectifs qualificatifs)

On the next page are some easy adjectives to start—use these to describe someone's personality.

sympa(thique) ≠ désagréable

optimiste ≠ pessimiste

sociable ≠ réservé/e

dynamique ≠ timide

idéaliste ≠ réaliste

discipliné/e ≠ indiscipliné/e

conformiste ≠ individualiste

raisonnable ≠ têtu/e

calme ≠ stressé/e

- Adjectives are used to describe a noun (person, place, thing or concept). French adjectives agree in gender and number with the noun they modify. That is, if the noun is feminine, the adjective must be feminine, and if the noun is plural, the adjective must likewise be plural. Look at the adjective endings in the examples below. Note that these are examples of the simplest form of agreement: the addition of **-e** for the feminine forms (unless the adjective already ends in **-e**) and **-s** for the plural.

singulier	*f.*	Claire est	calme	et	réservé**e**.
	m.	Jordan est	calme	et	réservé.
pluriel	*f.*	Mes amies sont	calme**s**	et	réservé**es**.
	m.	Mes copains sont	calme**s**	et	réservé**s**.

- With a mixed group of feminine and masculine nouns, the masculine plural form of the adjective is used.

Lucie et Marie sont **têtues**.	*Lucie and Marie are stubborn.*
Romain et Grégorie sont **timides**.	*Romain and Grégorie are shy.*
Alexandre et Marie sont **disciplinés**.	*Alexander and Marie are disciplined.*

À vous la parole

1-14 Le contraire. Answer each question using the adjective with the opposite meaning.

MODÈLE Les étudiantes sont disciplinées ?
➤ Non, elles sont indisciplinées.

1. Les femmes sont calmes ?
2. Les professeurs sont idéalistes ?
3. Les enfants sont sociables ?
4. Les filles sont têtues ?
5. Les hommes sont conformistes ?
6. Les étudiants sont pessimistes ?
7. Les étudiantes sont timides ?

Now, answer these same questions in the negative (remember from *Chapitre Préliminaire* that **ne** goes after the subject, and **pas** goes after the verb in the present tense.)

MODÈLE Les étudiantes sont disciplinées ?
➤ Non, elles ne sont pas disciplinées.

1-15 Contrastes. Compare your ideas with those of a classmate. Use some sentences in the negative.

MODÈLE le frère / la sœur idéal/e

É1 Pour moi, le frère idéal est calme et réservé.

É2 Pour moi, le frère idéal est calme aussi, et il n'est pas désagréable.

1. le frère / la sœur idéal/e
2. le père idéal
3. le professeur idéal
4. l'étudiant/e typique
5. le / la partenaire idéal/e

COMMENT PRÉCISER UNE DESCRIPTION

un peu (*a little*)   assez (*rather*)   très (*very*)   vraiment (*really*)   trop (*too*)

1-16 Ma famille ! Décrivez les membres de ta famille avec les adjectifs et les précisions **un peu, assez, très, vraiment** et **trop**.

MODÈLE :   Ma mère est assez réservée. Mon frère est très sympa.

Présentez les phrases à la classe !

1-17 Fairepart

A. Avant de lire. On the next page are three very similar documents to look over.

1. For what purpose have they been designed?
2. What kinds of information do you expect to find as you read them? Choose from the list:

   __ addresses   __ names   __ professions   __ times
   __ ages   __ places   __ relationships   __ weather
   __ dates   __ prices   __ religion

3. In documents such as these, the type of information provided, as well as the phrasing, is often highly predictable. Think of some common examples in English. Where would you expect to find such phrases as *request the pleasure of your company* or *are pleased to announce*? Anticipating the type of information and phrasing such texts are likely to contain will make your close reading of them much easier.

B. En lisant. As you read, look for key information:

1. Fill in the following chart as completely as possible.

	1st document	2nd document	3rd document
Purpose:			
Names:			
Date:			
Time(s):			

Stratégie

Certain types of documents — for example, announcements and invitations — follow a predictable formula. Your familiarity with such texts in English can help you anticipate and understand the content of similar texts in French.

Orthographe :
fairepart (faire-part)

2. What information do you find in these documents that you expected to find? Is there any information that you did not expect?

1.

Monsieur et Madame André Lefranc

Monsieur et Madame Dominique Santino

ont l'honneur de vous faire part du mariage de leurs enfants

Nathalie et Patrice

La Cérémonie Religieuse sera célébrée le samedi 20 mai 2006, à 15 heures 40, à l'église de St-Jacques, 235, rue Lachapelle, Ste-Foy.

18, avenue Lévesque
Québec

127, rue de l'Ouest
Ste-Foy

2.

Guillaume

a le plaisir de vous faire part du mariage de ses parents

Julie et Daniel

La cérémonie se déroulera le samedi 18 Juin 2005, à 16 heures 30 au Palais de Justice à Boucherville.

Une réception en leur honneur suivra à l'Hôtel Longueuil, rue Beaubien, Boucherville.

Julie Dumont et Daniel Gauthier

19, rue Bonaventure
Boucherville
Téléphone : 450-555-6284

C. En regardant de plus près. Now look more closely at some features of these documents.

1. They begin in a very similar way:

   ...ont l'honneur de vous faire part...
   ...a le plaisir de vous faire part...
   ...est heureux de vous annoncer...

   Based on your familiarity with similar texts in English and on your knowledge of cognates, what do you think these first lines mean?

2. The location mentioned in one document is listed as **l'église** and in another as **Palais de Justice**. Given the context, what do you think the meaning of these words is?
3. The French term for *invitation* is **un fairepart**. Can you explain why?
4. What does the word **né** mean? What would the feminine form of **né** be?

3.

Le grand frère Nicolas
est heureux de vous annoncer
l'arrivée de son petit frère

Jean-François

qui est né le 10 février 2009 à 20 h 15
Il fait 3,5 kg pour 50 cm
Nos parents sont
Robert et Annie Dupuis

D. Après avoir lu. Having seen these three examples, design a similar invitation for yourself, a family member, or a friend.

LEÇON 2 — Les dates importantes

Points de départ

Les fêtes et les anniversaires

C'est le premier juillet.

C'est le vingt-cinq décembre.

C'est le onze novembre.

Orthographe :
aout (août)

LES MOIS DE L'ANNÉE

janvier	avril	juillet	octobre
février	mai	aout	novembre
mars	juin	septembre	décembre

Note that the months are capitalized **only** at the beginning of sentences.

Mai est le mois que je préfère!   Ta fête est au mois de **juillet**?

septembre

Lu	Ma	Me	Je	Ve	Sa	Di
		1	2	3	4	5
6	(7)	8	9	10	11	12
13	14	15	16	17	18	19
20	21	22	23	24	25	26
27	28	29	30			

C'est le 7 septembre.   *It's September 7th.*

LES NOMBRES 0 À 100

0	zéro						
1	un	11	onze	21	vingt-et-un	31	trente-et-un
2	deux	12	douze	22	vingt-deux	40	quarante
3	trois	13	treize	23	vingt-trois	50	cinquante
4	quatre	14	quatorze	24	vingt-quatre	60	soixante
5	cinq	15	quinze	25	vingt-cinq	70	soixante-dix
6	six	16	seize	26	vingt-six	71	soixante-et-onze
7	sept	17	dix-sept	27	vingt-sept	72	soixante-douze
8	huit	18	dix-huit	28	vingt-huit	80	quatre-vingts
9	neuf	19	dix-neuf	29	vingt-neuf	81	quatre-vingt-un
10	dix	20	vingt	30	trente	90	quatre-vingt-dix
						100	cent

Fiche pratique

You should note that the spelling reform has systematically added hyphens to all numbers composed of several words. Because the spelling reform is not compulsory, however, you may still see numbers composed of several words written without hyphens. Make sure to be consistent in your own use!

À vous la parole

1-18 Réfléchissez et pratiquez. With a partner, refer to the number chart above and determine what the pattern is for the numbers above 40. Write random numbers from 0–100 and have your partner practise saying them; then switch roles and you say the numbers.

1-19 Complétez la série. With a partner, take turns reading aloud each series of numbers and adding a number to complete it.

MODÈLE   2, 4, 6,…

    É1   deux, quatre, six,…

    É2   deux, quatre, six, huit

1. 1, 3, 5,…
2. 7, 14, 21,…
3. 6, 12, 18,…
4. 80, 82, 84,…
5. 45, 50, 55,…
6. 25, 27, 29,…
7. 31, 30, 29,…
8. 71, 73, 75,…
9. 44, 46, 48,…
10. 53, 55, 57,…
11. 98, 96, 94,…
12. 60, 64, 68,…

Fiche pratique

Here's an interesting cultural note: in Belgium, French speakers use **septante** for 70 and **nonante** for 90. In Switzerland, French speakers use those forms and also use **ottante** or **huitante** for 80.

1-20 Cours de mathématiques: *Ça fait combien ?* Create math problems to test your classmates!

Use the following vocabulary: plus (+), moins (−), fois/multiplié par (×), divisé par (÷), égale (=)

MODÈLE   É1   10 + 2 = ? (Dix et deux / Dix plus deux, ça fait combien ?)

                É2   Ça fait douze.

                É3   20 − 5 = ? (Vingt moins cinq, ça fait combien ?)

                É4   Ça fait quinze.

1-21 Quel est ton numéro de téléphone ?

Here is how to say a telephone number in French: say each number of the area code separately, say each number of the first trio of numbers separately, then group the last four numbers into two-digit numbers, so 403-555-7465 would be pronounced **quatre zéro trois, cinq, cinq, cinq, soixante-quatorze, soixante-cinq.**

Prononcez les numéros de téléphone :

1. 506-542-6730
2. 613-289-4982
3. 819-343-8978
4. 416-295-7468
5. 514-892-9988
6. 403-234-8759
7. 780-987-6677
8. 603-366-5871

1-22 Numéro de téléphone, s'il vous plait !

Tell your partner the phone numbers of the following people. Employez les adjectifs possessifs (mon, ton, son, leur) pour exprimer les numéros de téléphone

1. Toi
2. Ton partenaire
3. Tes parents
4. Ton ami/e
5. Ton autre ami/e
6. Le restaurant de pizza que tu préfères

1-23 Associations.
What number do you associate with the following?

MODÈLE le premier
➤ un

1. une octave
2. une paire
3. l'alphabet
4. la superstition
5. une douzaine
6. la chance

1-24 C'est quelle date ?
What date corresponds to each holiday?

MODÈLE Noël
➤ C'est le 25 décembre.

1. le jour de l'An
2. la Saint-Valentin
3. la fête du Travail
4. la fête nationale du Canada
5. la fête nationale du Québec
6. le jour du Souvenir
7. l'Halloween
8. la fête nationale française

1-25 Votre anniversaire et votre fête.

Find a partner and ask each other when your birthday is and when your saint's day is, referring to the *Vie et culture* box on the next page. Use the same terminology used in France: **la fête** for saint's day and **l'anniversaire** for birthday. Share what you have learned about your partner with the class.

MODÈLE
É1 Ton anniversaire, c'est quel jour ?
É2 C'est le 30 aout. Et toi ?
É1 C'est le 9 mai.
É2 Et ta fête, Charles ?
É1 C'est le 2 mars. Et toi, Tara ?
É2 Il n'y a pas de Sainte Tara.

Vie et culture

Bonne fête et bon anniversaire !

In Canada the expression **Bonne fête !** is used for *Happy birthday*. In France **Bonne fête !** is used to wish someone *Happy Saint's Day*, which is the day celebrating the saint after whom they were named. **Bon anniversaire !** is used to wish someone a Happy Birthday in France, or **Joyeux Anniversaire !** Take a look at the French calendar shown below. How is it similar to the calendar you use? How is it different? Note that some dates are highlighted in colour. With a partner, make a list of these dates and try to determine the significance of each. Do some dates coincide with important dates on your own calendar? Also, note that a saint's name is listed alongside most dates.

JANVIER	FÉVRIER	MARS	AVRIL	MAI	JUIN
1 J J. de l'An, Marie	1 D Ella	1 D Aubin	1 M Hugues	1 V F. du Travail, Andéol	1 M Justin
2 V Basile	2 L Présentation	2 L Charles	2 J Sandrine	2 S Boris	2 M Blandine
3 S Geneviève	3 M Blaise	3 M Guénolé	3 V Richard	3 D Philippe, Jacques	3 J Kevin
4 D Épiphanie, Odilon	4 M Véronique	4 M Casimir	4 S Isidore	4 L Sylvain	4 V Clotilde
5 L Edouard	5 J Agathe	5 J Olive	5 D Irène	5 M Judith	5 S Igor
6 M Melaine	6 V Gaston	6 V Colette	6 L Marcellin	6 M Prudence	6 D Norbert
7 M Raimond	7 S Eugénie	7 S Félicité	7 M Jean Bap. de la S.	7 J Gisèle	7 L F. des Mères, Gilbert
8 J Lucien	8 D Jacqueline	8 D Jean de Dieu	8 M Julie	8 V Vict. 1945, Désirée	8 M Médard
9 V Alix	9 L Apolline	9 L Françoise	9 J Gautier	9 S Pacôme	9 M Diane
10 S Guillaume	10 M Arnaud	10 M Vivien	10 V Fulbert	10 D Solange	10 J Landry
11 D Paulin	11 M N. D. Lourdes	11 M Rosine	11 S Stanislas	11 L Estelle	11 V Barnabé
12 L Tatiana	12 J Félix	12 J Justine	12 D PÂQUES, Jules	12 M Achille	12 S Guy
13 M Yvette	13 V Carême, Béatrice	13 V Rodrigue	13 L DE PÂQUES, Ida	13 M Rolande	13 D Antoine de P.
14 M Nina	14 S Valentin	14 S Mathilde	14 M Maxime	14 J Matthias	14 L Elisée
15 J Rémi	15 D Claude	15 D Louise de M.	15 M Paterne	15 V Denise	15 M Germaine
16 V Marcel	16 L Julienne	16 L Bénédicte	16 J Benoît-Joseph	16 S Honoré	16 M J. F. Régis
17 S Roseline	17 M Alexis	17 M Patrice	17 V Anicet	17 D Pascal	17 J Hervé
18 D Prisca	18 M Bernadette	18 M Cyrille	18 S Parfait	18 L Eric	18 V Léonce
19 L Marius	19 J Gabin	19 J Joseph	19 D Emma	19 M Yves	19 S Romuald
20 M Sébastien	20 V Aimée	20 V Herbert	20 L Odette	20 M Bernardin	20 D Silvère
21 M Agnès	21 S P. Damien	21 S Clémence	21 M Anselme	21 J Ascension, Constantin	21 L F. des Pères, Rodolphe
22 J Vincent	22 D Isabelle	22 D Léa	22 M Alexandre	22 V Emile	22 M Alban
23 V Barnard	23 L Lazare	23 L Victorien	23 J Georges	23 S Didier	23 M Audrey
24 S François de Sales	24 M Mardi gras, Modeste	24 M Cath. de Su.	24 V Fidèle	24 D Donatien	24 J Jean Bapt.
25 D Conv. S. Paul	25 M Cendres, Roméo	25 M Annonciation, Humbert	25 S Marc	25 L Sophie	25 V Prosper
26 L Paule	26 J Nestor	26 J Larissa	26 D Alida	26 M Bérenger	26 S Anthelme
27 M Angèle	27 V Honorine	27 V Habib	27 L Zita	27 M Augustin	27 D Fernand
28 M Th. d'Aquin	28 S Romain	28 S Gontran	28 M Valérie	28 J Germain	28 L Irénée
29 J Gildas		29 D Gwladys	29 M Catherine	29 V Aymar	29 M Pierre, Paul
30 V Martine		30 L Amédée	30 J Robert	30 S Ferdinand	30 M Martial
31 S Marcelle		31 M Benjamin		31 D Pentecôte, Ferdinand	

JUILLET	AOÛT	SEPTEMBRE	OCTOBRE	NOVEMBRE	DÉCEMBRE
1 M Thierry	1 S Alphonse	1 M Gilles	1 M Thérèse de l'E.J.	1 D Toussaint	1 M Florence
2 J Martinien	2 D Julien Eymard	2 J Ingrid	2 V Léger	2 L Défunts	2 J Viviane
3 V Thomas	3 L Lydie	3 J Grégoire	3 S Gérard	3 M Hubert	3 V Xavier
4 S Florent	4 M J.M. Vianney	4 J Rosalie	4 D François d'Assise	4 M Charles	4 S Barbara
5 D Antoine	5 M Abel	5 S Raïssa	5 L Fleur	5 J Sylvie	5 D Gérald
6 L Mariette	6 J Transfiguration, Hormisdas	6 D Bertrand	6 M Bruno	6 V Bertille	6 L Nicolas
7 M Raoul	7 V Gaétan	7 L Reine	7 M Serge	7 S Carine	7 M Ambroise
8 M Thibaut	8 S Dominique	8 M Nativité N. D.	8 J Pélagie	8 D Geoffroy	8 M I. Concept.
9 J Armandine	9 D Amour	9 M Alain	9 V Denis	9 L Théodore	9 J P. Fourier
10 V Ulrich	10 L Laurent	10 J Inès	10 S Ghislain	10 M Léon	10 V Romaric
11 S Benoît	11 M Claire	11 V Adelphe	11 D Firmin	11 M Armistice 1918, Martin	11 S Daniel
12 D Olivier	12 M Clarisse	12 S Apollinaire	12 L Wilfried	12 J Christian	12 D Jeanne F.C.
13 L Henri, Joël	13 J Hippolyte	13 D Aimé	13 M Juste	13 V Brice	13 L Lucie
14 M F. Nationale, Camille	14 V Evrard	14 L La Ste Croix	14 M Thérèse d'Avila	14 S Sidoine	14 M Odile
15 M Donald	15 S Assomption Marie la Vierge	15 M Roland	15 J Edwige	15 D Albert	15 M Ninon
16 J N.D. Mt-Carmel	16 D Armel	16 M Edith	16 V Baudouin	16 L Marguerite	16 J Alice
17 V Charlotte	17 L Hyacinthe	17 J Renaud	17 S Luc	17 M Elisabeth	17 V Gaël
18 S Frédéric	18 M Hélène	18 V Nadège	18 D	18 M Aude	18 S Gatien
19 D Arsène	19 M Jean Eudes	19 S Emilie	19 L René	19 J Tanguy	19 D Urbain
20 L Marina	20 J Bernard	20 D Davy	20 M Adeline	20 V Edmond	20 L Abraham
21 M Victor	21 V Christophe	21 L Matthieu	21 M Céline	21 S Prés. de Marie	21 M Pierre C.
22 M Marie Mad.	22 S Fabrice	22 M Maurice	22 J Elodie	22 D Christ Roi, Cécile	22 M Françoise-X. C.
23 J Brigitte	23 D Rose de L.	23 M Constant	23 V Jean de C.	23 L Clément	23 J Armand
24 V Christine	24 L Barthélemy	24 J Thècle	24 S Florentin	24 M Flora	24 V Adèle
25 S Jacques	25 M Louis	25 V Hermann	25 D Crépin	25 M Catherine L.	25 S NOËL, Emmanuel
26 D Anne, Joachim	26 M Natacha	26 S Côme, Damien	26 L Dimitri	26 J Delphine	26 S Etienne
27 L Nathalie	27 J Monique	27 D Vinc. de Paul	27 M Emeline	27 V Séverin	27 D Jean
28 M Samson	28 V Augustin	28 L Venceslas	28 M Simon, Jude	28 S Jacq. de la M.	28 L Innocents
29 M Marthe	29 S Sabine	29 M Michel	29 J Narcisse	29 D Avent, Saturnin	29 M David
30 J Juliette	30 D Fiacre	30 M Jérôme	30 V Bienvenue	30 L André	30 M Roger
31 V Ignace de L.	31 L Aristide		31 S Quentin		31 J Sylvestre 1

TEXT AUDIO 1.4

Sons et lettres

La prononciation des chiffres

numeral alone	before a consonant	before a vowel
un	un jour	un_an
une	une fille	une affiche
deux	deux cousins	deux_amis /z/
trois	trois frères	trois_oncles /z/
quatre	quatre profs	quatre étudiants
cinq	cinq filles	cinq_enfants
six /sis/	six tantes	six_oncles /z/
sept	sept livres	sept_images
huit	huit cahiers	huit_affiches
neuf	neuf cousines	neuf_amies
dix /dis/	dix mois	dix_ans /z/
vingt	vingt crayons	vingt_affiches

Final consonant letters are usually not pronounced in French. For example, think of words such as **le chat** or **mes parents**.

Numbers 1–10 vary in their pronunciations. Their pronunciation depends on whether they occur by themselves, as in counting (**un**, **deux**, **trois**, etc.), or whether they are followed by another word (**un_ami**, **deux_enfants**, **six chiens**).

Except for **quatre** and **sept**, all numbers have two or three spoken forms.

Neuf has a special form before the words **ans** and **heures**: the letter **f** is pronounced /v/.

| Il a neuf ans. | *He is nine years old.* |
| Il est neuf heures. | *It's nine o'clock.* |

À vous la parole

TEXT AUDIO 1.5

1-26 À la réunion de la famille Brunet. Repeat each expression.

Il y a...

un grand-père	un arrière-grand-père (*great-grandfather*)
trois tantes	trois oncles
dix filles	dix enfants
huit garçons	huit étudiants
cinq cousins	cinq animaux familiers (domestiques)

1-27 Une comptine. Repeat the following counting rhyme.

TEXT AUDIO 1.6

> Un, deux, trois, nous irons au bois,
> Quatre, cinq, six, cueillir des cerises.
> Sept, huit, neuf, dans mon panier neuf.
> Dix, onze, douze, elles seront toutes rouges.

Formes et fonctions

1. Le verbe *avoir*

- The verb **avoir** (*to have*) is used to indicate possession and other relationships:

J'**ai** une sœur.	*I have a sister.*
Tu **as** un crayon ?	*Do you have a pencil?*

- **Avoir** is also used to indicate age (note that this is **the only way** to say how old someone is):

Elle **a** vingt ans.	*She is 20 years old.*
Nous **avons** dix-huit ans.	*We're 18 years old.*

- Here are the forms of **avoir**, shown with the subject pronouns. Note that the subject pronoun **je** becomes **j'** before a vowel. A *liaison* occurs before all the plural forms: pronounce the final **-s** of **nous**, **vous**, and **ils / elles** as /z/, and link it to the plural form of **avoir** that follows.

EXPRESSIONS WITH AVOIR

The verb **avoir** is also used in some common expressions.

avoir chaud – *to be hot*
avoir froid – *to be cold*
avoir faim – *to be hungry*
avoir soif – *to be thirsty*
avoir tort – *to be wrong*
avoir raison – *to be right*
avoir sommeil – *to be sleepy*

AVOIR		to have			
SINGULIER			PLURIEL		
j'	ai	*I have*	nous	avons	*we have*
tu	as	*you have*	vous	avez	*you have*
il / elle / on	a	*he / she / it has* / *we have, one has*	ils / elles	ont	*they have*

À vous la parole

1-28 Qu'est-ce que vous avez ? Compare with a partner what you brought to class today and report back to your classmates. See how many different items you can name.

MODÈLE ➤ Nous avons des cahiers. J'ai aussi un stylo et un livre.

Il / Elle a un crayon et un CD.

1-29 Dans ma famille… Avec le verbe **avoir**, décrivez les membres de votre famille

MODÈLE J'ai un frère et deux sœurs. Ma mère a un oncle.

1. Moi
2. Ma mère
3. Mon père
4. Ma grand-mère
5. Mon grand-père
6. Mon frère
7. Ma sœur
8. Mon oncle et ma tante

1-30 La famille Brunet. Quel âge ont les membres de la famille Brunet ?

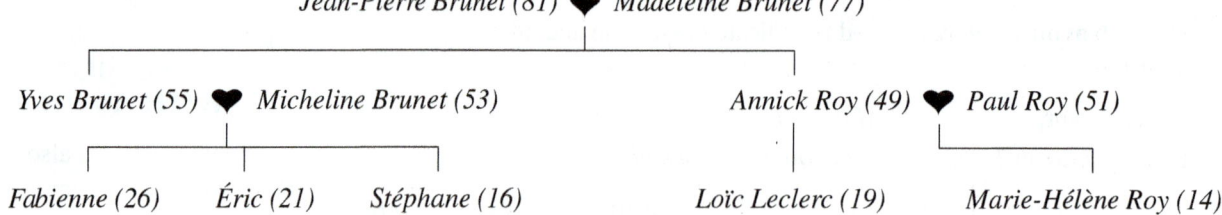

MODÈLE ➤ Quel âge ont les enfants de Jean-Pierre Brunet ?

Yves Brunet a cinquante-cinq ans et Annick Roy a quarante-neuf ans.

1. Quel âge a la mère de Loïc ?
2. Quel âge a le père de Marie-Hélène ?
3. Quel âge a la sœur d'Éric ?
4. Quel âge ont les parents d'Yves Brunet ?
5. Quel âge ont les enfants d'Annick Roy ?
6. Quel âge a la femme d'Yves Brunet ?
7. Quel âge ont les neveux de Paul Roy ?

1-31 Et ta famille ? Demandez à votre partenaire l'âge des membres de sa famille.

MODÈLES ta mère ?

É1 Quel âge a ta mère ?

É2 Ma mère a quarante-huit ans.

tes frères ?

É1 Quel âge ont tes frères ?

É2 Mon frère Robert a douze ans. Mon frère Kevin a quinze ans.

1. ta mère ?
2. ton père ?
3. tes frères ?
4. tes sœurs ?
5. tes grands-parents ?
6. tes nièces ?
7. tes neveux ?
8. tes cousins ?

1-32 Quelle expression ? Employez une expression avec **avoir** pour donner une conclusion logique.

MODÈLE   Il fait +30 degrés ! → J'ai chaud.

1. Je suis très fatigué. → J'...
2. La Floride est au Canada, n'est-ce pas ? → Non, non! Tu...
3. Nous sommes au Nunavut et il fait -40 degrés ! → Nous...
4. Voici des hamburgers délicieux! Mes frères aiment beaucoup les hamburgers. → Ils...
5. George Clooney est très beau, n'est-ce pas ? → Oui ! Vous...
6. Il fait +30 degrés. Voilà une limonade délicieuse ! → Vous..?

2. Le verbe *avoir* et la forme négative

- To make the verb **avoir** negative (as with any verb), insert **ne/n'** right after the subject and **pas** after the form of **avoir**.

Non, je **n'**ai **pas** froid.	*No, I'm not cold.*
Nous **n'**avons **pas** soif.	*We're not thirsty.*
Ils **n'**ont **pas** raison.	*They're not right.*

- Use **ne... pas de** to express the idea of *not having any*. **De** replaces the indefinite article **un / une** in the negative. Note that both **ne** and **de** drop their final **-e** before a vowel sound.

Je **n'**ai **pas de** sœurs.	*I don't have any sisters.*
Nous **n'**avons **pas d'**oncle.	*We don't have an uncle.*

À vous la parole

1-33 Non ! Non ! Répondez au négatif.

MODÈLE   Est-ce que vous avez froid ?
            Non, je n'ai pas froid.

1. Est-ce que vous avez 36 ans ?
2. Est-ce que vos camarades de classe ont faim ?
3. Est-ce que votre prof de français a toujours (*always*) raison ?
4. Est-ce que vous avez sommeil ?
5. Est-ce que vous avez souvent (*often*) tort ?

1-34 Qu'est-ce que vous n'avez pas ? Share with your partner some school supplies that you don't have with you today.

MODÈLE   Je n'ai pas de règle et je n'ai pas de calculatrice.

1-35 Une activité avec des petits enfants. Without showing your partner, draw five items that you might use to do a creative project with little children. Your partner will ask you if you have various items, and you must answer in complete sentences to indicate that you have or don't have those items. Now switch places and ask your partner the questions.

MODÈLES É1 Est-ce que tu as une règle ?

É2 Oui, j'ai une règle.

É1 Est-ce que tu as un crayon rouge ?

É2 Non, je n'ai pas de crayon rouge.

1-36 Qui n'est pas dans votre famille ? Share with your partner which relatives are not in your family.

MODÈLE É1 Je n'ai pas de sœurs.

É2 Moi, je n'ai pas de cousines.

1-37 Trouvez quelqu'un qui...

A. Avant de parler. Try to find people in your class who correspond to the descriptions below. To prepare, brainstorm with a partner to come up with a list of questions you can ask in order to get the required information. For example, to find out if someone has a birthday in May, you could ask the general question: **Ta fête, c'est quel mois ?** (or **Votre fête, c'est quel mois ?** if you are asking your instructor).

B. En parlant. Now circulate among your classmates and ask the questions you have prepared. You may have to speak to several people before finding someone who fits a particular description.

MODÈLE ...a sa fête au mois de mai.

É1 Ta fête, c'est quel mois ?

É2 C'est en décembre.

(Ask someone else the same question.)

É1 Ta fête, c'est quel mois ?

É3 C'est en septembre.

(Write this person's name down for no. 2.)

1. ... a sa fête au mois de mai.
2. ... a sa fête au mois de septembre.
3. ... a sa fête le même (*same*) jour que vous.
4. ... a sa fête le même mois que vous.
5. ... a le même âge que vous.
6. ... a le même nombre de frères et de sœurs que vous.
7. ... a un test cette semaine (*this week*).
8. ... a son livre de français, son cahier d'activités et ses CD.
9. ... a un ordinateur.
10. ... a un animal domestique.

C. Après avoir parlé. Did you find someone who matched every description? If not, ask one of your questions to the class as a whole; perhaps someone else found a match!

MODÈLE Qui a sa fête au mois de mai ?

LEÇON 3 Nos activités

Points de départ

Une semaine typique

TEXT AUDIO 1.7

C'est une semaine typique chez les Dupont. Le lundi matin, M. Dupont travaille normalement au bureau. Les enfants sont à l'école et Mme Dupont travaille dans le jardin.

Aujourd'hui, c'est mardi. Mme Dupont parle au téléphone maintenant ; elle invite ses parents à déjeuner dimanche.

Le mercredi, après l'école, Simon joue au soccer* avec ses copains.

Le jeudi après-midi, M. Dupont joue souvent au golf ; il aime le sport.

Le vendredi soir, Simon ne travaille pas, il écoute de la musique ou regarde la télé.

Le samedi matin, Émilie joue du piano et elle prépare sa leçon de chant.

Dimanche, les grands-parents arrivent et la famille dine ensemble.

*In France, **jouer au foot** is used instead of **jouer au soccer**.

LES PARTIES DE LA JOURNÉE

le matin   l'après-midi   le soir   la nuit

LES JOURS DE LA SEMAINE

lundi   mardi   mercredi   jeudi   vendredi   samedi   dimanche

Note: The days of the week are capitalized only at the beginning of sentences:

J'ai un examen **v**endredi.   **M**ardi c'est ma fête!

Orthographe :
diner (dîner)

VERBES UTILES EN –ER

aimer (+ noun or infinitive verb): J'aime la pizza. J'aime danser !
arriver (*to arrive, to be on one's way*)

| chanter | danser | déjeuner | diner |
| écouter | étudier | fêter | inviter |

jouer à (pour les sports : à + le = au ; à + les = aux : Je joue au soccer. Il joue au hockey.)

jouer de (pour les instruments de musique : de + le = du ; de + les = des : Tu joues de la guitare ?)

| parler | préparer | regarder |
| rester | réviser | souper |

téléphoner à (+ personne) : Je téléphone à mon amie.

terminer

travailler (*to work*, **not** *to travel!*)

visiter (une destination)

Parallèles

Activités de la semaine.
Mathilde and Diandra talk about what they do each week, including their jobs and other activities.

Mathilde déjeune avec sa famille.

Diandra s'entraine au basket.

The definite article **le** is used with days of the week or times of the day to refer to an activity that always happens on that particular day of the week or at that particular time:

Le lundi, je travaille à la maison.	*Mondays, I work at home.*
Le samedi, on dine au restaurant.	*On Saturdays, we eat out.*
Le soir, je regarde la télé.	*In the evening, I watch TV.*

Compare these examples with the sentences below, which do not use an article with the days of the week because they refer to specific, non-repeated activities for that week only.

| Je joue au tennis avec des amis **mardi**. | *I'm playing tennis with friends on Tuesday.* |
| **Dimanche**, je dine avec ma mère. | *(This) Sunday, I'm having lunch with my mother.* |

Vie et culture

Quelle est la date ?

The date is not written the same way in French as it is in English. All the words of the date are in lower case. The definite article **le** is always used, and the number must precede the month. Note that the name of the month is not capitalized. Commas are not generally used, unlike in English.

To write the date: le 22 mai 2014 / le vendredi 22 mai 2014

To say the date: C'est le vendredi 22 mai 2014. / C'est le 22 mai./On est le 22 mai. / Nous sommes le 22 mai.

If it's the first of the month, use the word **premier** when you say the date: C'est le premier octobre.

Les repas

The names of the three main meals of the day are different in French Canada from elsewhere in the Francophone world.

In Canada and in Belgium, the three meals are **le déjeuner**, **le diner**, **le souper**.

In France, the three meals are **le petit déjeuner**, **le déjeuner**, **le diner**.

Remember this terminology if you travel to other French-speaking parts of the world!

À vous la parole

1-38 Associations de mots. What words do you associate with these verbs? Travaillez avec un partenaire pour trouver des possibilités !

MODÈLE regarder
> la télé, un film, le tableau

1. écouter
2. jouer
3. rester
4. préparer
5. parler
6. travailler
7. aimer
8. inviter
9. fêter
10. étudier

Jeudi 16 (09) SEPTEMBRE — S. Édith
- 9h rendez-vous avec prof d'anglais
- 13h déjeuner avec Alex
- 19h préparer examen de maths

Vendredi 17 (09) SEPTEMBRE — S. Renaud
- 10h examen de maths
- 16h jouer au tennis avec Julie

Samedi 18 (09) SEPTEMBRE — S. Nadège
- 9h travailler dans le jardin avec maman
- 20h regarder un film avec Alex

1-39 L'agenda d'Émilie. Tell what Émilie has written in her pocket calendar for Thursday through Saturday.

MODÈLE Jeudi matin, elle a rendez-vous avec son professeur.

1-40 Qu'est-ce que vous faites le samedi ? Use the elements from each column to tell a classmate what you typically do on Saturdays.

MODÈLE   le matin / je révise / mes leçons
➤ Le matin, je révise mes leçons.

le matin	je travaille	le diner
l'après-midi	j'écoute	le français
le soir	je joue	mes copains à souper
	je révise	au tennis
	je regarde	la télé / un film
	j'invite	sur l'ordinateur
	je prépare	de la musique
	j'étudie	mes leçons

Formes et fonctions

1. Le présent des verbes en *-er*

French verbs are classified according to the ending of their infinitive. Most have an infinitive form that ends in **-er**. To form the present tense of an **-er** verb, drop the **-er** from the infinitive and add the appropriate endings to the verb stem according to the pattern shown.

REGARDER   *to look at, to watch*

SINGULIER		PLURIEL	
je	regard**e**	nous	regard**ons**
tu	regard**es**	vous	regard**ez**
il / elle / on	regard**e**	ils / elles	regard**ent**

Fiche pratique

In many cases, the **je**, **tu**, **il / elle / on** and **ils / elles** forms of **-er** verbs are pronounced exactly the same. Your instructor will point out when this is not the case!

- Verbs ending in **-er** have three spoken forms. All singular forms and the **ils / elles** plural forms are pronounced alike. Their endings are important written signals, but they are not pronounced. The only endings that represent sounds are **-ons** and **-ez**, which correspond to the subject pronouns **nous** and **vous**.

- When a verb begins with a consonant, there is no difference in the pronunciation of singular and plural for **il/s** and **elle/s** – the plural **s** is silent. Use the context to decide whether the speaker means one person, or more than one:

Mon cousin, il joue du piano.   *My cousin plays the piano*
Mes frères, ils jouent au soccer.   *My brothers play soccer.*

- The liaison /z/ of the plural form allows you to distinguish the singular form from the plural when the verb begins with a vowel sound:

    il aime vs. ils_aiment   *he likes, they like*
    elle habite vs. elles_habitent   *she lives, they live*

- As indicated in the Chapitre Préliminaire (page 7), **on** is an indefinite pronoun that can mean *one*, *they*, or *people*, depending on the context. In conversational French, **on** is often used instead of **nous**.

    On parle français ici.   *They speak French here.*
    On joue au soccer ?   *Shall we play soccer?*
    Au Canada, **on** aime le café de Tim Hortons.   *In Canada, people like Tim Hortons coffee.*

- In French the present tense is used to talk about a state or a habitual action:

    Je **parle** français.   *I speak French.*
    Il **travaille** la fin de semaine.   *He works on weekends.*

- It is also used to talk about an action that is ongoing while one is speaking:

    On **regarde** la télé.   *We're watching TV.*

- Remember that to make a sentence negative, you must put **ne** (or **n'**) before the verb and **pas** after it (refer back to page 51).

    Je **ne** travaille **pas**.   *I'm not working.*
    Nous **n'**aimons **pas** le golf.   *We don't like golf.*

- Certain verbs have spelling changes in the *nous* form in the present tense: The *nous* form of the verb *manger* (to eat) is **mangeons** (the extra *e* after the *g*). Likewise, the *nous* form of the verb *commencer* (to start / begin) is **commençons** (note the addition of the cédille).

Fiche pratique

In casual spoken French, native speakers will often pronounce **ne** as **n'** even before a consonant, or they may drop it altogether, so you might hear French speakers say sentences such as

J'écoute pas.   *I'm not listening.*
On n'travaille pas le soir.   *We don't work in the evenings.*

À vous la parole

1-41 Une semaine chez les Dupont. Imagine that you're Mme Dupont, and describe your family's activities throughout the week. Employez **mon**, **ma**, **mes** pour parler de votre famille. Refer back to their activities on page 53 as needed.

MODÈLE lundi matin : Mme Dupont
➤ **Je** travaille dans le jardin.

1. lundi matin : M. Dupont, les enfants
2. mardi : Mme Dupont
3. mercredi après-midi : Émilie, Simon
4. jeudi après-midi : M. Dupont
5. vendredi soir : Simon
6. samedi matin : les enfants
7. dimanche : les grands-parents, la famille

Can you provide the missing form of **jouer** ?

1-42 Vos habitudes. With a partner, take turns explaining when you or the people you know typically do the things listed.

MODÈLES   toi / regarder la télé
> Je regarde la télé le vendredi soir.

OU   > Je ne regarde pas la télé.

tes parents / téléphoner aux enfants
> Ils téléphonent aux enfants la fin de semaine.

1. ton / ta colocataire (*roommate*) / préparer ses leçons
2. toi / regarder un film
3. toi et tes amis / jouer au tennis
4. ton père / préparer le diner
5. toi / écouter la radio
6. ton frère ou ta sœur / téléphoner aux parents
7. tes parents / travailler
8. toi / rester à la maison

1-43 Cette semaine. With a classmate, take turns telling some of the things you'll be doing later this week.

MODÈLE   > Jeudi soir, je révise mes leçons ; vendredi soir, je regarde un film avec mes copains ; samedi, je téléphone à mes parents...

Then report back to the class what you learned about your partner.

1-44 Êtes-vous multilingue ? What languages do you speak?

MODÈLE   Je parle l'anglais, le polonais et le français.

le français	l'allemand	l'espagnol	le mandarin
le russe	l'italien	le tagalog	le polonais
l'anglais	le portugais	le farsi	le japonais

(Cherchez d'autres langues dans le dictionnaire.)

MODÈLE   ta grand-mère ? Elle parle l'anglais et le mandarin.

1. Toi ?
2. Ton conjoint / ta conjointe ?
3. Ta mère ?
4. Ton père ?
5. Ta sœur ?
6. Ton frère ?
7. Ta grand-mère ?
8. Ton grand-père ?
9. Ton ami/e ?
10. Ton professeur ?

2. Les questions à réponse *oui / non*

The simplest way to form yes/no questions in French is to raise the pitch level of your voice at the end of the sentence. These questions are said to have a rising intonation:

Émilie est ta cousine ?   *Is Emily your cousin?*

Tu t'appelles Anne ?   *Is your name Anne?*

Another way of asking a yes/no question is by putting **est-ce que** (or **est-ce qu'** before a vowel) at the beginning of the sentence. **Est-ce que** does not carry meaning; its purpose is to indicate a question.

Est-ce que vous parlez français ? *Do you speak French?*
Est-ce qu'il joue au soccer ? *Does he play soccer?*

- If a question is phrased in the negative, and you want to contradict it, use **si** in your response. Although this usage is not common in Canadian French, you should be familiar with it.

— Tu n'es pas mariée ? — *Aren't you married?*
— **Si**, voilà mon mari. — *Yes (I am), there's my husband.*
— Tu n'aimes pas le français ? — *Don't you like French?*
— **Si**, j'aime le français. — *Yes, I do like French.*

- When French speakers think they already know the answer to a question, they sometimes add **n'est-ce pas** to the end of the sentence for confirmation. Again, this usage is not common in Canadian French, but you will hear it in other varieties of French.

Vous êtes de Paris, **n'est-ce pas** ? *You're from Paris, aren't you?*
Ton père parle français, **n'est-ce pas** ? *Your father speaks French, doesn't he?*

However, be careful. French speakers do not use **n'est-ce pas** as frequently as English speakers use tag questions such as *aren't you? doesn't he? didn't you?*

À vous la parole

1-45 Quelle est la question ? Here are the answers; what were the questions? Vary your question style using **l'intonation** or **Est-ce que / qu'**.

MODÈLE   Oui, je suis de Montréal.   *Tu es de Montréal ?*

1. Oui, j'aime la pizza.
2. Non, nous n'écoutons pas la musique jazz !
3. Oui, ils aiment jouer au soccer
4. Si, je parle le français !
5. Oui, ma mère aime chanter.
6. Oui, nous soupons en famille le dimanche.
7. Non, je ne travaille pas la fin de semaine.
8. Non, je ne regarde pas Les Simpsons à la télé !

1-46 Une interview. Interview a member of your class whom you do not know very well to find out more about him/her. Use the suggested topics, and report something you have learned to the class.

MODÈLE   avoir des frères ou des sœurs

É1   Est-ce que tu as des frères ou des sœurs ?
É2   J'ai une sœur, mais je n'ai pas de frère.

1. avoir des enfants
2. avoir des animaux domestiques
3. travailler beaucoup
4. jouer du piano ou de la guitare
5. jouer au soccer ou au tennis
6. regarder la télé
7. préparer le dîner
8. regarder des films
9. parler espagnol

TEXT AUDIO 1.8

1-47 Le répondeur

A. Avant d'écouter. Fabienne a beaucoup d'amis ! Listen to the messages on her answering machine from people who are suggesting that she join them this week for various activities. Before you listen, think about the kinds of information you would expect to hear in a phone message.

B. En écoutant. As you listen, complete the first three columns of the chart below for each message.

	Who called?	Event suggested?	When?	Accept or refuse?
1.				
2.				
3.				
4.				

Here is Fabienne pictured with one of the people who leaves her a voicemail. Can you guess who this might be? Where are they, and what are they probably doing?

C. Après avoir écouté. Now, look over the chart again, and decide which invitations you would accept and which invitations you would refuse if you were Fabienne. Fill in column four with this information, and discuss your responses with a classmate.

*V*enez chez nous !
La famille dans le monde francophone

The family has traditionally been a strong building block of Québécois society. During most of the twentieth century, French-Canadian families were based on strong marriages (only one marriage in ten ended in divorce in 1970), with large families (in the 1950s, the average family in Québec had four children). The nature of the family has changed in Québec as it has elsewhere in North America. Today, 50% of marriages end in divorce, and the average family has one or two children. Many couples in Québec remain unmarried, yet live together with their children. The nuclear family represents only a third of Québec's households. While the traditional family unit is changing in Québec, the concept of the family as a societal unit remains strong.

The face of the family is changing in France as well. Today's couples tend to marry later and to have fewer children. Typically, French men get married for the first time at age 30, and French women at age 28. Although divorce is less common in France than in North America, the rate is rising; approximately one in three marriages ends in divorce. In addition, an estimated 2.5 million unmarried French men and women live together. This represents almost one in every six couples. It is quite common for unmarried couples to have children together. In fact, more than half of all first-time births at the present time are to unmarried women. It is not unusual for couples to marry after the birth of one or more children.

Voilà des familles francophones. Quelle famille habite au Québec ? En Algérie ? Au Sénégal ?

1-48 La famille au Québec

Stratégie

Scan the text you're going to read before actually starting to read: look at the title to get an idea of the topic, and scan through the text for cognates and proper nouns to look for hints about the content.

A. Avant de lire. This reading about families in Québec (from Statistics Canada) presents information about the status of the family in Québec in 2011. The word **recensement** in the title means *census*. Before you start reading, look at each section title, and highlight cognates or other words that you recognize to make reading easier.

B. En lisant. While reading the text with a partner, highlight words and phrases that you recognize and make predictions about their meaning. Make notes about each section so that you have an idea of the main points.

Recensement de 2011 : Province du Québec

En 2011, la population dénombrée du Québec se chiffrait à 7 903 001 personnes, ce qui représente une variation de 4,7 % par rapport à 2006. En comparaison, la moyenne nationale était de 5,9 %.

Familles et ménages

En 2011, le nombre de familles de recensement au Québec était de 2 203 625, ce qui représente une variation de 3,9 % par rapport à 2006. En comparaison, le taux de croissance au Canada était de 5,5 % pour la même période.

Au Québec, 51,9 % des familles de recensement étaient formées de couples mariés en 2011, tandis que 31,5 % étaient composées de partenaires en union libre et 16,6 % de familles monoparentales.

Présence d'enfants dans les familles comptant un couple

Parmi les couples (mariés et en union libre) dans la province du Québec, 44,9 % avaient des enfants âgés de 24 ans et moins vivant au domicile familial, comparativement à 46,9 % des couples ayant des enfants âgés de 24 ans et moins vivant au domicile familial pour l'ensemble du Canada.

Parmi les couples avec enfants âgés de 24 ans et moins vivant au domicile familial dans la province du Québec, 83,9 % étaient des familles intactes où tous les enfants étaient les enfants biologiques ou adoptés des deux parents, tandis que 16,1 % étaient des familles recomposées où au moins un enfant était l'enfant biologique ou adopté d'un seul des conjoints mariés ou des partenaires en union libre. En 2011, dans l'ensemble du Canada, 12,6 % des couples avec enfants âgés de 24 ans et moins vivant au domicile familial étaient des familles recomposées.

État matrimonial

Au Québec, 56,4 % des personnes âgées de 15 ans et plus étaient mariées (35,4 %) ou en union libre (20,9 %).

La proportion complémentaire de 43,6 % correspondait aux personnes qui n'étaient ni mariées ni en union libre, comprenant les personnes célibataires (jamais mariées), séparées, divorcées et veuves.

Source: Statistics Canada, http://www12.statcan.gc.ca/census-recensement/2011/as-sa/fogs-spg/Facts-pr-fra.cfm?Lang=fra&GK=PR&GC=24

C. En regardant de plus près. Find the French word or phrase in the text corresponding to the following words and expressions in English. Use a dictionary to confirm your choices.

1. national average
2. rate of growth
3. married couple
4. common-law couple
5. single-parent family
6. family home
7. blended family
8. biological child
9. single person

D. Après avoir lu. Reflect on the following questions and discuss them with classmates.

1. Find the statistics that compare Canada and Québec with respect to the percentage of families with children (under age 24) living at home. Comment on the trend for Québec as suggested by the statistics. What trend have you noticed in your part of Canada?

2. Are blended families more common in Québec, or in the rest of Canada, according to the statistics presented for 2011?

3. With a partner, and using the new vocabulary you have learned from this reading, compose one or two summary sentences about the state of the family in Québec in 2011.

1-49 C'est ma famille

A. Avant de regarder. You will see three short interviews in which people describe their family. Watch the video clip without sound. Try to determine which members of the family are being described by each speaker, and write down the relationships in French.

Marie-Julie et sa famille

	without sound	**with sound**
Speaker(s)	relatives inferred	relatives described
Pauline :		
Bruno, Diane et Claire :		
Marie-Julie :	*son mari, sa fille*	

B. En regardant. Now watch and listen, and see if your list is correct and complete. Can you add to the list of family relationships based on what you hear?

C. Après avoir regardé. How are these Francophone families similar to, or different from, North American families? Can you draw at least a partial family tree for each speaker? What information is still missing? Work with a partner to draw the trees as completely as possible. What additional questions might you ask each speaker?

> ### La famille en Afrique francophone
>
> Families in Francophone Africa tend to be larger than European and North American families, and to place more emphasis on the extended family and the obligation to help out family members. It is not uncommon for Africans studying and working in France to send money home to their families or to bring back books, school supplies, clothing, and household gifts when they return home for a visit. In many African societies, elderly people are greatly respected, and they often live with their children and their families. Pensions and social security payments may be quite small or non-existent, and older people rely on their children to provide for them.

1-50 Des familles bien diverses

A. Avant de parler. Choose a photo from those in another part of this **Venez chez nous !** lesson. You will describe this family to a partner, who will then have to decide which family you have chosen. Before you begin, make a list of the people you see in the picture, using words you have learned in this chapter (**la mère, la sœur,** etc.). Next, decide how old each person might be and jot down a few adjectives to describe each person. You may also be able to say where they are or what they are doing (**ils mangent, ils sont dans le jardin**).

B. En parlant. Now take turns describing the family in your photo and letting your partner guess which one you are talking about. Can either of you follow up by making suggestions to amplify your partner's description or otherwise to modify it? Conclude by presenting your description to the class as a whole.

1-51 Une famille acadienne

A. Avant d'écrire. Many Francophone families in New Brunswick and elsewhere in the Maritimes can trace their roots back to the early French settlers of Acadia. Here, Amélie Ledet describes her great-great-great-grandparents.

Mon nom, c'est Amélie Ledet. J'ai 22 ans et j'habite à Bouctouche, au Nouveau-Brunswick. Mon arrière-arrière-arrière-grand-père du côté de mon père s'appelle Jules Desormeaux. Il est né[1] à Grand Pré, en Acadie, en 1745, et il est décédé en 1806. Sa femme s'appelle Marie Landry. Mon arrière-arrière-arrière-grand-mère est née à Port-Royal, en Acadie, en 1751, et elle est décédée en 1810. Du côté de ma mère, mon arrière-arrière-arrière-grand-père s'appelle Pierre Arceneaux. Il est né près de La Rochelle, en France, en 1772. Il est décédé en Acadie en 1840. Sa femme, Louise LaBranche (Zweig), est née à Port-Royal, en Acadie, en 1780. Elle est décédée en 1845.

[1]was born

Use the information Amélie has provided above to sketch a part of her family tree.

B. En écrivant. Now sketch your own family tree. Underneath, include a paragraph explaining where your (great-) grandparents are from. Use Amélie's description as a model, incorporating vocabulary and expressions that she uses into your own writing.

C. Après avoir écrit. Share your paragraph with your classmates to get a sense of the diversity within your own class.

VOCABULAIRE

 TEXT AUDIO 1.9–1.24

Français canadien

1.9
un animal domestique	*pet*
déjeuner	*to have breakfast*
dîner	*to have lunch*
la fête	*birthday*
la fin de semaine	*weekend*
le soccer	*soccer*
souper	*to have dinner / supper*

Leçon 1

1.10
les relations familiales	***family relations***
un beau-père; des beaux-pères	*stepfather/s, father/s-in-law*
une belle-mère; des belles-mères	*stepmother/s, mother/s-in-law*
un/e conjoint/e	*partner*
un/e cousin/e	*cousin*
un enfant	*child*
une épouse	*female spouse*
un époux	*male spouse*
une famille monoparentale	*single-parent family*
une famille nombreuse	*big family*
une femme	*wife, woman*
une fille	*daughter, girl*
un fils	*son*
un frère	*brother*
un garçon	*boy*
une grand-mère, des grands-mères	*grandmother/s*
un grand-père, des grands-pères	*grandfather/s*
des grands-parents (m.)	*grandparents*
un mari	*husband*
une mère	*mother*
une mère unique	*single mother*
un neveu, des neveux	*nephew/s*
une nièce	*niece*
un oncle	*uncle*
des parents (m.)	*parents, relatives*
un père	*father*
un père unique	*single father*
une petite-fille, des petites-filles	*granddaughter/s*
un petit-fils, des petits-fils	*grandson/s*
des petits-enfants (m.)	*grandchildren*
une sœur	*sister*
une tante	*aunt*

l'état civil	***marital status***	1.11
célibataire	*single*	
décédé/e	*deceased*	
divorcé/e	*divorced*	
fiancé/e	*engaged*	
marié/e	*married*	
remarié/e	*remarried*	

des animaux familiers	***pets***	1.12
un animal familier (Fr.)	*pet*	
un chat	*cat*	
un chien	*dog*	
un oiseau	*bird*	

le caractère	***disposition, nature, character***	1.13
calme	*calm*	
conformiste	*conformist*	
désagréable	*disagreeable*	
discipliné/e	*disciplined*	
dynamique	*dynamic*	
idéaliste	*idealistic*	
indiscipliné/e	*undisciplined*	
individualiste	*individualistic*	
optimiste	*optimistic*	
pessimiste	*pessimistic*	
raisonnable	*reasonable*	
réaliste	*realistic*	
réservé/e	*reserved*	
sociable	*outgoing*	
stressé/e	*stressed out*	
sympa(thique)	*nice*	
têtu/e	*stubborn*	
timide	*shy*	

1.14 pour exprimer l'intensité — *to express intensity*

assez	*rather/enough*
beaucoup	*a lot*
un peu	*a little*
très	*very*
trop	*too much*
vraiment	*really*

1.15 quelques mots divers — *various words*

chez	*at the home of*
chez nous	*at our place*
deuxième	*second*
un homme	*man*
mais	*but*
premier	*first*

Leçon 2

1.16 les mois (m.) de l'année (f.) — *the months of the year*

janvier	*January*
février	*February*
mars	*March*
avril	*April*
mai	*May*
juin	*June*
juillet	*July*
aout	*August*
septembre	*September*
octobre	*October*
novembre	*November*
décembre	*December*
Quelle est la date de ton anniversaire (m.) (Fr.) ?	*What is the date of your birthday?*
C'est le premier mai.	*It's May 1.*
C'est le 4 septembre.	*It's September 4.*

1.17 l'âge (m.) — *age*

un an	*one year*
avoir	*to have*
Quel est ton / votre âge ?	*What is your age?*
Quel âge as-tu ? / Quel âge avez-vous ?	*How old are you?*
J'ai 39 ans.	*I am 39 years old.*

1.18 les nombres de 0 à 100
(see p. 45)

Leçon 3

1.19 pour dire quand — *to say when*

lundi	*Monday*
mardi	*Tuesday*
mercredi	*Wednesday*
jeudi	*Thursday*
vendredi	*Friday*
samedi	*Saturday*
dimanche	*Sunday*
aujourd'hui	*today*
la semaine	*week*
le weekend (Fr.)	*weekend*
le jour	*day*
le matin	*morning*
l'après-midi (m./f.)	*afternoon*
le soir	*evening*
maintenant	*now*

Orthographe : le weekend (le week-end)

1.20 les activités — *activities*

aimer	*to like, to love*
arriver	*to arrive*
chanter	*to sing*
danser	*to dance*
déjeuner (Fr.)	*to have lunch*
diner (Fr.)	*to have dinner*
écouter la radio / de la musique	*to listen to the radio/ music*
étudier	*to study*
fêter	*to celebrate*
habiter	*to live*
inviter	*to invite*
jouer au soccer / du piano	*to play soccer/the piano*
parler (au téléphone)	*to talk (on the phone)*
préparer le diner (Fr.)	*to fix dinner*
regarder un film / la télé / des photos	*to watch a movie /TV/ look at photos*
rester à la maison	*to stay home*
réviser la leçon	*to review the lesson*
téléphoner à quelqu'un	*to call somebody*
terminer	*to finish, end*
travailler dans le jardin	*to work in the garden/yard*
visiter le Québec	*to visit Québec*

1.21 **quelques lieux** — *some places*
  au bureau — *at the office*
  à l'école — *at school*
  à la maison — *at home*

1.22 **la musique** — *music*
  la musique classique — *classical music*
  une guitare — *a guitar*

1.23 **quelques sports** — *some sports*
  le foot(ball) (Fr.) — *soccer*
  le golf — *golf*
  le tennis — *tennis*

autres mots utiles — *other useful words* — **1.24**
avec — *with*
ensemble — *together*
une leçon de chant — *singing lesson*
si — *yes (after a negative question)*
typique — *typical*

CHAPITRE 2 | Voici mes amis

—Regarde ! Les femmes ici sont très jolies. Tu ne trouves pas ?

DISCOVER
Go to the **Resources** for Chapitre 2 on MyFrenchLab to watch the *On démarre* video on describing people. Complete the related video activities in the **Assessments** for this chapter under Additional Practice.

APPLY
- Video
- Activities : On démarre ! 02-01 to 02-02

LEÇON 1
Mes amis et moi

LEÇON 2
Tu viens d'où ?

LEÇON 3
On fait quoi cette semaine ?

Venez chez nous !
Bienvenue au Canada !

After completing this chapter, you should be able to
- Describe a person's appearance and personality
- Talk about sports and leisure activities
- Ask for information
- Talk about nationalities
- Talk about Canada

This chapter will help you become familiar with the following grammatical structures:
- Adjectives used for description
- Formulating questions with **où**
- The prepositions **à** and **de**
- The verb **faire**

You will also practise the pronunciation of
- Final consonants
- The French features **enchainement** and **liaison**

MyFrenchLab
Visit MyFrenchLab to access the audio clips for each chapter, additional exercises and quizzes, and much more!

LEÇON 1   Mes amis et moi

Points de départ

Voici mes amis !

TEXT AUDIO  2.1

François et Jeannie regardent une photo sur le téléphone de Jeannie.

FRANÇOIS : Hé, c'est toi sur la photo ? Tu es très belle en rouge ! Qui est avec toi sur cette photo, Jeannie ?

JEANNIE : Ce sont mes amis de l'université. Voici ma très bonne amie Julie. Elle a les cheveux longs et porte un beau chapeau gris. Son chum, c'est le gars blond derrière elle. Il s'appelle Guy. Il vient de l'Angleterre.

FRANÇOIS : Et qui est la fille à ta gauche ?

JEANNIE : C'est mon amie Anka. Elle vient de l'Afrique. Elle habite au Canada depuis 2011. Elle est nouvelle étudiante ici.

FRANÇOIS : Et c'est son chum en vert derrière elle ?

JEANNIE : Oui, il s'appelle César. Il vient du Mexique.

FRANÇOIS : Et c'est qui la grande fille très belle derrière toi ?

JEANNIE : Ah, c'est Hélène. Elle est sportive. Elle joue au basketball et elle fait du vélo. Elle vient de Paris !

FRANÇOIS : Tu as de beaux amis !

À vous la parole

2-1 La description. Pick out all of the words that describe nouns (**les adjectifs** : adjectives) from this dialogue. Categorize them according to what they describe: *les traits de personnalité* (personality traits), *les traits physiques* (physical features), or *les couleurs* (colours). Are the adjectives masculine, feminine or plural? How can you tell?

MODÈLE *belle* : trait physique, féminin (François is describing Jeannie)

2-2 Portrait. Bring in a photo of a friend or a group of friends to class and talk about them with your partner. Discuss the following questions: Comment s'appelle-t-il / elle ? Comment est sa personnalité ? Qui est dans sa famille ? Qu'est-ce qu'il / elle fait ?

MODÈLE Voici la photo d'une de mes amies. Elle s'appelle Julie. Elle est sympa et dynamique. Elle a deux frères. Elle étudie à l'Université de Toronto. Elle joue au golf la fin de semaine.

Vie et culture

Mon ami

While the term **une amie / un ami** means *a friend*, the term usually refers to a very close friend. A boy/girlfriend is usually called **mon (petit) copain / ma (petite) copine** or **mon petit ami / ma petite amie**. In Québec, the terms **ma blonde** and **mon chum** are commonly used in informal situations. If you want to introduce someone who is a friend, but not a boy/girlfriend, you would say, for example, **Voici un de mes amis**, or **Voici un copain / une copine**.

Des amis discutent dans un café.

Les amis

The nature of friendship varies from culture to culture. As we have seen, in most varieties of French the word **ami** applies to someone with whom a strong bond of friendship has been formed. Our casual use of the word *friend* in North American English can lead European French speakers to conclude that our concept of friendship is more casual.

Et vous ?

Make a list of all the terms we use in English for *friend* (you might find as many as twenty words). If you speak another language, share the various terms to express *friend* in your language.

TEXT AUDIO 2.2

SONS ET LETTRES

La détente des consonnes finales

As a general rule, final consonant letters are not pronounced in French:

    l'enfant   elle est   nous sommes   très jeunes   beaucoup

However, there are four final consonant letters that are generally pronounced: **-c**, **-r**, **-f**, and **-l**. To remember them, think of the English word *careful*.

    la fac   pour   neuf   Daniel

An exception is the letter **-r** in the infinitive ending **-er** and in words ending in **-er** and **-ier**:

    écouter   danser   le diner   le premier   janvier

The letter **-n** is seldom pronounced at the end of a word. Together with the preceding vowel letters, it represents a nasal vowel sound:

    mon copain   le chien   l'enfant

At the end of a word, one or more consonant letters followed by **-e** always stand for a pronounced consonant. These consonants must be clearly articulated, for they mark important grammatical distinctions such as feminine versus masculine forms of adjectives. The final **-e** doesn't represent any sound.

           Danielle est   blonde   petite   sérieuse
vs.   Daniel est   blond   petit   sérieux

À vous la parole

TEXT AUDIO 2.3

2-3 Prononcer ou ne pas prononcer ? In which words should you pronounce the final consonant?

    avec Robert   il aime danser   s'il vous plait   pour ma sœur
    neuf cahiers   le jour de Noël   le Québec   le singulier

2-4 Contrastes. Read each pair of sentences aloud and note the contrasts.

    C'est Denise. / C'est Denis.
    Voilà Françoise. / Voilà François.
    Pascale est amusante. / Pascal est amusant.
    Michèle est blonde. / Michel est blond.

Formes et fonctions

1. Les adjectifs pour décrire la personne

- The adjectives below are categorized according to what type of quality they describe.

- Adjectives can be used to describe **all** nouns: persons, places, things, or concepts.

- Remember from Chapter 1 that adjectives must agree in gender and number with the noun they describe, so if the noun is feminine, the adjective must be feminine, and if the noun is plural, the adjective must be plural.

- Below, the masculine form is presented first and then the feminine: élégant / élégante. Note that if the adjective already ends in **e**, no changes for gender agreement are necessary.

[Âge]	nouveau / nouvelle	jeune	âgé/e, vieux / vieille d'un certain âge
[Qualité]	mauvais/e	bon / bonne	excellent/e
[Beauté]	moche	joli/e	beau / belle
[Taille]	petit/e	de taille moyenne	grand/e
[Corps]	maigre, mince	fort/e	gros / grosse
[Cheveux]	blond/e	roux / rousse	châtain/e, brun/e
[Style]	chic*	élégant/e	sophistiqué/e
[Personnalité]	égoïste	méchant/e	gentil / gentille, généreux / généreuse
[Intelligence]	bête	intelligent/e	
[Énergie]	pantouflard/e	paresseux / paresseuse énergique	sportif / sportive ambitieux / ambitieuse
[Sens de l'humour]	sérieux / sérieuse	ennuyeux / ennuyeuse	drôle amusant/e spirituel/elle

Observez ! What did you notice above about how the various masculine forms changed to form the feminine adjective? Generally, these patterns will remain consistent:

Masculine Ending	Feminine Ending
-e	no change
consonant or **é**, or **i**	add **e**
-eux	-euse
-oux	-ousse
-el, -il	-elle, -ille
-if	-ive

*Note that the adjective **chic** is invariable.

Fiche pratique

Noun phrases in French typically include multiple written indications of number and gender. Compare, for example, **une amie intelligente** with **un copain amusant** and **des profs sympathiques**. Because the written indications are not always heard in the spoken forms, it is a good idea to get into the habit of double-checking the number and gender of any nouns and adjectives that you write.

- To form the plural of adjectives: **-s** is usually added to the masculine **or** feminine adjective to form the plural (just as it is added to the noun to make a plural noun).

La femme est intelligente.	Les femmes sont intelligentes.
L'étudiant est jeune.	Les étudiants sont jeunes.

If the adjective ends in **-x** (like **ennuyeux** or **vieux**), the plural will be the same as the singular.

Le prof est ennuyeux.	Les profs sont ennuyeux.
Le film est vieux.	Les films sont vieux.

Adjectives that end in **-eau** in the masculine singular form end in **-x** in the plural form.

Les livres sont nouveaux.	Les films sont beaux.

- **Beau**, **nouveau** and **vieux** have a special form that is used before a *masculine* singular word that begins with a vowel (or a silent h): **bel**, **nouvel**, **vieil**. These are pronounced exactly like the feminine forms, but the special adjective allows us to create a liaison in the spoken form, and to show that in the written form as well. Because the plural of these adjectives ends in **-x**, there is no need for a special form in the plural.

C'est un **bel** étudiant.	Ce sont des beaux étudiants.
C'est un **bel** homme.	
C'est un **nouvel** étudiant.	Ce sont des nouveaux étudiants.
C'est un **nouvel** hotel.	
C'est un **vieil** ami.	Ce sont des vieux amis.
C'est un **vieil** homme.	

À vous la parole

2-5 Comment es-tu ? Use the adjectives you have learned to describe yourself to your partner. Use both affirmative and negative sentences.

MODÈLE   Je m'appelle Julie. Je suis jeune. Je suis petite et rousse. Je suis intelligente et sympa. Je suis sportive et je ne suis pas paresseuse !

2-6 Les amis. Describe the appearance and personality of this group of friends to your partner. Indicate the person you're describing. (Remember to use the adjectives to describe personality from Chapter 1.)

MODÈLE ▶ Voilà une belle femme. Elle est rousse. Elle est sympa.

2-7 Comment sont tes amis / amies ? Comment est ta famille ? Describe the following people, using a variety of adjectives from the list above. Use the masculine, feminine or plural forms as necessary.

MODÈLE Mon frère est… Il est….

1. vos parents (votre mère, votre père) (*Utilisez des adjectifs au pluriel.*)
2. votre frère
3. votre sœur
4. votre ami
5. votre amie
6. votre professeur de français
7. une célébrité que vous aimez (Qui est-ce ? Comment est-il / elle ?)
8. votre copain / votre copine idéal/e
9. vos amis (*Utilisez des adjectifs au pluriel.*)

2-8 Décrivez des objets. Remember that adjectives describe people **and** things. Use the adjectives in the list on page 73 (and the colours) to describe the following items.

MODÈLE Mon livre est bleu et vieux. Le livre est bon et amusant.

1. Votre manuel de français
2. Votre film préféré (Comment s'appelle le film ?)
3. Votre auto (ou l'auto de votre famille) *(auto = féminin)*
4. Votre maison ou votre appartement
5. Vos chaussures *(shoes = féminin)*

2-9 Vous êtes très négatif ! Imaginez que vous n'aimez pas les personnes / choses suivantes. Use adjectives to say why you don't like them. Use affirmative and negative sentences.

MODÈLE Votre auto
➤ Elle n'est pas belle ; elle est très vieille ; elle est trop petite.

1. Votre professeur de maths
2. Votre appartement ou votre maison
3. Un certain acteur / une certaine actrice
4. Votre colocataire
5. Vos vêtements (*clothes*)

2. Les adjectifs de nationalité

Quelle est votre nationalité ?

• You can expand the richness of your descriptions by including nationalities. Note that you will recognize most of the names of the countries below. Be aware that adjectives of nationality have masculine and feminine forms (as below), and that the adjectives are not capitalized.

le Canada	canadien, canadienne		la France	français, française
les États-Unis	américain, américaine		l'Allemagne	allemand, allemande
l'Espagne	espagnol, espagnole		la Chine	chinois, chinoise
l'Inde	indien, indienne		la Russie	russe, russe
la Corée	coréen, coréenne		l'Italie	italien, italienne
la Pologne	polonais, polonaise		le Japon	japonais, japonaise
le Mexique	mexicain, mexicaine		la Colombie	colombien, colombienne

À vous la parole

Flag images:

Canada, JR Photography, Fotolia; United States, Aleksandar Jocic/Fotolia; Spain, Marques/Shutterstock; India, Junior Gonzalez/Getty Images; South Korea, Naypong/Shutterstock; Poland, Paul Stringer/Shutterstock; Mexico, Kheng Guan Toh/Shutterstock; France, Michael Roeder/Shutterstock; Germany, Paul Stringer/Shutterstock; China, Paul Stringer/Shutterstock; Russia, Stefano Ginella/Shutterstock; Italy, Paul Stringer/Shutterstock; Japan, Fotogroove/Shutterstock; Colombia, bunyos/Fotolia

2-10 Quelle nationalité ? Indiquez la nationalité des personnes suivantes. Posez la question si nécessaire.

MODÈLE   Quelle est votre nationalité ?
➤ Je suis américaine.

1. Quelle est votre nationalité ?
2. Quelle est la nationalité de votre professeur ?
3. Quelle est la nationalité de votre mère ? de votre père ? de vos grands-parents ?
4. Quelle est la nationalité de votre ami/e ?
5. Quelle est la nationalité de votre camarade de classe ?

2-11 Des célébrités internationales. Quelle est la nationalité des personnes célèbres ? (Si nécessaire, recherchez sur Internet !)

MODÈLE   James Bond.
➤ Il est anglais.

1. Stephen Harper
2. Barack Obama
3. La chanteuse Shakira
4. La chanteuse Céline Dion
5. L'actrice Penélope Cruz
6. L'actrice Marion Cotillard
7. Le compositeur Tchaikowsky
8. Le compositeur Chopin
9. Mona Lisa
10. Le Prince William

2-12 Une description complète ! Donnez une description aussi complète que possible des personnes suivantes. Utilisez des phrases affirmatives **et** négatives !

MODÈLE *La professeure*
La professeure est canadienne. Elle est grande et de taille moyenne. Elle est assez belle. Elle est jeune et rousse. Elle est sympa et généreuse. Elle est ambitieuse. Elle n'est pas pantouflarde.

1. Votre ami
2. Votre amie
3. Votre professeur/e de français
4. Votre mère
5. Votre père
6. Votre sœur
7. Votre frère
8. Votre colocataire (*roommate*)

2-13 Au voleur ! Imaginez que vous observez un voleur (*robber*). Donnez une description à la police : *Il est...*

2-14 Bonheur d'occasion

A. Avant de lire. You are about to read an excerpt from the opening pages of the 1945 novel *Bonheur d'occasion* by Gabrielle Roy (1909-1983), a Franco-Manitoban author of novels, essays and children's stories. The novel was published in 1947 in English as *The Tin Flute*. The French language title *Bonheur d'occasion* translates directly as "second-hand happiness." The story focuses on a family living in a working-class neighbourhood of Montreal during World War II, and explores their struggle to overcome poverty and to find happiness. The heroine of the story is Florentine, a young woman who works as a waitress in a small restaurant, and who dreams of a better life. She falls in love with the ambitious Jean Lévesque.

Make a list of the adjectives you have studied in this chapter that could be used to write a description of someone's appearance.

B. En lisant. As you read the description of Florentine as Jean observes her in the restaurant where she works, focus on getting a general sense of the passage. Keep in mind that the passage contains many cognates, which you can use to try to understand the meaning.

Does Florentine resemble someone you know or someone famous?

Stratégie

To anticipate and better understand an author's meaning in a text, make preliminary assumptions by scanning the text for cognates.

Il vit[1] aussitôt qu'elle se troublait. Sa lèvre[2] inférieure trembla, et d'un petit coup de dents elle la mordit[3]. (…) Elle tira[4] une serviette de papier d'une boîte nickelée, la déplia et l'étala[5] à la place du jeune homme.

Elle avait un visage mince, délicat, presque enfantin. L'effort qu'elle faisait pour se maîtriser[6] gonflait et nouait les petites veines bleues de ses tempes[7] et en se pinçant les ailes[8] presque diaphanes du nez tiraient vers elles la peau des joues, mate, lisse et fine comme de la soie. Sa bouche était mal assurée, et parfois esquissait un tremblement, mais Jean, en regardant ses yeux, fut[9] soudain frappé de leur expression… Sur les épaules tombait une masse de cheveux brun clair.

Source: Gabrielle Roy. *Bonheur d'occasion.* (©) 1945

[1]*literary past tense of the verb* **voir** *(to see)* [2]*lip* [3]*literary past tense of the verb* **mordre** *(to bite)* [4]*literary past tense of the verb* **tirer** *(to pull)* [5]*literary past tense of the verb* **étaler** *(to spread)* [6]*to get hold of oneself (to "master" oneself, one's emotions)* [7]*temples* [8]*sides of the nose* [9]*literary past tense of the verb* **être**

C. En regardant de plus près. Take a closer look at the following features of the text.

1. Look ahead to Chapitre 10, Leçon 1, and check the meaning of the parts of the body mentioned in this paragraph.
2. There are two colours mentioned in the paragraph—what are they? Can you determine the rule for placing adjectives of colour with respect to the noun they describe?
3. What evidence can you find that shows how closely Jean is observing Florentine?

D. Après avoir lu.

1. What emotion is Florentine feeling? Pick out the words in the text that indicate her emotional state.
2. What French adjectives have you already learned that could describe these emotions?
3. Add some of the useful adjectives from this text to your own vocabulary list.

LEÇON 2 — Tu viens d'où ?

Points de départ

Destinations diverses

Le weekend, où est-ce que tu vas ? Tu aimes nager ? Alors tu vas probablement à la piscine. Tu pratiques un autre sport ? Alors tu vas probablement au stade, au gymnase ou au parc. Tu aimes les activités culturelles ? Tu vas voir peut-être un film au cinéma ou une exposition au musée ; ou bien tu assistes à une pièce, un ballet ou un concert au théâtre. Tu cherches un livre ? Voilà la bibliothèque et la librairie. Tu ne fais pas la cuisine ? Alors tu vas probablement aller au restaurant, au café ou chez un ami pour manger.

Vie et culture

St-Boniface : un quartier francophone

St. Boniface is the "French Quarter" of Winnipeg, and is home to the largest French-speaking community west of Québec. Several historical sites in the community bring to life the vibrant history of the area, including **le Musée de St-Boniface**, the largest oak log structure in North America and the oldest building in Winnipeg. One can also visit **la Basilique St-Boniface**, which is the oldest cathedral in Western Canada, **la Maison Louis Riel**, a museum honouring Louis Riel, leader of the Métis and one of the founders of Manitoba, and **la Maison Gabrielle Roy**, the ancestral home of one of Canada's most celebrated Francophone writers. Tourists can follow **la Promenade Taché**, a walkway with plaques explaining the early development of St. Boniface. **Le Festival du Voyageur**, held in St. Boniface, is Western Canada's largest winter festival. St. Boniface is a thriving community that takes pride in its Francophone roots: one can live, learn, and work in French. The business community actively promotes and encourages its Francophone connection, and schooling is available in French from daycare through post-secondary levels.

St-Boniface, le « quartier français » de Winnipeg

Et vous ?

1. Is there a French-speaking community in your city? How does this community add to the cultural vibrancy of the city?
2. Do you know other cities that have French neighbourhoods? Have you ever visited a French quarter?
3. What other cultures have their own neighbourhoods in your city? Is there a Chinatown, for example, or a Little Italy? Discuss how the people who live in these communities keep their culture alive.

À vous la parole

2-15 Dans quel endroit ? Where would you hear people saying the following?

MODÈLE   Une salade, s'il vous plaît.
➤ au restaurant

1. Tu nages bien, toi !
2. La partie commence dans dix minutes.
3. Regarde, la mariée et le marié arrivent.
4. C'est mon ballet préféré.
5. Où sont les biographies, s'il vous plaît ?
6. On regarde la télé ce soir ?
7. La musique est excellente ce soir.
8. Encore un café ?
9. J'aime beaucoup cette statue.
10. C'est combien pour ces deux livres et un cahier ?

2-16 Vos endroits préférés. Discuss with a partner your favourite place for each activity listed. How similar—or dissimilar—are your preferences ?

MODÈLE   pour diner ?

      É1   Moi, j'aime diner chez ma mère. Et toi ?

      É2   Moi, j'aime diner au restaurant.

1. pour diner ?
2. pour travailler ?
3. pour regarder un film ?
4. pour rencontrer des amis ?
5. pour pratiquer un sport ?
6. pour écouter de la musique ?

SONS ET LETTRES

TEXT AUDIO 2.5

L'enchainement et la liaison

In French, consonants that occur within a rhythmic group tend to be linked to the following syllable. This is called **enchainement**. Because of this feature of French pronunciation, most syllables end in a vowel sound:

   il a /i la/   sept amis /sɛ ta mi/   Alice arrive /a li sa riv/

Orthographe : enchainement (enchaînement)

Some final consonants are almost always pronounced. If you recall, these include final **-c, -r, -f, -l**, and all consonants followed by **-e**:

   Éri**c**   ma sœu**r**   neu**f**   l'éco**le**   la no**te**   sei**ze**   il ai**me**

Other final consonants are pronounced only when the following word begins with a vowel. These are called *liaison consonants*, and the process that links the liaison consonant to the beginning of the next syllable is called *liaison*. Liaison consonants are usually found in grammatical endings and words such as pronouns, articles, possessive adjectives, prepositions, and numbers. You have seen the following liaison consonants:

- **-s, -x, -z** (pronounced /z/): vous‿avez, les‿enfants, nos‿amis, aux‿échecs, très‿aimable, six‿ans, chez‿eux

- **-t**: c'est‿un stylo, elles sont‿énergiques

- **-n**: on‿a, un‿oncle, mon‿ami

When you pronounce a liaison consonant, articulate it as part of the next word:

deux‿oncles /dø zɔ̃kl/	not */døz ɔ̃kl/
on‿a /ɔ̃ na/	not */ɔ̃n a/
il est‿ici /i le ti si/	not */il et i si/

À vous la parole

2-17 Contrastes : sans et avec enchaînement. Pronounce each pair of phrases. Be sure to link the final consonant of the first word to the following word when it begins with a vowel.

une classe	une université
pour Bertrand	pour Albert
Luc parle	Luc écoute
neuf dentistes	neuf actrices
quel cousin	quel oncle
elle préfère ça	elle aime ça

2-18 Liaisons. Pronounce the liaison consonants in the following phrases. Be sure to link the consonant with the following word.

nous‿allons	vous‿écoutez
on‿a	un‿an
ils‿arrivent	elles‿étudient
elles sont‿au labo	elles vont‿au resto U
son petit‿ami	il a vingt‿ans
ton‿amie	son‿enfant

Formes et fonctions

1. Demander l'origine de quelqu'un *(asking where someone is from)* avec le verbe *venir*

- You have already seen that the expression **est-ce que** is used to ask questions, and you have practised yes/no questions that start with **Est-ce que / qu'** :

    Est-ce que tu aimes la pizza ?   Est-ce qu'il étudie le français ?

- To ask an information question (that is, a question that gives you specific information in the answer), add a question word in front of the expression **est-ce que** and continue with the subject and the verb (as with yes/no questions). In this chapter, we will ask questions with the question word **où** (*where*). Here is the format:

    où + est-ce que / qu' + subject + verb
    Où est-ce que tu travailles ?   Où est-ce que tu habites ?

In order to ask where someone comes *from*, we'll need to expand on the **où est-ce que** structure.

- First let's look at the verb **venir** (to come).

VENIR	*(to come)*		
je	viens	nous	venons
tu	viens	vous	venez
il / elle / on	vient	ils / elles	vie**nn**ent

Fiche pratique

Here are the imperative (command) forms for the verb **venir**:

Viens avec nous!   Come with us!
Venons-en au fait!   Let's get to the point!
Venez par ici!   Come this way!

The verb **venir** is usually followed by words that specify location.

➤ **to come:** Je viens *à* l'université le matin. Nous venons *en* classe.
➤ **to come from (city/origin)** *venir de/d'* : Je viens *de* Kingston. Mon amie vient *de* Winnipeg. Mon colocataire vient *de* Moncton.

- To ask where someone is from, we'll need to use the verb **venir** with **de/d'** (*to come from*), along with the **où est-ce que** question that we saw above. So the question "Where do you come from?" is structured as follows : *D'où est-ce que tu viens ?*

In everyday speech, however, this question is asked in a less formal way:

D'où viens-tu ? **or** Tu viens d'où ?
   Je viens de / d' [ville].

D'où viens-tu ?
   Je viens de Winnipeg.
   Moi, je viens de Kelowna.

Tu viens d'où ?
   Je viens de Thunder Bay.

These questions can be transformed so that you can ask about others:

D'où vient ta mère ?   **or** Ta mère vient d'où ?
D'où viennent tes parents ?   **or** Tes parents viennent d'où ?

À vous la parole

2-19 Répondez s'il vous plaît ! Ask your partner for the following information using the simple **où** question: *Où est-ce que (subject) (verb) ?*

Demandez à votre partenaire où…

1. il / elle est maintenant (*now*)
2. il / elle habite
3. il / elle travaille
4. il / elle étudie
5. il / elle soupe
6. il / elle parle français

LEÇON 2 • TU VIENS D'OÙ ? *quatre-vingt-trois* **83**

2-20 Pratiquons le verbe *venir* ! Complétez le paragraphe avec les formes du verbe **venir**.

MODÈLE Vous *venez* avec nous ?

D'habitude, je _____ à l'université en autobus. Mon copain _____ en auto avec ses amis. Normalement, nous _____ dans la classe de français ensemble. Après la classe, nos camarades _____ avec nous au café. Est-ce que tu _____ avec nous aujourd'hui ?

2-21 Es-tu expert en géographie ? Imagine that your partner comes from the following countries: ask *Tu viens d'où ?* or *D'où viens-tu ?* Your partner will respond naming a city in that country, using **de/d'**.

1. l'Italie
2. la France
3. les États-Unis
4. l'Allemagne
5. la Russie
6. l'Espagne

2-22 Tu viens d'où ? Answer the questions yourself, saying what city you and others are from, and then ask your instructor and classmates.

1. Tu viens d'où ?
2. D'où viennent tes parents ?
3. D'où vient ton ami/e ?

Maintenant, posez la question à votre professeur et aux membres de votre classe pour savoir de quelle ville chacun (*each one*) vient. Use the two options: *Tu viens d'où ?* and *D'où viens-tu ?*

2. Les article contractés avec la préposition *de*

- As we have seen in the previous section, the preposition **de/d'** indicates where someone or something comes from.

    Mon copain Jean vient **de** Montréal. *My boyfriend Jean comes from Montréal.*

    Elle arrive **de** France demain. *She arrives from France tomorrow.*

- **De/d'** is also used to indicate possession or other close relationships.

    C'est le frère **du** professeur. *He's the teacher's brother.*

    Voilà le livre **de** Kelly. *There's Kelly's book.*

- **De** is used with certain verbs to indicate *about* : parler de *to talk about*

    Nous parlons **de l'**examen de français.

- **De** is used in the expression **jouer de**: *to play (a musical instrument).*

    Son ami joue **du** piano dans un groupe. *Her friend plays the piano in a band.*

    Lui, il joue **de l'**harmonica. *He plays the harmonica.*

- **De** combines with the definite articles **le** and **les** to form contractions. There is no contraction with **la** or **l'**.

de + le → du	Mon amie joue **du** piano.	*My girlfriend plays piano.*
de + les → des	On parle **des** projets pour la fin de semaine.	*We're talking about plans for the weekend*
de + la → de la	Moi, je joue **de la** guitare.	*I play the guitar.*
de + l' → de l'	Il joue **de l'**accordéon.	*He plays the accordion.*

When using **de** with names of countries, remember to use the contraction if the country is masculine, or starts with a vowel, but **not** if the country is feminine (use **de/d'** for feminine countries). Because most cities don't have genders, there is no contraction with cities (use only **de** or **d'**).

Hint: Most countries that end in the letter E are feminine. One notable exception is *le Mexique*, which is masculine.

Mon prof vient **des** États-Unis.	(**de + les** États-Unis)
Nos amis viennent **de** France.	(*la France* is feminine so **no** contraction)
La pizza vient **d'**Italie.	(*l'Italie* is feminine so **no** contraction)
Son collègue vient **d'**Irak.	(masculine but starts with vowel so **d'**)
Son père vient **du** Portugal.	(**de + le** Portugal)

À vous la parole

2-23 Tu joues de la musique ? Répondez avec l'instrument de musique. N'oubliez pas d'utiliser la contraction (**de + le**) quand c'est nécessaire.

1. le piano
2. la guitare
3. l'harmonica
4. la trompette
5. le violon
6. la flute
7. le tuba
8. les percussions

Orthographe :
flute (flûte)

Maintenant, demandez à trois étudiants s'ils jouent d'un instrument de musique (et de quel instrument!).

2-24 D'où viens-tu ? Posez la question à votre partenaire; il / elle répond avec le pays (*country*) indiqué, en faisant la contraction avec *de* si nécessaire.

1. la Chine
2. les États-Unis
3. le Canada
4. la France
5. l'Italie
6. la Colombie
7. le Mexique
8. la Russie
9. le Japon
10. l'Argentine

2-25 On parle. Tell what today's subjects of conversation are for Camille and her friends. Utilisez la contraction **de + article** si nécessaire.

MODÈLE la copine de Bruno
➤ Elles parlent de la copine de Bruno.

1. le professeur de français
2. la partie de basketball de la fin de semaine dernière (*last*)
3. les problèmes du campus
4. la nouvelle (*new*) colocataire de Camille
5. l'oncle d'Antoine
6. les devoirs d'anglais
7. le dernier film de Steven Spielberg

2-26 Jouons les détectives Based on what these people say, tell where they've just come from.

MODÈLE Ah, j'adore nager!
➤ Tu viens de la piscine.

1. Paul a dix nouveaux livres. Il...
2. Voici Marie-Hélène et Éric : les nouveaux mariés ! Ils...
3. J'adore le café au lait ! Tu....
4. Ma mère apprécie beaucoup l'art impressioniste. Elle....
5. Mes amis disent que le nouveau film Tintin est excellent. Ils....
6. Il y a des enfants qui jouent au frisbee avec leurs chiens ! Ah ! Tu... ?

TEXT AUDIO 2.8

2-27 Des portraits d'athlètes

A. Avant d'écouter. Look at the photos of three Francophone athletes. Which sport does each play? Can you think of two or three adjectives to describe each athlete? Have you ever seen any of these athletes in person or on television?

Tony Parker

Hoda Lattaf

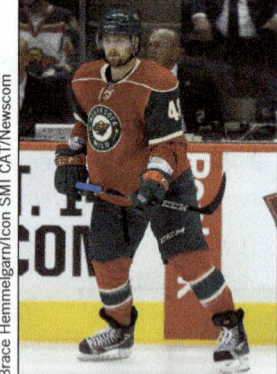

Guillaume Latendresse

B. En écoutant. Listen to the descriptions of the three athletes and fill in the missing information in the chart below.

Name	Sport	Age	Appearance	Favourite Activities and Family Information
Tony PARKER				
Hoda LATTAF				
Guillaume LATENDRESSE				

C. Après avoir écouté. Now use the completed chart to summarize in a couple of sentences the information about the athlete who most appeals to you. Then add a sentence telling why this person is interesting to you.

MODÈLE   Mon athlète préféré est… Je trouve cette personne intéressante parce qu'il / elle…

LEÇON 3 — On fait quoi cette semaine ?

Points de départ

Nos activités

TEXT AUDIO  2.9

Moi, je fais du sport ; je joue au soccer avec des amis. Nous faisons une partie tous les samedis.

Mes copains font de la musique. Ils jouent dans un groupe. Ils donnent un concert samedi soir. Mamadou joue de la guitare et Valentin joue du piano.

François et Léa organisent une fête. François fait les courses et Léa fait la cuisine.

Ma copine Amélie ne fait pas grand-chose ; elle reste à la résidence et elle regarde un film. Ses amies Vanessa et Anne-Laure jouent aux échecs.

Nathalie est super sportive ; elle fait de la natation. Elle fait aussi du vélo.

Benjamin fait du bricolage et son amie Élodie fait du jardinage.

DES LOISIRS

On fait…
  du sport, de la natation,
  de la bicyclette, du jogging

On joue…
  au soccer* (Can.), au foot (Fr.), au basket(ball), au tennis, au golf, au football (Can.), au football américain (Fr.), au rugby, au volleyball, au hockey

On fait…
  de la musique

On joue…
  du piano, de la guitare, de l'harmonica, du saxophone, de la batterie, de la musique classique, du jazz, du rock

On fait…
  des courses, la cuisine, du bricolage, du jardinage, du patinage, du patinage artistique

On joue…
  aux cartes, aux échecs, au Scrabble, au loto, à des jeux de société

Fiche pratique

Some French verbs require a preposition. For example, the verb **jouer** is followed by the preposition **à** or the preposition **de**, plus the definite article. To remember that **jouer** is followed by **à** for sports and games, and by **de** for musical instruments, memorize a couple of sentences that are personally meaningful. For example, you might come up with: **Je joue au hockey** and **Mon frère joue de la guitare**.

Orthographe :
volleyball (volley-ball)

À vous la parole

2-28 On joue ? Based on the drawings, what is everyone doing this afternoon?

MODÈLE   On joue au tennis.

*Note that *le soccer* can be pronounced [soccer] just as in English, or [socceur].

Parallèles

Mes loisirs préférées. Mathilde and Diandra talk about some of their favourite leisure activities.

Mathilde dans une boutique de disques

Diandra au stade d'athlétisme

2-29 Nos passe-temps préférés. Based on the descriptions, figure out with a partner what these friends probably do in their spare time.

MODÈLE   É1   Anne-Marie est très réservée.
         É2   Elle ne fait pas grand-chose ; elle reste à la maison et regarde un film.

1. Charlotte est très sociable.
2. Rémy est super sportif.
3. Marie-Chantal est une bonne musicienne.
4. Éric adore le cinéma.
5. Nicolas est fanatique de jazz.
6. Céline aime préparer le diner.
7. Alex préfère les jeux de société.
8. Christian est très actif.
9. Josée est bricoleuse.

2-30 Et toi ? With the person sitting beside you, take turns telling three things you typically do on the weekend. Use only words and expressions that you know. Then share with your classmates what you have learned about your partner.

MODÈLE   É1   La fin de semaine, je travaille un peu, je joue au basket et je fais la cuisine. Et toi ?
         É2   Je ne fais pas grand-chose ; je reste à la maison et je prépare mes cours.

Vie et culture

Les loisirs des Canadiens

In Canada, people typically work eight hours a day, with many people putting in ten- and even twelve-hour days. The French enjoy the shortest workweek of any European country, 35 hours, and have five weeks of paid vacation each year. Canadians devote less of their day to leisure activities than the French do.[*]

Look at the chart indicating the number of hours per day that Canadians devoted to leisure activities in 2010. Make a list of French verbs that would fit into each category of activity (**Social, Cognitif, Physique**).

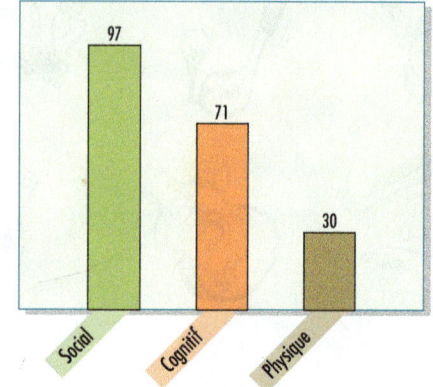

Nombre moyen d'heures consacrées à des loisirs actifs par type d'activité (2010) (minutes par jour)

Social: 97
Cognitif: 71
Physique: 30

Source: http://www4.rhdcc.gc.ca/.3nd.3c.1t.4r@-fra.jsp?iid=51. Human Resources and Skills Development Canada. Public Works and Government Services Canada.

[*]http://puck.sourceoecd.org/vl=2289588/cl=13/nw=1/rpsv/factbook2009/11/03/01/index.htm

Formes et fonctions

1. Le verbe *faire*

- The verb **faire** (*to do, to make*) is used in a wide variety of expressions. Notice that although you can easily understand the meaning of the expressions below, they cannot necessarily be translated directly into English. When you learn these expressions, link them to the concept they represent and not to a translation.

    faire du sport, de la natation, de la bicyclette, du jogging
    faire de la danse, du patinage, du patinage artistique
    faire de la musique
    faire des courses, la cuisine, du bricolage, du jardinage
    faire du français (*to study French as a subject*)
    faire les devoirs (*to do homework*)

You can use **faire** to mean *to make*, and use it to express your own meaning, for example:

    faire une faute (*a mistake*)
    faire une pizza
    faire une présentation dans la classe de français

Here are the forms of **faire**.

Il fait la cuisine.

Ils font du jardinage.

FAIRE	*to do, to make*		
SINGULIER		PLURIEL	
je	**fais**	nous	**faisons**
tu	**fais**	vous	**faites**
il / elle / on	**fait**	ils / elles	**font**

Fiche pratique

Here are the imperative (command) forms for the verb **faire**:

Fais tes devoirs! — *Do your homework!*
Faisons des courses! — *Let's go grocery shopping!*
Faites attention! — *Pay attention!*

- A question using **faire** does *not* necessarily require using **faire** in the answer:

    —Qu'est-ce que tu **fais** samedi ?   —*What are you doing on Saturday?*
    —Je joue au golf.   —*I'm playing golf.*
    —Je prépare mes devoirs.   —*I'm doing my homework.*
    —Je fais du camping.   —*I'm going camping.*
    —Moi, je fais un gâteau.   —*I'm making a cake.*

- When using the expressions with **faire** and **du, de la, des** (as listed above) in the negative, remember that **du, de la, des** change to **de/de'**: Je fais **du** jogging. Et toi? – Moi je ne fais pas **de** jogging.

—Elle fait **du** sport. —*She plays sports.*
—Moi aussi, je fais **de la** natation. —*I swim as well.*
—Je ne fais pas **de** bicyclette. —*I don't cycle.*

- Voici des phrases avec le verbe **faire**. C'est un verbe très utile !

Tu **fais** beaucoup de sport ? —*Do you do a lot of sports?*
Nous **faisons** une promenade. —*We're taking a walk.*
Elle aime **faire** la cuisine. —*She likes to cook.*
Il **fait** des courses. —*He's buying groceries / running errands.*

Ils **font** du jogging le matin. —*They jog in the morning.*
Vous **faites** de la danse ? —*Do you dance?*
Je **fais** du français. —*I study French.*

- A useful expression that will allow you to respond to the question "Qu'est-ce que tu fais ?" is **être en train de + infinitif**

This expression will allow you to say that you are *in the process of doing something.*

EXEMPLES Je suis en train d'étudier. *I am (in the process of) studying.*
Mes parents sont en train de déjeuner. *My parents are eating breakfast.*
Nous sommes en train de faire la cuisine. *We're cooking.*

À vous la parole

2-31 Suite logique. Based on their interests, what are these people doing in their spare time? Utilisez des expressions avec le verbe **faire**.

MODÈLE Sylvie aime le ballet.
➤ Elle fait de la danse.

1. Nous arrivons au supermarché.
2. Éric et Rémy aiment la nature.
3. Tu adores préparer le diner.
4. Vous êtes amateur de jazz.
5. Marc-André aime travailler dans le jardin.
6. Chantal et Lise sont vraiment sportives.
7. J'aime travailler à la maison.
8. David et moi sommes très paresseux.

2-32 Et vous ? Discutez avec votre partenaire vos activités habituelles pour chaque catégorie. Utilisez le verbe **faire** dans vos réponses.

MODÈLE la musique

É1 Je ne fais pas de musique, mais j'ai un lecteur CD* et beaucoup de CD ; j'aime le jazz. (* prononcez [cédé] et non [ceedee])
É2 Je fais de la musique ; je joue du piano et de la guitare.

Fiche pratique

Remember that the way to say *every Monday* is **le lundi** (le mardi, le mercredi, etc.)

To say *this* Monday, you can say either **ce lundi** or just **lundi**.

1. la musique
2. le sport
3. les jeux
4. la cuisine
5. des travaux à la maison

2-33 Et toi ? Qu'est-ce que tu fais ? Discutez avec votre partenaire (ou en petit groupe) de vos activités dans la semaine. Utilisez des expressions avec **faire**.

MODÈLE   Le lundi, je fais du sport après mes cours. Le mercredi, je fais des courses. Et vendredi, je fais une présentation dans le cours de psychologie.

Now, share with your class what the members of your group usually do, and what they will do this week.

MODÈLE   Le lundi, Paul fait une promenade après le souper. Samedi, il fait du camping.

2-34 Qu'est-ce qu'on est en train de faire ? Imaginez les réponses; utilisez l'expression **être en train de + infinitif**

MODÈLE   Nous sommes dans la cuisine.
   ➤ Nous sommes en train de faire une pizza.

1. Paul est dans le gymnase.
2. Nous sommes au cinéma.
3. Vous êtes dans la cuisine.
4. Ils sont dans la bibliothèque.
5. Elle est au café.
6. Tu es au musée.
7. Nous sommes dans la librairie.
8. Les étudiants sont dans la salle de classe.

2. Les articles contractés avec la préposition *à*

- The preposition **à** generally indicates location or destination and has several English equivalents (*in*, *at*, *to*, depending on meaning)

Elle habite **à** Paris.	*She lives in Paris.*
Il est **à** la maison.	*He's at home.*
Elle va **à** une soirée.	*She's going to a party.*

  - As you've seen, the preposition **à** is also used in the expression **jouer à**, to play sports or games.

Nous jouons **au** tennis le lundi.	*We play tennis on Mondays.*
Ils jouent **aux** cartes le samedi soir.	*They play cards on Saturday evenings.*

  - With other verbs, **à** introduces the indirect object, usually a person who receives the action. (You will learn more about this in Chapter 8.)

parler	Cédric **parle à** la petite fille.	*Cédric's speaking to the little girl.*
téléphoner	Nous **téléphonons à** nos amis.	*We're phoning our friends.*
donner	Elle **donne** la photo **à** son ami.	*She gives her boyfriend the photo.*

- **À** combines with the definite articles **le** and **les** to form contractions. There is no contraction with **la** or **l'**.

à + le → au	Il joue **au** tennis.	*He plays tennis.*
à + les → aux	Ils jouent **aux** cartes avec des amis.	*They play cards with friends.*
à + la → à la	Je joue **à la** loterie une fois par mois.	*I play the lottery once a month.*
à + l' → à l'	Je parle **à l'**oncle de Simon.	*I'm talking to Simon's uncle.*

2-35 À quoi est-ce que tu joues ?
Formez des phrases complètes en employant les mots ci-dessous. Attention à la forme de l'article.

MODÈLE (Je) jouer / tennis
➤ Je joue au tennis.

1. (Elles) jouer / cartes
2. (Nous) jouer / hockey
3. (Mon frère) ne pas jouer / basketball
4. (Mes amis) jouer / soccer
5. (Ma mère) jouer / loterie

2-36 Où es-tu ?
Imaginez où vous êtes d'après les indices. Répondez en employant une phrase complète avec **à + l'article**.

MODÈLE Tu manges?
➤ Je suis au restaurant.

1. Tu joues au soccer ?
2. Tu regardes des tableaux de Picasso ?
3. Tu nages ?
4. Tu cherches des livres ?
5. Tu voyages ?
6. Tu regardes un film ?

2-37 Des célébrités.
Utilisez des expressions avec **faire** ou **jouer** pour parler du talent des célébrités.

MODÈLE Carlos Santana.
➤ Il joue de la guitare.

1. Sidney Crosby
2. Lance Armstrong
3. David Beckham
4. Gordon Ramsay
5. Serena Williams
6. Diana Krall
7. Justin Bieber
8. Tiger Woods

2-38 Qu'est-ce que vous faites la fin de semaine ?
Préparez une petite description de vos activités pendant une fin de semaine typique. Employez les éléments suivants :

- Les verbes **-er**
- Des expressions avec **faire** (sports, activités)
- Des expressions avec **jouer à** (sports), **jouer de** (instruments de musique)

Maintenant, parlez de votre fin de semaine à votre partenaire. Faites-vous les mêmes activités ? Lesquelles ? (*which ones?*) Présentez un portrait de vos fins de semaine à la classe.

MODÈLE Nous faisons tous les deux du sport pendant la fin de semaine. Matt fait aussi la cuisine le samedi alors que moi je fais une promenade au parc avec mon chien.

2-39 Une rencontre romantique ! Imagine that you are participating in a speed-dating event. Prepare a short presentation to introduce yourself to the other participants, and present it to the class.

Dites…   Puis parlez de…

- votre nom
- votre âge
- votre nationalité

- votre famille (qui est dans votre famille ? comment sont-ils ?)
- votre personnalité
- vos activités dans une semaine typique

2-40 Trouvez une personne qui… Circulate in the classroom to find someone who does each of the things listed. Then compare notes to see who came closest to completing the list.

MODÈLE joue de l'harmonica

    É1 Tu joues de l'harmonica ?

    É2 Non. (*Ask another person.*)

OU   Oui. (*Write down this person's name.*)

1. fait de la bicyclette
2. fait de la natation
3. est d'une grande ville, par exemple de Toronto ou de Vancouver
4. joue au golf la fin de semaine
5. joue du piano
6. téléphone à ses parents la fin de semaine
7. parle au professeur en français
8. joue du saxophone
9. joue souvent aux cartes
10. fait du jardinage

2-41 Jouons ensemble

A. Avant de parler. To prepare for this game, a form of bingo, think about the questions that you will need to ask in order to find people who do the activities shown in the squares.

B. Parlons. Now, circulate among your classmates, asking them questions with the aim of completing a row (up, down, across, or diagonally). The first person to fill in a classmate's name in each square of a row is the winner.

MODÈLES É1 Est-ce que tu travailles à la bibliothèque le soir ?
É2 Non, je travaille chez moi.
(*Ask another student.*)
É1 Est-ce que tu travailles à la bibliothèque le soir ?
É3 Oui, j'étudie à la bibliothèque le soir.
(*Write his or her name in the square.*)

C. Après avoir parlé. Go back to one of the people you interviewed and ask further questions to obtain more details about one of their answers.

MODÈLE É1 Tu soupes au restaurant trois fois par semaine ?
É2 Oui.
É1 Alors, où est-ce que tu manges ?

loto

aller au gymnase deux fois (*times*) par semaine	travailler à la bibliothèque le soir	aller à l'église le dimanche matin	pratiquer un sport trois fois par semaine
jouer du saxophone	acheter des livres à la librairie une fois par mois	aller au musée la fin de semaine	aller au cinéma la fin de semaine
aller souvent chez des amis	aller au supermarché le samedi	nager à la piscine municipale	aller au stade le samedi après-midi
aller au théâtre une fois par mois	jouer au tennis la fin de semaine	ne pas faire grand-chose la fin de semaine	souper au restaurant trois fois par semaine

Venez chez nous !
Bienvenue au Canada !

Découvrons le Canada et les Canadiens

Canada is a diverse country, rich in resources, cultures and languages. Although we all proudly fly the Canadian flag, each province and territory has its own distinct identity.

Voici les provinces et les territoires du Canada :

1. la Colombie-Britannique
2. l'Alberta
3. la Saskatchewan
4. le Manitoba
5. l'Ontario
6. le Québec
7. le Nouveau-Brunswick
8. la Terre-Neuve
9. la Nouvelle-Écosse
10. l'Ile du Prince-Édouard
11. le Nunavut
12. le Yukon
13. les Territoires du Nord-Ouest

Orthographe :
ile (île)

Here are some interesting facts about Canada. Use the French you have learned and your knowledge about cognates to read the following: *source: http://www.guide-accompagnateur.ca/canada.htm*

- Le Canada est le deuxième pays au monde pour sa superficie (2nd biggest country in area in the world).
- Le Canada a plus de 33 millions d'habitants.
- La densité de population du Canada est de 3,3 habitants au km^2.
- Le mot *Canada* vient du mot iroquoien *kanata* qui signifie *village*.
- Le drapeau canadien date de 1964.
- L'emblème du Canada est la feuille d'érable ; elle symbolise nos forêts immenses.
- L'animal emblématique du Canada est le castor.

Et vous ? (Cherchez sur Internet pour vous aider à répondre aux questions 1, 2 et 3.)

1. What is the largest country in area in the world?
2. What is the population of the USA? of the country your ancestors are from?
3. How does Canada's population density compare to other countries like India? the USA? France?
4. What provinces or territories have you visited? (Remember to answer with the article : *J'ai visité **le** Québec et **le** Manitoba.*)
5. What is the capital of each province and territory. Répondez en français : *La capitale de la Saskatchewan est... .*

6. Here are the provincial and territorial flags of Canada. Can you identify which flag belongs to which province or territory? Do any of the flags display elements that are clearly identified with that province or territory?

2-42 Gens du pays The song *Gens du pays* is the unofficial anthem of Québec. It was written by the poet and songwriter Gilles Vigneault and first performed in 1975. The song has become associated with the sovereignty movement in Québec, and a version of the song is used as the French-Canadian version of "Happy Birthday".

A. Avant de lire.

1. Identify the "refrain" (that is, the repeated verse that is commonly found in traditional songs).

2. What cognates (**mots apparentés**) can you find? Do they tell you anything about the theme of the song?

3. Look up the words **gens** and **pays** and try to guess the meaning of the title of the song.

B. En lisant. Read the text with a dictionary to help you answer the following questions.

1. What are all the words that refer to nature?

2. What is the meaning of the two-line refrain that is repeated several times?

Gilles Vigneault

Gens du pays

Le temps que l'on prend pour dire je t'aime
C'est le seul qui reste au bout de[1] nos jours
Les voeux[2] que l'on fait les fleurs que l'on sème[3]
Chacun les récolte[4] en soi-même
Aux beaux jardins du temps qui court[5]

Gens du pays c'est votre tour[6]
De vous laisser parler d'amour
Gens du pays c'est votre tour
De vous laisser parler d'amour

Le temps de s'aimer le jour de le dire
Fond[7] comme la neige aux doigts du printemps
Fêtons de nos joies fêtons de nos rires
Ces yeux où nos regards se mirent
C'est demain que j'avais vingt ans

Gens du pays c'est votre tour
De vous laisser parler d'amour
Gens du pays c'est votre tour
De vous laisser parler d'amour

Le ruisseau[8] des jours d'aujourd'hui s'arrête
Et forme un étang[9] où chacun peut voir
Comme en un miroir l'amour qu'il reflète
Pour ces coeurs à qui je souhaite
Le temps de vivre leurs espoirs[10]

Gens du pays c'est votre tour
De vous laisser parler d'amour
Gens du pays c'est votre tour
De vous laisser parler d'amour

[1] *au bout de = at the end of*
[2] *vœux = wishes*   [3] *sème = sow (seed)*
[4] *récolte = harvest*
[5] *temps qui court = time that passes by*
[6] *c'est votre tour = it's your turn*
[7] *fond = melts*
[8] *ruisseau = stream*
[9] *étang = pond*
[10] *espoirs = hopes*

Source: Gilles Vigneault, « Gens du pays », *Entre musique et poesie: 40 ans de chansons*. Reprinted with permission.

C. En regardant de plus près. The line **de vous laisser parler d'amour** means *to let yourself talk about love*. The verb expression **parler de** means *to talk about*, as you saw in Lesson 2.2. Create some sentences about things you like to talk about often: **Je parle souvent (***often***) de**… (use the contracted article: **du, de la, de l', des**)

D. Après avoir lu. Do you know of any other songs that are closely connected to any countries, besides national anthems? What makes these songs so important to cultural identity?

Écrivons

2-43 Les plaques d'immatriculation (*licence plates*) : un symbole de fierté (*pride*)

A. Avant d'écrire. Here are the licence plate slogans for several Canadian provinces. What seems to be the inspiration for these slogans?

B. En écrivant. With a partner, write a new slogan in French for the licence plates of two or three provinces or territories. Use a simple sentence that you already know how to construct, and try to make the slogan representative of the province. Include a visual representation to put on the licence plate. Write a brief passage about each province you selected, explaining what you know about it, or what you like about that province or territory.

C. En révisant. As you revise, make sure that you have used complete sentences, and that you have tried to incorporate adjectives that you have learned.

Draw your "new" licence plates and present them to the class, along with the descriptions of the provinces or territories that you have composed.

Parlons

2-44 Qu'est-ce que les Canadiens aiment faire ?

un danseur autochtone

jouer à la pétanque

jouer au cricket

A. Avant de parler. Just as Canada is a multi-cultural and diverse country, so are our passtimes diverse, often representing the various cultures we come from. The photos above represent some of the activities that Canadians engage in in their leisure time. Describe the people and their activities in each picture in as much detail as possible, using complete sentences.

B. En parlant. Write down the following categories :

les sports   les activités culturelles   les activités en solitaire

100   cent   CHAPITRE 2 • VOICI MES AMIS

With a partner, prepare a list in French of words that fit into each category. Now tell your partner which activities you like to do and why. When you've finished sharing with your partner, go around the class and find out what activities other members of the class do in their free time.

MODÈLE   J'aime jouer au hockey. C'est un sport canadien typique. Je joue au hockey au parc en janvier et en février. Après le match, nous allons chez Tim Horton. Mon grand-père joue au hockey aussi!

2-45 Observons : Nos passe-temps

A. Avant de regarder. In this clip, several speakers describe their sports and cultural activities. Look at the list below of activities that they mention; can you guess—in cases where you don't already know—what each of these activities might involve?

l'athlétisme   la danse classique   la danse orientale   le piano   le tennis

As you watch this video segment, look for any clues that might support your guesses about unfamiliar activities.

B. En regardant. Who does which activities? Each speaker is listed in order; fill in the activities each person mentions.

Personne	Activité/s	Jour/s
Hervé-Thomas	*tennis*	
Caroline	1.	
	2.	
	3.	
Catherine (sa sœur)	1.	
	2.	
	3.	
	4.	
Fadoua		

Several of the speakers specify the days on which they do various activities; listen again and note those days on the chart.

C. Après avoir regardé. What is your impression of the types and number of activities in which these speakers are involved? How do their habits compare with your own habits and those of your family and friends?

la danse indienne

VOCABULAIRE

TEXT AUDIO  2.10–2.20

Français canadien

2.10
le chum	boyfriend
la blonde	girlfriend
un hôtel de ville	city hall
le soccer	soccer

Leçon 1

2.11 **les traits physiques** — *physical characteristics*

âgé/e	aged, old
beau / belle / bel	handsome, beautiful
blond/e	blond/e
brun/e	brunette
châtain (invariable)	chestnut-coloured, auburn
de taille moyenne	of medium height
d'un certain âge	middle-aged
élégant/e	elegant
fort/e	strong, stout
grand/e	tall
gros/se	fat
jeune	young
joli/e	pretty
maigre	skinny
mince	thin, slender
moche	ugly
nouveau / nouvelle / nouvel	new
petit/e	short, little
roux / rousse	redhead, redheaded
vieux / vieil(s) / vieille(s)	old

2.12 **le caractère** — *disposition, nature, character*

ambitieux / ambitieuse	ambitious
amusant/e	funny
bête	stupid
bon / bonne	good
drôle	amusing, funny
égoïste	selfish
énergique	energetic
excellent/e	excellent
généreux / généreuse	generous, warm-hearted
gentil/le	kind, nice
intelligent/e	intelligent, smart
mauvais/e	bad
méchant/e	mean, naughty
pantouflard/e	homebody
paresseux / paresseuse	lazy
sérieux / sérieuse	serious
sophistiqué/e	sophisticated
spirituel/le	funny, witty
sportif / sportive	athletic

les adjectifs de nationalité — *adjectives of nationality* 2.13

allemand/e	German
américain/e	American
canadien/ne	Canadian
colombien/ne	Columbian
coréen/ne	Korean
espagnol/e	Spanish
français/e	French
indien/ne	Indian
italien/ne	Italian
japonais/e	Japanese
mexicain/e	Mexican
polonais/e	Polish
russe	Russian

des pays — *countries* 2.14

l'Allemagne	Germany
le Canada	Canada
la Chine	China
la Colombie	Columbia
la Corée	Korea
l'Espagne	Spain
les États-Unis	the United States
la France	France
l'Inde	India
l'Italie	Italy
le Japon	Japan
le Mexique	Mexico
la Pologne	Poland
la Russie	Russia

autres mots utiles — *other useful words* 2.15

| adorer | to adore, love |
| autre | other, another |

bien sûr	of course	le football américain (Fr.)	football
un chapeau	hat	le *hockey	hockey
un/e coloc(ataire)	roommate	un match (Fr.)	game (sports)
comme	like, as	le rugby	rugby
un copain / une copine	friend	le volley(ball)	volleyball
le gars	guy		
peut-être	maybe		
une photo	photo		
pour	for, in order to		

Leçon 2

2.16 pour poser une question — *to ask a question*

où	where
d'où	from where

2.17 en ville — *in town*

une bibliothèque (municipale)	(municipal) library
un café	café
un cinéma	movie theatre
une église	church
une gare	train station
un gymnase	gym
un hôtel	hotel
une librairie	bookstore
la mairie (Fr.)	city/town hall
un marché	market
un monument aux morts	veterans' memorial
un musée	museum
un parc	park
une piscine (municipale)	(municipal) swimming pool
une place	town square / plaza
un restaurant	restaurant
un stade	stadium
un théâtre	theatre

2.18 autres mots utiles — *other useful words*

alors	so
chercher	to look for
une fois	one time
manger	to eat

Leçon 3

2.19 quelques sports (m.) — *some sports*

le basket(ball)	basketball

2.20 quelques jeux (m.) — *some games*

les cartes (f.)	cards
les échecs (m.)	chess
un jeu	game, deck (of cards)
un jeu de société	board game
le loto (Fr.)	lottery

2.21 la musique — *music*

le jazz	jazz
le rock	rock
une batterie	percussion, drum set
un concert	concert
un harmonica	harmonica
un saxophone	saxophone

2.22 autres activités — *other activities*

bricoler	to do repairs, renovations, decorating around the house
les loisirs (m.)	leisure-time activities
organiser une fête	to plan a party
rester à la résidence	to stay in the dorm

2.23 quelques expressions avec faire — *expressions using faire*

faire du bricolage	to do odd jobs, to tinker
faire des courses	to go grocery shopping, to run errands
faire la cuisine	to cook
faire de la danse	to dance, to study dance
faire du français	to study French
faire du jardinage	to garden
faire du jogging	to go jogging
faire de la musique	to play music
faire de la natation	to swim
faire du patinage	skating
faire une promenade	to take a walk
faire du sport	to play sports
faire du vélo	to go biking
ne pas faire grand-chose	to not do much

CHAPITRE 3 | Études et professions

Entrez ici dans ma salle de classe !

DISCOVER
Go to the **Resources** for Chapitre 3 on MyFrenchLab to watch the *On démarre* video about a French high school teacher. Complete the related video activities in the **Assessments** for this chapter under Additional Practice.

APPLY
- Video
- Activities : On démarre ! 03-01 to 03-02

LEÇON 1
Nous allons à l'université

LEÇON 2
Une formation professionnelle

LEÇON 3
Choix de carrière

Venez chez nous !
Étudier et travailler au Canada

MyFrenchLab
Visit MyFrenchLab to access the audio clips for each chapter, additional exercises and quizzes, and much more!

Après avoir complété ce chapitre, vous devriez être en mesure de
- parler de l'université, de vos cours et de votre emploi du temps
- parler des emplois et des lieux de travail
- parler d'où vous allez
- parler de l'avenir (*the future*)
- discuter de l'éducation et du travail dans le contexte canadien

Sur le plan de la grammaire, ce chapitre vous permettra d'apprendre à
- placer les adjectifs descriptifs dans les phrases
- utiliser le verbe **aller** avec l'article contracté
- travailler avec les prépositions de lieu pour décrire et pour donner des indications
- utiliser le futur proche
- travailler avec les verbes -**ier** (comme *étudier*)
- poser des questions avec l'adjectif interrogatif **quel**
- choisir l'expression **c'est / il est / elle est**
- travailler avec les verbes **vouloir / pouvoir / devoir** et l'infinitif

En matière de phonétique, ce chapitre sera l'occasion d'étudier comment se prononcent
- les voyelles /o/ and /ɔ/
- les voyelles /e/ et /ɛ/

LEÇON 1 — Nous allons à l'université

Points de départ

TEXT AUDIO 3.1

À l'université

Je m'appelle Julie et je suis en deuxième année d'études à l'Université de Montréal. Je vais à l'université du lundi au vendredi.

J'ai tous mes cours ici, et je travaille la fin de semaine à la bibliothèque. Après les cours, je retrouve mes amis au café dans le centre étudiant. J'habite en appartement, mais j'ai des amis qui habitent en résidence. On mange ensemble quelquefois à la cafétéria et on fait du sport au centre sportif qui s'appelle le CEPSUM (Centre d'éducation physique et des sports de l'UdeM).

Voici un plan du campus. Si vous arrivez à l'UdeM en voiture, le stationnement se trouve à droite du pavillon principal. Si vous arrivez en métro, il y a une station juste en face du pavillon principal. Dans ce pavillon, il y a une librairie et des bureaux administratifs. Les résidences se trouvent à gauche, et le centre étudiant est juste à côté. On y trouve un cinéma, un café, le bureau des inscriptions et des bureaux d'associations étudiantes. Le centre sportif est tout près des résidences, et le terrain de soccer est juste derrière.

PRÉPOSITIONS DE LIEU

à droite de	à gauche de
en face de	à côté de
dans	entre
(tout) près de	loin de
devant	derrière
tout droit	vers
en direction de	

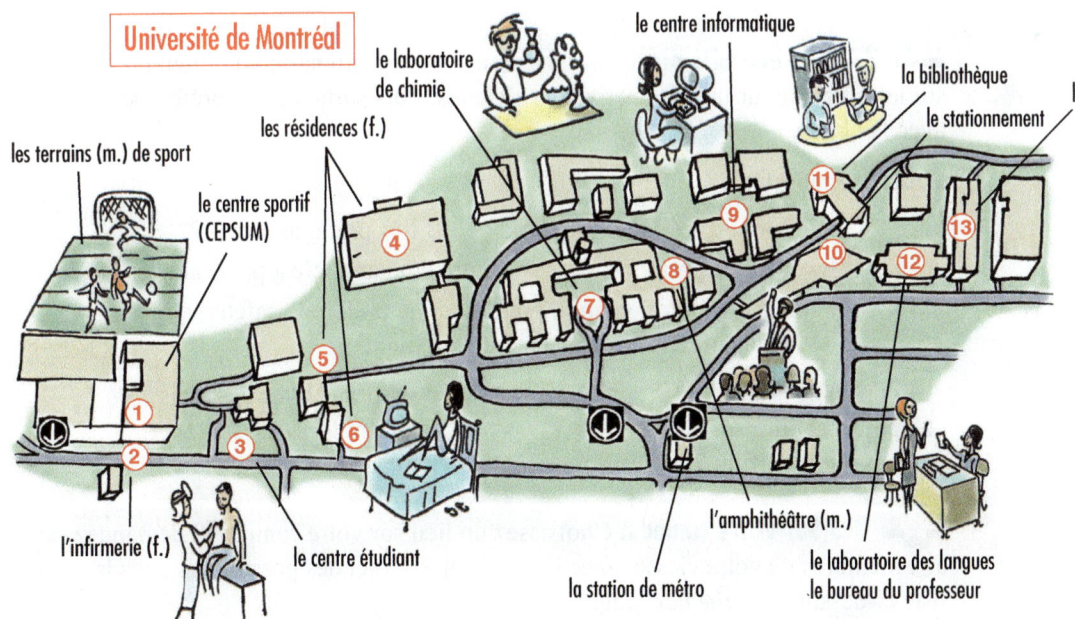

Université de Montréal

- le laboratoire de chimie
- le centre informatique
- les résidences (f.)
- la bibliothèque
- la cafétéria
- le stationnement
- les terrains (m.) de sport
- le centre sportif (CEPSUM)
- l'infirmerie (f.)
- le centre étudiant
- la station de métro
- l'amphithéâtre (m.)
- le laboratoire des langues
- le bureau du professeur

1. Centre d'éducation physique et des sports (CEPSUM)
2. Pavillon 2101, boul. Édouard-Montpetit
3. Pavillon J.-A.-DeSève (centre étudiant)
4. Résidence C (étudiants et étudiantes)
5. Résidence A (étudiants)
6. Résidence Thérèse-Casgrain (étudiantes)
7. Pavillon principal
8. Pavillon Claire-McNicoll
9. Pavillon André-Aisenstadt
10. Stationnement Louis-Colin
11. Pavillon Samuel-Bronfman
12. Pavillon Lionel-Groulx
13. Pavillon 3200, rue Jean-Brillant
    Station de métro

> Utiliser **l'impératif** *(command form)* pour donner des indications *(give directions)* avec les prépositions de lieu:
>
> ➤ use the **tu** form of the verb if speaking to one person informally (but remove the **s** from the **tu** form of **-er** verbs)
>
> ➤ use the **vous** form of the verb if speaking to one person formally *or* to a group of people
>
> ➤ use the **nous** form of the verb if making a suggestion to a group of which you are a part
>
> Va tout droit… Continue en direction du centre sportif… Arrête devant le stationnement!
> Venez avec nous ! Allons à la cafétéria !

À vous la parole

3-1 Dans quel endroit ? Imaginez où vous allez entendre *(hear)* ces phrases ou questions. (Employez la préposition **à** + l'article: **à la, à l'**. N'oubliez pas de contracter l'article si nécessaire: **au, aux**.)

MODÈLE   Vous avez un permis *(permit)* de stationnement ?
➤ au stationnement

1. La partie commence dans dix minutes.
2. Écoutez et répétez : numéro un.
3. Écoute ! C'est une explosion !
4. Où sont les biographies, s'il vous plait ?
5. On regarde la télé ce soir ?
6. Où est le docteur Martin ?
7. Tu as un autre CD ?
8. C'est combien pour ces deux livres et un cahier ?

3-2 Vos endroits préférés. Discutez avec un partenaire votre lieu préféré sur le campus pour faire les activités suivantes. Puis partagez vos préférences avec la classe.

MODÈLE   pour diner ?
É1 Moi, je préfère la cafétéria ; c'est très pratique. Et toi ?
É2 Moi, je préfère le café au centre étudiant ; c'est plus calme.
É1 Ah d'accord ! Et moi, pour diner, je préfère la cafétéria, mais Anne préfère le café au centre étudiant…

1. pour diner ?
2. pour travailler ?
3. pour voir un film ?
4. pour parler avec des amis ?
5. pour pratiquer un sport ?
6. pour préparer un examen ?

3-3 Sur votre campus. Choisissez un lieu sur votre campus et demandez aux membres de votre classe où ce lieu est situé. Voici des possibilités dans la liste ci-dessous *(on the next page)*.

MODÈLE É1 Où est la résidence Victoria ?
        É2 La résidence Victoria est près des terrains de sport.
        É1 La résidence Victoria, s'il vous plait ?
        É3 C'est tout droit, en face du centre étudiant.

1. la bibliothèque
2. les bureaux de l'administration
3. le centre étudiant
4. la piscine
5. le bureau des inscriptions
6. le théâtre
7. la librairie
8. la cafétéria
9. la résidence
10. les terrains de sport

3-4 Dans la salle de classe. Où sont les objets suivants dans la salle de classe? Utilisez les prépositions de lieu pour décrire la position.

1. le bureau du professeur
2. l'ordinateur
3. la porte
4. ton bureau
5. le bureau d'un/e ami/e
6. ton manuel de français
7. ton sac (à dos)

3-5 Écoutez! Use the verbs provided to give positive and negative commands in the following situations. Pay attention to whether you're speaking to one person informally (**tu** form), one person formally (**vous** form), a group of people (**vous** form), or whether you're suggesting something for you and your friends to do (**nous** form).

MODÈLE dans la salle de classe (à un ami) ➤ Écoute le professeur !
                                           ➤ Ne parle pas en anglais !

1. Dans la salle de classe (à vos amis) → écouter, parler, venir, étudier, faire
2. Sur le campus (à un nouvel étudiant) → regarder, travailler, étudier, visiter
3. À la maison (suggestion pour vous et vos amis) → faire, étudier, regarder
4. Au centre-ville (*downtown*) (à un touriste) → continuer, passer, visiter

Fiche pratique

Using the **impératif**: Remember that there is **no** subject with the **impératif**. To give a negative command, put **ne/n'** before the verb, and **pas** after the verb.

Formes et fonctions

1. Le placement des adjectifs

• Most adjectives in French go **after** the noun they modify. They will agree in gender and number with the noun they are describing.

  Danielle est un**e** fille intelligent**e**.
  Ce sont **des** enfants énergique**s** !
  C'est une bibliothèque énorme.

• A select few adjectives in French go before the noun they are describing. You should note that these are some of the most common adjectives in French, and that they can be categorized as describing **B**EAUTY, **R**ANK, **A**GE, **G**OODNESS and **S**IZE. You can use the acronym **BRAGS** to help you remember them.

Vie et culture

Le système éducatif au Québec

The educational system in the province of Québec is organized somewhat differently from the system in the rest of Canada. There is no distinction between junior and senior high: students enter **secondaire 1** (the equivalent of Grade 7) after finishing elementary school. Students normally finish **secondaire 5** at 17 and then spend two or three years in a **cégep** (**Collège d'enseignement général et professionnel**) to prepare for a technical profession or a university education. At university, students may complete **un baccalauréat** (**un bac**), **une maitrise**, and **un doctorat**. These are equivalent to the Bachelor's, Master's, and Ph.D. degrees respectively. Students may pursue **une spécialisation** (honours degree) in one discipline, or they may choose to have a major (**une majeure** or **une concentration**) in one discipline and a minor (**une mineure**) in another.

Orthographe : maitrise (maîtrise)

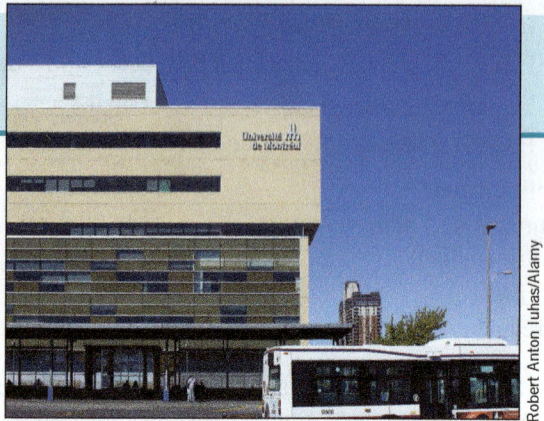

L'**Université de Montréal** is the largest university in Québec and it has an expansive campus located within the city.

Le campus de l'université française

Most French universities do not have a centralized campus. The different **facultés**, or schools, are often housed in buildings with historical significance, which are scattered around town, usually in urban settings.

In conversational French, students refer to their university as **la fac**; they say, for example, **Je vais à la fac**. To socialize and to study, students often go to a nearby café. As a rule, the social and sports activities organized on campus with which we are familiar in Canada are not part of university life in France. Some French universities have residence halls located near classroom buildings, but if you are planning to study at the Sorbonne in Paris, the oldest and best-known of French universities, be prepared for a long **métro** ride to get to classes. The residence halls are at a significant distance from the **Quartier latin**, the neighbourhood that is home to the Sorbonne, and they are largely filled with foreign students. Most French students, in Paris and elsewhere in France, live at home or rent a room or an apartment in town.

La Sorbonne, l'université de Paris IV, is at the heart of the busy **Quartier latin**. Founded in 1253, it is today surrounded by cafés and bookstores that cater to the university clientele.

Et vous ?

1. What are some advantages of attending a cégep after high school?
2. How is your campus similar to a French campus, and how is it different? Compare location, size, type of buildings, and general campus layout.
3. Are students' living arrangements at your university similar to or different from those of typical French students?

- Here are the most common adjectives that **precede** their noun.

	Masc. sing.	Masc. pl.	Fém. sing.	Fém. pl.
BEAUTY:	beau / bel joli	beaux jolis	belle jolie	belles jolies
RANK:	premier dernier	premiers derniers	première dernière	premières dernières
AGE:	jeune vieux / vieil nouveau / nouvel	jeunes vieux nouveaux	jeune vieille nouvelle	jeunes vieilles nouvelles
GOODNESS:	bon mauvais	bons mauvais	bonne mauvaise	bonnes mauvaises
SIZE:	gros grand petit	gros grands petits	grosse grande petite	grosses grandes petites

- Remember that the forms **bel**, **vieil**, and **nouvel** are masculine adjectives that precede a vowel or a silent h. (If you are describing a feminine noun that begins with a vowel, you must use the feminine form.)

    C'est un *bel* **a**nimal.

    Mon oncle est un *vieil* **h**omme.

    Tu as un *nouvel* **a**mi ?

- Note that because of the liaison, the masculine form of certain adjectives sounds just like the feminine form when followed by a word beginning in a vowel sound.

C'est une petite piscine.	C'est un petit_amphithéâtre.
mais :	C'est un petit laboratoire.
C'est une mauvaise cafétéria.	C'est un mauvais_hôtel.
mais :	C'est un mauvais prof.
C'est la première librairie.	C'est le premier_ordinateur.
mais :	C'est le premier jour.

- Note the similar pronunciation for the feminine **belle** and the masculine form **bel** that precedes a vowel or vowel sound. The same pronunciation similarity is present for **nouvelle / nouvel** and **vieille / vieil**.

C'est une belle étudiante.	C'est un **bel**_étudiant.
C'est une nouvelle étudiante.	C'est un **nouvel**_étudiant.
C'est une vieille amie.	C'est un **vieil**_ami.

- The pronunciation of the adjectives **grande** and **grosse** changes. When followed by a word beginning with a vowel sound, the masculine form has a final

Fiche pratique

If you want to use an adjective that you're not familiar with, look it up in the dictionary to see if there are any irregular forms. Although most adjectives follow the noun, look for an example of how it is used in a sentence to verify whether it precedes or follows its noun.

Fiche pratique

You can add many new French adjectives to your repertoire by observing cognates, for example: **enthousiaste**, **fidèle**. Be careful, though, as some words look similar, but have a very different meaning. These are called "faux amis" (*false friends*). For example, **large** means *wide*, not *large*, and although **propre** looks like *proper*, one of its most common meanings is *clean*. It's a good idea to check the meaning of new words in the dictionary before adding them to your list!

consonant sound different from the feminine form. When the masculine form is followed by a consonant, the masculine form ends in a vowel sound.

C'est une grande piscine. /d/
C'est un grand amphithéâtre. /t/
C'est un grand/ stade.
Regarde la grosse banane ! /s/
Regarde le gros éléphant ! /z/
Regarde le gros/ stylo !

- Some adjectives change meaning depending on whether they are placed **before** or **after** the adjective. Be careful using these in order to express the meaning that you want.

grand: Mon ami *grand*. = My tall friend.
Mon *grand* ami. = My great (*really good*) friend.

petit: Mon ami *petit*. = My little friend.
Mon *petit* ami. = My boyfriend (*romantic*).

À vous la parole

3-6 Tout à fait d'accord ! Indicate that you agree. Faites attention, l'adjectif peut changer de forme. Et remarquez aussi la prononciation !

MODÈLE   Le cours est bon ?
➤ Oui, c'est un bon cours.

1. Le prof est mauvais ?
2. L'université est nouvelle ?
3. L'homme est vieux ?
4. Le campus est grand ?
5. L'amphithéâtre est nouveau ?
6. Le stade est nouveau ?
7. L'ordinateur est beau ?
8. L'étudiante est jeune ?

3-7 Ce n'est pas vrai ! Contradict your partner!

MODÈLE   É1 C'est un vieux professeur.
É2 Mais non, c'est un jeune professeur !

1. C'est un mauvais livre.
2. C'est un vieil ordinateur.
3. C'est le premier pavillon.
4. C'est une grande piscine.
5. C'est la dernière résidence.
6. C'est un petit ordinateur.
7. C'est un mauvais professeur.
8. C'est un nouvel amphithéâtre.

3-8 Inventez des phrases ! Employez le nom et l'adjectif donnés pour inventer des phrases. Faites attention à la forme de l'adjectif et à sa position par rapport au nom. Variez la façon dont vous commencez les phrases: avec le verbe **avoir**, ou avec l'expression **C'est** ou **Ce sont**.

MODÈLE   nouveau / étudiant   C'est un nouvel étudiant.
beau / chat   J'ai un beau chat.

1. ami / généreux
2. amis / nouveau
3. devoirs / difficile
4. cousin / sympathique
5. nièce / indiscipliné
6. copain / beau
7. bébé / nouveau
8. maison / beau
9. sœur / nouveau
10. animal / vieux
11. bibliothèque / grand
12. station de métro / nouveau
13. résidence / vieux

3-9 Décrivez votre ami(e) ! Décrivez un(e) ami(e) en employant une variété de phrases avec des adjectifs qui se placent avant et après le nom. Parlez de la personnalité de votre ami(e) et de ses traits physiques.

MODÈLE : Mon amie s'appelle Sarah. Elle est mince et rousse. Sarah est une fille intelligente et sociable. Elle est une belle fille et une bonne amie. Elle a un nouveau beau-frère.

3-10 Voici mes amis ! Décrivez le groupe d'amis avec votre partenaire. Variez les phrases en employant des adjectifs qui vont **avant** et **après** le nom. Commencez vos phrases par **voilà** ou **il y a**, ou **c'est / ce sont**.

MODÈLE ➤ Voilà une belle femme rousse. Il y a un grand jeune homme.

3-11 Trouvez une personne qui... Find someone in your class who . . .

MODÈLE a un bon prof de maths

É1 Est-ce que tu as un bon prof de maths ?
É2 Non, je n'ai pas de cours de maths. (*Ask another person.*)
É1 Est-ce que tu as un bon prof de maths ?
É3 Oui, j'ai un bon prof ; il s'appelle M. McDonald. (*Write down the name of this student.*)

Fiche pratique

Noun phrases in French typically include multiple written indications of number and gender: Compare, for example, **une amie intelligente** with **un copain amusant** and **des profs sympathiques**. Because the written indications are not always heard in the spoken forms, it is a good idea to get into the habit of double-checking the number and gender of any nouns and adjectives that you write.

Quelques étudiants à l'université.

1. a un bon prof de maths
2. a de bonnes notes en français
3. a un nouvel ordinateur
4. a son premier cours à huit heures du matin
5. habite en résidence
6. prépare un examen important
7. est en première année
8. est en dernière année
9. suit un cours d'histoire intéressant
10. a un vieil ami sur le campus

2. Le verbe *aller* et le futur proche

The verb **aller** means *to go*.

Je **vais** à la librairie.	*I'm going to the bookstore.*
Tu **vas** au ciné ?	*Are you going to the movies?*
Nous allons visiter nos amis aux résidences.	*We're going to visit our friends at the dorm.*

- You have already used **aller** in idiomatic greetings and commands:

Comment ça **va** ?	*How are things?*
Comment **allez**-vous ?	*How are you?*
Allez au tableau, s'il vous plait !	*Go to the board, please!*

Fiche pratique

Here are the imperative (command) forms for the verb **aller**:

Va en classe! — *Go to class!*
Allons au gym! — *Let's go to the gym!*
Allez au bureau! — *Go to the office!*

ALLER *to go*

SINGULIER		PLURIEL	
je	vais	nous	allons
tu	vas	vous	allez
il / elle / on	va	ils / elles	vont

EXEMPLES : Je vais au cinéma. Nous **allons** à la bibliothèque. Mes amis vont au Nouveau-Brunswick.

- To express future actions that are intended or certain to take place, use the present tense of **aller** followed by an infinitive. This construction is called **le futur proche** (*the immediate future*). In negative sentences, place **ne… pas** around the form of **aller**; the infinitive does not change.

Je **vais travailler** ce soir.	*I'm going to work this evening.*
Attention, tu **vas tomber** !	*Watch out, you're going to fall!*
Il **va téléphoner** à son père.	*He's going to call his father.*
Tu **ne vas pas danser** ?	*You're not going to dance?*

- To express a future action, you may also simply use the present tense of a verb and an adverb referring to the future.

Mon copain arrive **demain**.	*My boyfriend arrives / is arriving tomorrow.*
Tu joues **ce soir** ?	*Are you playing tonight?*

Here are some useful expressions referring to the immediate future:

ce matin	*this morning*
cet après-midi	*this afternoon*
ce soir	*tonight*
demain	*tomorrow*
cette fin de semaine (Can.) / ce weekend (Fr.)	*this weekend*
bientôt	*soon*
la semaine prochaine	*next week*
le mois prochain	*next month*
l'été prochain	*next summer*
l'année prochaine	*next year*

You may also combine a day of the week with expressions of time:
lundi matin, mardi après-midi, mercredi soir, jeudi prochain.

But remember: To express that you do an activity on a regular basis, use **le** before the day of the week or the time period. (Review this concept in Chapitre 1, Leçon 3, page 54)

Le lundi, je travaille.	*I work on Mondays.*
Le vendredi soir, nous allons au cinéma.	*We go to the movies every Friday evening.*

À vous la parole

3-12 Où aller ? Imaginez où vont ces personnes.

MODÈLE   Anne adore nager.
  ➤ Elle va à la piscine.

1. Rémi aime le basketball.
2. Nous aimons les films.
3. Tu désires manger des spaghettis.
4. M. et Mme Dupont aiment l'art moderne.
5. Vous adorez jouer au soccer.
6. Sandrine aime les livres historiques.
7. J'aime beaucoup parler avec mes amis.
8. Sophie et Angélique adorent le café.

3-13 Les habitudes. Tell a partner where you usually go and why during the times indicated.

MODÈLE   le samedi soir
  É1 Je vais au ciné avec mes amis pour voir un film.
  É2 Moi, je vais chez des amis pour manger et pour écouter de la musique.

1. le lundi matin
2. le vendredi soir
3. le jeudi après-midi
4. le mercredi soir
5. le dimanche matin
6. le samedi midi
7. le samedi après-midi

Fiche pratique

You have seen that the immediate future (**futur proche**) is formed by conjugating the verb **aller** and adding the infinitive after it. When two verbs occur side by side, the first one is conjugated and the second one is always in the infinitive. Common combinations are **aimer** + infinitive (**j'aime nager**); **détester** + infinitive (**il déteste danser**).

3-14 Les projets. What are these people likely to do this weekend, given the circumstances? Use the **futur proche** (immediate future): **aller** + **infinitif** in your answers.

MODÈLE Ma camarade révise ses cours.
➤ Elle va travailler à la bibliothèque.

1. J'aime écouter la musique.
2. Nous n'avons pas de devoirs.
3. Ma mère et moi, nous avons deux places pour aller voir un ballet.
4. Mon frère invite des amis.
5. Je travaille à la maison.
6. Mon amie ne fait pas grand-chose cette fin de semaine.
7. Vous faites du sport.
8. Tu regardes un film.

3-15 Vos projets. Interview a partner about his/her plans, and report back to the class what you have found out.

MODÈLE cet après-midi

É1 Qu'est-ce que tu vas faire cet après-midi ?
É2 Cet après-midi, je vais travailler. Et toi ?
É1 Mon camarade et moi, nous allons jouer au tennis.

1. cet après-midi
2. ce soir
3. demain
4. cette fin de semaine
5. le semestre prochain
6. l'été prochain
7. l'année prochaine

3-16 Visitons le campus ! A group of Francophone journalists is in town for a seminar and will be attending workshops on your campus. They may need help locating the things and the places they need. Half of the class will play the role of journalists; the other half will be students working at the information desk in your student centre.

A. Avant de parler. If you are a journalist, work with a partner to make a list of the things and places to ask about, and practise formulating polite questions. If you are a student, brainstorm with a partner how you will indicate the location of various key places that your guests may ask about.

B. En parlant. Now take your places before or behind the information desk, asking questions or giving directions as the case may be.

MODÈLE É1 (JOURNALISTE) Bonjour, nous cherchons un café.
É2 Bonjour, Monsieur. Ici, dans le centre étudiant, il y a un petit restaurant et le café est très bon.
É1 C'est où exactement ?
É2 Allez tout droit. C'est à gauche, juste à côté de la librairie.
É1 Merci bien !
É2 Je vous en prie, Monsieur.

C. Après avoir parlé. Were you able to answer all of your classmates' questions, and were they able to understand your directions? Which questions and answers were most effective?

LEÇON 2 — Une formation professionnelle

Points de départ

TEXT AUDIO 3.2

Des programmes d'études et des cours

CHM 310 Chimie physique moléculaire
CHM 480 Chimie et environnement
PHY 492 Physique expérimentale
MAT 250 Mathématiques pour chimistes
HST 365 Histoire du Québec contemporain

Claire Paradis

ECN 101 Éléments de microéconomie
SOL 110 Introduction aux concepts sociologiques
GÉO 253 Géographie du développement
POL 120 Éléments de politique
ALL 230 Cours pratique d'allemand parlé

Gilles Robillard

Claire et Gilles, étudiants à l'Université de Montréal, parlent des cours qu'ils suivent :

GILLES : Qu'est-ce que tu as comme cours ce semestre ?
CLAIRE : Deux cours de chimie, un cours de calcul, un cours de physique et un cours d'histoire.
GILLES : Tu aimes ton cours de calcul ?
CLAIRE : Non, c'est plate, mais c'est un cours obligatoire. Et ton cours de sciences politiques, ça va ?
GILLES : Ben, il est intéressant, ce cours, mais difficile.
CLAIRE : Il y a beaucoup d'examens ?
GILLES : Seulement un examen final, mais il y a deux travaux à faire. J'ai eu une note assez médiocre pour le premier travail.

QU'EST-CE QUE VOUS ÉTUDIEZ ?

les arts (Can.) / les lettres (Fr.) :	l'histoire, une langue étrangère, la littérature, la philosophie
les sciences humaines :	l'anthropologie, la psychologie, les sciences politiques, la sociologie
les sciences naturelles :	la biologie, la botanique, la physiologie, la zoologie
les sciences physiques :	l'astronomie, la chimie, la physique
les sciences économiques :	la comptabilité, l'économie, la gestion
les arts du spectacle :	le théâtre, la danse, le cinéma
les beaux-arts :	le dessin, la musique, la peinture, la sculpture, la photographie

l'informatique	le génie	les relations internationales
la kinésiologie	le journalisme	
les mathématiques	la médecine	
le droit	la pédagogie	

Pour parler de vos cours… voici les nombres à partir de 100

100	cent	770	sept-cent-soixante-dix
101	cent-un	900	neuf-cents
102	cent-deux	999	neuf-cent-quatre-vingt-dix-neuf
200	deux-cents	1 000	mille
201	deux-cent-un	2 014	deux-mille-quatorze
700	sept-cents		

À vous la parole

3-17 La majeure. Based on the courses they're taking, what are these students probably majoring in?

MODÈLE Guillaume : Principes de chimie analytique ; Chimie physique moléculaire ; Mathématiques pour chimistes
➤ Il prépare sans doute (*no doubt*) un diplôme en chimie.

1. Cécile : L'Europe moderne ; Le Canada : son histoire et son peuple ; Histoire de la civilisation occidentale
2. Arnaud : Civilisation allemande ; Allemand écrit 1; Cours pratique d'allemand parlé
3. Jean-Paul : Introduction aux concepts sociologiques ; Communication et organisation ; Psychologie sociale

4. Julie : Théorie macroéconomique ; Éléments de microéconomie ; Statistique pour économistes
5. Ben : Histoire politique du Québec ; Éléments de politique ; Géographie du développement
6. Anne-Marie : Biologie expérimentale ; Principes d'écologie ; Introduction à la génétique
7. Aurélie : Systèmes éducatifs du Québec ; Philosophie de l'éducation ; Sociologie de l'école

3-18 Votre concentration et vos cours. Discutez avec votre partenaire votre programme à l'université et vos cours.

MODÈLE É1 Je fais un bacc en sciences politiques. J'ai une mineure en espagnol. Et toi ?
É2 Moi, je prépare un bacc en mathématiques, mais je n'ai pas de mineure.
É1 Ce semestre, j'ai deux cours d'histoire, un cours de sociologie et ce cours de français.
É2 J'ai ce cours de français aussi, et j'ai aussi trois cours de maths !

3-19 Quels sont vos cours ? Nommez vos cours à l'université en prononçant les nombres.

MODÈLE Français 259: Français deux-cent-cinquante-neuf
Biologie 489: Biologie quatre-cent-quatre-vingt-neuf

3-20 Et l'année prochaine ? Nommez vos cours pour l'année prochaine.

MODÈLE L'année prochaine, je vais prendre FRAN 210, PHILO 305 et un cours de littérature africaine, je ne me rappelle pas le numéro.

3-21 Combien d'argent as-tu ? Regardez dans votre portefeuille (*wallet*) pour voir combien d'argent vous avez maintenant ! Partagez avec votre partenaire.

Voici le format: J'ai 10 dollars (et) quatre-vingts (cents).

3-22 Combien coutent les maisons ? Prononcez les prix des maisons.

MODÈLE 345 000 $ Trois-cent-quarante-cinq-millions de dollars

1. 568 000 $
2. 299 000 $
3. 859 000 $
4. 1 888 000 $
5. 669 999 $

Stratégie

Using large numbers
1 000 000   un-million
2 000 000   deux-millions
2 000 000 000 deux-milliards

- Add **-s** after **cent**, **million** and **milliard** in the plural. But when **cent** is followed by another number, do not add **-s**. No **-s** is ever added to **mille**.
- A comma (**une virgule**) is used in French where a decimal point is used in English; use a space to separate thousands and other large numbers.
- Use **de/d'** after million: Il y a plus de 1,5 millions **d'**habitants à Montréal.

Orthographe :
un-million (un million)

Orthographe :
couter (coûter)

Vie et culture

L'université française et la réforme européenne

The educational system in France is organized quite differently from the Canadian system. At the end of their high school curriculum, French students take a rigorous national exam called **le baccalauréat** (**le bac**). It is not uncommon for students to fail **le bac** on their first attempt and to repeat their last year of high school (**le lycée**) to retake **le bac**. Students who pass this exam are guaranteed entrance into the university system, or they can choose to continue their studies in other, specialized institutions, such as schools of business or engineering. The most prestigious institutions of higher education in France are **les Grandes Écoles**, which are highly competitive graduate schools. Many future politicians, business leaders, professors, and professionals are educated at **les Grandes Écoles**.

Recently France has been reforming its university system in concert with 32 other European countries. This reform involves re-organizing the university year into two semesters (instead of the traditional October to June year); the establishment of a common system of credits; and the awarding of diplomas based on a common progression from **une licence**, after three years of post-bac study, to **un master** after five years, and to **un doctorat** after eight years.

Look at the video clip *Je suis étudiant*, which was filmed at **l'Université de Nice**. Identify the places you see on campus and the subjects that each speaker studies (or teaches).

Un professeur à l'Université de Nice donne son cours dans un amphithéâtre.

Et vous ?

1. Comment on the **bac**. How would you feel about taking a rigorous national exam like this at the end of secondary school? How does it seem to compare with exams you might have taken, such as provincial diploma exams?
2. Think about the reforms of the French university system. What might be some advantages and disadvantages of greater uniformity and transferability within Europe of university credits and diplomas?

3-23 Votre université et vous. Imagine you're going to have an online video conversation with a French-speaking friend, telling him/her about your university and your studies. Prepare two or three short sentences on each suggested topic, then take turns practising them with your partner. When you are ready, present your descriptions to the class as a whole.

MODÈLE   votre université en général
> Notre université est très grande. Il y a plusieurs facultés : une faculté des arts et des sciences humaines, une faculté des sciences, une faculté de droit et une faculté de médecine.

1. votre université en général
2. votre campus (Il est dans une ville ? Il est grand ?)
3. votre faculté (Quelle est votre faculté ? Nommez quelques départements.)
4. votre baccalauréat (Quelle est votre majeure ? Votre mineure ? Quels cours sont obligatoires ? Nommez quelques cours que vous suivez.)
5. votre cours de français (Combien d'étudiants ? Est-il intéressant ? Vous travaillez beaucoup ?)
6. vos professeurs (Combien de professeurs différents ce semestre ? Ils sont intéressants ? Qui est votre professeur préféré ?)

SONS ET LETTRES

TEXT AUDIO   3.3

Les voyelles /o/ et /ɔ/

The vowel of **beau**, /o/, is short and tense, in contrast to the longer, glided vowel of English *bow*. Hold your hand under your chin to make sure it does not drop as you say **beau**; your lips should stay rounded and tense. The vowel /o/ generally occurs at the end of words or of syllables, and it is written with **o, au/x, eau/x**, or combinations of **o** and silent consonants:

au rest**o** U   bi**o**logie   **au**x bur**eau**x   le m**o**t   il est gr**o**s

The vowel of **sport**, /ɔ/, is pronounced with less tension than /o/, but still without any glide. It usually occurs before a pronounced consonant and is spelled **o**:

le pr**o**f   il est f**o**rt   Yv**o**nne   il ad**o**re

In a few words, /o/ occurs before a pronounced consonant. In these cases, it may also be spelled **ô** or **au**:

le dipl**ô**me   les **au**tres   à g**au**che   elle est gr**o**sse

Parallèles

Mes études.
Mathilde and Diandra tell us about their studies and show us their schools.

Mathilde devant un bel ordinateur à l'École des Beaux-Arts

Diandra parle de ses études au lycée à l'INSEP

À vous la parole

TEXT AUDIO 3.4

3-24 Contrastes. Compare the pronunciation of each pair of words or phrases. The first has the /o/ sound; the second the /ɔ/ sound.

le stylo / la gomme   Bruno / Yvonne   la radio / la porte
le piano / la note   Mme Lebeau / M. Lefort   il est beau / elle est bonne

3-25 Les abréviations. French-speaking students use many abbreviations to talk about their courses and other aspects of university life. Many of these abbreviations end in /o/ as in the list below. With a partner, practise saying each abbreviation and match it to its full form.

1. le labo
2. le resto U
3. la compo
4. les sciences po
5. la psycho
6. la philo
7. la socio
8. le dico

a. le dictionnaire
b. le laboratoire
c. la philosophie
d. les sciences politiques
e. la sociologie
f. le restaurant universitaire
g. la composition
h. la psychologie

Fiche pratique

Here are the imperative (command) forms for the verb **suivre**:

Suis ce cours de français, il est génial!	Take this French course – it's great!
Suivons ce cours ensemble!	Let's take this course together.
Suivez les indications!	Follow the directions!

Fiche pratique

Here are the imperative (command) forms for the verb **étudier**:

Étudie, l'examen est demain!	Study, the exam is tomorrow!
Étudions ensemble!	Let's study together!
N'**étudiez** pas devant la télé!	Don't study in front of the TV.

Fiche pratique

Avec les verbes en **-ier**, remarquez qu'on ajoute les terminaisons du présent **après** la lettre **i**.

Voici d'autres verbes en **-ier** qui se conjuguent comme **étudier** : copier, modifier, simplifier, vérifier.

Formes et fonctions

1. Fonction de communication : Parler de ses cours

- Voici deux verbes nécessaires pour parler de vos cours : **suivre** et **étudier**.

SUIVRE to follow; to take a course	
SINGULIER	PLURIEL
je su**is**	nous suiv**ons**
tu su**is**	vous suiv**ez**
il ⎫ elle ⎬ sui**t** on ⎭	ils ⎫ elles ⎬ suiv**ent**

Les verbes en *-ier*

ÉTUDIER to study	
j'étudi**e**	nous étudi**ons**
tu étudi**es**	vous étudi**ez**
il ⎫ elle ⎬ étudi**e** on ⎭	ils ⎫ elles ⎬ étudi**ent**

- Voici des expressions pour parler de votre programme à l'université et de vos cours.

Je suis un cours d'histoire. (le verbe **suivre**)	*I'm taking a history course.*
Je suis en arts. (le verbe **être**)	*I'm in arts (the arts faculty).*
J'étudie en linguistique / la linguistique.	*I'm studying linguistics. (as a concentration)*
Je fais des études en philosophie.	*I'm studying philosophy. (as a concentration).*
J'ai de bonnes notes en maths.	*I have good grades in math.*
Je fais un devoir pour mon cours de sciences po.	*I'm writing an assignment for my poli sci class.*
Je lis un roman pour mon cours d'allemand.	*I'm reading a novel for my German class.*
Je passe un examen en cours de chimie lundi.	*I'm taking a chemistry exam Monday.*

Je vais réussir mon examen ; je travaille beaucoup.	*I'm going to pass my exam; I'm studying hard.*
Je prépare un exposé pour le cours d'histoire.	*I'm preparing an oral presentation for history class.*
Je prépare un diplôme en biologie.	*I'm majoring in biology.*

Remarquez ➤ pour décrire vos cours, employez la structure **cours de/d'…** (cours **de** mathématiques, cours **d'**allemand).

À vous la parole

3-26 Quels cours suivez-vous? Utilisez le verbe **suivre** pour discuter des cours que vous suivez, que vos amis suivent et posez la question à votre partenaire.

MODÈLE Je **suis** deux cours de linguistique. Mon ami **suit** un cours de calcul. Mes amis **suivent** des cours de biologie. Quels cours est-ce que tu **suis** ?

3-27 Composez des phrases! Imaginez des phrases.

1. Je (copier)…
2. Nous (étudier)…
3. Le professeur (simplifier)…
4. Est-ce que vous (vérifier)… ?
5. Tu (modifier)…
6. Vous (étudier)…

2. Poser des questions avec *quel*

- The interrogative word **quel** is used to ask *which?* or *what?* Although **quel** agrees in number and gender with the noun it modifies, it is always pronounced the same, unless a plural form (**quels** or **quelles**) modifies a noun beginning with a vowel, in which case you must use the **liaison**.

    Quel professeur est-ce que tu aimes ?
    Quelle musique est-ce qu'il écoute ?
    Quels cours est-ce que tu suis ?
    Quelles_étudiantes sont dans la salle de classe ?

- **Quel** is used in a number of fixed interrogative expressions:

Quel temps fait-il ?	*What's the weather like?*
Quelle heure est-il ?	*What time is it?*
Quelle est la date aujourd'hui ?	*What's today's date?*
Quel âge as-tu ?	*How old are you?*

- **Quel** can also be used before a form of the verb **être**, followed by the noun it modifies. **Quel** should agree in gender and number with the noun.

Quel est ton cours préféré ?	*What's your favorite course?*
Quelles sont les meilleures résidences ?	*Which are the best residence halls?*

À vous la parole

3-28 Petite épreuve *(test)*. Posez des questions à un / une partenaire avec une forme de **quel.**

MODÈLE   Les jours de la semaine

É1   Quels sont les jours de la semaine ?
É2   Lundi, mardi...

1. Les jours de la semaine
2. Les mois de l'année
3. La date de la fête nationale du Canada
4. La date de ta fête
5. Ton cours préféré
6. Ton professeur préféré

3-29 Ton horaire. Posez les questions pour demander l'horaire de cours de votre partenaire.

1. Le lundi, tu as quels cours ?
2. Le mardi, tu as quels cours ?
3. Le mercredi, tu as quels cours ?
4. Le jeudi, tu as quel cours ?
5. Le vendredi, tu as quels cours ?

3-30 Tes préférences. Employez une forme de **quel** pour poser des questions à votre partenaire pour déterminer ses préférences.

1. film préféré ?
2. professeur(e) préféré(e) ?
3. restaurant fastfood préféré ?
4. ville préférée ?
5. pays (*country*) préféré ?
6. cours préféré ?
7. sport préféré ?

Orthographe :
fastfood (fast-food)

3-31 Une description de notre campus

A. Avant d'écrire. Write an e-mail to Jérémie, a student in France who is planning to visit your school. To help him visualize the campus, describe some of the major buildings and landmarks.

1. Make a list in French of four or five places on your campus that you will include in your description (for example, **la bibliothèque universitaire, la cafétéria**, etc.).
2. Look at a map of your campus, and decide how you can organize your description in a coherent manner. Write down by each place any prepositions or other indications you may use to tell where it is located.
3. Write a few adjectives in French that describe your campus in general or the specific places you will mention (for example, **le campus : assez petit, joli ; la bibliothèque : nouvelle et moderne**).
4. Write an introductory sentence or two to describe your campus.

B. En écrivant. As you write your description, begin with a general introduction, and then develop your ideas in a logical way. Keep in mind that, for your French reader, the very idea of a campus might be somewhat foreign.

MODÈLE

> Salut Jérémie,
> Tu vas bientôt visiter notre université. Le campus de notre université est situé à côté d'une grande ville. Le campus est assez petit mais joli. Au centre du campus, il y a la nouvelle bibliothèque. C'est un grand pavillon moderne, très pratique pour travailler et préparer les cours. Juste à côté, il y a...
> À bientôt,
> (your name)

C. En révisant. As you revise your e-mail, think about the following questions and make any necessary changes.

1. Check the content: Did you provide an introductory overview of your campus? Did you describe several buildings and help your reader visualize them and where they are located?
2. Analyze the style and form of your description: Did you include a variety of adjectives to make your description more vivid? Did you use appropriate prepositions to explain the location of buildings in relation to each other? Check also adjective agreement and the formation of prepositional phrases.

D. Après avoir écrit. Compare your description with those written by your classmates by reading them in small groups: What features are common to all the descriptions? What interesting differences do you notice?

LEÇON 3 — Choix de carrière

Points de départ

Qu'est-ce que vous voulez faire comme travail ?

TEXT AUDIO 3.5

Dans quel domaine est-ce que vous voulez travailler ? Est-ce que vous voulez aider les gens, comme les médecins, par exemple ? Est-ce que vous voulez voyager, comme certains journalistes ? Est-ce que vous êtes doué/e pour la mécanique, comme les mécaniciens ?

Consultez le dictionnaire pour vérifier le sens de ces noms de professions :

Un mécanicien –
   une mécanicienne
Un entrepreneur –
   une entrepreneure
Un pompier –
   une pompière
Un plombier –
   une plombière
Un photographe –
   une photographe
Un agent de voyage –
   une agent de voyage
Un coiffeur –
   une coiffeuse
Un enseignant –
   une enseignante
Un électricien –
   une électricienne
Un ouvrier – une ouvrière
Un caissier – une caissière
Un homme au foyer –
   une femme au foyer

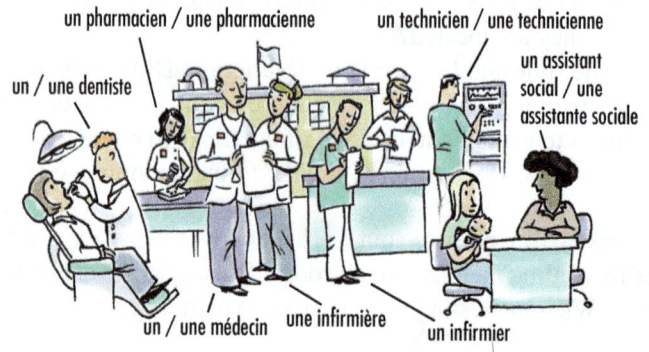

À l'hôpital ou à la clinique

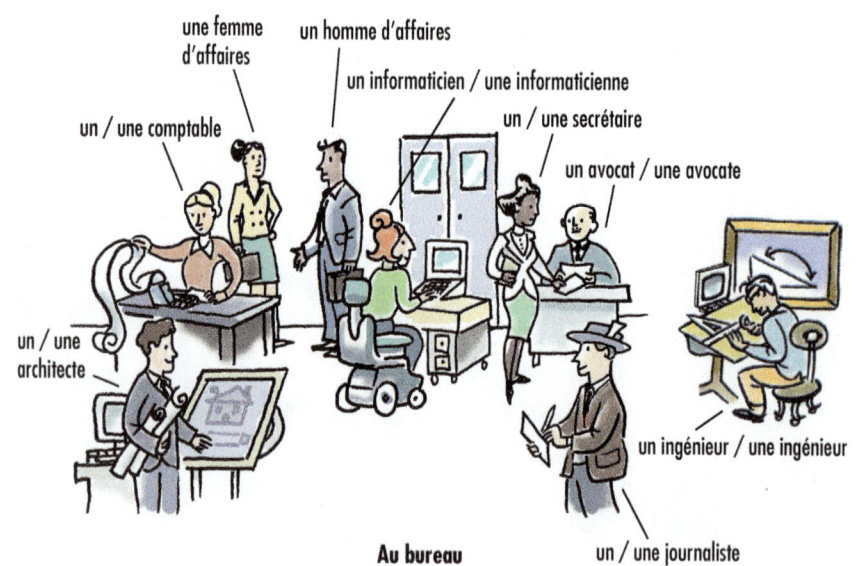

Au bureau

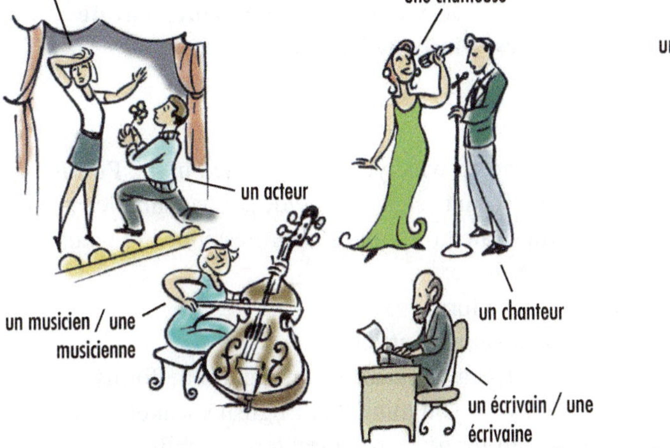
une actrice
un acteur
une chanteuse
un chanteur
un musicien / une musicienne
un écrivain / une écrivaine (un auteur / une auteure)

Les artistes

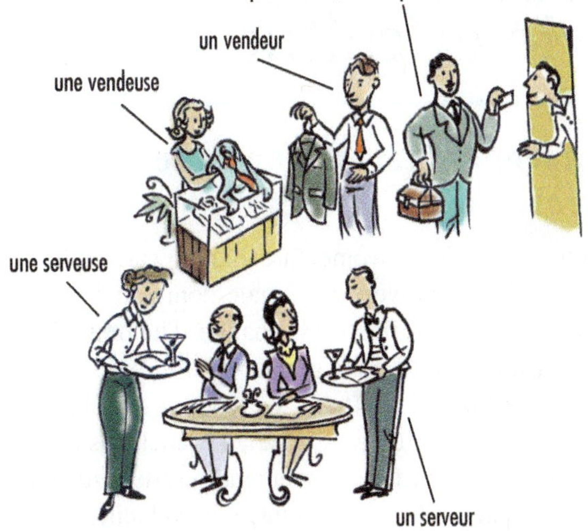
un représentant / une représentante de commerce
un vendeur
une vendeuse
une serveuse
un serveur

Les services

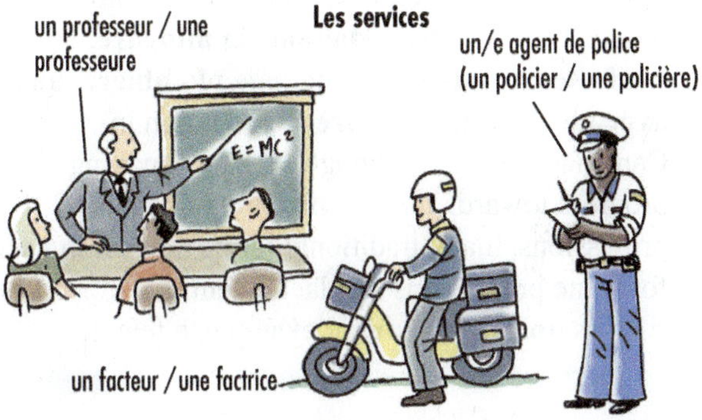
un professeur / une professeure
un/e agent de police (un policier / une policière)
un facteur / une factrice
E = MC²

Les fonctionnaires

QU'EST-CE QUI VOUS INTÉRESSE ?

Je veux avoir…

- un bon salaire
- du prestige
- des responsabilités
- un contact avec le public
- un travail en plein air

Je cherche un travail où…

- on peut voyager
- on peut aider les gens
- on n'est pas trop stressé
- on est très autonome

goodluz/Fotolia

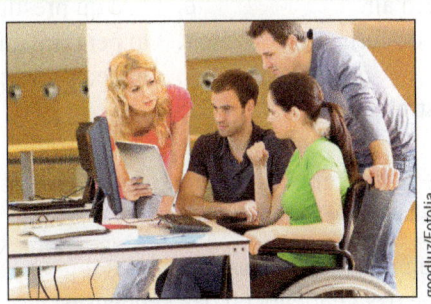

Quelle est leur profession ?

Vie et culture

La féminisation des noms de professions

Across the globe, women are making careers in professions that were once male-dominated. Language also reflects this change. The trend in English is toward more gender-neutral terms: instead of *waiter/waitress*, we say *server*; instead of *fireman*, *firefighter*. Canadian French has been at the forefront of the movement to reflect societal changes in the French language, introducing feminized forms of professions into common usage. Terms such as **Madame la ministre, une professeure, une écrivaine, une plombière, une avocate** and **une docteure** are common in Canadian French. Although France is making progress towards the feminization of names of professions, many traditional forms are still in use: for some professions that lack a feminine form, such as **un professeur** for example, a female professional has traditionally been addressed as **Madame le Professeur**, and students talking about their professors would say, **Mon professeur de chimie est Madame Durand**.

Et vous ?

1. Based on what you have learned in the **Points de départ** section, provide some examples to illustrate how names of professions in French may have:
   a. one form
   b. a variable article
   c. separate masculine and feminine forms
2. Why do you think that English speakers have opted for gender-neutral terms, while in French-speaking countries, the trend is toward gender-specific terms?
   Do you notice any similar trends in your culture and your language?

À vous la parole

3-32 Classez les professions ou les métiers. Name some jobs or professions that have the features listed.

MODÈLE   On gagne un bon salaire.
   ➤ Un avocat gagne un bon salaire.
   OU ➤ Un acteur célèbre (*famous*) gagne un très bon salaire.

1. On est très autonome.
2. On travaille en plein air.
3. On n'a pas besoin de formation universitaire.
4. On n'est pas très stressé.
5. On a un contact avec le public.
6. On a du prestige.
7. On peut travailler avec les enfants.
8. On peut voyager.

3-33 Offres d'emploi. Tell what kind of employee or professional the following people are probably looking for.

MODÈLE   M. Loriot a un nouveau magasin (*store*).
   ➤ Il cherche des vendeurs ou des vendeuses.

1. Mlle Voltaire a un grand bureau.
2. Les Chen désirent une nouvelle maison.
3. Le Dr Ségal est directeur d'une nouvelle clinique.
4. Il y a beaucoup de crimes dans notre ville.
5. Il y a une nouvelle école primaire en ville.
6. Mme Serres téléphone à la faculté de droit. *(law faculty)*
7. M. et Mme Proulx désirent un portrait de leurs enfants.

3-34 Aptitudes et gouts. Based on the descriptions, tell what each of these people will probably do for a living.

Orthographe : gout (goût)

MODÈLE   Rémy est sociable. Il aime aider les gens avec leurs problèmes.
➤ Il va être assistant social.

1. Lucie s'intéresse à la mécanique. Elle est très douée pour réparer les voitures et les motos.
2. Kevin aime le travail précis. Il est très bon en maths.
3. Stéphanie est énergique et sociable. Elle aime voyager et elle aime le contact avec le public.
4. Camille s'intéresse à l'informatique et elle aime créer des programmes.
5. Nicolas est très doué pour les sciences ; il aime son travail au laboratoire.
6. Nathalie adore la mode ; elle aime aider les clients au magasin.
7. Mylène s'intéresse à l'architecture ; elle aime dessiner des maisons et des appartements.
8. Grégory aime travailler avec les enfants ; il est calme et patient.

3-35 Faire une demande d'emploi. Où est-ce que vous allez faire une demande d'emploi ? gloss (*to apply for a job*)

1. Tu aimes la natation et les enfants.
2. Tu adores les livres.
3. Tu joues très bien au soccer.
4. Tu es très organisé et tu aimes l'environnement universitaire.
5. Tu adores les tableaux (*paintings*) des grands peintres.

3-36 Quelle profession? Préparez une petite présentation pour la classe. Dites quelle profession vous allez choisir et pourquoi. Dites aussi quels cours vous devez (*must*) suivre pour vous préparer pour cette profession. Où voulez-vous travailler ? Pourquoi ?

MODÈLE   Je vais être informaticien parce que j'aime les ordinateurs et je ne suis pas très sociable! Je dois étudier les maths et l'informatique. Je veux travailler en Allemagne parce que je parle bien l'allemand et parce que ma famille habite en Allemagne.

TEXT AUDIO 3.6

SONS ET LETTRES

Les voyelles /e/ et /ɛ/

The vowels of **et** and **mère** differ by the degree of tension with which they are pronounced and where they occur in words. The vowel of **et**, /e/, must be pronounced with a lot of tension and without any glide; otherwise the vowel of the English word *day* is produced. To pronounce the French vowel, hold your hand under your chin to make sure it does not drop as you say **et**; your lips should stay in a smiling position and tense. The vowel /e/ occurs generally only at the end of words or syllables, and it is often written with **é**, or **e** followed by a silent consonant letter. It also occurs in the endings **-er**, **-ez**, and **-ier**.

la t**é**l**é**   **et**   ass**ez**   janv**ier**   r**é**p**é**t**er**   **é**cout**ez**

The vowel of **mère**, /ɛ/, is pronounced with less tension than /e/, but still without any glide. It usually occurs before a pronounced consonant and is spelled with **è**, **ê**, or **e** followed by a pronounced consonant. It is also spelled **ei** or **ai** in **seize** or **j'aime**, for example.

la m**è**re   b**ê**te   je pr**é**f**è**re   **e**lle   il d**é**teste

À vous la parole

TEXT AUDIO 3.7

3-37 Contrastes. Compare the pronunciation of each pair of words: the first word contains /e/ and the second /ɛ/.

anglais / anglaise   français / française   assez / seize
André / Daniel   préférer / je préfère   marié / célibataire

TEXT AUDIO 3.8

3-38 Des phrases. Read each of the sentences aloud. To avoid glides, hold the rounded, tense position of /e/ and do not move your lips or chin during its production.

1. Écoutez Hélène.
2. Hervé n'est pas bête.
3. Danielle est réservée.
4. Son père s'appelle André.
5. Sa grand-mère est âgée.

Formes et fonctions

1. *C'est* et *il / elle est*

- There are two ways to indicate someone's profession:

  - Use a proper noun or personal pronoun with the corresponding form of **être** + the name of the profession, **without an article**:

    Julie **est** musicienne.   *Julie is a musician.*
    Il **est** acteur.   *He's an actor.*
    Nous **sommes** enseignants.   *We are school teachers.*

- Use **c'est / ce sont** + the indefinite article + the name of the profession:

    Julie, **c'est une** musicienne. *Julie is a musician.*
    Stéphane ? **C'est un** dentiste. *Stéphane? He's a dentist.*
    Leurs parents ? **Ce sont des** architectes. *Their parents? They're architects.*

- When you include an adjective to modify or describe the profession, you must use **c'est / ce sont** + the indefinite article. Compare:

    Elle **est** musicienne. *She's a musician.*
    but **C'est une** excellente musicienne. *She's an excellent musician.*
    Ils **sont** artistes. *They're artists.*
    but **Ce sont des** artistes très doués. *They're very talented artists.*

À vous la parole

3-39 Professions et traits de caractère. For each profession, specify a fitting character trait.

MODÈLE Anne est infirmière.
➤ C'est une infirmière calme.

1. Delphine est avocate.
2. Rémi est assistant social.
3. Virginie est médecin.
4. Max est représentant de commerce.
5. Coralie est peintre.
6. Florian et Sylvie sont informaticiens.
7. Hugo et Jessica sont mécaniciens.
8. Sandra et Alex sont instituteurs.

3-40 Identification. Identify the nationality and profession of each of the following famous people. Choose from: **canadien/ne**, **américain/e**, or **français/e**.

MODÈLE Jules Verne
➤ C'est un écrivain français.

1. Gustave Eiffel
2. Halle Berry
3. Shania Twain
4. Brad Pitt
5. Édith Piaf
6. Margaret Atwood
7. Claude Monet
8. Martin Short

3-41 Quelle est leur profession ? Dites à votre partenaire quelle est la profession de ces personnes.

MODÈLE votre mère
É1 Ma mère est technicienne de laboratoire.
É2 Ma mère travaille à la maison ; c'est une femme au foyer.

1. votre mère
2. votre père
3. votre frère ou sœur
4. les amis de vos parents
5. votre oncle
6. votre tante

Quelle est sa profession ?

3-42 Description des membres de votre famille. Apportez des photos de plusieurs (*several*) membres de votre famille (votre mère, votre père, votre frère, votre sœur, etc). Alternez les expressions **c'est** et **il / elle est** pour donner une description très complète de ces personnes.

Décrivez les traits physiques, la personnalité, la professions, etc. des membres de votre famille.

MODÈLE   Voici ma mère. Elle est infirmière. C'est une belle femme sympa. Elle est généreuse et gentille. Ma mère est grande, mince et blonde.

2. Les verbes *devoir*, *pouvoir* et *vouloir*

- The verbs **devoir**, **pouvoir**, and **vouloir** are irregular.

DEVOIR *must, to have to, to be supposed to*

SINGULIER	PLURIEL
je do**is**	nous dev**ons**
tu do**is**	vous dev**ez**
il / elle / on do**it**	ils / elles do**ivent**

POUVOIR *can, to be able*

SINGULIER	PLURIEL
je peux	nous pouv**ons**
tu peux	vous pouv**ez**
il / elle / on peut	ils / elles peuv**ent**

VOULOIR *to want*

SINGULIER	PLURIEL
je veux	nous voul**ons**
tu veux	vous voul**ez**
il / elle / on veut	ils / elles veul**ent**

- These verbs are often used:

  - With an infinitive (as you learned in Chapitre 3, page 112, conjugate **devoir**, **pouvoir**, **vouloir** and add an infinitive):

Tu **dois** travailler ?	*Do you have to work?*
Je **veux** arriver demain matin.	*I want to arrive tomorrow morning.*
Tu ne **peux** pas arriver ce soir ?	*Can't you arrive this evening?*

  - To soften commands and make suggestions. Comparez:

Attendez ici !	*Wait here!*
et	
Vous **devez** attendre ici.	*You must wait here.*
Vous **voulez** attendre ici, s'il vous plaît ?	*Will you wait here, please?*
Vous **pouvez** attendre ici.	*You can wait here.*

- The verb **devoir** also has the meaning *to owe*:

  Il **doit** 50 dollars à mon frère. *He owes my brother 50 dollars.*
  Combien est-ce que je vous **dois** ? *How much do I owe you?*

- **Vouloir** is used in a number of useful expressions:

  Tu **veux** aller avec nous au ciné ? *You want to go to the movies with us?*
  Je **veux** bien. *OK.*
  Qu'est-ce que vous **voulez** / tu **veux** dire ? *What do you mean?*
  Qu'est-ce que ça **veut** dire ? *What does that mean?*

À vous la parole

3-43 Direct ou plutôt poli ? Jean-Marc is a department manager. See his instructions to employees below, and decide in each case whether he is being somewhat polite or very direct.

	poli	direct
MODÈLE Vous pouvez aider ces messieurs ?	✓	___
1. Apportez-moi les rapports !	___	___
2. Vous voulez bien préparer un mémorandum ?	___	___
3. Vous pouvez attendre un instant ?	___	___
4. Vous voulez bien lire ce message ?	___	___
5. Téléphonez à ces clients !	___	___
6. Vous pouvez répondre à ces questions ?	___	___
7. Vous voulez téléphoner au directeur ?	___	___
8. Fermez la porte du bureau !	___	___

3-44 Un peu de tact ! Alexandra and Jean-Sébastien work in a department store. Alexandra is speaking sharply to Jean-Sébastien. Give him the same instructions in a more tactful way.

MODÈLE   Va au bureau !
➤ Tu veux aller au bureau ?
OU ➤ Tu peux aller au bureau ?

1. Donne la calculatrice à Pierre !
2. Parle à cette dame !
3. Montre le lecteur CD au monsieur !
4. Change le DVD !
5. Va à la banque !
6. Téléphone au directeur !

Now change the orders given by the boss to both Alexandra and Jean-Sébastien.

MODÈLE   Montrez les ordinateurs aux clients !
➤ Vous voulez montrer les ordinateurs aux clients ?
OU ➤ Vous pouvez montrer les ordinateurs aux clients ?

7. Fermez la porte du bureau !
8. Montrez ce document au monsieur !
9. Allez au bureau du comptable !
10. Téléphonez à votre collègue !

3-45 Quelles sont les solutions ? Qu'est-ce qu'on peut faire dans les situations suivantes ?

Répondez avec le verbe **pouvoir** + l'infinitif.

MODÈLE Nous voulons manger une pizza. → Je peux téléphoner au restaurant.

1. Il y a un accident d'auto.
2. La professeure est stressée aujourd'hui.
3. L'examen final est la semaine prochaine.
4. Il n'y a pas de dictionnaire dans la salle de classe.
5. Ton ami est malade.

3-46 Imaginez ce qu'on veut faire dans les situations suivantes. Répondez avec le verbe **vouloir** + l'infinitif.

MODÈLE Tu dois étudier pour un examen. → Tu veux aller à la bibliothèque.

1. Nous sommes très stressés et fatigués.
2. Mon copain déteste son cours de mathématiques.
3. Tu voyages à Paris.
4. J'adore la musique jazz.
5. Il y a un hamburger délicieux sur la table.

3-47 Qu'est-ce qu'on est obligé de faire ? Répondez avec le verbe **devoir** + l'infinitif.

MODÈLE Je veux manger quelque chose. → Je dois aller à la cafétéria.

1. Le professeur commence à parler.
2. J'ai un gros examen demain.
3. Nous voulons regarder un film.
4. Mon oncle est trop gros.
5. Tu veux préparer un bon souper.

3-48 Une future profession. What can these people do for a living? With a partner, suggest possibilities.

MODÈLE Sarah veut avoir un bon salaire, mais elle ne veut pas faire d'études supérieures.

  É1 Elle peut devenir (*become*) actrice de cinéma, par exemple.

  É2 Elle peut aussi devenir chanteuse.

1. Adrien ne veut pas travailler dans un bureau ; il aime travailler en plein air.
2. Gaëlle et Alexandra veulent travailler avec des enfants.
3. Je veux surtout voyager et je suis assez sociable.
4. Nous voulons un contact avec le public et nous préférons travailler le soir.
5. Jean-Baptiste veut aider les gens et il n'est pas doué pour les sciences.
6. Audrey est très douée pour la musique et très disciplinée.
7. Simon et David ne veulent pas un travail avec beaucoup de stress.

3-49 Vouloir, c'est pouvoir. What are your plans for the future? Compare your ideas with those of your partner.

MODÈLE   faire comme travail

    É1   Qu'est-ce que tu veux faire comme travail ?
    É2   Moi, je veux être médecin ou dentiste. Et toi ?
    É1   Moi, je ne veux pas être médecin ni dentiste ; je veux être architecte.

1. faire comme travail
2. habiter
3. voyager
4. avoir des enfants
5. gagner de l'argent

3-50 Trouvez une excuse. Inventez des excuses pour éviter les situations suivantes!

MODÈLE ➤ Je ne peux pas sortir ce soir avec ton ami/e ; je dois préparer un examen et aller chez mes parents.

1. Vous ne voulez pas écrire l'examen de français.
2. Vous ne voulez pas aller au cinéma avec votre frère et ses amis.
3. Vous ne voulez pas suivre le cours d'astronomie.
4. Vous ne voulez pas faire vos devoirs ce soir.
5. Vous ne voulez pas jouer au basketball avec vos amis samedi.

Stratégie

Scan a text by searching quickly to locate specific information that you need. Then, when you find the desired information, focus on it and read it carefully.

3-51 Petites annonces

A. Avant de lire. The text on the next page consists of several job ads from a newspaper published in Québec. When you read ads like these, you typically will be looking for specific pieces of information. You may want to know, for example, if any of the ads are for a teaching position, or if your bilingual skills would be an asset in any of the positions advertised. The reading skill you use to search a text quickly for specific information of this sort is scanning. You can scan the text—assisted by the design and layout—to find relevant ads, then focus more intensively on information of interest.

B. En lisant. Regardez les petites annonces pour trouver les éléments suivants.

1. Cherchez une annonce :
   a. pour un poste de professeur
   b. pour un poste à temps plein (*full-time*) et permanent
   c. pour un poste temporaire
   d. pour un emploi dans un bureau
   e. pour un emploi où on doit être bilingue

2. Find a sentence that indicates that all jobs are offered to both men and women. In spite of this, one ad is clearly written with women in mind. Which ad is it? Which ad(s) make(s) it clear that both men and women are encouraged to apply?
3. One job requires knowledge of computers. You can find it by looking for names of computer programs. Which ad is it?
4. One job specifies that working some weekends is required. Which one?

carrières

Pour faire paraître vos annonces dans cette section composez 868-0237 ou écrivez à carrières et professions

Tous les emplois annoncés s'adressent aux hommes et aux femmes.

CÉGEP de St-Philippe

Le CÉGEP de Saint-Philippe requiert les services d'enseignant(e) afin de dispenser les charges de cours suivantes :

CH-2006-04 Charge temps partiel en mathématiques
Exigence : baccalauréat en mathématiques

L'expérience en psychopédagogie et en enseignement est souhaitable. Les personnes intéressées doivent faire parvenir leur curriculum vitae *au plus tard le 7 mai 2006 à 17 h* à l'adresse suivante :

CÉGEP de Saint-Philippe
Service des ressources humaines
Saint-Philippe (Québec) G2R 8K2
Télécopieur : (418) 261-9796

Fruits & Parfums

Fruits & Parfums, un réseau de boutiques offrant des produits de soins corporels, d'ambiance et de gourmet est à la recherche d'un(e)

CONSEILLER(ÈRE) AUX VENTES (temps plein)

– Vous avez un sens de la vente.
– Vous détenez un diplôme d'études secondaires.
– Vous êtes bilingue.

Si vous êtes un(e) passionné(e) de fragrances enivrantes, veuillez faire parvenir votre curriculum vitae au plus tard le 30 avril prochain, par télécopieur au (418) 296-2080, par courriel au *emploi@fruits-parfums.com* ou en vous présentant directement à la boutique située dans le Vieux-Québec.

CONSTRUCTION QUÉBÉCOISE

Entrepreneur général en construction résidentielle recherche un(e)

COMPTABLE

Connaissance du système Acomba et des applications Excel et Word nécessaire.

Expérience en construction serait un atout. Bonne formation et quelques années d'expérience pertinente souhaitables.

S.V.P. faire parvenir curriculum vitae à l'attention de Gilles Lamontagne

**CONSTRUCTION QUÉBÉCOISE
4500, boul. de la Couronne
Québec (QC) G2F 2B9**

HYGIÉNISTE DENTAIRE

demandée à Lac-Saint-Martin

Temps plein en remplacement d'un congé de maternité, 18 à 24 mois

Tél : **489-4271**

Pharmacien(ne)

Ville de Québec
(quartier Petit Champlain)
33 heures/semaine
Une (1) fin de semaine sur quatre (4)
Horaire flexible

**Appeler Alain Paradis
459-3025**

C. En regardant de plus près. Now that you have located particular pieces of information in the ads, focus on the following features.

1. Look more closely at the ad for the teaching job: Is this a full-time position? What qualifications are required, and what experience is desirable?
2. Based on their ad, what type of business is **Fruits & Parfums**?
3. If you wanted to apply for the job at **Fruits & Parfums**, what options would you have?

D. Après avoir lu. Now discuss the following questions with your classmates.

1. Would you be qualified for any of the jobs listed? Explain why or why not. Do you find any of the jobs particularly interesting? Why?
2. Are these ads in any way different from ads for the same types of jobs in your own local newspaper?

Venez chez nous !
Étudier et travailler au Canada

Les francophones au canada

Le Canada est officiellement bilingue depuis l'adoption de la *Loi sur les langues officielles* en 1969, et environ 10 millions de nos 34 millions de citoyens parlent français comme langue maternelle. La majorité des Canadiens d'expression française habitent au Québec, où à peu près 80% de la population parle français comme langue maternelle, et où presque 100% de la population parle français comme langue commune. Montréal est la deuxième ville francophone du monde, après Paris. Dans cette leçon, nous allons explorer l'histoire des francophones au Canada et découvrir qu'est-ce que c'est d'être francophone au Canada aujourd'hui.

Le Château Frontenac à Québec

Le Vieux Montréal

Phare à Grande Anse, en Acadie

3-52 Un peu d'histoire

A. Avant de regarder. You are about to listen to a conversation between Marie, a university student, and her friend Marie-Julie, a professor at the same university. Marie is writing a paper on the history of Québec, and she is asking her knowledgeable friend some questions. Naturally, since they are talking about historical events, both often use the past tense. Take a look at the following words and expressions from their conversation and see if, drawing on your familiarity with cognates as well as your knowledge of history, you can determine what they mean.

1. Verrazano a découvert le territoire.
2. Jacques Cartier en a pris possession au nom du roi de France.
3. Samuel de Champlain a fondé la première colonie.
4. La Nouvelle-France a été cédée à l'Angleterre après une longue guerre.

You will, of course, also hear references to important dates throughout the discussion of Québec's history. In general, dates in French are given in three parts: the thousands (**mille**), the hundreds (**cinq-cents**), and the rest. So 1524 is: **mille-cinq-cent-vingt-quatre.**

B. En regardant. As you watch the video clip, indicate where each event mentioned fits on the timeline by writing the number of the event under the proper year.

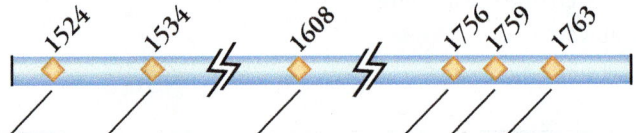

1. La Nouvelle-France est cédée à l'Angleterre.
2. Verrazano découvre le territoire et le nomme la Nouvelle-France.
3. Jacques Cartier prend possession de la Nouvelle-France au nom du roi de France.
4. Samuel de Champlain fonde une colonie en Nouvelle-France.
5. Il y a 65 000 colons français et 1 500 000 colons anglais.

C. Après avoir regardé. Now discuss the following questions with classmates.

1. What name is given to **la Nouvelle-France** now?
2. Can you think of place names in North America that include this idea of "new?" How did these places come to have these names?

LA RÉVOLUTION TRANQUILLE ET LA LOI 101

Between 1960 and 1966, Québec experienced a period of rapid change referred to as **la Révolution tranquille** (*the Quiet Revolution*). The provincial government began to encourage wider participation by the Francophone majority in industry and commerce while it promoted Québécois culture through music, theatre, film, and literature. In 1974, the provincial legislature made French the sole official language of Québec, and **la loi 101** (*Bill 101*) further defined fundamental language rights in 1977. All official documents are published in English and French, and the rights of Anglophone minorities in Québec are protected.

The preamble to **la loi 101** outlines its rationale and lists the five areas, in addition to the legal system, in which French will be used:

> *Charte de la langue française*
>
> [Sanctionnée le 26 août 1977]
>
> *Préambule*
>
> Langue distinctive d'un peuple majoritairement francophone, la langue française permet au peuple québécois d'exprimer son identité.
>
> L'Assemblée nationale reconnaît la volonté des Québécois d'assurer la qualité et le rayonnement de la langue française. Elle est donc résolue à faire du français la langue de l'État et de la Loi aussi bien que la langue normale et habituelle du travail, de l'enseignement, des communications, du commerce et des affaires.

The preamble further emphasizes that **la loi 101** will allow for a spirit of openness and justice towards anglophone and ethnic minority institutions, and will recognize their contributions to Québec society. The National Assembly also acknowledges the rights of aboriginal and Inuit Canadians (as descendants of the first inhabitants of Canada) to maintain and develop their language and culture.

Source: Preamble to Bill 101. Gouvernement du Québec, Canada. (©) Publications du Québec, Publications du Québec.

3-53 Le français au Québec

A. Avant de lire. This excerpt is from an informational magazine called **Emménager à Montréal** (*Moving to Montreal*), which is a guide for people who are relocating to Montreal. Skim the three paragraphs of the text and answer the following questions:

1. What is the general topic of the excerpt?
2. Each paragraph addresses a specific aspect of the general topic; explain what it is in each case.

Stratégie

Use your own prior knowledge to understand the content of a text. For example, when you know the title and focus of a passage, think about what you already know about the subject matter and what the implications may be.

B. En lisant. As you read more carefully, look for the following information.

1. In the first paragraph, why is Bill 101 mentioned? What exception to the law is described?
2. The second paragraph describes two "parallel branches," or systems; what does this refer to?
3. How could you get more information about learning French if you were moving to Québec?

L'enseignement[1] au Québec

Au Québec, le ministère de l'Éducation est l'organisme gouvernemental responsable de la supervision de tous les niveaux[2] d'enseignement de la province. En 1977, la loi 101 – ou la Charte de la langue française — a été adoptée par le gouvernement du Québec. Selon la loi 101, tous les enfants doivent obtenir[3] leur éducation en français jusqu'au niveau post-secondaire. Il existe cependant des exceptions à cette règle[4]. Par exemple, les résidents temporaires du Québec peuvent fréquenter une école anglophone.

Le système scolaire, de la prématernelle et jusqu'à la cinquième année du secondaire, a deux branches parallèles, l'une anglophone et l'autre francophone. Les étudiants qui vont dans une école post-secondaire peuvent décider de la langue qu'ils désirent apprendre, et il n'est pas rare que des étudiants francophones choisissent de fréquenter une université de langue anglaise et vice-versa.

Bien s'exprimer en français

La vie de tous les jours peut s'avérer[5] compliquée si on ne possède pas au moins une connaissance[6] de base du français. Des cours sont offerts gratuitement aux nouveaux venus[7] en provenance d'un pays non francophone par le ministère des Relations avec les Citoyens et de l'Immigration. Pour de plus amples renseignements téléphonez au 514-864-9191 ou visitez www.immq.gouv.qc.ca.

[1]*teaching* [2]*all levels* [3]*obtain* [4]*rule* [5]*être* [6]*knowledge* [7]*newcomers*

Source: Emménager à Montréal, 2006–2007, Moving To www.movingto.com

C. En regardant de plus près. Now look more closely at the following features of the text.

1. Pick out five instances where a conjugated verb is followed directly by an infinitive. What rule can you deduce from these examples?
2. In the second paragraph, you see the verb **choisir** (**ils choisissent**). Based on the context, what do you think this verb means? There is another verb phrase in the same sentence with a similar meaning.
3. In the last paragraph, what is the meaning of **gratuitement** in the phrase "**des cours sont offerts gratuitement**"?

D. Après avoir lu. Discuss the following questions with your classmates.

1. What is your opinion of the provision of **la loi 101** mentioned in this excerpt? How do you think you would feel about this law and its provisions if you were going to be living in Québec?
2. At this time, there is no law in the United States specifying that English is the official language there, although some groups have expressed support for such a law. What effect would such a law have?

3-54 Une langue bien de chez nous

A. Avant de parler. Consider how the following brief conversation in **familiar** Canadian French differs from a conversation in **standard** Canadian French. Are there words and turns of phrase that you are not familiar with?

ALEX: Allo, Julie. Ça va ?
JULIE: Pas pire.
ALEX: Je te présente ma blonde, Sabrina.
JULIE: Salut, Sabrina.
SABRINA: Salut, Julie.
ALEX: Excuse-nous, Julie, on peut pas jaser, on doit travailler à la bibli.
JULIE: OK, c'est beau. Moi, je vais diner à la cafétéria. Bonjour, Alex, bonjour, Sabrina.
SABRINA: Salut. À la prochaine.

Orthographe :
allo (allô)

Canadian French differs from standard French, and in fact from any other dialect of French (such as Parisian French), mostly in the areas of pronunciation, accent, and vocabulary (terms and expressions). In fact, there are two distinct varieties of French in Canada: the French of Québec, which is spoken in most areas of Canada, and Acadian French. Languages develop and change because of many factors, and in the case of Canadian French, some words and expressions have come from contact with the English language (such as **crème glacée** and **bureau de poste**), and some have been adopted as a reaction to too much English influence (like **la fin de semaine** used in Québec instead of **le weekend**). Although a Canadian French speaker can usually be identified by his/her accent, keep in mind that, as with all languages, there are various styles or registers, depending on the social situation: *formal register* and *informal (or familiar) register*. The style of French used in formal situations in Canada (such as at an interview or in a news report on Radio-Canada) will be very similar to the French used in a similar situation in France or elsewhere in the Francophone world. In an informal situation (say, in a conversation with friends), French speakers in Québec, or elsewhere in Canada, may speak with a more relaxed style and may use a vocabulary particular to Canada.

Here are some familiar expressions used by French speakers in Québec and elsewhere in Canada, with their counterparts in more standard French.

Expressions familières au Canada	Équivalents en français standard
checker	vérifier
jaser	discuter
pas pire	pas mal
c'est le fun	c'est amusant
ma blonde	ma petite amie
mon chum	mon petit ami
OK, c'est beau	ça marche
Bienvenue	je vous en prie ; je t'en prie ; de rien
Allo	bonjour
Bonjour	au revoir, à plus tard
une job	une emploi

B. En parlant. Use some of the Québécois familiar words and expressions listed above to create a dialogue with one or two classmates. Choose from the scenarios suggested below, or create your own. Act out your dialogue for the class.

1. You run into a friend on campus and introduce him/her to your boy / girlfriend.
2. You call a friend and invite him / her to do something fun. Your friend wants to come, but there is a problem.
3. You run into a former girl / boyfriend and try to impress her / him.

C. Après avoir parlé. Can you think of some examples of regional differences in your native language? Why might regional language differences exist?

Écrivons

3-55 Les universités au Québec. You may have the opportunity to travel to or study in Québec. Explore whether you might like to spend a semester or a year at a university in Québec, then write a brief paragraph about your conclusions.

A. Avant d'écrire

1. Choisissez une université au Québec que vous voulez explorer.

   Université Concordia   Université du Québec à Montréal (UQÀM)
   McGill University   Université Laval
   Université de Montréal   Université du Québec à Trois-Rivières
      (UdeM)   (UQTR)

2. Maintenant, cherchez à la bibliothèque ou sur Internet pour compléter le tableau suivant :

Nom de l'université :

Langue des cours :

Nombre d'étudiants :

Nombre d'étudiants étrangers :

Quelques majeures (une liste de deux ou trois) :

Quelques associations d'étudiants (une liste de deux ou trois) :

Équipes sportives :

B. En écrivant

1. Begin your paragraph by stating why you have decided you might like to study at the institution you chose:

MODÈLE ➤ Je veux étudier à l'UdeM parce que…

2. Continue your paragraph by mentioning what elements you like and what you do not like about the university.

MODÈLE ➤ L'UdeM est située à Montréal, et c'est une grande ville. J'aime beaucoup les grandes villes. Mais je n'aime pas…

3. Decide whether it would be beneficial to you to study at this university, and conclude your paragraph with a summary statement.

MODÈLE ➤ Je veux travailler comme avocate en droit international, donc je pense que c'est important de passer un semestre à l'UdeM. Après un semestre au Québec, je vais parler le français assez bien !

C. Après avoir écrit

1. Review your first draft to make sure you have clearly addressed the major points.
2. Once you are satisfied with the content of your paragraph, proofread it for errors in spelling and grammar. Share your paragraph with the class. Which schools are most often mentioned, and why?

VOCABULAIRE

TEXT AUDIO 3.9–3.23

Français canadien

3.9

les arts	arts, humanities
le cégep (Collège d'enseignement général et professionnel)	CEGEP
le centre sportif	sports complex
une concentration	major
plate	boring
une spécialisation	honours degree
le stationnement	parking
un travail (pratique)	assignment

Leçon 1

3.10

à l'université, à la fac(ulté) — at the university, at the school

un amphithéâtre	lecture hall
des associations (f.) étudiantes	student organizations
la bibliothèque universitaire (la B.U.) (Fr.)	university library
des bureaux (m.) administratifs	administrative offices
le bureau des inscriptions	registrar's office
le bureau du professeur	professor's office
la cafétéria	cafeteria
le centre étudiant	student centre
un centre informatique	computer centre
une infirmerie	health centre
un labo(ratoire) de chimie	chemistry lab
un labo(ratoire) de langues	language lab
un pavillon	building
le pavillon principal	main building
un plan du campus	campus map
la résidence	residence hall, dormitory
le restaurant universitaire (le resto U) (Fr.)	dining hall
une station de métro	subway, metro stop
un terrain de sport	playing field, court

prépositions de lieu — prepositions indicating place

3.11

à côté de	next to, beside
à droite de	to the right of
à gauche de	to the left of
dans	in, inside
derrière	behind
devant	in front of
en face de	across from
entre	between
loin de	far from
près de	close to, near
tout droit	straight ahead

adjectifs prénominaux — adjectives that precede the noun

3.12

beau / bel / belle	beautiful, handsome
bon/ne	good
dernier / dernière	last
grand/e	tall, big
gros/se	big, fat, huge
jeune	young
joli/e	pretty
mauvais/e	bad
nouveau / nouvel / nouvelle	new
petit/e	small, short
premier / première	first
vieux / vieil / vieille	old

des expressions pour parler de l'avenir — expressions for talking about the future

3.13

ce matin	this morning
cet après-midi	this afternoon
ce soir	tonight
demain	tomorrow
cette fin de semaine (Can.) / ce weekend (Fr.)	this weekend

142 cent-quarante-deux CHAPITRE 3 • ÉTUDES ET PROFESSIONS

	bientôt	*soon*	
	la semaine prochaine	*next week*	
	le mois prochain	*next month*	
	l'été prochain	*next summer*	
	l'année prochaine	*next year*	

3.14 autres mots utiles — *other useful words*

- aller — *to go*
- après — *after*
- un cours — *course*
- ici — *here*
- retrouver quelqu'un — *to meet someone*
- tous (m. pl.) — *all*
- se trouver — *to be located*
- une voiture — *car*

Leçon 2

3.15 des cours (m.) — *courses*

- l'allemand (m.) — *German*
- l'anglais (m.) — *English*
- l'anthropologie (f.) — *anthropology*
- l'astronomie (f.) — *astronomy*
- la biologie — *biology*
- la botanique — *botany*
- le calcul — *calculus*
- la chimie — *chemistry*
- la comptabilité — *accounting*
- la danse — *dance*
- le dessin — *drawing*
- l'économie (f.) — *economics*
- l'espagnol (m.) — *Spanish*
- le français — *French*
- l'histoire (f.) — *history*
- l'informatique (f.) — *computer science*
- une langue étrangère — *foreign language*
- la littérature — *literature*
- les mathématiques (f.) (les maths) — *mathematics*
- la musique — *music*
- la peinture — *painting*
- la philosophie — *philosophy*
- la physiologie — *physiology*
- la physique — *physics*
- la psychologie — *psychology*
- les relations internationale — *international relations*
- les sciences (f.) politiques — *political science*
- la sculpture — *sculpture*
- la sociologie — *sociology*
- le théâtre — *theatre*
- la zoologie — *zoology*

les facultés (f.) — *faculties, departments* — **3.16**

- les beaux-arts (m.) — *fine arts*
- le droit — *law*
- le génie — *engineering*
- la gestion — *business*
- le journalisme — *journalism*
- la kinésiologie — *kinesiology*
- les lettres (f.) (Fr.) — *arts, humanities*
- la médecine — *medicine*
- la pédagogie — *education*
- les sciences économiques — *economics*
- les sciences humaines — *social sciences*
- les sciences naturelles — *natural sciences*
- les sciences physiques — *physical sciences*

pour parler des études (f.) — *to talk about studies* — **3.17**

- un bacc(alauréat) (en sciences économiques) (Can.) — *B.A. or B.Sc. degree (in economics)*
- une composition — *in-class essay exam*
- un devoir — *homework assignment, exercise, duty*
- des devoirs — *homework*
- un dictionnaire — *dictionary*
- un diplôme (en beaux-arts) — *degree (in fine arts)*
- un examen (préparer un examen) — *exam (to study for an exam)*
- étudier — *to study*
- une majeure (en sociologie) — *major (in sociology)*
- une mineure (en français) — *minor (in French)*
- une note (avoir une note) — *grade, mark (to have / receive a grade / mark)*
- préparer un diplôme (en chimie) — *to do a degree (in chemistry)*
- un semestre — *semester*

VOCABULAIRE *cent-quarante-trois* **143**

une spécialisation (en français)	major (in French)	un caissier / une caissière	cashier
suivre un cours	to take a course	un chanteur / une chanteuse	singer
un trimestre	trimester, quarter	un coiffeur / une coiffeuse	hairdresser

3.18 pour décrire les cours, les examens, les notes — *to describe courses, tests, grades*

difficile	difficult	un/e comptable	accountant
ennuyeux/-euse	boring, tedious	un/e dentiste	dentist
facile	easy	un écrivain / une écrivaine	writer
final/e	final	un électricien / une électricienne	electrician
intéressant/e	interesting	un enseignant / une enseignante	schoolteacher
médiocre	mediocre	un infirmier / une infirmière	nurse
obligatoire	required	un informaticien / une informaticienne	programmer

3.19 autre mot utile

quel / quelle / quels / quelles	which/what	un ingénieur / une ingénieure	engineer
		un/e journaliste	journalist
		un mécanicien / une mécanicienne	mechanic

Leçon 3

3.20 où on travaille — *where people work*

un bureau	office	un/e médecin	physician
une clinique	private hospital	un musicien / une musicienne	musician
un collège (Fr.)	middle school/junior high	un ouvrier / une ouvrière	worker
une école	elementary school	un pharmacien / une phramacienne	pharmacist
une fac(ulté) / une université	college, university	un/e photographe	photographer
un hôpital	public hospital	un plombier / une plombière	plumber
un lycée (Fr.)	high school	un policier / une policière	police officer
un magasin	store	un pompier / une pompière	firefighter

3.21 des métiers (m.) et des professions (f.) — *jobs and professions*

un acteur / une actrice	actor/actress	un professeur / une professeure	professor
un agent de police / une agente de police	police officer	un représentant de commerce / une représentante de commerce	sales representative
un agent de voyage / une agente de voyage	travel agent		
un/e architecte	architect	un/e secrétaire	secretary
un/e artiste	artist	un serveur / une serveuse	server
un assistant social / une assistante sociale	social worker	un technicien / une technicienne	lab technician
un avocat / une avocate	lawyer	un vendeur / une vendeuse	sales clerk

quelques mots utiles	some useful words	quelques verbes	some verbs
l'argent (m.)	money	aider les gens	to help people
autonome	independent	chercher	to look for
une carrière	career	devoir	must, to have to, should
être doué/e	to be talented		
les gens (m.)	people	faire une demande d'emploi	to apply for a job
en plein air	outdoors		
le prestige	prestige	gagner (de l'argent)	to earn (money), to win
le public (un contact avec le public)	the public (contact with the public)	s'intéresser à	to be interested in
la responsabilité	responsibility	pouvoir	to be able to
un salaire	salary	vouloir	to want, to wish
les services (m.)	the service sector	voyager	to travel
le travail	work		

CHAPITRE 4 | Métro, boulot, dodo

—Voilà, une bonne journée qui commence !

DISCOVER
Go to the **Resources** for Chapitre 4 on MyFrenchLab to watch the *On démarre* video on morning routine. Complete the related video activities in the **Assessments** for this chapter under Additional Practice.

APPLY
- Video
- Activities : On démarre ! 04-01 to 04-02

LEÇON 1

La routine de la journée

LEÇON 2

À quelle heure ?

LEÇON 3

Qu'est-ce qu'on porte ?

Venez chez nous !
La vie de tous les jours à travers le monde francophone

MyFrenchLab
Visit MyFrenchLab to access the audio clips for each chapter, additional exercises and quizzes, and much more!

Après avoir complété ce chapitre, vous devriez être en mesure de

- parler de votre routine quotidienne
- dire l'heure
- décrire des actions avec des degrés d'intensité
- poser des questions d'information
- dire combien quelque chose coute
- parler de vos préférences
- discuter de la routine quotidienne et de la mode dans le monde francophone

Sur le plan de la grammaire, ce chapitre vous permet d'apprendre à

- employer les verbes pronominaux et réfléchis
- manipuler les adverbes de quantité et d'intensité
- employer des verbes en **-ir** comme *dormir*, *sortir*, et *partir*
- poser des questions avec les mots d'interrogation *quand*, *à quelle heure*, *où*
- manipuler les adjectifs démonstratif *ce*, *cet*, *cette*, *ces*
- employer les pronoms compléments d'objet

En matière de phonétique, ce chapitre sera l'occasion d'étudier comment se prononcent

- La voyelle /y/
- Les voyelles /ø/ and /œ/

LEÇON 1 La routine de la journée

Points de départ

TEXT AUDIO 4.1

La routine du matin

Il est huit heures du matin. La journée commence !

Chez les Bouchard, Thomas se réveille ; il va bientôt se lever.

Sa petite sœur Vanessa est déjà debout ; elle se coiffe. Monsieur Bouchard est en train de se raser. Il va bientôt prendre une douche.

Madame Bouchard se maquille et elle s'habille pour aller au travail. Le bébé s'endort de nouveau.

Dans son appartement, Caroline se dépêche ; elle va bientôt à la fac*. Elle se lave les mains et la figure, et elle se brosse les dents.

Chez les Morin, Madame Morin se douche et se lave les cheveux ; après, elle s'essuie. Son mari rentre à la maison. Lui, il travaille tard la nuit, donc il rentre tôt le matin pour se coucher. Il se déshabille et se couche.

LES VERBS PRONOMINAUX DE SENS RÉFLÉCHI

se réveiller
se lever
se coiffer
se raser
se maquiller
s'habiller
se dépêcher
se laver (+ se laver les cheveux)
se brosser les dents / les cheveux
se doucher
se baigner
se déshabiller
se reposer
se coucher

*à la fac is used colloquially in France; in Canadian French, we say **à l'université**.

Les articles de toilette

Orthographe :
shampoing (shampooing)

Vie et culture

Métro, boulot, dodo

The expression **métro, boulot, dodo** is used by French speakers who live in a big city to describe their daily routine. In the morning, city dwellers, like **les Montréalais** and **les Parisiens**, take the **métro** (the subway), go to their **boulot** (a slang word for **une job / un travail**), and then at night they return home and crawl into bed to **faire dodo** (a child's expression for **se coucher / dormir**). In English, we often call this routine *the daily grind*.

What does the expression **métro, boulot, dodo** lead you to believe about life in a big city? Does this expression apply to life in your hometown?

Now watch the video clip *La routine du matin*, as two girls describe their morning routine. Make a list of their activities; for example: **Elles se réveillent**. Is there anything that surprises you about their routine, or does it seem very familiar and logical?

Les moments de la journée

- le matin
- l'avant-midi
- à midi
- l'après-midi
- le soir
- à minuit
- la nuit

Use these times of the day to tell what you do **regularly**:

Le matin, je me réveille, je me douche et je me brosse les dents.
Le soir, je me couche.
À midi, je mange et je me repose.

À vous la parole

4-1 Ordre logique. In what order do most people complete the following activities?

MODÈLE   on se coiffe, on se douche
➤ On se douche, et puis on se coiffe.

1. on se lave, on s'habille
2. on se lave les cheveux, on se coiffe
3. on se dépêche, on se lève, on se réveille
4. on se déshabille, on se couche
5. on mange, on se brosse les dents
6. on se couche, on se brosse les dents
7. on se lave, on se dépêche, on se réveille
8. on se couche, on se repose

4-2 Suite logique. Tell what these people are going to do next, choosing a verb from the list. Utiliser le futur proche : **aller + le verbe pronominal**.

se coucher	se laver les cheveux	se reposer
s'habiller	se lever	se raser
se laver	se coiffer	se brosser les dents

MODÈLE   Joëlle prend un teeshirt et un jean.
➤ Elle va s'habiller.

1. Adrien prend son rasoir.
2. Olivier va dans sa chambre.
3. Julie cherche le shampoing.
4. Sylvie prend le tube de pâte dentifrice.
5. Fanny est très fatiguée.
6. Damien entend sa mère qui dit : « Allez, debout ! »
7. Grégory va prendre une douche.
8. Marie-Josée termine sa douche.
9. Hélène prend un peigne.

4-3 Un questionnaire. Est-ce que vous faites attention à votre apparence ? Un peu ? Trop ? Pas assez ? Posez les questions suivantes à votre partenaire et puis faites le total des points. Quelles sont vos conclusions ?

1. Vous prenez une douche ou un bain tous les jours ?	oui	non
2. Vous vous lavez les cheveux tous les jours ?	oui	non
3. Vous vous brossez les dents après chaque repas ?	oui	non
4. Vous vous coiffez trois ou quatre fois pendant la journée ?	oui	non
5. Vous vous habillez différemment chaque jour ?	oui	non
6. Vous vous maquillez/vous vous rasez tous les jours ?	oui	non
7. Vous vous mettez du parfum / de l'eau de Cologne ?	oui	non
8. Vous faites très attention de ne jamais grossir *(gain weight)* ?	oui	non

Maintenant, marquez un point pour les réponses « oui », zéro pour les réponses « non » et ensuite additionnez vos points :
- Si vous avez 7 ou 8 points, vous vous intéressez peut-être un peu trop à votre apparence physique. Pensez un peu aux choses plus sérieuses.
- Si vous avez de 3 à 6 points, c'est bien. Vous faites attention à votre présentation, mais vous n'exagérez pas.
- Si vous avez moins de 3 points, attention ! Vous risquez de vous négliger.

Fiche pratique

Remember that to say what you do regularly on a given day of the week, use **le** with the day of the week:

Le samedi, je vais au gymnase.
On Saturdays, I go to the gym.

Le vendredi soir, je vais au restaurant.
On Friday evenings, I go to the restaurant.

Le samedi avant-midi, je me repose.
I relax Saturdays before noon.

TEXT AUDIO 4.2

Sons et lettres

La voyelle /y/

The vowel /y/, as in **tu**, is generally spelled with **u**. To pronounce /y/, your tongue must be forward and your lips rounded, protruding, and tense. As you pronounce /y/, think of the vowel /i/ of **ici**. It is important to make a distinction between /y/ and the /u/ of **tout**, as many words are distinguished by these two vowels.

À vous la parole

TEXT AUDIO 4.3

4-4 Imitation. Be careful to round your lips when pronouncing /y/!

tu   du   zut   Luc   Jules   Bruno   Lucie   Suzanne

4-5 Contrastes. Be careful to distinguish between /y/ (spelled **u**) and /u/ (spelled **ou**).

tu	tout	bout	bu
du	doux	poux	pu
zut	tous	debout	début

4-6 Salutations. Practise greetings, using the following names.

MODÈLES Bruno
➤ Salut, Bruno.

Mme Dupont
➤ Bonjour, Madame Dupont.

1. Bruno
2. Lucie
3. Suzanne
4. Mme Dumont
5. M. Dumas
6. Mme Camus

Formes et fonctions

1. Les verbes pronominaux et les pronoms réfléchis

● Verbs like **se réveiller** (*to wake up*) and **se laver** (*to wash oneself*) include a reflexive pronoun as part of the verb: this pronoun indicates that the action is being done by the subject to him/herself (the action reflects back onto the subject).

Je **me** réveille.	*I wake up.*
On **se lave**.	*We're washing ourselves.*
Tu **te lèves** ?	*Are you getting up?*

Here are the reflexive pronouns, shown with the verb **se laver**.

	SE LAVER	*to wash*	
SINGULIER		**PLURIEL**	
je **me** lave		nous **nous** lavons	
tu **te** laves		vous **vous** lavez	
il / elle / on **se** lave		ils / elles **se** lavent	

- Before a vowel sound, **me**, **te**, and **se** become **m'**, **t'**, and **s'**.

    Tu **t'**habilles ?
    On **s'**habille.

- Note that reflexive pronouns always maintain their position beside the verb, even in the negative and the immediate future. (Remember that when forming the immediate future – **le futur proche** – you must conjugate the verb **aller** and then add the second verb in the infinitive form. When using reflexive verbs as the second verb, you must change the pronoun to agree with the subject.)

Il ne **se** lave pas.	*He's not washing up.*
Je ne vais pas **m'**habiller.	*I'm not going to get dressed.*
Nous n'allons pas **nous** reposer.	*We're not going to relax.*

- When a part of the body is specified, the definite article (**le**, **la**, **les**) is used, since the reflexive pronoun already indicates whose body part is affected.

Elle se lave **la** figure.	*She's washing her face.*
Je me lave **les** cheveux.	*I wash my hair.*
Ils se brossent **les** dents.	*They're brushing their teeth.*

- Note the accent changes in the verb **se lever**, and that this changes the pronunciation. The accented forms are pronounced with the sound /ɛ/, whereas the unaccented forms are pronounced with the sound /ə/. Practice the pronunciation changes with your instructor.

se lever	je me lève	nous nous levons
	tu te lèves	vous vous levez
	il / elle / on se lève	ils / elles se lèvent

À vous la parole

4-7 Qu'est-ce qu'on fait ? Explain how people use the objects mentioned.

MODÈLE   Je / le shampoing
➤   Je me lave les cheveux.

1. Les enfants / le savon et une débarbouillette
2. Jules / son rasoir
3. Vous / la serviette
4. Toi / les sandales
5. Moi / le dentifrice
6. Nous / le peigne
7. Julie / le maquillage
8. Les enfants / le shampoing

4-8 Fais ta toilette ! Your partner always seems to have an excuse! Avec votre partenaire, posez des questions et répondez. Remember that **un / une** or **du / de la / des** before a noun turns into **de / d'** in the negative!

MODÈLE   É1   Tu te rases ?
É2   Non, je n'ai pas **de** rasoir.
É1   Tiens, voilà un rasoir !

1. se laver les mains
2. se laver la figure
3. se maquiller
4. se laver les cheveux
5. se brosser les dents
6. se coiffer

4-9 La routine chez vous. Chez vous, qui fait quoi ? Comparez vos réponses avec les réponses de votre partenaire.

MODÈLE   se lève en premier ?
É1   Qui se lève en premier chez toi ?
É2   Ma mère se lève en premier. Et chez toi ?
É1   Moi, je me lève en premier.

1. se lève en premier ?
2. se douche en premier ?
3. se maquille tous les jours ?
4. s'habille avec beaucoup d'attention ?
5. se lave les cheveux tous les jours ?
6. se couche tard le soir ?
7. se réveille facilement le matin ?
8. se dépêche toujours ?

4-10 Mes journées. Décrivez les trois types de journées ci-dessous à votre partenaire.

MODÈLE   une journée typique
É1   Décris une journée typique.
É2   Je me lève pour aller à mes cours. Je me lave et je m'habille, et je vais en classe. Ensuite (*then*), je vais à la cafétéria de l'université pour manger. Après le diner, je me brosse les dents… Et toi ?

1. une journée typique
2. une journée idéale
3. une journée horrible

4-11 Votre routine. Qu'est-ce que vous faites normalement ? Répondez avec des verbes pronominaux et donnez des détails.

MODÈLE Le samedi matin ?
Le samedi matin, je me réveille, je me douche, je me brosse les dents, je m'habille et je vais au gymnase. À midi, je vais manger au restaurant avec mes amis.

1. Le matin ?
2. Le samedi matin ?
3. Le dimanche après-midi ?
4. Le lundi matin ?
5. Le vendredi soir ?
6. Le soir pendant la semaine (*evenings during the week*)?

2. Les adverbes d'intensité et de fréquence

Adverbs describe verbs, and can indicate how often, how much, when, or how well an action is done. Most adverbs are placed after the verb.

- The adverbs listed below indicate to what degree something occurs.

trop	Elle se maquille **trop**.	*She wears too much makeup.*
beaucoup	Elle travaille **beaucoup**.	*She works a lot.*
assez	Nous mangeons **assez**.	*We eat enough.*
un peu	Je me dépêche **un peu**.	*I hurry a little.*
ne… pas	Il **ne** se rase **pas**.	*He doesn't shave.*

- Other adverbs indicate frequency, how often something is done. Notice that these adverbs follow the verb, like those you learned in the first section above.

toujours	Je me lève **toujours** en premier.	*I always get up first.*
souvent	Il prend **souvent** le métro.	*He often takes the metro.*
quelquefois	Tu travailles **quelquefois** ici ?	*Do you sometimes work here?*
rarement	Elle se maquille **rarement**.	*She rarely wears makeup.*
ne… jamais	Il **ne** se coiffe **jamais**.	*He never combs his hair.*

When you use these adverbs with verb expressions (such as faire la cuisine, faire du ski), the adverb will go directly after the verb, thus splitting up the expression:

Je fais **rarement** la cuisine pendant la semaine.

Je fais **toujours** du ski en hiver.

- Some adverbs indicate time. These adverbs are positioned after the verb, and usually toward the end of the sentence.

tôt	Mon père se réveille **tôt** le matin.	*My father wakes up early in the morning.*
de bonne heure	Nous allons à l'université **de bonne heure**.	*We go to the university early.*
tard	Je me couche souvent **tard** la nuit.	*I often go to bed late at night.*
demain	Je vais aller au musée **demain**.	*I'm going to go the museum tomorrow.*

- Another useful expression to indicate how often people do things is formed by indicating how many times (**fois**) followed by **par** and a time expression:

Il se rase **une fois par** semaine.	*He shaves once a week.*
Je me brosse les dents **deux fois par** jour.	*I brush my teeth twice a day.*
Ma petite sœur se lave les cheveux **quatre fois par** semaine.	*My little sister washes her hair four times a week.*

À vous la parole

4-12 Vos habitudes. Soyez précis ! Comparez vos idées avec les idées de votre partenaire.

MODÈLE   travailler la fin de semaine

  É1 Moi, je travaille beaucoup la fin de semaine.
  É2 Ah bon ? *(oh really?)* Moi, je travaille rarement la fin de semaine.

1. travailler la fin de semaine
2. se réveiller tôt le matin
3. se brosser les dents
4. parler français
5. jouer au tennis
6. regarder la télé
7. aider les gens
8. se coucher de bonne heure

4-13 Stéréotype ou réalité ? Comparez vos idées avec un partenaire.

MODÈLE   les Canadiens : aimer Tim Hortons

  É1 Les Canadiens aiment beaucoup le café de Tim Hortons.
  É2 Mais moi, je ne vais jamais au Tim Hortons !

1. les Canadiens : adorer le hockey
2. les Américains : adorer le football
3. les Français : jouer au soccer
4. les Français : manger de la quiche
5. les étudiants : se coucher tard
6. les étudiants : travailler
7. les professeurs : se lever tôt
8. les professeurs : donner des devoirs

4-14 La routine typique. Décrivez votre semaine typique, en employant les verbes réfléchis et tout votre vocabulaire! Après, imaginez la semaine typique des personnes suivantes.

MODÈLE   Barack Obama
M. Obama se réveille toujours de très bonne heure. Il se douche, il se rase, il s'habille et il déjeune. Il se dépêche souvent pour prendre son hélicoptère pour aller à des réunions importantes. Il travaille beaucoup avec ses collègues. Il téléphone toujours à sa famille. Le samedi soir, il se repose à la Maison Blanche avec sa famille. Il ne se couche jamais avant minuit.

1. Votre professeur de français
2. Le Premier Ministre du Canada
3. George Clooney
4. Lady Gaga

4-15 Familiale

A. Avant de lire. Jacques Prévert (1900–1977) has probably been the most popular and widely read French poet since Victor Hugo. Prévert's first book of poetry, **Paroles** (*Lyrics*), appeared in late 1945 just as World War II was ending. The poem you are about to read is taken from that collection.

In **Familiale**, Prévert uses the simple language of everyday life to make a profound statement about war and loss. He indicates in a matter-of-fact way what the three members of a family do:

La mère fait du tricot. / Elle tricote.	*The mother knits.*
Le père fait des affaires.	*The father does business.*
Le fils fait la guerre.	*The son wages war.*

As the poem reaches its climax, the poet's simple statements about the family members' lives are interrupted. The rhythm changes, and verbs ultimately disappear from the narrative. Consider, as you read the poem, how these structural changes reinforce the poet's troubling message.

B. En lisant. As you read, answer the following questions.

1. What is the nature of the characters' everyday life as conveyed in the first nine lines of the poem?
2. Like a play or a film, the poem builds to a climax. What is that climax? What happens afterward?

Stratégie

Pay attention to both the meaning and form of the text when you read a poem. In an effective poem, form and meaning work together, so that variations in form—the poem's rhythm or structure, for example—contribute to the impact of its message.

FAMILIALE[1]

La mère fait du tricot[2]
Le fils fait la guerre[3]
Elle trouve[4] ça tout naturel la mère
Et le père qu'est-ce qu'il fait le père ?
Il fait des affaires[5]
Sa femme fait du tricot
Son fils la guerre
Lui des affaires
Il trouve ça tout naturel le père
Et le fils et le fils
Qu'est-ce qu'il trouve le fils ?
Il ne trouve rien[6] absolument rien le fils
Le fils sa mère fait du tricot son père des affaires lui
   la guerre
Quand il aura fini[7] la guerre
Il fera[8] des affaires avec son père
La guerre continue la mère continue elle tricote
Le père continue il fait des affaires
Le fils est tué[9] il ne continue plus[10]
Le père et la mère vont au cimetière
Ils trouvent ça naturel le père et la mère
La vie continue la vie avec le tricot la guerre les
   affaires
Les affaires la guerre le tricot la guerre
Les affaires les affaires et les affaires
La vie avec le cimetière.

Jacques Prévert, *Paroles*
© Éditions Gallimard

[1] *family life*
[2] *knits*
[3] *war*
[4] *thinks*
[5] *business*
[6] *nothing*
[7] *finishes*
[8] *will do*
[9] *killed;* [10] *(he lives) no more*

C. En regardant de plus près. Now look more closely at the structure of the poem.

1. The poem uses repetition to produce an effect and to convey meaning. For example, with what repeated phrase does Prévert suggest the characters' attitude toward their daily life? When this phrase recurs the third time, it has taken on new meaning and become associated with a terrible irony. Why? Can you point out some other instances of repetition that are significant in the poem?

2. What verb is used most frequently in the poem? What effect does this produce, and what is the effect when another verb is used instead? At what point do verbs disappear altogether?

3. Poetry is often characterized by a rhyme scheme. How would you describe the rhyme scheme in this poem? What might this type of rhyme scheme symbolize?
4. Look at the final line of the poem. How would you explain the seeming contradiction of the poet's reference to "La vie avec le cimetière?"

D. Après avoir lu. Now discuss the following questions with your classmates.

1. Poetry is meant to be read aloud. With a partner, or with your class as a whole, practise reading *Familiale* aloud. Does this help you appreciate Prévert's efforts to convey meaning through the form and rhythm of his poem as well as through the words themselves?
2. Work with a partner to translate the poem. How can you use the structure and rhythm of the poem in English to convey the same message Prévert is trying to convey?
3. Good literature has a timeless quality; readers in many different contexts can relate it to their circumstances. Do you believe Prévert's poem has this quality?

LEÇON 2 — À quelle heure ?

Fiche pratique

As you develop your ability to speak in French, learn some phrases that you would like to use to express emotion; this will make your speech more natural and varied. Notice the phrases Delphine uses throughout her day, and select several to make part of your own vocabulary.

Points de départ

Je n'arrête pas de courir !

TEXT AUDIO 4.5

Delphine parle de sa journée :
Mon radio-réveil[1] sonne à sept heures du matin. Mon premier cours commence à neuf heures, alors je quitte ma chambre à huit heures et demie pour aller à la fac[2].

J'arrive en classe à neuf heures moins le quart. Super ! Je suis en avance ; je vais trouver une bonne place.

Le professeur arrive toujours à l'heure ; il entre dans la classe à neuf heures moins cinq et il commence à parler.

À dix heures et quart, je regarde ma montre. Zut alors[3] ! Encore un quart d'heure !

À onze heures moins vingt, je vais au café. Je parle avec des camarades de classe pendant vingt minutes. Je regarde l'horloge. Mince, je suis en retard ! J'arrive au deuxième cours à onze heures dix. J'ai dix minutes de retard.

Entre midi et une heure de l'après-midi, je déjeune[4] au resto U[5] avec un ami, Jean-Baptiste.

L'après-midi, nous allons voir le nouveau film de Gérard Depardieu. On va à la séance (*show*) de 14 h 55. C'est moins cher (*expensive*), et ça fait une petite pause dans une journée mouvementée. Ouf !

Au Canada : [1]un réveille-matin   [2]à l'université   [3]Ha non !   [4]dîne   [5]à la cafétéria

Quelle heure est-il ? Voici un guide général pour dire l'heure :

For the hour:	Il est 1 h. (Il est une heure.) Il est 2 h. (Il est deux heures.)
	Il est 12 h. Il est midi. Il est minuit.
For the half hour:	Il est 2 h 30. Il est deux heures trente.
	Il est deux heures et **demie**.
	(**demie** est au féminin parce que *heure* est féminin)
	Il est 12 h 30. Il est douze heures trente.
	Il est midi / minuit et **demi**.
	(**demi** est au masculin parce que *midi / minuit* sont masculins)
For a quarter to the hour:	Il est 2 h 45. Il est trois heures moins (le) quart.
	Il est deux heures quarante-cinq.
For a quarter after the hour:	Il est 3 h 15. Il est trois heures quinze.
	Il est trois heures et quart.
After the hour:	Il est 8 h 10. Il est huit heures (et) dix.
Before the hour:	Il est 9 h 50. Il est neuf heures cinquante.
	Il est dix heures moins dix.

Les moments de la journée Pour spécifier le moment de la journée, employez les expressions suivantes avec l'heure :

du matin	D'habitude, je me réveille à 6 h **du matin**.
de l'après-midi	Je vais à la bibliothèque à 3 h **de l'après-midi**.
du soir	Je regarde la télévision entre 8 h et 10 h **du soir**.

À vous la parole

4-16 Une journée bien mouvementée. Regardez l'agenda de Sophie et dites ce qu'elle fait aujourd'hui.

À 9 h, elle…

---

jeudi 15
OCTOBRE

8
9 *cours de littérature*
10 h 45 *rendez-vous avec prof d'anglais*
11 h 30 *manger à la cafétéria universitaire avec Lucie*
12
13
14 *travailler à la biblio*
15
16 h 30 *tennis avec Jean-Claude*
17
18
19
20 *souper avec Maman*
21 *travailler chez Christine*

4-17 Quelle heure est-il ? Dites quelle heure il est, et puis imaginez ce que vous faites à cette heure-là.

MODÈLE   Il est sept heures trente du matin. Je mange.

1.
2.
3.
4.
5.

6.
7.
8.
9.
10.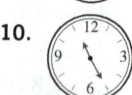

4-18 Qu'est-ce qu'on fait dans le monde francophone ? Look at the map showing world time zones, and tell what time it is in each of the Francophone cities shown. Then, based on the time, indicate what people are most likely to be doing.

MODÈLE   À Paris. On mange ou on se couche ?
➤ À Paris, il est midi. On mange.

1. À la Nouvelle-Orléans. On se lève ou on travaille ?
2. À Cayenne. Les étudiants vont en classe ou ils rentrent chez eux ?
3. À Dakar. On va bientôt dîner ou on va bientôt dormir ?
4. À Marseille. On rentre à la maison pour manger ou on travaille ?
5. À Djibouti. On fait la sieste ou on mange ?
6. À Mahé. On nage ou on rentre à la maison pour dormir ?
7. À Nouméa. On se couche ou on joue au soccer ?

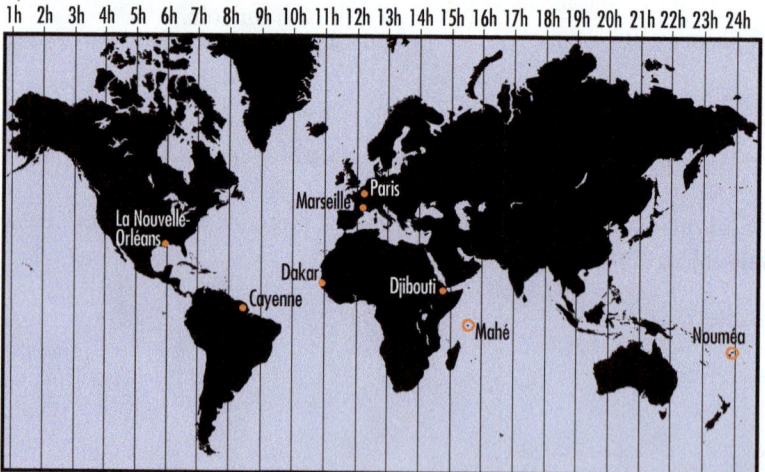

Vie et culture

Le système des 24 heures

Although we usually use conventional time in Canada, the 24-hour clock is sometimes used to avoid ambiguity in published schedules for classes, transportation, television programming, and public events. In France, as in most other countries, the 24-hour clock is more commonly used. When telling time with the 24-hour clock, the expressions **et quart**, **et demie**, and **moins le quart** are not used. Remember to give the exact number of minutes after the hour: for example, **15 h 15** is read as **quinze heures quinze**. The words **midi** (*noon*) and **minuit** (*midnight*) tend to be used in both systems. Which system do you prefer and why?

Find the examples of the 24-hour clock in the photos below and restate the equivalents in

conventional time. What can you learn about typical business hours in France from these photos? In what ways are these hours similar to and different from business hours in Canada?

4-19 Votre journée typique. What do you typically do at the times specified on the next page? Share your responses with a partner, using some of the boxed suggestions.

se lever
aller en cours de / au labo de…
faire…
jouer à…
manger…

se coucher
regarder la télé
téléphoner à…
travailler
parler à…

Parallèles

On se dépêche.
Mathilde and Diandra are leaving home to start the day.

Mathilde quitte son appartement à Dijon.

Diandra se trouve devant la station RER à la Courneuve. (*RER* means *Réseau Express Régional*, which is a rapid transit system that serves Paris and suburbs.)

MODÈLE à huit heures du matin

  É1 Normalement, je me lève à huit heures. Et toi ?
  É2 Moi, à huit heures, je vais à la cafétéria de l'université.

1. à huit heures du matin
2. à dix heures du matin
3. à midi et demi
4. à quatre heures et demie de l'après-midi
5. à six heures du soir
6. à huit heures du soir
7. à minuit

4-20 Où êtes-vous ? Où êtes-vous d'habitude (*usually*) à l'heure et au jour indiqués ? Répondez avec des phrases complètes et donnez des détails.

MODÈLE Le mardi à 6h du soir je suis chez moi. Je soupe.

1. Le samedi à midi
2. Le lundi à 10h du matin
3. Le vendredi à 7h du soir
4. Le mardi à 3h de l'après-midi
5. Le dimanche à 10h du matin
6. Le samedi à 10h du soir.

Formes et fonctions

1. Les verbes en *-ir* comme *dormir, sortir, partir*

- You have learned that regular **-er** verbs have three spoken forms in the present tense. Unless the verb begins with a vowel sound, you must use the context to tell the difference between the third-person singular and plural:

Mon frère ? **Il regarde** la télé.	*My brother? He's watching TV.*
Mes amis ? **Ils regardent** la partie de soccer.	*My friends? They are watching the soccer game.*
Ma sœur ? **Elle écoute** la radio.	*My sister? She's listening to the radio.*
Mes amies ? **Elles‿écoutent** un CD. /z/	*My friends? They are listening to a CD.*

- Verbs like **dormir** (*to sleep*) have four spoken forms. Their singular endings are **-s, -s, -t**; these letters are usually silent. The stem for the plural forms contains the consonant heard in the infinitive.

dormir (*to sleep*)	Ils dor**m**ent tard.	Il dort debout.
sortir (*to go out*)	Elles sor**t**ent souvent.	Elle sort la fin de semaine.

DORMIR		*to sleep*		
SINGULIER			PLURIEL	
je	dors		nous	dorm**ons**
tu	dors		vous	dorm**ez**
il / elle / on	dort		ils / elles	dorm**ent**

Fiche pratique

Here are the imperative (command) forms for the verb **dormir**:

Dors bien! — *Sleep well!*
Dormons ici ce soir! — *Let's sleep here tonight!*
Dormez, les enfants! — *Sleep, children!*

- Vous pouvez employer le verbe **dormir** avec *jusqu'à* (until) to say how long someone sleeps:

  Je **dors jusqu'à** huit heures.   *I sleep until 8 o'clock.*

- Voici un verbe réfléchi qui se conjugue comme **dormir** :

  s'endormir (to fall asleep).

  Je **m'endors** toujours à minuit. À quelle heure est-ce que **tu t'endors** ?
  Mon père **s'endort** souvent devant la télévision.
  Est-ce que vous **vous endormez** d'habitude en classe ? Mes copains **s'endorment** dans la classe de philosophie!

- Here is a list of other verbs conjugated like **dormir**, along with the prepositions often used with some of these verbs.

partir	avec	Je **pars avec** mes parents.	*I'm leaving with my parents.*
	de	Nous **partons de** Montréal.	*We're leaving from Montreal.*
	pour	Vous **partez pour** la France ?	*Are you leaving for France?*
sortir	avec	Elle **sort avec** ses amies.	*She goes out with her girlfriends.*
		Elle **sort avec** David.	*She's dating David.*
	de	Les étudiants **sortent du** labo.	*The students are leaving the lab.*
servir		Qu'est-ce qu'on **sert** ce soir ?	*What are they serving tonight?*
mentir		Ce n'est pas vrai ; elle **ment** !	*It's not true; she's lying!*
	à	Il **ment** souvent **à** ses copains.	*He often lies to his friends.*
courir		Les enfants **courent** dans le parc.	*The children are running in the park.*

À vous la parole

4-21 Notre routine. Gaëlle is describing her family and friends. Use a logical **-ir** verb to complete each description (dormir, sortir, partir, servir, mentir, courir)

MODÈLE   Mon frère, il n'est pas énergique. Le samedi matin…
➤ Le samedi matin, il dort très tard.

1. Maman travaille tout le temps ? Non…
2. Gilles et toi, vous travaillez dans un café ; vous…
3. Mes amis et moi travaillons pendant la semaine, mais le samedi soir…
4. Mes copains travaillent dans un bureau à Montréal. Le matin…
5. Karine est serveuse dans un restaurant, alors elle…
6. Tu vas au cinéma ce soir ? Oui…
7. Micheline arrive ? Non, elle…

4-22 Je n'arrête pas de courir! Comparez votre routine de la semaine avec la routine de votre partenaire. Donnez des détails.

MODÈLE   Pendant la semaine, je dors jusqu'à…

  É1 Moi, pendant la semaine, je dors jusqu'à sept heures.
  É2 Moi, je dors jusqu'à huit heures trente ; mon premier cours commence à neuf heures.

1. Pendant la semaine, je dors jusqu'à…
2. La fin de semaine, je dors jusqu'à…
3. Le matin, je pars pour mon premier cours…
4. La fin de semaine, je pars souvent pour…
5. Je sors avec mes amis…
6. Je ne sors pas quand…
7. Le soir, je m'endors vers…

2. Les questions avec des mots interrogatifs

● To ask a question requesting specific information, it is necessary to use some type of interrogative word or expression. The interrogative word or expression usually comes at the beginning of the question and is usually followed by **est-ce que / qu'** (which, as you have seen, indicates a question but carries no meaning):

Où est-ce que tes amis travaillent ?   *Where do your friends work?*

Quand est-ce qu'elle arrive ?   *When does she arrive?*

Some of the words or expressions frequently used to ask questions are:

comment	*how*	**Comment est-ce que** tu t'appelles ?
où	*where*	**Où est-ce qu'**il travaille ?
quand	*when*	**Quand est-ce que** tu te réveilles ?
pourquoi	*why*	**Pourquoi est-ce que** tu ne travailles pas ?
combien de	*how many*	**Combien de** livres **est-ce qu'**il y a ?
à quelle heure	*at what time*	**À quelle heure est-ce qu'**ils arrivent ?
que/qu'	*what*	**Qu'est-ce que** tu fais le vendredi soir ?
qui	*who/whom*	(as subject) **Qui** parle ? (*Who is speaking?*)
		(as object) **Qui est-ce que** tu vas inviter ? (*Whom will you invite?*)
à qui	*to whom*	**À qui est-ce qu'**ils parlent ? (*To whom are they speaking?*)

The question **pourquoi ?** can be answered in two ways:

—**Pourquoi est-ce que** tu aimes tes amis ?   —*Why do you like your friends?*
(1) **Parce qu'**ils sont très amusants.   —*Because they're lots of fun.*
—**Pourquoi est-ce que** tu téléphones ?   —*Why are you calling?*
(2) **Pour** inviter mes amis à diner.   —*To invite my friends for lunch.*

When used to ask *how many*, **combien** is linked to the noun by **de / d'**:

Combien de frères est-ce que tu as ?   *How many brothers do you have?*
Combien d'enfants est-ce qu'ils ont ?   *How many children do they have?*

- Another question construction, called *inversion*, is used in writing, in formal conversation, and in a few fixed expressions. In questions with a pronoun subject using *inversion*, the subject follows the verb and is connected to it with a hyphen.

Note that when the verb ends in a vowel, and the following subject starts with a vowel, the letter **t**, with hyphens on either side, must be inserted between the verb and the pronoun subject.

Comment **vas-tu** ?   *How are you?*
Comment **allez-vous** ?   *How are you?*
Quel âge **a-t-elle** ?   *How old is she?*   Elle a dix-neuf ans.

The **t** is inserted in the inverted question above to make the pronunciation easier, and carries no meaning. The **t** is not to be inserted in the answer.

Quelle langue **parle-t-il** ?   Quelle langue **parlent-ils** ?
Il parle français.   Ils parlent anglais.

Inversion is also frequently used with the verbs **aller** and **être** when the subject is a noun. There is no need for a hyphen in this case:

Comment **vont tes parents** ?   *How are your parents?*
Où **est ta sœur** ?   *Where's your sister?*

À vous la parole

4-23 Pardon ? Vous n'entendez pas (*don't hear*) votre professeur. Utilisez une expression interrogative pour demander les détails qui manquent (*missing details*).

MODÈLE   J'ai cinq cahiers.
➤ Combien ?

1. Nous travaillons dans la salle de classe.
2. Il y a un examen mardi.
3. Il y a trois étudiants français.
4. Jacques est absent parce qu'il est malade.
5. Elle s'appelle Chloé.
6. Elle a deux sœurs.
7. Nous ouvrons le livre pour réviser un exercice.

4-24 À propos de Thomas.
Votre amie vous parle de son nouveau chum Thomas, et vous voulez plus de détails. Posez-lui des questions !

MODÈLE   Thomas a deux colocataires.
➤ Ah bon ? Comment est-ce qu'ils s'appellent ?
OU ➤ Ah bon ? Est-ce qu'ils sont aussi étudiants ?

1. Il est assez jeune.
2. Il n'habite pas dans la résidence.
3. Il est d'une famille nombreuse.
4. Il travaille la fin de semaine.
5. Il arrive bientôt.
6. Il n'est pas en forme.
7. Il n'aime pas le sport.

4-25 Au service des rencontres.
Sandrine contacte le service des rencontres (*dating service*). Vous écoutez ses réponses aux questions qu'on lui pose. Imaginez quelles sont les questions. Posez les questions avec et sans l'inversion.

MODÈLE   Je m'appelle Sandrine Tremblay.
➤ Comment vous appelez-vous, Mademoiselle ?

1. J'ai vingt-deux ans.
2. Ma fête, c'est le 20 janvier.
3. J'habite à Ottawa.
4. Oui, j'ai un chien.
5. Je travaille le samedi et le dimanche seulement (*only*).
6. Parce que je suis étudiante.
7. J'ai des cours le lundi, le mercredi et le vendredi après-midi.
8. Je travaille dans un bureau.

Avec votre partenaire, préparez une liste de questions pour les membres de cette famille. Par exemple: Est-ce que vous êtes québécois ? Où est-ce que vous habitez ? Comment s'appellent… Est-ce que vous faites du sport ensemble ? etc. Imaginez leurs réponses.

4-26 Questions personnelles.
Interview one of your classmates, asking him/her questions about the following subjects. Report back to the class what you learned about your partner.

MODÈLE   la famille
➤ Est-ce que tu as des frères ou des sœurs ? Combien de frères ? de sœurs ?
➤ Où est-ce qu'ils habitent ?

Voici Ian. Il a une sœur. Elle habite à Charlottetown.

1. la famille
2. les animaux
3. les amis
4. la musique
5. le sport
6. la routine quotidienne (*daily*)

4-27 Des questions détaillées.
Ajoutez des adverbes (trop, beaucoup, assez, un peu, ne… pas, toujours, souvent, quelquefois, rarement, ne… jamais) pour créer des questions logiques. N'oubliez pas que l'adverbe se place après le verbe. Imaginez des réponses.

MODÈLE Est-ce que tu danses ? souvent ➤ Est-ce que tu danses souvent ?
➤ Non, je danse rarement.
beaucoup ➤ Est-ce que tu danses beaucoup ?
➤ Non, mais je danse un peu !

1. Est-ce que tu te reposes ?
2. Est-ce que tu fais la cuisine ?
3. Est-ce que les enfants écoutent leurs parents ?
4. Est-ce que tu vas au gymnase ?
5. Est-ce que les professeurs peuvent se reposer ?

4-28 La visite

A. Avant d'écrire. Imagine that your French friend Alexis, who is travelling in Canada, is planning to visit you for a long weekend and has sent you the following e-mail. Read Alexis's e-mail carefully and decide how you will respond:

1. Begin by listing the information Alexis is asking you to provide about your schedule and the plans you can make together.
2. Next, note down how you will answer each of Alexis's questions.
3. Finally, decide how you will organize your information. Will you answer Alexis's questions one by one, in the order in which they are raised? Or, will you be more systematic, describing first your Friday schedule and your weekend routine, then suggesting things the two of you can do together and when?

Stratégie

Before composing your response to a casual note, such as an e-mail from a friend, be sure to refer back to the original message to organize your answer.

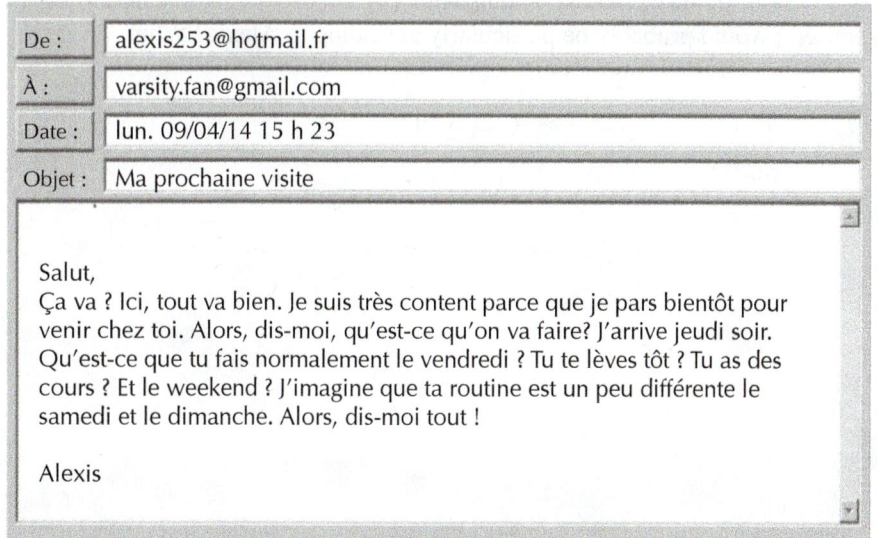

De :	alexis253@hotmail.fr
À :	varsity.fan@gmail.com
Date :	lun. 09/04/14 15 h 23
Objet :	Ma prochaine visite

Salut,
Ça va ? Ici, tout va bien. Je suis très content parce que je pars bientôt pour venir chez toi. Alors, dis-moi, qu'est-ce qu'on va faire? J'arrive jeudi soir. Qu'est-ce que tu fais normalement le vendredi ? Tu te lèves tôt ? Tu as des cours ? Et le weekend ? J'imagine que ta routine est un peu différente le samedi et le dimanche. Alors, dis-moi tout !

Alexis

B. En écrivant. Draft your e-mail, using the information you have noted down and organizing it carefully, as you have planned.

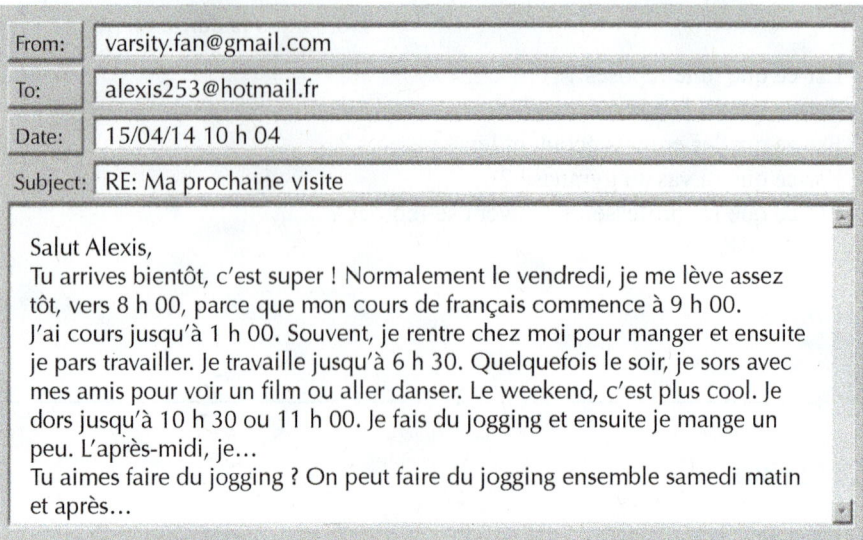

From: varsity.fan@gmail.com
To: alexis253@hotmail.fr
Date: 15/04/14 10 h 04
Subject: RE: Ma prochaine visite

Salut Alexis,
Tu arrives bientôt, c'est super ! Normalement le vendredi, je me lève assez tôt, vers 8 h 00, parce que mon cours de français commence à 9 h 00. J'ai cours jusqu'à 1 h 00. Souvent, je rentre chez moi pour manger et ensuite je pars travailler. Je travaille jusqu'à 6 h 30. Quelquefois le soir, je sors avec mes amis pour voir un film ou aller danser. Le weekend, c'est plus cool. Je dors jusqu'à 10 h 30 ou 11 h 00. Je fais du jogging et ensuite je mange un peu. L'après-midi, je…
Tu aimes faire du jogging ? On peut faire du jogging ensemble samedi matin et après…

C. En révisant. As you re-read your e-mail, think about the following questions and make any necessary changes.

1. Analyze the content: Did you respond to Alexis's questions and describe your routine on Fridays and on the weekend? Did you suggest a few activities for the two of you to do during the visit? Have you stuck with your plan for organizing your information?
2. Analyze your description for style and form: Do you use appropriate temporal expressions to describe your activities and to specify at what time of the day each takes place?

D. Après avoir écrit. Exchange e-mails with a group of your classmates. Whose response(s) would probably be particularly appealing to Alexis? Why?

LEÇON 3 — Qu'est-ce qu'on porte ?

Points de départ

Les vêtements et les couleurs

Orthographe :
teeshirt (tee-shirt)
pullover (pull-over)
minijupe (mini-jupe)

TEXT AUDIO 4.6

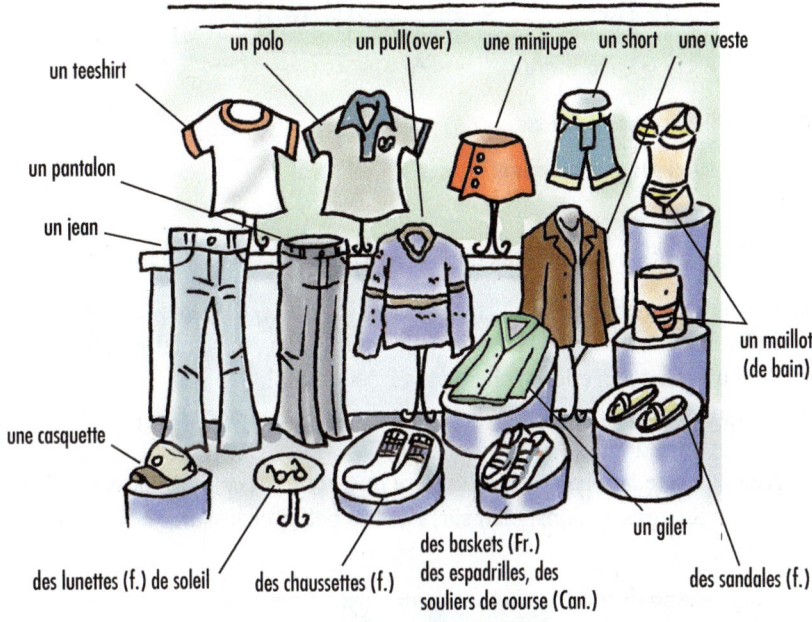

Vêtements de sports

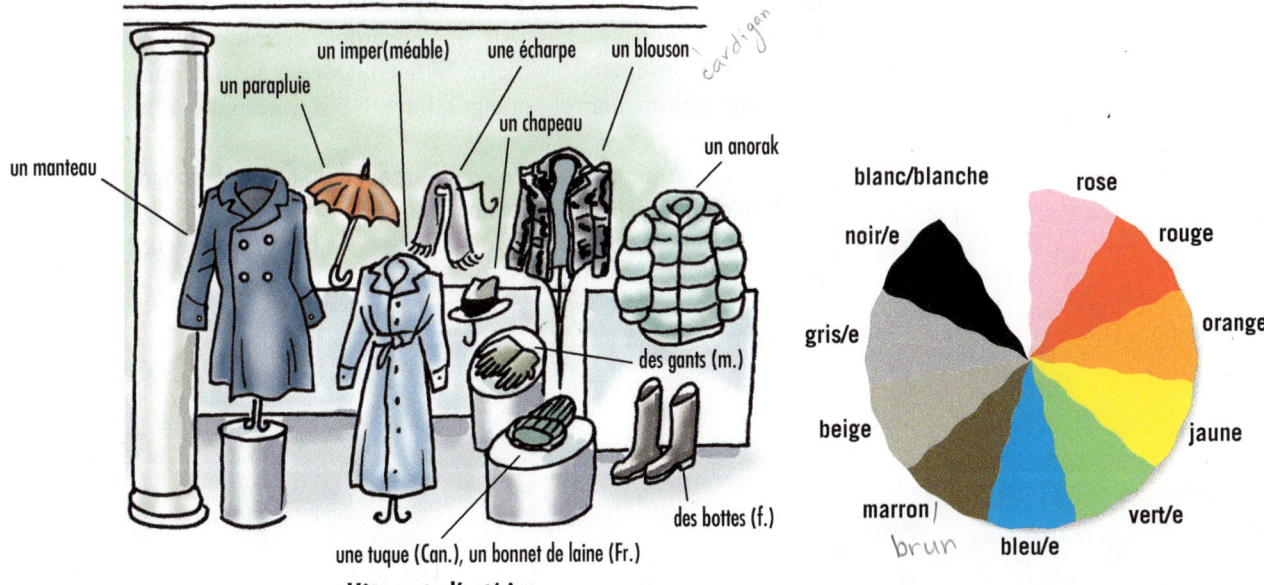

Vêtements d'extérieur

Vêtements pour hommes et femmes

Deux amies regardent des vêtements dans la vitrine d'un grand magasin :

MANON : Je vais à un mariage et je dois mettre une robe assez élégante pour la soirée. Regarde cette belle robe en soie. Elle est très chic, tu ne penses pas ?
AUDREY : Si, mais dis donc, elle est chère ; regarde le prix !
MANON : Ah oui ; mais j'ai envie d'être aussi belle que la mariée et de porter une robe magnifique.
AUDREY : Alors, achète la robe noire. Qu'est-ce que tu mets comme chaussures ?
MANON : Des chaussures à talons, bien sûr. J'ai des belles chaussures noires à la maison.

> Les adjectifs de couleur se placent **après** le nom qu'ils décrivent : une robe rouge, un foulard gris, et s'accordent avec le nom : une robe bleu**e**, une chemise viole**tte**. Si la couleur est aussi le nom d'un fruit (citron, marron, orange), il n'y a pas d'accord (→ des chemises orange).
>
> Si vous voulez modifier la couleur avec un adjectif (foncé = *dark* ou clair = *light*), ne faites pas l'accord, donc : une robe bleu foncé, une chemise vert clair, des chaussettes bleu marin (= *navy blue*).

Vie et culture

Les compliments

The typical North American response to a compliment on one's appearance is *Thank you*. However, in France, responding **Merci** to a compliment might indicate that the recipient does not believe the compliment. The French do not usually compliment people they do not know well on their personal appearance. Among friends in France, the compliments and responses below are typical. What do you notice about the nature of the response in each case? How do Canadians typically respond to compliments besides saying *Thank you*? Would you feel comfortable responding to compliments as the French do?

—Il est chic, ton pantalon !	—*Your pants are really stylish!*
—Tu trouves ?	—*Do you think so?*
—Elle est très jolie, ta robe !	—*Your dress is very pretty!*
—Oh, elle n'est pas un peu démodée ?	—*Oh, isn't it a little old-fashioned?*
—Tu parles très bien l'anglais.	—*You speak English very well.*
—Ah ! Pas toujours !	—*Oh! Not always!*

La mode canadienne

Le style BCBG

Although Paris is home to some of the greatest names in fashion—Chanel, Yves Saint Laurent, Dior and Kenzo—Montreal, Toronto and Vancouver have taken their place on the world stage as representatives of unique Canadian style. Designers like Linda Lundström, Hilary Radley, Denis Gagnon, Marie Saint Pierre and Marisa Minicucci are working to create a unique, Canadian-inspired fashion vision.

Individuals use fashion to portray their identities. They choose a particular style—classic, casual, and trendy—to which they sometimes add their own creative touch. The same holds true in France, where middle- and upper-class people have long been associated with chic personal styles. Here are some typical French styles: **la haute couture classique**, **BCBG** (**bon chic bon genre** : preppy), **bohémien** (bohemian style), and **branché** (cool; literally: *plugged in*). The French are adept at personalizing their look within their chosen style by using accessories such as hats, bags, jewellery, and scarves (**les foulards, m.**).

Compare the photos on this page. Which style do you prefer?

Le look branché

Et vous ?

1. Décrivez votre style personnel.

MODÈLE ▶ J'aime le style bohémien. J'adore les jeans et les foulards.

2. Qu'est-ce qui caractérise le style canadien ? Au Canada, on aime…

À vous la parole

4-29 Marier les vêtements. Qu'est-ce qu'on peut porter avec chaque vêtement pour être chic et coordonné ? Discutez avec votre partenaire.

MODÈLE   avec une robe bleue en soie ?

> É1   Avec une robe bleue en soie, on peut porter un foulard bleu et vert.
> É2   Et des chaussures à talons.

1. avec une minijupe rouge
2. avec un costume bleu marin
3. avec un jean
4. avec une veste noire
5. avec un beau chemisier blanc en soie
6. avec un tailleur marron
7. avec un chemisier bleu en coton
8. avec un pantalon noir en cuir

4-30 Préparez la valise. Imaginez que vous avez gagné (*won*) un voyage aux déstinations indiquées. Travaillez avec votre partenaire pour préparer une liste des vêtements que vous allez apporter avec vous.

MODÈLE   huit jours à Tahiti

> ➤ trois maillots de bain, deux paires de sandales, des souliers de course, cinq shorts, sept teeshirts, des lunettes de soleil

1. une longue fin de semaine à Québec, en février, pour le Carnaval
2. quatre jours à Lafayette, en Louisiane, en juillet
3. huit jours à Grenoble, dans les Alpes, en janvier
4. six jours à Cannes, pour le Festival International du Film
5. cinq jours à Dakar, au Sénégal
6. huit jours à Paris, en avril

TEXT AUDIO   4.7

SONS ET LETTRES

Les voyelles /ø/ et /œ/

To pronounce the vowel /ø/ of **deux**, start from the position of /e/ as in **des** and round the lips. The lips should also be tense and moved forward. It is important to lengthen the sound while continuing to keep the lips rounded, protruded, and tense. Typically, /ø/ occurs at the end of words and syllables and before the consonant /z/: **deux, jeu, peu, sérieuse, vendeuse**.

To pronounce the vowel /œ/ of **leur**, start from the position of /ø/ and relax the lips somewhat. Both vowels are usually spelled as **eu**. The vowel /œ/ is also spelled as **œu**, as in **sœur**. The vowel /œ/ of **leur** occurs before a pronounced consonant, except for /z/ as mentioned above.

/ø/	/œ/
bl**eu**	la coul**eur**
il p**eu**t	ils p**eu**vent
la vend**eu**se	le vend**eur**
vendredi	une h**eu**re

À vous la parole

4-31 Contrastes. Compare the vowels in each pair of words.

/y/ vs. /ø/	/ø/ vs. /œ/
du / deux	nœud / neuf
lu / le	eux / sœurs
du jus / deux jeux	la chanteuse / le chanteur

TEXT AUDIO 4.8

4-32 Au féminin. Provide the appropriate feminine form.

MODÈLE le vendeur
➤ la vendeuse

1. le chanteur
2. le chercheur
3. il est généreux
4. ils sont malheureux
5. il est paresseux

4-33 Phrases. Read each sentence aloud.

1. Des cheveux bleus ! Ce n'est pas sérieux !
2. Le neveu de Monsieur Meunier sort de l'immeuble à neuf heures.
3. La sœur de Madame Francœur porte un tailleur à fleurs bleues.
4. Le vendeur suggère ces deux couleurs.
5. Depardieu est un acteur ; Montesquieu, un auteur.

TEXT AUDIO 4.9

Formes et fonctions

1. L'adjectif démonstratif

- The demonstrative adjective is used to point out specific people or things that are close at hand. The singular form corresponds to *this* or *that* in English, the plural, to *these* or *those*.

| Tu aimes **les robes** ? | *Do you like dresses (in general)?* |
| Tu aimes **cette robe** ? | *Do you like this dress?* |

- Note the masculine singular form used before a noun beginning with a vowel sound: **cet**. It is pronounced like the feminine form but has a different spelling.

Regarde **ce** blouson !	*Look at this jacket!*
Regarde **cet** anorak !	*Look at that ski jacket!*
Regarde **cette** veste !	*Look at that suit jacket!*
Regarde **ces** bottes !	*Look at these boots!*

- Here are the forms of the demonstrative adjective.

	FÉMININ	MASCULIN	
		devant voyelle	*devant consonne*
SINGULIER	cette jupe	cet anorak	ce manteau
PLURIEL	ces écharpes	ces imperméables	ces maillots

- Vous pouvez parler de vos préférences avec l'adjectif démonstratif (**ce, cet, cette, ces**) et le verbe **préférer**.

préférer : Remarquez les accents dans chaque forme de ce verbe et pratiquez la prononciation.

je **préfère**	nous **préférons**
tu **préfères**	vous **préférez**
il/elle/on **préfère**	ils/elles **préfèrent**

Je **préfère** cette robe.   Nous **préférons** ces jeans.
Est-ce que tu **préfères** le teeshirt bleu ou le teeshirt vert?

Vous pouvez aussi ajouter un verbe à l'infinitif après le verbe **préférer**.

Tu préfères **magasiner** chez Esprit ou chez Roots ?
Mes parents préfèrent **porter** les vêtements confortables.

- Vous pouvez utiliser l'adjectif démonstratif avec le verbe **couter** pour dire le prix.

The verb **couter** *(to cost)* is only used in the **il/elle** or **ils/elles** form.

Ce teeshirt **coute** 12 $.   Ces bottes **coutent** très cher.   Cette belle robe élégante **coute** seulement 45 $.

- To ask about the price of something, use "Ça coute combien ?" or "Combien ça coute ?" The response may start with: "Ça coute…" or may use the demonstrative adjective: "Cette chemise coute..."

- Pour prononcer le prix de quelque chose, on dit "Ça coute 15 dollars et 49."

Remarquez qu'en français on utilise une virgule (*comma*) dans les prix (50,45 $ = cinquante dollars et quarante-cinq cents)

Quand on écrit les prix, remarquez que le symbole **$** se place **après** le prix (et non avant comme en anglais) : 50 $.

- Useful expressions: "Ça coute cher !" (it's expensive); "Ça coute pas cher du tout !" (that's not expensive at all! : notice there is no **ne** in the spoken expression).

À vous la parole

4-34 Homme ou femme ? Read the descriptions of the people who work in Clément's building and decide in each case if it's a man or a woman.

	un homme	une femme
MODÈLE Ce comptable est sociable.	✓	
1. Cette dentiste est sympa.		✓
2. Ce secrétaire est conformiste.	✓	
3. Cet architecte est jeune.	✓	
4. Cette journaliste est dynamique.		✓
5. Cette artiste est énergique.		✓
6. Cet avocat est idéaliste.	✓	
7. Cet ingénieur est calme.	✓	
8. Ce fonctionnaire est timide.	✓	

4-35 Regarde ça ! Imagine that you are window shopping with a friend in an exclusive shopping center and point out the clothes that you see. Use the *article démonstratif* **ce / cet / cette / ces**.

MODÈLE   un tailleur violet
        Regarde ce tailleur violet !

1. une belle chemise
2. des beaux mocassins
3. des chaussures à talons très hauts
4. des écharpes multicolores en laine
5. un jean en solde
6. des bottes magnifiques
7. un gros anorak
8. un beau pantalon marron

4-36 Quel vêtement est-ce que vous préférez ? Employez l'adjectif démonstratif **ce / cet / cette / ces** pour dire à votre partenaire quel vêtement vous préférez, puis dites pourquoi vous le préférez et où vous pouvez le porter.

MODÈLE   Je préfère cette robe violette. Elle est belle et très à la mode. Je peux la porter assez souvent : pour aller à la fête de ma tante ou au concert, par exemple.

4-37 Qu'est-ce que vous préférez faire ? Répondez avec le verbe **préférer** et un infinitif.

1. Est-ce que vous préférez jouer au hockey ou au soccer ?
2. Est-ce que vous préférez étudier ou aller au restaurant ?
3. Qu'est-ce que vous préférez faire pendant les vacances d'été ?
4. Où est-ce que vous préférez aller pour fêter votre anniversaire ? Pourquoi ?
5. Où est-ce que vous préférez étudier ? Pourquoi ?
6. Est-ce que vous préférez porter des chaussures ou des bottes ? Pourquoi ?

4-38 Qu'est-ce que vous préférez porter ? Dites ce que vous préférez porter pour faire les activités suivantes. Ajoutez des adjectifs descriptifs pour bien décrire vos vêtements.

MODÈLE pour aller danser
Je préfère porter ma robe bleue élégante. Elle est très chic et confortable pour danser.

1. pour faire du ski
2. pour faire du jogging
3. pour aller diner dans un restaurant élégant
4. pour aller au cinéma avec des amis
5. pour aller en classe
6. pour prendre une marche (*to take a walk*)

4-39 Combien ça coute ? Prononcez les prix dans des phrases complètes. Combien coute…

1. Le manteau en laine ? (149 $)
2. La chemise en soie ? (78,50 $)
3. Les sandales ? (87 $)
4. Le jean ? (99,99 $)
5. La voiture ? (20 549 $)
6. La maison ? (472 899 $)

4-40 Combien est-ce que tu paies ? Combien est-ce qu'on paie d'habitude pour acheter…

1. un café au Tim Horton ?
2. une nouvelle auto ?
3. une maison ?
4. un jean à la mode ?
5. un hamburger chez McDo ?
6. des espadrilles chic ?

2. Les pronoms complément d'objet direct *le, la, l', les*

- **What is a direct object?** A direct object "receives" the action of a verb, answering the question *whom* or *what*.

For example, **le chandail** is the direct object in the following sentence:

Elle aime le chandail. (*What* does she like? The sweater.).

Likewise, **ma sœur** is the direct object in this sentence:

Mon ami adore **ma sœur**. (*Whom* does he like? My sister.).

- **Direct object pronouns** are used to replace direct object nouns in order to avoid repeating them, and thus to make your speech more fluid and natural-sounding. In English, direct object pronouns serve this same function:

  ➤ Do you like the professor? -Yes, I like **him**.
  (It would sound awkward to repeat "the professor" here.)

  ➤ Is she writing the essay? -No, she's not writing **it**.
  (Again, it would sound awkward to repeat "the essay" in the answer.)

- A direct object pronoun can replace a direct object noun indicating a person, thing or concept; it agrees in gender and number with the noun it replaces.

Elle regarde **la jupe** ? Oui, elle **la** regarde.	*Yes, she is looking at it.*
Elle garde **le bébé** ? Oui, elle **le** garde.	*Yes, she is taking care of him.*
Elle achète **l'anorak** ? Oui, elle **l'**achète.	*Yes, she is buying it.*
Elle aime bien **les lunettes** ? Oui, elle **les** aime bien.	*Yes, she likes them.*

- The direct object also replaces nouns that are preceded by the demonstrative adjective (**ce, cet, cette, ces**) or by possessive adjectives (**mon, ma, mes**; **ton, ta, tes**; **son, sa, ses**; **notre, nos**; **votre, vos**; **leur, leurs**)

Tu aimes **ce** gilet ?	Oui, je **l'**aime.
Il lave **sa** voiture ?	Oui, il **la** lave.
On doit étudier **ces** verbes ?	Oui, vous devez **les** étudier.

- Direct object pronouns **precede** the conjugated verb:

—Tu suis son cours ce semestre ?	—*Are you taking his class this semester?*
Non, je ne **le** *suis* pas.	*No, I'm not taking it.*
—Où sont mes lunettes de soleil ?	—*Where are my sunglasses?*
Je ne sais pas, je ne **les** *trouve* pas.	*I don't know, I can't find them.*

If the verb that follows the direct object pronoun starts with a vowel, replace **le** or **la** by **l'**.

Tu aimes ce gilet ?	Oui, je **l'***aime*.

Likewise, if the verb that follows the plural direct object pronoun **les** starts with a vowel, you must pronounce the liaison:

Vous achetez ces bottes ?	Oui, nous **les‿achetons**.
	/z/

- In the **futur proche** (**aller** + infinitif), or whenever an infinitive follows a conjugated verb (as with vouloir, pouvoir, devoir, aimer etc.), the direct object pronoun is placed between the two verbs.

    —Tu vas lire les articles du prof ? —*Are you going to read the prof's articles?*
    —Oui, je **vais** *les* **lire**. —*Yes, I'm going to read them.*
    —Tu veux prendre le métro ? —*Do you want to take the metro?*
    —Mais bien sûr, je **veux le prendre**. —*Yes, of course I want to take it.*

- In the negative, notice that **ne** always follows directly after the subject. It should never come between an object pronoun and a verb.

    Ce grand manteau, **je ne** vais pas **le** porter. . . . *I'm not going to wear it.*
    Les devoirs, **nous ne les** faisons jamais! . . . *we never do them.*

- To point out people or objects, the direct object pronouns precede **voilà**.

    Sylvie ? **La** voilà. *Sylvie? There she is.*
    Mes bottes ? **Les** voilà. *My boots? There they are.*

Fiche pratique

In French you cannot emphasize a word by adding stress to it, as in English: "Did you see **John** or **Matt**?" "I saw **John**." One way to emphasize a word or phrase in French is to place it at the very beginning of the sentence, and put a pronoun equivalent in its place: **Les lunettes**, tu **les** aimes ?

À vous la parole

4-41 Les opinions sont partagées ! Décidez avec un/e partenaire si vous êtes d'accord ou non.

MODÈLE   On les aime : les films ? les examens ?

    É1 Les films, on les aime.
    É2 Les examens, on ne les aime pas.

1. On l'aime beaucoup : la danse ? le théâtre ?
2. On la fait le soir : la cuisine ? la vaisselle ?
3. On les écoute toujours : les parents ? les professeurs ?
4. On les déteste : les jours de pluie ? les jours d'orage ?
5. On les regarde souvent : les films ? les documentaires ?
6. On la visite souvent : la ville de Toronto ? la France ?
7. On l'adore : le français ? la musique ?
8. On les aime : les piqueniques ? les vacances ?

4-42 Aller en voyage ! Vous allez partir en voyage. Qu'est-ce que vous allez porter à votre destination ? Répondez à l'affirmatif ou au négatif (comme indiqué) avec le pronom complément d'objet direct **le, la, l'**, ou **les**.

MODÈLE   Tu vas porter ton maillot de bain ? Oui, je vais le porter.

Orthographe :
piquenique (pique-nique)

1. Tu vas porter ta robe en soie ? Oui,
2. Tu vas porter cette écharpe ? Non,
3. Tu vas porter tes lunettes de soleil ? Oui,
4. Tu vas porter tes bottes d'hiver ? Non,
5. Tu vas porter ce teeshirt bleu ? Oui,
6. Tu vas porter ta casquette ? Oui,
7. Tu vas porter ton anorak ? Non,
8. Tu vas porter tes mocassins ? Non,

4-43 On s'organise. Imaginez que vous aidez votre amie à organiser son garde-robe. Décidez si elle doit **garder** (*keep*) ou **jeter** (*throw out*) chaque vêtement. Expliquez votre décision. Employez les pronoms compléments d'objet direct là où possible.

MODÈLES un teeshirt blanc avec le logo de l'université

    É1 Tu dois garder ce teeshirt. Il est nouveau et très précieux parce qu'il représente notre université.

    É2 Oui, d'accord. Je l'aime beaucoup!

une robe démodée

    É1 Tu dois jeter cette robe. Elle n'est pas belle.

    É2 Non, je l'adore ! Je l'aime parce qu'elle est très confortable.

1. des bottes chic
2. une minijupe trop courte
3. des gants roses, violets et noirs
4. une chemise trop large
5. un pantalon trop court
6. une belle écharpe
7. des sandales fines à la mode
8. un gros anorak

4-44 Dans le magasin de mode. Vous aidez votre amie à acheter des vêtements pour ses vacances avec son copain. Répondez aux questions qu'elle vous pose : employez le pronom complément d'objet direct approprié pour donner des réponses naturelles. Ajoutez des phrases pour expliquer votre opinion!

MODÈLE É1 Tu aimes cette robe bleue?

    É2 Oui, je l'aime. Elle est très chic. Tu peux **la** porter pour aller dîner avec ton chum. Mais elle est très chère : 250 $ c'est beaucoup pour une robe!

1. Tu aimes ces bottes à talons hauts ?
2. Tu aimes cette cravate ?
3. Tu aimes cette minijupe ?
4. Tu aimes ce parapluie ?
5. Tu aimes ces sandales ?
6. Tu aimes ce costume en laine pour mon chum ?
7. Tu aimes ce sac en cuir Louis Vuitton ?
8. Tu aimes ce jean ?

4-45 Des nouveaux amis ! Avec votre partenaire, imaginez une conversation entre deux nouveaux amis qui prennent un café chez Starbucks. Les amis se posent toutes sortes de questions personnelles. Posez des questions avec des noms précédés par **le, la, l', les** ou **ton, ta, tes** et répondez avec les pronoms complément d'objet direct là où c'est naturel de le faire.

MODÈLE —Tu aimes les chiens ?
Oui, je **les** aime. J'ai un petit chien qui a six mois qui s'appelle Oscar.
—Tu veux lire mon livre ?
Non, je ne veux pas **le** lire. Je n'aime pas la science-fiction.
—Tu vas acheter les lunettes de soleil chic ?
Non, je ne vais pas **les** acheter parce que je n'ai pas d'argent !

Utilisez les verbes suivants pour créer votre conversation : aimer, adorer, détester, acheter, porter, etc. Présentez la conversation à la classe.

4-46 Boutique Mode-Afrique. Imagine that you are monitoring the customer service operations of a company that sells African designers' clothes. Listen to the following telephone conversations to determine if the service representatives are performing their job properly.

A. Avant d'écouter. Before listening, answer the following questions.

1. Think about when you've ordered something on the phone. What did you say? What did the operator ask you? With a partner, make a list of expressions in French that one would likely hear in a conversation of this type.

2. You will hear the conversations of two clients who are looking for information or placing an order for clothes designed by an African designer.
    a. What kinds of questions do you think they will ask?
    b. Look at the photos and make a list of the type of clothes they may wish to order.

B. En écoutant. Listen to the two conversations and answer the following questions.

1. In the first call, what does the woman order?
   - a. une veste
   - b. une robe pagne
   - c. un boubou brodé

2. How much is she going to pay?
   - a. 95 euros
   - b. 85 euros
   - c. 115 euros

3. In the second call, what does the man wish to buy?
   - a. une cravate et une chemise
   - b. un complet
   - c. un pantalon et une chemise

4. How much does the shirt cost?
   - a. 53 euros
   - b. 63 euros
   - c. 43 euros

5. Look again at the photos and decide which corresponds to:
   - a. un pagne
   - b. un boubou
   - c. une chemise batik

C. Après avoir écouté. Now discuss these questions with classmates.

1. Did the two operators handle their calls satisfactorily? Why or why not?
2. Would you be interested in buying something designed from an African designer? Why or why not?

Venez chez nous !
La vie de tous les jours à travers le monde francophone

La journée commence avec un arrêt chez le boulanger.

All over the Francophone world, people follow a daily routine; they get up in the morning, get dressed, get ready for work, school, or play, and spend their days in a variety of activities that tend to seem repetitive. Of course, people's daily activities, choice of clothes, type of work, and leisure activities may differ dramatically depending on where in the Francophone world they live and work.

4-47 Mon style personnel

A. Avant de regarder. In this video clip, watch as two women from different parts of the world describe the ways they dress for different situations and the ways in which they express their own style through their choice of clothing. Do you dress the same each day of the week? Make a list in French of the things you normally wear in a work situation and in a more casual situation.

B. En regardant. As you watch, look for answers to the following questions.

1. Marie-Julie décrit les vêtements qu'elle porte dans trois contextes différents. Notez quels sont les contextes et quels sont les vêtements.

   Contexte n°.1 : _____   vêtement : _____
   Contexte n°.2 : _____   vêtement : _____
   Contexte n°.3 : _____   vêtement : _____

2. Quel vêtement est-ce qu'elle aime personnaliser ? Comment pouvez-vous décrire son choix ?

3. Honorine et son amie portent des vêtements typiques du Bénin. Quelle est la réaction typique envers (*toward*) les femmes qui s'habillent de cette façon (*in this way*) ?

4. Dans son pays, les femmes ne portent pas…

5. Elle démontre comment utiliser un vêtement qui s'appelle…

   a. un pagne   b. un boubou   c. une chemise batik

C. Après avoir regardé. Maintenant, discutez (en anglais ou en français) des questions suivantes avec vos camarades de classe.

1. In this video clip Marie-Julie and Honorine model and talk about their clothing. Does either woman also make a personal statement through her clothing? How?

2. Is it more typical to dress like Marie-Julie or Honorine where you live? Do you ever see women dressed like Honorine? If so, where, and in what situations? What do you typically wear in such situations?

3. In French there is a proverb that states: **L'habit ne fait pas le moine** (*monk*). Do you know a similar proverb in English? How is it different from the French example?

4-48 Une journée typique

A. Avant d'écrire. Choose one of the photos below or an image of your own representing a scene from daily life in a Francophone country or region. Select one of the people shown in the photo and imagine what a typical day in his or her life is like. Before you begin to write, complete the following steps.

1. Imaginez des détails personnels : nom, âge, situation familiale (marié ? célibataire ?), enfants, travail, passe-temps préférés, conditions de vie…

2. Imaginez une journée typique pour cette personne. Écrivez les activités quotidiennes (*daily*) en ordre chronologique, et indiquez à quelle heure la personne fait chaque activité. Ajoutez des adverbes pour donner plus de détails.

Stratégie

To write a convincing description of someone's daily activities, begin by conceptualizing the person very clearly. Decide first on the essential details of his or her life and personality, then you can focus on his or her everyday experience.

en France

au Maroc

au Sénégal

VENEZ CHEZ NOUS ! • LA VIE DE TOUS LES JOURS À TRAVERS LE MONDE FRANCOPHONE

B. En écrivant. Now write your description, using the notes that you have prepared.

MODÈLE ➤ Cette femme habite dans un village au Sénégal. Elle s'appelle Amina et elle n'est pas du tout paresseuse. Elle se lève tôt le matin parce qu'elle a beaucoup de travail. Elle se lève avant son mari et ses cinq enfants pour préparer à manger. Son mari part pour travailler à six heures et demie, et les enfants vont à l'école à sept heures. À dix heures, elle retrouve ses amies du village pour aller chercher de l'eau (*water*) et pour discuter un peu.

C. En révisant. As you revise your description, think about the following questions and make any necessary changes.

1. Analyze the content: Does your description provide a convincing sense of who the person in your photo is and what he or she is like? Have you provided a coherent, well-sequenced description of his or her activities throughout the day?
2. Analyze the style and form: Have you used a variety of adjectives and adverbs to describe the person and his or her activities?

D. Après avoir écrit. Share your description with your classmates. Whose day seems most interesting or agreeable? Why? Whose day is the most like your own?

4-49 Où aller magasiner ?

A. Avant de parler. In Québec, you will find many of the same chain stores as elsewhere in Canada: *Aldo*, *Le Château*, *Esprit* and *Mexx*, as well as major department stores like *The Bay* (**La Baie**). There are many chain stores that are unique to Québec, like *Simons,* for example. One can also shop at small independent boutiques for unique items. The word **boutique** in French does not necessarily imply an exclusive shop; it is used to describe any specialized store, so that one might shop in **une boutique de presse** as well as **la boutique Lanvin**. The French have many shopping options; a few of them are listed below. To what North American stores might these correspond?

un centre commercial	le Forum des Halles à Paris, la Part-Dieu à Lyon
des grands magasins	les Galeries Lafayette, le Printemps, la FNAC
des grandes surfaces	E.Leclerc, Carrefour, Monoprix
des boutiques	Promod, Relay H (Maison de la Presse), Habitat
des marchés	les puces (par exemple) pour les objets recyclés
en ligne	laredoute.fr, alapage.com

Do a little research online to discover what types of things you can purchase in each of these shopping locations and to identify their North American counterparts.

B. En parlant. With a partner:

1. Describe the shopping option you see in each photo and the types of things you could buy there.

   MODÈLE ▶ Voilà un grand magasin, la FNAC. À la FNAC, on peut trouver des livres, des CD, des DVD, des ordinateurs et…

2. Indicate where you prefer to do your shopping, and why.

   MODÈLE ▶ J'aime bien les grandes librairies, mais habituellement, j'achète mes livres en ligne parce que c'est plus pratique et moins cher. Et toi ?

La Baie, un grand magasin canadien

Une boutique de vêtements à Paris

Ogilvy, un magasin chic à Montréa

Un marché aux puces

C. Après avoir parlé. Compare your own answers and those of your partner with the answers of the class as a whole. What conclusions can you draw about your shopping preferences?

4-50 Sommeil : quelle sorte de dormeur êtes-vous ?

A. Avant de lire. Before reading this article about young people in France, answer the following questions.

1. Look at the title. What does it indicate that the article will be about?
2. Look at the subtitle: Have you personally ever fallen into the "crazy rhythm" that is described (**se coucher tard, se lever tôt**) ? If so, describe your experience.
3. Now, look at the photo that accompanies the article. Can you identify with the person depicted? Why or why not?

Stratégie

Before you read a text, think about the topic in terms of your own experience. This can help you understand and respond better to the ideas that are presented.

B. En lisant. As you read, answer the following questions.

1. What does Adèle say about what happens to her in her morning class? According to the article, is she alone in this experience? Justify your answer.
2. How much sleep do 40 percent of young people get each night, according to the article? How does this compare with how much sleep they should be getting?
3. Paul says he gets tired at 11 p.m. Does he go to sleep then? Why or why not?
4. Name two reasons why almost half of all young people in France do not go to bed before 11 p.m.
5. According to the article, what is the consequence of constantly pushing back one's bedtime?
6. Dr. Brun says that these difficulties are not caused by insomnia. To what does he attribute the problem?

C. En regardant de plus près. Now look more closely at the following features of the text.

1. You know that the expression **de taille moyenne** means of medium or average height. What do you think the expression **en moyenne** used in the text means?
2. Paul says that he likes to do other things besides sleeping, such as **jouer sur l'ordi**. For which French word that you know is **l'ordi** an abbreviation?
3. Can you find a synonym in French for the expression **le travail scolaire** ?
4. In the second and third paragraphs, there are several sophisticated expressions in French, such as **les modifications biologiques liées à la puberté ; ce syndrome fréquent chez l'adolescent et le jeune adulte ; est normal en quantité et qualité**. Use your knowledge of the reading topic and of cognates to determine what these expressions mean.

D. Après avoir lu. Discuss the following questions with your classmates.

1. Is it common, in your experience, for young people in North America to doze off on the way to school and/or in class? Why or why not?
2. Is the conclusion reached by Dr. Brun that the sleep rhythms of adolescents and young adults are not well suited to the schedule imposed by society a point of concern in your community? In what ways?
3. Now that you've read the article, do you think that the sleeping habits of French students and North American students are similar or different? Explain your response.

Frère Jacques, dormez-vous ?

« Je rêve[1] de dormir le matin quand je m'endors en cours », dit Adèle, 16 ans. Elle n'est pas la seule : d'après un sondage de TNS-Sofres, 50 % des 15-19 ans admettent qu'ils s'endorment au moins[2] une fois par semaine … dans le train, le bus ou le métro, ou même en classe. Ce n'est pas surprenant parce que 40% des jeunes dorment moins de huit heures par nuit ; c'est en moyenne une heure de moins que la quantité de sommeil[3] nécessaire pour être en forme.

Se coucher tard, se lever tôt… un rythme fou[4]

« Le soir vers onze heures, je suis fatigué, dit Paul, 19 ans. Mais je n'ai pas envie de dormir : je regarde la télé, je joue sur l'ordi… » Comme lui, 47% des 15-19 ans se couchent après 23 heures. Les modifications biologiques liées à la puberté expliquent en partie cette tendance, mais les causes sont aussi à chercher dans le rythme de vie[5] des jeunes. Après le travail scolaire, il reste très peu de temps pour les loisirs. Il est donc très tentant de réduire[6] le temps de sommeil en faveur d'autres activités plus intéressantes.

À force de différer[7] continuellement l'heure du coucher, certains sont incapables de s'endormir à une heure décente, et par conséquant de se lever tôt. « Ce syndrome fréquent chez l'adolescent et le jeune adulte s'appelle 'retard de phase'[8], explique le Docteur Georges Brun, spécialiste du sommeil. Ce n'est pas une insomnie, parce que le sommeil est normal en quantité et en qualité si la personne se couche et se réveille quand elle veut. C'est que la personne n'arrive[9] pas à s'adapter aux horaires imposés par la vie en société. »

[1]*dream about* [2]*at least* [3]*sleep* [4]*crazy* [5]*life* [6]*to reduce* [7]*to postpone* [8]*phase delay* [9]*manage*

VOCABULAIRE

TEXT AUDIO  4.11–4.26

Français canadien

4.11
un chandail / un tricot	sweater
une débarbouillette	washcloth
magasiner	to go shopping
un réveille-matin	alarm clock
des espadrilles, des souliers de course	running shoes
une tuque	ski cap

Leçon 1

4.12

la routine de la journée — *the daily routine*

être debout	to be up
prendre une douche	to take a shower
se baigner	to take a bath, to bathe
se brosser les dents	to brush one's teeth
se coiffer	to fix one's hair
se coucher	to go to bed
se dépêcher	to hurry
se déshabiller	to undress
se doucher	to shower
s'habiller	to get dressed
se laver (les cheveux, la figure, les mains)	to wash (one's hair, one's face, one's hands)
se lever	to get up
se maquiller	to put on makeup
se raser	to shave
se reposer	to relax
se réveiller	to wake up
rentrer	to return home

4.13

les articles de toilette — *toiletries*

une brosse à dents / à cheveux	toothbrush/hairbrush
du dentifrice	toothpaste
un gant de toilette (Fr.)	wash mitt
du maquillage	makeup
un peigne	comb
un rasoir	razor
un savon	bar of soap
une serviette	towel
du shampoing	shampoo

pour exprimer la fréquence — *to express frequency* — 4.14

toujours	always, still
souvent	often
quelquefois	sometimes
rarement	rarely
ne… jamais	never

autres mots utiles — *other useful words* — 4.15

déjà	already
de nouveau	again
être en train de (faire qqch) (de + infinitif)	to be (doing something)
une journée	day
le lavabo	bathroom sink
la nuit	at night
tôt	early
tard	late
assez	rather, enough

Leçon 2

pour parler de l'heure — *to talk about the time* — 4.16

une horloge	clock
une montre	watch
un (radio-) réveil	alarm clock (clock radio)
être à l'heure	to be on time
être en avance	to be early
être en retard	to be late
Vous avez l'heure ?	What time is it?
pendant	during, for
jusqu'à	until
encore (un quart d'heure)	another (quarter of an hour)
entre	between
Il est une heure / huit heures.	It is one o'clock / eight o'clock.

188 cent-quatre-vingt-huit   CHAPITRE 4 • MÉTRO, BOULOT, DODO

et quart	00:15	les vêtements pour hommes	men's clothing 4.20
et demi/e	00:30	une chemise	man's shirt
moins vingt	00:40	un costume	man's suit
moins le quart	00:45	une cravate	tie
du matin	in the morning, a.m.	des mocassins (m.)	loafers
de l'après-midi	in the afternoon, p.m.	les tissus (m.) et les matières (f.)	fabrics and materials 4.21
du soir	in the evening, p.m.	le coton	cotton
midi	noon	le cuir	leather
minuit	midnight	la laine	wool

4.17 quelques expressions utiles — some useful expressions

Mince ! (Fr.)	Shoot!
Super !	Great!
Ouf !	Whew!
Zut (alors) ! (Fr.)	Darn!

la soie — silk

les vêtements de sport et de loisirs — sportswear and casual wear **4.22**

un blouson	heavy jacket
une casquette	baseball cap
des chaussettes (f.)	socks
un gilet	cardigan sweater
un jean	jeans
des lunettes (f.) (de soleil)	(sun)glasses
un maillot (de bain)	swimsuit
un pantalon	slacks
un polo	polo shirt
un pull(over) (Fr.)	pull-over sweater
des sandales (f.)	sandals
un short	shorts
un teeshirt	T-shirt
des tennis (f.) (Fr.)	running shoes
une veste	jacket, suit coat

4.18 quelques verbes utiles — some useful verbs

chanter	to sing
commencer	to begin
courir	to run
dormir	to sleep
partir	to leave
quitter (ma chambre)	to leave (my room)
servir	to serve
sonner	to ring (like an alarm)
sortir	to go out
trouver	to find

Leçon 3

4.19 les vêtements (m.) pour femmes — women's clothing

des chaussures (f.) (à talons)	(high-heeled) shoes
un chemisier	blouse
un collant	pantyhose
un foulard	scarf
une jupe	skirt
une robe	dress
un sac	purse
un tailleur	woman's suit

les vêtements d'extérieur — outerwear **4.23**

un anorak	parka (with hood)
des bottes (f.)	boots
une écharpe	scarf
des gants (m.)	gloves
un imper(méable)	raincoat
un manteau	overcoat
un parapluie	umbrella

VOCABULAIRE cent-quatre-vingt-neuf **189**

4.24 🔊 les couleurs (voir page 169) — *colours*

4.25 🔊 au (grand) magasin — *at the (department) store*
- avoir envie de (+ nom, + infinitif) — *to want (something, to do something)*
- ce modèle — *this style*
- couter — *to cost*
- porter — *to wear*
- le prix — *price*
- les soldes (f.) — *sales*
- Tenez… — *Here …*
- la vitrine — *display window*

pour décrire les vêtements — *to describe clothing* 🔊 4.26
- à la mode — *stylish, fashionable*
- cher / chère — *expensive*
- court/e — *short*
- démodé/e — *old-fashioned, out-of-date*
- fin/e — *thin, elegant*
- large — *big, large, roomy*
- long/ue — *long*
- même — *same*

CHAPITRE 5 | Du marché à la table

DISCOVER
Go to the **Resources** for Chapitre 5 on MyFrenchLab to watch the *On démarre* video on how to order food at a typical French café. Complete the related video activities in the **Assessments** for this chapter under Additional Practice.

APPLY
- Video
- Activities : On démarre ! 05-01 to 05-02

LEÇON 1

Qu'est-ce que vous prenez ?

LEÇON 2

À table !

LEÇON 3

Faisons des courses

Venez chez nous !
Traditions gastronomiques

MyFrenchLab
Visit MyFrenchLab to access the audio clips for each chapter, additional exercises, and much more!

Après avoir complété ce chapitre, vous devriez être en mesure de
- commander à manger et à boire
- faire les courses
- décrire des plats régionaux caractéristiques de la Francophonie

Sur le plan de la grammaire, ce chapitre vous permettra de vous familiariser avec
- les verbes **prendre** et **boire**
- les expressions indéfinies et négatives
- les expressions de quantité
- les articles partitifs et le pronom partitif **en**
- l'imparfait pour faire des suggestions

En matière de phonétique, ce chapitre sera l'occasion d'étudier
- la prononciation de la lettre **e**
- la différence entre le **h** aspiré et le **h** muet

LEÇON 1 — Qu'est-ce que vous prenez ?

Points de départ

TEXT AUDIO  5.1

Au café

JOHN: J'ai faim. On va au McDo ?
HÉLÈNE: Des hamburgers, des frites et du coca, quelle horreur ! Allons au café, c'est plus sympa.

(au café)

LE SERVEUR: Qu'est-ce que je vous sers ?
HÉLÈNE: J'ai très soif. Je voudrais seulement quelque chose à boire. Euh, une limonade, s'il vous plaît.
JOHN: Moi, j'ai faim. Je prends un croquemonsieur et une bière.

(plus tard)

JOHN: Garçon ! L'addition, s'il vous plaît.
LE SERVEUR: J'arrive… Voilà.
HÉLÈNE: C'est combien ?
JOHN: Seize euros. C'est écrit que le service est compris. Est-ce que je laisse un pourboire ?
HÉLÈNE: Oui, si tu veux, mais ce n'est pas nécessaire.

Orthographe :
croquemonsieur (croque-monsieur)

QU'EST-CE QUE JE VOUS SERS?

Voici le verbe **servir** (to serve):

Je sers	Nous servons
Tu sers	Vous servez
Il/Elle/On sert	Ils/Elles servent

Des boissons chaudes

un chocolat chaud
un café crème
un thé au lait

Des boissons rafraîchissantes

une limonade
une orangeade (Can.)
un Orangina (Fr.)
un coke (Can.)
un coca (Fr.)
une cuillère
un jus d'orange
un citron pressé
du sucre
de l'eau minérale
des glaçons

Des boissons alcoolisées

du vin rouge
une bière

Orthographe :
casse-croute (casse-croûte)

Fiche pratique

To learn new vocabulary, such as the food-related vocabulary in this chapter, it is helpful to organize words and expressions into logically related groupings. For example, like the illustrations on this page, you can group together hot drinks, cold drinks, and snacks.

Des casse-croutes

une pizza
un sandwich au jambon
des crudités
des frites
un croquemonsieur
une salade
une crème glacée (Can.)
une glace (Fr.)

LEÇON 1 • QU'EST-CE QUE VOUS PRENEZ ?   cent-quatre-vingt-treize   **193**

> Pour commander poliment (*politely*) au restaurant, utilisez l'expression
>
> *Je voudrais...s'il vous plaît.*

À vous la parole

5-1 Offrez à boire. Vous recevez des invités à la maison, proposez-leur des boissons...

MODÈLE chaudes
> ➤ Qu'est-ce que je vous sers ? Un café, un thé, un chocolat chaud ?

Orthographe :
rafraichissantes (rafraîchissantes)

1. rafraichissantes
2. gazeuses (*carbonated*)
3. alcoolisées
4. qui contiennent du jus de fruit
5. qui contiennent de la caféine

5-2 Qu'est-ce que vous désirez ? Vous êtes à un café. Dites ce que vous désirez d'après la situation donnée.

MODÈLE Vous êtes au Café Dépôt.

> É1 Je voudrais un sandwich au poulet et un café velouté, s'il vous plaît.
>
> É2 Pour moi, un muffin et un chocolat chaud, s'il vous plaît.

1. Il fait très chaud.
2. Vous avez très froid.
3. Vous devez travailler très tard.
4. Il est 14 h et vous avez une faim de loup (*très faim*).
5. C'est le matin.
6. Vous mangez une pizza et vous voulez boire quelque chose.
7. C'est le soir.

5-3 Au café. À tour de rôle, imaginez que vous êtes le serveur ou la serveuse. Vous prenez la commande de vos camarades qui sont les clients.

MODÈLE
> É1 Madame !
>
> É2 Vous désirez ?
>
> É1 Un café crème, s'il vous plaît.
>
> É2 Oui, et pour vous, Mademoiselle ?
>
> É3 Je voudrais un sandwich au jambon.
>
> É2 C'est tout ?
>
> É3 Non, une bière aussi, s'il vous plaît.
>
> É2 Alors, pour Monsieur, un café crème, et pour Mademoiselle, un sandwich au jambon et une bière.

Vie et culture

Service compris

Regardez cette addition du café La Terrasse en France. Quelle est la commande, et combien ça coute ? Combien de taxes est-ce qu'on paie ? Quel est le total ? Est-ce que vous trouvez que c'est cher ? Est-ce que vous savez comment convertir les euros en dollars canadiens ?

Regardez maintenant l'expression « service compris ». Est-ce que vous pouvez deviner le sens de cette expression ? Dans les cafés, comme dans les restaurants en France, le service est toujours compris, c'est-à-dire que quand le serveur ou la serveuse vous apporte l'addition, il y a déjà un supplément inclus. Vous pouvez laisser un pourboire[1] en plus, mais ce n'est pas nécessaire.

```
La Terrasse

1 CAFE CREME             3.40
1 CROISSANT              1.50

                HT     TVA     TTC
TVA 19.6%     4.10    0.80    4.90

TOTAL                    4.90

PRIX NETS SERVICE COMPRIS
Merci de votre visite, A Bientôt
```

Bonne bouffe ou malbouffe ?

Récemment, Radio-Canada Atlantique, une chaine de radio francophone, discutait, dans sa chronique du samedi, d'une nouvelle réalité alimentaire : la « malbouffe ». Ce nouveau mot, de plus en plus répandu, désigne la nourriture transformée industriellement, manipulée, qui ne possède plus aucune valeur nutritive. Contrairement à ce que l'on pourrait penser, la malbouffe ne se trouve pas seulement dans les chaines de restauration rapide[2]; on la trouve partout dans les supermarchés, dans les restaurants et même dans les écoles. Les nutritionnistes parlent d'un fléau[3] alimentaire parce que de plus en plus de Canadiens sont suralimentés[4] et en même temps carencés[5].

Et vous ?

Qu'est-ce que vous prenez quand vous mangez au restaurant ? De la bonne bouffe faite à partir d'ingrédients naturels et nutritifs ou de la malbouffe ? Pourquoi ? Est-ce que vous avez le choix autour du campus ?

Un café bio et équitable, s'il vous plait !

Fairtrade Canada

Regardez ce logo de certification de l'organisme canadien Fairtrade Canada. Qu'est-ce qu'un produit « certifié équitable » ? Plusieurs cafés proposent dorénavant[6] aux consommateurs du café issu des pratiques de commerce équitable en plus du café conventionnel ou biologique. Est-ce que vous pensez que le café équitable coute[7] plus cher ? Si oui, est-ce que vous êtes d'accord pour payer plus ? Est-ce qu'il y a, d'après-vous, d'autres produits équitables disponibles que le café ?

Le premier produit équitable à faire son entrée[8] sur le marché canadien est sans conteste[9] le café ; il est souvent biologique (*organic*), mais pas nécessairement. Fairtrade Canada certifie aujourd'hui de nombreux autres produits : des boissons comme le chocolat chaud, le thé et le vin, des fruits comme les bananes et les mangues et des aliments divers allant des confitures[10] au riz. Quand vous avez le choix, que prenez-vous ? Un produit conventionnel ou un produit équitable ? Pourquoi ?

[1]*tip* [2]*fast-food restaurants* [3]*plague* [4]*overfed* [5]*deficient* [6]*from now on* [7]*costs* [8]*make its appearance* [9]*indisputably* [10]*jam*

TEXT AUDIO  5.2

SONS ET LETTRES

La prononciation de la lettre *e*

You know that the letter **e** at the end of a word is usually not pronounced; it tells you that the consonant it follows is pronounced. Compare:

    un anglais   vs.   un**e** anglais**e**

However, final **e** may be pronounced in one-syllable words such as the pronouns **je** and **le**, the definite article **le**, the preposition **de**, and the negative marker **ne**.

    Within a word, the letter **e** is pronounced in several different ways:

- Like the sound in **petit** [ə]
  - when followed by a single consonant letter:

    un s<u>e</u>mestre   pr<u>e</u>mier   une part<u>e</u>naire   vous pr<u>e</u>nez

  - when followed by a consonant plus **r** or **l**:

    r<u>e</u>gretter   un s<u>e</u>cret   r<u>e</u>fléter

- Like the sound in **mère** [ɛ]
  - in the final syllable of a word, when it is followed by one or more consonants:

    s<u>e</u>rt   un archit<u>e</u>cte   pr<u>e</u>nnent

  - in a non-final syllable, when it is followed by two consonants (but see the exception below for double consonants):

    un s<u>e</u>rveur   m<u>e</u>rcredi   le r<u>e</u>staurant   qu<u>e</u>lque

  - in a non-final syllable, when followed by an **x** (that letter represents the consonant groups **gz** or **ks**):

    un <u>e</u>xemple   <u>e</u>xpliquer   un <u>e</u>xamen

- Like the sound in **thé** [e] when it is followed by a double consonant:

  le d<u>e</u>ssert   pr<u>e</u>ssé   un <u>e</u>ffort

- Sometimes, in one syllable words like **je**, **te**, **le**, **de**, **ce**, etc., and in words like **samedi** and **omelette**, the letter **e** is not pronounced; it is *elided*. For this reason a letter **e** pronounced with the vowel of **petit** is called an *unstable e*.

Compare the following two words. Look especially at the number of consonants before the unstable **e**:

    ven<u>d</u>redi   sa<u>m</u>edi

An unstable **e** is usually dropped within words when it comes after only one pronounced consonant. In **samedi**, it comes after a single consonant, /m/, so it is dropped. But in **vendredi**, it comes after two pronounced consonants, /dr/, so it is retained.

À vous la parole

5-4 Comparez. Comparez la prononciation du **e** dans chaque colonne.

[ə] comme dans **petit**	[ɛ] comme dans **mère**
1. prenez	prennent
2. demain	hier
3. devoir	détester
4. petit	exemple
5. menu	restaurant
6. demande	accepte

5-5 Contrastes. Comparez la chute et le maintien du **e** instable. Répétez :

samedi	vendredi
rarement	quelquefois
achetez	prenez
Madeleine	Marguerite

5-6 Quel son ? Lisez les phrases suivantes en faisant attention à la lettre **e** prononcée comme la voyelle de **thé**, de **mère** ou de **petit**. Faites tomber aussi les **e** instables. Les **e** instables qui ne tombent pas sont prononcés comme la voyelle **e** de **petit**.

1. Vous prenez un dessert ?
2. Je vous sers quelque chose, Mademoiselle ?
3. Dans ce restaurant, le service est excellent.
4. La serveuse recommande une bière d'épinette à Annette.
5. Appelez mercredi ou vendredi, jamais le samedi.
6. Elle explique la leçon à sa partenaire allemande.

Formes et fonctions

1. Les verbes *prendre* et *boire*

The verbs **prendre** and **boire** each follow a specific conjugation pattern.

PRENDRE *to take*		
SINGULIER		**PLURIEL**
je	prends	nous prenons
tu	prends	vous prenez
il / elle / on	prend	ils / elles prennent

IMPÉRATIF : **Prends** un café ! **Prenez** du vin ! **Prenons** une pizza !

BOIRE *to drink*		
SINGULIER		**PLURIEL**
je	bois	nous buvons
tu	bois	vous buvez
il / elle / on	boit	ils / elles boivent

IMPÉRATIF : Ne **bois** pas ça ! **Buvez** de l'eau ! Ne **buvons** pas trop !

- The verb **prendre** is used with food or beverages.

Je **prends** un citron pressé.	—I'm having lemonade.
—Qu'est-ce que tu **prends** ?	—What are you having?
—Un coke.	—A Coke.
On **prend** une tourtière.	We're having a meat pie.

- **Prendre** also means *to take*.

On **prend** le bus ou un taxi ?	Shall we take the bus or a taxi?
Tu **prends** ton sac ?	Are you taking your purse?

- **Apprendre**, *to learn*, **comprendre**, *to understand*, **dépendre**, *to depend*, **entreprendre**, *to begin, to undertake*, and **surprendre**, *to surprise*, are conjugated like **prendre**.

Tu **apprends** l'italien ?	You're learning Italian?
Ils **comprennent** l'arabe.	They understand Arabic.
Pour vivre, tu **dépends** encore de tes parents.	To make a living, you still depend on your parents.
Nous **entreprenons** un nouveau projet.	We are beginning a new project.
Elle **surprend** le serveur.	She surprises the waiter.

- **Boire** means *to drink*.

Qu'est-ce que tu **bois** ?	What are you drinking?
On **boit** du vin rouge.	We're drinking red wine.
Je ne **bois** pas de café.	I don't drink coffee.

À vous la parole

5-7 Quelle consommation ? Qu'est-ce que ces personnes prennent ou boivent ?

MODÈLE   la dame âgée ?
    ➤ Elle prend un café au lait.
OU ➤ Elle boit un café au lait.

5-8 C'est logique. Posez une question logique pour savoir quelles langues ces personnes comprennent ou apprennent. Voici la liste des langues :

l'allemand, l'espagnol, le français, l'italien, le portugais, le russe

MODÈLES   Bruno habite au Portugal.
➤ Alors, il comprend le portugais ?

Je vais en Russie.
➤ Alors, tu apprends le russe ?

1. Isabella habite en Italie.
2. J'habite en Russie.
3. Franz habite en Allemagne.
4. Nous habitons en France.
5. Mes cousins habitent en Espagne.
6. Guillaume et Pierre vont à Moscou.
7. Nous allons au Mexique.
8. Mélanie va en Allemagne.
9. Je vais au Brésil.
10. Nous allons au Québec.

5-9 Vos habitudes. Dites ce que vous prenez dans ces situations. Comparez votre réponse avec la réponse de votre partenaire.

MODÈLE   le matin, avant d'aller en classe ?

    É1   Moi, je prends un café noir.
    É2   Et moi, un jus d'orange.

1. pendant la journée ?
2. quand vous n'avez pas le temps de manger ?
3. le soir, quand vous ne pouvez pas dormir ?
4. quand vous regardez la télé ?
5. quand vous êtes au cinéma ?
6. quand vous sortez avec des amis ?
7. quand vous avez très soif ?

2. L'article partitif

- Regardez les exemples :

J'aime le café, mais pas le thé.	*I like coffee, but not tea.*
J'adore les beignes, mais je déteste les bananes.	*I love doughnuts, but I hate bananas.*

Nouns are of two types in French and in English. **Count nouns** refer to things that can be counted, for example, doughnuts and bananas. **Mass nouns** are things that normally are not counted, like coffee, tea, sugar, and water. Note that, as in the examples above, count nouns can be made plural; mass nouns are normally used only in the singular. In all these examples, the definite article (**le**, **la**, **les**) is used because the speaker is using the noun in a general sense, to express preferences.

- When you refer to a noun not previously specified, use the **indefinite article** if it is a **count noun**.

Il mange **un** sandwich.	*He's eating a sandwich.*
Je prends **une** pizza.	*I'm having a pizza.*
Elle achète **des** oranges.	*She's buying some oranges.*

Use the **partitive article** if it is a **mass noun**.

Tu veux **du** thé ?	*Do you want some tea?*
Tu prends **de la** crème glacée ?	*Do you want some ice cream?*
Je sers **de l'**eau minérale.	*I'm serving mineral water.*

- In the examples below, note the differences in meaning between the definite article, on the one hand, and the indefinite and partitive articles on the other. Here the definite article denotes a specific or presupposed item. The indefinite or partitive article denotes an unspecified item.

Definite article	**Indefinite or partitive article**
Il prend **l'**orange.	Il prend **une** orange.
He takes the orange. (the specific orange)	*He takes an orange.* (any orange)
Vous voulez **les** sandwichs ?	Vous voulez **des** sandwichs ?
Do you want the sandwiches? (these particular sandwiches)	*Do you want sandwiches?* (any sandwiches)
Elle mange **le** pain.	Elle mange **du** pain.
She's eating the bread. (this specific bread or all of the bread)	*She's eating (some) bread.*

- In negative sentences, both the indefinite and the partitive articles are replaced by **de / d'**:

—Il prend **une** orangeade ? —Non, non, il ne prend pas **d'**orangeade.
—Je peux avoir **des** glaçons ? —On n'a pas **de** glaçons, Mademoiselle.
—Vous servez **du** vin ? —Non, nous ne servons pas **de** vin, Monsieur.

Fiche pratique

Remember that in the negative **un**, **une** and **des** change to **de/d'** (Example: J'ai **un** livre. Je n'ai pas de livre.) Note, however, that **le**, **la** and **les** do not change in the negative (Example: J'aime **la** pizza. Je n'aime pas **la** pizza.)

À vous la parole

5-10 Qu'est-ce que Noémie prend ? Regardez bien la liste des aliments suivants. Notez la forme de l'article dans chaque cas pour déterminer si Noémie prend les aliments suivants ou pas.

	Elle prend...	Elle ne prend pas...	
MODÈLE	_____	✓	... de glace.
1.	_____	_____	... du thé nature.
2.	_____	_____	... de café crème.
3.	_____	_____	... de la salade.
4.	_____	_____	... de l'eau minérale.
5.	_____	_____	... de frites.
6.	_____	_____	... de sucre.
7.	_____	_____	... des fruits.

5-11 Ce n'est pas logique ! Corrigez ces phrases illogiques.

MODÈLE Avec le café, je prends du vin blanc.
➤ Avec le café, je prends du lait.

1. Comme dessert, je prends une pizza.
2. Avec une pizza, je bois du café.
3. Quand j'ai très soif, je prends du vin.
4. Généralement, je bois ma bière avec des glaçons.
5. Quand il fait très chaud, on prend un chocolat chaud.
6. Dans un thé au citron, on met des frites.
7. Quand on veut manger quelque chose, on prend de la limonade.
8. Quand on veut boire quelque chose, on prend une pizza.

5-12 Au café. D'après les descriptions suivantes, imaginez ce que chaque personne prend au café.

MODÈLE Vincent n'a jamais assez de temps pour manger le matin.
➤ Il prend seulement un café noir.

1. Mme Sauvert fait très attention de manger correctement.
2. Sophie voudrait un dessert.
3. Claire n'a pas très faim.
4. Rémi a très soif.
5. Antoine est végétarien.
6. Le petit Nicolas a très faim.
7. M. Berger mange souvent dans les chaines de restauration rapide (*fast-food restaurants*).

5-13 Vos habitudes et préférences. Complétez chaque phrase et comparez votre réponse avec la réponse de votre partenaire.

MODÈLE Le matin, je prends toujours…

É1 Le matin, je prends toujours du café.
É2 Je déteste le café. Moi, je prends toujours du thé.

1. Le matin, je prends toujours…
2. Quand je vais au resto, je prends toujours…
3. Le samedi, je prends…
4. Quand j'ai très soif, j'aime…
5. Quand j'étudie très tard le soir, je prends souvent…
6. Ma boisson préférée, c'est…

5-14 La leçon de choses

A. Avant de lire. The title of the poem that you are going to read is *La leçon de choses*. The poem was written by Raymond Queneau (1903–1976), who was a French novelist and poet. In French, the expression **leçon de choses** refers to a lesson that teaches children about an abstract idea by using a concrete object. Why would this be more successful than just teaching the abstract idea in the first place? Can you think of any comparable strategies used to teach children abstract concepts in your language or your culture?

Raymond Queneau

LA LEÇON DE CHOSES

Venez, poussins[1],
Asseyez-vous
Je vais vous instruire sur l'œuf
Dont[2] tous vous venez, poussins.
5 L'œuf est rond
Mais pas tout à fait[3]
Il serait plutôt ovoïde
Avec une carapace[4]
Et vous en venez tous, poussins
10 Il est blanc
Pour votre race
Crème ou même orangé
Avec parfois collé[5]
Un brin[6] de paille[7]
15 Mais ça,
C'est un supplément
A l'intérieur, il y a…
Mais pour y voir
Faut[8] le casser
20 Et alors d'où - vous
     poussins - sortirez ?

Raymond Queneau.
La leçon de choses.
Le Chien à la Mandoline
© 1958 Éditions Gallimard

[1] *chicks*
[2] *from which*
[3] *completely*
[4] *shell*
[5] *stuck (to it)*
[6] *strand* [7] *straw*
[8] *faut: from the expression "Il faut" = it is necessary to*

B. En lisant.

1. À qui s'addresse le poème? Quel mot désigne ce(s) personne(s) ?
2. Quel verbe indique que c'est un « professeur » qui parle ?
3. Quels mots et phrases est-ce que Queneau utilise pour décrire (*describe*) l'œuf ?

C. En regardant de plus près.
Qu'est-ce qu'on doit faire pour voir à l'intérieur de l'œuf ?

D. Après avoir lu.

1. Les élèves étudient traditionnellement ce poème à l'école. Le poème est chéri (*beloved*) par les enfants. Pourquoi, d'après vous ?
2. Ce poème pose la grande question : « Qu'est-ce qui est apparu en premier, l'œuf ou la poule ? » (*What came first, the chicken or the egg?*). Pourquoi est-ce problématique pour le professeur dans le poème de trouver la réponse ?
3. D'après vous, qu'est-ce qui est apparu en premier, l'œuf ou la poule ? Pourquoi ?

LEÇON 2 — À table !

Points de départ

Les repas

Les Sangala habitent à Trois-Rivières ; ils prennent le déjeuner vers huit heures.

Les Canadiens prennent souvent un déjeuner copieux.

Les Dupuis habitent une ferme dans les Cantons-de-l'Est ; ils dînent chez eux à midi et demi.

Marie-Christelle, Janique et Guillaume habitent en Belgique ; ils prennent une collation vers seize heures.

M. et Mme Haddad habitent en Algérie ; ils soupent vers vingt heures.

POUR PARLER DES REPAS AU CANADA ET EN FRANCE :

Horaire	Canada	France
Le matin	le déjeuner	le petit-déjeuner
Le midi	le diner	le déjeuner
L'après-midi	la collation	le gouter, le quatre heures
Le soir	le souper	le diner

Note culturelle : En Europe, on prend le diner d'habitude vers 8 h ou 9 h du soir. En Amérique du Nord, on prend le souper beaucoup plus tôt, souvent vers 5 h 30 ou 6 h !

Vie et culture

La poutine : une spécialité canadienne-française en voie de faire le tour du monde

La poutine est une création culinaire qui trouve ses racines au Québec. Préparée avec des frites, de la sauce brune[1] et du fromage en grains[2], cette spécialité locale se vend dorénavant dans les trois Amériques, et même en Europe.

À Montréal, le casse-croute[3] La Banquise offre seize sortes de poutines différentes. On y trouve, par exemple, la Mexicaine, servie avec des piments forts[4], des tomates et des olives noires, la Galvaude, servie avec du poulet et des petits pois et la Méditérranéene, servie avec des saucisses de merguez et des tomates.

Une poutine

Et vous ?

Est-ce que vous avez déjà gouté[5] à une poutine ? Traditionnelle ou modifiée ? C'était bon ?

[1]*gravy* [2]*cheese curds* [3]*snack bar* [4]*hot peppers* [5]*have you ever tasted*

Parallèles

Un repas en famille.
Mathilde et Diandra nous invitent à un repas chez elles.

Mathilde à table.

Diandra à table

À vous la parole

5-15 Quel repas ? Selon la description, identifiez le repas.

MODÈLE   M. Maisonneuve prend des œufs sur le plat avec du jambon et des rôties.
➤   Il déjeune.

1. Mme Lopez donne des pains au chocolat et du lait à ses enfants.
2. Mme Leroux prend seulement du café et un muffin.
3. Nicolas mange un yogourt et une pomme.
4. M. et Mme Poirier prennent des œufs avec des rôties.
5. Il est une heure : les Schumann mangent du poisson avec du riz.
6. Nous sommes à Montréal, le soir. Mme Ladouceur sert du rôti de bœuf.
7. Avant de retourner au bureau, Noémie et Hélène prennent un panini et une salade au Café Vienne.
8. Il est huit heures du soir et les Deleuze mangent du rosbif avec des pommes de terre.

5-16 Quels ingrédients ? Avec quoi est-ce qu'on fait les plats suivants ? Avec un/e partenaire, mettez-vous d'accord sur les ingrédients.

MODÈLE   une omelette ?

É1   Avec quoi est-ce qu'on fait une omelette ?
É2   On fait une omelette avec des œufs, du lait et du beurre.
É1   Et aussi avec du jambon et du fromage.

1. un citron pressé ?
2. une omelette au fromage ?
3. un sandwich ?
4. une salade de fruits ?
5. une tartine ?
6. une tarte au sucre ?
7. un café au lait ?
8. une tourtière ?

5-17 Vos préférences. Qu'est-ce que vous prenez d'habitude dans les situations suivantes ? Comparez vos habitudes avec celles d'un/e camarade de classe.

MODÈLE   comme boisson, au déjeuner ?

É1   D'habitude, je prends du café avec du sucre.
É2   Moi, je ne prends pas de boisson au déjeuner.

1. comme boisson, au déjeuner ?
2. à manger, au déjeuner ?
3. à manger, au diner ?
4. comme collation, l'après-midi ?
5. quand vous voulez prendre une boisson, l'après-midi ?
6. comme boisson, au souper ?
7. quand vous n'avez pas soupé, tard le soir ?
8. quand vous êtes très stressé/e ?
9. comme boisson, quand vous avez des invités ?

Formes et fonctions

1. Les expressions indéfinies et négatives

- Look at the following exchanges:

    —Tu manges **quelque chose** ?   —*Are you eating something?*
    —Non, je **ne** mange **rien**.   —*No, I'm not eating anything.*
    —Il y a **quelqu'un** à la porte ?   —*Is there someone at the door?*
    —Non, il **n'**y a **personne**.   —*No, there's no one there.*
    —Tu vas **quelquefois** au café ?   —*Do you go to the café sometimes?*
    —Non, je **ne** vais **jamais** au café.   —*No, I never go to the café.*

As you can see in the examples above, the negative expressions are composed of two parts: **ne…** plus another element (**rien, personne, jamais**), which appears in the same position as the negation **pas** and carries the specific negative meaning.

- These negative expressions may also be used alone:

    —Qu'est-ce que tu prends ?   —**Rien**.
    —Qui vient ce soir ?   —**Personne**.
    —Tu bois du champagne ?   —**Jamais**.

- **Rien** and **personne** may be used as the subject of a sentence; **ne** still precedes the verb:

    Rien ne se passe.   *Nothing's going on.*
    Personne n'est chez nous.   *No one's at our place.*

The following chart summarizes indefinite and negative expressions referring to time, things, and persons:

indéfini	négatif
quelquefois	ne… jamais
quelque chose	ne… rien
quelqu'un	ne… personne

- Note the placement of negative and indefinite expressions in the **futur proche**:

    —Il **ne** va **rien** boire ?   —Si, il va boire **quelque chose**.
    —Il **ne** va **jamais** nous accompagner ?   —Si, il va nous accompagner **quelquefois**.
    —Il **ne** va inviter **personne** ?   —Si, il va inviter **quelqu'un**.

À vous la parole

5-18 Rien ne va plus. Répondez avec une expression négative.

MODÈLE   Qu'est-ce que tu regardes ?
     ➤ Rien. Je ne regarde rien.

1. Qu'est-ce que tu écoutes ?
2. Qui nous invite à souper ?
3. Quand est-ce qu'ils vont arriver ?
4. Qu'est-ce qu'il y a dans ton verre ?
5. Qui est-ce que tu écoutes ?
6. Qu'est-ce que tu prends ?
7. Quand est-ce que tu vas aller au restaurant ?
8. Qui est-ce que tu invites ?

5-19 Une petite contradiction. Répondez en affirmant le contraire !

MODÈLES Est-ce qu'il y a quelqu'un au café ?
➤ Non, il n'y a personne.

Vous ne travaillez jamais ?
➤ Si, je travaille quelquefois.

1. Il y a quelque chose sur la table ?
2. Est-ce qu'elle invite quelqu'un ?
3. Vous achetez quelque chose ?
4. Vous ne mangez rien ?
5. Personne ne répond ?
6. Il ne mange jamais au restaurant ?
7. Vous préparez quelquefois le souper ?
8. Il y a quelqu'un à la porte ?

5-20 Des situations. Pour chaque situation, discutez avec un/e partenaire de ce que vous faites. Utilisez **ne... jamais**, **ne... personne**, **ne... rien** et leurs contraires **quelquefois**, **quelqu'un** et **quelque chose**.

MODÈLE quand vous allez au café

É1 Qu'est-ce que tu prends quand tu vas au café ?
É2 Je ne prends jamais de café parce que je n'aime pas ça. Je prends quelquefois un thé ou un chocolat chaud. Et toi ?
É1 Moi, je ne prends rien au café parce que c'est trop cher.

1. quand vous allez au café
2. quand vous allez au resto du coin
3. quand vous sortez avec des amis la fin de semaine
4. quand vous partez en vacances en famille
5. quand vous avez beaucoup de travail à l'université
6. quand vous préparez un repas pour des amis
7. quand vous êtes à votre cours de français
8. quand vous n'avez pas beaucoup d'argent

2. L'imparfait et les suggestions avec *si*

Faire des suggestions avec l'imparfait

- The imperfect (**l'imparfait**) is a tense that is used in a variety of ways. In this chapter, we will learn how it is used with **si** to make suggestions and to soften commands. Note the various ways this structure can be expressed in English.

Si on **allait** au restaurant ?	*Should we go to a restaurant ?*
Si tu **mangeais** avec nous ?	*Why don't you eat with us?*
Si nous **allions** faire les courses ?	*How about going shopping?*

- To form the **imparfait**, drop the **-ons** ending of the **nous** form of the present tense and add the **imparfait** endings. The only exception to this rule is the verb **être**, which has an irregular stem, **ét-**, as follows.

L'IMPARFAIT				
INFINITIVE	jouer	partir	prendre	être
NOUS FORM	jouons	partons	prenons	
IMPARFAIT STEM	**jou-**	**part-**	**pren-**	**ét-**
je/j'	jou**ais**	part**ais**	pren**ais**	ét**ais**
tu	jou**ais**	part**ais**	pren**ais**	ét**ais**
il elle on	jou**ait**	part**ait**	pren**ait**	ét**ait**
nous	jou**ions**	part**ions**	pren**ions**	ét**ions**
vous	jou**iez**	part**iez**	pren**iez**	ét**iez**
ils elles	jou**aient**	part**aient**	pren**aient**	ét**aient**

À vous la parole

5-21 Une fin de semaine amusante. Transformez ces ordres en suggestions.

MODÈLE   Jouons au golf !
➤ Si on jouait au golf ?

1. Va au restaurant !
2. Travaille dans la bibliothèque !
3. Achète les boissons !
4. Organisons un pique-nique !
5. Cherchons des tomates !
6. Fais des sandwichs !
7. Allons au magasin !
8. Buvez du champagne !

5-22 Fêtons la fin du semestre! En groupe de trois personnes, organisez une petite fête. Mettez-vous d'accord sur l'endroit et les distractions. Utilisez les verbes indiqués.

MODÈLES   aller   É1 Si on allait chez Paul ?
          apporter   É2 Si tu apportais des jeux vidéo ?
          faire   É3 Si on faisait des pizzas ?

1. aller
2. apporter
3. acheter
4. jouer
5. faire

5-23 Projets (*plans*) pour la fin de semaine. Avec un/e partenaire, faites des projets pour une fin de semaine reposante. Décidez de la destination et des activités.

MODÈLE   É1 Si on allait au restaurant ?
         É2 Oui, et si on allait au cinéma après ?
         É1 Bonne idée ! Si on faisait une promenade au centre-ville après ça ?

5-24 Allons au restaurant

A. Avant de parler. Discutez avec un partenaire : Est-ce que vous allez souvent au restaurant? Où allez-vous d'habitude? Qu'est-ce que vous préférez boire et manger? Pourquoi est-ce que vous aimez ce restaurant?

Le Petit Villiers

75 AVENUE DE VILLIERS, 75017 PARIS – Tél. 01 48 88 96 59

Notre Chef, Laurent BEAUVALLET vous propose :

Notre Menu

16,00 €

Une entrée + un plat + un dessert

Les Entrées

Médaillons de foie gras de canard
Soupe de poisson
Assiette de crudités
Tomates mozzarella à l'huile d'olive et basilic
Œuf mayonnaise
Suggestion du jour

Les Plats

Viandes

Magret de canard au poivre vert, pommes sautées
Entrecôte grillée nature ou béarnaise
Suggestion du jour

Poissons

Dos de saumon nature ou béarnaise ou à l'huile d'olive parfumée d'origan
Truite meunière aux amandes, pommes vapeur
Filet de haddock au beurre fondu

Les Desserts

Salade de fruits de saison
Crème brûlée à la cassonade
Mousse au chocolat noir
Crêpe à la marmelade de fruits et son coulis de framboises
Glaces ou sorbets (vanille, chocolat, café, cassis, poire)
Suggestion du jour

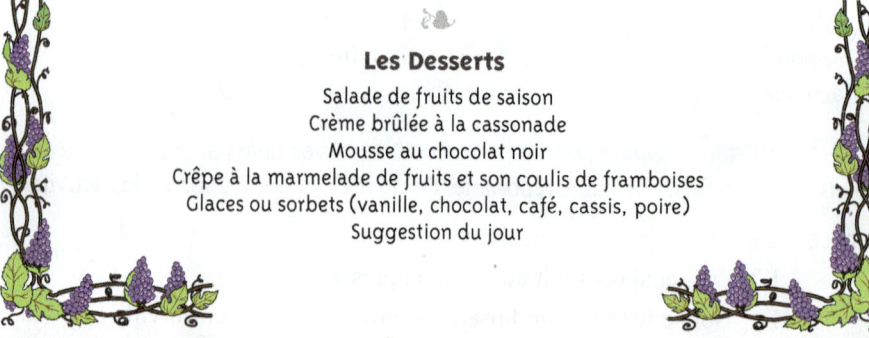

B. En parlant.

1. Avez votre partenaire, cherchez sur Internet pour trouver un menu (en français!) d'un restaurant dans une ville francophone (au Canada ou dans un autre pays francophone).

2. Imaginez que vous allez à ce restaurant et que votre partenaire est le serveur ou la serveuse. Posez des questions au serveur ou à la serveuse pour déterminer ce que vous allez commander, et puis commandez votre repas et votre boisson.

C. Après avoir parlé.
Discutez avec votre classe quels sont les restaurants les plus populaires dans votre ville. Pourquoi est-ce que ces restaurants sont populaires? Quels sont les plats les plus renommés (*famous*) dans ces restaurants?

Un bon restaurant niçois. Est-ce que vous voulez manger ici ? Pourquoi ?

LEÇON 3 — Faisons des courses

Points de départ

TEXT AUDIO 5.6

Allons au supermarché

C'est samedi. Les Mathieu font les courses au supermarché. Ils se trouvent au rayon des fruits et légumes.

M. MATHIEU: Qu'est-ce qui va bien avec le rôti de porc ? Des haricots ? J'aime ça, moi.
MME MATHIEU: Il n'y a pas de haricots aujourd'hui.
M. MATHIEU: Alors, des épinards ?
MME MATHIEU: Les enfants les détestent. Les petits pois, c'est mieux.
M. MATHIEU: Mais ils sont trop chers. 6,85 $ le kilo !
MME MATHIEU: C'est vrai, mais ils ont l'air délicieux et très frais.
M. MATHIEU: Et pour le dessert, des fruits ?
MME MATHIEU: Non, les fraises sont trop mures, les pêches trop vertes et le reste trop cher.

Orthographe :
mûr/mure (mûr/mûre)
cacahouète (cacahuète)
bifteque (bifteck)

POUR NOMMER LES ALIMENTS

	au Canada	en France
Les produits laitiers	une crème glacée	une glace
	un yogourt	un yaourt
Les légumes	du blé d'inde ou du maïs	du maïs
	une patate ou une pomme de terre	une pomme de terre
	un piment (doux) vert, rouge, etc.	un poivron vert, rouge, etc.
	un piment fort	un piment
	un zucchini ou une courgette	une courgette
Les fruits	un bleuet	une myrtille
	un melon d'eau	une pastèque
Les protéines	une arachide	une cacahouète
	du bœuf haché	du bifteque haché

Fiche pratique

Les haricots refers to green or yellow long beans. *Les fèves* refers to most other beans (kidney beans, navy beans). You may see *fèves au lard* (pork and beans) on a menu or in a grocery store. In Canadian French you might hear the familiar *des "binnes"* (f.), which refers to baked beans.

À vous la parole

5-25 Dans quel rayon ? Nous sommes au supermarché ; où est-ce que vous entendez cela (dans quel rayon) ? Choisissez vos réponses dans cette liste.

au rayon des produits laitiers	au rayon de la boulangerie-pâtisserie
au rayon de la charcuterie	au rayon des fruits et légumes
au rayon des viandes et poissons	au rayon des produits surgelés

MODÈLE   Je voudrais une demi-douzaine de petits pains, s'il vous plait.
➤ C'est au rayon de la boulangerie-pâtisserie.

1. Je mets les croissants dans un sac ?
2. Qu'est-ce que tu préfères, le pâté de campagne ou le jambon ?
3. Vous avez des sardines ?
4. Comme dessert, on prend de la crème glacée ou du sorbet ?
5. Je vous recommande le cheddar, Madame.
6. Il y a des côtelettes d'agneau et du poulet.
7. La pâtissière fait des gâteaux magnifiques !
8. Les melons sont beaux, mais ils sont chers.

5-26 Des achats. Qu'est-ce que ces gens achètent ? Avec un/e partenaire, suggérez un ou deux produits.

MODÈLE   Pauline s'arrête au rayon des fruits et légumes.

    É1 Elle achète un melon.
    É2 Et aussi des carottes.

1. Nicolas trouve un beau dessert.
2. M. Dumas va faire une salade.
3. Mme Ducastel s'arrête pour acheter des fruits.
4. M. et Mme Camus choisissent entre le saumon et la truite.
5. Matthieu achète seulement des produits surgelés.
6. Gaëlle va au rayon des produits laitiers.
7. Christophe passe au rayon des viandes et poissons.

5-27 Vos gouts. Quelle est votre réaction quand votre partenaire vous propose les aliments suivants ? Choisissez une des expressions suivantes pour répondre :

C'est super bon !	C'est délicieux !	J'aime vraiment ça.
Miam !	Oui, pourquoi pas ?	Je déteste ça.
Non merci !	Quelle horreur !	Beurk !

MODÈLE   les bananes trop mûres

    É1   Tu aimes les bananes trop mûres ?

    É2   Non, je déteste ça !

1. la pizza aux ananas
2. les épinards
3. les fraises trop mûres
4. les spaghettis à la sauce tomate
5. la poutine
6. la soupe de carottes
7. de fines tranches de concombre sur du pain
8. le saumon fumé *(smoked)*
9. le jambon cru *(cured ham)* avec du melon, comme en Italie

Vie et culture

Petits commerçants, grandes surfaces ou marché ?

Pour faire les courses, les francophones aiment bien avoir le choix. Selon leur emploi du temps, ils vont chez les petits commerçants ou dans les grandes surfaces. Quand le temps le permet, le plus agréable est d'acheter le pain chez le boulanger, le brie et le roquefort chez le fromager, les côtelettes d'agneau chez le boucher et le saumon chez le poissonnier.

    Pour les gros achats, le plus pratique est d'aller une ou deux fois par semaine dans les supermarchés ou les grandes surfaces où on peut tout acheter en même temps[1].

    Pour acheter des fruits et des légumes frais, les francophones aiment aller au marché en plein air parce que les produits sont plus frais, mais aussi parce que les marchés sont plus animés. On y trouve une grande variété de couleurs, d'odeurs et de bruits[2]. Il y a des marchés dans tous les pays[3] de la francophonie. Aux Antilles et en Afrique, ils sont encore plus vivants et intéressants. La foule[4] est plus dense et les couleurs plus variées, les odeurs plus fortes, le langage plus expressif. Aller au marché est vraiment une bonne manière de connaitre la culture des pays francophones.

Orthographe :
connaitre (connaître)

Voici l'épicier devant son magasin.

[1]*at the same time* [2]*noises* [3]*countries* [4]*crowd*

Les 3N-J pour une consommation responsable

Avez-vous entendu parler du concept des 3N-J ? La lettre N fait référence à trois éléments à considérer lorsqu'on fait ses courses. Est-ce que vous les connaissez ?

1. N pour « nu[1] » : Prenez des aliments sans emballage[2] afin de réduire les déchets à la source.
2. N pour « naturel » : Choisissez des aliments naturels, sans pesticides, sans engrais chimique.
3. N pour « non-loin » : Achetez des aliments locaux ayant voyagé le moins possible.

Et la lettre J, à quoi est-ce qu'elle fait référence, selon vous ?

J pour « juste » : Prenez des aliments équitables, produits dans des conditions respectueuses des travailleurs.

Et vous ?

Respecter le concept des 3N-J, est-ce que c'est important pour vous ? Est-ce que c'est plus facile chez les petits commerçants, dans les grandes surfaces ou dans les marchés extérieurs ?

[1]*bare* [2]*packaging*

Le fromager vend une grande variété de fromages.

Un marché en Guyane

SONS ET LETTRES

TEXT AUDIO 5.7

Le *h* aspiré et le *h* muet

• In French the letter **h** does not represent any sound. Most words beginning with **h** behave as if they began with a vowel, in other words **elision** and **liaison** are normally made. These words are said to contain **un h muet**.

l'hiver   l'histoire
les‿hommes   les‿habitudes
/z/   /z/
pas d'huile   s'habiller

- Other words beginning with **h** behave as if they began with a consonant: there is neither **elision** nor **liaison**. These words contain **un h aspiré**. In the glossary at the end of this textbook and in the vocabulary lists in each chapter, these words are preceded by an asterisk (*).

un *hamburger	la *Hollande
les *haricots verts	les *hors-d'œuvre

- Some words that begin with a vowel letter also behave as if they contain **un h aspiré**.

le nombre *un	le *onze novembre

À vous la parole

TEXT AUDIO 5.8

5-28 Contrastes. Comparez les deux mots ou expressions.

1. les *haricots verts — les hommes
2. la *Hollande — l'huile
3. un *hamburger — un hôpital
4. les *homards (*lobsters*) — les huitres (*oysters*)

Orthographe :
huitres (huîtres)

5-29 Phrases. Répétez chaque phrase.

1. J'aime les *haricots verts avec de l'huile d'olive et du citron.
2. Comme fruits de mer, je préfère les huitres, mais mon mari adore le *homard.
3. On va réserver une table le *onze avril à huit heures.
4. Dans cet hôtel, ils servent des asperges à la sauce *hollandaise.

TEXT AUDIO 5.9

Formes et fonctions

1. Les expressions de quantité

- You have learned that adverbs of quantity are followed by **de / d'** when used with nouns.

trop de	Il y a **trop de** sucre.	*There's too much sugar.*
beaucoup de	Elle a **beaucoup de** riz.	*She has lots of rice.*
assez de	Vous avez **assez d'**huile ?	*Do you have enough oil?*
peu de	J'ai très **peu de** café.	*I have very little coffee.*
ne… pas de	Tu n'as **pas de** sel ?	*Don't you have any salt?*

Orthographe :
boite (boîte)

- Nouns of measure are used in the same way.

une tasse de	Prends **une tasse de** café.	*Have a cup of coffee.*
une boite de	Donne-moi **une boite de** sardines.	*Give me a can of sardines.*
	On prend **une boite de** céréales ?	*Are we getting a box of cereal?*
un kilo de	Achète **un kilo de** pommes.	*Buy a kilo of apples.*
un litre de	Il faut **un litre de** lait.	*We need a litre of milk.*

- Here are some useful expressions for specifying quantity.

À vous la parole

5-30 À table. Quelle quantité d'aliments est-ce que vous prenez ?

MODÈLE   Vous prenez de l'eau ?
➤ Oui, donnez-moi un verre d'eau.

1. Vous prenez du jambon ?
2. Vous prenez du café au lait ?
3. Vous prenez du pain ?
4. Vous prenez des crudités ?
5. Vous prenez du vin ?
6. Vous prenez de la viande ?
7. Vous prenez du fromage ?
8. Vous prenez du thé ?

👥 **5-31 Un pot-au-feu.** Qu'est-ce qu'il faut pour faire un pot-au-feu ? Regardez l'image « du pot-au-feu géant » préparé pour un festival d'été en Bretagne. Avec un/e partenaire, décidez quelle quantité il faut pour préparer un pot-au-feu pour votre famille.

MODÈLE   É1 Pour un pot-au-feu géant, il faut : 260 kg de viande !
            É2 Et puis 250 kg de carottes !
            É1 Et pour ta famille ?
            É2 Pour ma famille, il faut seulement un kilo de viande…

👥 **5-32 Préparatifs pour un repas.** Qu'est-ce qu'on doit acheter et en quelle quantité ? Décidez avec votre partenaire.

MODÈLE   Marion va faire une omelette au jambon pour quatre personnes.

            É1 Elle doit acheter une douzaine d'œufs.
            É2 Et aussi quatre tranches de jambon.
            É1 Oui, c'est ça.

1. Charles va inviter deux amis pour prendre le dessert.
2. Mme Salazar va faire un rôti de porc et des petits pois pour elle, son mari et leurs trois enfants.
3. Nous sommes en été. M. Bertrand veut préparer une salade de fruits.
4. Vanessa va servir du saumon à sept personnes. Quels légumes est-ce que vous suggérez ? En quelle quantité ?
5. Audrey invite ses parents, son fiancé et les parents de son fiancé à souper dimanche. Qu'est-ce qu'elle peut servir comme entrée ?
6. M. Charpentier a des amis chez lui ; avec sa femme, ses deux enfants et lui, ça fait sept personnes. Il va chez le boulanger. Qu'est-ce qu'il doit acheter ?
7. M. Papin invite son chef de bureau et sa femme à souper. Qu'est-ce que les Papin peuvent préparer comme plat principal ? Et comme dessert ?

2. Le pronom partitif *en*

• The pronoun **en** replaces nouns used with the partitive article or the plural indefinite article **des**:

—Tu as **du beurre** ?	—*Do you have butter?*
—Oui, j'**en** ai.	—*Yes, I have some.*
—Vous achetez **de l'huile** ?	—*Are you buying oil?*
—Oui, j'**en** achète.	—*Yes, I'm buying some.*
—Il n'y a pas **de sucre** ?	—*Isn't there any sugar?*
—Si, il y **en** a.	—*Yes, there is some.*
—Qui veut **des fraises à la crème** ?	—*Who wants strawberries with cream?*
—Jérémy **en** veut. Il aime bien ça.	—*Jeremy wants some. He likes that.*

- The pronoun **en** can also be used to replace nouns modified by an expression of quantity (including numbers). In this case, the expression of quantity is repeated (or inserted) at the end of the sentence.

—Elle sert *beaucoup* **de crème glacée** ?   —*Does she serve a lot of ice cream?*

—Oui, elle **en** sert *beaucoup*.   —*Yes, she serves a lot (of it).*

—Tu prends **du vin rouge** ?   —*Are you having some red wine?*

—Oui, j'**en** prends *un verre*.   —*Yes, I'm having a glass (of it).*

—Combien de **melons** est-ce que vous allez prendre ?   —*How many melons are you going to take?*

—Nous allons **en** prendre *trois*.   —*We'll take three (of them).*

- Like the direct object pronouns, **en** is placed immediately before the conjugated verb of a sentence, unless there is an infinitive as in the **futur proche**. In that case, it precedes the infinitive.

—Qui prend **du jus d'orange** ?   —*Who's having some orange juice?*

—Mon frère **en** prend.   —*My brother is having some.*

—Moi, je n'**en** prends pas.   —*I'm not having any.*

—Tu vas acheter **des œufs** ?   —*Are you going to buy some eggs?*

—Non, je ne vais pas **en** acheter.   —*No, I'm not going to buy any.*

—Cyril, lui, il va **en** acheter.   —*Cyril is going to buy some.*

À vous la parole

5-33 Qu'est-ce qu'il achète ? David achète des provisions. D'après les indications, qu'est-ce qu'il achète ? Avec un/e partenaire, trouvez des possibilités.

MODÈLE   Il en achète une douzaine.

    É1   Il achète une douzaine d'œufs.

    É2   Il achète une douzaine de citrons.

1. Il en prend un pot.
2. Il en achète un morceau.
3. Il en prend une douzaine.
4. Il en achète une bouteille.
5. Il en prend deux paquets.
6. Il en demande deux.
7. Il en prend beaucoup.
8. Il en achète un kilo.
9. Il en demande dix tranches.
10. Il en achète une boite.

5-34 Elle en prend combien ? Voici à gauche la liste des provisions que Mme Serre achète pour sa famille. Imaginez les quantités qu'elle va acheter. Employez **en** dans vos réponses.

MODÈLE   des carottes

➤ Elle en achète un kilo.

— carottes
— oignons
— petits pains
— pâtes
— moutarde
— vin
— eau minérale
— lait
— œufs
— saumon

5-35 Vous en avez combien ? Donnez une réponse logique et personnalisée, et comparez-la avec la réponse de votre partenaire. Ensuite, comparez vos réponses avec celles des autres étudiants.

MODÈLE   des sœurs ?

      É1   J'en ai une.

      É2   Je n'en ai pas.

1. des sœurs ?
2. des frères ?
3. des amis ?
4. des problèmes ?
5. de l'argent ?
6. des devoirs ?
7. des responsabilités ?
8. des vacances ?

5-36 Vos habitudes alimentaires

A. Avant d'écrire. Réfléchissez à vos habitudes alimentaires. Dans une journée normale, combien de fois est-ce que vous mangez ? Quand ? Qu'est-ce que vous mangez ?

1. Pour vous aider à organiser vos pensées, complétez ce tableau.

L'heure	Les aliments
vers neuf heures	un café (quelquefois un muffin)
à midi	un sandwich, de la soupe

2. Ensuite, évaluez vos habitudes : est-ce que vous mangez…

   mal ?   assez bien ?   très bien ?

B. En écrivant. Maintenant, décrivez et analysez vos habitudes.

1. Expliquez ce que vous mangez et à quel moment.
2. Faites une évaluation de vos habitudes alimentaires. Quels aliments est-ce que vous mangez ? De la bonne bouffe ou de la malbouffe ?
3. Expliquez pourquoi vous avez ces habitudes alimentaires et, s'il y a lieu (*if relevant*), comment vous voulez les changer.

MODÈLE ➤ Normalement, je mange assez mal. Le matin, je ne mange rien parce que j'ai un cours à huit heures et je dors jusqu'à sept heures et demie. Après mon premier cours, vers dix heures, je prends un café et parfois un beigne, et je vais à un autre cours. À midi, je vais à la cafétéria de l'université ; là-bas, je prends souvent…

C. Après avoir écrit.

1. Relisez votre paragraphe pour vérifier le contenu et la structure. Vérifiez que toutes les informations nécessaires sont là.
2. Relisez de nouveau votre paragraphe pour réviser le style et la forme en éliminant les fautes d'orthographe et les fautes de grammaire.
3. Échangez votre paragraphe avec quelqu'un de votre classe. Est-ce qu'il / elle le comprend ? Faites les changements nécessaires.

Les Niçois et les touristes aiment prendre une bonne pizza en plein air dans ces deux pizzerias qui se trouvent face à face dans la rue Masséna, à Nice.

Venez chez nous !
Traditions gastronomiques

Parlons

5-37 Les plats régionaux

A. Avant de parler. Les Français ont la réputation de manger et de boire très bien. C'est une réputation bien méritée. La cuisine française est très variée. Chaque région a ses plats particuliers qui dépendent de son climat, de ses produits et de ses traditions culturelles.

Voici une liste de quelques spécialités régionales en France :

- la bouillabaisse marseillaise
- la choucroute alsacienne
- la quiche lorraine
- les crêpes bretonnes
- le coq au vin bourguignon
- la fondue savoyarde

Est-ce que vous connaissez déjà certains de ces plats ?

B. En parlant. Avec un/e partenaire, regardez ces images de spécialités et de plats régionaux. Décrivez chaque photo et essayez d'identifier le plat.

MODÈLE
É1 Regarde cette image. C'est une soupe.
É2 Oui, une soupe de poisson. Il y a des morceaux de poissons.
É1 Oui, et aussi des tomates parce que le bouillon est rouge.
É2 C'est la bouillabaisse marseillaise ?
É1 C'est possible. Oui, c'est ça.

C. Après avoir parlé. Vous et votre partenaire, avez-vous identifié tous les plats ? Comparez vos réponses aux réponses de vos camarades de classe.

Le gout du terroir[1]

À l'image de son territoire et de sa population, le Canada présente une cuisine aussi diversifiée qu'unique. Les produits du terroir y occupent une place importante. Voyons si vous connaissez bien le Canada culinaire. Associez chaque produit à une région spécifique :

Régions	Produits
La Colombie-Britannique	La baleine[2], le phoque[3] et le caribou
L'Alberta	Le canola, le blé[4] et les légumineux[5]
La Saskatchewan et le Manitoba	Le fromage au lait cru[6] et le sirop d'érable[7]
L'Ontario	Le saumon rouge et le saumon sauvage[8]
Le Québec	Les huitres, le *homard et le crabe
Les provinces maritimes	Le bœuf, le bison et l'élan[9]
Le Grand Nord	Les fruits des champs[10] et les fruits charnus[11] (pêches, poires et prunes)

Et vous ?

1. Avez-vous déjà gouté (*have you ever tasted*) l'un ou l'autre de ces produits ? À quel endroit ? À la ferme ? Chez un éleveur ? Dans un marché en plein air ?
2. Si ces produits étaient tous disponibles[12] au supermarché, dans quel rayon est-ce qu'on pourrait les trouver ? On peut trouver la viande de baleine et la viande de phoque au rayon des produits surgelés, avec les poissons…

[1]*taste of the land* [2]*whale* [3]*seal* [4]*wheat* [5]*legumes* [6]*raw milk* [7]*maple* [8]*wild* [9]*elk* [10]*field berries* [11]*fleshy fruits* [12]*available*

 **Observons**

5-38 Voici les spécialités de chez nous

A. Avant de regarder. Est-ce que vous avez déjà mangé (*have you ever eaten*) dans un restaurant marocain ? africain ? Si oui, quelles sont les spécialités que vous connaissez ? Regardez la photo du buffet béninois. Est-ce que vous reconnaissez certains de ces plats du Bénin ? Quels sont les ingrédients nécessaires pour préparer ces plats ? Regardez le couscous. Quels sont les ingrédients nécessaires ?

Voici un buffet plein de spécialités du Bénin.

B. En regardant. Deux personnes vont décrire les spécialités de leur région. Trouvez la réponse à chaque question.

1. Bienvenu décrit des spécialités du…
   a. Mali.   b. Bénin.   c. Cameroun.
2. D'abord, ce sont des épinards avec…
   a. du poulet.   b. du porc.   c. des crevettes.
3. Les épinards sont accompagnés de pâte faite de…
   a. riz.   b. maïs.   c. plantain.
4. Le plantain, c'est une forme de…
   a. céréale.   b. légume.   c. banane.
5. Fadoua décrit une spécialité du…
   a. Maroc.   b. Tchad.   c. Midi de la France.
6. Pour préparer ce plat, il faut…
   a. un grand four.   b. un couscoussier.   c. une casserole.
7. Comme ingrédients, on peut mettre…
   a. de la viande.   e. des ognons.
   b. du poisson.   f. des navets (*turnips*).
   c. des tomates.   g. des concombres.
   d. de la citrouille (*pumpkin*).
8. Pour servir, on met un bol avec du bouillon pour…
   a. boire.   b. mélanger les ingrédients.   c. mouiller le plat.

Un bon couscous. Est-ce que vous avez déjà mangé du couscous ? Où ?

C. Après avoir regardé. Est-ce que vous avez déjà gouté à (*have you ever tasted*) un de ces plats ? Le plat était bon ? Pourquoi ? Quel plat est-ce que vous voulez essayer, et pourquoi ?

Stratégie

Read a text such as a recipe attentively. Make sure you understand each step as it is outlined before you proceed.

Lisons

5-39 Une recette québécoise

A. Avant de lire. Quand vous pensez à la cuisine québécoise, quels plats vous viennent en tête (*come to mind*) ? La poutine ? Les fèves aux lards ? La tourtière ? Regardez la recette et la photo qui suivent. D'après le nom du plat, quel est l'ingrédient principal ? Lisez la recette ligne par ligne en faisant attention aux ingrédients et aux quantités.

B. En lisant. Trouvez les réponses aux questions suivantes.

1. La recette est divisée en trois parties. Quelles sont ces trois parties ?
2. Faites une liste des ingrédients, par exemple : de la farine…

Tarte au sirop d'érable

Avant même les débuts de la colonie française en Amérique du Nord, les Amérindiens de l'est du Canada savaient comment recueillir la sève des érables et la transformer en sirop. Cette tradition se poursuit aujourd'hui dans les érablières.

Temps de préparation : 15 minutes
Temps de cuisson : 5 minutes
Difficulté : très facile

Ingrédients pour la pâte[1]

225 g (1 tasse) de farine[2]
80 g (1/3 tasse) de beurre ou de margarine à température ambiante
80 ml (1/3 tasse) d'eau froide
1/2 c. à t. de sel

pour la garniture[3]

225 ml (1 tasse) de sirop d'érable
100 ml (1/2 tasse) de crème 10 %
110 g (1/2 tasse) de farine
100 ml (1/2 tasse) d'eau
Une poignée[4] de noix

Préparation

1. garnir une assiette à tarte avec la pâte à cuire ;
2. faire cuire la pâte dans un four préchauffé à 160°C (325°F) pendant 5 min. ;
3. dans un bol, mélanger la farine et l'eau ;
4. incorporer le sirop d'érable bouillant ;
5. mélanger et laisser épaissir ;
6. ajouter la crème ;
7. laisser refroidir et verser dans la pâte déjà cuite ;
8. saupoudrer de noix hachées.

[1]*dough* [2]*flour* [3]*filling* [4]*handful*

C. En regardant de plus près. Maintenant, examinez quelques caractéristiques du texte.

1. Quand on prépare une recette, il est très important de bien mesurer les ingrédients. Quel est le sens exact des abréviations et des mots suivants ? Pourquoi est-ce qu'on emploie parfois **g**, parfois **ml** ?
   a. g
   b. ml
   c. une demi-cuillerée à thé
   d. une tasse
   e. une poignée

2. Les verbes suivants indiquent les méthodes de préparation. Quel est le sens de chaque verbe ?
   a. garnir
   b. mélanger
   c. incorporer
   d. épaissir
   e. laisser refroidir
   f. verser
   g. saupoudrer

3. Les adjectifs expliquent aussi la préparation ; quel est le sens des expressions suivantes ?
   a. du beurre **à température ambiante**
   b. du sirop d'érable **bouillant**
   c. des noix **hachées**

Le temps des sucres : un rituel saisonnier au Québec

D. Après avoir lu. Discutez de ces questions avec vos camarades de classe.

1. Pourquoi, à votre avis, est-ce que c'est un bon exemple d'un plat québécois ?
2. Est-ce que vous connaissez une autre recette qui ressemble à celle-ci ? Quelle est cette recette ?
3. Essayez cette recette et apportez-la en classe !

5-40 Une spécialité de chez vous

A. Avant d'écrire. Vous allez préparer une petite brochure publicitaire pour décrire une recette typique de votre région ou une spécialité de votre famille.

1. D'abord, faites une liste des plats typiques de votre région ou des spécialités de votre famille.
2. Ensuite, choisissez un plat et notez les ingrédients et les quantités nécessaires pour le préparer. Prenez aussi en note les verbes d'action pour expliquer la préparation de la recette (*hacher*, *mélanger*, etc.).
3. Notez l'origine de votre plat. Est-ce que c'est une spécialité d'origine mexicaine ? Italienne ? Chinoise ? Est-ce que cette spécialité est liée aux produits agricoles de votre région ? À une saison ?
4. Enfin, notez les traditions associées à ce plat. Est-ce qu'on le mange pour une fête ? Avec qui ? Etc.

Pralines aux pacanes

Temps de préparation :
10 minutes
Temps de cuisson :
20 minutes
Difficulté très facile
Quantité obtenue :
45 morceaux

Voici une recette traditionnelle de la Nouvelle Orléans avec en vedette les noix de pécans ou pacanes, qu'on trouve partout dans le sud des États-Unis.

Warren Price Photography/Shutterstock

Ingrédients :

350 g de sucre blanc
350 g de sucre brun clair
180 g de crème
100 g de lait
90 g de beurre

350 g de pacanes, légèrement grillées et hachées grossièrement
1 c à thé de sel
1 c à thé d'extrait de vanille

Préparation :

1. Mélanger les sucres, la crème, le lait et le beurre dans une casserole. Chauffer jusqu'à 110°C / 230°F (utiliser un thermomètre) ; remuer continuellement.
2. Ajouter les pacanes et le sel ; continuer la cuisson jusqu'à 114°C / 237°F, toujours en remuant.
3. Retirer du feu et ajouter la vanille. Laisser refroidir jusqu'à 100°C / 212°F.
4. Remuer vigoureusement le mélange avec une cuillère de bois jusqu'à ce qu'il prenne une texture crémeuse, soit environ une minute.
5. Déposer les pralines sur des plaques graissées et laisser refroidir avant de servir.
6. Mettre quelques pralines dans une boîte hermétique[1] et la cacher, sinon elles vont disparaître très vite !

[1] *air-tight container*

Stratégie

Some texts, such as recipes, require a specific format and careful sequencing of the information. Be sure to keep these conventions in mind as you write.

B. En écrivant. Maintenant, en prenant comme modèle la recette pour les **Pralines aux pacanes** ou la recette de **Tarte au sirop d'érable**, décrivez la spécialité que vous avez choisie. N'oubliez pas de donner les ingrédients, les quantités, les étapes de la préparation, une brève description des traditions régionales ou familiales associées à votre plat et un titre !

C. Après avoir écrit. Pour rendre votre brochure publicitaire plus intéressante :

1. Vérifiez que toutes les informations nécessaires sont incluses et révisez la forme et le style. Est-ce que les bons articles accompagnent les noms ? Les quantités sont-elles bien précisées ? Est-ce que le texte utilise le pronom **en** ?
2. Tapez votre description et faites une belle mise en page. Trouvez une photo de votre spécialité pour illustrer votre brochure !
3. Avec vos camarades de classe, comparez vos recettes. Est-ce qu'il y en a des similaires ayant les mêmes ingrédients ou les mêmes étapes de préparation ? Est-ce qu'il y a plus de plats principaux d'entrées ou de desserts ? Quelles sont les régions ou les traditions représentées ? Est-ce qu'une recette vous tente en particulier ?

VOCABULAIRE

TEXT AUDIO 5.10–5.30

Français canadien

5.10
un beigne	doughnut
une bière d'épinette	spruce beer
du blé d'inde	corn
un bleuet	blueberry
du bœuf haché	ground beef
un coke	cola
la collation	snack
une crème glacée	ice cream
le déjeuner	breakfast
au déjeuner	at breakfast
déjeuner	to have breakfast
le diner	lunch
un melon d'eau	watermelon
une orangeade	orange soda
pas de problème	no problem
une patate	potato
un piment doux	sweet pepper
un piment fort	hot pepper
le souper	dinner / supper
un yogourt	yogourt

Leçon 1

5.11
au café ou au restaurant — *in the café or in the restaurant*

l'addition (f.)	bill
avoir faim	to be hungry
avoir soif	to be thirsty
boire	to drink
prendre	to have (to eat or drink)
servir	to serve

5.12 **des boissons chaudes** — *hot drinks*

un café (crème)	coffee (with cream)
un chocolat chaud	hot chocolate
un thé (au lait)	tea (with milk)

5.13 **des boissons rafraichissantes** — *cold drinks*

un citron pressé	lemonade
un coca(-cola) (Fr.)	cola
de l'eau (minérale) (f.)	water (mineral water)
un jus d'orange	orange juice
une limonade	lemon-lime soft drink
un Orangina (Fr.)	orange soda
du sucre	sugar
des glaçons (m.)	ice cubes
une cuillère	spoon

5.14 **des boissons alcoolisées** — *alcoholic drinks*

une bière	beer
du vin (rouge, blanc, rosé)	(red, white, rosé) wine

5.15 **des casse-croute (m.)** — *snacks*

un croquemonsieur	grilled ham and cheese sandwich
des crudités (f.)	cut-up raw vegetables
des frites (f.)	French fries
une glace (Fr.)	ice cream
un *hamburger	hamburger
une pizza	pizza
une salade verte	mixed greens
un sandwich (au jambon, au fromage)	(ham, cheese) sandwich

5.16 **quelques expressions utiles** — *some useful expressions*

commander	to order
comprendre	to understand
je voudrais...	I would like . . .
Quelle horreur !	How awful!
sans problème	no problem
Le service est compris ?	Is the tip included?

Leçon 2

5.17 **les repas** — *meals*

le petit-déjeuner (Fr.)	breakfast
le déjeuner (Fr.)	lunch
le gouter (Fr.)	afternoon snack
le diner (Fr.)	dinner

5.18 **au petit-déjeuner (Fr.)** — *at breakfast*

prendre le petit-déjeuner (Fr.)	to have breakfast

le bacon	bacon	
le beurre	butter	
un café au lait	coffee with milk	
des céréales (f.)	cereal	
la confiture	jam	
un croissant	croissant	
un œuf (sur le plat / au plat)	(fried) egg	
du pain	bread	
un pain au chocolat	chocolate croissant	
une tartine	slice of bread	
une tranche de pain grillé (also une rôtie, un toast)	a slice of toast	

5.19 au déjeuner (Fr.) — **at lunch**
- un apéritif — aperitif/before-meal drink
- une entrée — appetizer or starter
- un plat principal — main dish
- un dessert — dessert

5.20 des aliments (m.) — **food**
- une asperge — asparagus
- un biscuit — cookie
- le fromage — cheese
- les *haricots verts (m.) — green beans
- un légume — vegetable
- des pâtes (f.) — pasta
- le poisson — fish
- une pomme de terre — potato
- le poulet — chicken
- le riz — rice
- une soupe — soup
- une tarte aux pommes — apple pie
- la viande — meat
- un yaourt (Fr.) — yogurt

5.21 des fruits (m.) — **fruits**
- une banane — banana
- une poire — pear
- une pomme — apple

5.22 des épices (f.) — **spices**
- le poivre — pepper
- le sel — salt

5.23 d'autres mots utiles — **other useful words**
- un bol (de café au lait) — bowl (of coffee with hot milk)
- une bouteille — bottle
- une carafe (d'eau) — carafe (of water)
- une tasse — cup
- un verre — glass
- vers — around, toward

pour décrire — **to describe** — 5.24
- copieux — copious, hearty
- grillé/e — grilled, toasted

quelques expressions indéfinies et négatives — **some indefinite and negative expressions** — 5.25
- quelque chose — something
- quelquefois — sometimes
- quelqu'un — someone
- ne… jamais — never
- ne... personne — no one
- ne... rien — nothing

Leçon 3

les rayons du supermarché — **supermarket departments** — 5.26

- le rayon de la boulangerie-pâtisserie — bakery/pastry department
  - une baguette — long, thin loaf/baguette
  - un pain de campagne — round loaf of bread
  - un pain — loaf of bread
  - une pâtisserie — pastry
  - des petits pains (m.) — rolls
  - une tarte — pie
- le rayon de la boucherie — meat counter
  - du biftèque haché (Fr.) — ground beef
  - une côtelette d'agneau — lamb chop
  - du rosbif — roast beef
- le rayon de la charcuterie — deli counter
  - du pâté — pâté
  - des plats préparés (m.) — prepared dishes
  - un rôti (de porc) — (pork) roast
- le rayon des fruits et légumes — produce department
  - une fraise — strawberry
  - une pêche — peach
  - du raisin — grapes
  - une carotte — carrot
  - un champignon — mushroom
  - un concombre — cucumber

les épinards (m.)	spinach	
les *haricots (m.)	beans	
un melon	melon	
un ognon	onion	
les petits pois (m.)	peas	
une tomate	tomato	
le rayon de la poissonnerie	fish counter	
une crevette	shrimp	
du saumon	salmon	
du thon	tuna	
le rayon des produits surgelés	frozen foods	
les surgelés (m.)	frozen foods	

5.27 des condiments — *condiments*

l'huile (f.)	oil
la moutarde	mustard
le vinaigre	vinegar

5.28 pour décrire — *to describe*

avoir l'air (bon / mauvais)	to appear/seem (good/bad)
délicieux/-euse	delicious
frais / fraiche	fresh
mûr / mure	ripe

pour faire les courses — *to shop for food* — 5.29

un/e commerçant/e	shopkeeper, merchant
une épicerie	small grocery
une grande surface	superstore

des quantités (f.) — *quantities* — 5.30

une assiette de (crudités)	plate of (crudités)
une boite de (sardines)	can of (sardines)
une boite de (céréales)	box of (cereal)
un demi-kilo de (tomates)	half-kilo of (tomatoes)
une douzaine d'(œufs)	dozen (eggs)
un kilo de (pommes)	kilo of (apples)
un litre de (lait)	litre of (milk)
un morceau de (fromage)	piece of (cheese)
un paquet de (riz)	package of (rice)
un pot de (moutarde)	jar of (mustard)
une tranche de (pâté)	slice of (pâté)

CHAPITRE 6 | Activités par tous les temps

—Aujourd'hui il fait beau. Si on allait prendre une glace ?

DISCOVER
Go to the **Resources** for Chapitre 6 on MyFrenchLab to watch the *On démarre* video on weather and activities. Complete the related video activities in the **Assessments** for this chapter under Additional Practice.

APPLY
- Video
- Activities : On démarre ! 06-01 to 06-02

LEÇON 1
Il fait quel temps ?

LEÇON 2
On revient de vacances !

LEÇON 3
Je vous invite

Venez chez nous !
Vive les vacances !

MyFrenchLab
Visit MyFrenchLab to access the audio clips for each chapter, additional exercises and quizzes, and much more!

Après avoir complété ce chapitre, vous devriez être en mesure de / d'
- parler du temps qu'il fait
- décrire au passé et raconter des évènements passés
- parler des vacances et des activités culturelles
- lancer, accepter et refuser des invitations
- identifier des destinations de vacances francophones et des activités à faire sur place

Sur le plan de la grammaire, ce chapitre vous permettra de vous familiariser avec
- l'imparfait pour faire la description
- le passé composé avec **avoir** et **être**
- le passé composé et l'imparfait pour parler du passé
- le comparatif et le superlatif des adverbes

En matière de phonétique, ce chapitre sera l'occasion d'étudier
- les voyelles nasales

LEÇON 1 — Il fait quel temps ?

Points de départ

Le temps à toutes les saisons

En été, il fait chaud et lourd.   Il fait beau. Il y a du soleil et le ciel est bleu.   Le ciel est couvert ; il y a des nuages. Il va pleuvoir.

Au printemps, il fait frais et il y a du vent.   En automne, il fait mauvais. Il pleut et il y a du brouillard.

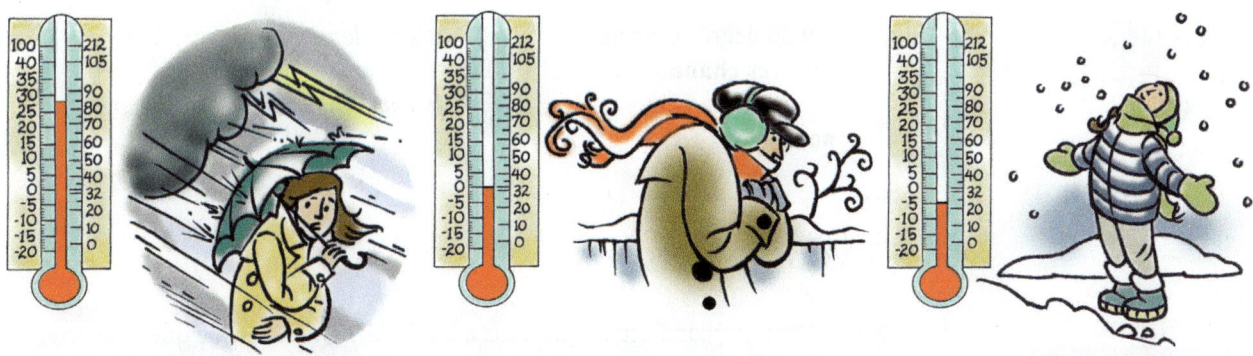

Il y a un orage : il y a des éclairs et du tonnerre.   En hiver, il gèle ; il y a du verglas.   Il fait froid et il neige. Il y a souvent des tempêtes de neige.

Vie et culture

L'hiver et les basses températures

« Mon pays ce n'est pas un pays, c'est l'hiver » chante Gilles Vigneault, célèbre chanteur québécois, en décrivant le long hiver au Québec dans une des plus célèbres chansons québécoises. En français canadien, nous avons un vocabulaire et des expressions spécialisées pour parler de l'hiver long et souvent difficile.

une averse de neige	light snowfall
une bordée de neige	heavy snowfall
neigeasser	to be snowing lightly
une poudrerie	blowing snow
de la sloche	slush

Cependant, nous avons en général une bonne attitude envers l'hiver et partout dans le pays, il y a des fêtes pour célébrer la saison. Au Québec, **le temps des sucres** (*maple sugar time*) et **le Carnaval de Québec** fêtent l'hiver. Près de la ville de Québec, il y a un hôtel de glace, où on peut dormir en plein air pour bien apprécier le froid hivernal !

Pour indiquer la température, utilisez le verbe **faire** :

Quelle température fait-il aujourd'hui ?

Il fait quinze degrés. Il fait plus trente degrés. Il fait moins vingt degrés.

Quelle température fait-il chez vous aujourd'hui ?

Quelle température va-t-il faire demain ?

Pour parler d'une personne, utilisez le verbe **avoir** :

Il fait 30 degrés Celsuis ; **j'ai très chaud**.	*It's 30 degrees;* ***I'm very hot***.
Il commence à neiger ; **nous avons froid.**	*It's starting to snow;* ***we're cold***.

À vous la parole

6-1 Et vous ? Quand est-ce que vous avez froid ? Quand est-ce que vous avez chaud ?

MODÈLE J'ai froid quand il fait moins 35 degrés.

6-2 Quel temps fait-il ?

D'après le journal, dites quel temps il fait dans ces villes francophones.

MODÈLE Paris
➤ À Paris, il fait assez frais et le ciel est couvert.

1. Paris
2. Alger
3. Dakar
4. Montréal
5. Nice
6. la Nouvelle-Orléans
7. Papeete
8. Fort-de-France
9. Tunis

PRÉVISIONS POUR LE 2 AVRIL

Ville par ville, les minima/maxima de température et l'état du ciel.
S : soleil ; C : couvert ; P : pluie ; V : vent fort ; O : orages ; N : neige

AMÉRIQUES
BRASILIA	19/28	S
CHICAGO	7/21	S
MEXICO	10/24	S
MONTRÉAL	–6/0	N
NEW YORK	5/14	C
LA NOUVELLE-ORLÉANS	10/26	S
TORONTO	2/13	C

FRANCE métropole
AJACCIO	9/19	S
BIARRITZ	8/16	P
CAEN	3/10	C
LILLE	3/11	C
NICE	9/16	S,V
PARIS	3/12	C

FRANCE d'outre-mer
CAYENNE	23/27	P
FORT-DE-FR.	23/28	S
PAPEETE	25/31	P

AFRIQUE
ALGER	13/21	S
DAKAR	20/26	O
KINSHASA	23/29	P
LE CAIRE	16/27	S
TUNIS	15/26	P

6-3 Prévisions météorologiques.
Voilà le temps qu'on annonce pour la France. Demandez à votre partenaire quel temps il va faire. Ensuite, demandez des précisions quant à (*about*) la température.

MODÈLE à Lyon

É1 Quel temps est-ce qu'il va faire à Lyon ?
É2 À Lyon, il va pleuvoir.
É1 Et la température ?
É2 Il va faire onze degrés, donc il va faire assez frais.

1. à Paris
2. à Bordeaux
3. à Perpignan
4. à Brest
5. à Nice
6. dans les Alpes
7. à Lille
8. à Strasbourg
9. à Bastia

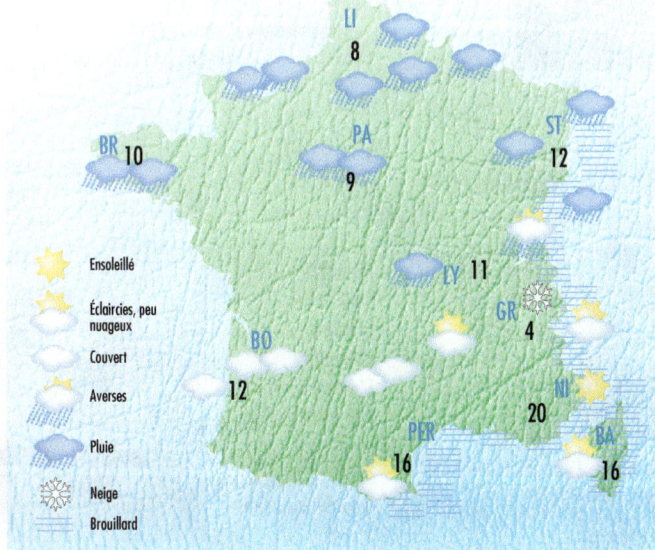

6-4 Vos préférences. Avec un/e partenaire, posez les questions suivantes pour découvrir quand votre partenaire préfère faire les activités énoncées ci-dessous. Ensuite, comparez vos réponses avec celles de vos camarades de classe.

MODÈLE É1 Quand est-ce que tu n'aimes pas aller en classe ?
　　　　 É2 Je n'aime pas aller en classe quand il neige beaucoup ou quand il y a un orage.

1. Quand est-ce que tu aimes rester dans le jardin ?
2. Quand est-ce que tu n'aimes pas magasiner ?
3. Quand est-ce que tu aimes faire du sport ?
4. Quand est-ce que tu préfères rester chez toi ?
5. Quand est-ce que tu aimes aller au cinéma ?
6. Quand est-ce que tu n'aimes pas voyager ?

LES SAISONS DE L'ANNÉE

Le printemps :
mars
avril
mai
Beaucoup de touristes voyagent à Ottawa **au** printemps pour voir les tulipes. **Le** printemps est très beau !

L'été :
juin
juillet
aout
C'est **l'**été. On va à la plage **en** été.

L'hiver :
décembre
janvier
février
Nous adorons l'hiver. **En** hiver, nous faisons du ski.

L'automne :
septembre
octobre
novembre
L'automne dans l'est du Canada est magnifique. **En** automne, on peut regarder les arbres colorés.

236　*deux-cent-trente-six*　CHAPITRE 6 • ACTIVITÉS PAR TOUS LES TEMPS

6-5 Parlons du temps au Canada !
Pour chaque phrase, décidez avec un/e partenaire de quelle saison on parle.

MODÈLE À Vancouver, le ciel est souvent couvert, il y a souvent de la pluie, mais il fait bon. On peut jouer au tennis ou au golf.

    É1 C'est peut-être le printemps ?
    É2 Oui, je pense que c'est le printemps parce qu'il y a beaucoup de pluie.

1. Beaucoup de Canadiens sont en vacances, mais c'est la saison des orages. Il y a des éclairs et du tonnerre.
2. À Montréal, il gèle et il y a du verglas partout.
3. Au Nouveau-Brunswick, le temps est variable. Les feuilles des arbres commencent à changer de couleur.
4. À Ottawa, il fait beau. Il y a beaucoup de tulipes dans les jardins publics.
5. Il gèle et il y a souvent des tempêtes de neige. Voilà pourquoi beaucoup de Canadiens partent en vacances.
6. Il fait très chaud et humide en Ontario.
7. En Alberta et en Saskatchewan, le ciel est bleu et il fait très beau dans la journée, mais il fait assez frais la nuit.

Fiche pratique
Employez toujours l'article **le** (ou **l'** avant une voyelle) avec les saisons qui sont masculins. Pour préciser la saison, employez : **au printemps**, mais **en été**, **en hiver** et **en automne**.

6-6 Quel est le climat chez vous ?
Posez des questions à votre partenaire pour découvrir quel temps il fait d'habitude chez elle / lui et chez les membres de sa famille, pendant la saison indiquée.

MODÈLE en hiver, chez ses parents

    É1 Quel temps fait-il en hiver chez tes parents ?
    É2 Chez mes parents, à Brandon, il fait très froid et le ciel est souvent couvert en hiver.

1. en été, chez elle / lui
2. en hiver, chez elle / lui
3. au printemps, chez ses parents
4. en automne, chez ses grands-parents

En été, quand il y a du soleil et qu'il fait chaud, les enfants aiment jouer à la plage.

SONS ET LETTRES

Les voyelles nasales

Both English and French have nasal vowels. In English, any vowel followed by a nasal consonant is automatically nasalized, as in *man*, *pen*, *song*. In French, whether the vowel is nasal or not can make a difference in meaning. For example:

beau	/bo/	*handsome*	vs.	bon	/bõ/	*good*
ça	/sa/	*that*	vs.	cent	/sã/	*a hundred*
sec	/sɛk/	*dry*	vs.	cinq	/sɛ̃k/	*five*

There are four nasal vowels in French. Use this phrase to remember them:

un /œ̃/   bon /bõ/   vin /vɛ̃/   blanc /blã/   *a good white wine*

Nasal vowels are always written with a vowel letter followed by a nasal consonant (**m** or **n**), but that consonant is not usually pronounced: **mon, dans, cinq**.

- The vowel /õ/ is usually spelled **on**: **l'oncle**.
- The vowel /ã/ is spelled **an** or **en**: **janvier, le vent**.
- For /ɛ̃/ there are several spellings: **vingt, le chien, l'examen, la main**.
- The vowel /œ̃/, which is rare and often pronounced like /ɛ̃/, is spelled **un**: **brun, lundi**.
- Before **b** and **p**, all nasal vowels are spelled with **m**: **combien, le temps, impossible**.

Note this exception: **le bonbon**.

À vous la parole

6-7 Contrastes. Répétez et faites bien entendre les différences de prononciation.

| beau / bon | allo / allons | sec / cinq |
| fine / fin | Jeanne / Jean | américaine / américain |

6-8 Quelle voyelle nasale ? Faites attention à bien faire entendre les différences de prononciation entre ces voyelles nasales.

1. le vin / le vent
2. cent pages / cinq pages
3. c'est long / c'est lent
4. il vend / ils vont
5. la langue / elle est longue

6-9 Phrases. Répétez chaque phrase.

1. Allons, allons ! Voyons ! Voyons !
2. En septembre, il y a souvent du vent.
3. Alain et Colin vont à Lyon par le train.
4. On annonce une température de vingt-cinq degrés.

Formes et fonctions

1. L'imparfait : la description au passé

- Rappel de l'imparfait :

Pour former l'**imparfait**, laissez tomber la terminaison **-ons** de la forme **nous** au présent et ajoutez les terminaisons de l'**imparfait** :

Je	-ais	Nous	-ions
Tu	-ais	Vous	-iez
Il / Elle / On	-ait	Ils / Elles	-aient

Il y a une seule exception ; c'est le verbe **être**. Commencez avec **ét-**.

- In Chapter 5, you learned to use the **imparfait** to make suggestions ("Si on allait au cinéma ce soir ?") You can also use this tense to describe situations and settings in the past (to set the stage for a story you want to tell).

  - To indicate the time:

    | Il **était** une heure du matin. | *It was one o'clock in the morning.* |
    | C'**était** en hiver. | *It was during the winter.* |

  - To describe the weather:

    | Il **pleuvait** et il **faisait** froid. | *It was raining and it was cold.* |
    | Le ciel **était** gris. | *The sky was grey.* |
    | Il y **avait** des nuages. | *It was cloudy.* |
    | Ce jour-là, il **neigeait**. | *On that day it was snowing.* |

  - To describe people and places:

    | C'**était** une belle maison. | *It was a nice house.* |
    | La dame **avait** les cheveux roux. | *The woman had red hair.* |
    | Elle **portait** un manteau noir. | *She was wearing a black coat.* |
    | Elle **était** très belle. | *She was very beautiful.* |

  - To express feelings or describe emotions:

    | Nous **avions** froid. | *We were cold.* |
    | Ils **étaient** contents. | *They were happy.* |

- Note that the verbs **pouvoir/vouloir/devoir** are very useful in the **imparfait** when combined with an infinitive:

Je ne **pouvais** pas sortir à cause de la tempête.	*I couldn't go out because of the storm.*
Nous **voulions** aller au concert mais il n'y avait plus de billets.	*We wanted to go to the concert but there weren't any tickets left.*
Mon ami **devait** me téléphoner.	*My friend was supposed to call me.*

- Use the **imparfait** to express habitual or repeated actions in the past ("used to, would always"):

Toutes les fins de semaine, nous **faisions** une randonnée dans les bois.
Every weekend we would take (we took) a hike in the woods.

Quand j'étais petit, on **passait** les vacances chez mes grands-parents.
When I was little, we used to spend vacations at my grandparents' place.

Here are some expressions often used with the **imparfait** to describe things that were done on a regular basis:

quelquefois	*sometimes*
souvent	*often*
d'habitude	*usually*
toujours	*always*
le lundi, la fin de semaine	*every Monday, every weekend*
tous les jours, tous les soirs	*every day, every evening*
toutes les semaines	*every week*

À vous la parole

6-10 Un samedi mémorable. Formez des phrases avec les éléments ci-dessous pour décrire un samedi mémorable.

MODÈLE il / faire beau
➤ Il faisait beau.

1. les oiseaux / chanter
2. le ciel / être bleu
3. les enfants / jouer dans le jardin
4. je / préparer un piquenique
5. mon père / travailler dans le jardin
6. les grands-parents / regarder les enfants
7. mes amis et moi / jouer au soccer

6-11 Test de mémoire. Regardez ces photos avec un/e partenaire et ensuite, fermez votre manuel. Pouvez-vous vous rappeler tous les détails ? Pour chaque photo, indiquez :

1. quelle était la saison.
2. quel temps il faisait.
3. comment étaient les gens.
4. quelles étaient leurs activités.

6-12 Votre enfance. Posez des questions à un/e camarade de classe pour savoir ce qu'il / elle faisait habituellement pendant son enfance.

MODÈLE   habiter ici

        É1   Est-ce que tu habitais ici ?

        É2   Non, j'habitais à Saskatoon avec mes parents.

1. habiter ici
2. avoir des animaux
3. aimer aller à l'école
4. faire du sport
5. jouer d'un instrument
6. aller souvent chez des amis
7. partir souvent en vacances
8. avoir une résidence secondaire

6-13 Votre journée horrible. Vous êtes en vacances mais hier c'était une journée horrible ! Décrivez le temps, la température et les circonstances dans un courriel (*e-mail*) à votre ami.

MODÈLE ➤ Salut! Quelle journée hier ! Il y avait un orage à la Nouvelle Orléans! Il pleuvait et il y avait beaucoup de vent. Les touristes ne pouvaient pas sortir parce qu'il faisait mauvais. Nous étions déçus (*sad*).

6-14 Quelle sorte d'enfant étiez-vous ? Écrivez un petit paragraphe où vous expliquez quelle sorte d'enfant vous étiez (description physique et de votre personnalité). Quelles activités faisiez-vous d'habitude ? Présentez votre description à la classe !

MODÈLE ➤ J'étais un bel enfant ! J'étais petit et mince. J'avais beaucoup de jouets (*toys*) mais je préférais jouer avec mon chien. J'étais pénible (*annoying*) mais adorable !

2. Le passé composé avec *avoir*

- To express an action completed in the past (i.e., *an event*), use the **passé composé**. The **passé composé** is composed of an auxiliary, or helping verb, and the past participle of the verb that expresses the action. Usually, the present tense of **avoir** is the helping verb.

J'**ai travaillé** hier.	*I worked yesterday.*
Tu **as mangé** ?	*Did you eat?*
Il **a fait** beau cette fin de semaine.	*The weather was nice this weekend.*
Nous **avons écouté** la météo à la radio.	*We listened to the forecast on the radio.*
Vous **avez regardé** la météo à la télé.	*You watched the forecast on TV.*
Ils **ont annoncé** du beau temps à la radio.	*They predicted nice weather on the radio.*

- The specific meaning of the **passé composé** depends on the verb and on the context.

Hier, on **a montré** un film à la télé.	*Yesterday they showed a film on TV.*
Mais j'**ai** déjà **préparé** les devoirs !	*But I have already done the homework!*
L'hiver dernier, il **a fait** très froid.	*Last winter it was very cold.*
Mais j'**ai** beaucoup **travaillé** !	*But I did work a lot!*

- To form the past participle:

    - for **-er** verbs, add **-é** to the base (the infinitive form minus the **-er** ending):

        quit**ter**   J'ai quitt**é** la maison à huit heures.   *I left home at eight o'clock.*

    - for **-ir** verbs, add **-i** to the base (the infinitive form minus the **-ir** ending):

        dorm**ir**   Tu as dorm**i** pendant le concert ?   *Did you sleep during the concert?*

    - for **-re** verbs, add **-u** to the base (the infinitive form minus the **-re** ending):

        attend**re**   Ils ont attend**u** devant le café.   *They waited in front of the café.*

- Here are past participles for irregular verbs that you know.

avoir	J'ai **eu** froid.	*I was cold.*
boire	J'ai **bu** une tasse de café.	*I drank a cup of coffee.*
courir	Elle a **couru** à toute vitesse.	*She ran at full speed.*
devoir	Il a **dû** étudier hier soir.	*He had to study last night.*
être	On a **été** surpris.	*We were surprised.*
faire	Il a **fait** beau.	*It was nice weather.*
mettre	J'ai **mis** un chapeau.	*I put on a hat.*
pleuvoir	Il a **plu** hier.	*It rained yesterday.*
pouvoir	J'ai **pu** travailler.	*I was able to work.*
prendre	Nous avons **pris** l'autobus.	*We took the bus.*
vouloir	Elles n'ont pas **voulu** partir.	*They refused to leave.*

- In negative sentences, place **ne** and **pas** around the conjugated auxiliary verb.

Il **n'a pas** fait beau hier.	*The weather wasn't nice yesterday.*
Nos parents **n'ont pas** téléphoné.	*Our parents didn't call.*

Note the past forms of the expression **il y a**:

- Il y **avait** (in the *imparfait*) means "there was/were" as a **description**:

    Il y avait cinq chiens au parc. (there **were**, over a period of time)

- Il y **a eu** (in the *passé composé*) means "there was/were" as an **event**:

    Il y a eu une tempête de neige. (a snowstorm **occurred**)

The following expressions are useful for referring to the past.

hier	*yesterday*
avant-hier	*the day before yesterday*
samedi dernier	*last Saturday*
la semaine dernière	*last week*
la fin de semaine dernière	*last weekend*
l'année dernière	*last year*
il y a longtemps	*a long time ago*
il y a deux jours	*two days ago*
ce jour-là	*that day*
à ce moment-là	*at that moment*

À vous la parole

6-15 Qu'est-ce que tu as fait ? Qu'est-ce que tu n'as pas fait ? Mettez les verbes au passé composé à l'affirmatif ou au négatif comme indiqué, et complétez les phrases d'une manière logique.

1. Je (voyager)...
2. Nous (ne pas finir)...
3. Tu (voir)...
4. Elle (ne pas mettre)...
5. Vous (manger)....
6. Nous (ne pas manger)...
7. Ils (jouer)...
8. Je (ne pas faire)...
9. Nous (ne pas écouter)...
10. Tu (regarder)...
11. Elles (ne pas regarder)...
12. Nous (commander)...

6-16 La météo d'hier. Regardez la carte météorologique et dites quel temps il a fait hier au Canada et en Nouvelle-Angleterre.

MODÈLE   au Nouveau-Brunswick
➤ Au Nouveau-Brunswick, il y a eu du verglas et il a plu.

1. à Chicoutimi
2. à Montréal
3. en Nouvelle-Angleterre
4. à Ottawa
5. à Gaspé
6. à Sherbrooke

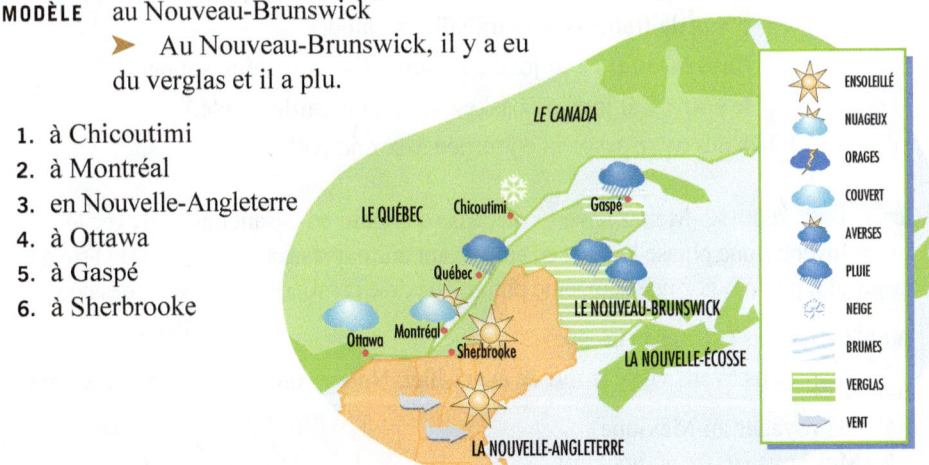

6-17 Mais c'est logique !
Avec un/e partenaire, imaginez ce que ces gens ont fait à l'endroit mentionné. Combien de possibilités est-ce que vous pouvez trouver ?

MODÈLES Qu'est-ce que Julie a fait dans le magasin hier ?
> ➤ Elle a acheté une jolie robe.
> OU ➤ Elle a travaillé ; c'est une vendeuse.

1. Qu'est-ce que vous avez fait au labo de langues ce matin ?
2. Qu'est-ce que les Brunet ont fait à la piscine l'été dernier ?
3. Qu'est-ce que tu as fait à la bibliothèque hier ?
4. Qu'est-ce que nous avons fait au gymnase hier soir ?
5. Qu'est-ce que tu as fait chez toi hier soir ?
6. Qu'est-ce que David a fait au stade avant-hier ?
7. Qu'est-ce que vos camarades ont fait chez eux la fin de semaine dernière ?
8. Qu'est-ce que le prof a fait dans son bureau ce matin ?

6-18 Normalement, mais...
Racontez vos habitudes à votre partenaire et n'oubliez pas les exceptions !

MODÈLE : dormir
> ➤ Normalement, je dors jusqu'à sept heures, mais samedi dernier, j'ai dormi jusqu'à dix heures.

1. dormir
2. manger
3. quitter la maison
4. travailler à la bibliothèque
5. jouer
6. regarder la télé
7. passer l'été

6-19 Quelle sorte de journée ?
Êtes-vous normalement très actif/-ive, assez actif/-ive ou sédentaire ? Votre partenaire va juger. Racontez vos activités d'hier matin, après-midi et soir. Votre partenaire va décider si vous avez passé une journée plutôt active ou calme.

MODÈLE É1 **le matin** : J'ai mangé à la cafétéria de l'université. J'ai assisté au cours de français. J'ai travaillé au labo.

l'après-midi : J'ai joué au tennis. J'ai préparé le souper.

le soir : J'ai joué au basketball. J'ai regardé la télé.

É2 Vous avez passé une journée assez active!

6-20 Dans le passé.
Mettez le verbe au passé composé en faisant l'accord avec le sujet. Inventez une phrase logique en employant une expression de temps de la liste à la page 243, puis ajoutez une deuxième phrase au passé composé pour donner des détails.

MODÈLE Nous (visiter le musée)

> Nous avons visité le musée avant-hier. Nous avons vu des sculptures inuit.

1. Je (voyager au Mexique)
2. Mes amis (jouer au hockey)

3. Ma sœur (voir un film)
4. Mes grands-parents (acheter cette maison)
5. Mon copain (vendre sa voiture)
6. Ma colocataire (*roommate*) (faire un gâteau)
7. Tu (boire du vin rouge)
8. Nous (prendre le train)

6-21 Mon voyage en Europe. Écrivez un courriel à votre ami(e) pour décrire votre voyage en Europe. Utilisez le passé composé pour dire ce que vous avez fait et ce que vous avez vu avant-hier et hier.

Commencez votre courriel par une des salutations suivantes: Salut ! Bonjour ! ou Cher / Chère...

Vous pouvez finir votre courriel avec : À bientôt, Au revoir, ou Bisous (*kisses*).

TEXT AUDIO 6.5

6-22 Soir d'hiver

Émile Nelligan à l'âge de 19 ans.

Soir d'hiver

A. Avant de lire. Émile Nelligan est considéré comme le poète national des Québécois. Il est né à Montréal en 1879 d'un père irlandais et d'une mère canadienne française. Il a écrit la plupart de ses 170 poèmes entre seize et dix-neuf ans. Ses poèmes incarnent la musicalité de la langue française. Les thèmes préférés de Nelligan sont la mélancolie et la nostalgie, contrairement au patriotisme comme les poètes avant lui. Il est mort en 1941 après avoir passé quarante-deux ans en asile psychiatrique.

Quelles émotions est-ce qu'on associe d'habitude à l'hiver ? Parmi les adjectifs que vous avez étudiés, lesquels correspondent à ces émotions ?

Stratégie

Discover by reading aloud how sounds and rhythm affect the musicality of a poem. Consider in turn what the music of language may be suggesting about a poem's meaning, and what the impact is on your own reactions.

SOIR D'HIVER

Ah ! Comme la neige a neigé !
Ma vitre[1] est un jardin de givre[2].   [1]*fenêtre;* [2]*frost*
Ah ! Comme la neige a neigé !
Qu'est-ce que le spasme de vivre
5 À la douleur[3] que j'ai, que j'ai !   [3]*pain*

Tous les étangs[4] gisent gelés,   [4]*ponds*
Mon âme[5] est noire : où vis-je ? Où vais-je ?   [5]*soul*
Tous ses espoirs[6] gisent[7] gelés :   [6]*hopes* [7]*lying*
Je suis la nouvelle Norvège
10 D'où les blonds ciels s'en sont allés[8].   [8]*sont partis*

Pleurez, oiseaux[9] de février,   [9]*birds*
Au sinistre frisson des choses,
Pleurez, oiseaux de février,
Pleurez mes pleurs, pleurez mes roses,
15 Aux branches du genévrier[10].   [10]*juniper tree*

Ah ! Comme la neige a neigé !
Ma vitre est un jardin de givre.
Ah ! Comme la neige a neigé !
Qu'est-ce que le spasme de vivre
20 À tout l'ennui[11] que j'ai, que j'ai !...   [11]*melancholy*

Émile Nelligan, "Soir D'Hiver."
Les Pieds sur les Chenets.

B. En lisant. Pendant votre lecture du poème, cherchez les réponses aux questions suivantes.

1. Quels sont les mots dans le poème qui indiquent l'hiver ?
2. Quels mots indiquent des émotions sombres ?
3. Quels mots dans le poème parlent de la nature ?

C. En regardant de plus près. Maintenant, examinez le poème en détail et répondez aux questions suivantes.

1. Quels éléments du poème créent le sens de musicalité ?
2. Quel est l'état émotionnel du narrateur ? Qu'est-ce qui l'indique ?

D. Après avoir lu. Avec votre partenaire, écrivez un poème sur la nature. Employez des adjectifs et utilisez le passé composé. Présentez votre poème à la classe.

LEÇON 2 — On revient de vacances !

Points de départ

TEXT AUDIO 6.6

Qu'est-ce qu'on a fait en vacances ?

Pour nos vacances cet été **nous sommes allés** à la plage. Nous avons fait du ski nautique et du surf. Mon frère a fait de la planche à voile, et toute la famille a fait de la voile dans le beau lac. C'était magnifique! **Nous sommes rentrés** chez nous après une semaine.

La fin de semaine dernière, **je suis allée** à la campagne avec ma famille. On a fait un piquenique ensemble. Ma sœur a fait du vélo et **elle s'est bien amusée**. Moi et mon frère, **on est monté** à cheval. Pour moi, c'était la première fois, mais je n'avais pas peur!

Stratégie

Qu'est-ce que vous avez remarqué ? Discutez avec votre partenaire pour imaginer pourquoi les mots en rouge sont particuliers. Est-ce que vous pouvez observer ce qu'ils ont en commun ?

Pouvez-vous proposer une règle pour former le passé composé avec le verbe **être** ? (N'oubliez pas ce que vous avez appris dans la Leçon 1 de ce chapitre sur la formation du passé composé avec le verbe **avoir** !) Discutez avec les membres de votre classe et avec votre professeur.

L'hiver passé, je suis allé à Banff, en Alberta, avec mes copains. On a fait du ski et de la planche à neige. Nous sommes allés à Jasper cet été, et nous avons fait du camping, et des randonnées dans les montagnes. Mes amis courageux ont fait de l'alpinisme – ils sont montés jusqu'au sommet de la montagne! Moi, je suis resté à côté du feu.

Parallèles

La pluie et le beau temps

Diandra et Mathilde décrivent des endroits qu'elles aiment visiter.

En avril, je suis allée à Paris avec ma meilleure amie. Nous sommes parties après les examens. Nous avons fait du tourisme : nous avons visité des musées et des monuments, et nous avons fait un tour dans le quartier près de la Tour Eiffel. Nous avons fait des achats pour acheter des souvenirs.

Le bois de Vincennes

Le Musée des Beaux-arts de Dijon

À vous la parole

6-23 Qu'est-ce qu'on peut faire ? Avec un/e partenaire, suggérez des activités logiques.

MODÈLE   Qu'est-ce qu'on peut faire à la montagne, quand il y a de la neige ?

    É1 On peut faire du ski.
    É2 On peut faire de la planche à neige.

1. à la plage, en été ?
2. à la campagne, quand il fait beau ?
3. au gymnase, même quand il fait mauvais ?

4. à la montagne, quand il fait beau ?
5. au stade, en automne ?
6. à la piscine, quand il fait chaud ?
7. en ville, quand il fait beau ?
8. en ville, quand il fait mauvais ?

6-24 Suggestions. Proposez une activité à votre partenaire ; il / elle va réagir.

MODÈLES Vous êtes à la montagne.

    É1 Nous allons faire une randonnée.

    É2 Super ! J'adore la nature !

OU Ah non ! Je n'ai pas de bonnes chaussures !

1. Vous êtes à la montagne.
2. Vous êtes à la plage.
3. Vous êtes à la campagne.
4. Vous êtes en ville.

6-25 À l'office du tourisme. En parlant avec un/e partenaire, expliquez ce que les vacanciers peuvent faire dans votre région.

MODÈLE É1 J'habite à Jasper, en Alberta. Nous sommes à la montagne. Il fait beau en été et on peut faire du camping et des randonnées. En hiver, il neige et on peut faire du ski. Et toi ?

    É2 Moi, j'habite à Halifax, en Nouvelle-Écosse. Il fait chaud en été. C'est près de l'océan. Il y a un port et des sites historiques.

Vie et culture

Montréal, ville souterraine

À Montréal, il y a des kilomètres sous la terre, reliés aux stations de métro du centre-ville, aux commerces et aux cinémas. Cet espace souterrain permet une vie à l'abri (*sheltered from*) de la chaleur intense de l'été, de la pluie abondante au printemps et du froid intenable (*unbearable*) de l'hiver. On peut passer toute une journée sous les rues de Montréal – on peut manger dans un café, aller au cinéma et magasiner!

Et vous ?

1. Est-ce qu'il y a un métro dans votre ville ? Est-ce que le système de transport souterraine est aussi développé que le système à Montréal ?
2. Avez-vous visité Montréal ? Parlez de vos impressions.
3. Est-ce que vous préférez éviter (*avoid*) les conditions météorologiques extrêmes ? Qu'est-ce que vous faites pour vous protéger du soleil, de la chaleur, de la pluie et des tempêtes de neige ?

Sons et lettres

 TEXT AUDIO 6.7

Les voyelles nasales (suite)

You have already learned the basics about nasal vowels (see page 238). In this section, you will practise nasal vowels, especially the distinction between words ending with a nasal vowel and those ending with a pronounced consonant.

Compare the following pairs of words; the first of each pair ends with a final pronounced consonant (**-n** or **-m**), and the second ends in a nasal vowel. Only the second word contains a nasal vowel; notice the difference as you repeat after your instructor.

bonne /bɔn/	bon /bɔ̃/
Simone /simɔn/ (*woman's name*)	Simon /simɔ̃/ (*man's name*)
ma cousine /kuzin/	mon cousin /kuzẽ/
l'année /lane/	l'an /lɑ̃/

For words containing a nasal vowel, pronounce each syllable slowly, and do not pronounce **-m** or **-n** when it follows the nasal vowel:

le camp	le cam-ping	la cam-pagne
mon	mon-ter	la mon-tagne

À vous la parole

 TEXT AUDIO 6.8

6-26 Les groupes de mots. Attention de bien insister sur les voyelles nasales.

1. mon — mon-tagne
2. sans — san-té (*health*)
3. camp — cam-ping
4. un — in-dien
5. franc — fran-çaise
6. l'un — lun-di

  TEXT AUDIO 6.9

6-27 Les phrases. Lisez chaque phrase.

1. Il fait bon en automne.
2. Mettons notre blouson et nos gants.
3. Jean et Jeanne vont en Bourgogne en juin.
4. Au printemps, Marianne va en Louisiane chez son oncle.
5. Lundi, nous faisons une randonnée à la montagne avec nos parents.

  TEXT AUDIO 6.10

6-28 Poème. Répétez ces deux vers de Verlaine.

> Les sanglots[1] longs des violons de l'automne
> Blessent[2] mon cœur d'une langueur monotone.
>
> Paul Verlaine. "Chanson d'automne."
> *Poèmes saturniens*, 1866.

[1] sobbing
[2] strike

Formes et fonctions

1. Le passé composé avec *être*

- To tell what happened in the past, you have already learned that most French verbs form the **passé composé** with the present tense of **avoir**. However, some verbs use the present tense form of **être** as an auxiliary. These are usually verbs of motion (but note that not **all** verbs of motion use **être** as an auxiliary):

aller	*to go*	Tu **es allé** à la plage cette fin de semaine ?
arriver	*to arrive*	Je **suis arrivé** en ville vers dix heures du matin.
venir	*to come*	Il **est venu** à la campagne avec nous pour un piquenique.
revenir	*to return*	Elle **est revenue** à l'office du tourisme hier matin.
devenir	*to become*	Elle **est devenue** médecin.
entrer	*to go/come in*	Anne **est entrée** dans le magasin.
rentrer	*to go/come back*	Nous **sommes rentrés** tard après une journée de ski.
retourner	*to go back*	Il **est retourné** en France.
partir	*to leave*	Ses amies **sont parties** ensemble à la montagne.
sortir	*to go out*	Rémy **est sorti** en ville avec Juliette pour faire du tourisme.
passer	*to go/come by*	On **est passé** chez toi hier.
rester	*to stay*	Ils **sont restés** à la plage tout l'après-midi.
tomber	*to fall*	Elle **est tombée** dans la rue.
monter	*to go up*	Lucie **est montée** dans sa chambre.
descendre	*to go down*	Nous **sommes descendues** en ville pour souper.
naitre	*to be born*	Elle **est née** en 1988.
mourir	*to die*	Il **est mort** l'été dernier.

Orthographe :
naitre (naître)

- For verbs that form the **passé composé** with **être**, the past participle agrees in gender and number with the subject (féminin singulier : **e** ; masculin pluriel : **s** ; féminin pluriel : **es**). Note that this is similar to the way adjectives agree with their noun (such as les petit**es** filles: fem.pl.)

Mon frère est arrivé hier.	*My brother arrived yesterday.*
Ma sœur est arrivée ce matin.	*My sister arrived this morning.*
Ses cousins sont allés au musée.	*Her cousins went to the museum.*
Ses cousines sont descendues en ville aussi.	*Her cousins went downtown too.*

Stratégie

To help you remember which verbs require the auxiliaire *être*, remember the phrase "Dr. & Mrs. P. Vandertramp": associate one of the above *être* verbs with each letter of the phrase (D = descendre, R = rentrer, etc.).

- Pronominal verbs also use **être** in the **passé composé**; the past participle also agrees in gender and number with the subject. Note, however, that when a noun follows the verb, no past participle agreement is made (even though the subject is feminine).

Il s'est endormi.	*He fell asleep.*
Ils se sont couchés.	*They went to bed.*
Elle s'est lavée.	*She washed up.*
Elle **s'est lavé** *les cheveux*.	*She washed her hair.*

À vous la parole

6-29 L'après-midi de M. Dumont.
Racontez l'après-midi de M. Dumont au passé.

Cet après-midi, M. Dumont va sortir faire une promenade. Sa femme va rester à la maison pour préparer le souper. Alors, M. Dumont va sortir avec son chien, Castor. Ils vont partir vers (*around*) trois heures et ils vont passer chez un ami de M. Dumont. Ensuite (*then*), ils vont aller au parc et ils vont entrer au zoo.

Finalement, ils vont descendre par l'avenue principale et ils vont rentrer à la maison vers cinq heures.

MODÈLE Hier après-midi, M. Dumont est sorti faire une promenade...

6-30 Jeu de détective.
D'après les indications, déduisez ce que tout le monde a dû faire hier. Répondez en utilisant une expression qui convient parmi cette liste.

aller à la plage, à la montagne, à la campagne	sortir en ville
	rester chez elle
se coucher très tard	(ne pas) partir en vacances

MODÈLE J'ai dormi jusqu'à dix heures.
➤ Tu t'es couché très tard hier soir !

1. Anne a un examen aujourd'hui.
2. Cédric parle de la planche à neige.
3. Mes filles sont très fatiguées.
4. Nous avons mangé en plein air.
5. Mes parents n'ont pas répondu au téléphone.
6. J'ai visité un musée extraordinaire.
7. Ma mère a beaucoup de travail à faire.

6-31 Le samedi de Guillaume.
Racontez comment Guillaume a passé la journée samedi. Utilisez les expressions ci-dessous pour construire un récit.

d'abord	ensuite	après	puis	enfin
first	*next*	*after*	*then*	*finally*

MODÈLES D'abord, Guillaume a quitté sa chambre à huit heures. Ensuite, il...
 OU D'abord, Guillaume est sorti à huit heures. Après, il...

6-32 Qu'est-ce qu'on a fait aujourd'hui ? Mettez les verbes pronominaux au passé composé avec les sujets indiqués.

1. (Pierre) se réveiller à 8 h. (Anne) se réveiller à 8 h 30.
2. (Ils) se brosser les dents.
3. (Mon colocataire) se doucher à 6 h 30.
4. (la petite fille) se brosser les cheveux.
5. (mes amis) se dépêcher. (mes amies) se dépêcher aussi.
6. (mon amie) se coucher à minuit.
7. (nous) s'endormir à 2 h du matin.

2. La description et la narration au passé

Maintenant, vous pouvez raconter une histoire au passé: vous pouvez décrire le temps, le lieu et les circonstances, et vous pouvez dire ce qui s'est passé (quels évènements se sont passés).

Orthographe :
évènements (événements)

• Pour commencer votre histoire, employez une expression pour situer l'histoire, comme :

Hier, Avant-hier	Le mois passé/dernier
La semaine passée/dernière	L'année passée/dernière
La fin de semaine passée	En 2010
Lundi passé/dernier	En septembre
Ce matin	Hier matin

- Continuez avec une phrase **au passé composé** pour introduire votre sujet :

  *La semaine passée, je **suis allée** à Toronto.*

- Ensuite, écrivez quelques phrases **à l'imparfait** pour décrire le temps, le lieu, et les circonstances (pour donner des détails pour aider celui ou celle qui vous écoute (ou qui vous lit) à comprendre ce qui se passe.

  *Il **faisait** très beau. La température **était** de 20 degrés celsius et il y **avait** du soleil.*
  *J'**étais** très fatiguée parce que le vol de Vancouver **était** très long.*

- Puis, racontez une suite d'évènements (*a series of events*) : qu'est-ce qui s'est passé ? Les évènements sont **au passé composé** parce que ce sont des actions complétées.

  Indiquez la suite d'évènements par les mots suivants:

  D'abord (*first of all*)   Après (*after that*),
  Puis (*next, then*)   Enfin (*finally*)
  Ensuite (*next, after that*)

  *D'abord, **je suis allée** chez mon amie. Après, **nous sommes allées manger** au restaurant. Puis **nous sommes allées** au cinéma. À minuit, **nous sommes retournées** chez elle et **nous avons parlé** pendant trois heures!*

- Si vous voulez indiquer que quelque chose se passait au moment de l'évènement principal, il faut employer l'imparfait **et** le passé composé dans la même phrase. En anglais, l'équivalent est:

  It **was** raining (it was in the process of raining = *imparfait*) **when** (at the moment when = *passé composé*) we arrived at her place.

  *Il **pleuvait** quand nous **sommes arrivés** chez elle.*

- Voici maintenant toute l'histoire:

  La semaine passée, je suis allée à Toronto. Il faisait très beau : la température était de 20 degrés celsius et il y avait du soleil. J'étais très fatiguée parce que le vol de Vancouver était très long. D'abord, je suis allée chez mon amie. Après, nous sommes allées manger au restaurant. Puis nous sommes allées au cinéma. À minuit, nous sommes retournées chez elle et nous avons parlé pendant trois heures! Il pleuvait quand nous sommes arrivés chez elle.

À vous la parole

6-33 Une suite d'évènements. Écrivez une phrase logique, en mettant les verbes au passé composé et en employant les mots *d'abord*, *après*, *puis*, *ensuite*, *enfin*. Ajoutez des détails pour faire des phrases intéressantes.

MODÈLE arriver / manger / regarder la télé / se coucher
Je suis arrivé à la maison à 6 h, puis j'ai dîné. Ensuite, j'ai regardé la télé et enfin je me suis couché à 11 h.

1. aller en classe / manger / rentrer (*to go home*) / faire les devoirs
2. se réveiller / se doucher / s'habiller / déjeuner / quitter la maison
3. arriver chez moi / préparer le diner / manger / se reposer
4. aller au magasin / acheter / rentrer / préparer / servir
5. aller à la bibliothèque / chercher / écrire / corriger
6. téléphoner au médecin / aller à la pharmacie / acheter / rentrer / prendre des médicaments / dormir

6-34 Situer des évènements. Indiquez qu'est-ce qui se passait au moment de l'évènement principal. Mettez le premier verbe à l'imparfait et le deuxième au passé composé.

MODÈLE ➤ pleuvoir / (nous) arriver
Il pleuvait quand (au moment où) nous sommes arrivés.

1. (mon père) dormir / (le téléphone) sonner
2. (le chat) boire du lait / (le chien) entrer dans la cuisine
3. (je) parler au téléphone / (tu) texter
4. (nous) regarder le film / (la pizza) arriver
5. (mes amis) faire leurs devoirs / (je) arriver
6. (je) aller à l'université / (je) voir un accident
7. (mon colocataire) lire un livre / (je) entrer
8. (ma tante) préparer le diner / (je) téléphoner
9. (mes amis) discuter / (je) partir

6-35 À vous de raconter! Racontez une histoire.
Suivez le modèle de Formes et fonctions 2 (*La description et la narration au passé*) pour raconter une histoire intéressante (peut-être quelque chose que vous avez fait ou que vous avez vu récemment). Commencez en situant l'histoire dans le temps (par ex. : *Hier, La semaine dernière*) puis continuez en faisant des phrases au passé composé et à l'imparfait. Racontez votre histoire à votre partenaire. Est-ce facile à comprendre ? L'histoire est-elle claire ? Peut-on suivre la progression ? Les temps verbaux, les auxiliaires sont-ils correctement choisis ?

6-36 Une carte postale

A. Avant d'écrire. Quand vous êtes en vacances, est-ce que vous écrivez des cartes postales ? À qui est-ce que vous écrivez ? Qu'est-ce que vous décrivez ? Faites une liste de trois ou quatre choses que vous écrivez normalement sur une carte postale, et déterminez quels temps de verbes il faut employer.

B. En écrivant. Dans votre classe, choisissez quelqu'un à qui vous allez envoyer votre carte postale, puis regardez le modèle ci-dessous. Imaginez où vous êtes allé. Faites une petite recherche sur Internet pour déterminer quelles sont les activités à faire ou les sites à voir à votre destination de votre choix. Votre carte postale devrait indiquer carte postale, dites:

1. où vous avez passé vos vacances
2. le temps qu'il faisait
3. les endroits (*places*) que vous avez visités, vos activités
4. quand vous allez revenir

Fort-de-France, le 12 février

Chère Nicole,

Je passe des vacances magnifiques à la Martinique. Ici, il fait très beau, avec tous les jours un ciel bleu et des températures entre 20 et 25 degrés. Aujourd'hui, on va à la plage et demain on va à la montagne pour faire une randonnée. J'espère aussi visiter Pointe du Bout et la ville de Saint-Pierre. Je rentre à Paris le 18, avec beaucoup de photos et de souvenirs !

Amitiés,

Suzanne

Mlle LEFRANC Nicole
38, rue d'Assas
75 006 PARIS

C. Après avoir écrit. Avant de donner votre carte postale à votre camarade de classe (ou au professeur), vérifiez que vous avez inclus tous les éléments requis. Ensuite, lisez-la encore une fois pour vous assurer qu'il n'y a ni fautes d'orthographe, ni fautes de grammaire. Enfin, lisez la carte postale de votre camarade de classe et écrivez une courte réponse.

LEÇON 3 — Je vous invite

Points de départ

Qu'est-ce qu'on propose ?

—On organise une petite fête samedi soir ; tu es libre ?
—Non, désolée, je ne peux pas.

—Vous êtes libres samedi ? J'ai des places pour un ballet, « Coppélia » de Delibes.
—Ah oui, c'est très gentil à vous !

—On ne joue pas au tennis à cause de la pluie, alors je peux t'accompagner à l'exposition.
—Super ! On se retrouve devant le musée ?

—Alors, rendez-vous au Palais des Congrès pour voir le concert de rock ?
—Oui, à 19 h 30.

—Tu veux nous accompagner au théâtre ? On va voir une pièce de Molière.
—Volontiers ! J'adore le théâtre.

—Il pleut, donc qu'est-ce qu'on fait cet après-midi ?
—Il y a un bon film à la Cinémathèque.
—Super ! On y va ensemble ?

—On va passer une soirée tranquille chez nous.
—Je regrette, je ne peux pas venir. Je dois travailler.

POUR INVITER QUELQU'UN

Tu es / Vous êtes libre ?
On y va ensemble ?
Tu veux m'accompagner ? / Vous voulez nous accompagner ?

POUR ACCEPTER UNE INVITATION

Oui, je suis libre.
(J'accepte) Avec plaisir.
C'est gentil à toi / vous.
Je suis ravi/e.
Volontiers.

POUR REFUSER UNE INVITATION

Je suis désolé/e...   je ne suis pas libre.
Je regrette...   je suis pris/e.
C'est dommage...   j'ai déjà un rendez-vous.

Vie et culture

Qu'est-ce qu'on peut faire au Vieux-Québec ?

Si vous visitez le Vieux-Québec, vous allez voir un lieu historique canadien très important. Au Vieux-Québec, il y a des sites comme le Quartier latin, la Basilique, la Place-Royale, l'hôtel de ville et le Château Frontenac qui permettent aux touristes de vivre l'Histoire. Les Plaines d'Abraham est le site de la bataille historique entre les Anglais et les Français pour contrôler les colonies canadiennes. Le Quartier Petit-Champlain est la plus vieille rue en Amérique du Nord où on peut faire les courses et aussi voir les boutiques, les galeries et les cafés charmants. La cuisine qu'on sert dans les offre aux restaurants du Vieux-Québec est renommée pour la façon innovatrice dont elle combine la cuisine française traditionnelle et les ingrédients des régions du Québec. Les touristes

Le Quartier Petit-Champlain à Québec

qui visitent Québec pour la première fois peuvent savourer les spécialités québécoises typiques telles que la tourtière, la poutine, les cretons (*a spread made from pork*) et la tarte au sucre.

À vous la parole

6-37 Qu'est-ce qu'on peut faire ? Saint-Pierre-et-Miquelon sont des iles françaises (c'est une *collectivité territoriale* de la France ; consultez la page 264 dans ce chapitre : « Vive les vacances ! ») situées dans l'océan Atlantique, à vingt-cinq kilomètres au sud de Terre-Neuve, au Canada. Les habitants de ces iles sont des citoyens français. Regardez le programme d'activités à faire en été et discutez-en avec votre partenaire.

MODÈLE É1 Regardez : le 14 juillet, c'est la fête nationale.
           É2 Est-ce que c'est la fête nationale de la France ?
           É1 Je pense que oui !

6-38 Oui ou non ? Avec un/e camarade de classe, imaginez les situations suivantes. Qu'est-ce que vous allez dire ?

MODÈLE On vous invite à aller au musée demain. Vous ne voulez pas y aller.

        É1 Tu veux aller au musée avec moi ? Il y a une bonne exposition.
        É2 Je regrette / Désolé/e, je ne suis pas libre.

1. On vous invite à un concert. Vous êtes ravi/e d'y aller.
2. On vous invite à aller au théâtre. Vous demandez quelle pièce on joue.
3. On vous invite à faire une randonnée, mais vous n'aimez pas les promenades.
4. On cherche quelqu'un pour jouer au bridge. Vous aimez ce jeu.
5. On a des places pour un concert de rock. Vous êtes allé au même concert hier soir !
6. On a deux billets pour un ballet. Vous demandez pour quel soir c'est, et puis vous acceptez.

6-39 Invitations. Vous allez inviter des camarades de classe. Ils vont accepter ou refuser selon leurs préférences.

1. D'abord, faites une liste de trois activités que vous voulez proposer et une liste de trois personnes que vous voulez inviter. N'oubliez pas le professeur !
2. Ensuite, proposez vos activités à trois personnes différentes qui vont accepter ou refuser vos invitations selon leurs préférences. Bien sûr, vos camarades de classe vont vous inviter aussi, et vous devez accepter ou refuser à votre tour.
3. Pour terminer : qui est-ce que vous avez invité ? Pour quelle activité ? Qui a accepté ? Qui a refusé ?

Orthographe :
iles (îles)

Saint-Pierre-et-Miquelon
Où la France rencontre l'Amérique
Le calendrier 2009

• **Juin**

○ **13-14 juin : Fête western.** Chaque année, les cavaliers de Saint-Pierre vous donnent rendez-vous pour des démonstrations de parcours à cheval.

○ **21 juin : la Fête de la musique.** Professionnels ou amateurs, tous participent pour partager «la musique» avec d'autres musiciens et avec le public !

○ **27 juin : les 25 km de Miquelon.** Cette course à pied se déroule sur la commune de Miquelon-Langlade. Des centaines de personnes y participent chaque année.

○ **Fin juin : Fête des marins.**

• **Juillet**

○ **14 juillet : Fête nationale.** Fête nationale du 14 juillet pour fêter la prise de la Bastille, elle est aujourd'hui populaire sur l'archipel et auprès des touristes qui n'hésitent plus à venir spécialement pour cette occasion.

• **Août**

○ **9 août : Festival des fruits de mer de Miquelon.** Un festival qui se déroule à Miquelon, mais qui est maintenant «ancré» dans les festivités estivales de Saint-Pierre-et-Miquelon. Un festival qui regroupe chaque année près de 450 personnes et dont les plats, tous confectionnés bénévolement par les cuisinières et cuisiniers du village, sont composés uniquement des produits de la mer.

○ **17 au 23 août : Fête Basque.** La fête basque est marquée par de nombreux jeux de la force basque avec également des divertissements musicaux et la restauration.

Source: (©) Michelon Consulting

Formes et fonctions

1. Le comparatif des adverbes

- You have learned to use adverbs to make descriptions of activities more precise.

Elle s'endort.	She's falling asleep.
Elle s'endort **tôt le soir**.	She falls asleep early in the evening.
Elle s'endort **facilement**.	She falls asleep easily.
Elle s'endort **souvent** en classe.	She often falls asleep in class.

- The expressions **plus... que** (*more than*), **moins... que** (*less than*), and **aussi... que** (*as much as*) can be used with adverbs to make comparisons.

plus... que	Je dors **plus** tard **que** mon frère.	*I sleep later than my brother.*
aussi... que	Tu joues **aussi** bien **que** Stéphane.	*You play as well as Stéphane.*
moins... que	Il sort **moins** souvent **que** moi.	*He goes out less often than I do.*

  Note that when a pronoun follows **que** in a comparison, it must be a stressed pronoun.

- The adverb **bien** has an irregular comparative form, **mieux**, as shown below:

Je chante bien.	*I sing well.*
Je chante aussi bien que toi.	*I sing as well as you do.*
Je chante moins bien que lui.	*I don't sing as well as he does.*
Tu chantes **mieux que** nous.	*You sing better than we do.*

- When comparing amounts, **plus**, **moins**, and **autant** are followed by **de** and a noun:

plus de... que	Elle a **plus de** travail **que** nous.	*She has more work than we do.*
moins de... que	Il a **moins de** devoirs **que** vous.	*He has less homework than you.*
autant de... que	J'ai **autant d'**amis **que** vous.	*I have as many friends as you.*

À vous la parole

6-40 Comparaisons! Complétez les phrases avec **plus**, **moins** ou **aussi** pour comparez vos activités avec celles de vos proches (*those close to you*).

MODÈLE   Je mange _____ souvent que mon copain.
               Je mange *plus* souvent que mon copain.

1. Je travaille _____ fort que mes camarades de classe.
2. Je fais des devoirs _____ souvent que mon ami.
3. Je me couche _____ tard que mon colocataire.
4. Je me réveille _____ tôt que mes amis.
5. Je parle le français _____ souvent que mon professeur de français.

Et l'été passé ? Répondez de la même façon (*in the same way*), mais au passé composé.

6. J'ai fait du vélo _____ souvent que mes amis.
7. J'ai voyagé _____ souvent que mes parents.
8. J'ai mangé au restaurant _____ fréquemment que mes amis.

6-41 Qui fait mieux ? Comparez vos réponses avec celles de votre partenaire.

MODÈLE Qui chante mieux, toi ou ta mère ?

    É1 Ma mère chante mieux que moi.
    É2 Moi aussi, je chante moins bien que ma mère.

1. Qui chante mieux, toi ou ta mère ?
2. Qui travaille mieux, toi ou ton/ta meilleur/e ami/e ?
3. Qui danse mieux, toi ou ton ami/e ?
4. Qui parle mieux le français, toi ou ton professeur ?
5. Qui mange mieux, toi ou ton père ?
6. Qui joue mieux au basketball, toi ou ton frère / ta sœur ?
7. Qui s'habille mieux, toi ou ton/ta meilleur/e ami/e ?

6-42 Plus ou moins ? Regardez dans votre sac ou sac à dos, et comparez ce que vous avez avec ce que votre parentaire a dans son sac.

MODÈLE combien de stylos ?

    ➤ Moi, j'ai trois stylos et toi ; j'ai trois stylos, et toi, tu as deux stylos.
  OU ➤ Tu as moins de stylos que moi.
  OU ➤ J'ai plus de stylos que toi.

1. combien de stylos ?
2. combien de livres ?
3. combien de cahiers ?
4. combien de crayons ?
5. combien d'argent ?
6. combien de photos ?

2. Le superlatif des adverbes

- To describe someone's actions by showing that he or she performs at the top or bottom of a group, we use the superlative (*the best, the most, the least*). To express a superlative with an adverb, use the definite article **le plus** or **le moins** before the adverb. Use **de** to show what group you're describing:

Mon père se couche **le plus tard** de la famille.
My father goes to bed the latest out of the family.

Elle sort **le moins souvent** de tous nos amis.
She goes out the least often of all our friends.

You learned that the comparative of *bien* is *mieux*; likewise, the superlative of the adverb *bien* (*well*) is **le mieux** (*the best*)

Tu chantes **le mieux**.
You sing the best.

Fiche pratique

When expressing the superlative of an amount, note that you must use **le**; it does not represent masculine in this case.

- To show the superlative of an amount, use **le plus de/d'**:

  Il a **le plus d'**amis. *He has the most friends.*
  Elle a **le plus de** devoirs. *She has the most homework.*

À vous la parole

6-43 Moi et mes amis! Posez des questions dans votre groupe de trois ou quatre personnes pour déterminer les choses suivantes:

MODÈLE Qui a mangé le plus de pizza la fin de semaine dernière ?

    É1 Moi, j'ai mangé la pizza samedi soir.
    É2 Et moi, j'ai mangé la pizza vendredi soir et samedi soir !
    É3 Eh bien moi, j'ai mangé la pizza à chaque repas !
    É1 Alors, voilà, c'est toi qui a mangé le plus de pizza.

1. Qui se réveille le plus tôt ?
2. Qui se couche le plus tard ?
3. Qui a bu le plus de café hier ?
4. Qui étudie le plus fort d'habitude ?
5. Qui est sorti avec des amis le plus souvent l'été passé ?

6-44 Distribution des prix. Dans votre classe de français, qui fait le mieux dans chaque catégorie ? Posez des questions à vos camarades de cours pour découvrir.

MODÈLE chanter

    É1 Qui chante le mieux ?
    É2 Kristine chante le mieux.

1. chanter
2. parler français
3. travailler
4. danser
5. s'habiller
6. parler espagnol
7. écrire

6-45 Description personnelle. Donnez une description de vous-même (*yourself*) en utilisant des comparatifs et des superlatifs des adverbes.

MODÈLE Je chante mieux que mon copain. Je vais au cinéma plus souvent que mon frère. Je bois moins de café que ma sœur, mais autant de café que mon père ! Je fais le plus de devoirs de tous mes amis. Je parle français le mieux de toute ma famille!

TEXT AUDIO 6.12

6-46 Des invitations

Aurélie a beaucoup d'amis et elle sort beaucoup. Écoutez les messages sur son répondeur.

A. Avant d'écouter. Quand vous écoutez vos messages sur le répondeur, quel type d'informations est-ce que vous pensez entendre ?

B. En écoutant. Complétez le tableau avec les détails importants de chaque message.

1. La première fois que vous écoutez ces messages, décidez pourquoi chaque personne a appelé : **pour inviter Aurélie**, **pour accepter une invitation**, **pour refuser une invitation**.
2. Écoutez encore et notez les détails pour **Activité**, **Quand** et **Où**.
3. Écoutez une dernière fois et notez d'autres détails importants pour chaque message.

Qui	Sylvain	Cécile	Florian	Maman
Pourquoi	*pour inviter*		*pour confirmer*	
Activité				
Quand				
Où	*chez Patrick et Delphine*			
D'autres détails importants				

C. Après avoir écouté. Imaginez que vous êtes Aurélie. À qui est-ce que vous allez téléphoner d'abord ? Pourquoi ? Et ensuite ? Comparez vos réponses avec les réponses de vos camarades de classe.

Venez chez nous !
Vive les vacances !

On fait de la planche à voile à la Réunion.

LA FRANCE D'OUTRE-MER

« Où vont les Français pour trouver du soleil au mois de février ? » Attention ! La bonne réponse n'est pas « sur la Côte d'Azur » car[1] en hiver, dans le Midi de la France, il ne fait pas assez chaud pour se bronzer sur la plage ou nager dans la mer. Une meilleure réponse, c'est « aux Antilles, à la Réunion ou à Tahiti ». Ce sont de bonnes destinations touristiques si vous voulez trouver du soleil en hiver et des plages, ou encore si vous voulez entendre parler français !

En fait, vous pouvez voyager aux quatre coins[2] du globe et rester toujours en contact avec la France car ce pays comprend des départements, des régions et des territoires **d'outre-mer**. Ce sont d'anciennes colonies françaises qui continuent à être associées administrativement et politiquement à la France. Depuis 1946, la Guadeloupe, la Martinique, la Guyane et la Réunion ont le statut de **départements d'outre-mer** (DOM) et depuis 1982 de **régions d'outre-mer** (ROM). À ce titre, elles ont la même organisation administrative que les départements et régions de la France métropolitaine, et leurs habitants sont des citoyens français. À la Réunion, à la Martinique et en Guadeloupe, on parle créole et français ; en Guyane française, créole, français et des langues amérindiennes. Il y a également[3] six **collectivités d'outre-mer** (COM); ce sont les îles de Saint-Pierre-et-Miquelon (à l'est du Canada), Saint-Barthélemy et Saint-Martin (aux Antilles), la Mayotte (à l'est de l'Afrique) et deux archipels[4] dans l'océan Pacifique : la Polynésie française (où se trouve l'île de Tahiti) et Wallis-et-Futuna. Ces territoires ont une plus grande autonomie administrative que les départements / régions d'outre-mer.

¹parce que   ²corners   ³aussi   ⁴archipelago, group of islands

Et vous ?

1. Comment s'appellent les territoires d'outre-mer situés à l'est du Canada ? Le Canada possède-t-il des territoires d'outre-mer ?
2. Comme vous l'avez remarqué sur la carte, la France a des territoires partout (*everywhere*) dans le monde. Est-ce un avantage pour la France ? Expliquez.

6-47 Martinique : Guide pratique

La baie de St-Pierre, à la Martinique

Stratégie

Use the title and subtitles of a text as clues to understanding its focus and organization. You can learn what kind of information is likely to be included and what the major subdivisions are. With this approach, you will know a great deal about the content even before you read the passage as a whole.

A. Avant de lire. The following passage is excerpted from a travel guide written by **le Comité martiniquais du tourisme**. Before reading, look at the title and the various subtitles to get a sense of the focus and organization of this passage.

1. The title of the booklet is **Martinique : Guide pratique**. Who do you think is the intended audience for a **Guide pratique**? What kind of information would you expect to be included in a "practical guide?"

2. Now look at the two major subtitles that appear in red type. They establish the two major divisions of this text. What is the focus of each?
3. Finally, look at the eight black subheadings. These indicate the topic of each paragraph. Considering these subheadings together with what you have determined about the focus and organization of the text, summarize what you know already about its content.

B. En lisant. Trouvez les réponses aux questions suivantes.

1. Quelle est la capitale de la Martinique ?
2. Il y a combien de kilomètres entre la Martinique et la France ?
3. Quel est le climat à la Martinique ?
4. Quelles sont les trois ressources naturelles martiniquaises citées ?
5. Quelles langues sont parlées à la Martinique ?
6. Est-ce qu'il est nécessaire pour les voyageurs d'Amérique du Nord d'avoir un visa pour entrer en Martinique ? Qu'est-ce qu'il leur faut ?
7. Quels vêtements est-ce qu'il faut apporter pour un séjour à la Martinique ?

Martinique : Guide pratique

Informations générales

Histoire et administration
Christophe Colomb débarqua à la Martinique en 1502 et depuis 1635, excepté de courtes périodes d'occupation anglaise, elle partage[1] les destinées de la France. Département français depuis 1946, sa structure administrative et politique est identique à celle des départements de la métropole. Siège[2] de la préfecture, Fort-de-France est la capitale administrative, commerciale et culturelle de la Martinique.

Géographie
La Martinique fait partie du groupe des petites Antilles ou « Îles au vent ». Elle est baignée à l'ouest par la mer des Antilles et à l'est par l'océan Atlantique. Elle se trouve à environ 7 000 km de la France et 440 km du continent américain.

Climat
Le climat est relativement doux à la Martinique et la chaleur n'y est jamais insupportable. La température moyenne se situe aux environs de 26 °C, mais sur les hauteurs, il fait plus frais. De l'est et du nord-est, des brises régulières, les alizés, rafraîchissent l'atmosphère.

Ressources économiques
Principales ressources naturelles de l'île : le rhum, le sucre, l'ananas, la banane. La Martinique produit également des conserves de fruits, des confitures et des jus de fruits locaux. Le tourisme connaît un essor[3] remarquable et tend à devenir le secteur économique de pointe.

Langue
Le français est parlé et compris par toute la population mais on entend beaucoup le créole. Bien entendu, l'anglais est également parlé surtout dans les lieux touristiques.

Informations pratiques

Formalités d'entrée
Les Français peuvent entrer en Martinique avec leur carte nationale d'identité ou leur passeport. Les ressortissants des États-Unis et du Canada sont admis sans visa pour un séjour[4] inférieur à trois mois. Une pièce d'identité est toutefois requise.

Conseils vestimentaires
Au pays de l'éternel été, vous porterez des vêtements légers et décontractés pour vos excursions : maillot de bain, short et sandales pour la plage. Les femmes s'habillent généralement le soir davantage[5] que les messieurs pour lesquels veste et cravate ne sont exigées que[6] rarement. Toutefois n'oubliez pas un lainage et vos lunettes de soleil.

[1]shares [2]Seat [3]development [4]a stay [5]more [6]are only required

C. En regardant de plus près. Maintenant, examinez de plus près les aspects suivants du guide.

1. Regardez le nom **les ressortissants** dans la section **Formalités d'entrée**. Est-ce que ce mot ressemble à un verbe en **-ir** que vous connaissez ? Lequel ? D'après la signification du verbe et le contexte, quelle est la signification du mot **ressortissants** ?
2. Le mot **vestimentaires** dans la section **Conseils vestimentaires** est lié à un autre mot en français que vous connaissez. Lequel ? D'après le contexte, quelle est la signification de l'adjectif **vestimentaires** ?
3. Dans la même section, vous pouvez lire le mot **lainage**. Quel mot en français est-ce que vous voyez dans ce mot ? Citez un synonyme, en français, de **lainage**.

D. Après avoir lu. Discutez de ces questions avec vos camarades de classe.

1. Avant de lire **le Guide**, vous avez fait un résumé du texte en considérant les titres et les sous-titres. Est-ce que ce résumé vous a aidé/e à comprendre le texte ? Qu'est-ce que vous avez appris avant même de lire ? Qu'est-ce que vous avez appris de plus en lisant le texte ?
2. Est-ce que vous pouvez suggérer d'autres informations importantes qu'on devrait ajouter au **Guide** pour les visiteurs à la Martinique ?
3. Après avoir lu **le Guide**, est-ce qu'un voyage à la Martinique vous intéresse ? Pourquoi ?

6-48 De superbes vacances

A. Avant de regarder. Dans cette séquence vidéo, Corinne et Édouard parlent de leurs superbes vacances. D'après les phrases et expressions suivantes, où est-ce que vous pensez qu'ils sont allés ? Qu'est-ce qu'ils ont fait ?

Corinne :

J'ai pu voir des crocodiles...
...ils ont un beau hamac.
...j'en ai profité pour faire des photos avec Mickey, Daisy, Donald...

Édouard :

...je suis parti en croisière en bateau à voile.
...on a découvert... toutes les îles italiennes.

B. En regardant. Regardez et écoutez la séquence pour répondre aux questions suivantes.

1. Pour chaque personne, indiquez les endroits mentionnés :

Corinne :

_____ la Californie   _____ les États-Unis   _____ les Everglades   _____ la Floride

_____ Miami   _____ New York   _____ Orlando   _____ Paris

Édouard :

_____ Antibes   _____ la Corse   _____ la France   _____ la Grèce

_____ l'île Maurice   _____ Naples   _____ Nice   _____ Rome

2. Avec qui est-ce que Corinne et Édouard ont passé leurs vacances ?
3. Qu'est-ce qu'ils ont vu pendant leur voyage ?

C. Après avoir regardé. Discutez de ces questions avec vos camarades de classe.

1. Pourquoi, à votre avis, est-ce que Corinne et Édouard considèrent que ce sont de superbes vacances ?
2. Avez-vous visité les endroits mentionnés par Corinne ou Édouard ? Si oui, qu'est-ce que vous avez vu et qu'est-ce que vous avez fait ?
3. Pour vous, quelles sont de superbes vacances ?

Parlons

6-49 Les vacances d'hiver

En hiver, le ski alpin est un sport très populaire au Canada.

A. Avant de parler. Beaucoup de Canadiens aiment prendre quelques jours de vacances en hiver. Il y a des gens qui préfèrent quitter le Canada pour voyager vers une destination tropicale, tandis que d'autres préfèrent profiter de la belle neige et des plaisirs de l'hiver au Canada. Le Carnaval de Québec, par exemple, est une fête annuelle où les Québécois et les touristes participent à des activités d'hiver. Imaginez que vous avez, vous aussi, des vacances en février. Où est-ce que vous voudriez aller ? Pensez à vos vacances idéales et partagez vos idées avec un/e partenaire. Regardez l'image pour avoir des idées.

B. En parlant. En groupe de quatre ou cinq personnes, parlez de vos vacances d'hiver idéales. Expliquez aux membres de votre groupe le climat que vous préférez, les vêtements que vous voulez porter et les activités que vous voulez faire. Les autres vont vous suggérer des endroits possibles pour ce voyage dans le monde francophone.

C. Après avoir parlé. Comparez les vacances proposées dans votre groupe avec celles des autres groupes de la classe. Est-ce que vous voulez tous aller au même endroit ou est-ce que vous avez des camarades de classe qui veulent aller partout dans le monde francophone ?

Le Bonhomme Carnaval est le symbole du Carnaval de Québec.

6-50 Mes meilleurs souvenirs de vacances

A. Avant d'écrire. Racontez des vacances mémorables que vous avez passées.

1. Répondez à ces questions générales avant d'écrire :
   Où est-ce que vous êtes allé/e ? Avec qui ? Quand ?
   Est-ce qu'il a fait beau ?
   Qu'est-ce que vous avez vu ?

2. Maintenant, pensez à ce que vous avez fait. Quels sont les deux ou trois évènements les plus mémorables ? Faites une liste.

B. En écrivant. Utilisez vos réponses aux questions générales et la liste que vous avez préparée dans l'exercice A, puis rédigez deux ou trois paragraphes pour décrire vos vacances.

MODÈLE L'été dernier, je suis allée au Québec avec ma famille. La ville de Québec est très pittoresque. Nous avons vu des petits magasins avec des fleurs, des cafés et des restaurants en plein air et beaucoup d'animation... Un jour, nous avons fait une promenade en bateau pour voir des baleines (*whales*). On s'est bien amusés.

C. En révisant. Réfléchissez aux questions suivantes et faites tous les changements nécessaires.

1. Relisez votre description pour le contenu. Est-ce que vous avez situé votre récit : où ? quand ? avec qui ? Est-ce que vous avez décrit deux ou trois évènements mémorables ?
2. Maintenant, relisez votre description pour le style et la forme. Soulignez tous les verbes. Vérifiez que vous avez fait un bon choix entre les auxiliaires **être** et **avoir** pour les verbes au passé composé.

D. Après avoir écrit. Échangez votre travail avec vos camarades de classe. Qui a passé les vacances les plus intéressantes ?

VOCABULAIRE

TEXT AUDIO  6.13–6.26

Français canadien

6.13
une averse de neige	light snowfall
une bordée de neige	heavy snowfall
faire de la planche à neige	to snowboard
neigeasser	to be snowing lightly
une poudrerie	blowing snow
de la sloche	slush
une tempête de neige	blizzard

Leçon 1

6.14
le temps à toutes les saisons (f.)	the weather in all seasons
Quel temps fait-il ?	What's the weather like?
Il fait beau.	It's beautiful weather.
Il y a du soleil.	It's sunny.
Le ciel est bleu.	The sky is blue.
Il y a du brouillard.	It's foggy.
Il y a des nuages. (m.)	It's cloudy.
Le ciel est couvert.	The sky is overcast.
Le ciel est gris.	The sky is grey.
Il y a du vent.	It's windy.
Il fait mauvais.	The weather's bad.
Il fait lourd.	It's humid.
Il neige. (neiger)	It's snowing. (to snow)
Il y a du verglas.	It's icy, slippery.
Il y a un orage.	There's a (thunder) storm.
Il y a des éclairs. (m.)	There's lightning.
Il y a du tonnerre.	There's thunder.
Il pleut. (pleuvoir)	It's raining. (to rain)
la pluie	rain

6.15
pour parler de la température	to talk about the temperature
Il fait 10 degrés. (m.)	It's 10 degrees.
Il fait chaud.	It's hot (weather).
Il fait bon.	It's warm (weather).
Il fait frais.	It's cool (weather).
Il fait froid.	It's cold (weather).
Il gèle. (geler)	It's freezing. (to freeze)

J'ai chaud / froid.	I'm hot/cold.
la météo(rologie)	weather, weather report/forecast

6.16
les saisons (f.)	the seasons
au printemps (m.)	in the spring
en été (m.)	in the summer
en automne (m.)	in the fall
en hiver (m.)	in the winter

6.17
pour parler du passé	to talk about the past
d'habitude	usually
le lundi	on Mondays
la fin de semaine	every weekend
quelquefois	sometimes
souvent	often
toujours	always
tous les jours	everyday
tous les soirs	every evening
toutes les semaines	every week
à ce moment-là	at that moment
avant-hier	the day before yesterday
l'année dernière	last year
ce jour-là	that day
hier	yesterday
il y a longtemps	a long time ago
il y a deux jours	two days ago
la semaine dernière	last week
la fin de semaine dernière	last weekend
samedi dernier	last Saturday

Leçon 2

6.18
les vacances (f. pl.)	vacation
partir en vacances	to go on vacation
un billet (d'avion)	(plane) ticket
une carte postale	postcard
des destinations (f.)	destinations
la campagne	countryside
la mer	sea
la montagne	mountains
la plage	beach

270 *deux-cent-soixante-dix* CHAPITRE 6 • ACTIVITÉS PAR TOUS LES TEMPS

	la ville	city	
	la pêche (aller à la pêche)	fishing (to go fishing)	
	des projets (m.) de vacances	vacation plans	
	le repos	rest	
	les sports d'hiver (m.)	winter sports	

6.19 des activités (f.) — *activities*

faire...
- des achats (m.) — *to shop*
- de l'alpinisme (m.) — *to go mountain climbing*
- du camping — *to camp, to go camping*
- du cheval — *to go horseback riding*
- un piquenique — *to picnic*
- de la planche à voile — *to windsurf*
- une randonnée — *to take a hike*
- du ski — *to ski*
- du ski nautique — *to water ski*
- du surf — *to go surfing*
- du surf des neiges (Fr.) — *to go snowboarding*
- un tour dans le quartier / au parc — *to tour the neighbourhood/park*
- du tourisme — *to go touring, to go sightseeing*
- de la voile — *to go sailing*

visiter des musées ou des monuments — *to visit museums or monuments*

6.20 quelques verbes conjugués avec être au passé composé — *some verbs conjugated with être in the passé composé*

- aller — *to go*
- arriver — *to arrive*
- descendre — *to go down*
- devenir — *to become*
- entrer — *to go/come in*
- monter — *to go up*
- mourir — *to die*
- naitre — *to be born*
- partir — *to leave*
- passer — *to go/come by*
- rentrer — *to go/come back*
- rester — *to stay*
- retourner — *to go back*
- revenir — *to return*
- sortir — *to go out*
- tomber — *to fall*
- venir — *to come*

pour faire un récit — *to construct a narrative* 6.21

- l'année passée / dernière — *last year*
- après — *after, after that*
- avant-hier — *the day before yesterday*
- d'abord — *first*
- enfin — *finally*
- ensuite — *next*
- la fin de semaine passée / dernière — *last weekend*
- hier — *yesterday*
- le mois passé / dernier — *last month*
- puis — *then*
- la semaine passée / dernière — *last week*

Leçon 3

pour inviter quelqu'un — *to invite someone* 6.22

- Tu es / Vous êtes libre(s) ? — *Are you free?*
- On y va ensemble ? — *Shall we go (there) together?*
- Tu veux / Vous voulez m'accompagner ? — *Would you like to come with me?*

pour accepter une invitation — *to accept an invitation* 6.23

- Oui, je suis libre. — *Yes, I am free.*
- (J'accepte) Avec plaisir. — *(I accept) With pleasure.*
- C'est gentil à toi / vous. — *That's kind (of you).*
- Je suis ravi/e. — *I am delighted.*
- Volontiers. — *With pleasure, gladly.*

pour refuser une invitation — *to refuse an invitation* 6.24

- Je suis désolé/e... — *I am sorry . . .*
- C'est dommage... — *It's too bad . . .*
- Je regrette... — *I'm sorry . . .*
- Je ne suis pas libre. — *I'm not free.*
- Je suis pris/e. — *I'm busy.*
- J'ai déjà un rendez-vous. — *I already have a meeting/date/appointment.*

des distractions (f.) — *amusements/diversions* 6.25

- aller à un concert — *to go to a concert*
- voir / jouer une pièce — *to watch/perform a play*
- passer une soirée tranquille — *to spend a quiet evening*
- une place — *seat, place*
- se retrouver — *to meet*

une expression utile — *a useful expression* 6.26

- à cause de — *because of*

CHAPITRE 7 | Nous sommes chez nous

—Et voici la cuisine avec une petite table pour faire déjeuner les enfants.

DISCOVER
Go to the **Resources** for Chapitre 7 on MyFrenchLab to watch the *On démarre* video providing an apartment tour. Complete the related video activities in the **Assessments** for this chapter under Additional Practice.

APPLY
- Video
- Activities : On démarre ! 07-01 to 07-02

LEÇON 1
La vie en ville

LEÇON 2
Je suis chez moi

LEÇON 3
La vie à la campagne

Venez chez nous !
À la découverte de la France : les régions

MyFrenchLab
Visit MyFrenchLab to access the audio clips for each chapter, additional exercises and quizzes, and much more!

Après avoir complété ce chapitre, vous devriez être en mesure de / d'
- parler de la ville, du quartier ou de la région où vous habitez
- identifier des composantes géographiques
- demander des renseignements à propos d'un logement
- décrire l'intérieur d'un appartement
- parler de vos connaissances sur les régions francophones du Canada et de la France

Sur le plan de la grammaire, ce chapitre vous permettra d'effectuer une révision des principaux points de grammaire étudiés dans les chapitres précédents. Ce sera aussi l'occasion d'apprendre à
- conjuguer les verbes en **-ir** comme **choisir, finir** et **réussir** ainsi que les verbes se terminant par **-endre** comme **attendre**
- effectuer des comparaisons avec des adjectifs
- utiliser la phrase exclamative

En matière de phonétique, ce chapitre sera l'occasion d'étudier
- la consonne **l**
- le son **-ill-**
- la consonne **r**

LEÇON 1 — La vie en ville

Points de départ

TEXT AUDIO 7.1

Appartement à louer

L'AGENTE DE LOCATION : Les résidences Chambord, bonjour.

M. LÉVEILLÉE : Oui bonjour madame, j'appelle à propos de l'appartement à louer. C'est un six et demi, n'est-ce pas ?

L'AGENTE DE LOCATION : Oui, c'est bien un six et demi. Il y a trois chambres fermées, une cuisine qui donne sur une salle à manger et un immense salon au centre.

M. LÉVEILLÉE : Trois chambres fermées, c'est excellent parce que nous sommes quatre. Il y a ma femme Mireille, moi Alain Léveillé et nos deux enfants Lucas et Camille. Combien est-ce qu'il y a de salles de bain ?

L'AGENTE DE LOCATION : Il y en a une seule, mais les toilettes sont séparées.

M. LÉVEILLÉE : Est-ce qu'il y a un balcon ?

L'AGENTE DE LOCATION : Oui, la chambre principale a un petit balcon qui donne sur la cour de l'immeuble, un espace vert joliment paysagé. Il y a aussi une grande terrasse pour toute la famille côté rue.

M. LÉVEILLÉE : Formidable, nous habitons la ville de Sherbrooke dans les Cantons de l'Est et nous adorons prendre nos repas en plein air. Bon, j'oublie quelque chose … Ha oui, est-ce qu'il y a un stationnement pour bicyclette ?

L'AGENTE DE LOCATION : Oui, il y a un stationnement pour vélo au sous-sol. Ensuite, pour monter à l'appartement, on peut prendre les escaliers ou les ascenceurs.

M. LÉVEILLÉE : Excellent. L'appartement est au sixième étage c'est bien ça? Est-ce que c'est tranquille ? Ce n'est pas trop bruyant ?

L'AGENTE DE LOCATION:	C'est bien au sixième étage. C'est le dernier étage alors il n'y a personne au-dessus. L'immeuble est situé sur une rue tranquille dans un quartier résidentiel.
M. LÉVEILLÉE:	Génial. Où est-ce qu'il est situé exactement ?
L'AGENTE DE LOCATION:	C'est situé au 4330, rue Chambord, près de l'Avenue Laurier dans le Plateau Mont-Royal. C'est à environ dix minutes à pied d'une station de métro.
M. LÉVEILLÉE:	Extraordinaire. Combien est-ce que cet appartement idéal coute par mois ?
L'AGENTE DE LOCATION:	1875 $, chauffé.
M. LÉVEILLÉE:	C'est raisonnable. Est-ce que nous pouvons le visiter ?
L'AGENTE DE LOCATION:	Oui bien sûr, demain à 16 h, rencontrons-nous au rez-de-chaussée de l'immeuble, si vous le voulez.
M. LÉVEILLÉ:	D'accord, à demain et merci pour tous ces renseignements.
L'AGENTE DE LOCATION:	C'est un plaisir monsieur, à demain.

Fiche pratique

Usage
Un 'appart' *(registre familier)*
On prononce le *t* final.
Ex. : J'ai trouvé un super appart !

POUR PARLER DE SON LIEU DE RÉSIDENCE

J'habite	un appartement
	un condominium ou condo
	un logement
	un studio
	…
dans	un immeuble d'habitation
	un bloc appartement
	un duplex
	un triplex

Il y a combien de pièces ?

C'est un	1 ½	un et demi*	4 ½	quatre et demi
	2 ½	deux et demi	5 ½	cinq et demi
	3 ½	trois et demi	…	

C'est à quel étage ?

C'est au …	RDC	rez-de-chaussée	11ᵉ	onzième
	1ᵉʳ	premier	12ᵉ	douzième
	2ᵉ	deuxième	…	
	3ᵉ	troisième	20ᵉ	vingtième
	…		21ᵉ	vingt-et-unième

*La salle de bain compte pour une demi-pièce peu importe sa dimension.

«Les résidences Chambord, la qualité de vie en ville»

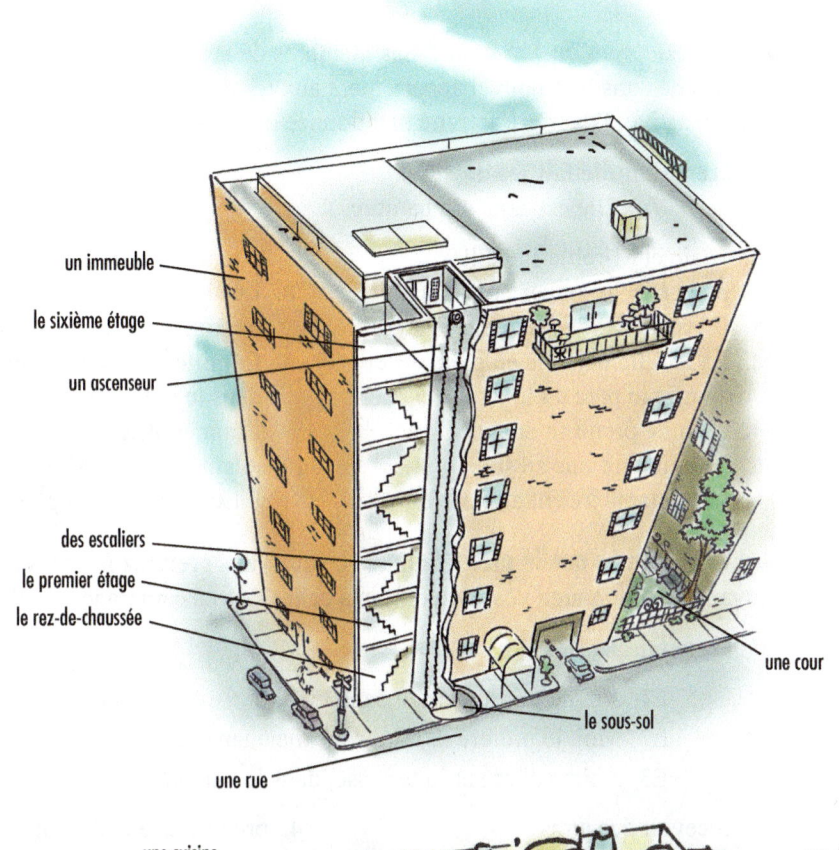

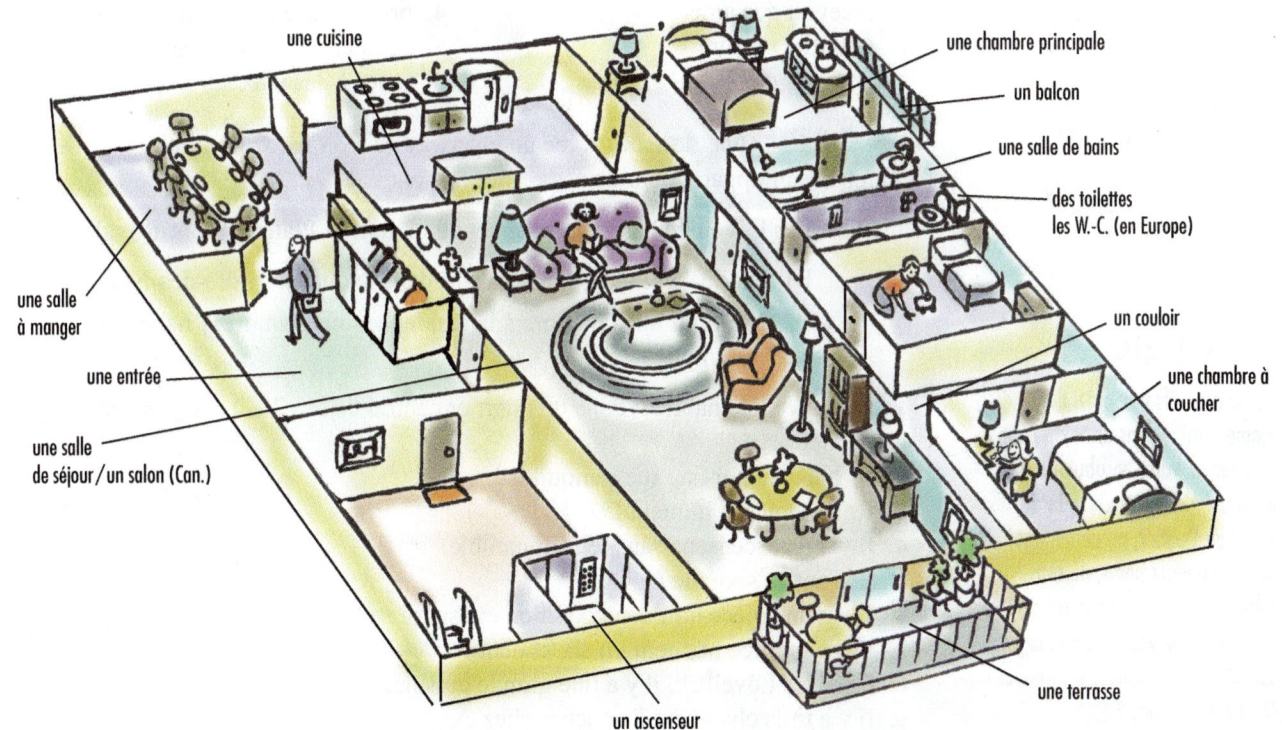

À vous la parole

7-1 Où est-ce qu'on fait quoi ? Les membres de la famille Léveillée ont emménagé dans leur nouvel appartement aux résidences Chambord où ils mènent une vie active. D'après l'activité mentionnée où est-ce qu'ils sont selon vous ?

MODÈLE   Camille fait ses devoirs.
➤ Elle est dans sa chambre.

1. Alain et Mireille Léveillée préparent le souper pour la famille.
2. Lucas et sa sœur mettent la table.
3. La famille déjeune en plein air et admire le parc au loin.
4. Camille prend sa douche.
5. Mireille fait une sieste.
6. Les enfants jouent aux cartes.
7. Alain stationne son vélo.
8. Lucas vient d'appuyer sur le bouton du sixième.
9. Camille attend une amie en bas, dans le hall d'entrée de l'immeuble.
10. Alain monte au sixième mais l'ascenseur est en panne.

7-2 Dans quelle pièce ? Où est-ce que vous préférez faire les activités suivantes ? Comparez vos préférences à celles de vos camarades de classe.

MODÈLES   faire la sieste

É1 J'aime faire la sieste dans le salon, devant la télé.
É2 Moi, je préfère la faire dans ma chambre, c'est plus confortable.
É3 J'aime aller sur la terrasse, dans le hamac.

1. recevoir des amis
2. regarder un film
3. faire ses devoirs
4. prendre une collation
5. écouter de la musique
6. jouer à des jeux sur l'ordinateur

7-3 Une comparaison. Avec un/e partenaire, comparez l'endroit où vous habitez avec l'appartement des Léveillée à Montréal.

MODÈLE   Les Léveillée habitent un six et demi dans le Plateau Mont-Royal.

É1 Moi, j'habite un deux et demi dans le quartier Côte-des-Neiges.
É2 Moi, j'ai une chambre à la résidence universitaire, j'habite sur le campus.

1. Les Léveillée habitent dans un quartier central de la ville, près d'une station de métro.
2. Ils habitent sur une rue tranquille.
3. Ils habitent un immeuble.
4. Il y a un ascenseur dans leur immeuble.
5. Ils sont au sixième étage.
6. Il y a une pièce double avec salon et espace séjour.
7. Les Léveillée habitent un six et demi.
8. Chez les Léveillée, il y a une grande cuisine.
9. Il y a trois chambres à coucher chez eux.
10. Ils ont une terrasse et aussi un balcon.

Stratégie

Soyez attentifs aux mots de même famille dans un texte pour augmenter votre vocabulaire. Par exemple, dans le texte « Le 1er juillet au Québec, on déménage! », on trouve deux noms, de sens différents, qui sont de la même famille que le verbe **déménager**. Est-ce que vous pouvez les trouver ? Quel est leur sens ?

Vie et culture

Le 1er juillet au Québec, on déménage!

Deux camions sont garés devant le 1370, rue Rachel, il y a des boites partout sur le trottoir. Un homme, encore en pyjama, gesticule sur le balcon en hurlant au téléphone : « Où est-ce que vous êtes? Les nouveaux locataires sont à la porte avec leur camion et vous n'avez pas encore déménagé mes affaires! ». Un jeune couple, l'air découragé, attend devant les marches des escaliers menant au deuxième. Ils viennent d'arriver, il est sept heures et demi du matin, mais l'ancien locataire de leur nouveau logement n'a pas encore quitté les lieux. Les déménageurs sont en train de décharger le camion devant le duplex. Ils ont plusieurs autres déménagements à faire; ils ne peuvent pas attendre. Le 1er juillet, c'est LA journée la plus occupée de l'année! Au rez-de-chaussée, les nouveaux locataires, plus chanceux, ont trouvé l'appartement vide et emménagent tranquillement. « Ne vous inquiétez pas, nous allons vous aider à transporter vos boites au deuxième, nous sommes voisins ». « Merci, dans ce cas, c'est nous qui payons la bière et la pizza! ».

Phénomène social unique au Québec, environ 250 000 ménages changent de domicile le 1er juillet. Ce grand va-et-vient réserve parfois de mauvaises surprises, un camion en retard, un logement inhabitable mais de manière générale, la 'fête nationale' du déménagement se déroule dans un esprit de solidarité et dans une ambiance festive.

Les déménagements à date fixe remontent au 18e siècle, à l'époque de la Nouvelle-France. Autrefois, le bail résidentiel prenait fin le 30 avril. Le lendemain, 1er mai, les familles déménageaient leurs biens à l'aide de carrioles attelées de chevaux. En 1974, l'Assemblée nationale a modifié la loi afin d'éviter un changement d'école aux enfants pendant l'année scolaire. Elle a proposé, comme mesure temporaire cette année-là,

« Scène de déménagement, à Montréal, le 1er mai », illustration d'Henri Julien, publiée dans le journal *L'Opinion publique*, le 18 mai 1876.

« Petit déménagement dans Rosemont ». Écologique et économique, le déménagement à vélo gagne en popularité en ville.

que les baux se terminent le 30 juin. Même si, depuis 1975, les propriétaires sont libres de fixer la date de commencement du bail, 70 % des baux expirent le 30 juin. La date du 1er juillet, semble-t-il, fait l'affaire de tous : les enfants n'ont pas à changer d'école en cours d'année, déménager en été est plus agréable qu'en hiver, puis, le 1er juillet, c'est la fête du Canada, c'est donc un jour férié!

Référence : Yvon Desloges, *Une ville de locataires : Québec au XVIIIe siècle*, Ottawa, Service canadien des parcs, coll. « Nos racines », 1991.

Et vous ?

Avez-vous déménagé souvent ? Combien de fois environ ? Est-ce que c'était en camion ou en vélo ?

7-4 Soyons précis. Lequel des verbes dans l'encadré complète le mieux les phrases ci-dessous ?

déménager – louer – visiter – payer – changer – habiter – emmenager – signer

1. Bonjour, j'appelle à propos du 2 ½ à louer, est-ce que je peux le _____ ?
2. Les Léveillée _____ un loyer de 1875 $ par mois pour leur appartement.
3. Environ 250 000 ménages québécois _____ de domicile chaque année.
4. Bonjour, est-ce que l'appartement est toujours à _____.
5. Ma copine et moi avons _____ ensemble l'an dernier.
6. Tu as rencontré le propriétaire? Est-ce que vous avez _____ le bail ?
7. Arielle _____ ce magnifique rez-de-chaussée qu'elle a acheté il y a trois ans.
8. Madame Ladouceur _____ aujourd'hui. Ses boites sont prêtes.

7-5 Trois appartements. Voici trois plans d'appartement que Paul et Céline Larivière, deux architectes d'Ottawa, ont réalisé pour un projet résidentiel dans la capitale nationale. Avec un/e partenaire, décrivez chaque appartement (nombre de pièces, grandeur, etc.) et choisissez celui que vous préférez.

MODÈLE ➤ Le premier appartement est… Il y a un balcon, …
Je préfère… parce que…

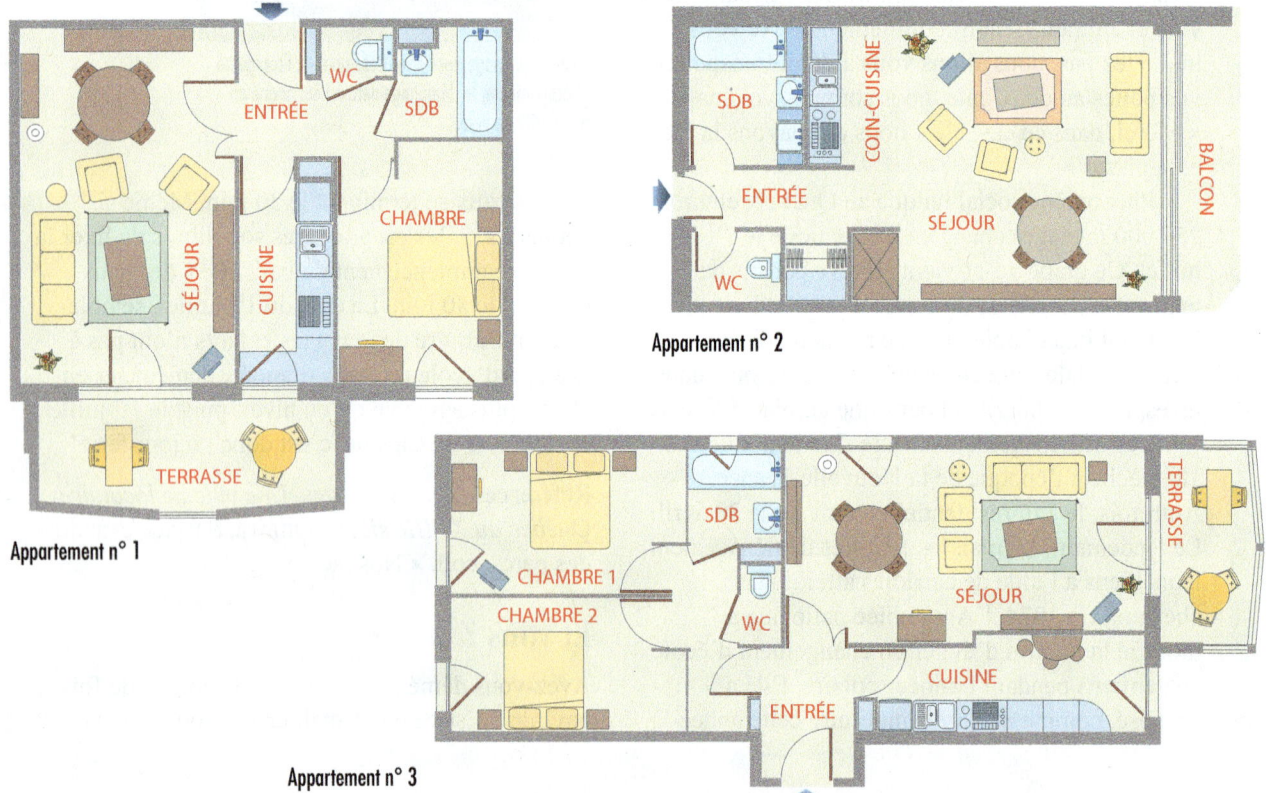

Appartement n° 1

Appartement n° 2

Appartement n° 3

SONS ET LETTRES

La consonne *l*

Say the English word *little*. Notice how your tongue moves from the front to the back of your mouth. In English, we have two ways of producing the consonant **l**: a front **l**, with the tongue against the upper front teeth, and a final **l**, pronounced with the tongue pulled back. To pronounce a French **l**, however, always keep your tongue against your upper front teeth, just like the English front **l**. Compare the differences in pronunciation of a final **-l** in English and French:

English	**French**
ill	il
bell	belle
bowl	bol

La prononciation de *-ill-*

The combination of letters **-ill-** has two pronunciations: with the /l/ sound of **il** or the /j/ sound at the end of **travail**. It is difficult to predict how that combination is to be pronounced in a given word; the pronunciation of individual words must be memorized. Compare:

/l/		/j/	
mille	un million	la fille	la famille
la ville	le village	se maquiller	elle se maquille
tranquille		s'habiller	il s'habille

À vous la parole

7-6 Répétitions. Répétez les mots et les groupes de mots suivants après votre professeur.

le ciel	un cheval	la salle	la ville
il gèle	elle épelle	tranquille	Jules
une ville calme	dans quelle salle	le journal idéal	

7-7 Des phrases. Lisez chaque phrase.

1. La famille de Cyril et Nicole Blondel habite en ville.
2. Clément Lemont, Gaëlle LeBrun et leurs deux filles habitent un village tranquille.
3. Paul et Emmanuelle Morel habitent un quartier résidentiel qui est idéal pour les enfants.
4. Amélie Lalonde s'excuse mille fois ; elle a oublié le journal dans la salle de classe.
5. M. et Mme Villeneuve sont descendus dans un hôtel élégant ; Michel s'habille et Camille se maquille pour leur grande soirée dansante.

TEXT AUDIO  7.5

7-8 La lettre « l ». Voici un petit poème du livre ***Comptines en forme d'alphabet*** de Jo Hoestlandt. Répétez cette strophe après votre professeur.

Quelle Belle de nuit en colère
A lancé son collier de perles
   là-haut,
Son céleste collier d'étoiles
Dans la Voie lactée ?

Vincent Van Gogh (1853–1890), *La nuit étoilée*, 1889

Oil on canvas, 29 × 36 1/4" (73.7 × 92.1 cm). Acquired through the Lillie P. Bliss Bequest (472.1941). The Museum of Modern Art, NY, U.S.A. Digital Image © The Museum of Modern Art/Licensed by Vincent Van Gogh

Formes et fonctions

1. Récapitulatif – La structure de la phrase

Les chapitres précédents ont présenté plusieurs points de grammaire :

—des phrases affirmatives avec des verbes dits « irréguliers » tels qu'*avoir*, *être*, *faire* et *prendre* et des verbes réguliers en *-er* tels qu'*étudier*, *manger* et *travailler*;
—des phrases négatives avec l'ajout de *ne... pas* ;
—des phrases interrogatives avec *combien*, *quand* et *où est-ce que* ;
—les pronoms compléments d'objet direct *le, la, l', les* et le pronom partitif *en* ;
—des temps simples comme le présent (*je marche*), l'imparfait (*je marchais*) ainsi qu'un temps composé, le passé composé (*j'ai marché*) ;
—des phrases infinitives après les verbes modaux *pouvoir*, *devoir* et *vouloir* ainsi qu'après l'auxiliaire de temps *aller* dans l'expression du futur proche : *je vais marcher*.

Nous voyons maintenant comment ces différents points de grammaire travaillent ensemble pour former les bases de la phrase française.

• La structure de base de la phrase en français est SUJET VERBE OBJET, par exemple :

SUJ	V	OBJ
Pierre	visite	un logement.
Marie	paye	son loyer.

Le nom apparaissant après le verbe sans être séparé par une préposition s'appelle le complément d'objet direct (ou objet direct). Il peut être précédé d'un déterminant défini comme l'article *le, la, l', les*, d'un déterminant possessif comme *son, sa, ses* ou encore d'un déterminant démonstratif comme *ce, cette, ces*. Il peut aussi s'agir d'un nom propre, sans article. Dans l'ensemble de ces cas, l'objet direct défini est remplacé par le pronom complément d'objet direct approprié (*le, la, l' ou les*) : *le, la, l', les* :

OBJET DIRECT (défini)	Pronoms objets directs		
Alain gare **la** voiture.	Alain	**la**	gare.
Mireille cherche **ses** clés.	Elle	**les**	cherche.
Camille aimait **ce** logement.	Elle	**l'**	aimait.
Léandre préfère Renoir a.	Il	**le**	préfère a.

L'objet peut aussi être introduit par un article partitif comme *du, de la, des*. Dans ce cas le pronom est toujours *en* :

OBJET DIRECT (partitif)	Pronom partitif *en*		
Je prends **du** sucre.	J'	**en**	prends.
Elle met **de la** farine.	Elle	**en**	met.
Ils visitaient **des** logements.	Ils	**en**	visitaient.

L'objet, enfin, peut être introduit par un déterminant de quantité comme *un, une, deux, trois, plusieurs* par un nom de quantité comme *une tonne de, une douzaine de* ou encore par un adverbe de quantité comme *assez de, beaucoup de* et *peu de*. Ici aussi, le pronom est *en*, cependant, l'élément désignant la quantité reste dans sa position de base :

OBJET DIRECT (quantifié)	Pronom *en*	VERBE	QUANTITÉ
Luc possédait **deux** condos.	Luc **en**	possédait	**deux**.
Léo commande **une douzaine de** planches.	Léo **en**	commande	**une douzaine**.
Je visite **beaucoup de** logements.	J' **en**	visite	**beaucoup**.

- La phrase de base SUJ V OBJ peut être enrichie d'un adverbe (ADV) de fréquence, d'intensité ou encore de manière. Ce dernier se place immédiatement après le verbe, indépendanmment de la position de l'objet direct :

SUJ	V	ADV	OBJ	→	SUJ	pro	V	ADV
Léa	prend	**souvent**	l'autobus.		Léa	le	prend	**souvent**.
Luc	aimait	**vraiment**	son loft.		Luc	l'	aimait	**vraiment**.
Zoé	loue	**facilement**	ce studio.		Zoé	le	loue	**facilement**.

- Pour former une phrase négative, on insère la particule de négation *ne* devant le verbe et l'adverbe de négation *pas* immédiatement après le verbe, dans la même position que les autres adverbes :

SUJ	ne V	ADV-NÉG	OBJ
Léa	**ne** prend	**pas**	l'autobus.
Luc	**n'**aime	**pas**	son loft.

Attention cependant, si l'objet est placé avant le verbe sous la forme d'un pronom (SUJ pro V), le *ne* se place entre le pronom et le sujet :

Léa	**ne** le	prend	**pas**.
Luc	**ne** l'	aime	**pas**.
Max	**n'**en	veut	**pas**.

- Lorsque le verbe est conjugué au passé composé, les mêmes règles de placement s'appliquent sur l'auxiliaire, soit le premier verbe conjugué et non sur le participe passé :

Léo a loué son appartement. → Léo **l'**a loué.

Max a visité cinq logements hier. → Il **en** a visité **cinq** hier.

Zoé a **souvent** pris le métro ? → Non, elle **ne l'**a **jamais** pris.

Rappelons que le participe passé conjugué avec **être** s'accorde en genre et en nombre avec le sujet :

Il est venu à l'appartement avec moi pour le visiter.

Elle est devenu**e** propriétaire cette année.

Marc et ses amis sont sorti**s** dans le quartier hier.

Luce et Marie sont né**es** la même année.

Le participe passé conjugué avec **avoir** s'accorde en genre et en nombre avec le complément d'objet direct lorsque ce complément est placé avant, par exemple sous la forme d'un pronom objet devant l'auxiliaire :

La maison, Jeanne **l'**a vendu**e**.   Jeanne a vendu **quoi** ? La maison

Le logement situé au 2e, oui, je **l'**ai visité hier.

Le propriétaire a-t-il loué ces appartements? Oui, il **les** a loué**s**.

Avez-vous visité les chambres de cette résidence universitaire? Oui, nous **les** avons visité**es** la semaine dernière.

Attention cependant, si l'objet est placé après le participe passé, celui-ci demeure invariable; le participe passé ne s'accorde pas :

Jeanne a vendu la maison.

Luc a visité le logement hier.

Le propriétaire a loué ces appartements.

Nous avons visité les chambres de cette résidence universitaire la semaine dernière.

● Enfin, dans les structures avec infinitives, le pronom objet se place devant le verbe à l'infinitif, alors que la négation entoure le premier verbe, soit le verbe conjugué :

SUJ V V-INF OBJ	→	SUJ V pro V-INF	
Léo veut louer ce studio.		Il veut **le** louer.	Non, il **ne** veut **pas** le louer.
Zoé doit payer sa part.		Elle doit **la** payer.	Non, elle **ne** doit **pas** la payer.
Il peut monter les escaliers.		Il peut **les** monter.	Non, il **ne** peut **pas** les monter.
Luc aime faire du vélo.		Il aime **en** faire.	Non, il **n'**aime **pas** en faire.
Léa va visiter ce logement.		Elle va **le** vister.	Non, elle **ne** va **pas** le visiter.

À vous la parole

7-9 Observons. Le court dialogue ci-dessous ne contient pas de pronom objet. Il semble très répétitif et peu naturel, non ? Reprenez-le en remplaçant les éléments répétés apparaissant en **caractère gras** par le pronom approprié et jouez la scène pour mesurer l'effet. Est-ce que le dialogue devient plus naturel ?

LAURENCE: Oui, bonjour j'appelle à propos de l'annonce à louer placée devant votre immeuble. Vous avez un appartement à louer ?

PROPRIÉTAIRE: Oui nous avons **un appartement à louer** (1). C'est un quatre et demi avec deux chambres fermées. Il coute 575 $ par mois, chauffage inclus.

LAURENCE: Est-ce que je peux visiter **le quatre et demi avec deux chambres fermées** (2) ?

PROPRIÉTAIRE: Oui, vous pouvez visiter **le quatre et demi avec deux chambres fermées** (3), mais seulement aujourd'hui à midi. J'ai déjà plusieurs autres appels.

LAURENCE: Allo, Claude, j'ai trouvé un quatre et demi à prix abordable, nous pouvons visiter **le quatre et demi à prix abordable** (4) dans une heure. Est-ce que tu peux venir ?

CLAUDE: Non, j'aimerais beaucoup visiter **ce quatre et demi à prix abordable** (5) avec toi, mais je suis à l'autre bout de la ville. Est-ce que tu peux reporter le rendez-vous à 13 h ?

LAURENCE: Non, je ne peux pas reporter **le rendez-vous** (6). Écoute, je vais visiter **l'appartement** (7) à midi et je t'appelle si c'est intéressant.

CLAUDE: Excellent, merci ! J'attends ton appel.

👥 **7-10 Enquête parentale.** Cela fait quelques semaines que Laurence cherche un appartement près de l'université. Il en a enfin trouvé un. Il en parle avec sa mère qui lui pose un peu trop de questions…

MODÈLE   Tu as trouvé **un appartement** ? Oui / un
➤ Oui, enfin, j'**en** ai trouvé **un**, hier après-midi !

1. Il y a combien de pièces ? 3
2. C'est à quel étage ? 2^e
3. Où est-ce que tu vas garer ton vélo ? Sur le balcon
4. Est-ce que tu as signé le bail ? Non
5. Pourquoi ? Est-ce qu'il y avait du monde ? Oui / beaucoup
6. Et là, tu attends le proprio ? Oui maman, …
7. Mais tu vas prendre cet appartement ? Oui, …
8. Est-ce que tu as préparé tes boites ? Non, …
9. Est-ce que tu as réservé ton camion ? Non, …
10. Tu as visité combien de logements avant de faire ton choix ? Une dizaine
11. Est-ce je peux rencontrer ton propriétaire ? Non maman, …
12. Est-ce que tu as pris des photos ? Oui / plusieurs

Maman, je dois vraiment raccrocher, je te rappelle, grosse bise…

Fiche pratique
Usage
Un 'proprio' (registre familier)
Ex. : Mon proprio est correct.

👥 **7-11 Demande de renseignements.** Regardez ces annonces d'appartements à louer avec un/e partenaire. Puis pour chaque annonce, posez les questions permettant d'obtenir les renseignements manquants.

Renseignements utiles :

nombre de pièces, nombre de chambres fermées, étage, type de bâtiment, prix du loyer, près / loin des services, avantages et désavantages du quartier, voisins, etc.

2. Les verbes en *-ir* comme *choisir*

• Le verbe **choisir**, comme les autres verbes se terminant en –**ir**, possède quatre formes distinctes à l'oral. La consonne finale des trois premières personnes (*s, s* et *t*) ne se prononce pas au singulier. Le son /s/ est toutefois sonore au pluriel comme le montre le contraste ci-dessous :

il **choisit** /ʃwazi/ le studio   ils **choisissent** /ʃwazis/ le deux *et* demi

Pour former le présent de verbes tel que **choisir**, ajoutez **-iss-** à la base de la forme plurielle : **chois -ir** → **chois -iss-**.

CHOISIR *to choose*	
SINGULIER	PLURIEL
je chois**is**	nous chois**issons**
tu chois**is**	vous chois**issez**
il/elle/on chois**it**	ils/elles chois**issent**

IMPÉRATIF : Ne **choisis** pas ça ! **Choisissez** le studio ! **Choisissons** un appartement !

IMPARFAIT : je choisissais, tu choisissais, il/elle/on choisissait, nous choisissions, vous choisissiez, ils/elles choisissaient.

PASSÉ COMPOSÉ : J'ai déjà **choisi**.

- Le verbe **choisir** se construit avec un objet direct, c'est-à-dire un nom qui peut désigner une personne ou une chose :

    Entre Paul et Marc ? Je choisis **Paul**, il est beaucoup plus romantique !
    Elles ont choisi **cet appartement**. Elles **l'**ont choisi.
    Ils ont choisi **cette résidence**. Ils **l'**ont choisi**e**

- Le verbe **choisir** se construit aussi avec une proposition infinitive introduite par la préposition **de** :

    J'ai choisi **de vivre en ville**.
    Mireille a choisi de louer **ce petit studio**. Elle a choisi de **le** louer.

- Le verbe **finir** se conjugue comme **choisir** et entre dans les mêmes constructions :

    Je finis **mes devoirs**. Je **les** finis.
    J'ai fini **mon roman**. Je **l'**ai fini.
    J'ai fini **mes rénovations**. Je **les** ai fini**es**

    Je finis **de travailler à cinq heures**.
    J'ai fini de peinturer **mon nouvel appartement**. J'ai fini de **le** peinturer.

- Sur le même modèle de conjugaison que **choisir** et **finir**, on trouve le verbe **réussir,** *to succeed.* L'objet peut être direct ou introduit par la préposition **à**. La proposition infinitive, elle, est toujours introduite par **à** :

    J'ai réussi **mon examen**. Je **l'**ai réussi.
    J'ai réussi **à** mon examen.

    Je réussis **à travailler et à étudier**, mais c'est difficile.

    J'ai réussi à trouver **un appartement** près du campus. J'ai réussi à **en** trouver **un** près du campus.

- Voici d'autres verbes utiles qui se conjuguent comme **choisir** :

obéir à	*to obey*	**Obéis à** ta mère ! Pas de chocolat dans le salon !
désobéir à	*to disobey*	Ces enfants **désobéissent** parfois **à** leur père.
réfléchir à	*to think*	Je **réfléchis à** mon avenir. La ville ou la banlieue ?

À vous la parole

7-12 Soyons précis. Lequel des verbes dans l'encadré complète le mieux les phrases ci-dessous ?

choisir – désobéir – finir – obéir – réussir – réfléchir

1. Il est important de ne pas _____ aux règlements de l'immeuble.
2. La ville ou la campagne ? Je ne sais pas, j'ai besoin de _____.
3. Pour moi, c'est clair, je _____ la ville.
4. Je dois _____ de faire le ménage avant l'arrivée de mon colocataire.
5. Ma copine et moi avons _____ à trouver un petit studio vraiment charmant.
6. À vélo, il faut _____ au code de la route. Les lois sont les mêmes pour tous.

7-13 Des enfants modèles a. Est-ce que ces enfants obéissent ou désobéissent à leurs parents ?

MODÈLE   Camille ne range pas sa serviette quand elle se douche.
    ➤ Elle désobéit à ses parents.

1. Lucas mange du chocolat dans sa chambre.
2. Camille et Lucas font leurs devoirs devant la télé.
3. Tu ranges ta chambre tous les matins avant d'aller à l'école.
4. Lucas et Camille jouent aux quilles sur la terrasse.
5. Mireille ne mange jamais dans sa chambre.
6. Vous ne sortez pas quand vous avez un examen à préparer.
7. Macha et vous, vous mettez la télévision très fort.
8. J'aide mes parents à préparer le souper.

7-14 À vous de choisir ! Qu'est-ce que vous choisissez ? En groupe de trois ou quatre, comparez votre réponse à celles de vos partenaires.

MODÈLE entre un appartement au premier étage et un appartement au cinquième étage…

    É1 Moi, je choisis l'appartement au premier ; c'est pratique pour sortir.
    É2 Pas moi ! Je choisis l'appartement au cinquième, j'aime avoir une belle vue.
    É3 Moi aussi, donc toi et moi, nous choisissons l'appartement au cinquième.

1. entre un appartement au centre-ville et un appartement dans un quartier tranquille
2. entre un studio et un deux et demi
3. entre l'ascenseur et les escaliers
4. entre une grande cuisine et une grande salle de bain
5. entre une belle terrasse qui donne sur la rue et un petit balcon qui donne sur la cour
6. entre un appartement avec une grande chambre et un appartement avec deux petites chambres
7. entre un appartement avec un jardin et un appartement avec un garage
8. entre un appartement dans un immeuble et un logement dans un duplex

7-15 Trouvez une personne. Dans votre salle de classe, trouvez une personne qui…

MODÈLES finit toujours ses devoirs avant d'arriver en classe

    É1 Est-ce que tu finis toujours tes devoirs avant d'arriver en classe ?
    É2 Non, je ne les finis pas toujours.
    OU Oui, je les finis toujours.

1. finit toujours son repas au restaurant
2. réfléchit peu avant de répondre
3. réussit souvent ses examens
4. ne désobéit jamais au code de la route

TEXT AUDIO 7.6

7-16 Deux appartements

A. Avant d'écouter. Imaginez que vous allez passer une année en France pour étudier et que vous cherchez un appartement. Faites une liste de vos critères de sélection, c'est-à-dire de ce que vous espérez trouver dans l'appartement.

B. En écoutant. Maintenant, écoutez Ben qui décrit deux appartements qu'il a visités.

1. Pour chaque appartement, cochez les critères qu'il mentionne.

	Appartement n° 1	Appartement n° 2
au centre-ville		
deux pièces		
cuisine équipée		
salle de bain		
W.-C.		
balcon		
parking		

2. Écoutez une seconde fois pour vérifier que vous avez coché tous les détails que Ben a mentionnés.

C. Après avoir écouté. Discutez de ces questions avec vos camarades de classe.

1. D'après la description des deux appartements, est-ce que Ben devrait louer le premier ou le second ? Pourquoi ?
2. Est-ce que Ben a les mêmes critères que vous pour un appartement ?
3. Et vous, quel appartement est-ce que vous préférez ? Pourquoi ?
4. Est-ce que vous remarquez quelques différences dans le vocabulaire du logement entre la France et le Canada ?

LEÇON 2 — Je suis chez moi

Points de départ

Chez Marie-Pier

Montréal, le 5 septembre 2014

Chère Rose,

J'espère que tu vas bien et que ta vie à la résidence universitaire est toujours aussi agréable. Moi, après un an à la résidence, j'ai décidé de chercher un vrai logement ! Il y a deux mois, j'ai trouvé un charmant petit studio. Il est situé au dernier étage d'un vieil immeuble, dans le quartier latin. Bien sûr, c'est un peu plus cher que ma chambre sur le campus mais c'est tellement plus personnel. Puis, tu sais combien j'aime décorer !

Mon loyer est de 430 dollars par mois, chauffage inclus et le studio est semi-équipé, donc je n'ai pas eu besoin d'acheter un poêle et un frigo. Le coin-cuisine est petit mais pratique et il y a une étagère murale pour ranger ma vaisselle. La salle de bain est moderne et coquette. Pour le quartier, c'est le meilleur rapport qualité-prix.

Alors, j'ai commencé la déco. Tu ne devineras jamais. Le 1er juillet, jour de mon déménagement, je suis tombée sur une jolie table ronde avec deux chaises laissées sur la rue par les anciens locataires. Ensuite, j'ai trouvé une superbe armoire ancienne chez un antiquaire. C'est indispensable pour ranger mes vêtements parce que le studio n'a pas de garde-robe. Puis, dans une vente de garage en aout, j'ai déniché un sofa, un fauteuil et un tapis de format idéal pour mon espace salon. L'ensemble était moins cher qu'un seul divan chez le marchand de meubles. Quelle chance ! J'ai acheté des rideaux et un lit neuf très confortable. À côté du lit, au-dessus de la table de chevet, j'ai mis une affiche. En deux mois seulement et sans me ruiner, j'ai réussi à meubler mon petit chez-moi. Je suis ravie !

Et toi, comment vas-tu? Est-ce que tu finis bientôt tes études? Quand est-ce que tu vas venir à Montréal ?

Grosses bises,

Marie-Pier

Voici le triplex où se trouve mon studio, génial, non ?

Fiche pratique

Usage familier, branché
La déco, forme familière, pour dire la décoration.
Ex. : J'adore la déco !

Vie et culture

La vie de quartier

Dans les grandes villes canadiennes comme ailleurs dans le monde, c'est le quartier qui donne un aspect plus personnel à la vie urbaine souvent impersonnelle. Chaque quartier est comme une petite communauté : il y a le café du coin[1] et les petits commerçants[2]. On peut y faire les courses tous les jours, acheter son pain chez le boulanger…

À Montréal, dans chaque quartier on trouve au moins un dépanneur, ou comme le disent les Québécois d'expression anglaise un **dépannneur**. Il s'agit d'un petit magasin où on peut acheter des aliments, des boissons alcoolisées, des bonbons et beaucoup de choses pratiques et nécessaires. Le mot **dépanneur** vient du verbe **dépanner** qui, dans son sens familier, veut dire 'tirer quelqu'un d'une situation difficile en lui rendant service'.

Est-ce qu'il y a un magasin comme le dépanneur dans votre ville ?

Référence : Judith Lussier, *Sacré dépanneur !*, Éditions Héliotrope, catégorie « Essais canadiens », 2010.

À vous

Regardez la séquence vidéo *Mon quartier* dans laquelle une jeune Parisienne décrit son quartier. Quels aspects de son quartier est-ce qu'elle aime en particulier ? Et vous, est-ce que vous habitez aussi dans un quartier ? Est-ce que vous avez aussi le sentiment de faire partie d'une petite communauté ? Pourquoi ?

[1]*corner* [2]*merchants*

À vous la parole

7-17 Chez Marie-Pier. Décrivez le studio où habite Marie-Pier en choisissant un adjectif approprié.

MODÈLE Comment est l'immeuble ?
➤ C'est un vieil immeuble.

1. Il est situé dans quel quartier ?
2. Comment est le studio ?
3. Est-ce qu'il est équipé ?
4. Est-ce qu'il est chauffé ?
5. Comment est le prix du loyer pour le quartier ?
6. Comment est le coin-cuisine ?
7. Comment est la salle de bain ?
8. Comment est la table ?
9. Comment est l'armoire ?
10. Comment est le lit ?

Vincent Van Gogh, *La chambre de Van Gogh à Arles*, 1889
Oil on canvas. 57.5 × 74 cm. Musée d'Orsay. Paris, France. Erich Lessing/Art Resource, NY

7-18 La chambre de Van Gogh. Vincent Van Gogh (1853–1890), un artiste néerlandais bien connu, a vécu en France. Voici un de ses tableaux : c'est sa chambre en Provence. Décrivez cette chambre en cinq ou six phrases.

MODÈLE Dans cette chambre, il y a…

7-19 C'est bien, chez moi. Vous habitez la résidence ou un appartement meublé ? Qu'est-ce que vous pouvez faire ou qu'est-ce que vous avez déjà fait pour rendre votre environnement plus personnel ? Discutez avec un/e partenaire.

Des suggestions :
Qu'est-ce qu'il y a aux murs ? Par terre ?
Quels objets personnels (photos, plantes, etc.) est-ce qu'il y a ?
Quelles couleurs est-ce que tu as choisies pour ta chambre ?

MODÈLE É1 J'habite la résidence universitaire, dans une petite chambre.
É2 Qu'est-ce que tu as fait pour la rendre plus personnelle ?
É1 J'ai mis des plantes ; j'adore les plantes. Et toi ?
É2 Moi aussi, je suis à la résidence et j'ai une chambre très agréable. J'ai mis un beau tapis par terre et beaucoup d'affiches aux murs. C'est très bien, chez moi.

Parallèles

Mathilde nous fait visiter sa petite salle de bain.

Diandra nous présente son quartier, qui se trouve pas loin de Paris à La Courneuve.

SONS ET LETTRES

La consonne *r*

The French /R/ has no equivalent sound in English. To pronounce /R/ in French, begin by saying **aga**; then move your tongue up and back until you pronounce a continuous sound: **ara**. Practise by alternating the two sounds:

aga/ara, **aga/ara**, etc.

Note the pronunciation of /R/ in the *liaison* examples and the linking across words in the *enchaînement* examples.

Liaison :   le premier‿étage   le dernier‿immeuble
Enchaînement :   un séjour‿agréable   Il sort‿avec moi.

À vous la parole

7-20 Répétitions. Répétez les mots après votre professeur.

la **r**ue	la **r**oute	la **r**ose	la te**rr**asse	a**rr**iver
Pa**r**is	la ga**r**e	p**r**emière	se**r**vi**r**	maig**r**i**r**

7-21 La forme correcte. Donnez les formes de la troisième personne (singulier et pluriel) du présent de l'indicatif des verbes suivants.

MODÈLE   servir
➤ elle sert, elles servent

sortir   partir   dormir   maigrir   servir

7-22 Phrases. Répétez chaque phrase.

1. La te**rr**asse donne su**r** la **r**ue.
2. L'ascenseur s'a**rr**ête au dernier étage.
3. Marie achète l'autre appartement.

Formes et fonctions

1. Récapitulatif - les adjectifs (accord et placement)

Plusieurs leçons de grammaire des chapitres précédents ont traité des adjectifs, de leur fonction, de leur propriété d'accord et de leur position. Dans cette section, nous révisons l'ensemble de ces règles.

• L'adjectif permet de préciser les caractéristiques d'un objet, d'une idée ou d'une personne. Par exemple dans la phrase *Rémi a acheté un tapis persan rouge*, l'adjectif *persan* précise le type de tapis (ce n'est pas un tapis turc ou encore indien) et l'adjectif rouge précise sa couleur.

- L'adjectif en français s'accorde. Il porte les mêmes marques d'accord en genre et en nombre que le nom dont il précise les caractéristiques. Pour déterminer le genre du nom, observez l'article (*un, une* ou encore *le, la*) placé devant. Pour former le féminin, on ajoute -*e* (petit → petit-**e**). Pour former le pluriel, on ajoute -*s* (petit → petit-**s**).

Lorsque l'adjectif se termine déjà par *e*, sa forme reste la même au féminin et au masculin :

Un quartier **tranquille**	**Une** rue **tranquille**	**Des** voisins tranquilles
		Des voisines tranquilles

Lorsque l'adjectif se termine déjà par *é*, ou toute autre voyelle, la règle de base s'applique :

Un condo **rénové**	**Une** cuisine rénovée	**Des** condos rénovés
Un joli miroir	**Une** jolie armoire	**Des** cuisines rénovées

Lorsque l'adjectif se termine par *x*, on remplace ce *x* par *s* avant d'ajouter le –*e*. Notez que ces adjectifs gardent la même forme au singulier et au pluriel :

Un appartement **lumineux**	**Une** pièce lumineuse
Des appartements **lumineux**	**Des** pièces lumineuses

Lorsque l'adjectif se termine par *f*, on remplace ce *f* par *v* avant d'ajouter le –*e*.

Un lit **neuf**	**Une** cuisinière neuve

Lorsque l'adjectif se termine par *er*, la forme du féminin est –*ère* :

Un loft **cher**	**Une** maison **chère**

Lorsque l'adjectif se termine par *n*, on ajoute –*ne* :

Un immeuble **ancien**	**Une** armoire ancien**ne**

- En général, les adjectifs se placent après le nom mais quelques adjectifs dits *prénominaux* se placent devant.

Une **petite** chambre	Le **premier** étage	Une **mauvaise** affaire

Parmi les adjectifs prénominaux, rappelons que *beau, nouveau* et *vieux* ont deux formes au masculin singulier, selon que le nom masculin commence par une voyelle ou par une consonne :

Un **bel** appartement	Un **nouvel** ami	Un **vieil** immeuble
Un **beau c**ondo	Un **nouveau c**olocataire	Un **vieux d**uplex

Le pluriel opère sur la forme masculine :

Des **beaux** appartements	Des **nouveaux** amis	Des **vieux** immeubles

Le féminin singulier, lui, ne présente qu'une forme :

Une **belle** armoire	Une **nouvelle** maison	Une **vieille** voiture

• Quelques adjectifs peuvent se placer avant ou après le nom avec un sens différent. Avant le nom, l'adjectif prend un sens moral ou affectif, après le nom le sens est plus descriptif. Observons quelques exemples :

Un immeuble **ancien**	'immeuble qui date d'un passé lointain'
Un **ancien** colocataire	'un colocataire avec qui on a déjà habité mais avec qui on n'habite plus'
Mon **cher** appartement	'appartement aimé'
Un appartement **cher**	'le prix de l'appartement est élevé'
Un **nouveau** quartier	'un quartier qui vient de se développer'
Un quartier **nouveau**	'que l'on vient de découvrir, qui vient d'apparaitre'
Les étudiants **pauvres**	'qui manquent d'argent'
Les **pauvres** étudiants	'les étudiants malchanceux'
Un **seul** locataire	'il y en a seulement un'
Un locataire **seul**	'il ne vit pas avec d'autres'

À vous la parole

7-23 Le 1ᵉʳ juillet ! Après deux ans de colocation, vous avez décidé de prendre un appartement seul. Les déménageurs sont arrivés. Dites-leur ce que vous emportez avec vous.

MODÈLE l'armoire / ancien
➤ Prenez l'armoire ancienne. **ou** J'emporte l'armoire ancienne.

1. le lit / grand
2. la table / bas
3. le sofa / vieux
4. la lampe / neuf
5. le fauteuil / bleu
6. le tapis / petit
7. la commode / joli
8. l'ordinateur / nouveau

7-24 Adjectifs à changement de sens. Quel est le sens de l'adjectif ici ? Choisissez la bonne réponse.

1. —Regarde Paul, c'est notre ancienne maison !
   a. la maison que nous habitions avant
   b. c'est une vieille maison
2. —J'ai enfin trouvé un nouvel appartement.
   a. un appartement de conception nouvelle, originale
   b. la personne va changer d'appartement

3. —Pauvre Paul, le propriétaire a refusé sa demande.
   a. Paul manque d'argent
   b. Paul manque de chance
4. Marc a un seul voisin.
   a. Un des voisins de Marc habite seul, il ne partage pas son appartement.
   b. Marc a seulement un voisin

7-25 Beau, nouveau ou vieux ? Avec un/e partenaire, lisez le dialogue ci-dessous. Il manque quelque chose, non? Reprenez le dialogue en ajoutant à chaque nom en caractère gras un adjectif parmi ceux donnés dans l'encadré.

ancien – beau – idéal – nouveau – vieux

RÉMI : Salut Marc, oui, ça va bien, occupé mais bien. Je vais déménager bientôt dans **un appartement** (1).
MARC : Tu laisses ton **studio** (2) ? Pour aller où ?
RÉMI : J'ai trouvé un trois et demi dans **un immeuble** (3), près du métro. J'aimais bien mon studio, mais je le trouvais petit.
MARC : Qui est-ce qui va prendre **ton studio** (4)? Moi, j'aimerais vraiment l'avoir.
RÉMI : Justement, je cherchais **un locataire** (5) pour me remplacer.
MARC : Ne cherche plus, je suis **le locataire** (6) !

2. Le comparatif et le superlatif des adjectifs

• Nous avons utilisé les expressions **plus… que** (*more … than*), **moins… que** (*less … than*) et **aussi… que** (*as … as*) dans le chapitre 6 pour établir des comparaisons d'adverbes dans le domaine verbal.

Je marche **plus** souvent **que** lui.

Il sort **moins** souvent **que** toi.

Tu joues **aussi** bien **que** moi.

• Ces expressions s'emploient aussi avec un adjectif pour comparer les qualités d'une personne, d'une idée ou d'une chose. L'adjectif s'accorde alors avec le premier nom.

La maison est **plus** spacieuse **que** le logement.

Le trois et demi est **moins** cher **que** le loft.

Le futon est **aussi** confortable **que** le lit double.

• Les mêmes expressions permettent également de comparer les caractéristiques de personnes. Notons que pour remplacer le deuxième nom par un pronom, il faut employer le pronom tonique après le **que** :

Christiane est plus grande que **moi**.

Vous êtes moins sociables qu'**eux**.

Je suis aussi grand que **lui**.

• La forme comparative de l'adjectif **bon** correspondant à la notion *plus … que* s'exprime à l'aide de la forme **meilleur/e** qui s'accorde avec le premier nom.

La qualité de cette céramique est bonne.

En fait, **la** céramique est **meilleure** que la tuile.

- Pour exprimer un degré moindre (*moins que*) et comparable (*aussi que*), la structure reste la même.

    Rémi était **moins bon** à l'école que son frère, Réjean.

    Sa sœur, Reine, était **aussi bonne** que son frère.

- Il est souvent possible, en contexte, de ne pas nommer le deuxième terme de la comparaison :

    J'aime beaucoup ton nouvel appartement, oui, il est **plus beau**.
    (que ton précédent)

    Tu as trouvé un logement ? Et il est **moins cher** ? (que celui que tu avais avant, que l'autre que tu as visité hier)

- Pour exprimer le superlatif, employez l'article **le**, **la** ou **les** selon le nom et la forme comparative de l'adjectif **plus**, **moins** ou **meilleur** :

    Le condo est cher. → Le studio est moins cher que le condo. →

    Le studio meublé est **le moins** cher (des deux).

    L'appartement est spacieux. → La maison est plus spacieuse que l'appartement. →

    La maison est **la plus** spacieuse.

    Les planchers de bois franc (*hardwood floors*) sont **les meilleurs**.

À vous la parole

POUR DÉCRIRE DES INTÉRIEURS

Un logement …
Une maison …

lumineux/se   sombre
spacieux/se   petit/e
minimaliste   emcombré/e
cher, chère   bon marché

Un décor …
Une chambre

classique, élégant/e, chic
moderne, rétro
à la mode, démodé/e,
    tendance
chaleureux/se, confortable

7-26 Comparez les tendances (*trends*) en décoration. Répondez aux questions en vous référant aux illustrations.

MODÈLE   Quelle couleur est plus tendance cette année ? Le turquoise ou le jaune ?
➤ La couleur turquoise est plus tendance que le jaune cette année. C'est clairement la couleur la plus tendance de l'année.

Non, le jaune est aussi tendance que le turquoise, surtout le jaune citron.

1. Quel fauteuil est moins démodé ?
2. Quelle lampe est meilleur marché ?
3. Quel sofa est plus confortable ? Le bleu ou le beige ?
4. Quel intérieur est plus élégant ?
5. Quelle couleur est plus tendance cette année ?

7-27 Comparaisons. Christine, Marie-Ange, Hamadou, Sabrina et Geoffrey attendent l'autobus. En utilisant le comparatif et le superlatif, comparez-les.

MODÈLE   É1   Sabrina est plus petite que Marie-Ange.
         É2   Oui, et Marie-Ange est plus petite que Christine.
         É1   C'est vrai, Christine est la femme la plus grande.

7-28 Distribution de prix. Posez des questions à vos partenaires de classe afin de déterminer un gagnant dans chacune des catégories.

MODÈLE   le plus grand ?

         É1   Qui est le plus grand ?
         É2   Moi, je fais 1 m 75.
         É3   Moi, je fais 1 m 60.
         É1   Et moi, 1 m 80. Alors, je suis le plus grand.

1. le plus grand ?
2. le moins âgé ?
3. le moins sérieux ?
4. le plus sociable ?
5. le plus élégant ?
6. le moins doué en sport ?
7. le plus doué pour les langues étrangères ?
8. le meilleur musicien

Parlons

7-29 À la recherche d'un appartement

A. Avant de parler. Imaginez que vous cherchez un appartement à Montréal. Quelles sont les questions que vous voudriez poser au propriétaire à propos d'un appartement à louer ? Si vous étiez propriétaire, comment pourriez-vous persuader un/e locataire de prendre l'appartement ? D'abord, créez une liste de questions pour le / la locataire et une liste de commentaires possibles pour le propriétaire.

B. En parlant. Maintenant, jouez avec un/e partenaire l'un ou l'autre des deux rôles : locataire et propriétaire.

MODÈLE   PROPRIÉTAIRE: J'ai un très bel appartement au cinquième étage.
                LOCATAIRE: Il a combien de pièces ? Je voudrais un trois et demi…

Ensuite, échangez les rôles.

C. Après avoir parlé. Présentez votre dialogue à la classe.

LEÇON 3 — La vie à la campagne

Points de départ

TEXT AUDIO 7.10

Tout près de la nature

Les Ouellette possèdent une petite maison de campagne qui se trouve loin de la ville. Ils ont passé la fin de semaine dernière là-bas. M. Ouellette en parle avec sa collègue Mme Gélinas.

MME GÉLINAS : Qu'est-ce que vous avez fait la fin de semaine dernière ?
M. OUELLETTE : Nous sommes allés à la campagne où nous avons une petite maison.
MME GÉLINAS : C'était bien ?
M. OUELLETTE : Formidable ! C'était calme, j'ai bricolé, je suis allé à la pêche, et avec les enfants, nous nous sommes promenés dans le bois. Comme il a fait très beau, on a même fait un piquenique au bord du lac.
MME GÉLINAS : Vous avez un jardin aussi ?
M. OUELLETTE : Nous avons un petit potager et quelques arbres fruitiers, c'est tout. C'est ma femme qui s'occupe de tout cela.
MME GÉLINAS : Alors, il me semble que vous avez passé une fin de semaine agréable.
M. OUELLETTE : En effet, on se détend toujours quand on est à la campagne.

Cette maison de campagne est une vieille ferme ; les propriétaires peuvent bricoler et faire du jardinage la fin de semaine et pendant les vacances.

Vie et culture

Le Canada francophone

Savez-vous où sont les communautés francophones au Canada ? Bien sûr, le Québec est une province francophone, et à peu près 80 % de la population du Québec est francophone. En Acadie (au Nouveau-Brunswick, en Nouvelle-Écosse et à l'Ile-du-Prince-Édouard), il y a une grande influence francophone. Pour comprendre l'histoire des francophones au Canada, il faut savoir que l'Acadie était une des premières régions francophones. Aujourd'hui, la culture, la musique et la nourriture témoignent de l'influence francophone dans cette région. Si vous voyagez en Ontario, vous allez trouver des communautés francophones (les **Franco-Ontariens**) dans la région de Cornwall, et au nord, vers Sudbury. Au Manitoba, il existe une communauté francophone très active (les **Franco-Manitobains**) à Saint-Boniface, près de Winnipeg. En Saskatchewan, les francophones s'appellent les **Fransaskois** et ils forment également une communauté active et fière. En Alberta, les **Franco-Albertains** se situent dans la région d'Edmonton (St-Paul et St-Albert). Il existe également une petite communauté de **Franco-Colombiens** à Maquillard dans la banlieue de Vancouver. Toutes ces communautés francophones sont fières de leur passé francophone et de leurs liens avec la culture, les traditions et la langue du Canada francophone.

Vue du centre-ville de Sudbury. Cette ville de plus de 160 000 habitants possède une population francophone importante. Comment appelle-t-on les habitants de Sudbury? Des Sudburois.

À vous la parole

7-30 Où est-ce que c'est ? D'après la conversation, quel est l'endroit décrit ?

MODÈLE   Pour avoir une meilleure vue sur la vallée, il faut monter.
➤ C'est la montagne.

1. Il n'y a pas assez de vent pour faire du bateau à voile.
2. Il y a beaucoup de grands arbres anciens ici !
3. Tu veux traverser (*cross*) ici ? L'eau n'est pas trop profonde.
4. Il y a un petit potager, et voilà les champs pour les animaux.
5. Tu veux nager un peu ?
6. Quand est-ce qu'on va arriver au sommet ?
7. C'est un bon endroit ; il y a beaucoup de poissons ici !
8. Voilà les carottes, et ici, ce sont mes belles tomates.
9. Mettons la tente ici, sous un arbre.

7-31 Projets pour une sortie. Avec deux ou trois camarades de classe, faites des projets pour une sortie. Imaginez qu'il fait beau et que vous avez une journée de libre. Choisissez une destination et des activités.

MODÈLE É1 On va à la montagne ?
    É2 Je préfère aller au bord d'un lac.
    É3 Moi aussi. On peut nager…

7-32 Plaisirs de la ville, plaisirs de la campagne. Vous préférez habiter la ville ou la campagne ? Pourquoi ? Discutez de votre préférence avec un/e partenaire et dressez une liste des avantages et des inconvénients.

MODÈLE É1 Moi, je préfère habiter la ville ; il y a beaucoup de bons restaurants et de cinémas.
    É2 Il y a trop d'agitation et trop de voitures en ville ; je préfère le calme de la campagne…

	Les avantages	**Les inconvénients**
La ville	- les restaurants	- les voitures
	- les cinémas	- la circulation
	- …	-
	-	-
La campagne	- le calme	-
	- …	-
	-	-
	-	-

Formes et fonctions

1. Les verbes en -*re*

En matière de conjugaison, les verbes en **-re** sont différents des verbes en **-er** de deux manières :

- Ils se terminent par une consonne qui n'est pas prononcée au singulier et marquent la 1ère et la 2e personne, comme suit :

  j'atten**ds** (*I wait*)   tu enten**ds** (*you hear*)   il répon**d** (*he answers*)

- Comme on prononce la consonne finale au pluriel, la 3e personne du pluriel est différente de la 3e personne du singulier à l'oral :

  elles répon**dent** vs. elle répon**d**

ATTENDRE *to wait for*	
SINGULIER	PLURIEL
j' attend**s**	nous attend**ons**
tu attend**s**	vous attend**ez**
il / elle / on attend	ils / elles attend**ent**

IMPÉRATIF : **Attends ! Attendons** ici ! **Attendez** un moment !
IMPARFAIT : j'attendais, tu attendais, il attendait, nous attendions, vous attendiez, ils attendaient
PASSÉ COMPOSÉ : Nous avons **attendu** nos amis. Oui, nous **les** avons attendus toute la soirée!

- Voici quelques verbes utiles en **-re** :

attendre	*to wait for*	Ils **attendent** le professeur.
descendre	*to go down*	Ils **descendent** les escaliers
à		Je **descends au** labo.
de	*to get off*	Elle **descend du** bus.
en ville	*to go downtown*	Vous **descendez en ville** ?
entendre	*to hear*	Tu **entends** cette musique ?
perdre	*to lose, to waste*	Il **perd** toujours ses cahiers.
rendre à	*to give back*	Le prof **rend** les essais **aux** étudiants.
rendre visite à	*to visit someone*	Nous **rendons visite à** nos parents.
répondre à	*to answer*	Vous **répondez à** sa lettre ?
en		Elle **répond en** anglais.
vendre	*to sell*	Ils **vendent** des magazines.

- Attention aux différences de préposition entre le français et l'anglais :

J'attends le métro.	*I'm waiting **for** the subway.*
Il répond **au** professeur.	*He's answering the professor.*
Elle rend visite **à** sa mère.	*She's visiting her mother.*

À vous la parole

7-33 C'est logique. Complétez chaque phrase de manière logique en utilisant un verbe en **-re**.

MODÈLE   nous / le métro ?
➤ Nous attendons le métro.

1. le professeur / en anglais en classe
2. l'étudiante / ses devoirs au professeur
3. nous / des livres à la bibliothèque
4. moi / mes parents à St-Boniface
5. vous / du train ?
6. toi / le téléphone ?
7. elle / son foulard
8. Marc / la fin de semaine pour sortir avec des amis

7-34 Réponses personnelles. Posez les questions suivantes à votre partenaire, puis partagez ce que vous avez appris avec les étudiants de la classe.

MODÈLE   À qui est-ce que tu as rendu visite cette fin de semaine ?
➤ J'ai rendu visite à mon frère, il habite en campagne.
OU ➤ j'ai rendu visite à des amis; ils ont une maison de campagne.

1. À qui est-ce que tu as rendu visite cette fin de semaine ?
2. Est-ce que tu perds souvent tes vêtements ? Si oui, comment ?
3. Est-ce que tu as revendu tes livres à la fin du semestre ? Pourquoi / Pourquoi pas ?
4. Est-ce que tu réponds rapidement à tes courriels (*e-mails*) ?
5. Quand est-ce que tu es descendu en ville, et pourquoi ?

2. La phrase exclamative

- La phrase exclamative permet d'exprimer une émotion telle que la surprise, la joie, la colère. Pour former une phrase exclamative en français, on peut simplement modifier l'intonation de la phrase de base en intonation montante. À l'écrit, on ajoute un point d'exclamation.

J'aime les journées en montagne.   J'adore les journées en montagne !

- Pour exprimer son sentiment par rapport à un objet en particulier, on peut utiliser la forme **quel** qui s'accorde avec le nom qui le suit :

Quel de l bel arbre !   **Quelle** montagne magnifique !
Quels beaux arbres !   **Quelle**s bonnes pommes !

Les adjectifs (leçon 2, ce chapitre) conservent leurs propriétés. S'ils sont prénominaux, ils se placent devant (*beau*, *bon*) et ils s'accordent **toujours** avec le nom.

À vous la parole

7-35 C'est magnifique n'est-ce pas ? Soyez expressifs.

MODÈLE   montagne / magnifique
➤ Quelle montagne magnifique !

1. rivière / beau
2. maison de campagne / vieux
3. plage / petit
4. idée / bon
5. coin / charmant
6. ferme / joli
7. montagne / majestueux
8. lac / froid

7-36 Dupond et Dupont. Les célèbres détectives Dupond et Dupont dans les aventures de Tintin répètent la même chose de manière différente. Souvent, le premier dit quelque chose et le deuxième exagère légèrement. Imaginez que vous êtes Dupond ou Dupont :

MODÈLE   Quelle bonne idée !
➤ Je dirais même plus : c'est la meilleure idée de la journée !

1. Quelle belle forêt !
2. La tarte aux pommes est bonne.
3. Quelle promenade agréable !
4. Le temps est magnifique.
5. Cette église n'est pas vraiment ancienne.
6. Les légumes du potager sont frais.

Stratégie

To understand a narrative, identify the main characters and the nature of their relationship with each other. Then as you read and reread the passage, focus on defining the significance of each character and how he or she figures in the story.

7-37 Quand j'étais toute petite

A. Avant de lire. J.M.G. Le Clézio, un auteur français aussi prolifique que connu, a été récompensé par le prix Nobel de littérature en 2008. L'extrait que nous allons lire dans cette section est tiré du roman intitulé *Printemps et autres saisons*. Ce livre a été publié en 1989. Il contient cinq nouvelles (*short stories*) présentant chacune l'histoire d'une femme et prenant place (*occurring*) à une saison différente. Zinna, l'héroïne dans cet extrait, est une jeune femme originaire d'Afrique du Nord qui a quitté son pays natal pour le Sud de la France. Elle décrit sa maison d'enfance dans le *Mellah*, le quartier juif dans lequel elle a grandi.

B. En lisant. Répondez aux questions suivantes.

1. Ce texte est principalement une conversation. À qui est-ce que Zinna parle ? Quand est-ce qu'elle raconte son histoire ? Où ?
2. Zinna décrit deux maisons ; ce sont les maisons de qui ? Décrivez chaque maison : elles sont grandes ou petites ? Elles ont combien de pièces ? Combien d'étages ? Est-ce qu'il y a d'autres détails intéressants ?
3. Qui habite la deuxième maison ? Cette personne est comment ? Pourquoi est-ce que Zinna la trouve fascinante ?

« Tu sais, Gazelle, quand j'étais toute petite, il n'y avait pas de plus beau quartier que le Mellah. »

Zinna commençait toujours ainsi. Elle s'asseyait sur la plage, et Tomi se mettait à côté d'elle. C'était généralement le matin…

« Alors, nous habitions une maison très vieille, étroite, juste une pièce en bas où couchait mon père avec mon oncle Moché, et moi j'étais dans la chambre du haut. Il y avait une échelle[1] pour grimper[2] sur le toit, là où était le lavoir[3]. C'était moi qui lavais le linge, quelquefois Khadija venait m'aider, elle était grosse, elle n'arrivait pas à grimper l'échelle, il fallait[4] la pousser. À côté de chez nous, il y avait la maison bleue. Elle n'était pas bleue, mais on l'appelait comme ça parce qu'elle avait une grande porte peinte en bleu, et les fenêtres à l'étage aussi étaient peintes en bleu. Il y avait surtout une fenêtre très haute, au premier, qui donnait sur un balcon rond. C'était la maison d'une vieille femme qu'on appelait la tante Rahel, mais elle n'était pas vraiment notre tante. On disait qu'elle était très riche, qu'elle n'avait jamais voulu se marier. Elle vivait[5] toute seule dans cette grande maison, avec ce balcon où les pigeons venaient se percher. Tous les jours, j'allais voir sa maison. De son balcon, je rêvais[6] qu'on pouvait voir tout le paysage, la ville, la rivière avec les barques qui traversaient, jusqu'à la mer. La vieille Rahel n'ouvrait jamais sa fenêtre, elle ne se mettait jamais au balcon pour regarder… »

[1]*ladder* [2]*climb* [3]*washtub* [4]*it was necessary* [5]*lived* [6]*imagined*

Source : Extrait de J.M.G. Le Clézio, « Zinna », *Printemps et autres saisons*. © Éditions GALLIMARD.

C. En examinant de plus près. Maintenant, considérez la structure et la signification de ce texte.

1. Au début, comment est-ce que nous savons que Tomi (Gazelle) a l'habitude d'entendre des histoires de la vie de Zinna dans le Mellah ?
2. Zinna a un souvenir très précis du toit de sa maison d'enfance : décrivez les activités et les personnes qui font partie de cette mémoire.
3. Zinna compare le toit de sa maison avec le balcon de sa voisine, Rahel. Qu'est-ce que nous apprenons de la vie de Rahel ? Zinna n'a pas visité le balcon de la maison de Rahel. Quelles sortes de choses est-ce qu'elle imagine être possible du balcon de Rahel ?

D. Après avoir lu. Discutez des questions suivantes avec votre classe.

1. Quelles sont les différences entre Zinna et Rahel ? Pourquoi est-ce que ces différences sont importantes ?
2. Est-ce que vous avez le souvenir d'un endroit lié avec une personne qui a marqué votre imagination ? Quelle idée est-ce que vous associez à cet endroit ?
3. Et vous? Quels souvenirs avez-vous de votre maison d'enfance?

Venez chez nous !
À la découverte de la France : les régions

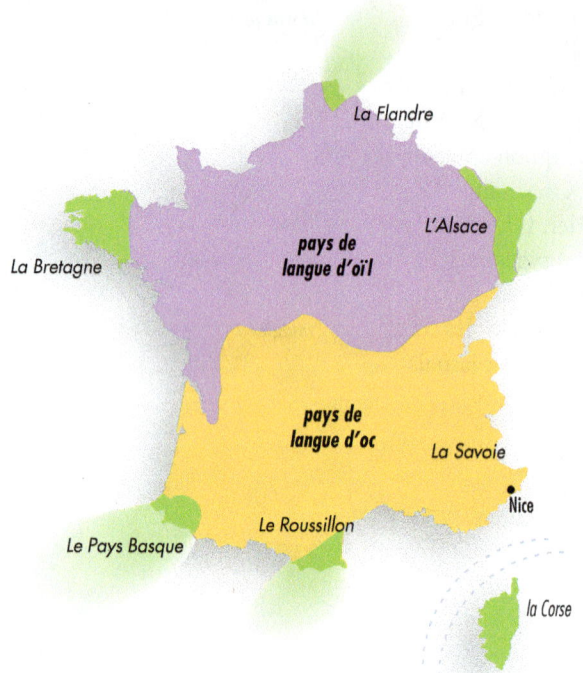

LA NAISSANCE DE LA FRANCE

On ne peut pas donner une date précise à la naissance de la France. Les frontières de la France d'aujourd'hui ne sont pas des frontières naturelles. En fait, l'Hexagone est le résultat de guerres[1] et d'autres évènements[2] politiques qui ont réuni[3] peu à peu des peuples de langues et de cultures différentes, par exemple, les Alsaciens, qui parlent encore des dialectes allemands, et les Corses, qui parlent une langue proche[4] de l'italien.

Le royaume[5] de France s'est constitué aux XIe et XIIe siècles[6] autour de Paris. Ensuite, le royaume de France s'est étendu[7] vers le sud où l'on trouve encore des gens qui parlent des dialectes occitans[8]. Puis, d'autres régions ont été ajoutées[9] à ce nouvel ensemble[10] : la Bretagne, en 1532 ; le Pays Basque, en 1620 ; le Roussillon (la région autour de Perpignan), en 1659 ; la Flandre, en 1713 ; l'Alsace, en 1681 ; la Corse, en 1768 ; la Savoie et la région de Nice, en 1860.

[1]*wars* [2]*events* [3]*brought together* [4]*close* [5]*kingdom* [6]*centuries* [7]*extended* [8]*dialects spoken in the South of France* [9]*added* [10]*entity*

Stratégie

In a long passage, identify the main idea of each paragraph as you read. This will help you understand each paragraph's overall content and ultimately the progression and meaning of the passage as a whole.

7-38 L'identité de la France : la pluralité culturelle

A. Avant de lire. Ce passage tiré d'un manuel de géographie pour élèves à l'école secondaire traite de la diversité culturelle caractéristique des nombreuses régions de France. Pour en suivre la progression, identifiez l'idée principale de chacun des paragraphes, puis relevez les détails mentionnés à propos des différences régionales.

b. Chaque région de France est un peu différente à cause du contact entre les peuples qui sont arrivés plus récemment et les peuples qui étaient déjà là.
   c. Il faut respecter les habitudes et les coutumes des peuples qui sont originaires de chaque région.
2. Le deuxième paragraphe parle principalement des différences…
   a. linguistiques   b. culturelles   c. sociales
3. Selon le troisième paragraphe, les régions de France…
   a. sont toutes assez similaires.
   b. ont leurs propres identités.
   c. ont leurs propres coutumes.
4. Le dernier paragraphe conclut que la distinction principale en France actuelle peut se résumer à la différence entre…
   a. le Nord et le Sud.
   b. la langue d'oc et la langue d'oïl.
   c. l'Est et l'Ouest.

Un village aux toits de tuiles rondes à Roquebrune sur la Côte d'Azur.

La pluralité culturelle

Des apports multiples

La France est un creuset[1] humain et culturel…. Les peuples qui se sont installés dans une région y ont imposé certaines de leurs habitudes, mais ils ont aussi transformé leurs usages au contact des populations autochtones[2]…

Certains contrastes anciens ont aujourd'hui disparu…. Les divisions linguistiques se sont atténuées[3] et si quelques langues régionales comme le breton, le basque et le corse se maintiennent, la généralisation du français et le brassage[4] des populations ont minimisé l'opposition entre pays de langue d'oïl[5] et pays de langue d'oc[6].

France du Nord, France du Sud

La France forme une mosaïque complexe de provinces, qui ont une identité historique forte et des modes de vie assez homogènes. On identifie encore, à juste titre, les Normands, les Bourguignons, les Angevins, les Provençaux ou les Béarnais, et chacune de leurs régions a sa propre cuisine, son folklore, ses proverbes et ses coutumes pour les grands moments de la vie sociale (comme les baptêmes ou les mariages).

À l'échelle[7] nationale cependant[8], la division Nord-Sud semble s'imposer plus que toute autre…. On utilise toujours la tuile plate[9] dans la France du Nord, la tuile ronde[10] dans le Sud et l'ardoise[11] dans l'Ouest armoricain[12], mais plus importantes sont les différences de comportement[13] : par exemple, … dans le domaine sportif : grandes villes exceptées, une France méridionale[14] du rugby s'oppose à une France septentrionale[15] du football ; et dans le domaine culinaire : une France du beurre au nord fait face à une France de l'huile au sud.

[1]*melting pot* [2]*indigenous* [3]*diminished* [4]*mixing* [5]*name given to the languages (where* oïl *meant* oui*) spoken in the North of France* [6]*name given to the languages (where* oc *meant* oui*) spoken in the South of France* [7]*scale* [8]*however* [9]*flat roofing tile* [10]*rounded roofing tile* [11]*slate roofing* [12]*Bretagne* [13]*behaviour* [14]*du Sud* [15]*du Nord*

Extrait de: *D'apres Jean-Louis Mathieu, Geographie 1ere: La France en Europe et dans le monde. La pluralite culturelle. Bordas, © 1997. ISBN 2040282510, p.48.*

Des maisons aux toits de tuiles plates en Normandie.

Un village aux toits d'ardoise en Bretagne.

C. En regardant de plus près. Maintenant examinez quelques caractéristiques du texte.

1. D'après le texte, quelles langues régionales est-ce qu'on parle toujours ? Identifiez la région de chaque langue sur la carte.
2. D'après le troisième paragraphe, qu'est-ce qui distingue les différentes régions ?
3. Complétez le tableau avec les principales différences entre le nord et le sud de la France.

	le Nord	le Sud
la langue		
la construction des maisons		
la cuisine		
le sport		

D. Après avoir lu. Discutez de ces questions avec vos camarades de classe.

1. Est-ce que vous pouvez identifier des caractéristiques propres à une ou plusieurs régions au Canada ? Trouvez des exemples avec un/e partenaire.
2. Est-ce qu'il y a au Canada, comme en France, une division majeure entre différentes régions ? Expliquez votre réponse.

Les régions et les langues de France

Les habitants des régions françaises ont conservé une partie de leur culture à travers la musique, les fêtes et la cuisine régionale. La diversité culturelle se manifeste aussi par la langue. Dans ces régions, on entend encore parler les langues traditionnelles. Les communautés locales font un effort pour préserver ces langues et on commence à enseigner les langues régionales à l'école. Voici quelques exemples de la langue de ces régions qui, tous, veulent dire : « Venez chez nous en… ! »

- En Bretagne, le breton : **Deit genomb é Breizh !**
- Dans la région de Dunkerque, le flamand : **Kom bij ons in Vlanders !**
- En Alsace et en Lorraine, des dialectes allemands : **Komme zü uns ens Elsass !**
- En Corse, le corse : **Venite in Corsica !**
- Dans le Roussillon, une variété de catalan : **Vine a veure'ns al Roselló !**
- Au Pays Basque, le basque : **Zatozte Euskal herrirat !**
- Dans tout le Midi, des dialectes occitans : **Venetz en Occitania !**

Et vous ?

1. Avec un/e partenaire, faites une liste des régions du Canada. Quelles sortes de spécialités (la cuisine, la musique, les fêtes) est-ce qu'on trouve dans ces régions ?
2. Est-ce qu'il existe des langues régionales au Canada comme en France ? Expliquez.

Un bel exemple du folklore régional : le « Mai » ou la fête de Nice, sur la Côte d'Azur ; en niçois (une variété de l'occitan) : lu « Mai » o lu festin de Nissa.

Combien de régions différentes est-ce que vous pouvez associer aux images sur ces beaux timbres ?

7-39 Visitons Seillans

A. Avant de regarder. Dans cette séquence vidéo, nous allons « visiter » Seillans. Seillans se trouve dans le Midi de la France, pas très loin de la Côte d'Azur. Regardez la photo de Seillans pour répondre à ces questions.

1. Qui est la personne qui va faire le guide dans la séquence vidéo, à votre avis ?
2. Seillans, c'est un centre urbain, une grande ville ou un petit village ?
3. À votre avis, quels aspects de Seillans est-ce que le guide va nous montrer ?

B. En regardant. Maintenant, regardez la séquence vidéo pour trouver la bonne réponse.

1. Seillans se trouve dans quelle région de la France ?
2. Seillans, c'est un village classé : pourquoi ?
3. À Seillans, vous allez découvrir (cochez les bonnes réponses) :

   ____ de belles fontaines   ____ des églises romanes
   ____ des villas magnifiques   ____ des collines boisées
   ____ de petites places avec des arbres ____ des paysages spectaculaires

4. Quels sont les produits locaux bien appréciés ?

   ____ le vin   ____ les olives
   ____ la lavande   ____ le coton

C. Après avoir regardé. D'après la description, est-ce que Seillans est un endroit que vous voudriez visiter ? Pourquoi ?

Stratégie

When preparing a promotional brochure, think about who your readers will be and how best to reach them with well-chosen content and an enticing presentation.

7-40 La ville de…

A. Avant d'écrire. Préparez une brochure publicitaire sur une ville de France qui vous intéresse. Pour commencer, identifiez les personnes pour qui vous allez préparer la brochure : est-ce qu'elles sont sportives, artistes, gastronomes, adultes, étudiant(e)s, enfants… ? Ensuite, en fonction de leurs intérêts, répondez aux questions suivantes en consultant des guides, des vidéos touristiques et des sites Internet.

1. Où se trouve cette ville en France ? (près de la mer ? à côté de Paris ? à la montagne ?)
2. Quels sont les sites touristiques les plus intéressants dans cette ville ? Décrivez-les.
3. Quelles activités est-ce qu'on peut y pratiquer ? Est-ce qu'il y a des activités, par exemple, pour les personnes qui aiment le sport, les beaux-arts, l'histoire ? Pour les enfants, les jeunes, les personnes âgées ?

B. En écrivant. Maintenant, utilisez vos informations pour rédiger un texte (quatre petits paragraphes) qui décrit la ville. N'oubliez pas les personnes pour qui vous préparez la brochure. Regardez comme modèle la brochure pour Marseille à la page suivante qui a pour public les sportifs et les gens qui aiment l'histoire. Pour élaborer votre projet, vous pouvez ajouter des images (photos, dessins, tableaux) de la ville. Donnez un titre à votre brochure.

C. En révisant. Réfléchissez aux questions suivantes et faites tous les changements nécessaires.

1. Relisez votre brochure pour analyser le contenu : est-ce que vous avez décrit des sites et des activités qui vont probablement intéresser votre public ?
2. Relisez de nouveau votre brochure pour analyser le style et la forme : est-ce que vous donnez une description vive et colorée de la région ? Est-ce que vous avez inclus des photos, des tableaux ou des dessins ?

D. Après avoir écrit. Présentez votre ville à vos camarades de classe et essayez de les persuader de la visiter.

7-41 Un voyage en France.
Imaginez qu'avec deux de vos amis, vous décidez de faire un voyage de quinze jours en France cet été. Mais dans le groupe, il y a des personnalités très différentes :

1. Une personne est très sportive. Il / Elle adore assister à des matchs de tennis et à des parties de soccer, et il / elle aime bien faire des promenades, du canoé et du kayak.

Orthographe : canoë (canoé)

2. Une personne se spécialise en histoire de l'art. Il / Elle veut visiter tous les musées possibles.
3. Une personne est très pantouflarde. Il / Elle veut faire le moins de choses possible et surtout se détendre au maximum.

Plan du Centre

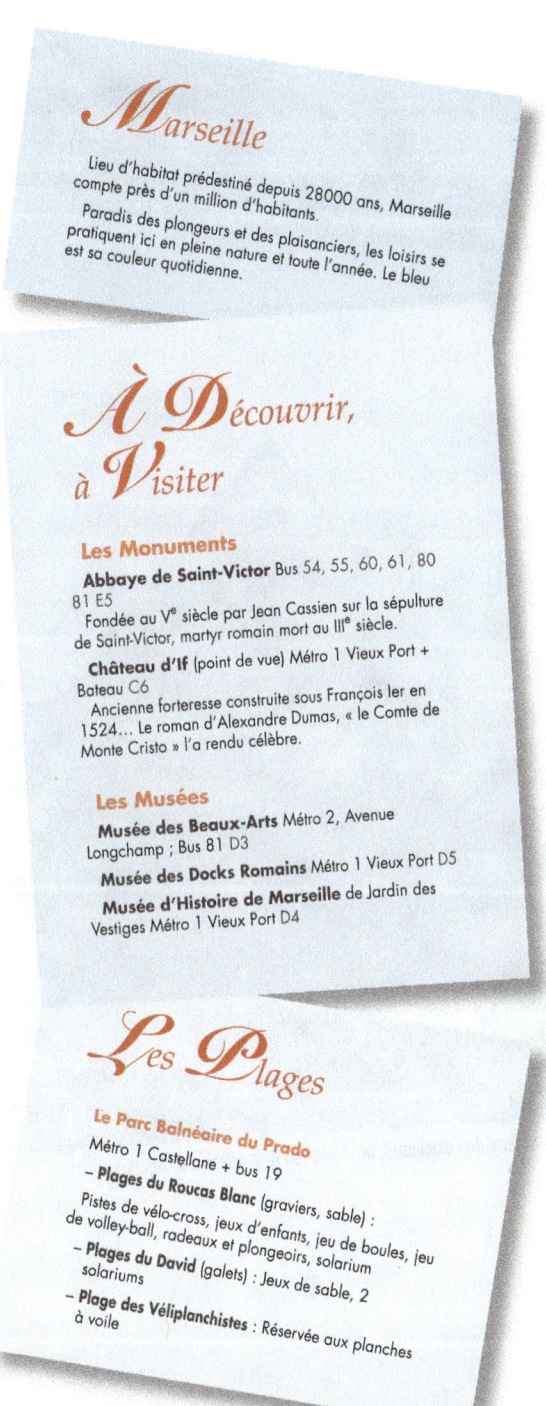

la nouvelle destination MARSEILLE

Marseille

Lieu d'habitat prédestiné depuis 28000 ans, Marseille compte près d'un million d'habitants.
Paradis des plongeurs et des plaisanciers, les loisirs se pratiquent ici en pleine nature et toute l'année. Le bleu est sa couleur quotidienne.

À Découvrir, à Visiter

Les Monuments

Abbaye de Saint-Victor Bus 54, 55, 60, 61, 80 81 E5
Fondée au Ve siècle par Jean Cassien sur la sépulture de Saint-Victor, martyr romain mort au IIIe siècle.

Château d'If (point de vue) Métro 1 Vieux Port + Bateau C6
Ancienne forteresse construite sous François 1er en 1524… Le roman d'Alexandre Dumas, « le Comte de Monte Cristo » l'a rendu célèbre.

Les Musées

Musée des Beaux-Arts Métro 2, Avenue Longchamp ; Bus 81 D3

Musée des Docks Romains Métro 1 Vieux Port D5

Musée d'Histoire de Marseille de Jardin des Vestiges Métro 1 Vieux Port D4

Les Plages

Le Parc Balnéaire du Prado
Métro 1 Castellane + bus 19
– **Plages du Roucas Blanc** (graviers, sable) : Pistes de vélo-cross, jeux d'enfants, jeu de boules, jeu de volley-ball, radeaux et plongeoirs, solarium
– **Plages du David** (galets) : Jeux de sable, 2 solariums
– **Plage des Véliplanchistes** : Réservée aux planches à voile

Le phare de Ploumanach, sur la côte de granit rose en Bretagne

A. Avant de parler. Choisissez le rôle que vous allez jouer, et réfléchissez à vos projets préférés. Faites une petite liste des possibilités.

MODÈLE   É1   Il faut s'arrêter d'abord à Paris pour voir les musées et les monuments, par exemple, Le Louvre…

B. En parlant. En groupes de trois, jouez les rôles. Essayez de persuader vos amis de visiter les sites qui vous intéressent et de faire les activités que vous préférez. Créez un itinéraire qui plait à tout le monde.

MODÈLE   É1   On s'arrête d'abord à Paris où je peux assister au tournoi de tennis Roland-Garros.
            É2   Oui, et quand tu es aux matchs, je visite les musées, par exemple…
            É3   Et moi, je peux m'installer à la terrasse d'un café pour regarder les gens.
            É1   Et après trois jours, nous allons à…

C. Après avoir parlé. Partagez votre itinéraire avec les autres étudiants. Qui a l'itinéraire le plus intéressant ? Qui visite le plus grand nombre de villes ? Qui fait le plus de kilomètres ?

Le château de Castelnaud, au-dessus de la Dordogne en Aquitaine

VOCABULAIRE

 TEXT AUDIO 7.11–7.23

7.11 Français canadien

un deux et demi, un trois et demi	a two-room apartment, a three-room apartment (with bath)
le salon	living room
un sofa	couch

7.12 Leçon 1

pour décrire un immeuble — **to describe a building**

un ascenseur	elevator
un bâtiment	building
une cour	courtyard
des escaliers (m.)	staircase, stairs
un étage	floor (of a building)
garer la voiture	to park the car
le rez-de-chaussée	ground floor
le sous-sol	basement
un/e voisin/e	neighbour

7.13 pour situer un immeuble — to locate a building

un quartier (résidentiel)	(residential) neighbourhood
une rue	street
situé/e	located, situated
tranquille	quiet, tranquil

7.14 pour parler d'un appartement — to talk about an apartment

un balcon	balcony
une chambre / une chambre principale / une chambre à coucher	bedroom
les charges (f.)	utilities
un cinq-pièces (Fr.)	three-bedroom apartment with living room and dining room
un couloir	hallway
une cuisine	kitchen
donner sur	to look onto or lead out to
une entrée	entrance, foyer
un/e locataire	tenant
louer	to rent
le loyer	the rent
un/e propriétaire	homeowner; landlord/landlady
une salle à manger	dining room
une salle de bain	bathroom
un séjour, une salle de séjour	living room
un studio	studio apartment
une terrasse	terrace
des toilettes (f.), des W.-C. (m.) (Fr.)	washroom

à quel étage ? — on what floor? 7.15

RDC / rez-de-chaussée	ground (first) floor
1er premier	second
2e deuxième	third
3e troisième	fourth
10e dixième	eleventh
11e onzième	twelfth
12e douzième	thirteenth
13e treizième	fourteenth
19e dix-neuvième	twentieth
20e vingtième	twenty-first
21e vingt-et-unième	twenty-second

autres mots utiles — other useful words 7.16

chaque	each
maigre	thin, skinny
même	even
pâle	pale
propre	own

verbes en -ir choisir comme — verbs ending in -ir like choisir 7.17

choisir	to choose
désobéir à	to disobey
finir	to finish
obéir à	to obey
réfléchir à	to think
réussir à	to succeed at / to pass

Leçon 2

7.18 des meubles (m.) — *furniture*

une armoire	armoire, wardrobe
un canapé (Fr.)	couch
une cuisinière	stove
un évier	sink
un fauteuil	armchair
un four	oven
une lampe	lamp
un lit	bed
des placards (m.)	cupboards, kitchen cabinets
un réfrigérateur	refrigerator
des rideaux (m.)	curtains
une table basse	coffee table
un tapis	rug

7.19 pour décrire un appartement ou un meuble — *to describe an apartment or a piece of furniture*

abimé/e	worn, worn-out
agréable	pleasant
ancien/ne	old, antique
le centre-ville	downtown
chic	stylish
avec coin-cuisine	with a kitchenette
confortable	comfortable
équipé/e	equipped
meublé/e	furnished
moderne	modern
un mur	wall
neuf / neuve	brand new
par terre	on the floor
pratique	practical
rénové/e	renovated
sous les toits	in the attic
sous	under
sur	on top of
le toit	roof

autres mots utiles — *other useful words* 7.20

des affaires (f.)	belongings, things
ranger	to put up, to put away
seulement	only
surtout	above all

Leçon 3

la vie à la campagne — *life in the country* 7.21

se détendre	to relax
une ferme	farm
un jardin	garden, yard
un potager	vegetable garden
une villa	large country home

la nature — *nature* 7.22

un arbre (fruitier)	(fruit) tree
un bateau (à voile)	(sail) boat
le bois	woods
un champ	field
une colline	hill
une forêt	forest
un lac	lake
une rivière	large stream or river (tributary)
une vallée	valley

quelques mots utiles — *some useful words* 7.23

au bord (du lac)	on the shore (of the lake)
un endroit	place
en effet	yes, indeed
formidable	great
il me semble	it seems to me
là(-bas)	there
s'occuper de	to take care of
posséder	to own

CHAPITRE 8 | Les relations personnelles

—Moi, j'ai des origines multiculturelles ; je suis franco-marocaine.

DISCOVER
Go to the **Resources** for Chapitre 8 on MyFrenchLab to watch the *On démarre* video in which a French student describes her family background. Complete the related video activities in the **Assessments** for this chapter under Additional Practice.

APPLY
- Video
- Activities : On démarre ! 08-01 to 08-02

LEÇON 1

Les jeunes et la vie

LEÇON 2

Les grands évènements de la vie

LEÇON 3

Les émotions

Venez chez nous !
Les rituels

MyFrenchLab
Visit MyFrenchLab to access the audio clips for each chapter, additional exercises, and much more!

Après avoir complété ce chapitre, vous devriez être en mesure de / d'
- décrire et raconter des évènements au passé
- parler de ce que les autres ont dit ou écrit
- exprimer des opinions et des émotions
- comprendre et décrire des rituels appartenant à la francophonie

Sur le plan de la grammaire, ce chapitre vous permettra de vous familiariser avec
- les verbes de communication **écrire**, **lire** et **dire** ainsi que les verbes **savoir** et **connaitre**
- les pronoms **lui** et **leur** ainsi que les pronoms **me**, **te**, **nous** et **vous**
- de nouveaux contrastes entre l'imparfait et le passé composé
- les verbes pronominaux

En matière de phonétique, ce chapitre sera l'occasion d'étudier
- les semi-voyelles /j/, /w/ et /ɥ/

LEÇON 1 Les jeunes et la vie

Points de départ

Les jeunes parlent

TEXT AUDIO  8.1

 discussions   blogues   mes sujets   mes messages   mes favoris   mes blogues   mon profil   messages échangés

Forum de discussion > Famille > Nos racines

Afficher réaction

Auteur	Message
Pierre le mar. 7 avr. 09 à 15 h 08 	Sur le temple d'Apollon à Delphes, on trouve l'inscription « Connais-toi toi-même »[1]. Une façon de se connaitre, c'est d'examiner ses racines. Quelles sont les expériences et les personnes qui vous ont influencé/e le plus ? Moi, mes parents ont divorcé quand j'avais cinq ans. J'ai peu ressenti l'absence de mon père car je le voyais une semaine sur deux et mes parents se sont toujours bien entendus. La personne qui m'a le plus influencé est mon grand-père. Ancien professeur de biologie, il m'a appris à aimer la nature, en particulier la forêt. J'étais un adolescent rebelle car j'étais totalement révolté par la pollution. Aujourd'hui, à 22 ans, je prépare un diplôme en sciences de l'environnement et souhaite faire carrière dans le domaine de la protection de la forêt.
Sarah le mar. 7 avr. 09 à 18 h 38 	Je fais partie d'une famille assez « traditionnelle » : mon père travaille, ma mère est une femme au foyer et j'ai deux frères. Mon père est un homme autoritaire et exigeant, mais aussi très aimant. Ma mère est une femme créative et attentionnée. J'ai de très bons rapports avec mes parents. Ils m'ont donné un sens de la morale, une vision du monde, le gout du travail et une présence très sécurisante. Je suis bien dans ma peau. J'étudie la littérature et espère pouvoir écrire.
Alima le mer. 8 avr. 09 à 9 h 10 	Je suis franco-marocaine. J'ai commencé par refuser mes racines maghrébines, mais après j'ai compris que ces racines multiples (arabes, juives, françaises) sont une richesse fabuleuse. Par exemple, je ne suis pas vraiment pratiquante, mais je ne rate jamais le ramadan. Ce n'est pas une pratique imposée par ma famille, mais c'est une épreuve personnelle qui me permet de réfléchir, d'avancer dans la connaissance de ma personne. Être français, ce n'est pas se couler dans le moule[2] de la culture dominante. Tous avec nos racines, nous pouvons participer aux changements de la culture française et européenne.

[1] *Know thyself* [2] *to pour oneself into the mold*

Photos: Pierre, Duris Guillaume/Fotolia; Sarah, Aurelie and Morgan David de Lossy/Cultura/Getty Images; Alima, pio3/Fotolia

Vie et culture

La famille à la carte

Qu'est-ce qu'une « famille » ? Avec ou sans enfants ? Deux parents, un seul, davantage[1] ? De quel sexe ? Nos idées sur la famille évoluent et le vocabulaire le signale : en plus des familles « nucléaires », on parle aujourd'hui de familles étendues, recomposées, monoparentales et de couples vivant en union libre. On parle aussi du « chum » de sa mère, de la « blonde » de son père, de mères sur le marché du travail et de pères au foyer ! En fait, la famille « traditionnelle », où la femme restait à la maison, élevait plusieurs enfants et terminait ses jours auprès de son mari dans la maison d'un de ses enfants, est devenue un phénomène rare au Canada. Même si la majorité des familles canadiennes étaient encore dirigées par un couple marié en 2011, le nombre de jeunes couples qui préfèrent fonder une famille en vivant en « union libre » a augmenté cinq fois plus vite ; c'est au Québec que cette tendance est la plus forte*. La famille n'est pas en crise pour autant. D'après une enquête menée par l'Université Laval à Québec, près de 80 % des jeunes vivant dans une famille recomposée sont satisfaits de leur relation avec leurs parents ou leurs beaux-parents. Le facteur-clé[2] de cette réussite est simple : la qualité de la communication.

Et vous ?

Comment est votre famille ? Quelle est l'importance de la famille pour vous ?

Le langage des jeunes

Jean-Paul Sartre a dit : « Il n'y a pas de sentiment plus communément partagé[3] que de vouloir être différent des autres. » C'est peut-être la devise[4] des jeunes qui veulent se distinguer par leurs vêtements, leur musique et surtout par leur langage. Comment décrire le langage des jeunes francophones ? Le problème, c'est qu'il est toujours en train de changer. Voici quelques expressions courantes pour parler de ce qui est « bon » et de ce qui est « mauvais », ici et en France :

> **bon** : C'est cool, génial, l'fun (au Canada), super, top (surtout en France).
> **mauvais** : C'est naze (en France), nul, plate (au Canada), poche (au Canada), pourri.

Le **verlan** est un jeu langagier créé par des jeunes et utilisé en France. En verlan, on forme des mots en inversant les syllabes, par exemple, **branché** (à la mode) devient **chébran**.

Est-ce que vous pouvez trouver l'équivalent en verlan des expressions suivantes ?

en français	en verlan
femme	teuf
branché	reuch
fête	laisse béton
pourri	chébran
métro	meuf
fou	tromé
cher	ripou
laisse tomber (arrête)	ouf

Et vous ?

1. Est-ce que les jeunes autour de vous ont un langage spécifique ? En quoi est-ce qu'il diffère de la langue ordinaire ? Est-ce lié au clavardage[5] sur Internet ?
2. En France, quelques expressions en verlan ainsi que d'autres mots argotiques sont passés dans la langue courante et sont utilisés par tout le monde. Par exemple, on dit un **boulot** (expression familière) pour un **travail**. Pouvez-vous trouver des exemples de ce même phénomène dans votre langue ?

*Référence : http://www.mfa.gouv.qc.ca/fr/publication/Documents/SF_Portrait_stat_synthese_11.pdf

[1] *plus* [2] *key factor* [3] *shared* [4] *motto* [5] *chat*

POUR PARLER DE SA FAMILLE ET DE SON IDENTITÉ

un père, une mère célibataire
un homme, une femme au foyer
un père, une mère absent/e
une famille étendue, monoparentale, nucléaire, recomposée, traditionnelle
un beau-père, une belle-mère, un beau-frère, une belle-sœur, les demi-frères et sœurs
être autoritaire, aimant/e, attentionné/e, bien dans sa peau, créatif/-ve, exigeant/e, pratiquant/e, rebelle, révolté/e
avoir de bons rapports avec quelqu'un, des racines multiculturelles, un air de famille

À vous la parole

8-1 Définitions. Trouvez une définition pour chaque expression.

MODÈLE une mère célibataire
➤ C'est une mère qui n'a pas de partenaire.

1. une mère célibataire
2. un homme au foyer
3. la famille étendue
4. un père absent
5. une famille monoparentale
6. une famille recomposée
7. l'union libre

a. un couple qui vit ensemble sans être marié
b. un père qui n'habite pas avec ses enfants
c. une famille avec un seul parent
d. une famille avec des demi-frères ou sœurs
e. une mère qui n'a pas de partenaire
f. les parents, les grands-parents, les cousins…
g. un père qui reste à la maison et s'occupe de ses enfants

8-2 D'accord ou pas d'accord ? Est-ce que vous êtes d'accord avec les affirmations suivantes ? Parlez-en avec un/e partenaire et expliquez votre réponse.

MODÈLE Grandir dans une famille monoparentale, c'est une tragédie pour l'enfant.

É1 Je ne suis pas d'accord du tout, l'important c'est la qualité des relations entre les parents et l'enfant.

É2 Oui, et la famille étendue et les amis peuvent aussi aider la famille.

1. La famille exerce très peu d'influence sur les jeunes.
2. On apprécie toujours des parents autoritaires.
3. Les racines multiples, c'est une richesse.
4. Les jeunes veulent toujours être différents des parents.
5. Une femme au foyer, c'est mieux pour les enfants.
6. Être français, c'est s'assimiler à la culture dominante.
7. Le divorce n'a pas d'impact sur les enfants.
8. Dans une famille recomposée, il est impossible d'avoir un air de famille.

8-3 Et vous ? Avec un/e partenaire, complétez les phrases suivantes selon votre propre expérience.

MODÈLE Mes parents m'ont appris…

É1 Mes parents m'ont appris à aimer la musique classique.

É2 Et moi, mon beau-père m'a appris à apprécier la nature.

1. Mes parents m'ont appris…
2. J'étais un/e enfant…
3. Ma famille, c'est une famille…
4. J'ai de bons rapports avec…
5. Mon rêve (*dream*), c'est de…
6. Je suis bien dans ma peau parce que…

Formes et fonctions

1. Les verbes de communication *écrire*, *lire* et *dire*

- Voici trois verbes de communication : **écrire** (*to write*), **lire** (*to read*) et **dire** (*to say*, *to tell*).

		écrire	lire	dire
SINGULIER	je / j'	écris	lis	dis
	tu	écris	lis	dis
	il / elle / on	écrit	lit	dit
PLURIEL	nous	écrivons	lisons	disons
	vous	écrivez	lisez	dites
	ils / elles	écrivent	lisent	disent
IMPÉRATIF :		Écris !	Lis !	Dis !
		Écrivez !	Lisons !	Disons !
		Écrivons !	Lisez !	Dites !
PASSÉ COMPOSÉ :		il a écrit	il a lu	il a dit

j'écris   je dis   je lis
tu écris   tu dis   tu lis
il écrit   il dit   il lit, etc.

- Les verbes de communication peuvent prendre deux compléments : un objet direct, normalement la chose communiquée, et un objet indirect introduit par la préposition **à**, normalement le destinataire de la communication.

	Objet direct	**Objet indirect**
J'écris une lettre à mes parents.	Écrire **quoi** ? une lettre	**À qui** ? à mes parents
Léa a dit un secret à son copain.	Dire **quoi** ? un secret	**À qui** ? à son copain
Jean lit une histoire à ses enfants.	Lire **quoi** ? une histoire	**À qui** ? à ses enfants

- Ces verbes peuvent aussi se construire avec un seul complément, l'objet direct.

Il écrit **un roman**.

Elle a dit **oui**.

Nous lisons **le journal**.

- D'autres verbes de communication comme **parler**, **répondre** et **téléphoner** peuvent se construire avec le complément d'objet indirect seulement.

Maxime parle **à son ami**.

Suzanne répond **au professeur**.

Nous téléphonons **à nos parents**.

À vous la parole

8-4 Étudiants étrangers. Tout le monde est d'accord ! Comment est-ce que ces étudiants disent « oui » ? Choisissez un mot de la liste : **da**, **ewa**, **ja**, **oui**, **shi**, **sí**, **yes**.

MODÈLE Maria est espagnole.
➤ Elle dit « sí ».

1. Peter et Helmut sont allemands.
2. Louis-Jean est haïtien.
3. Moi, je suis russe.
4. Isabel est mexicaine.
5. Michèle et moi, nous sommes belges.
6. Toi, tu es canadienne.
7. Georges et toi, vous êtes suisses.
8. Alan, il est anglais.
9. Aïcha et Yasmine sont libanaises.
10. Jiang Li est chinoise.

8-5 Qu'est-ce qu'ils écrivent ? Choisissez dans la liste ce qu'écrivent ces jeunes gens.

MODÈLE Marc travaille pour le journal de l'université.
➤ Il écrit des articles.

| des articles | des critiques | des recettes | des comptes rendus |
| des lettres | des poèmes | des programmes | des chansons |

1. Anne et moi, nous étudions l'informatique.
2. Geoffrey et toi, vous êtes bons correspondants.
3. Je suis étudiant en littérature.
4. Laetitia aime faire la cuisine.
5. Jessica et Florian sont poètes.
6. Tu travailles pour un magazine.
7. Adrien va souvent au théâtre.
8. Christelle et Élodie jouent dans un groupe de rock.

8-6 Sondage. Trouvez une personne qui…

MODÈLE lit le journal tous les jours

É1 Est-ce que tu lis le journal tous les jours ?
É2 Oui, je lis le *Monde diplomatique*.
OU ➤ Non, je ne lis pas le journal, je regarde les nouvelles à la télé.

1. lit ses courriels tous les matins
2. écrit à ses parents
3. dit toujours la vérité (*truth*)
4. écrit pour le journal de l'université
5. a lu au moins un roman (*novel*) cette année
6. a décrit la situation politique dans un travail de session
7. veut nous dire quel est son âge
8. a déjà écrit une lettre dans une langue étrangère

2. Les pronoms compléments d'objet indirect *lui* et *leur*

● Dans une phrase, le complément d'objet direct peut être remplacé par un pronom complément d' objet direct (*le, la, l', les*). Relisons, pour mémoire, ces exemples tirés du chapitre 7.

Tu prends **cet appartement** ?	—Oui, je **le** prends.
Elle attend **le propriétaire** ?	—Oui, elle **l'**attend.
Vous aimez **ces appartements** ?	—Non, nous ne **les** aimons pas.

● Le complément d'objet indirect aussi peut être remplacé par un pronom, soit par le pronom *lui* si l'objet indirect est singulier (*to her*, *to him*), soit par le pronom *leur* si l'objet indirect est pluriel (*to them*).

Tu as écrit cette lettre **à ta demi-soeur** ?	—Oui, je **lui** ai écrit cette lettre.
Elle a téléphoné **à son copain** ?	—Oui, elle **lui** a téléphoné.
Elle dit toujours bonjour **à ses voisins** ?	—Oui, elle **leur** dit toujours bonjour.
Tu as répondu **à tes amies** ?	—Oui, je **leur** ai répondu.

● Les pronoms *lui* et *leur* se placent comme les pronoms compléments d'objet (voir chapitre 7), soit devant le verbe conjugué, soit devant le verbe à l'infinitif.

Je **lui** écris une carte postale.

Elle **lui** parlait de sa belle-mère

Nous **leur** avons téléphoné.

Tu vas **lui** donner ton livre ?

Elle peut **leur** dire combien ça coute par mois.

● Dans les phrases impératives négatives, *lui* et *leur* se placent immédiatement devant le verbe :

Ne **lui** dites pas votre nom !

Ne **leur** donnons pas d'argent !

À la forme affirmative, *lui* et *leur* se placent à la suite du verbe et sont séparés par un trait d'union :

Écris-**lui** un texto.

Téléphone-**leur** à propos de l'appartement.

● Deux grandes classes de verbes se construisent avec des compléments d'objet indirect : les verbes de communication et les verbes de transfert. Dans les deux cas, la structure de base est *verbe quelque chose à quelqu'un*.

  ● Autres verbes de communication :

demander	*to ask*	On va **leur** demander l'adresse.
expliquer	*to explain*	Tu peux **lui** expliquer le problème ?
montrer	*to show*	Qui va **lui** montrer la chambre ?

- Verbes de transfert :

acheter	to buy	Je **leur** ai acheté un petit appartement.
apporter	to bring	La propriétaire **lui** a apporté la lettre.
donner	to give	On peut **leur** donner l'adresse.
emprunter	to borrow	Je **lui** emprunte la voiture.
offrir	to give (a gift)	Elle **lui** offre un cadeau pour son anniversaire.
prêter	to lend	Tu **leur** prêtes ton appartement ?
remettre	to hand in / over	Nous **lui** avons remis le loyer.
rendre	to give back	Je **lui** ai rendu le livre.

À vous la parole

8-7 À qui est-ce qu'on parle ? Romain parle de ses habitudes. Pour chaque phrase, décidez s'il parle à sa copine ou à ses parents.

Normalement, je…

MODÈLE … lui téléphone une ou deux fois par jour.

	à sa copine	à ses parents
1. … leur téléphone la fin de semaine.	✓	
2. … lui parle quand je suis frustré.		
3. … lui parle quand je me lève le matin.		
4. … lui téléphone quand j'ai des problèmes.		
5. … leur parle quand j'ai besoin d'argent.		
6. … lui téléphone quand je veux sortir.		
7. … leur parle quand c'est bientôt les vacances.		

D'après ces descriptions, à qui est-ce qu'il parle le plus souvent ?

8-8 De quoi est-ce qu'on parle ? Avec un/e partenaire, trouvez au moins deux possibilités logiques pour chaque phrase.

MODÈLES Je <u>lui</u> donne souvent des conseils.
➤ Je donne souvent des conseils <u>à mon petit frère</u>.
OU ➤ Je donne souvent des conseils <u>à mon copain</u>.

1. Je <u>leur</u> téléphone souvent la fin de semaine.
2. Je <u>lui</u> ai rendu visite l'été passé.
3. Je voudrais <u>lui</u> donner mon adresse.
4. J'aime <u>leur</u> parler.
5. Je <u>lui</u> prête mes affaires.
6. Je <u>leur</u> explique mes problèmes.
7. Je peux <u>lui</u> demander de l'argent.
8. Je <u>leur</u> offre des cadeaux.

8-9 Qu'est-ce qu'on peut offrir ? Les personnes suivantes ont acheté un nouvel appartement. D'après les indications, qu'est-ce qu'on pourrait leur offrir comme cadeau ?

MODÈLE Ma sœur n'a pas de tableaux aux murs.
➤ Je lui offre une belle affiche.

1. Mes parents ont un nouveau lecteur DVD.
2. Mon oncle adore faire la cuisine.
3. Ma tante adore les plantes et les fleurs.
4. Ma cousine aime lire.
5. Mes grands-parents aiment la musique.
6. Mon cousin n'a pas de colocataire.
7. Mes amis ont une belle terrasse.

8-10 Rarement, souvent ou jamais ? Demandez à un/e camarade de classe à quelle fréquence il / elle fait les choses suivantes : **rarement, souvent** ou **jamais** ?

MODÈLES prêtes tes vêtements à ton / ta colocataire

    É1 Est-ce que tu prêtes tes vêtements à ta colocataire ?

    É2 Non, je ne lui prête jamais mes vêtements.

  OU Oui, je lui prête souvent mes chandails.

1. rends toujours tes travaux au professeur
2. expliques tes problèmes à tes parents
3. parles souvent à tes parents
4. offres des cadeaux à tes amis
5. demandes souvent de l'argent à tes parents
6. empruntes souvent des vêtements à tes amis
7. achètes des bonbons pour tes nièces et tes neveux
8. empruntes de l'argent à ton colocataire

TEXT AUDIO 8.2

8-11 Lise parle avec sa mère.

A. Avant d'écouter. Dans cette conversation téléphonique, la mère de Lise lui donne des nouvelles (*news*) de la famille et de leurs connaissances. Avant d'écouter, pensez aux évènements possibles que votre mère (ou un autre membre de votre famille) pourrait vous annoncer au téléphone.

B. En écoutant. Complétez le tableau suivant avec la personne mentionnée, la nouvelle et la réaction de Lise. La première nouvelle est donnée comme modèle.

Personne mentionnée	Nouvelle	Réaction de Lise
Son frère	*Il a eu son bac*	*« Ouf ! Enfin. »*

C. Après avoir écouté. Est-ce que les réactions de Lise vous ont surpris/e ? Pourquoi ou pourquoi pas ? Est-ce que vous avez des conversations de ce genre avec votre mère ou un autre membre de votre famille ? Comparez vos réponses avec celles de vos camarades de classe.

LEÇON 2 — Les grands évènements de la vie

Points de départ

 TEXT AUDIO 8.3

Les grands évènements

La mère de Sophie regarde son album de photos.

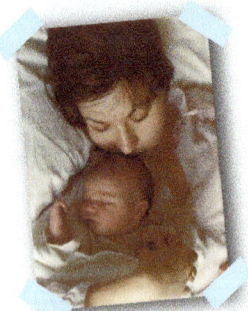

Le 9 mai 1980, Sophie est née ; elle était adorable !

Voilà Sophie à son baptême, avec sa marraine et son parrain.

Le jour de Noël 1982 ; Sophie avait 2 ans. Que de cadeaux !

C'était l'anniversaire de Sophie : 6 bougies sur le gâteau !

L'été 1995, Sophie a passé les grandes vacances à la plage avec son amie Virginie.

Le mariage de Sophie et Arnaud. La cérémonie civile a eu lieu à la mairie et ensuite la cérémonie religieuse, à l'église : la mariée était en blanc, le marié en smoking !

Photos: La naissance, Bruno Brunelli/Fototrove/Getty Images; le baptême, Myrleen Pearson/PhotoEdit; le Noël, Michael Rutherford/SuperStock; l'anniversaire, Flirt/SuperStock; l'été, PhotoConcepts/Vetta/Getty Images; le mariage, Digital Vision/Photodisc/Getty Images

Vie et culture

Les fêtes religieuses et officielles

En France, beaucoup de jours fériés sont des fêtes traditionnelles catholiques et la majorité des autres sont des fêtes nationales.

Noël est la plus grande fête de l'année. On décore le sapin (l'arbre de Noël) et on échange des cadeaux. Le soir du 24 décembre (pour certains, c'est après la messe de minuit), on se réunit[1] pour un grand repas[2], le réveillon.

Le jour de l'An est précédé par le réveillon de la Saint-Sylvestre, la nuit du 31 décembre.

Le jour des Rois (l'Épiphanie) a lieu le 6 janvier. On partage un gâteau, la galette des Rois, dans lequel on a caché la fève — un petit personnage en plastique ou en céramique. La personne qui trouve la fève dans sa part de galette est nommée le roi ou la reine[3] et porte une couronne en papier.

La Chandeleur, c'est le 2 février. Traditionnellement, on mange des crêpes. Si vous faites sauter[4] une crêpe et si elle retombe dans la poêle[5], vous aurez de la chance toute l'année.

Pâques. Cette fête célèbre la résurrection du Christ. On offre aux enfants des œufs et des poules[6] en chocolat. Les enfants cherchent dans le jardin ou dans la maison les œufs cachés par leurs parents.

La fête du Travail. Le premier mai, les ouvriers organisent des défilés et on offre un brin de **muguet**[7] aux membres de sa famille.

La fête nationale. Cette grande fête célèbre la prise de la Bastille et le début de la Révolution française, le 14 juillet 1789. Le soir, toutes les villes et les quartiers des grandes villes organisent un bal populaire et l'on tire des feux d'artifice. Le matin, les Parisiens peuvent assister au grand défilé militaire sur les Champs-Élysées, retransmis en direct à la télévision.

La Toussaint. Le premier novembre, on honore les morts de la famille en mettant des chrysanthèmes sur leurs tombes.

Le Canada en fête

Le calendrier canadien bat aussi au rythme des fêtes religieuses, nationales et locales. En plus des fêtes de Noël, de Pâques et du jour de l'An, on célèbre :

La fête du Canada. Cette fête, proclamée par Lord Monk pour commémorer l'anniversaire de l'union des provinces en une fédération, le Canada, est célébrée le premier juillet à Ottawa et dans tous les provinces et territoires.

La fête du Travail. Suite aux courageuses revendications syndicales[8] des imprimeurs de Toronto en 1872, le gouvernement de Sir John Thompson adopte, en 1894, une loi officialisant la fête du Travail en l'honneur du mouvement ouvrier. D'abord célébrée au printemps, comme en Europe, elle est déplacée à la fin de l'été, soit le premier lundi de septembre, simplement pour équilibrer le calendrier.

L'Halloween. Le 31 octobre, sortez votre déguisement de sorcière[9], c'est le jour de l'Halloween ! Située entre l'équinoxe de l'automne et le solstice d'hiver, cette fête représente aussi le dernier jour de la récolte[10]. C'est d'ailleurs la raison pour laquelle la citrouille[11] — le dernier fruit à être récolté — est le symbole de cette fête.

La Saint-Valentin, ou fête de l'amour, trouve son origine au troisième siècle à Rome lorsque Valentin, un prisonnier tombé amoureux de la fille de son geôlier[12], lui écrit une lettre et signe : « Ton Valentin qui t'aime. » Aujourd'hui encore, on célèbre cette fête le 14 février en écrivant une carte à ceux qu'on aime et en leur offrant du chocolat en forme de cœur.

[1]*gather together* [2]*meal* [3]*king or queen* [4]*flip* [5]*frying pan* [6]*hens* [7]*lily of the valley* [8]*union demands* [9]*witch* [10]*harvest* [11]*pumpkin* [12]*jailer*

Du Yukon en Acadie, le 24 juin, on célèbre la fête de la **Saint-Jean-Baptiste** ou, plus simplement, la **Saint-Jean**. Héritage symbolique des colons de Nouvelle-France qui honoraient Jean, dit « le baptiste », parce qu'il a baptisé Jésus, la Saint-Jean est devenue, sous l'initiative du patriote Ludger Duvernay en 1834, une fête patriotique et au fil des ans une occasion de célébrer la fierté de tous les Canadiens français. Drapeaux fleurdelisés bleu et blanc, défilé et grand spectacle marquent chaque année cette **fête « nationale »**.

Le 15 aout, c'est la **fête nationale de l'Acadie**. Le drapeau national flotte sur les festivités avec ses bandes bleu, blanc, rouge qui marquent l'appartenance à la civilisation française et son étoile dorée qui représente l'Assomption, la patronne de l'Acadie. Grand tintamarre[13], activités artistiques et spectacles de soirée ponctuent cette fête célébrée au Nouveau-Brunswick, en Nouvelle-Écosse, à l'Ile-du-Prince-Édouard et à Terre-Neuve-et-Labrador.

Et vous ?

1. Est-ce que vous célébrez certaines de ces fêtes ? Lesquelles ? De quelle façon ?
2. En plus des fêtes religieuses et païennes (*pagan*), plusieurs journées thématiques marquent le calendrier. En voici quelques-unes. Est-ce que vous pouvez associer les journées aux dates correspondantes ? Est-ce que ces journées sont importantes pour vous ?

La journée mondiale du livre	le 21 septembre
La journée internationale de la paix	le 8 mars
La journée internationale de la femme	le 20 mars
La journée internationale de la famille	le 23 avril
La journée mondiale de l'environnement	le 15 mai
La journée internationale de la Francophonie	le 5 juin

[13]*din*

LES VŒUX

Meilleurs vœux !	*Best wishes!*
Félicitations !	*Congratulations!*
Bonne fête ! (*Can.*)	*Happy birthday!*
Joyeux anniversaire !	*Happy birthday!*
Joyeux Noël !	*Merry Christmas!*
Bonne année !	*Happy New Year!*
Bon voyage !	*Have a good trip!*
Bonnes vacances !	*Have a good vacation!*

À vous la parole

8-12 Qu'est-ce qu'on dit ? Qu'est-ce que vous dites dans les situations suivantes ?

MODÈLE C'est la fête de votre mère.
➤ Je dis : « Bonne fête, Maman ! » ou « Joyeux anniversaire, Maman ! »

1. Vos amis ont eu un enfant.
2. C'est le 25 décembre.
3. C'est le début des vacances.
4. Vous assistez à un mariage.
5. Votre ami fête ses 20 ans.
6. Vos parents fêtent leurs 25 ans de mariage.
7. C'est le jour de l'An.
8. Vos cousins partent en voyage.

8-13 Jeu d'association. À quelles occasions est-ce que vous associez ces choses ou ces personnes ? Parlez-en avec un/e partenaire.

MODÈLE   un voyage

   É1 Ce sont les grandes vacances.
   É2 C'est un mariage.

1. un gâteau
2. des cadeaux
3. un document officiel
4. un grand repas
5. un défilé militaire
6. des fleurs
7. la marraine (*godmother*)
8. le maire (*mayor*)
9. le prêtre (*priest*), le pasteur, le rabbin, l'imam
10. un bébé

Parallèles

Joyeux anniversaire ! Mathilde et Diandra fêtent leur anniversaire.

Mathilde reçoit un cadeau d'anniversaire de ses parents.

Diandra fête ses vingt ans avec sa grand-mère, sa sœur Paula et sa mère.

8-14 Tous les éléments. Quels sont les éléments importants pour une fête ? Avec un/e partenaire, décrivez une fête d'après les éléments suivants : l'endroit, les gens importants, les vêtements, les accessoires, les activités.

MODÈLE   un anniversaire

   É1 On peut fêter un anniversaire à la maison ou dans un restaurant, par exemple.
   É2 Normalement, la famille et les amis sont présents. Il y a presque toujours un gâteau avec des bougies.
   É1 Oui, on chante « C'est à ton tour » ou « Bonne fête », et on offre des cadeaux.

1. Noël
2. un mariage
3. un baptême
4. la fête nationale
5. les grandes vacances

SONS ET LETTRES

TEXT AUDIO  8.4

La semi-voyelle /j/

When the letter **i** immediately precedes a vowel sound, it is pronounced /j/, as in the English word *yes*. It forms a single syllable with the following vowel. Compare:

   le mar**i** / le mar**i**é   étud**i**e / étud**i**ez   boug**i**e / boug**i**ez

Note that when **i** is preceded by a group of consonants and followed by a vowel sound, it is pronounced /i/ and forms a separate syllable. Compare:

   le lien / le cli-ent   bien / ou-bli-er

The letter **y** is often pronounced /j/:

   jo**y**eux   fo**y**er   L**y**on

TEXT AUDIO 8.5

À vous la parole

8-15 Imitation. Répétez ces mots ou expressions qui contiennent la semi-voyelle /j/ devant une voyelle orale.

mieux	le mariage	officiel	la mariée
l'union	traditionnelle	génial	monsieur
société	un million	vous chantiez	nous voulions

TEXT AUDIO 8.6

8-16 Contrastes. Comparez les deux mots ou expressions.

1. la vie / les vieux   le mari / le mariage
2. l'ami / le mieux   elle étudie / elle va étudier
3. le cri / crier   c'est pourri / c'est génial

TEXT AUDIO 8.7

8-17 Phrases. Maintenant, lisez ces phrases.

1. La cérémonie officielle pour le mariage a lieu le 3 février.
2. Ces étudiantes étudiaient les sciences économiques à Lyon, l'an dernier.
3. Dans la société actuelle, il y a des familles traditionnelles avec des femmes au foyer mais aussi des couples non-mariés qui vivent en union libre.

Formes et fonctions

1. Imparfait et passé composé : d'autres contrastes

L'**imparfait** et le **passé composé** décrivent des contextes et des actions dans le passé. Dans les chapitres 5 et 6, nous avons vu que ces deux temps verbaux ont des fonctions bien différentes. L'imparfait sert la description du contexte ; le participe passé exprime les actions achevées qui font avancer l'histoire.

- On emploie le **passé composé** pour exprimer une action précise :

  Elle est née **le jeudi 9 mai 1991**.   *She was born on Thursday May 9, 1991.*

  Elle a visité Vancouver **deux fois**.   *She visited Vancouver twice.*

- On emploie l'**imparfait** pour décrire :

  - une caractéristique dans le passé :

    Cécile **était** une enfant très sérieuse.   *Cécile was a very studious child.*

  - une habitude :

    D'habitude, la famille allait au parc **le dimanche**.   *Usually the family would go to the park on Sundays.*

- Dans une phrase complexe,
  - on emploie l'**imparfait** pour le contexte et le **passé composé** pour exprimer l'action :

CONTEXTE	QUAND	ACTION	
Sophie **regardait** la télé quand sa marraine **a téléphoné**.			*Sophie was watching TV when her godmother called.*
Ils **quittaient** l'église lorsqu'il **a commencé** à pleuvoir.			*They were leaving the church when it started to rain.*

  - on emploie l'**imparfait** pour exprimer la cause et le **passé composé** pour exprimer la conséquence :

CAUSE	DONC	CONSÉQUENCE	
Sophie **était** triste donc elle **a téléphoné** à sa meilleure amie.			*Sophie was sad so she telephoned her best friend.*
Il **était** seul alors il **est rentré** chez lui.			*He was lonely so he returned home.*

À vous la parole

8-18 Hier, ça n'allait pas ! Chloé a eu des problèmes hier. Les choses n'ont pas marché comme d'habitude. Expliquez !

MODÈLE   arriver en avance
➤ D'habitude, elle arrivait en avance.
➤ Mais hier, elle n'est pas arrivée en avance.

1. quitter la maison à huit heures
2. arriver la première
3. apporter son cahier
4. réviser sa leçon
5. finir ses devoirs
6. apporter ses livres
7. travailler à la bibliothèque
8. appeler ses amis

8-19 Qu'est-ce qu'ils faisaient ? Décrivez ce que ces gens faisaient quand Solange est arrivée à la fête.

MODÈLE ➤ Quand Solange est arrivée, Marc travaillait dans sa chambre.

Fiche pratique

The **imparfait** can often be translated as *used to*, *would*, *was doing something*, or *was feeling*. When in doubt about whether to use the **imparfait** or the **passé composé**, try to substitute these expressions in the sentence to see whether they fit the context.

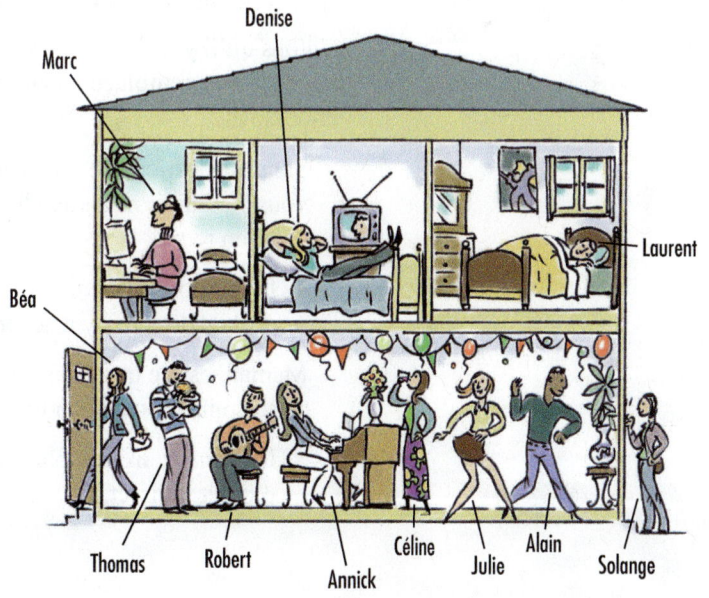

8-20 Mes quinze ans. Avec un/e partenaire, parlez de vos quinze ans. Comment étiez-vous ? Qu'est-ce que vous faisiez ?

MODÈLES le caractère

    É1 Moi, à quinze ans, j'étais très timide.

    É2 Moi, à quinze ans, j'étais très indépendant et individualiste.

MODÈLES les voyages

    É1 À quinze ans, je suis allé à Toronto assister au Festival international du film.

    É2 Et moi, je suis allé au Manitoba avec ma famille.

1. le caractère
2. le physique
3. les amis
4. le sport
5. les voyages
6. les études
7. la musique
8. les projets d'avenir

2. Les pronoms compléments d'objet *me, te, nous et vous*

- Les pronoms **me / m'**, **te / t'**, **nous** et **vous** peuvent remplacer un complément d'objet direct et compléter la série **le**, **la**, **l'** et **les**. Ils peuvent aussi remplacer un complément d'objet indirect. Dans ce cas, ils complètent la série **lui** et **leur** que nous avons étudiée dans ce chapitre. La fonction exacte de ces pronoms dépend du lien que le complément remplacé entretient avec le verbe :

Il attend **moi** devant la maison. (il attend **qui** ? Objet direct) → Il **m'**attend devant la maison.

Il écrit une lettre **à moi**. (il écrit **à qui** ? Objet indirect) → Il **m'**écrit une lettre.

Notons qu'il y a accord du participe passé uniquement lorsque le pronom *me, te, nous* ou *vous* remplace un **complément d'objet direct**. Observons le contraste ci-dessous :

Sandrine, est-ce que Pierre était toujours au restaurant pour votre rendez-vous? – Oui, il **m'**a attendu**e** jusqu'à huit heures. **J'**étais vraiment gêné**e** d'être aussi en retard.

- Le pronom **m'** remplace Sandrine (féminin, singulier) et est complément d'objet direct, il y a accord.

Maman, est-ce que tu as reçu du courrier? Oui, Jean-Marc **m'**a écrit une lettre. Je suis impatiente de la lire.

- Le pronom **m'** remplace à Maman (féminin, singulier) et est complément d'objet indirect, donc il n'y a pas d'accord.

Pronoms compléments d'objet direct

	personne		pronom	exemple
singulier	1ʳᵉ		me / m'	Tu **m'**appelles ce soir ?
	2ᵉ		te / t'	Attention ! On **te** regarde.
	3ᵉ	*m.*	le / l'	Elle **le** dit souvent; elle **l'**a déjà lu.
		f.	la / l'	Si je **la** déteste ? Non, je **l'**aime…
pluriel	1ʳᵉ		nous	Il **nous** invite au baptême de sa fille.
	2ᵉ		vous	Je **vous** attendais devant l'immeuble.
	3ᵉ		les	Nous **les** adorons !

Pronoms compléments d'objet indirect

	personne	pronom	exemple
singulier	1ʳᵉ	me / m'	Il **me** dit bonjour tous les matins a.
	2ᵉ	te / t'	Ils **t'**ont offert un bouquet de fleurs !
	3ᵉ	lui	Je **lui** ai écrit une longue lettre.
pluriel	1ʳᵉ	nous	Il **nous** a envoyé une invitation de mariage.
	2ᵉ	vous	Je **vous** souhaite une excellente année.
	3ᵉ	leur	Nous **leur** avons demandé la permission.

À vous la parole

8-21 Esprit de contradiction ou pas ? Vous allez proposer quelque chose. Un/e de vos partenaires va donner son accord, l'autre va refuser.

MODÈLE
    É1 Tu m'attends ?
    É2 Oui, je t'attends.
    É3 Non, je ne t'attends pas.

1. Tu m'aides à ranger l'appartement ?
2. Tu me téléphones ?
3. Tu m'invites chez toi ?
4. Tu me prêtes ton studio à Paris ?
5. Tu vas m'écrire ?
6. Tu vas me montrer ta chambre ?
7. Tu vas m'accompagner au mariage de Sophie ?

8-22 Du chantage (*blackmail*). Répondez que vous êtes d'accord.

MODÈLE Je t'invite à diner si tu me prêtes de l'argent.
➤ Alors, je te prête de l'argent.

1. Je t'écris si tu me donnes ton adresse.
2. Je te téléphone si tu me donnes ton numéro de téléphone.
3. Nous t'accompagnons au musée si tu nous invites à ta fête.
4. Nous t'offrons le dessert si tu nous aides à écrire une lettre.
5. Je t'amène au cinéma si tu me prêtes ta voiture demain.

6. Je t'explique le problème si tu répares ma bicyclette.
7. Nous te prêtons de l'argent si tu nous accompagnes à la bibliothèque.

8-23 Qu'est-ce qu'ils font ?
Qu'est-ce que ces gens font pour vous ? Parlez-en avec un/e camarade et ensuite, comparez vos réponses avec celles des autres étudiants.

MODÈLE vos parents

É1 Qu'est-ce que tes parents font pour toi ?

É2 Ils me téléphonent la fin de semaine ; ils me prêtent de l'argent pour payer mes études ; ils me conseillent.

1. votre frère ou sœur
2. votre colocataire
3. votre meilleur/e ami/e
4. votre copain / copine ou votre mari / femme
5. vos professeurs
6. vos parents

8-24 Sur la 132

A. Avant de lire. *Sur la 132* est le titre du premier roman de Gabriel Anctil, un jeune auteur québécois. Le chiffre 132 réfère à la route 132, la route la plus longue du Québec qui mène dans le Bas-Saint-Laurent et longe la Gaspésie. Avec un nom de route comme titre, de quoi traite ce livre, selon vous ? Cela vous fait-il penser à un autre roman emblématique (*iconic*) de la génération *Beat* dans les années soixante ?

Ce roman raconte l'histoire de Théo, un jeune Montréalais branché qui ressent le besoin de se retrouver, de retrouver ses racines, de sortir de sa zone de confort. Il part s'installer en région, dans un petit village du Bas-du-Fleuve, près de Trois-Pistoles où il fait des rencontres bien colorées.

B. En lisant. L'extrait que nous allons lire dans cette section correspond à la toute première page du roman. Nous découvrons Théo, le personnage principal dans son milieu de vie habituel.

1. La description de l'environnement physique de Théo comporte plusieurs mots de vocabulaire relié à son habitat et à son milieu de travail. Relevez-en dix et organisez-les par catégories (lieu, pièce, accessoire, meuble, etc.).
2. La narration alterne entre le présent et le passé. Au deuxième paragraphe, un élément marque le passage au passé. Quel est-il ? Identifiez pour chaque paragraphe le temps verbal dominant.
3. Remarquez comment en quelque trois cents mots l'auteur parvient à communiquer le malêtre de Théo. Relevez les phrases dans le texte (trois ou quatre au maximum) qui expriment le mieux l'état psychologique du personnage.

Stratégie

Essayez de vous mettre à la place du personnage pour comprendre son point de vue. Est-ce qu'il y a des éléments de son cadre de vie qui contribuent à orienter sa quête, ses perceptions, le sentiment intérieur qui l'habite ?

Pour vous mettre dans l'ambiance du *road trip* que va entreprendre le protagoniste du roman, familiarisez-vous avec le coin de pays qu'il va apprendre à connaître et à aimer. Vous pouvez, par exemple, consulter le site Web suivant : http://www.routedesnavigateurs.ca/fr/accueil/.

MONTRÉAL

Boulevard de Maisonneuve. Septembre 2008. Le vent bardasse[1] le pauvre panneau de circulation[2] et c'est toute la ville qui m'apparaît sur le point de s'envoler. Malmenée, la flèche blanche sur fond noir essaie tant bien que mal de résister aux bourrasques[3] des vents, mais avec une vis[4] en moins, la résistance perd de son élégance. Ça m'attire, ça m'obsède : je cherche un sens.

La veille, j'ai eu trente ans. J'étais fatigué et croyais que j'allais passer une soirée tranquille au condo avec Laurie, mais des amis ont débarqué et la fête m'a réveillé. Laurie avait tout manigancé[5]. J'étais entouré, souriant, heureux d'être le centre d'attention. Il y avait un DJ, des filles en mini-jupes qui s'occupaient d'un bar improvisé, et ma belle Laurie qui rayonnait de candeur. J'ai reçu des disques, des vêtements et des bouteilles d'alcool à boire jusqu'à ma mort. Je suis tombé dans le fort. Ingurgité des drinks par milliers. Tout ce qui s'offrait à moi. Bleu, blanc, rouge, vert, j'ai tout avalé. Puis la lumière s'est éteinte. J'avais trente ans et le goût de dormir jusqu'à mon prochain anniversaire.

Le réveille-matin sonne : je dois me rendre au travail. Un gong cogne régulièrement dans ma tête et des gens dorment en bavant[6] dans mon salon. Je me rends jusqu'à la salle de bain et fixe la glace. Mon haleine fétide[7], mon estomac fragile, je tente de percer la brume[8], mais mon visage fuit[9] vers d'autres miroirs. Je me retrouve en petites miettes, croulant. Quelque chose s'est brisé.

Trente ans et la vive impression d'avoir figé dans le temps depuis une éternité. Immobile. Fixé dans le béton[10]. Plongé dans une pub[11] qui n'en finit plus de s'étirer. Tout est beau, tout reluit[12], le consommateur s'identifie.

De mon bureau, effoiré[13] sur ma chaise, j'observe les rues désertes en bas. Le panneau de circulation se débat toujours alors que je tente de me concentrer par delà l'écran[14] sur ces quelques mots griffonnés[15] sur ma feuille de papier : *pub de bière – homme professionnel – urbain 18-35 ans – à diffuser pendant les parties de hockey.*

Source : Extrait tiré du roman de Gabriel Anctil (2013), *Sur la 132*, Héliotrope : Montréal, pp. 11-12.

---

[1] *secoue*
[2] *road sign*
[3] *gusts of winds*
[4] *screw*
[5] *organiser en secret*
[6] *drooling*
[7] *bad breath* [8] *fog*
[9] *RRSP*
[10] *concrete* [11] *une publicité (advertisement)*
[12] *shines*
[13] *écrasé*
[14] *screen* [15] *scribbled*

C. En regardant de plus près. Le texte place le lecteur (*reader*) devant une journée déterminante dans la vie de Théo, la journée où il va décider de tout abandonner, de quitter son emploi, son condo et de prendre le large.

1. Sur la base de ce court extrait, quel genre de vie Théo semble-t-il mener ? Quel métier exerce-t-il ?
2. Selon vous, son mode de vie (*way of life*) et son métier ont-ils eu une influence sur l'état d'esprit (*state of mind*) dans lequel il se trouve ? Pourquoi ? Justifiez votre réponse en vous basant sur le texte.

D. Après avoir lu. Discutez de ces questions avec vos camarades de classe.

1. Si vous habitez une grande ville comme Montréal, Toronto ou Vancouver êtes-vous déjà sorti/e de la ville pour explorer les régions plus éloignées de votre province ? Si oui, était-ce un séjour en famille dans une maison de campagne ou un « road trip » ? Quelles différences avez-vous observé ? Si vous n'êtes jamais sorti/e de votre ville, expliquez pour quelles raisons. Aimeriez-vous partir à l'aventure comme Théo ?
2. Théo quitte son condo, sa copine et son emploi parce qu'il ressent un profond (*deep*) besoin de changer de vie. Avez-vous déjà fait l'expérience d'un sentiment semblable ? Ce genre de remise en question est-il lié au passage de la vingtaine à la trentaine d'après vous ?
3. Selon l'adage populaire, « les voyages forment la jeunesse ». Pensez-vous que cela soit vrai? Pour quelles raisons?

LEÇON 3 Les émotions

Points de départ

TEXT AUDIO 8.8

Pour exprimer les sentiments et les émotions

MÉLANIE : Tu as l'air content, toi !
ANTOINE : En effet, je suis ravi. Écoute la bonne nouvelle : mon frère s'est fiancé. Il va se marier au mois de juin.
MÉLANIE : C'est super. Tu connais sa fiancée ?
ANTOINE : Oui, et on s'entend bien. Mais dis-moi, qu'est-ce que tu as, toi ? Tu n'as pas l'air heureuse. Tu te fais du souci ?
MÉLANIE : Eh bien, je suis assez inquiète ; je n'ai pas de nouvelles de ma sœur. Elle a eu un bébé le mois dernier et elle se dispute beaucoup avec son mari. Elle doit se reposer, mais c'est elle qui fait tout le travail.
ANTOINE : Calme-toi. Elle est probablement trop occupée pour t'appeler. Téléphone-lui.

Qu'est-ce qu'on dit quand on perd son sang-froid ?

Fiche pratique

Les verbes *être* et *avoir* à **l'impératif** sont bien utiles pour communiquer aux autres ses attentes en matière de comportement ou encore d'attitude.

ÊTRE
Sois gentil s'il-te-plait.
Soyons vigilant. (*Let's be careful*).
Ne **soyez** pas si timide!

AVOIR
Aie plus de patience.
N'**ayons** pas peur.
Ayez votre billet en main.

LES SENTIMENTS

être heureux/-euse, content/e, ravi/e
être triste, malheureux/-euse
être anxieux/-euse, inquiet/-ète, nerveux/-euse
être surpris/e
être furieux/-euse, fâché/e, en colère
être embarrassé/e, gêné/e
être amoureux/-euse ; tomber amoureux/-euse (*to fall in love*)
être jaloux/-ouse
être sensible

Vie et culture

Les francophones du Canada s'expriment

Il y a beaucoup d'expressions que les francophones du Canada utilisent pour exprimer leurs émotions. (L'accent et l'intonation sont très importants aussi !) Est-ce que vous pouvez associer les expressions de la colonne de droite aux émotions de la colonne de gauche ?

1. la joie
2. la colère
3. l'indifférence
4. la tendresse
5. l'embarras
6. la surprise
7. la déception (*disappointment*)
8. l'inquiétude

a. Oh, mon Dieu ! Oh là là !
b. Génial ! Formidable ! C'est ben l'fun ! Wow !
c. Je m'excuse, je suis désolé/e ! Oups !
d. Ah non ! C'est dommage !
e. Bof ! Ça m'est égal.
f. Mon amour, mon cœur, ma puce
g. C'est pas vrai ! Ça s'peut pas ! T'es pas sérieux !
h. Espèce d'imbécile ! Épais ! Niaiseux !

Et vous ?

L'expression juste. Qu'est-ce que vous dites dans les situations suivantes ?

1. Vous avez perdu vos devoirs.
2. Vous avez reçu une bonne note à un examen très difficile.
3. Vos amis vous demandent si vous préférez aller au cinéma ou regarder un DVD ; vous n'avez pas d'opinion.
4. Vous regardez un enfant adorable, votre nièce ou votre neveu.
5. Votre colocataire a emprunté votre livre de français et l'a oublié à la bibliothèque.
6. Vous avez fait tomber un vase chez la grand-mère de votre ami.
7. Vous apprenez que votre ami/e a eu un accident de voiture.

À vous la parole

8-25 Lire les expressions du visage. Est-ce que vous et votre partenaire savez lire les émotions sur le visage d'une personne ?

MODÈLE É1 Cette dame a l'air malheureuse : peut-être qu'elle a appris une mauvaise nouvelle ?
É2 Je pense qu'elle est anxieuse parce qu'elle n'a pas de nouvelles de son ami.

1.
2.
3.
4.

8-26 Des conseils. Quels conseils est-ce que vous donnez aux personnes suivantes ?

MODÈLE Votre colocataire a des soucis.
➤ Ne t'en fais pas ! Ça va s'arranger.

1. Une amie est très anxieuse avant un examen.
2. Votre ami est furieux parce qu'il pense qu'on l'a insulté.
3. Un monsieur se fâche parce qu'il n'y a plus de place dans l'autobus.
4. Votre amie a tendance à être jalouse.
5. Votre petit frère pleure parce qu'il ne trouve pas son DVD préféré.
6. Une femme est furieuse et elle crie très fort.
7. Vos copains sont nerveux avant leur partie de hockey.
8. Vos camarades s'inquiètent des notes qu'ils vont avoir.

8-27 Les sentiments. Expliquez à votre partenaire dans quelle/s situation/s vous ressentez les sentiments suivants.

MODÈLE la tristesse
➤ Je suis triste quand mes parents se disputent.

1. le bonheur
2. la jalousie
3. l'inquiétude
4. l'anxiété
5. la colère
6. la surprise
7. la déception

TEXT AUDIO  8.9

SONS ET LETTRES

Les semi-voyelles /w/ et /ɥ/

• The semi-vowel /w/ is always followed by a vowel, and that vowel is very often /a/. To pronounce /w/, start from the word *tweet* in English: *tweet*/**toi**.

• When followed by the sound /a/, the semi-vowel is usually spelled **oi**, as in **moi** or **trois**. It can also be spelled **ou**, as in **oui** or **jouer**. The spelling **oy** represents the sound /waj/, as in **employé** or **royal**. The semi-vowel /w/ also occurs in combination with the nasal vowel /ɛ̃/. In this case, it is spelled **oin**: **loin** or **moins**.

• To pronounce the semi-vowel /ɥ/, as in **lui**, start from the /y/ of **lu** but pronounce it together with the following vowel: **lu / lui**.

• The sound /ɥ/ is frequently followed by the vowel /i/: **huit, je suis, la nuit, le bruit**, but not exclusively: **nuage, ennuyeux, s'essuyer**. It is always spelled with the letter **u** followed by another vowel.

À vous la parole

TEXT AUDIO 8.10

8-28 Contrastes. Comparez les paires de mots suivantes.

la j**oi**e	j**oy**eux	un m**oi**s	m**oi**ns
le r**oi**	r**oy**al	la l**oi**	l**oi**n
l'empl**oi**	empl**oy**er		

Maintenant, comparez les mots avec /w/ et /ɥ/.

| **ou**i | h**ui**t | L**ou**is | l**ui** |
| j**oi**nt | j**ui**n | le s**oi**r | essu**ie** |

8-29 Comptine. Écoutez cette comptine et ensuite lisez-la à haute voix.

TEXT AUDIO 8.11

> Tr**oi**s petits princes
> Sortant du Paradis, bisc**ui**t
> Clarinette, clarinette
> Nos souliers°, ont des lunettes   *chaussures*
>
> Un, deux tr**oi**s, Vive la reine°   *queen*
> Un deux tr**oi**s, Vive le r**oi**°   *king*

Formes et fonctions

1. Les verbes pronominaux

• Nous avons vu dans le Chapitre 4 *Métro, dodo, boulot* plusieurs verbes pronominaux pour parler de la routine de la journée. Par exemple :

Le matin, je **me** réveille, je **me** lève, je **me** brosse les dents et je **m'**habille.

Un verbe est employé de manière pronominale lorsque le pronom objet représente la même personne que le sujet (*je me, tu te, il se* + **verbe**). Ces verbes peuvent aussi être employés de manière non pronominale, par exemple :

Chaque matin, cette mère réveille son garçon, puis elle **le** coiffe et **l'**habille.

Les verbes pronominaux prennent toujours l'auxiliaire **être** au passé composé :

Ce soir-là, il s'**est** déshabillé, s'**est** douché et s'**est** couché.

On appelle l'emploi pronominal des verbes comme *se réveiller* et *s'habiller* **réfléchi** parce que le sujet subit l'action. La phrase *Je me réveille* signifie 'je réveille moi-même'.

- Voici d'autres pronominaux réfléchis :

s'amuser	Ils **se sont** bien **amusés**.	*They had a lot of fun.*
se calmer	**Calmez-vous**, voyons !	*Look here, calm down!*
se fâcher	Elle **se fâche** contre lui.	*She's getting angry at him.*
se disputer	Est-ce que tu **te disputes** avec eux ?	*Did you argue with them?*
se fiancer	Il **s'est fiancé** avec elle.	*He got engaged to her.*
se marier	Elle va **se marier** avec lui.	*She will marry him.*
se séparer	Elle ne **se sépare** jamais de son téléphone.	*She never leaves without her phone.*

- Plusieurs verbes pronominaux prennent, au pluriel, un sens dit **réciproque**. On emploie parfois l'expression *l'un, l'autre* (*each other*) pour exprimer le caractère mutuel.

  - Voici quelques pronominaux réciproques :

se disputer	Ils **se disputent** tout le temps.	*They are always fighting.*
s'embrasser	Ils **se** sont **embrassés** avec tendresse.	*They kissed with tenderness.*
se fiancer	Ils **se** sont **fiancés** en mai.	*They got engaged in May.*
se marier	Ils **se** sont **mariés** en juillet.	*They got married in July.*
se rencontrer	Nous **nous** sommes rencontrés l'été dernier.	*We met last summer.*
se séparer	Ils **se** sont **séparés** l'an dernier.	*They separated last year.*
se téléphoner	On **se téléphone** demain.	*We'll phone tomorrow.*

- Certains verbes changent de sens lorsqu'ils sont employés de manière pronominale. Ce sont les verbes pronominaux **idiomatiques** :

appeler	J'appelle mon chien.	*I'm calling my dog.*
s'appeler	Je **m'appelle** David.	*My name is David.*
entendre	J'entends un bruit.	*I hear a noise.*
s'entendre (avec)	Je **m'entends** bien **avec** eux.	*I get along well with them.*
	Nous **nous entendons** bien.	*We get along well.*

  - Voici quelques pronominaux idiomatiques :

s'arranger	Ça va **s'arranger** !	*It will be all right!*
s'ennuyer	Je **m'ennuie** !	*I'm bored!*
s'inquiéter	Ne **t'inquiète** pas !	*Don't worry!*
se rappeler	Je ne **me rappelle** pas.	*I don't remember.*
se reposer	On **se repose**.	*We're resting.*
se retrouver	On **se retrouve** ici ?	*Shall we meet here?*

À vous la parole

8-30 À l'école primaire. Christophe se rappelle son année à l'école primaire. Pour compléter ses descriptions, choisissez un verbe qui convient dans la liste ci-dessous.

MODÈLE La maitresse était toujours calme.
➤ Elle ne se fâchait jamais.

| s'amuser | se rappeler | s'ennuyer | s'entendre bien |
| se disputer | se reposer | s'inquiéter | se retrouver |

1. Pendant la récréation, les enfants jouaient ensemble.
2. À midi, on allait tous à la cantine.
3. Parfois, une querelle opposait un groupe d'élèves.
4. Jacques et moi, nous étions de bons amis.
5. Après le diner, tout le monde faisait la sieste.
6. Puis, c'était le retour en classe, je trouvais le temps long.
7. J'étais nerveux le jour des examens.
8. Jacques, lui, n'oubliait jamais ses leçons.

8-31 Histoire d'amour. Racontez cette histoire d'amour en vous servant des verbes indiqués. N'oubliez pas de choisir entre **l'imparfait** et **le passé composé**, selon la situation ou l'évènement que vous décrivez.

MODÈLE se rencontrer
➤ Ils se sont rencontrés au cinéma.

1. se parler de
2. tomber amoureux
3. se fiancer
4. se marier
5. s'entendre avec
6. se disputer
7. se séparer
8. divorcer

8-32 Trouvez une personne. Trouvez une personne qui…

MODÈLE s'entend bien avec ses parents

    É1 Est-ce que tu t'entends bien avec tes parents ?
    É2 Non, je ne m'entends pas bien avec eux.
    OU Oui, je m'entends bien avec eux.

1. ne se sépare jamais de son ordinateur
2. se rappelle son premier jour d'école
3. s'amuse quelquefois pendant son cours de français
4. s'ennuie de sa famille ou de sa région
5. ne se fâche jamais
6. se dit que tout va s'arranger
7. va se reposer cette fin de semaine
8. s'entend mal avec ses colocataires

8-33 Quand ? Avec un/e partenaire, expliquez quand cela vous arrive de…

MODÈLE vous fâcher

    É1 Quand est-ce que tu te fâches ?
    É2 Je me fâche quand mon colocataire emprunte mes affaires.

1. vous fâcher
2. vous inquiéter
3. vous amuser
4. vous disputer
5. vous reposer
6. vous ennuyer

2. Les verbes *connaitre* et *savoir*

Les verbes **connaitre** et **savoir** correspondent tous deux a verbe *to know* en anglais. Il est donc important de « savoir » quand utiliser l'un et quand utiliser l'autre.

- Le verbe **connaitre** pourrait être traduit par *to be acquainted with* ou par *to be familiar with*. On s'en sert normalement pour faire référence à des lieux ou à des personnes. Le verbe **connaitre** se construit avec un objet direct :

Je **connais** bien sa famille.	*I know his/her family well.*
Il ne **connait** pas Abidjan.	*He is not familiar with Abidjan.*
Vous **connaissez** ce poème ?	*Are you familiar with this poem?*

- Au **passé composé** lorsque le complément désigne une personne, **connaitre** a un sens proche du verbe *rencontrer*.

J'ai connu mon copain l'été dernier.   *I met my boyfriend last summer.*

CONNAITRE   *to know, to be familiar with*

SINGULIER		PLURIEL	
je	connais	nous	connaiss**ons**
tu	connais	vous	connaiss**ez**
il / elle / on	connait	ils / elles	connaiss**ent**

PASSÉ COMPOSÉ : **J'ai connu** Jamila l'été dernier.

- Le verbe **savoir**, lui, se traduit plutôt par *to know facts, information* ou encore *to know how to do something*. Il entre dans cinq constructions syntaxiques différentes :

  ■ Tout comme le verbe *connaitre*, il peut être suivi d'un nom :

Il **sait** sa leçon par cœur.	*He knows his lesson by heart.*
Je ne **sais** pas tout.	*I don't know everything.*

  ■ Il peut aussi être suivi d'un verbe infinitif :

Tu **sais** danser le tango ?	*Do you know how to dance the tango?*
Ma mère ne **sait** pas s'amuser.	*My mother doesn't know how to have a good time.*

- Il peut être suivi d'une phrase en **que** :

    Je **sais qu'**ils sont séparés. *I know that they are separated.*
    Elle **sait que** nous sommes fiancés. *She knows that we're engaged.*

- Il peut introduire une interrogation indirecte :

    Je ne **sais** pas **comment** sa copine s'appelle. *I don't know his girlfriend's name.*
    Tu **sais si** elle va venir ? *Do you know if she's coming?*

- Enfin, le verbe *savoir* peut être utiliser seul :

    Qu'est-ce qu'elles **savent** ? *What do they know?*
    Je **sais**. *I know.*

• Le verbe **savoir** prend une nuance de sens au passé. À l'**imparfait** le sens est celui d'*avoir l'information* alors qu'au passé composé, le sens est plutôt celui d'*apprendre*, de *devenir conscient* de la situation.

Elle **savait** que nous étions fatigués. *She knew that we were tired.*
J'**ai su** qu'elle a eu un accident. *I found out that she had an accident.*

SAVOIR *to know*

SINGULIER		PLURIEL	
je	sais	nous	sav**ons**
tu	sais	vous	sav**ez**
il / elle / on	sait	ils / elles	sav**ent**

PASSÉ COMPOSÉ : J'**ai su** où il habitait.

À vous la parole

8-34 L'espion international. La GRC (Gendarmerie royale du Canada) recherche Claude Martin, un grand espion. Est-ce que vous le connaissez ? Qu'est-ce que vous savez à son sujet ? Construisez des phrases en employant **connaitre** ou **savoir**.

MODÈLES où il travaille
➤ Je sais où il travaille.

la ville où il est né
➤ Je connais la ville où il est né.

1. M. Martin
2. qu'il parle espagnol
3. les noms de ses camarades
4. sa femme
5. quand il est parti d'Argentine
6. qu'il parle français
7. où M. Martin habite
8. pourquoi il est allé au Mexique
9. ses amis à Toronto
10. quand il va repartir

8-35 Trouvez une personne. Trouvez quelqu'un parmi vos camarades de classe qui **sait** ou **connait**… Comparez vos notes à la fin pour bien connaitre vos camarades de classe !

MODÈLE   jouer de la guitare
➤ Est-ce que tu sais jouer de la guitare ?

1. parler italien
2. une personne célèbre
3. faire du ski
4. la ville d'Ottawa
5. la Belgique
6. jouer d'un instrument
7. le prénom du professeur
8. combien d'étudiants il y a à l'université

8-36 Un souvenir marquant

Racontez votre souvenir le plus marquant.

A. Avant d'écrire. Pensez à un souvenir très marquant. Pour vous aider à organiser vos pensées, réfléchissez aux questions suivantes.

Quelle était l'occasion ?	
C'est un souvenir heureux ou triste ?	
Qui était là ?	
Qu'est-ce que vous avez fait ?	
Quelles étaient vos émotions ?	

B. En écrivant. Maintenant, composez votre texte sous forme de paragraphe(s) :

MODÈLE ➤ Mon souvenir le plus marquant, c'est un souvenir heureux. J'avais cinq ans et j'étais fille unique. Un jour, mes parents m'ont dit qu'ils allaient à l'hôpital me chercher un petit frère ou une petite sœur. Ma grand-mère est venue à la maison pour rester avec moi, nous nous sommes bien amusées. Deux jours après, quand j'ai entendu la voiture de mon père, j'ai crié : « Voici notre bébé ! Voici notre bébé ! » C'était ma petite sœur, Hélène. Maintenant, c'est toujours ma meilleure amie ; je m'entends très bien avec elle.

C. Après avoir écrit. Relisez votre texte :

1. Est-ce que vous avez employé le passé composé et l'imparfait dans des contextes appropriés ?
2. Est-ce que vous avez évité les répétitions en employant des pronoms objet ?
3. Est-ce que vous êtes satisfait/e de votre texte ?
4. Enfin, donnez un titre à votre texte, par exemple « L'arrivée de ma sœur ».

Venez chez nous !
Les rituels

Chaque culture exprime ses valeurs à travers ses rituels. Voici quelques exemples de rituels du monde francophone.

Après la cérémonie de mariage en France, il y a souvent du champagne à boire et un gâteau à déguster.

8-37 Rites et traditions

A. Avant de regarder. Vous allez écouter des personnes qui parlent d'évènements importants dans leur vie. Quels sont les évènements les plus importants dans la vie d'une personne ? Préparez une liste avec vos camarades de classe.

MODÈLE ➤ la naissance (*birth*) d'un enfant, le baptême…

B. En regardant. Pour chaque personne, répondez aux questions.

Marie-Julie

1. Marie-Julie explique qu'au Québec, lorsqu'elles se marient, les femmes doivent garder…
   a. leur nom de jeune fille.
   b. le nom de leur mari.
   c. les deux noms.

2. C'est…
   a. une vieille coutume.
   b. une loi récente.
   c. une tradition dans certaines familles.

Monsieur le maire de Seillans et Barbara

3. Pour lui, le mariage est un acte…
   a. de foi (*faith*).   b. familial.   c. officiel.

4. Les participants à la cérémonie sont : le maire, les mariés et…
   a. leurs parents.   b. leurs amis.   c. leurs témoins (*witnesses*).

5. Pour Barbara, son mariage était un peu spécial parce que le maire, c'était…
   a. sa mère.
   b. sa future belle-mère.
   c. son futur mari.

C. Après avoir regardé. Maintenant, discutez des questions suivantes avec vos camarades de classe.

1. Est-ce que vous pensez que les femmes qui se marient devraient choisir leur nom ? Si chaque époux doit conserver son nom comme au Québec, quel nom est-ce que le couple devrait donner à ses enfants ? Le nom du père, le nom de la mère ou les deux ?
2. En quoi est-ce que les mariages chez vous sont semblables aux mariages en France ? En quoi est-ce qu'ils sont différents ?

Les rites du mariage dans le monde francophone

Les rites du mariage varient d'un pays[1] à l'autre. Comme vous le savez, en France, on se marie d'abord à la mairie puis, à l'église, si les mariés le désirent. Les robes que les mariées portent en France sont souvent blanches et ressemblent aux robes de mariée que vous avez sans doute vues[2] au Canada. En Afrique francophone, les mariées de familles aisées[3] dans les grandes villes peuvent s'habiller de la même façon[4] ou elles peuvent se vêtir[5] de robes plus traditionnelles. Quelquefois, il y a même deux mariages : un mariage à l'européenne et un mariage traditionnel à l'africaine. Au Maroc, il y a un rituel précis pour la mariée : les femmes décorent les mains de la future mariée avec du henné pour la protéger du mal[6], pour lui porter chance[7] et lui donner de la fertilité.

[1]*country*   [2]*seen*   [3]*rich*   [4]*the same way*   [5]*s'habiller*   [6]*protect from evil*   [7]*luck*

Parlons

8-38 Le mariage

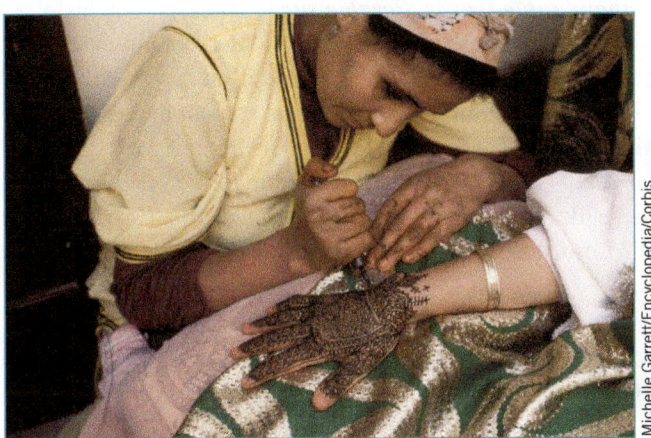

Au Maroc, on décore les mains de la mariée au henné.

À la fin d'une cérémonie juive en Bourgogne, le marié brise un verre.

A. Avant de parler. Examinez les photos de mariage dans le monde francophone et lisez les légendes (*captions*). N'oubliez pas la photo d'un mariage en France au début de la leçon (**Venez chez nous !** page 345).

B. En parlant. Avec un/e partenaire, décrivez chaque image. Par exemple, qui sont ces personnes ? Qu'est-ce qu'elles font ? Qu'est-ce qu'elles portent ?

MODÈLE   Sur cette photo, je pense que la femme se prépare pour aller à son mariage. Elle porte…

C. Après avoir parlé. À quel mariage est-ce que vous voudriez assister ? Qu'est-ce qui vous intéresse en particulier sur ces photos ? Comparez vos réactions à celles de vos camarades de classe.

Suivant la tradition polynésienne, le prête donne un nouveau prénom à chacun des époux, c'est « le nom de mariage ».

Lisons

Stratégie

Draw on your personal experience to better understand and respond to the events and emotions expressed by a writer. For example, when you know the topic of a reading passage, think about it, before you read, in terms of your own life and your own memories and associations.

8-39 Une abominable feuille d'érable sur la glace

A. Avant de lire. *Une abominable feuille d'érable sur la glace* est une histoire écrite par Roch Carrier, un auteur canadien né dans le village de Sainte-Justine, dans le sud du Québec. L'histoire raconte la malchance d'un jeune garçon grandissant (*growing up*) en milieu rural. Ses amis et lui sont amateurs de hockey et grands admirateurs de Maurice Richard, le célèbre joueur des Canadiens de Montréal de 1942 à 1960 que l'on surnommait le *Rocket* en raison de sa vitesse sur la glace et de sa force de tir dans les buts (*goals*). Connaissez-vous Maurice Richard ? Les Canadiens ? Est-ce que vous jouiez au hockey lorsque vous étiez jeune ?

The writer mainly uses two past tenses to tell his story: the **imparfait** and the **passé simple**. The latter is a literary tense that has generally the same meaning as the **passé composé**. Here are some examples you will see in the text; find their equivalent:

Elle commença	J'ai eu
Elle fit	J'ai donc été obligé
J'eus	Elle a commencé
Je fus donc obligé	Elle a fait
Le chef d'équipe vint	J'ai vu
Je vis	Le chef d'équipe est venu

B. En lisant. Répondez à ces questions.

1. Où est-ce que les enfants passaient leur hiver ? Quel lieu percevaient-ils comme une punition ? Quel était leur endroit préféré ?
2. Qui est-ce que les jeunes veulent imiter ? Qu'est-ce qu'ils faisaient pour l'imiter ? Est-ce qu'il y a un autre élément du texte qui marque leur admiration ?
3. Pourquoi est-ce que la mère du garçon achète un nouveau chandail ? Pourquoi est-ce qu'elle ne l'achète pas au magasin général ?
4. Que s'est-il passé lorsque le garçon est arrivé sur la patinoire avec son nouveau chandail ? Quelle a été la réaction de ses amis ? Du chef de l'équipe ?

Les hivers de mon enfance étaient des saisons longues, longues. Nous vivions en trois lieux : l'école, l'église et la patinoire[1]. La vraie force apparaissait sur la patinoire. Les vrais chefs se manifestaient sur la patinoire. L'école était une sorte de punition[2]. Les parents ont toujours envie de punir les enfants et l'école était leur façon la plus naturelle de nous punir. De plus, l'école était un endroit tranquille où l'on pouvait préparer les prochaines parties de hockey, dessiner les prochaines stratégies. Quant à l'église, nous trouvions là le repos de Dieu : on y oubliait l'école et on rêvait à la prochaine partie de hockey. À travers nos rêveries, il nous arrivait de réciter une prière : c'était pour demander à Dieu de nous aider à jouer aussi bien que Maurice Richard. Tous, nous portions le même costume que lui, ce costume rouge, blanc, bleu des Canadiens de Montréal, la meilleure équipe de hockey du monde : tous, nous peignions nos cheveux à la manière de Maurice Richard et, pour les tenir en place[3], nous utilisions une sorte de colle, beaucoup de colle. Nous lacions nos patins à la manière de Maurice Richard, nous mettions le ruban gommé[4] sur nos bâtons à la manière de Maurice Richard. Nous découpions dans les journaux toutes ses photographies. Vraiment, nous savions tout à son sujet.

Sur la glace, au coup de sifflet[5] de l'arbitre[6], les deux équipes s'élançaient sur le disque de caoutchouc[7], nous étions cinq Maurice Richard contre cinq autres Maurice Richard à qui nous arrachions le disque ; nous étions dix joueurs qui portions avec le même enthousiasme l'uniforme des Canadiens de Montréal. Tous, nous arborions[8] au dos le très célèbre numéro 9.

Un jour, mon chandail des Canadiens de Montréal était devenu trop étroit[9]; puis il était déchiré[10] ici et là troué[11]. Ma mère me dit : « Avec ce vieux chandail, tu vas nous faire passer pour des pauvres. » Elle fit ce qu'elle faisait chaque fois que nous avions besoin de vêtements. Elle commença à feuilleter[12] le catalogue que la compagnie Eaton nous envoyait par la poste chaque année. Ma mère était fière. Elle n'a jamais voulu nous habiller au magasin général ; seule pouvait nous convenir[13] la dernière mode du catalogue Eaton. Ma mère n'aimait pas les formules de commande incluses dans le catalogue ; elles étaient écrites en anglais, et elle n'y comprenait rien. Pour commander mon chandail de hockey, elle fit ce qu'elle faisait d'habitude ; elle prit son papier à lettres et elle écrivit de sa douce calligraphie d'institutrice : « Cher Monsieur Eaton, auriez-vous l'amabilité de m'envoyer un chandail de hockey des Canadiens pour mon garçon qui a dix ans et qui est un peu trop grand pour son âge, et que le docteur Robitaille trouve un peu trop maigre ? Je vous envoie trois piastres[14] et retournez-moi le reste s'il en reste. J'espère que votre emballage[15] va être mieux fait que la dernière fois. »

Monsieur Eaton répondit rapidement à la lettre de ma mère. Deux semaines plus tard, nous recevions le chandail. Ce jour-là, j'eus une des plus grandes déceptions de ma vie ! Je puis[16] dire que j'ai, ce jour-là, connu une très grande tristesse. Au lieu du chandail bleu, blanc, rouge des Canadiens de Montréal, M. Eaton nous avait envoyé un chandail bleu et blanc avec la feuille d'érable au devant, le chandail des Maple Leafs de Toronto. J'avais toujours porté le chandail bleu, blanc, rouge des Canadiens de Montréal, tous mes amis portaient le chandail bleu, blanc et rouge ; jamais dans mon village, quelqu'un n'avait porté le chandail de Toronto, jamais on n'y avait vu un chandail des Maple Leafs de Toronto. De plus, l'équipe de Toronto se faisait terrasser[17] régulièrement par les triomphants Canadiens. Les larmes aux yeux, je trouvai assez de force pour dire :

—J'porterai jamais cet uniforme-là.

—Mon garçon, tu vas d'abord l'essayer ! Si tu te fais une idée sur les choses avant de les essayer, mon garçon, tu n'iras pas loin dans la vie.

Ma mère m'avait enfoncé sur les épaules le chandail bleu et blanc des Maple Leafs de Toronto et, déjà, j'avais les bras enfilés[18] dans les manches[19]. Elle tira le chandail sur moi et s'appliqua[20] à aplatir[21] tous les

---

[1] skating rink [2] punishment [3] hold in place [4] tape [5] blow from a whistle [6] umpire [7] rubber disc [8] would sport, would wear [9] tight [10] torn, ripped
[11] worn, with holes [12] to leaf through [13] to suit [14] dollars [15] package [16] peux [17] to floor, to bring down [18] slipped [19] sleeves
[20] to apply oneself to something [21] to flatten

plis de cette abominable feuille d'érable sur laquelle, en pleine poitrine, étaient écrits les mots : Toronto Maple Leafs.

—J'pourrai jamais porter ça.

—Pourquoi ? Ce chandail te va bien… Comme un gant[22].

—Maurice Richard ne mettrait jamais ça sur le dos.

—T'es pas Maurice Richard. Puis c'est pas ce qu'on se met sur le dos qui compte, c'est ce qu'on se met dans la tête…

—Vous ne me mettrez pas dans la tête de porter le chandail des Maple Leafs de Toronto.

Ma mère eut un gros soupir[23] désespéré et elle m'expliqua :

—Si tu gardes pas ce chandail qui te fait bien, il va falloir que j'écrive à M. Eaton pour lui expliquer que tu veux pas porter le chandail de Toronto. M. Eaton, c'est un anglais, il va être insulté parce que lui, il aime les Maple Leafs de Toronto. S'il est insulté, penses-tu qu'il va nous répondre très vite ? Le printemps va arriver et tu n'auras pas joué une seule partie parce que tu auras pas voulu porter le beau chandail bleu que tu as sur le dos.

Je fus donc obligé de porter le chandail des Maple Leafs. Quand j'arrivai à la patinoire avec ce chandail, tous les Maurice Richard en bleu, blanc, rouge s'approchèrent un à un pour regarder ça. Au coup de sifflet de l'arbitre, je partis prendre mon poste habituel. Le chef d'équipe vint me prévenir que je ferais plutôt partie de la deuxième ligne d'attaque. Quelques minutes plus tard, la deuxième ligne d'attaque fut appelée ; je sautai sur la glace. Le chandail des Maple Leafs pesait sur mes épaules comme une montagne. Le chef d'équipe vint me dire d'attendre ; il aurait besoin de moi à la défense, plus tard. À la troisième période, je n'avais pas encore joué ; un des joueurs de défense reçut un coup de bâton. Sur le nez. Il saignait[24] ; je sautai sur la glace ; mon heure était venue ! L'arbitre siffla ; il m'infligea[25] une punition. Il prétendait que j'avais sauté sur la glace quand il y avait encore cinq joueurs. C'en était trop ! C'était trop injuste !

—C'est de la persécution ! C'est à cause de mon chandail bleu ! Je frappai mon bâton sur la glace si fort qu'il se brisa. Soulagé[26], je me penchai pour ramasser les débris[27]. Me relevant, je vis le jeune vicaire[28], en patins devant moi.

—Mon enfant, ce n'est pas parce que tu as un petit chandail neuf des Maple Leafs de Toronto, au contraire des autres, que tu vas nous faire la loi. Un bon jeune homme ne se met pas en colère. Enlève tes patins et va à l'église demander pardon[29] à Dieu.

Avec mon chandail des Maple Leafs de Toronto, je me rendis à l'église. Je priai Dieu : je lui demandai qu'il envoie au plus vite des mites[30] qui viendraient dévorer mon chandail des Maple Leafs de Toronto.

Roch Carrier, Une abominable feuille d'érable sur la glace,
Une abominable feuille d'érable sur la glace, Les Editions Internationales Alain Stanke, Librex, Groupe

[22]*glove* [23]*sigh* [24]*was bleeding* [25]*to inflict* [26]*relieved* [27]*pieces* [28]*curate* [29]*ask for forgiveness* [30]*clothes moths*

C. En regardant de plus près. Dans ce récit, le jeune garçon vit un grand sentiment d'injustice. Relevez les expressions et les gestes qui servent à exprimer son indignation.

MODÈLE J'pourrai jamais porter ça ! (…) C'en était trop !

Le texte comprend plusieurs verbes de communication accompagnés d'un pronom objet. Relevez deux exemples et expliquez la fonction du pronom :

MODÈLE   Ma mère **me dit** : « Avec ce vieux chandail, tu vas nous faire passer pour des pauvres. »
me = à moi (objet indirect)

D. Après avoir lu. Enfin, discutez de ces questions avec vos camarades de classe.

1. Le jeune garçon éprouve un fort sentiment d'injustice quand il se fait sortir de la patinoire. Est-ce que vous avez déjà connu une expérience semblable ?
2. Est-ce que Roch Carrier décrit une situation universelle, à votre avis, ou est-ce que ce récit reflète la situation particulière des enfants grandissant dans des petits villages ?

Les rites religieux et les fêtes populaires

Le ramadan

Le ramadan est un rite pratiqué par les Musulmans, les gens qui croient[1] en la religion islamique. Ils sont plus de trois millions en France, où l'islam est la deuxième religion après le catholicisme. Ils sont également nombreux au Canada. Au Maghreb (au Maroc, en Algérie et en Tunisie), les Musulmans sont en vaste majorité.

Le ramadan, neuvième mois de l'année lunaire du calendrier islamique, est une période de jeûne[2]. Pendant ce mois, les Musulmans ne peuvent ni[3] manger, ni[3] boire pendant la journée. Mais au coucher du soleil, les familles et les amis partagent[4] de grands repas. Il y a aussi des fêtes foraines[5] où les gens s'amusent à la tombée de la nuit. À la fin du ramadan, il y a trois jours de fête qui s'appellent l'Aïd-el-Fitr (ce qui veut dire **la fête de la rupture du jeûne**).

La fête de l'Aïd-el-Fitr marque la fin du ramadan.

Le carême : Carnaval et Mardi gras

Les Chrétiens ont aussi un rite de jeûne, la période du carême[6] (les quarante jours qui précèdent Pâques). Avant cette période assez stricte, il y a des fêtes importantes : à la Nouvelle-Orléans, par exemple, on fête le Mardi gras avec de la musique, de la danse et des déguisements[7]. En France, le Carnaval de Nice a lieu[8] au mois de février avec ses corsos de chars décorés[9] et la célèbre bataille des Fleurs[10] sur la promenade des Anglais. Ces deux fêtes, à l'origine des fêtes religieuses, sont maintenant célébrées de façon[11] séculaire.

Le Courir de Mardi gras à Basile, en Louisiane

[1]believe [2]fasting [3]neither, nor [4]share [5]travelling fairs [6]Lent [7]costumes, disguises [8]takes place [9]parade of decorated floats [10]battle of flowers [11]in a way

Écrivons

8-40 Une tradition importante

A. Avant d'écrire. Lisez les textes au sujet du rite islamique, le ramadan et des fêtes du Carnaval et de Mardi gras. Pensez maintenant aux rituels que vous pratiquez. Est-ce qu'il y a des rituels importants dans votre famille ? Votre religion ? Votre région ? Votre université ? Choisissez un rituel avec des traditions que vous voulez décrire et faites une liste des éléments importants de ce rituel. Pensez à la dernière fois que vous avez participé à ce rituel et donnez un ou deux détails.

MODÈLE   La fête du Canada

Éléments importants	Détails
le lever du drapeau	C'était l'après-midi sur la colline du Parlement, à Ottawa. Il faisait beau.
un grand spectacle multiculturel	C'était au parc de la Confédération. J'étais avec Linda, ma demi-sœur, et Paul, son copain. Il y avait des danseurs ukrainiens, des spectacles autochtones, de la musique brésilienne et du flamenco. Nous avons dansé toute la soirée.
les feux d'artifice	En fin de soirée, nous avons admiré les feux d'artifice. C'était spectaculaire !

B. En écrivant. Maintenant, écrivez un paragraphe pour décrire la dernière fois que vous avez participé à ce rituel. N'oubliez pas de donner des détails et d'utiliser le passé composé et l'imparfait !

MODÈLE   La fête du Canada
➤ Une de mes traditions préférées, c'est la fête du Canada. C'est un jour férié, et il y a toujours beaucoup d'activités. Le premier juillet dernier, ma demi-sœur, son copain et moi, nous nous sommes retrouvés sur la colline du Parlement pour la cérémonie du lever du drapeau. Il faisait beau et chaud, et nous nous sommes bien amusés.

Le soir, il y avait un grand spectacle multiculturel avec des danseurs ukrainiens, des spectacles autochtones, de la musique brésilienne et du flamenco. Nous avons dansé pendant des heures. Enfin, plus tard dans la soirée, des feux d'artifice ont éclaté dans le ciel. Crac ! Paf ! C'était vraiment magnifique…

C. Après avoir écrit. Relisez votre texte pour vérifier surtout que vous avez bien utilisé le passé composé et l'imparfait pour exprimer les évènements au passé. Échangez votre texte avec un/e camarade de classe pour comparer vos expériences.

VOCABULAIRE

TEXT AUDIO  8.12–8.27

Français canadien

8.12
une blonde	*girlfriend*
Bonne fête !	*Happy birthday!*
C'est l'fun !	*It's great!*
C'est plate.	*It's boring.*
un chum	*boyfriend*
le clavardage	*chat (Internet)*
épais/se	*silly*
niaiseux/-euse	*silly*
tomber en amour ; tomber amoureux/-euse	*to fall in love*

Leçon 1

8.13
pour parler de la famille — *to talk about the family*
un beau-frère	*brother-in-law*
une belle-sœur	*sister-in-law*
un demi-frère	*half-brother*
une demi-sœur	*half-sister*
divorcer	*to divorce*
une famille étendue	*extended family*
une famille monoparentale	*single-parent family*
une famille recomposée	*blended family*
une femme / un homme au foyer	*housewife / husband*
un père / une mère célibataire	*single father / mother*
l'union libre (f.)	*cohabitation / common-law union*

8.14
pour décrire une personne — *to describe a person*
absent/e	*absent, missing*
ancien/ne	*former (placed before the noun)*
autoritaire	*authoritarian*
avoir de bons rapports avec quelqu'un	*to get along well with someone*
avoir des racines (f.)… juives	*to have… roots Jewish*
maghrébines	*North African*
multiculturelles	*multicultural*
avoir un air de famille	*to have a family likeness*
avoir une vision du monde	*to have a world view*
être bien dans sa peau	*to have confidence in oneself*
être pratiquant/e	*to practise a faith*
exigeant/e	*strict, demanding*
rebelle	*rebellious*
sécurisant/e	*reassuring*
traditionnel/le	*traditional*
travailleur/-euse	*hard-working*

pour parler des études et du travail — *to talk about studies and work*   8.15
apprendre à	*to teach, to learn*
avoir le gout du travail	*to have a strong work ethic*

verbes de communication — *verbs of communication*   8.16
décrire	*to describe*
dire	*to say, to tell*
écrire	*to write*
lire	*to read*
demander	*to ask*
expliquer	*to explain*

verbes de transfert — *verbs of transfer*   8.17
apporter	*to bring*
emprunter	*to borrow*
offrir (un cadeau)	*to give (a gift)*
prêter	*to lend*
remettre	*to hand in / over*

autres mots utiles — *other useful words*   8.18
comprendre (compris)	*to understand (understood)*
la connaissance	*knowledge, understanding*
une épreuve	*test*
faire partie de	*to belong to*
heureusement	*fortunately*
heureux/-euse	*happy*
permettre	*to permit*
rater	*to miss*

VOCABULAIRE   *trois-cent-cinquante-trois*   **353**

ressentir	to feel, be affected by
vivre	to live

Leçon 2

8.19 **les grands évènements de la vie** — *major life events*

un anniversaire	birthday; anniversary
un baptême	baptism
une bougie	candle
un cadeau	gift
une cérémonie civile	civil ceremony
une fête religieuse	religious holiday
un gâteau	cake
les grandes vacances (f.)	summer vacation
un mariage	wedding
un/e marié/e	groom / bride
une naissance	birth
une marraine	godmother
un parrain	godfather

8.20 **des vœux** — *wishes*

un vœu	wish
Meilleurs vœux !	Best wishes!
Félicitations !	Congratulations!
Bon / Joyeux anniversaire ! (Fr.)	Happy Birthday!
Joyeux Noël !	Merry Christmas!
Bonne année !	Happy New Year!
Bon voyage !	Have a good trip!
Bonnes vacances !	Have a good vacation!

8.21 **pour parler des fêtes** — *to talk about holidays*

avoir lieu	to take place
un bal populaire	street dance
un brin de muguet	sprig of lily of the valley
cacher	hide
un défilé	parade
fêter	to celebrate
des feux d'artifice	fireworks
une fleur	flower
une galette (galette des Rois)	type of cake (Twelfth Night cake)
un jour férié	public holiday
un œuf en chocolat	chocolate egg
partager	to share
un sapin	fir tree, Chrismas tree

Leçon 3

les sentiments — *feelings* — 8.22

avoir l'air (d'être) + adj.	to seem, to appear (to be) + adj.
Qu'est-ce que tu as ?	What's wrong?
amoureux/-euse	in love
anxieux/-euse	anxious
content/e	happy
embarrassé/e	embarrassed
en colère	angry
fâché/e	angry, stuffy
furieux/-euse	furious
gêné/e	bothered, embarrassed
inquiet/-ète	uneasy, anxious, worried
jaloux/-ouse	jealous
malheureux/-euse	unhappy
ravi/e	delighted
sensible	sensitive
surpris/e	surprised
triste	sad

pour exprimer les sentiments — *to express feelings* — 8.23

crier	to yell
perdre son sang-froid	to lose one's composure / temper
pleurer	to cry

quelques verbes pronominaux — *some pronominal verbs* — 8.24

s'amuser	to have fun
s'appeler	to be named, called
s'arranger	to work out, to be all right
se calmer	to calm down
s'ennuyer	to become bored
s'entendre (avec)	to get along (with)
se fâcher (contre)	to get angry (at, with)
se faire du souci	to worry
Ne t'en fais pas ! / Ne vous en faites pas !	Don't worry!
s'inquiéter	to worry
se passer	to happen
se rappeler	to remember
se reposer	to rest
se téléphoner	to phone each other

8.25 **dans la vie sentimentale** — *in one's emotional life*
- se disputer — *to argue, to fight*
- s'embrasser — *to kiss*
- se fiancer — *to get engaged*
- se marier — *to get married*
- se rencontrer — *to meet (for the first time)*
- se séparer — *to separate*

8.26 **autres verbes utiles** — *other useful verbs*
- connaitre — *to know, be familiar with*
- savoir — *to know*

8.27 **quelques expressions utiles** — *some useful expressions*
- Ce n'est pas grave. — *It's not serious.*
- fort (adv.) — *hard, loudly*
- une nouvelle — *piece of news*
- si — *whether, if*
- Voyons ! — *See here!*

CHAPITRE 9 | Voyageons !

—Le vélib, c'est super pratique pour se déplacer à Paris.

DISCOVER
Go to the **Resources** for Chapitre 9 on MyFrenchLab to watch the *On démarre* video on how people get around in France. Complete the related video activities in the **Assessments** for this chapter under Additional Practice.

APPLY
- Video
- Activities : On démarre ! 09-01 to 09-02

LEÇON 1
Projets de voyage

LEÇON 2
Destinations

LEÇON 3
Faisons du tourisme !

Venez chez nous !
Paris, Ville Lumière !

MyFrenchLab
Visit MyFrenchLab to access the audio clips for each chapter, additional exercises and quizzes, and much more!

Après avoir complété ce chapitre, vous devriez être en mesure de

- décrire vos projets d'avenir
- planifier un voyage (choix de la destination, du moyen de transport, de l'hébergement)
- décrire les attraits touristiques de la ville de Paris

Sur le plan de la grammaire, ce chapitre vous permettra de vous familiariser avec

- les temps verbaux du futur et du conditionnel
- les verbes en **-ir** comme **venir** et **tenir**
- les prépositions employées avec des noms de lieux
- le pronom **y**
- les pronoms relatifs **qui**, **que** et **où**

En matière de phonétique, ce chapitre sera l'occasion d'étudier

- les liaisons obligatoires
- la liaison avec **t**, **n** et **r**

LEÇON 1 Projets de voyage

Points de départ

Comment y aller ?

TEXT AUDIO 9.1

M. et Mme Mathieu partent en vacances au Cameroun. Ils prennent un taxi pour aller à la gare, et puis le train pour aller à l'aéroport pour prendre leur vol. Ils ont beaucoup de valises.

MME MATHIEU:	Tu as tout ? On n'a rien oublié ?
M. MATHIEU:	Voyons. On a besoin de nos passeports et de nos billets. Tout est là. Non, je n'ai rien oublié. Et toi, tu n'as rien oublié ?
MME MATHIEU:	Mais si ! J'ai laissé mon appareil photo sur la table dans la cuisine, zut !
M. MATHIEU:	Ne t'en fais pas. J'ai mon nouvel appareil photo numérique ; je te le prête si tu veux.
MME MATHIEU:	Merci, mon chéri, c'est très gentil.

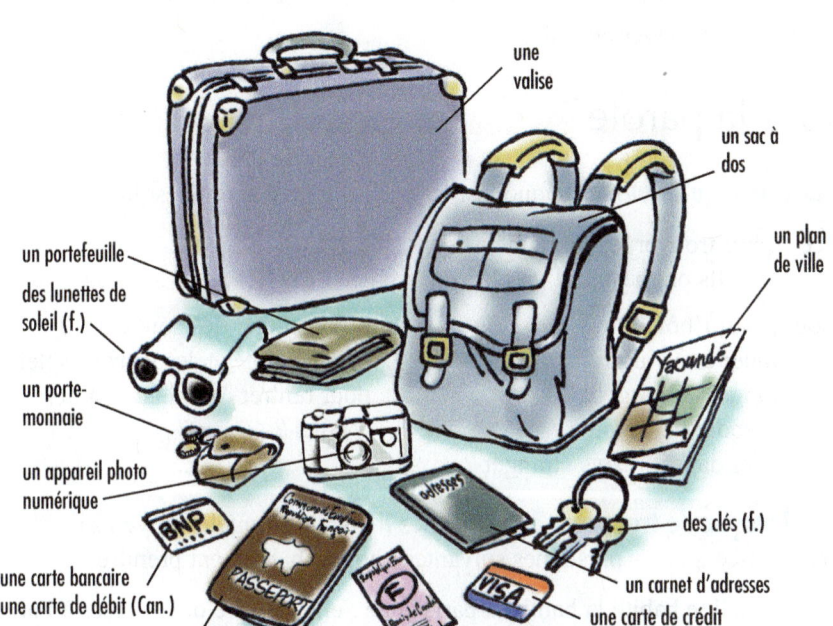

- une valise
- un sac à dos
- un plan de ville
- un portefeuille
- des lunettes de soleil (f.)
- un porte-monnaie
- un appareil photo numérique
- une carte bancaire / une carte de débit (Can.)
- un passeport
- un permis de conduire
- une carte de crédit
- un carnet d'adresses
- des clés (f.)

LES MOYENS DE TRANSPORT

l'autobus (m.) / le bus	l'avion (m.)	le métro	le train	le RER (le Réseau express régional de la Ville de Paris)
l'autocar (m.) / le car	le bateau	la mobylette	le tramway	
	la bicyclette (Can.)	la moto	le vélo	
		le taxi	la voiture	

Fiche pratique

Organiser les mots suivant des catégories comme **les transports en commun** (par ex. : l'autobus et le métro) ou encore les **véhicules sur deux roues** (par ex. : la bicyclette, la moto et le vélo) aide à mémoriser du nouveau vocabulaire.

- Pour préciser le moyen de transport, on emploie le verbe **prendre**. Le moyen de transport est alors objet direct du verbe ; il peut être remplacé par un pronom :

Est-ce que tu prends parfois **le** métro ?	—Oui, je **le** prends chaque matin.
Ont-ils pris **un** taxi ?	—Non, ils n'**en** ont pas pris.
Elle prend souvent **sa** bicyclette ?	—Oui, elle **la** prend même lorsqu'il pleut.

- Pour préciser le moyen de transport avec des verbes de déplacement comme **aller, partir, se rendre** et **voyager,** on le place après la préposition **en** ou **à**, sans article.

Je voyage...

en autobus, **en** autocar, **en** avion, **en** bateau, **en** bus, **en** car, **en** métro, **en** RER, **en** taxi, **en** train, **en** tramway, **en** voiture
à bicyclette, **à** mobylette, **à** moto, **à** pied, **à** vélo

Nous partons **en** avion pour le Mali.
Moi, je vais au travail **en** métro, mais Christine se rend au travail **à** pied.
Ils préfèrent voyager **en** train.

À vous la parole

9-1 Qu'est-ce qu'il faut ? De quoi est-ce que les touristes ont besoin ?

MODÈLE   pour trouver les monuments dans une grande ville
➤ Ils ont besoin d'un plan de la ville.

1. pour payer l'hôtel ?
2. pour louer une voiture ?
3. pour ranger leur argent ?
4. pour prendre des photos ?
5. pour aller dans un pays étranger ?
6. pour acheter des souvenirs ?
7. pour se protéger les yeux du soleil ?
8. pour rentrer dans leur chambre d'hôtel ?

9-2 Quel moyen de transport ? D'après les indications, quel/s moyen/s de transport est-ce que les personnes suivantes vont probablement prendre ?

MODÈLE   Adeline habite la banlieue parisienne ; elle va faire des courses à Paris.
➤ Elle va prendre le RER pour aller à Paris et ensuite le métro ou l'autobus pour faire ses courses.

1. Mme Duclair habite à St-Boniface ; elle va rendre visite à sa grand-mère à Winnipeg.
2. Les Lefranc vont quitter la Nouvelle-Écosse pour passer des vacances aux Antilles.
3. La petite Hélène va à l'école primaire près de chez elle.
4. Robert habite une petite ville ; il se rend au centre-ville pour faire des courses.
5. M. Rolland doit traverser Toronto pour aller au travail.
6. Maxime et Amélie vont faire un piquenique à la campagne.
7. Mme Antonine voyage pour son travail : elle va à Halifax, à Victoria et à Edmundston.
8. Les Leclair vont visiter l'Ile-du-Prince-Édouard pendant les vacances.

Vie et culture

Voyager en train en France

Regardez la séquence vidéo *On prend le train*. Qu'est-ce que vous remarquez ? Comment sont les trains français ? Pourquoi, à votre avis, est-ce que les Français, et les Européens en général, voyagent plus souvent en train que les Canadiens ?

En France, le système des trains est nationalisé. Tous les trains sont sous le contrôle de la Société nationale des chemins de fer français (la SNCF). Le TGV (Train à grande vitesse) est le train le plus rapide au monde. Par exemple, il parcourt[1] les quatre cents kilomètres qui séparent Lyon de Paris en seulement deux heures. Regardez la carte du réseau TGV : Quelles sont les régions desservies par le train rapide ? Dans quels pays est-ce que vous voudriez voyager en TGV ?

Depuis 1994, on peut traverser la Manche entre la France et l'Angleterre en train, en passant par le « Chunnel ». Ce tunnel est important parce qu'il relie le Royaume-Uni au continent européen. Ainsi, au départ de Lyon, il faut seulement cinq heures pour arriver en Angleterre.

[1]*covers*

9-3 Parlons des moyens de transport. Avec un/e partenaire, discutez de ces questions. Ensuite, comparez vos réponses et vos conclusions avec celles de vos camarades de classe.

1. Comment est-ce que vous vous rendez à vos cours ? Comment est-ce que vous faites vos courses ?
2. Est-ce qu'il y a un service de bus dans votre ville ? Un métro ? Comment est-ce que les habitants de votre ville vont au travail habituellement ?
3. Comment est-ce que vous rentrez chez vous pour les vacances ?
4. Est-ce que vous avez une voiture ? Si oui, quelle sorte de voiture ? Une allemande ou une japonaise ? Est-ce que c'est une voiture hybride ?
5. Est-ce que le train passe par votre ville ? Où est-ce qu'on peut aller en train en partant de votre ville ?
6. Comment sont les trains canadiens comparés aux trains français ? Est-ce que VIA Rail Canada offre un service de TGV au Canada ?
7. Pour voyager au Canada, quel est votre moyen de transport préféré ? Est-ce le train qui se rend dans plus de 450 localités ? L'avion ? L'autocar ? Pourquoi ?

SONS ET LETTRES

La liaison obligatoire

Recall that *liaison* consonants are pronounced only when the word that follows begins with a vowel or with **un h muet**. The pronunciation of these consonants is called a liaison. A liaison is always accompanied by **un enchainement**: the liaison consonant is pronounced as part of the following word: **nous allons**, /nu za lɔ̃/.

A liaison is not always made. In addition to occurring before a vowel, the liaison depends on grammatical factors. Cases where a liaison must always be made are called **liaisons obligatoires**. They are relatively limited. In this lesson and in Leçon 2, we list the cases of **liaisons obligatoires**.

The liaison /z/ is the most common *liaison* consonant because it indicates the plural. It is usually spelled **-s**, but in some cases it is spelled **-x**. Always pronounce the liaison /z/:

- After the plural form of articles and adjectives that precede the noun:

  les_hôtels   des_autos   ces_étages
  /z/   /z/   /z/
  les_anciennes_églises   les grands_immeubles   ces beaux_avions
  /z/   /z/   /z/   /z/

- After the adjectives **gros** and **mauvais**:

  un gros_homme   un mauvais_hôtel
  /z/   /z/

- After numerals:

  trois_heures   quatre-vingts_ans   le six_avril
  /z/   /z/   /z/

- After the plural subject pronouns **nous, vous, ils, elles**:

  nous‿habitons /z/   vous‿utilisez /z/   ils‿ont payé /z/   elles‿adorent /z/

- After the plural possessive adjectives **mes, tes, ses, vos, nos, leurs**:

  mes‿amis /z/   leurs‿enfants /z/   nos‿itinéraires /z/

- After one-syllable adverbs and prepositions (**pas, plus, très; chez, dans, sans, sous**) and the combination of the preposition **à** and **de** with the plural definite articles (**aux, des**):

  très‿intéressant /z/   dans‿un appartement /z/   aux‿Antilles /z/   sans‿argent /z/

À vous la parole

9-4 Contrastes. Remplacez le premier nom par le second.

MODÈLE un gros bateau / avion

  É1 Tu as dit un gros bateau ?
  É2 Non, un gros avion.

1. un mauvais quartier / endroit
2. deux trains / avions
3. les billets / appareils photo
4. des villes / îles
5. les belles Françaises / Antillaises
6. les belles rues / avenues
7. ces beaux musées / hôtels
8. nous louons / achetons
9. ils partent / arrivent
10. très beau / intéressant

9-5 Phrases. Répétez chaque phrase.

1. Vous allez aux Antilles ou en Afrique ?
2. Mes autres amis habitent aux États-Unis.
3. Cet avion part à trois heures et arrive à six heures.
4. C'est un mauvais endroit pour construire des grands immeubles.
5. En Italie, il y a de très anciennes églises et de beaux hôtels.

Parallèles

Pour me déplacer.
Mathilde et Diandra expliquent comment elles se déplacent en ville.

Dans le centre-ville de Dijon, il y a la marche, le vélo et le bus, si on n'a pas de voiture.

Dans la région parisienne, on prend le RER, le métro ou le bus.

TEXT AUDIO 9.3

Formes et fonctions

1. Le futur simple

- Pour exprimer un évènement qui se déroule dans l'avenir, on emploie **le futur proche** ou **le futur simple**.

  En 2040, on **voyagera** en fusée et on **visitera** d'autres planètes.

  In 2040, we will travel by rocket and we will visit other planets.

- Le sens du **futur proche** et du **futur simple** n'est pas exactement le même. Dans la première phrase ci-dessous, par exemple, la femme attend un bébé, alors que dans la deuxième, le couple a le projet d'avoir des enfants mais la femme n'est pas encore enceinte (*pregnant*) :

Ma sœur **va avoir** un enfant. — *My sister is going to have a baby.*
Ils vont se marier et ils **auront** beaucoup d'enfants. — *They're going to get married, and they'll have lots of kids.*

- La différence de sens entre les deux temps est liée au degré de certitude face à l'évènement à venir. Le **futur proche** semble plus certain, plus défini que le **futur simple** :

L'été prochain, je **vais aller** en Suisse. — *Next summer I'm going to Switzerland (definite).*
Un jour, j'**irai** en Afrique. — *Someday I'll go to Africa (indefinite).*

- Ainsi, on emploie le **futur simple** pour exprimer un évènement à venir dans le temps, une prévision par exemple.

L'été **sera** pluvieux. — *Summer will be rainy.*

- On se sert aussi du **futur simple** dit « futur de politesse » pour faire une suggestion ou une recommandation ou encore donner un ordre de manière plus polie, moins autoritaire.

Vous **traverserez** l'avenue et vous **tournerez** à gauche dans la rue Colbert. — *You'll cross the avenue and turn left onto Colbert Street.*
Tu **fermeras** la porte ! — *Close the door!*

- Les terminaisons du **futur simple** sont toujours les mêmes mais il faut connaître la forme de base des verbes irréguliers. La base des verbes réguliers est la forme infinitive du verbe, par exemple *voyager* et *partir* dans l'encadré ci-dessous. Pour les verbes en **–re**, comme *vendre*, *dire* ou *se rendre*, on enlève le **e** final.

LE FUTUR			
INFINITIVE ENDING:	**-er**	**-ir**	**-re**
FUTURE STEM:	**voyager-**	**partir-**	**vendr-**
je	voyager**ai**	partir**ai**	vendr**ai***
tu	voyager**as**	partir**as**	vendr**as**
il / elle / on	voyager**a**	partir**a**	vendr**a**
nous	voyager**ons**	partir**ons**	vendr**ons**
vous	voyager**ez**	partir**ez**	vendr**ez**
ils / elles	voyager**ont**	partir**ont**	vendr**ont**

Fiche pratique

Attention de prononcer la terminaison de la 1ère personne du singulier **-ai** comme un **é**.

- Voici la base des verbes *avoir* et *être* :

Demain, nous **aur**ons du beau temps.
Plus tard, je **ser**ai pilote d'avion.

- Le verbe *aller* prend pour base la forme *ir-* :

  Le mois prochain, j'**ir**ai à l'Ile Maurice.

- Le verbe *faire*, très utile pour parler de la météo, prend pour base la forme *fer-* :

  Cette après-midi, il **fer**a beau sur l'ensemble des régions.

- Parmi les verbes de météo, notons la forme de base du verbe *pleuvoir* :

  Il **pleuvr**a en début de soirée.

- Attention, les verbes *devoir*, *pouvoir* et *vouloir* ont chacun leur base :

  Vous **devr**ez ensuite tourner à gauche, sur la rue Saint-Denis.
  Je **pourr**ai passer vous voir en soirée.
  Ils **voudr**ont toujours nous accompagner.

- Voyons pour terminer, la base des verbes en *-er* dit « à changement orthographique » comme *acheter* et *appeler* :

  Dans quelques années, j'**achèter**ai une maison au bord de la mer.
  La semaine prochaine, j'**appeller**ai l'hôtel pour confirmer la réservation.

À vous la parole

9-6 Prévisions météo. Voici les prévisions météo pour le Canada et pour le monde entier. Quel temps est prévu pour les villes indiquées ?

MODÈLE   à Ottawa
➤ Demain, il fera beau. La température sera de dix-huit degrés. Ce soir, elle descendra jusqu'à six degrés.

1. à Québec
2. à Winnipeg
3. à Calgary
4. à Vancouver
5. à Paris
6. à Bruxelles
7. à Londres
8. à Honolulu

Au Pays		Demain	Le monde		Demain
Vancouver	Averses	14/8	Berlin	Ensoleillé	14/3
Victoria	Averses	13/8	Bruxelles	Ensoleillé	16/5
Edmonton	P/Nuageux	15/2	Buenos Aires	Nuageux	15/11
Calgary	P/Nuageux	19/3	Honolulu	P/Nuageux	29/23
Saskatoon	Ensoleillé	12/1	Lisbonne	Ensoleillé	27/14
Régina	P/Nuageux	11/2	Londres	P/Nuageux	19/8
Winnipeg	Nuageux	12/5	Los Angeles	Ensoleillé	23/12
Ottawa	Ensoleillé	18/6	New Delhi	P/Nuageux	34/23
Québec	Ensoleillé	18/5	New York	P/Nuageux	17/11
Moncton	Ensoleillé	17/6	Paris	Ensoleillé	19/6

9-7 Préparatifs de voyage.
Pierre partira aux Émirats arabes unis le mois prochain. Il lui reste beaucoup à faire pour préparer son voyage. Dites ce qu'il fera.

MODÈLE   acheter son billet
➤ Il achètera son billet d'avion.

1. choisir un hôtel
2. réserver une chambre
3. appeler l'agence de location
4. téléphoner à l'ambassade
5. se rendre à la banque
6. aller chercher des dirhams au bureau de change
7. faire sa valise
8. prendre le taxi

9-8 Boule de cristal.
Imaginez que vous allez chez une voyante (*fortune-teller*). Voici ses prédictions. Avec un/e partenaire, tirez-en des conclusions. Voyons si vous avez compris la même chose.

MODÈLE   Je vois que beaucoup d'argent passe entre vos mains.

    É1 Alors, je serai très riche.

    É2 Ou alors, tu travailleras dans une banque.

1. Je vois que vous voyagez beaucoup à cause du travail.
2. Je vois beaucoup d'enfants dans votre avenir.
3. Je vous vois devant une grande maison.
4. Je vous vois en compagnie d'une belle femme / d'un bel homme.
5. Je vois que vous parlez couramment français.
6. Je vois que vous êtes très célèbre.

9-9 Tour de classe.
Chaque étudiant nomme un projet d'avenir. Soyez attentifs, on ne peut utiliser le même verbe deux fois !

MODÈLE   É1 Après mes études en journalisme, je déménagerai à New York.

    É2 Un jour, je voyagerai au Nunavik et je visiterai tous les villages.

    É3 Moi, plus tard, j'aurai trois enfants : deux garçons et une fille.

    ...

2. Le pronom *y*

- Le pronom **y** vient du latin *hic* qui signifie 'dans cet endroit-ci'. Il exprime le lieu où l'on se trouve, le lieu où l'on va et remplace, donc, un nom de lieu introduit par une préposition telle que **à**, **en**, **chez**, **devant** ou **à côté de**, par exemple :

—Tu es allé **en Provence** l'été dernier ?   —*You went to Provence last summer?*
—Oui, j'**y** suis allé avec mes parents.   —*Yes, I went there with my parents.*

—Tes cousins habitent **au Canada** ? —Your cousins live in Canada?
—Non, ils n'**y** habitent plus. —No, they don't live there anymore.
—Qui va aller **chez Cécile** ? —Who's going to Cécile's house?
—Pas moi ; j'**y** suis allée hier. —Not me; I went there yesterday.

- Comme tous les pronoms objets, **y** se place immédiatement devant le verbe conjugué. Dans une structure avec verbe à l'infinitif, il se place devant le verbe à l'infinitif.

    Tu **y** seras ?   —Oui, je pense **y** aller.

- Sur le plan phonétique, notons que le pronom **y** participe au phénomène de la liaison, par exemple :

    Cet hôtel est abominable. Je ne peux plus‿**y** rester.
    /z/

    Agadir ? Oui, nous‿**y** sommes allés l'été dernier.
    /z/

À vous la parole

9-10 C'est logique. De quelle ville francophone est-ce qu'on parle probablement ? Il y a souvent plusieurs possibilités.

> En Afrique : Dakar, Abidjan, Bamako
> En Afrique du Nord : Casablanca, Alger, Tunis, Fès
> En Amérique du Nord : Québec, Moncton, la Nouvelle-Orléans
> Les **DROM** (départements et régions d'outre-mer) : Fort-de-France, Pointe-à-Pitre, Cayenne
> En Europe : Paris, Genève, Bruxelles, Nice

MODÈLE   On y va pour les sports d'hiver.
      ➤ À Genève.
   OU ➤ À Québec.

1. On y trouve de belles plages.
2. Les gens y parlent créole.
3. On y parle anglais et français.
4. On y parle wolof et français.
5. On y mange des moules et des frites.
6. On y trouve une médina.
7. On y va pour le Carnaval.
8. Les gens de partout en Amérique y vont pour parler français sans quitter le continent.
9. Les gens y parlent arabe, français et parfois berbère.
10. On y va pour les lacs sauvages et les forêts.

9-11 Les voyageurs. En choisissant la raison appropriée dans la colonne B, dites pourquoi les personnes suivantes visitent les endroits indiqués. Attention au temps du verbe !

MODÈLE   Arnaud va aller à Paris.
➤   Il va y aller pour visiter la tour Eiffel.

A	B
1. Les Kerboul sont allés à la Nouvelle-Orléans.	acheter du bon vin
2. Les Dupuis vont aller dans les Alpes.	voir le Carnaval
3. Raymond veut aller en Guadeloupe.	visiter les pyramides
4. Arnaud va aller à Paris.	visiter la tour Eiffel
5. Léa aimerait aller en Alberta.	apprendre l'espagnol
6. Les Brunet sont allés sur la Côte d'Azur.	faire du ski
7. Christiane voudrait aller au Mexique.	apprendre le créole
8. Les Santini vont en Égypte.	voir le festival de jazz
9. M. Lescure va aller dans la région de Bordeaux.	voir les Rocheuses
10. Les Flageul veulent aller à Montréal.	nager et se faire bronzer

9-12 Vos habitudes. Demandez à votre partenaire s'il / si elle va aux endroits suivants pendant les vacances. Il / Elle doit vous donner une raison pour justifier sa réponse.

MODÈLE   dans de bons restaurants

   É1   Tu vas quelquefois dans de bons restaurants ?
   É2   Non, je n'y vais jamais.
   É1   Pourquoi ?
   É2   Parce qu'ils sont très chers et que je n'ai pas assez d'argent pour y aller.

1. au théâtre
2. à des concerts de musique classique
3. à la plage
4. au musée
5. en Louisiane
6. en Europe
7. dans les Rocheuses
8. dans un pays francophone autre que la France

 9.4

9-13 Votre attention, s'il vous plaît !

A. Avant d'écouter. Quand on voyage, on entend souvent des annonces à l'aéroport, à la gare, à la station de métro ou dans le métro. Regardez les photos. Quelle sorte d'annonce est-ce que vous entendez typiquement dans ces endroits ? Quelle est la fonction de ces annonces ? Pouvez-vous donner quelques exemples ?

On se dépêche pour prendre le train.

On attend le métro à Paris.

Une bouche de métro, style Art nouveau, dans le Quartier latin à Paris

B. En écoutant. Écoutez ces annonces adressées aux voyageurs et complétez le tableau suivant.

1. La première fois que vous écoutez, dites où se trouvent les gens qui entendent l'annonce — **à l'aéroport**, **à la gare**, **à la station de métro**, **dans le métro** — et complétez la première colonne.
2. Ensuite, complétez la deuxième colonne. À qui est-ce que le message est destiné ? Aux gens qui sont déjà dans l'avion ou le train, ou aux gens qui attendent un vol ou un train ?
3. Dans la troisième colonne, indiquez ce que les gens qui entendent l'annonce doivent faire.
4. Enfin, notez, dans la quatrième colonne, d'autres détails importants pour chaque annonce.

Fiche pratique

When listening to an announcement, you may find it difficult to understand every word. Use the context and key words to make intelligent guesses about the content of the announcement. Also, don't panic! In an airport or train station, announcements are usually repeated so you can listen more than once for information you may have missed.

	Où ?	Pour qui ?	Action requise	Autres détails importants
1.		*les passagers à bord du train*		*deux minutes d'arrêt*
2.	*À l'aéroport*			
3.			*s'éloigner du quai*	
4.				
5.				

C. Après avoir écouté. Est-ce que vous avez déjà entendu des annonces de ce genre ? Où ? Est-ce que vous les écoutez attentivement ? Pourquoi ?

LEÇON 2 — Destinations

Points de départ

 TEXT AUDIO 9.5

Où est-ce qu'on va ?

Je suis Denise Duclos. Je suis suisse. J'habite à Lausanne. Je parle allemand aussi bien que français. Je prends l'avion pour aller à Bruxelles pour une réunion de travail. Je vais rentrer en Suisse ce soir.

Mon nom, c'est Pierre Piron. Je suis belge et j'habite à Bruxelles. Je retourne au Mali où je vais reprendre mon travail pour *Médecins sans Frontières*.

Je m'appelle David Diouf. Je suis du Sénégal et j'étudie à Paris. Ma langue maternelle, c'est le wolof, mais je parle aussi français. Je vais bientôt prendre l'avion pour aller à Dakar. Je vais passer les vacances chez moi cet été.

Continent / Pays	Adjectif de nationalité
L'Afrique	
L'Afrique du Nord (le Maghreb)	
l'Algérie	algérien/ne
le Maroc	marocain/e
la Tunisie	tunisien/ne
l'Égypte	égyptien/ne
L'Afrique de l'Ouest	
le Bénin	béninois/e
le Burkina Faso	burkinabé
le Cameroun	camerounais/e
la Côte d'Ivoire	ivoirien/ne
la Guinée	guinéen/ne
le Mali	malien/ne
le Niger	nigérien/ne
le Sénégal	sénégalais/e
le Togo	togolais/e
Les îles « Vanille »	
Les Comores	comorien/ne
Madagascar	malgache
Maurice	mauricien/ne
La Réunion	réunionnais/e
Les Seychelles	seychellois/e
L'Asie	
Le Moyen-Orient	
- le Proche-Orient (le long de la mer Méditerranée)	
Chypre	chypriote
Israël	israélien/ne
la Jordanie	jordanien/ne
le Liban	libanais/e
la Syrie	syrien/ne
la Turquie	turc/que
- la péninsule arabique	
l'Arabie saoudite	saoudien/ne
le Bahreïn	bahreïnien/ne
les Émirats arabes unis	émirien/ne
Oman	omanais/e
le Qatar	qatarien/ne
Le Yémen	yéménite
- le golfe arabo-persique	
l'Iran	iranien/ne
l'Irak	irakien/ne
le Koweït	koweitien/ne
l'Asie du Sud	
l'Afghanistan	afghan/ne
l'Inde	indien/ne

Continent / Pays	Adjectif de nationalité
le Pakistan	pakistanais/e
le Tibet	tibétain/e
l'Asie de l'est	
la Chine	chinois/e
la Corée	coréen/ne
le Japon	japonais/e
l'Asie du sud-est	
la Thaïlande	thaïlandais/e
le Viêtnam	vietnamien/ne
L'Océanie	
l'Australie	australien/ne
la Nouvelle-Zélande	néo-zélandais/e
L'Amérique... du Nord	
le Canada	canadien/ne
les États-Unis	américain/ne
le Mexique	mexicain/e
du Sud	
l'Argentine	argentin/e
le Brésil	brésilien/ne
le Chili	chilien/ne
la Colombie	colombien/ne
L'Europe	
l'Allemagne	allemand/e
- le Royaume-Uni	
l'Angleterre	anglais/e
l'Écosse	écossais/e
l'Irlande du Nord	nord-irlandais/e
le Pays de Galles	gallois/e
la Belgique	belge
la Bulgarie	bulgare
le Danemark	danois/e
l'Espagne	espagnol/e
la Finlande	finlandais/e
la France	français/e
la Grèce	grec/que
l'Irlande	irlandais/e
l'Italie	italien/ne
la Norvège	norvégien/ne
les Pays-Bas	néerlandais/e
le Portugal	portugais/e
la Roumanie	roumain/e
la Russie	russe
la Suède	suédois/e
la Suisse	suisse

Pour voir le nom des provinces et des villes canadiennes, ainsi que ceux des territoires en français, consultez la carte du Canada à la dernière page du manuel.

Fiche pratique

In written French, continents, countries, and nouns designating a person from a country (e.g. *une Canadienne*) start with a capital letter but adjectives of nationality and languages do not (e.g. *Je suis canadienne, je parle français, anglais* et *espagnol*).

À vous la parole

9-14 C'est quel pays ? Décidez quel pays on visite, d'après la description.

MODÈLE   On visite le palais de Buckingham et le *British Museum*.
➤ C'est l'Angleterre.

1. On s'assoit à la terrasse d'un café pour admirer la tour Eiffel.
2. On boit un expresso et on regarde les gondoles qui passent.
3. Il y a des pyramides aztèques.
4. On peut visiter les souks (*les marchés*) de Marrakech.
5. On fait du patin sur le canal Rideau à Ottawa.
6. On admire le palais du Maharaja et le Taj Mahal.
7. C'est le seul pays d'Europe où l'on parle espagnol.
8. On peut y trouver le musée d'art africain de Dakar.

Vie et culture

Les guides touristiques

Pour vraiment profiter d'un voyage, on peut se servir d'un guide touristique. Voici les guides français les plus connus :

Le Guide Michelin. Publiés par la compagnie Michelin, les guides rouges classent les hôtels et les restaurants selon[1] un système d'étoiles[2]. Les guides verts proposent des itinéraires et décrivent les sites touristiques.

Le Guide du routard. Ce guide est destiné aux touristes qui prennent la route et qui ont un budget limité pour le logement, les repas et les visites.

Le Guide Hachette « Voir ». Ce guide contient des photos magnifiques, des cartes et des illustrations, toutes en couleurs.

Le Guide Lonely Planet. Ce guide disponible en ligne sur Internet propose des circuits hors des sentiers battus[3] et contient un forum des voyageurs où il est possible d'obtenir des conseils ou de partager ses expériences de voyage. http://www.lonelyplanet.fr

Et vous ?

1. Quel guide préférez-vous ? Pourquoi ?
2. Est-ce que vous avez déjà utilisé des guides touristiques pour planifier un voyage ? Est-ce que ces guides sont semblables aux guides français ou différents ?

[1]*according to*   [2]*stars*   [3]*off the beaten track*

9-15 Présentations. Selon l'endroit où chaque personne habite, indiquez sa nationalité et les langues qu'elle parle probablement.

MODÈLE   Luc Auger habite à Québec.
➤ Il est canadien. Il parle français et probablement anglais aussi.

1. Maria Garcia est de Buenos Aires.
2. Sylvie Gerniers habite à Bruxelles.
3. Chantal Dupuis est de Genève.
4. Paolo Dos Santos habite à Rio de Janeiro.
5. Helmut Müller est de Berlin.
6. Maria Verdi habite à Milan.
7. Jin Lu est de Pékin.
8. Catherine Tremblay est de Caraquet.

9-16 Un voyage. Avec un/e partenaire, imaginez que vous partez visiter un pays lointain. Quel pays est-ce que vous choisissez ? Qu'est-ce que vous y ferez ?

MODÈLE   É1 Je visiterai la Suisse parce que j'ai des cousins là-bas. Je ferai du ski dans les Alpes.

É2 Et moi, je visiterai l'Égypte. J'irai voir les pyramides.

SONS ET LETTRES

La liaison avec *t*, *n* et *r*

After /z/, the next most common liaison consonant is /t/. It is usually spelled **-t**, but in some cases it is spelled **-d**.

- Pronounce the liaison /t/ after the adjectives **petit** and **grand**, the form **cet**, and the numbers **huit**, **vingt**, **cent**:

  un peti**t**‿animal /t/   un gran**d**‿immeuble /t/   ce**t**‿hiver /t/

  il a hui**t**‿ans /t/   ving**t**‿heures /t/   cen**t**‿appartements /t/

- The liaison /t/ must also be pronounced in certain fixed phrases:

  Quel temps fai**t**‿-il ? /t/   Quelle heure es**t**‿-il ? /t/   Commen**t**‿allez-vous ? /t/

- Although it is not obligatory, a liaison is often made after the verb forms **ont**, **sont**, **vont**, and **font**. These are cases of optional liaison:

  ils son**t**‿ici /t/   elles fon**t**‿un voyage /t/   elles von**t**‿en Afrique /t/

- The liaison /t/ is *never* pronounced after the word **et**:

  Pierre e~~t~~ Alain   ving**t**‿e~~t~~ un /t/

The liaison /n/ occurs in the following cases:

- after **un** and the possessives **mon, ton, son**:

  un‿hôtel /n/ mon‿église /n/ ton‿auto /n/ son‿itinéraire /n/

- after the pronouns **on** and **en**, and the preposition **en**:

  on‿y va /n/ il en‿a /n/ en‿octobre /n/

- after the adjectives **bon, certain, prochain**:

  un bon‿avion /n/ un certain‿itinéraire /n/ le prochain‿arrêt /n/

The liaison /R/ occurs in **dernier** and **premier**:

le premier‿étage /R/ le dernier‿avion /R/

À vous la parole

9-17 De beaux voyages. Tout est possible... Dites dans quel pays vous irez. Attention à la liaison avec **on** et **en**.

MODÈLE   Le Caire
> On ira en Égypte.

1. Londres
2. Madrid
3. Alger
4. Pondichéry
5. Berlin
6. Sydney
7. Téhéran
8. Rome
9. Buenos Aires
10. Kaboul

9-18 Pardon ? Rétablissez les faits auprès de votre partenaire de voyage. Attention à la liaison.

MODÈLE   le prochain bateau / avion

   É1 Tu as dit le prochain bateau ?
   É2 Non, le prochain avion.

1. le dernier train / avion
2. le premier juin / aout
3. le prochain taxi / arrêt
4. un certain voyage / itinéraire
5. un grand restaurant / hôtel
6. le petit bateau / avion
7. un mauvais magnétoscope / appareil photo
8. un gros monsieur / homme

Formes et fonctions

1. Les prépositions avec des noms de lieu

- On emploie les prépositions **à** (*to, at* ou *in*) et **de** (*from*) avec les noms de ville.

  Elle arrive **à** Paris.   *She's arriving in Paris.*
  Nous allons **à** Lille.   *We're going to Lille.*
  Ils viennent **de** Fredericton.   *They're coming from Fredericton.*
  Elle revient **d'**Edmundston.   *She is back from Edmundston.*

  Nous irons **à** Québec l'an prochain. (Ville de Québec)
  Nous irons **au** Québec l'an prochain. (Province de Québec)

  Je viens **de** Québec. (Ville de Québec)
  Je viens **du** Québec. (Province de Québec)

- Pour désigner le lieu ou la destination avec des noms de pays, il faut choisir entre **en** et **au**.

  - On emploie **en** devant les noms de pays de genre féminin (par ex. : *la Belgique, la Chine, la France, la Tunisie*) et devant tous les noms de pays qui commencent par une voyelle (par ex. : *l'Algérie, l'Égypte, l'Iran, l'Italie*) ou par un *h* muet.

    J'irai **en Turquie** un jour.
    En Italie, les pâtes sont vraiment bonnes.
    En Haïti, on trouve des plages magnifiques.

  - On emploie **au** devant les noms de pays de genre masculin qui commencent par une consonne (par ex. : *le Canada, le Mexique, le Japon, le Koweït*) ou par un *h* aspiré (par ex. : *le Honduras*).

    Ils ont passé leur lune de miel (*honey moon*) **au Brésil**.
    Ils se sont rencontrés **au Maroc**.

  - Lorsque le nom de pays est pluriel (par ex. : *les États-Unis, les Pays-Bas, les Seychelles*), on emploie bien sûr la forme contractée plurielle **aux**.

    Ils sont allés **aux Émirats arabes unis** et ont campé dans le désert.

  - Les noms de continent sont féminins; ils se combinent donc avec **en**. La région du Moyen-Orient se combine avec **au**.

    Ils habitent **en Amérique latine**.
    Nous sommes allés **en Europe**.
    Nous irons **au Moyen-Orient** cette année.

- Pour désigner l'origine ou la provenance avec des noms de pays, on emploie **de**.

NOMS DE PAYS			
de genre féminin	commençant par une voyelle (ou par un *h* muet)	de genre masculin commençant par une consonne (ou par un *h* aspiré)	pluriel
Je viens **de** Belgique.	**d'**Israël. Elle vient **d'**Inde. **d'**Haïti.	Ils arrivent **du** Canada. Il vient **du** Honduras.	Ce produit vient **des** États-Unis.

À vous la parole

9-19 Vos connaissances en géographie. Dites sur quel continent sont situés ces pays.

MODÈLE le Brésil
➤ C'est en Amérique du Sud.

1. le Mexique
2. la Nouvelle-Zélande
3. le Nigeria
4. la Suisse
5. Haïti
6. l'Afrique du Sud
7. la Chine
8. le Canada
9. le Liban
10. l'Ile Maurice

9-20 Escales. Quelquefois, il n'y a pas de vol direct entre deux villes. Dites dans quel pays les personnes suivantes doivent s'arrêter pour arriver à leur destination.

MODÈLE Mlle Schmidt : Berlin–Madrid–Lisbonne
➤ Elle doit s'arrêter en Espagne.

1. M. Ducret : Paris–Lisbonne–Abidjan
2. M. Thompson : Londres–Montréal–Chicago
3. Mme Smith : Londres–Paris–Barcelone
4. Mme Marconi : Marseille–Genève–Casablanca
5. Mlle Schmidt : Berlin–Londres–Québec
6. Mlle Bordes : Paris–New York–Mexico
7. M. Noyau : Marseille–Rome–Moscou
8. M. Doucet : Montréal–Rio de Janeiro–Buenos Aires
9. Mme Bouchard : Hong Kong–Dubaï–Grand Baie

9-21 Vos origines. Beaucoup de Canadiens ont des parents ou des grands-parents qui sont nés dans un pays étranger. Est-ce que certains membres de votre famille ou certains de vos camarades sont nés à l'étranger ?

MODÈLE É1 Tes parents ou tes grands-parents sont nés dans un pays étranger ?
É2 Oui, ma grand-mère. Elle est née en Chine. Et toi, où est-ce que tu es né ?
É1 Moi, je suis né au Canada, en Colombie-Britannique.

2. Les verbes en *-ir* comme *venir* et *tenir*

• Les verbes **devenir** (*to become*) et **revenir** (*to come back*) ainsi qu'**obtenir** (*to obtain*), **retenir** (*to hold, to book*) et **tenir** (*to hold*) se conjuguent comme le verbe **venir** (Chapitre 2, Leçon 2).

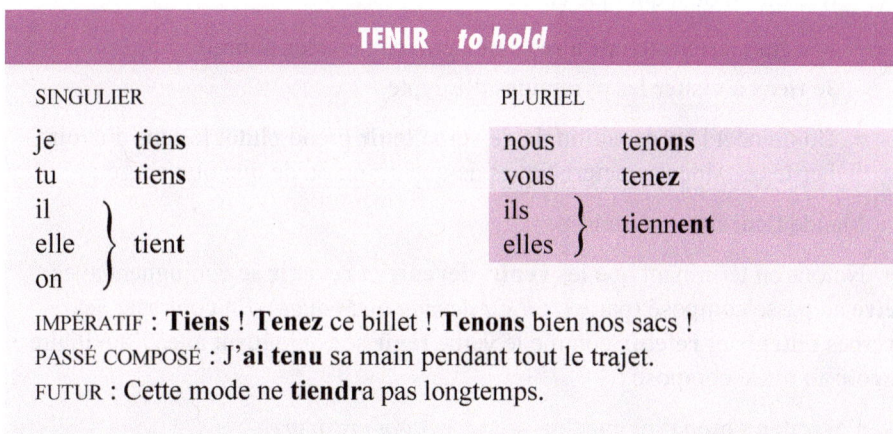

TENIR *to hold*			
SINGULIER		PLURIEL	
je	tiens	nous	ten**ons**
tu	tiens	vous	ten**ez**
il / elle / on	tient	ils / elles	tienn**ent**

IMPÉRATIF : **Tiens** ! **Tenez** ce billet ! **Tenons** bien nos sacs !
PASSÉ COMPOSÉ : J'**ai tenu** sa main pendant tout le trajet.
FUTUR : Cette mode ne **tiendr**a pas longtemps.

• Le verbe **venir**, rappelons-le, permet d'exprimer la provenance de quelqu'un ou de quelque chose :

Elle **vient** des États-Unis.
Ce café **vient** d'Italie.

■ Le verbe peut exprimer également un simple déplacement :

Il **est venu** en autocar.
Elles **viendront** à Régina mardi prochain.

■ Dans la structure **venir de** + infinitif, il exprime le passé récent, soit une action tout juste finie :

Le train **vient de partir**.   *The train has just left.*
Nous **venons d'acheter** nos billets.   *We've just purchased our tickets.*

• Le verbe **devenir** se combine le plus souvent avec un adjectif dans le sens de 'commencer à être' :

Mon frère est **devenu** très raisonnable.   *My brother has become very reasonable.*

■ On s'en sert aussi dans l'expression ci-dessous utile lorsque l'on revoit quelqu'un que l'on n'a pas vu depuis longtemps :

—Qu'est-ce que tu **deviens** ?   —*What's new with you?*

• Le verbe **revenir** a le sens de 'venir de nouveau', de 'retourner dans un lieu' :

Je **reviens** dans cette maison de campagne chaque été.
Mes amies ne **sont** pas **revenues** de leur visite au musée.

- Le verbe **tenir** a plusieurs sens en français, par exemple celui de 'serrer quelque chose avec ses mains' :

    Il **tenait** son billet à la main.   *He held his ticket in his hand.*
    Les amoureux **se tiennent** par la main. (emploi pronominal réciproque)

    ■ Combiné à la préposition **à**, le verbe **tenir** prend le sens d'être attaché à quelqu'un ou à quelque chose :

    Ma grand-mère **tenait à** ses petits-enfants; elle les adorait.
    Je **tiens à** visiter les pyramides d'Égypte.

    ■ Combiné à la préposition **de**, le verbe **tenir** prend plutôt le sens d'avoir hérité certaines caractéristiques de quelqu'un ou de quelque chose :

    Maude **tient de** son grand-père.

- Notons en terminant que les **venir**, **devenir** et **revenir** se conjuguent avec **être** au passé composé (par ex. : *il est devenu tout rouge*). En contraste, les verbes **obtenir** et **retenir** comme le verbe **tenir** se conjuguent avec l'auxiliaire **avoir** au passé composé :

    J'ai **obtenu** mon diplôme.   *I got my degree.*
    On a **retenu** des places dans l'avion.   *We've booked plane tickets.*

À vous la parole

9-22 L'apprentissage des langues.
En fonction des langues dans l'encadré, dites d'où ces personnes viennent ou reviennent.

MODÈLE   le portugais
➤ Elles reviennent du Portugal ou du Brésil.

1. l'italien
2. l'espagnol
3. l'anglais
4. l'arabe
5. l'allemand
6. le chinois
7. le français
8. l'inuktitut

9-23 Changement de caractère.
Comment est-ce que ces gens changent ? Choisissez l'adjectif qui convient dans la liste :

| adorable | désagréable | discipliné/e | égoïste |
| paresseux/-euse | sage | sociable | timide |

MODÈLE   Ces derniers temps, je rougis souvent.
➤ Je deviens timide.

1. Tu ne travailles pas beaucoup.
2. Roger écoute toujours ses parents.
3. Nous sommes furieux.
4. Mes chats sont gentils aujourd'hui.
5. Je ne donne rien aux autres.
6. Vous parlez à tout le monde.

9-24 Avant de venir en classe. Qu'est-ce que vous venez de faire, juste avant d'arriver en classe ? Expliquez-le à un/e partenaire.

MODÈLE   É1   Moi, je viens de dîner à la cafétéria de l'université. Et toi ?
         É2   Moi, je viens de travailler au labo de langues. Je viens de terminer mes devoirs.

9-25 Un voyage

A. Avant de parler. Avec un/e camarade de classe, faites des projets de voyage dans un (ou plusieurs) pays francophone/s. Utilisez la carte du monde francophone que vous avez dans votre manuel et mettez-vous d'accord sur :

1. votre point de départ et votre / vos destination/s
2. l'intérêt touristique de cette / ces région/s
3. les choses que vous avez besoin d'emporter (*take along*)
4. la plus belle saison pour y aller
5. les moyens de transport que vous allez prendre
6. le nombre de jours que vous allez passer dans chaque endroit

B. En parlant. Présentez vos projets à vos camarades de classe.

MODÈLE   ▶ Nous avons une semaine de lecture pendant la session d'hiver et nous voulons aller à la Martinique. Nous allons prendre l'avion de Montréal à Fort-de-France...

C. Après avoir parlé. Est-ce que vos camarades de classe ont présenté des projets intéressants ? Quel/s voyage/s est-ce que vous avez préféré/s ? Quel voyage vous semble le plus exotique ? Le plus compliqué ? Le plus intéressant ?

LEÇON 3 — Faisons du tourisme !

Points de départ

Le logement et les visites

TEXT AUDIO 9.7

La place Plumereau à Tours

Les Francard, une famille de touristes belges, viennent d'arriver à Tours. Ils rentrent dans l'office du tourisme pour chercher des renseignements et trouver un logement.

LA RÉCEPTIONNISTE:	Bonjour, Monsieur. Bonjour, Madame.
M. FRANCARD:	Bonjour, Madame. Nous cherchons un logement pas trop cher pour trois nuits.
LA RÉCEPTIONNISTE:	Oui, vous êtes combien ?
M. FRANCARD:	Quatre personnes, donc nous aurons besoin de deux chambres.
LA RÉCEPTIONNISTE:	Je peux vous proposer un petit hôtel deux étoiles au centre-ville. C'est 75 euros par chambre.
M. FRANCARD:	Ça nous convient très bien.
LA RÉCEPTIONNISTE:	Bon, alors, je vais faire une réservation sur Internet pour les deux chambres pour trois nuits.
...	
LA RÉCEPTIONNISTE:	Bon, vous serez à l'Hôtel Château Fleuri ; ce n'est pas très loin d'ici.
M. FRANCARD:	L'hôtel se trouve où exactement ?

LA RÉCEPTIONNISTE : Tenez, voici un plan du centre-ville. En sortant d'ici, vous allez prendre le boulevard. Ensuite vous tournez à droite dans la rue de Buffon. Continuez tout droit ; vous allez traverser la rue Émile Zola et ensuite prendre la rue de la Scellerie à gauche. L'hôtel se trouve au 7, rue de la Scellerie.
M. FRANCARD : Alors, à droite dans la rue de Buffon et à gauche dans la rue de la Scellerie. Merci, Madame, et au revoir.
LA RÉCEPTIONNISTE : Je vous en prie, Monsieur. Au revoir.

POUR INDIQUER LE CHEMIN

prendre la rue, l'avenue, le boulevard, la première / deuxième à droite...
traverser la place...
tourner à droite / à gauche dans le boulevard...
continuer tout droit jusqu'à la rue...

Des sites historiques et culturels

Fiche pratique

When someone gives you directions, it is helpful to confirm that you have understood by repeating or summarizing briefly what you have been told.

Tours, le centre-ville

À vous la parole

9-26 Les bonnes indications. Imaginez que vous êtes devant la gare de Tours. Suivez les indications données et dites où est-ce que vous arrivez. Choisissez votre destination dans la liste suivante.

MODÈLE É1 Vous tournez à gauche dans le boulevard Heurteloup, ensuite à droite dans la rue Nationale et encore à droite dans la rue de la Scellerie. Vous arrivez au coin de cette rue et de la rue Voltaire.
 É2 C'est le Grand Théâtre ?
 É1 Oui, c'est ça.

1. Vous traversez le boulevard Heurteloup. Vous prenez la rue Bernard Palissy et vous continuez tout droit. À la place François Sicard, vous tournez à droite.
2. Vous tournez à gauche dans le boulevard Heurteloup et vous traversez la place Jean Jaurès. C'est sur votre droite à côté du palais de justice.
3. Vous tournez à gauche dans le boulevard Heurteloup, vous traversez la rue Nationale et vous continuez tout droit. Vous prenez la deuxième à droite. Vous arrivez dans la rue Néricault Destouches. C'est là, en face de vous.
4. Le plus facile, c'est de suivre la rue Nationale jusqu'à la Loire et de prendre la rue des Tanneurs juste avant le quai de Pont-Neuf. Ensuite, vous tournez à gauche en face de la fac dans une petite rue piétonnière (*pedestrian street*).
5. Traversez le boulevard Heurteloup et prenez la rue de Buffon. Tournez à droite à la place de la préfecture et continuez tout droit. C'est au coin de la rue Bernard Palissy, sur votre droite.

la cathédrale
le Grand Théâtre
le Musée des beaux-arts
la préfecture de police
la basilique Saint-Martin
les Halles
la place Plumereau
la poste

6. Traversez le boulevard Heurteloup, prenez la rue de Buffon, tournez à gauche dans la rue de la Scellerie et continuez tout droit. Traversez la rue Nationale. Suivez la rue des Halles. C'est au bout, sur votre gauche.

Vie et culture

Le logement

Si vous cherchez à vous loger à bon prix en Europe ou en Amérique du Nord, vous avez plusieurs choix selon vos envies, votre budget et vos exigences en matière de confort. En plus des hôtels, des motels et des petits studios en location, il est possible de séjourner[1] dans des auberges, dans des terrains de camping, dans des gites du passant (ou gites ruraux)[2] et même, quand la température le permet, de dormir à la belle étoile[3] ! La dernière tendance en matière de logement pour les voyageurs est l'échangisme… soit l'échange de maison ou d'appartement. Économique et convivial, l'échange permet de réduire les couts d'un voyage de façon considérable tout en augmentant le confort. Quels sont les avantages et les inconvénients de chaque option ? Quel type d'hébergement[4] est-ce que vous préférez lorsque vous voyagez et pourquoi ?

[1] loger [2] bed and breakfast [3] to sleep under the stars
[4] accommodation

Quand on est jeune, on peut loger dans une auberge de jeunesse.

Orthographe :
gite (gîte)

Autre possibilité : loger chez l'habitant, dans un gite rural. C'est surtout une bonne option si on veut établir un contact avec les gens du pays.

Pendant l'été, en France comme au Canada, les campings sont pleins de gens qui voyagent avec une caravane, une roulotte ou simplement une tente.

À vous la parole

9-27 Où est-ce qu'ils vont loger ? D'après la description des touristes suivants, dites où ils vont probablement loger.

MODÈLE   Les Merten voudraient établir un contact avec les gens de la région.
➤   Ils vont loger dans un gîte rural.

1. Les Martini voudraient une chambre avec minibar, télévision et téléphone.
2. Christelle va passer trois jours à Bordeaux, mais c'est une étudiante et elle a un budget limité.
3. Les Garcia voyagent avec leur caravane.
4. Max et ses copains veulent passer plusieurs semaines en Suisse sans dépenser trop d'argent.
5. Sébastien aime la nature ; il voyage avec sa bicyclette et sa tente.
6. Les Smith aiment la campagne et ils voudraient pratiquer leur français.
7. Les Bénini voyagent en train et voudraient rester en ville.

9-28 À l'office de tourisme. Avec un/e partenaire, quelles visites est-ce que vous recommandez à ces touristes ?

MODÈLE   Jérôme et Camille sont très sportifs et ils aiment les beaux paysages.

É1   Ils peuvent faire du cyclotourisme.
É2   Oui. Comme ça, ils se promèneront dans la nature et ils visiteront tous les petits villages.

La cité médiévale de Carcassonne

1. Les Martin sont fascinés par la préhistoire.
2. Sophie aime tout ce qui est spectacle.
3. Mme Francard s'intéresse aux arts décoratifs.
4. M. Francard aime surtout l'architecture de la Renaissance.
5. Pierre a étudié l'histoire des religions.
6. M. Dupin voudrait goûter les meilleurs vins de la région.
7. Audrey se passionne pour la peinture et la sculpture.
8. Vincent voudrait découvrir la France rurale.

Formes et fonctions

1. Les pronoms relatifs *qui, que* et *où*

• Le pronom relatif **qui** introduit une proposition (*a clause*), appelée proposition subordonnée, qui permet de décrire un objet ou une personne. La phrase de base en français possède un sujet, un verbe et possiblement un ou deux compléments :

Le touriste dort.

Les enfants prendront l'autobus.

Le guide décrit le monument aux touristes.

Le pronom relatif **qui** permet de connecter une proposition subordonnée (entre crochets [...]) à un nom de la phrase de base.

    Le touriste [**qui** a fait la fête hier] dort. (qui = le touriste)

    Les enfants [**qui** vont visiter le Parlement] prendront l'autobus. (qui = les enfants)

    Les enfants prendront l'autobus [**qui** arrivera à 9 heures]. (qui = l'autobus)

    Le guide [**qui** a beaucoup de talent] décrit le monument aux touristes.

    Le guide décrit le monument [**qui** se trouve à droite] aux touristes.

    Le guide décrit le monument aux touristes [**qui** l'écoutent avec attention].

Comme on le voit, **qui** est toujours le sujet du verbe dans la proposition subordonnée.

- On emploie le pronom relatif **que** lorsque la fonction du pronom relatif dans la proposition subordonnée est celle d'objet direct. **Que** devient **qu'** devant une voyelle.

    Le touriste [**que** j'ai vu le touriste hier] dort.

    Le touriste [**qu'**elle a vu le touriste hier] dort.

    Les enfants [**que** nous attendons les enfants à midi] prendront l'autobus.

    Les enfants prendront l'autobus [**qu'**Alain conduira l'autobus].

    Le guide [**que** nous écoutons le guide avec attention] décrit le monument aux touristes.

    Le guide décrit le monument [**que** nous avons déjà visité le monument hier] aux touristes.

    Le guide décrit le monument aux touristes [**que** je trouve les touristes bien sages].

Rappelons que le participe passé conjugué avec **avoir** s'accorde en genre et en nombre avec le complément d'objet direct lorsque ce complément est placé avant, par exemple sous la forme du pronom relatif *que* au début de la proposition subordonnée:

    Nous avons bien reçu la carte postale [**que** vous nous avez écrit**e** de Bamako].

    Les deux cartes bancaires [**que** j'ai reçu**es** avant notre voyage] ne fonctionnent pas.

- **Où** s'emploie pour décrire un lieu ou un temps. Ce pronom correspond aux formes anglaises *where* et *when*.

    C'est une ville [**où** il y a beaucoup de monuments historiques].

    Voici la pièce **où** il passe tout son temps.

    Nous ne connaissons pas la région **où** elle ira l'an prochain.

    L'automne à Kuujjuaq, c'est la saison [**où** il commence à faire froid].

    C'est l'année **où** j'habitais à Toronto.

Fiche pratique

Attention, en anglais il est possible d'omettre le pronom relatif *whom* ou *that*, pas en français. Ce petit mot, **que**, DOIT être présent.

À vous la parole

9-29 Un bibliophile à Paris. Complétez ces phrases avec le pronom relatif qui convient : **qui, que** ou **où**.

MODÈLE La Maison de la Presse _____ je connais le mieux se trouve boulevard Auguste Blanqui à Paris et ouvre à 6 h 30 du matin.
➤ La Maison de la Presse **que** je connais le mieux se trouve boulevard Auguste Blanqui à Paris et ouvre à 6 h 30 du matin.

1. Quand je visite Paris, je vais toujours à la *FNAC* _____ on peut trouver beaucoup de livres et de CD pas chers.
2. Pour acheter des journaux, les Français _____ habitent une grande ville peuvent aller à un kiosque.
3. *Gibert Jeune* est une librairie _____ les étudiants visitent régulièrement pour trouver des livres pour leurs cours à l'université.
4. Chez *Gibert Jeune*, on peut également trouver beaucoup de livres d'occasion (*used*) _____ les étudiants aiment acheter parce qu'ils sont moins chers.
5. À Paris, on peut trouver une librairie anglophone _____ s'appelle *Shakespeare & Company*.
6. Les bouquinistes _____ se trouvent au bord de la Seine près de Notre-Dame sont très populaires auprès des touristes.
7. La bibliothèque municipale _____ est ouverte du mardi au samedi est un bon endroit pour emprunter des livres et même des DVD.
8. À la bibliothèque universitaire, vous trouverez beaucoup d'ouvrages de référence _____ on peut consulter sur place.

9-30 Quelles sont vos préférences ? Pour le logement, les vacances, les gens ? Discutez-en avec un/e partenaire.

MODÈLE J'aime les hôtels...

É1 J'aime les hôtels qui sont très modernes.
É2 Moi, j'aime surtout les hôtels où il y a une piscine.

1. J'aime les hôtels...
2. Je préfère les villes...
3. Je n'aime pas les musées...
4. J'aime les vacances...
5. J'aime surtout visiter les endroits...
6. J'aime les gens...

9-31 À quelle période ? Durant quelle/s saison/s est-ce qu'on peut faire les activités suivantes ?

MODÈLE On va à la campagne chercher des pommes.
➤ L'automne est la saison où on va à la campagne chercher des pommes.

1. On peut faire un piquenique à la montagne.
2. On peut faire du ski.
3. On va souvent au bord de la mer.
4. On fait des randonnées dans la forêt.

5. On commence à faire du jardinage.
6. On admire les fleurs à la campagne.
7. On va voir des parties de hockey.
8. On a envie de voyager dans les pays chauds.

9-32 Le mot juste. Le voyageur a besoin d'un vocabulaire précis. Est-ce que vous et votre partenaire pouvez définir les mots suivants ?

MODÈLES   un caméscope

   É1   C'est un appareil qu'on utilise pour faire un film.

   un théâtre

   É2   C'est un endroit où on joue des pièces de théâtre.

   un guide

   É1   C'est une personne ou un livre qui explique l'histoire des monuments.

1. un appareil photo
2. un lecteur CD
3. un ordinateur portable
4. un musée
5. un office du tourisme
6. une agence de voyages
7. une réceptionniste
8. un agent de police

9-33 Souvenirs de voyage. Pensez à des souvenirs d'un voyage que vous avez fait et qui vous a plu. Discutez-en avec un/e partenaire.

MODÈLE   le jour du départ

   É1   C'était un jour que j'attendais avec beaucoup d'impatience.
   É2   C'était un jour où il a fait très beau.

1. l'endroit visité
2. le logement
3. les activités
4. le moment le plus surprenant
5. le dernier jour des vacances
6. le retour

2. Le conditionnel

- Voyons à présent le **conditionnel** en observant les verbes *devoir*, *pouvoir* et *vouloir* ci-dessous :

On **devrait** se renseigner sur le prix des billets d'avion.	*We should check the price of the plane tickets.*
Tu **pourrai** venir en Espagne avec moi.	*You could come to Spain with me.*
Je **voudrais** vous accompagner.	*I would like to accompany you.*

- Comme le futur, le conditionnel sert à décrire un évènement qui n'a pas eu lieu.

   ■ Cet évènement est toutefois envisagé comme **hypothétique**, comme dépendant de certaines conditions. Comparons le futur au conditionnel :

   J'**irai** aux iles Fidji un jour (j'en fais le projet, je le réaliserai)
   J'**irais** bien aux iles Fidji, mais c'est cher. (Le projet me tente, mais le manque d'argent pourrait m'empêcher de le réaliser)

- La condition n'est pas toujours exprimée, mais elle est sous-entendue :

    Je **prendrais** bien un mois de vacances. (Je rêve de vacances, mais n'ai pas le temps ou encore je n'ai pas l'argent nécessaire.)
    Je **serais** bien venu au cinéma avec vous. (Je souhaite venir, mais ne peux pas car je dois travailler, étudier, etc.)

- Sur le plan de la conjugaison, le conditionnel est formé à partir de la base du futur (voir leçon 1 de ce chapitre) suivi des terminaisons de l'imparfait.

SINGULIER		PLURIEL	
je	donner**ais**	nous	donner**ions**
tu	donner**ais**	vous	donner**iez**
il / elle / on	donner**ait**	ils / elles	donner**aient**

Les verbes à changement orthographique au temps présent maintiennent ces changements au conditionnel.

		forme infinitive	conditionnel
-yer		nettoyer	je **nettoierais**
-er	(ete/ette)	jeter	je **jetterais**
	(e/è)	se lever	je me **lèverais**

À vous la parole

9-34 Vous aussi ? Avec plus d'argent, que feriez-vous ? Êtes-vous d'accord avec ces gens ?

MODÈLES   Je m'achèterais une nouvelle voiture.
  ➤ Moi aussi, je m'achèterais une nouvelle voiture.
OU ➤ Moi non, je m'achèterais plutôt une bicyclette.

1. Je voyagerais tout le temps.
2. Je ne travaillerais plus.
3. Je partagerais l'argent avec ma famille.
4. Je m'achèterais une maison à la campagne.
5. J'irais manger dans les meilleurs restaurants.
6. Je donnerais de l'argent aux gens en difficulté.

9-35 De bons conseils. Quel/s conseil/s est-ce que vous et votre partenaire donneriez à ces personnes ?

MODÈLE   Je ne suis jamais allé en voyage.

  É1 À ta place, je ferais le tour du monde et j'irais sur chaque continent.
  É2 Tu pourrais commencer par l'Europe.

1. C'est la fête de mon meilleur ami et je veux lui faire une surprise.
2. J'ai envie de me détendre cette fin de semaine.
3. Nous partons bientôt en vacances.
4. Je reçois des amis à souper demain soir et je voudrais leur préparer quelque chose de spécial.

9-36 Vous avez le pouvoir ! Avec un/e partenaire, imaginez que vous êtes dans les situations suivantes. Qu'est-ce que vous feriez ? Ensuite, comparez vos idées avec celles de vos camarades de classe.

MODÈLE   Vous êtes le professeur de votre cours de français.

    É1   Je donnerais moins de devoirs.

    É2   Je ne permettrais pas aux étudiants de parler anglais.

1. Vous êtes le professeur de votre cours de français.
2. Vous êtes le chef cuisinier d'un restaurant cinq étoiles.
3. Vous êtes un explorateur célèbre.
4. Vous êtes le recteur (*president*) de votre université.
5. Vous êtes le maire de votre ville.
6. Vous êtes le premier ministre du Canada.

9-37 Premières impressions de Paris

A. Avant de lire. Le texte que vous allez lire est un extrait de l'ouvrage *Lettres persanes* de Montesquieu, publié en 1721. Cet ouvrage prend la forme d'une série de lettres écrites par deux hommes perses, Usbek et Rica, qui voyageaient à Paris entre 1712 et 1720. Ce procédé permet à Montesquieu de décrire la vie ordinaire à Paris du point de vue des étrangers. Ainsi, il peut présenter l'absence de bon sens d'un grand nombre de conventions parisiennes, et il peut traiter ce qui est normal comme extraordinaire. Cela lui permet de montrer que la vérité est quelquefois relative et certainement locale.

Dans la lettre que vous allez lire, Rica arrive à Paris et note ses premières impressions. Imaginez ce qui pourrait impressionner un jeune homme de l'Orient qui arrive au début du XVIIIe siècle dans une grande capitale européenne comme Paris. Faites une liste de choses qu'il pourrait mentionner. Par exemple, est-ce que les moyens de transport seront similaires ou différents ?

B. En lisant. Trouvez la réponse aux questions suivantes.

1. Combien de temps est-ce que Rica a passé à Paris quand il écrit cette lettre ?
2. Qu'est-ce qui surprend Rica concernant les maisons ? Pour lui, quelle sortes de personnes y habitent ? Pourquoi est-ce qu'il pense cela ?
3. Rica prétend (*claims*) qu'à Paris personne ne marche. D'après lui, comment est-ce que les Parisiens se déplacent ?
4. Est-ce qu'il a changé sa manière de marcher pour s'adapter à la vie à Paris ? Comment ?
5. En conséquence, qu'est-ce qui lui arrive quand il se promène ?

Stratégie

Read a literary text with an awareness of the author's purpose and the means by which he or she will carry it out. For example, it is helpful to approach Montesquieu's **Lettres persanes** knowing that in this epistolary novel the author comments critically and satirically on French life and customs through the perspective of two Persian visitors.

Lettre 24

Rica à Ibben, à Smyrne

Nous sommes à Paris depuis un mois, et nous avons toujours été dans un mouvement continuel…

Paris est aussi grand qu'Ispahan[1]. Les maisons y sont si hautes qu'on jugerait qu'elles ne sont habitées que par des astrologues. Tu juges bien qu'une ville bâtie en l'air, qui a six ou sept maisons les unes sur les autres, est extrêmement peuplée, et que, quand tout le monde est descendu dans la rue, il s'y fait un bel embarras.

Tu ne le croirais pas peut-être : Depuis un mois que je suis ici, je n'y ai encore vu marcher personne. Il n'y a point de gens au monde qui tirent mieux parti[2] de leur machine[3] que les Français : ils courent ; ils volent[4]. Les voitures lentes d'Asie, le pas réglé[5] de nos chameaux[6], les feraient tomber en syncope[7]. Pour moi, qui ne suis point fait à ce train[8], et qui vais souvent à pied sans changer d'allure, j'enrage quelquefois comme un Chrétien : car encore passe qu'on m'éclabousse[9] depuis les pieds jusqu'à la tête, mais je ne puis pardonner les coups de coude[10] que je reçois régulièrement et périodiquement. Un homme qui vient après moi, et qui me passe, me fait faire un demi-tour[11], et un autre, qui me croise de l'autre côté, me remet soudain où le premier m'avait pris ; et je n'ai pas fait cent pas, que je suis plus brisé[12] que si j'avais fait dix lieues[13].

Source : Lettres persanes, 1721. Montesquieu

[1] *la plus grande ville de Perse*
[2] *take better advantage of* [3] *body*
[4] *fly* [5] *measured step* [6] *camels*
[7] *faint* [8] *rhythm*
[9] *splatter me*
[10] *jabs from the elbow*
[11] *make a U-turn*
[12] *broken, worn down*
[13] *environ 40 kilomètres*

C. En regardant de plus près. Maintenant examinez quelques caractéristiques du texte.

1. Trouvez dans le texte le vocabulaire se rapportant à trois **moyens de transport**.
2. Soulignez les verbes conjugués au **conditionnel**. Combien y en a-t-il ? Quels sont-ils ?
3. Que remplace le pronom **y** dans les phrases suivantes :

    —Ligne 3 : Les maisons **y** sont si hautes qu'on jurerait qu'elles sont habitées par des astrologues.

    —Ligne 8 : Depuis un mois que je suis ici, je n'**y** ai encore vu marcher personne.

4. Examinez l'expression, **il s'y fait un bel embarras**, qui se trouve à la fin du deuxième paragraphe. D'après le contexte, qu'est-ce **qu'un bel embarras** pourrait être ?
5. Dans cet extrait, vous trouvez la structure négative **ne... que** dans l'expression **ne sont habités que par les astrologues**. Cette structure a le même sens que **seulement**. Trouvez une autre structure négative, employée deux fois, qui a le même sens que **ne... pas**.

D. Après avoir lu. Discutez de ces questions avec vos camarades de classe.

1. Avec un/une partenaire, cherchez plusieurs passages amusants dans cet extrait. À votre avis, pourquoi est-ce qu'ils sont amusants ?
2. Est-ce que vous pensez que la description de Rica de ses promenades à Paris est réaliste ? Pourquoi ? Comment est-ce que Montesquieu utilise l'exagération pour exprimer son point de vue ?
3. Si vous venez d'une petite ville, pensez à vos impressions quand vous avez visité une grande ville pour la première fois. Comment est-ce qu'elles étaient pareilles à la réaction de Rica ? Comment est-ce qu'elles étaient différentes ? Partagez vos impressions avec un/une partenaire.

Venez chez nous !
Paris, Ville Lumière

La tour Eiffel et le Sacré-Cœur

Paris, comme vous le savez, est la capitale de la France. C'est aussi la ville la plus visitée du monde. C'est une belle ville riche en histoire, remplie[1] de monuments intéressants, d'églises, de bons restaurants, de grands magasins et de petites boutiques de spécialités. Il y en a pour tous les gouts.

Paris est connue sous le nom de *Ville Lumière*. D'où cette désignation vient-elle ? C'est parce qu'à la fin du XIXe siècle et au début du XXe, Paris était le centre artistique et culturel du monde et la capitale de l'élégance, du luxe et des plaisirs. Beaucoup d'écrivains, de musiciens et d'artistes passaient au moins un an dans la *Ville Lumière* pour apprendre leur métier ou y trouver de l'inspiration. Voilà pourquoi on appelle la fin du XIXe siècle en France *la Belle Époque*.

[1] *full of*

Notre-Dame de Paris

 Observons

9-38 Mes impressions de Paris

A. Avant de regarder. Est-ce que vous aimez visiter des grandes villes comme New York, Montréal ou Paris ? Est-ce que vous voudriez habiter une grande ville ? Pourquoi ? Même si vous n'avez jamais visité Paris, quelle idée est-ce que vous avez de cette ville célèbre ? Dans cette séquence, vous allez entendre deux Niçois qui décrivent leurs impressions de Paris.

B. En regardant. Trouvez la réponse (ou les réponses) à chaque question.

1. Fabienne dit qu'il y a toujours un petit conflit entre...
    a. les Français et les Américains.
    b. les Parisiens et les Niçois.
    c. les hommes et les femmes.

2. Pour elle, ce n'est pas un problème parce qu'elle...
   a. est mariée à un Parisien.
   b. adore les Américains.
   c. est née à Paris.
3. À Paris, elle aime surtout...
   a. la tour Eiffel.
   b. le climat.
   c. le magasinage (Can.) (le shopping).
4. Édouard est allé à Paris pour...
   a. voir sa famille.
   b. travailler.
   c. passer des vacances.
5. Il a découvert beaucoup de monuments, par exemple :
   __ l'Opéra de Paris
   __ l'arc de Triomphe
   __ la place de la Concorde
   __ le Louvre
   __ la tour Eiffel
   __ la Bibliothèque François-Mitterrand

C. Après avoir regardé. Maintenant, discutez de ces questions avec vos camarades de classe.

1. Fabienne remarque qu'il y a un petit conflit entre les gens du Nord (les Parisiens) et les gens du Sud (les Niçois). Comment pourriez-vous expliquer ce conflit ? Est-ce qu'il existe des tensions ou de la concurrence (*competition*) entre les gens de régions différentes chez vous ? Si oui, pourquoi ?
2. Fabienne n'est pas très impressionnée quand elle voit la tour Eiffel pour la première fois. Pourquoi ? Est-ce que vous avez déjà eu cette expérience de voir un monument ou une œuvre d'art célèbre pour la première fois et d'être déçu/e ?
3. Est-ce que les impressions de Fabienne et Édouard vous étonnent ? Pourquoi ? Est-ce qu'elles diffèrent de vos propres impressions de Paris ?

Parlons

9-39 La visite d'un monument Une façon agréable de voir les monuments de Paris est de prendre un bateau-mouche. Ces bateaux font des circuits touristiques avec des commentaires sur tous les monuments qui se trouvent au bord de la Seine. Regardez ce détail d'un plan de Paris et identifiez les monuments que vous reconnaissez.

A. Avant de parler. Maintenant, c'est à vous de jouer le rôle d'un/e guide à bord d'un bateau-mouche à Paris. D'abord, choisissez un monument. Voici quelques possibilités :

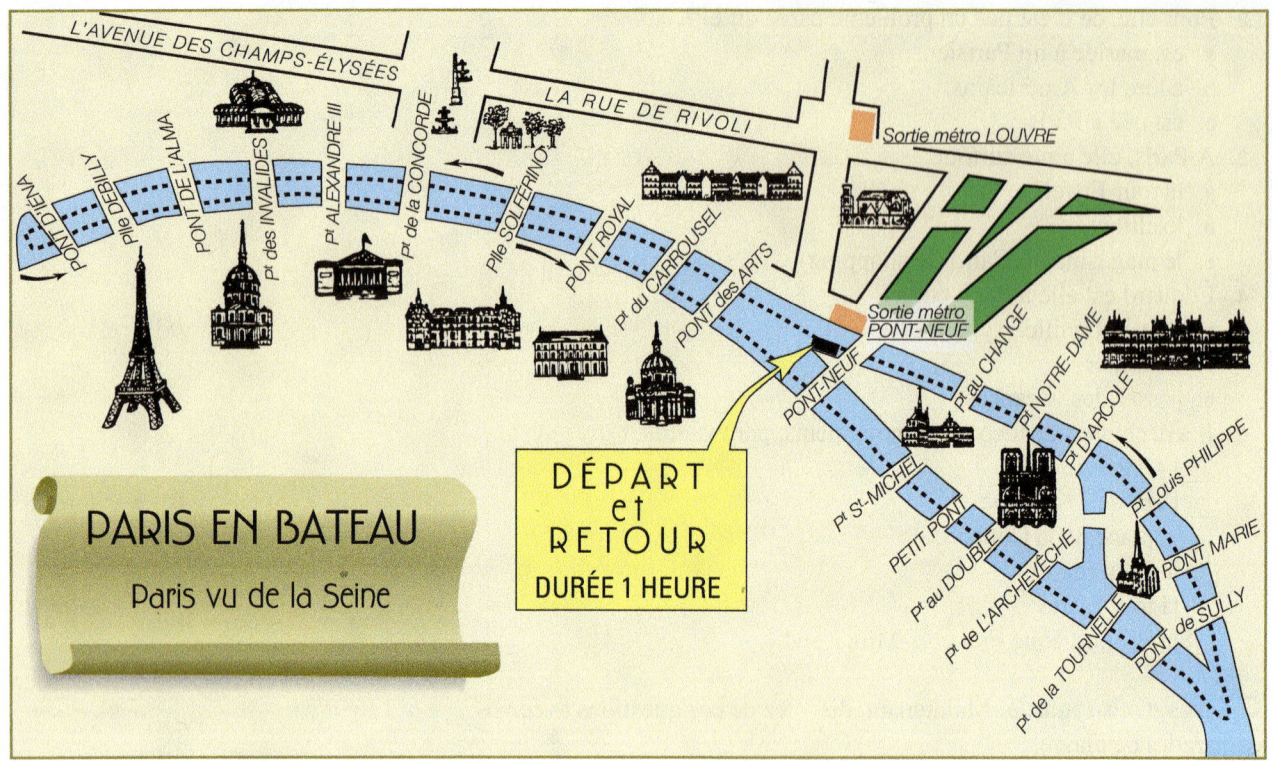

1. l'hôtel de ville
2. la Conciergerie
3. le jardin des Tuileries
4. le Grand Palais
5. le musée d'Orsay
6. l'obélisque de la Concorde
7. le Pont-Neuf
8. l'Institut de France
9. la tour Eiffel
10. Notre-Dame de Paris
11. les Invalides
12. le Louvre
13. le pont Alexandre III
14. le Sacré-Cœur
15. la place de la Concorde
16. le pont de la Tournelle (avec la statue de Sainte Geneviève)

Ensuite, préparez une description de votre monument ; considérez les questions suivantes :

1. Où se trouve ce monument ? Dans quel arrondissement ? Dans quelle rue ? À côté de quels autres sites importants ? Est-ce qu'il y a une station de métro à proximité ?
2. Quand est-ce que ce monument a été construit ? Par qui ? Pourquoi est-ce que ce monument est important aujourd'hui ?

Faites des recherches sur Internet. Vous pouvez aussi consulter des encyclopédies et des guides touristiques.

B. En parlant. Présentez votre monument à vos camarades de classe. N'oubliez pas d'apporter des images (des photos, des affiches, etc.) de votre monument !

C. Après avoir parlé. Quelles sont les présentations les plus intéressantes ? Quels monuments est-ce que vous voudriez visiter maintenant ?

Lisons

9-40 Le Tour du monde en quatre-vingts jours

A. Avant de lire. Connaissez-vous ce roman populaire, écrit au XIXe siècle par l'auteur français Jules Verne ? Le personnage principal, Phileas Fogg, est un Anglais flegmatique et excentrique qui mène une vie réglée comme une montre. Le mercredi 2 octobre 1872, dans son *Reform-Club*, il soutient qu'avec les moyens de transport modernes, on peut maintenant parcourir la Terre en quatre-vingts jours seulement. Il lance un pari (*makes a wager*) : s'il n'est pas de retour le samedi 21 décembre à huit heures quarante-cinq du soir, il perd tout. Avant de lire le passage reproduit ici, réfléchissez aux questions suivantes :

1. Cette histoire se passe en 1872. Quels moyens de transport est-ce que Phileas Fogg va probablement utiliser pendant son voyage ? Faites-en une liste.
2. À votre avis, comment est-ce que Phileas Fogg pourra prouver à ses amis qu'il aura fait le tour du monde ?
3. Est-ce que Phileas Fogg est une personne du genre à prendre des risques ? Comment va-t-il probablement organiser son voyage autour du monde ?
4. Dans l'extrait que vous allez lire, vous verrez quelques verbes au **passé simple**, un temps littéraire. Le **passé simple** exprime une action au passé, comme le **passé composé**. Pour chaque verbe indiqué au **passé simple** dans le texte, trouvez son équivalent au **passé composé**.

Phileas Fogg, dessiné par Alphonse de Neuville pour l'édition de 1873 du *Tour du monde en 80 jours*

Verbes au passé simple	Verbes au passé composé
répondit	s'est arrêté
répondirent	a demandé
demanda	sont entrés
montèrent	a fait
s'arrêta	s'est mis
entrèrent	sont montés
fit	ont pris
prirent	ont répondu
se mit	a répondu

B. En lisant. Trouvez les réponses aux questions suivantes :

1. Phileas Fogg parie qu'il fera le tour du monde en quatre-vingts jours, c'est-à-dire, en combien d'heures ? Combien de minutes ?
2. Quand est-ce qu'il partira ?
3. Quels moyens de transport est-ce qu'il prendra au départ ?

4. Quand est-ce qu'il sera de retour et où ?
5. Qui l'accompagnera ?
6. Où est-ce qu'ils s'arrêteront d'abord ?
7. Comment est-ce que Phileas Fogg propose de prouver qu'il a bien fait le tour de la Terre ?
8. À quelle heure est-ce que les voyageurs quittent la gare de *Charing-Cross* ?

C. En regardant de plus près. Examinez le texte plus en détail.

1. Phileas Fogg est accompagné de son domestique, Jean Passepartout. Pourquoi est-ce que c'est un nom amusant ?
2. Le texte nous indique quelle sorte de personne est Phileas Fogg ; dans chaque cas, trouvez un exemple qui illustre la description.

MODÈLE   Phileas Fogg est un homme riche.
          Il prend des billets de train de première classe.

a. Il habite un beau quartier de Londres.
b. Il est très ponctuel.
c. Il aime la précision.
d. Il prend rapidement des décisions.

LE TOUR DU MONDE EN QUATRE-VINGTS JOURS

—Un bon Anglais ne plaisante¹ jamais, quand il s'agit d'une chose aussi sérieuse qu'un pari², répondit Phileas Fogg. Je parie vingt-mille livres contre qui voudra que je ferai le tour de la terre en quatre-vingts jours ou moins, soit³ dix-neuf-cent-vingt heures ou cent-quinze-mille-deux-cents minutes. Acceptez-vous ?

—Nous acceptons, répondirent MM. Stuart, Fallentin, Sullivan, Flanagan et Ralph, après s'être entendus.

—Bien, dit Mr. Fogg. Le train de Douvres part à huit heures quarante-cinq. Je le prendrai.

—Ce soir même ? demanda Stuart.

—Ce soir même ? répondit Phileas Fogg. Donc, ajouta-t-il en consultant un calendrier de poche, puisque c'est aujourd'hui mercredi 2 octobre, je devrai être de retour à Londres, dans ce salon même du Reform-Club, le samedi 21 décembre, à huit heures quarante-cinq du soir... [Phileas Fogg retourne à la maison pour se préparer et chercher son domestique Jean Passepartout.]

Une station de voitures se trouvait à l'extrémité de Saville-row. Phileas Fogg et son domestique montèrent dans un cab, qui se dirigea rapidement vers la gare de Charing-Cross... À huit heures vingt, le cab s'arrêta devant... la gare. Passepartout sauta à terre⁴...

Mr. Fogg et lui entrèrent aussitôt dans la grande salle de la gare. Là, Phileas Fogg donna à Passepartout l'ordre de prendre deux billets de première classe pour Paris. Puis, se retournant, il aperçut⁵ ses cinq collègues du Reform-Club.

« Messieurs, je pars, dit-il, et les divers visas apposés sur un passeport que j'emporte à cet effet vous permettront, au retour, de contrôler mon itinéraire...

—Vous n'oubliez pas que vous devez être revenu ? ... fit observer Andrew Stuart.

—Dans quatre-vingts jours, répondit Mr. Fogg, le samedi 21 décembre 1872, à huit heures du soir. Au revoir, messieurs. »

À huit heures quarante, Phileas Fogg et son domestique prirent place dans le même compartiment. À huit heures quarante-cinq... le train se mit en marche.

Source : Jules Verne

¹raconte des histoires drôles ²*a bet, a wager* ³*in other words* ⁴est descendu ⁵a vu

D. Après avoir lu. Discutez des questions suivantes avec vos camarades de classe.

1. Voici l'itinéraire de Phileas Fogg publié dans un journal britannique. Est-ce que vous pensez qu'il est vraiment possible pour Fogg d'accomplir son voyage en l'espace de quatre-vingts jours ? Pourquoi ?
2. Est-ce que vous avez lu une traduction anglaise d'un roman de Jules Verne ou vu un film basé sur un de ses romans ? Parmi ses romans, on trouve : *Vingt mille lieues sous les mers*, *L'île mystérieuse*, *Voyage au centre de la Terre* et *De la Terre à la Lune*. Si vous en connaissez un, discutez-en avec vos camarades de classe.
3. Si vous aimez la science-fiction, cherchez un de ces romans à la bibliothèque ou louez un DVD – peut-être même une adaptation du *Tour du monde en quatre-vingts jours* !
4. Est-ce que vous allez voir des films de science-fiction ? Lequel ou lesquels avez-vous vu/s récemment ? Lequel avez-vous préféré ? Pourquoi ? Pouvez-vous en résumer l'histoire ?

LE TOUR DU MONDE EN QUATRE-VINGTS JOURS

De Londres à Suez par le Mont-Cenis et Brindisi, railways et paquebots	7 jours
De Suez à Bombay, paquebot	13 jours
De Bombay à Calcutta, railway	3 jours
De Calcutta à Hong-Kong (Chine), paquebot	13 jours
De Hong-Kong à Yokohama (Japon), paquebot	6 jours
De Yokohama à San Francisco, paquebot	22 jours
De San Francisco à New York, railroad	7 jours
De New York à Londres, paquebot et railway	9 jours
Total	80 jours

Écrivons

9-41 Brochure de voyage

A. Avant d'écrire. Vous allez préparer une brochure touristique présentant une destination de votre choix.

B. En écrivant. Pour préparer votre brochure, répondez aux questions suivantes :

1. Quelle est la meilleure période pour visiter la destination que vous avez choisie ?
2. Quelles sont les principales attractions ?
3. Quels aspects de la culture locale (langue, nourriture, monument, folklore, etc.) méritent d'être mentionnés ?

Rédigez trois paragraphes qui présentent votre destination. Dans le premier paragraphe, donnez des détails sur votre destination. Où est-ce situé ? Sur quel continent ? Dans quel pays ? Dans le deuxième paragraphe, parlez des charmes et merveilles de l'endroit que vous avez choisi. Terminez votre texte avec une phrase qui résume l'attrait de votre destination. Ajoutez une photographie.

C. Après avoir écrit. Relisez votre texte pour vérifier si vous y avez mis toutes les informations nécessaires. Rajoutez des détails intéressants, corrigez les fautes, puis échangez votre texte avec des camarades de classe qui vont le lire. Ils vont vous dire s'ils ont compris votre texte et ils vont vous proposer des changements, si nécessaire.

Stratégie

When you need to research and present a topic, prepare a basic outline before you begin, then fill it in as you gather information. This will provide you with a complete, orderly plan to follow when you begin to write.

VOCABULAIRE

 TEXT AUDIO 9.8–9.19

Français canadien

9.8
une bicyclette	*a bicycle*
le magasinage	*shopping*
une roulotte	*trailer, caravan*

Leçon 1

9.9 moyens de transport — *means of transportation*
à pied	*on foot*
un avion	*airplane*
un bus	*city bus*
un car	*excursion bus, intracity bus*
un métro	*subway*
une mobylette	*moped, motorscooter*
une moto	*motorcycle*
le RER (Fr.)	*commuter train between Paris and the suburbs*
un taxi	*taxi*
un train	*train*

9.10 pour faire un voyage — *to take a trip*
un aéroport	*airport*
un appareil photo	*camera*
un appareil (photo) numérique	*digital camera*
un carnet d'adresses	*address book*
une carte bancaire	*debit card*
une carte de crédit	*credit card*
une clé / clef	*key*
un passeport	*passport*
un permis de conduire	*driver's licence*
un plan de ville	*city map*
un portefeuille	*wallet*
un portemonnaie (*inv.*)	*change purse*
un sac à dos	*backpack*
une valise	*suitcase*
un vol	*flight*

autres expressions utiles — *other useful expressions* 9.11
avoir besoin de	*to need*
un billet (de train, d'avion)	*(train, plane) ticket*
un billet (de métro)	*(subway) ticket*
oublier	*to forget*
tout	*everything*
Voyons...	*Let's see . . .*

Leçon 2

les continents (m.) — *continents* 9.12
l'Afrique (f.)	*Africa*
l'Amérique du Nord (f.)	*North America*
l'Amérique du Sud (f.)	*South America*
l'Asie (f.)	*Asia*
l'Europe (f.)	*Europe*
l'Océanie (f.)	*Oceania*

des pays (m.) — *countries* 9.13
l'Afghanistan	*Afghanistan*
l'Algérie (f.)	*Algeria*
l'Allemagne (f.)	*Germany*
l'Angleterre (f.)	*England*
l'Arabie saoudite	*Saudi Arabia*
l'Argentine (f.)	*Argentina*
l'Australie (f.)	*Australia*
le Bahreïn	*Baharain*
la Belgique	*Belgium*
le Bénin	*Benin*
le Brésil	*Brazil*
la Bulgarie	*Bulgaria*
le Burkina Faso	*Burkina Faso*
le Cameroun	*Cameroon*
le Canada	*Canada*
le Chili	*Chile*
la Chine	*China*
Chypre	*Cyprus*
la Colombie	*Colombia*
les Comores	*Comoro Islands*

la Corée	Korea	le Togo	Togo
la Côte d'Ivoire	Ivory Coast	la Tunisie	Tunisia
le Danemark	Denmark	la Turquie	Turkey
l'Écosse	Scotland	le Viêtnam	Vietnam
l'Égypte (f.)	Egypt	le Yémen	Yemen
les Émirats arabes unis	United Arab Emirates		
l'Espagne (f.)	Spain	**des nationalités**	*nationalities* ((9.14
les États-Unis (m.)	the United States	afghan/ne	*Afghan*
la Finlande	Finland	algérien/ne	*Algerian*
la France	France	allemand/e	*German*
la Grèce	Greece	américain/e	*American*
la Guinée	Guinea	anglais/e	*English*
l'Inde (f.)	India	argentin/e	*Argentinian*
l'Irak (m.)	Iraq	australien/ne	*Australian*
l'Iran (m.)	Iran	bahreïnien/ne	*Baharainian*
l'Irlande du Nord (f.)	Northern Ireland	belge	*Belgian*
Israël	Israel	béninoise/e	*Beninese*
l'Italie (f.)	Italy	brésilien/ne	*Brazilian*
le Japon	Japan	bulgare	*Bulgarian*
la Jordanie	Jordan	burkinabé	*Burkinabe*
le Koweït	Kuwait	camerounais/e	*Cameroonian*
le Liban	Lebanon	canadien/ne	*Canadian*
le Madagascar	Madagascar	chilien/ne	*Chilean*
le Mali	Mali	chinois/e	*Chinese*
le Maroc	Morocco	chypriote	*Cypriot*
Maurice	Republic of Mauritius	colombien/ne	*Colombian*
le Mexique	Mexico	comorien/ne	*Comoran*
le Niger	Nigeria	coréen/ne	*Korean*
la Norvège	Norway	danois/e	*Danish*
la Nouvelle-Zélande	New Zealand	écossais/e	*Scottish*
Oman	Oman	égyptien/ne	*Egyptian*
le Pakistan	Pakistan	émirien/ne	*Emirati*
le Pays de Galles	Wales	espagnol/e	*Spanish*
les Pays-Bas (m.)	the Netherlands	finlandais/e	*Finnish*
le Portugal	Portugal	français/e	*French*
le Qatar	Qatar	gallois/e	*Welsh*
la Réunion	Reunion Island	grec/que	*Greek*
la Roumanie	Romania	guinéen/ne	*Guinean*
la Russie	Russia	indien/ne	*Indian*
le Sénégal	Senegal	irakien/ne	*Iraqi*
les Seychelles	Republic of Seychelles	iranien/ne	*Iranian*
la Suède	Sweden	irlandais/e	*Irish*
la Suisse	Switzerland	israélien/ne	*Israeli*
la Syrie	Syria	italien/ne	*Italian*
la Thaïlande	Thailand	ivoirien/ne	*Ivorian*
le Tibet	Tibet	japonais/e	*Japanese*

jordanien/ne	Jordanian	une auberge (de jeunesse)	inn, (youth) hostel
koweitien/ne	Kuwaiti	un camping	campground
libanais/e	Lebanese	un camping-car (Fr.)	RV
malgache	Malagasy	une caravane	trailer
malien/ne	Malian	un gîte (rural)	(rural) bed and breakfast
marocain/e	Moroccan	Cela vous convient ?	Does this suit you?
mauricien/ne	Mauritian	aller sur Internet	to go online
mexicain/e	Mexican		
néerlandais/e	Dutch	**pour se renseigner**	**to get information** 9.17
néo-zélandais/e	New Zealander	des renseignements (m.)	information
nigérien/ne	Nigerian	un guide	guide (tour guide or guide book)
omanais/e	Omani		
pakistanais/e	Pakistani	un office du tourisme	tourism office
portugais/e	Portuguese		
qatarien/ne	Qatari	**pour indiquer le chemin**	**to give directions** 9.18
réunionnais/e	from Réunion	une avenue	avenue
roumain/e	Romanian	un boulevard	boulevard
russe	Russian	le chemin	way
saoudien/ne	Saudi	continuer (tout droit)	keep going (straight ahead)
sénégalais/e	Senegalese		
seychellois/e	Seychellois	tourner à (droite)	turn (right)
suédois/e	Swedish	traverser	cross
suisse	Swiss		
syrien/ne	Syrian	**des sites historiques et culturels (m.)**	**historical and cultural sights/sites** 9.19
tibétain/e	Tibetan	une abbaye	abbey
togolais/e	Togolese	une cathédrale	cathedral
tunisien/ne	Tunisian	une cave	wine cellar
turc/que	Turkish	un château	castle
vietnamien/ne	Vietnamese	un château fort	fortress
yéménite	Yemenite	une grotte préhistorique	prehistoric cave

9.15 d'autres mots utiles — *other useful words*

une frontière	border
une langue maternelle	native language
obtenir	to obtain
une réunion	meeting

un spectacle sons et lumières — sound and light historical production
un théâtre romain — Roman theatre
un village médiéval — medieval village
un village perché — village perched on a hillside

Leçon 3

9.16 le logement — *lodgings*

loger (dans un hôtel) une étoile — to stay in a one star (hotel)

CHAPITRE 10 | Bienêtre, environnement et engagement citoyen

—Ça défoule quand même de faire du sport. —Oui, mais moi, je préfère aller au cinéma ou boire un verre avec des amis pour me détendre.

DISCOVER
Go to the **Resources** for Chapitre 10 on MyFrenchLab to watch the *On démarre* video in which friends talk about what they do to relax. Complete the related video activities in the **Assessments** for this chapter under Additional Practice.

APPLY
- Video
- Activities : On démarre ! 10-01 to 10-02

LEÇON 1

La santé et le bienêtre

LEÇON 2

Sauvons la planète

LEÇON 3

Le bien commun : la politique et le civisme

Venez chez nous !
La Francophonie face au défi écologique

MyFrenchLab
Visit MyFrenchLab to access the audio clips for each chapter, additional exercises and quizzes, and much more!

Après avoir complété ce chapitre, vous devriez être en mesure de / d'
- discuter de santé et de bienêtre
- donner des conseils
- discuter des problèmes environnementaux et écologiques dans le monde
- exprimer des opinions
- parler d'engagement citoyen et de politique

Sur le plan de la grammaire, ce chapitre vous permettra de vous familiariser avec
- le subjonctif employé avec les expressions de nécessité et d'obligation, les expressions de volonté, les expressions d'émotion et les expressions de doute

En matière de phonétique, ce chapitre sera l'occasion d'étudier
- la prononciation des consonnes **s**, **z** et **gn**

LEÇON 1 — La santé et le bienêtre

Points de départ

Un esprit sain dans un corps sain

Suzanne et Samuel font très attention à leur santé. Suzanne a peu de temps libre parce qu'elle travaille beaucoup, mais elle essaie de bien manger, médite quotidiennement et fait régulièrement de l'exercice. Elle adore suivre des cours de mise en forme : yoga, pilates, cardio, salsa. Son frère, Samuel, est handicapé et doit se servir d'un fauteuil roulant. Très sportif, il fait de la musculation et fait partie de l'équipe paralympique de basket-fauteuil.

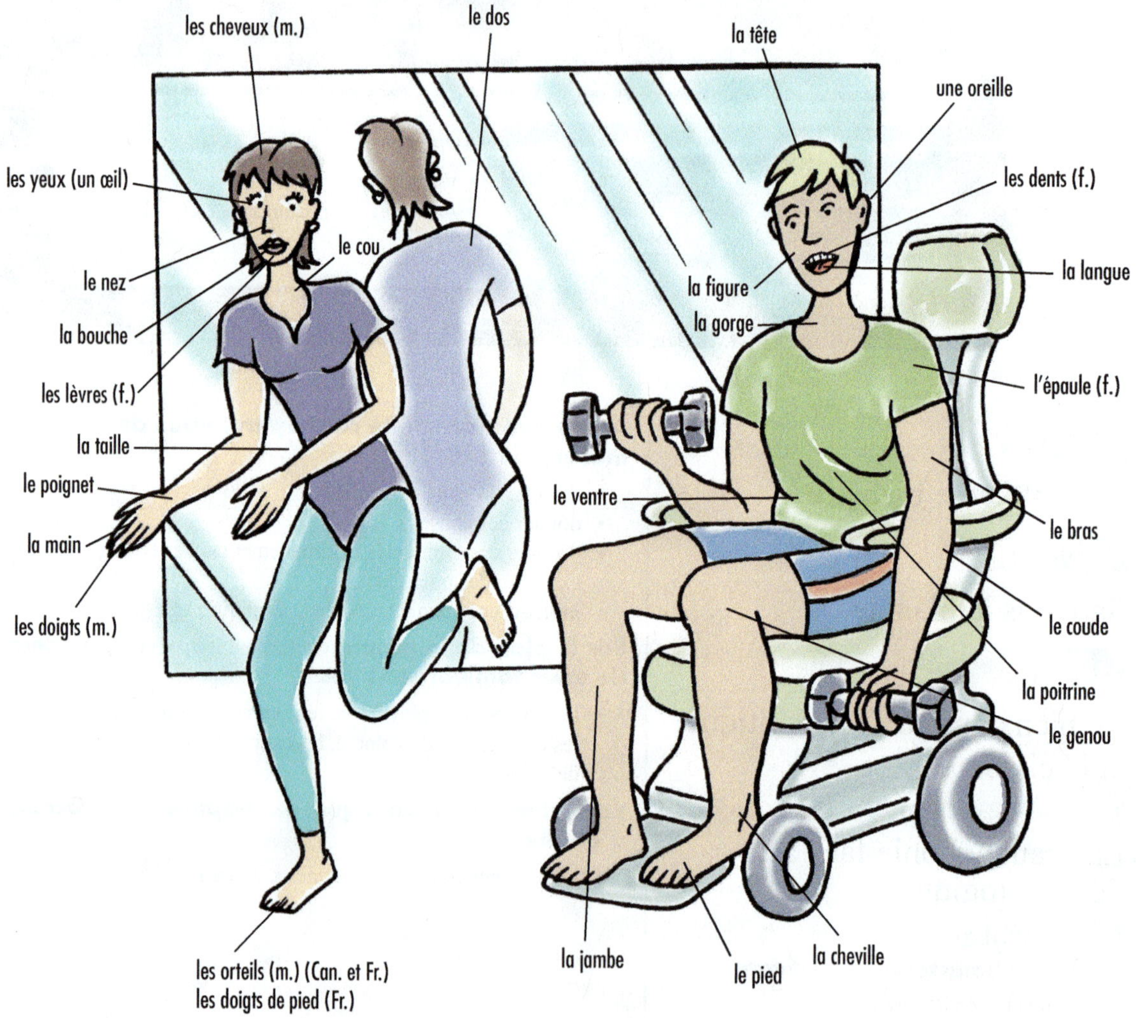

- les cheveux (m.)
- le dos
- la tête
- une oreille
- les yeux (un œil)
- les dents (f.)
- le nez
- le cou
- la langue
- la bouche
- la figure
- les lèvres (f.)
- la gorge
- l'épaule (f.)
- la taille
- le poignet
- le ventre
- le bras
- la main
- le coude
- les doigts (m.)
- la poitrine
- le genou
- les orteils (m.) (Can. et Fr.)
- les doigts de pied (Fr.)
- la jambe
- le pied
- la cheville

VOUS AVEZ MAL ?

Pour parler d'une souffrance physique, on emploie la locution verbale **avoir mal à** suivi de la partie du corps précédée d'un article défini (*le, la, l', les*). Rappelons que **à + le = au** et que **à + les = aux** :

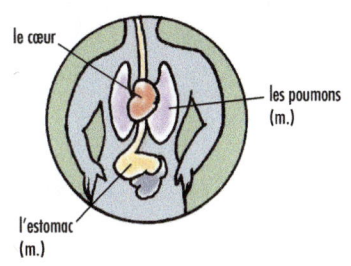

J'**ai mal à la** tête.	*I have a headache.*
Vous **avez mal à l'**estomac ?	*Your stomach hurts?*
Il **a mal au** cœur.	*He's nauseated.*
Elle **a mal aux** pieds.	*Her feet hurt.*
J'**ai mal partout**.	*I am sore all over.*

À vous la parole

10-1 J'ai mal ! Dites où ces personnes ont mal.

MODÈLE   Christiane
➤ Christiane, elle a mal au dos.

10-2 Les excès. Dites où on peut avoir mal si on fait les choses suivantes.

MODÈLE   Si on mange trop de chocolat…
➤ On a mal au ventre ou mal au cœur.

1. Si on passe trop de temps devant l'écran (*screen*) de l'ordinateur…
2. Si on fait trop de patin…
3. Si on crie trop…
4. Si on mange trop…
5. Si on boit trop de bière…
6. Si on écoute trop souvent de la musique forte…
7. Si on porte des souliers trop petits…
8. Si on est très fatigué…

MAUX ET REMÈDES

Quand on a :
- de la fièvre, une grippe
- un rhume
- une forte toux
- mal à l'estomac, mal au cœur

On peut prendre :
- de l'aspirine, des gouttes pour le nez
- de la vitamine C
- du sirop, des pastilles pour la gorge
- une tisane à la menthe

Quand on a :
- un coup de soleil

On peut mettre :
- une lotion hydratante

10-3 Les malades imaginaires. Avec un groupe de camarades, imaginez que vous avez de petits problèmes de santé. Vous allez dire là où vous avez mal et quelle est la cause de vos douleurs. Une personne de votre groupe va proposer des solutions.

MODÈLE
É1 J'ai mal à la tête. J'ai trop travaillé pour préparer ce cours.
É2 Tu devrais prendre de l'aspirine et dormir plus.
É3 Moi, je pense que j'ai un rhume. Je tousse et j'ai le nez qui coule.
É2 Alors, toi, tu devrais…

Êtes-vous en forme ?
Faites le test pour le savoir.

1. Je consulte régulièrement le médecin. ☐ vrai ☐ faux
2. Je fais souvent du sport ou de l'exercice. ☐ vrai ☐ faux
3. Je ne fume pas. ☐ vrai ☐ faux
4. Je mange des repas équilibrés. ☐ vrai ☐ faux
5. Je ne saute jamais de repas. ☐ vrai ☐ faux
6. Je me détends de temps en temps. ☐ vrai ☐ faux
7. Je ne suis pas de régimes trop stricts. ☐ vrai ☐ faux
8. Je bois de l'alcool avec modération. ☐ vrai ☐ faux
9. Je grignote peu entre les repas. ☐ vrai ☐ faux
10. Je dors huit heures par nuit. ☐ vrai ☐ faux

Pour découvrir votre profil, comptez un point pour chaque « vrai ».

8 à 10 points :   Bravo ! Vous êtes en super bonne forme.
5 à 7 points :   Ça va, mais vous pouvez mieux faire !
3 à 4 points :   Franchement, vous avez du travail pour retrouver la forme !
0 à 2 points :   Oh là là, la crise ! Il faut passer à l'action.

Vie et culture

L'espérance de vie au Canada

La santé des Canadiens s'améliore au fil des ans. Les hommes comme les femmes vivent de plus en plus vieux. Entre 1920 et 1922, l'espérance de vie[1] à la naissance était de 59 ans pour les hommes et de 61 ans pour les femmes. Depuis 2005, elle est de 78 ans pour les hommes et de 83 ans pour les femmes ; c'est un gain moyen de près de 20 ans. Quels facteurs expliquent, selon vous, cette progression ? Est-ce que la vie moderne favorise une meilleure santé ? Pensez-vous que votre espérance de vie sera supérieure à celle de vos parents ?

[1]*life expectancy*

Sources : http://www.statcan.ca/francais/Pgdb/health26_f.htm (for numbers of 1920 and 1922); http://www.statcan.gc.ca/pub/82-229-x/2009001/demo/lif-fra.htm (for 2005 numbers).

Orthographe :
malêtre (mal-être)

Le stress

Regardez la séquence vidéo *On se stresse et on se détend*. Quelles sont les sources de stress mentionnées ? Quelles sont les méthodes employées par les gens que vous observez pour réduire le stress ? Est-ce que vous pensez que le stress se manifeste au Canada de la même façon qu'en France ? Pourquoi ?

De plus en plus, les Français comme les Canadiens ressentent un sentiment de malêtre qui résulte sans doute du stress de la vie moderne : les conditions de travail, l'anxiété face aux problèmes de la vie dans les grandes villes — la pollution, le bruit[1], le manque[2] de sécurité, la peur[3] du chômage[4], etc. Aujourd'hui 50 pour cent des Français disent qu'ils sont toujours fatigués et 20 pour cent ont du mal à dormir. En 30 ans, le nombre de dépressions a été multiplié par six. Tous ces troubles se traduisent par une surconsommation de médicaments. Les Français sont toujours les plus gros consommateurs de médicaments en Europe.

[1]*noise* [2]*lack* [3]*fear* [4]*unemployment*

10-4 Pour combattre le stress. Avec un/e partenaire, dressez une liste de causes de stress pour vous. Ensuite, établissez une liste de solutions pour combattre le stress. Comparez vos listes avec celles de vos camarades de classe. Qu'est-ce qui cause le stress chez les étudiants en général ? Quelles sont les solutions les plus efficaces pour combattre le stress, selon vous ?

MODÈLE   les causes du stress

   É1 Pour moi, ce sont les examens qui causent du stress.
   É2 Et pour moi, c'est la famille et…
   les solutions

   É1 Moi, pour réduire le stress, je fais du sport.
   É2 Et moi, j'écoute de la musique et…

Sons et lettres

TEXT AUDIO 10.2

Les consonnes *s* et *z*

- The letter **s** may represent either the sound /s/ or the sound /z/. A number of word pairs are distinguished by these two consonant sounds. In the middle of words, **-ss-** is pronounced as /s/ and **-s-** as /z/:

le dessert	*dessert*	le désert	*desert*
le coussin	*cushion*	le cousin	*cousin*
le poisson	*fish*	le poison	*poison*

- At the beginning of words, the letter **s** is pronounced /s/; in liaison it is pronounced /z/. Compare:

ils sont / ils‿ont   vous savez / vous‿avez

- After a nasal vowel written with **n**, the letter **s** is pronounced /s/:

conservation   penser   ensemble

- Next to a consonant, **s** is pronounced /s/:

rembourser   rester   l'estomac   respirer

But note the exception **Alsace**, where s is pronounced /z/.

- The letter **c** is also pronounced /s/ before the letters **e** and **i**, or when spelled with a cedilla.

cent   **c**igarette   **ç**a   gar**ç**on

- The letter **x** is pronounced:

/s/ in:	si**x**	soi**x**ante	Bru**x**elles
liaison /z/ in:	si**x**‿hommes	di**x**‿aspirines	
/gz/ in:	l'e**x**amen	e**x**agérer	e**x**actement
/ks/ in:	le ta**x**i	l'e**x**périence	e**x**cellent

Qu'est-ce qu'elles font pour combattre le stress ?

À vous la parole

TEXT AUDIO 10.3

10-5 Contrastes. Prononcez chaque groupe de mots.

assez / le visage   ils passent / ils se taisent
les Écossaises / les Anglaises   passé / basé
tousser / une tisane   Alceste / l'Alsace
soixante / exacte   exotique / dix

404 quatre-cent-quatre   CHAPITRE 10 • BIENÊTRE, ENVIRONNEMENT ET ENGAGEMENT CITOYEN

10-6 Proverbes. Répétez ces proverbes.

1. Poisson sans boisson, c'est poison.
2. Santé passe richesse.
3. Si jeunesse savait, si vieillesse pouvait.

TEXT AUDIO 10.4

Parallèles

Santé et bienêtre
Mathilde se détend et Diandra se fait soigner.

Mathilde se détend au cinéma.

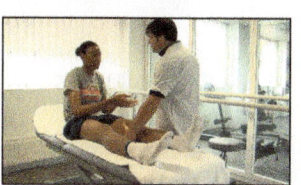

Diandra se fait soigner chez le kiné.

Formes et fonctions

1. Le subjonctif des verbes réguliers avec les expressions de nécessité

- Le subjonctif est un mode verbal qui sert à parler d'un fait envisagé comme possible plutôt que comme réel. On l'emploie donc pour exprimer le doute, l'incertitude, la crainte, la supposition, l'éventualité, le souhait ainsi que la nécessité. Dans une phrase complexe, c'est-à-dire une phrase qui a deux propositions connectées par *que/qu'*, le choix du subjonctif dans la deuxième proposition dépend du verbe ou de l'expression dans la première.

    - Avec une expression de nécessité comme *il est important que*, le verbe *dormir* se met au subjonctif :

        Il est important [que tu **dormes** huit heures par nuit]. (dormir est envisagé comme un fait important, souhaitable, mais pas comme un fait réel)

        Je sais [que tu **dors** huit heures par nuit]. (dormir est envisagé comme un fait réel. Tu dors réellement huit heures par nuit et je **le** sais)

- Sur le même modèle que l'expression *il est important que*, on trouve les expressions ci-dessous qui demandent elles aussi l'emploi du subjonctif dans la proposition introduite par *que* :

    Il est nécessaire que vous **mangiez** cinq portions de fruits et légumes chaque jour.
    Il est urgent que Pierre **change** son mode de vie. Il est trop stressé.
    Il serait utile qu'Alain **finisse** les rénovations du gymnase.

- L'expression *valoir mieux* demande, elle aussi, le subjonctif dans la proposition en *que* :

    Il vaut mieux (*it's best*) **que** vous **consultiez** le médecin régulièrement.

- Le verbe *falloir*, pour terminer, est également très utile dans l'expression de la nécessité ; l'action jugée nécessaire, exprimée dans la proposition subordonnée, est au subjonctif :

    Il faut que nous **dormions** cette nuit.
    Il ne faut pas que vous **travailliez** trop.

- Pour exprimer une nécessité de manière générale, absolue, sans mentionner la personne concernée par l'action de manière explicite, on emploie, comme deuxième partie de la phrase complexe, une proposition infinitive (verbe à l'infinitif sans sujet) :

Il ne faut pas [**grignoter** entre les repas].

Il vaut mieux [**s'entrainer** le matin].

Orthographe :
s'entrainer (s'entraîner)

- Avec les expressions de nécessité, la proposition infinitive est introduite par *de* :

Il est important [**de se détendre**].

Il est urgent [**de répondre** à ce message].

Il est nécessaire [**de boire** de l'eau chaque jour].

• Les terminaisons du subjonctif sont les mêmes pour tous les verbes : *-e, -es, -e, -ions, -iez, -ent*. La base employée correspond à la forme qu'il reste quand on retire le *-ent* final du verbe conjugué au présent à la 3e personne du pluriel (ils **mang**ent, elles **parl**ent).

LE SUBJONCTIF

FORME INFINITIVE:	-er	-ir	-ir / -iss-	-re
FORME ILS / ELLES:	**mang**ent	**dorm**ent	**finiss**ent	**descend**ent
Il faut que…				
je	mange	dorme	finisse	descende
tu	manges	dormes	finisses	descendes
il / elle / on	mange	dorme	finisse	descende
nous	mangions	dormions	finissions	descendions
vous	mangiez	dormiez	finissiez	descendiez
ils / elles	mangent	dorment	finissent	descendent

arrêter   téléphoner
payer   manger
finir   travailler
rendre   parler
jouer

10-7 C'est logique. Qu'est-ce qu'on dit dans chaque cas ? Travaillez avec un/e partenaire et choisissez des verbes dans la liste à gauche.

MODÈLE   une mère à son enfant

    É1 Il faut que tu manges tes carottes !

    É2 Il ne faut pas que tu joues dans la rue !

1. un enseignant à ses élèves
2. une étudiante à sa colocataire
3. un agent de police à un automobiliste
4. une sœur à son petit frère
5. un médecin à un patient
6. une jeune femme à son copain
7. une patronne (*boss*) à son employée

10-8 De bons conseils. Avec un/e partenaire, donnez des conseils à chaque personne.

MODÈLE   J'ai pris cinq kilos !

   É1   Il faut suivre un régime !
   É2   Il vaudrait mieux que tu manges moins de gras et de sucre !
   É1   Il est aussi important de faire plus de sport !

1. Je suis toujours fatigué/e.
2. J'ai très mal au dos.
3. Je voudrais maigrir un peu.
4. Je suis très stressé/e.
5. Je n'ai pas le temps de manger le midi.
6. Je fume un paquet de cigarettes par jour.
7. Je manque toujours de temps.
8. Je fais de l'insomnie.

10-9 Obligations. Qu'est-ce que vous avez à faire ? Pour chaque verbe de la liste, précisez vos obligations en discutant avec un/e partenaire. Ensuite, comparez vos responsabilités avec celles de vos camarades de classe.

MODÈLE   écrire

   É1   Il faut que j'écrive un essai pour mon cours de composition.
   É2   Et moi, il faut que j'écrive une lettre à ma mère.

1. écrire
2. travailler
3. rendre
4. finir
5. téléphoner
6. sortir

2. Le subjonctif des verbes irréguliers

- Les verbes **avoir** et **être** ont leur propre modèle de conjugaison au subjonctif :

	AVOIR	**ÊTRE**
j' / je	aie	sois
tu	aies	sois
il / elle / on	ait	soit
nous	ayons	soyons
vous	ayez	soyez
ils / elles	aient	soient

- Avec les verbes *faire*, *pleuvoir*, *pouvoir* et *savoir*, la conjugaison est régulière ; il faut se rappeler de la forme de leur base :

faire	**fass-**	Il serait utile qu'elle **fass**e de l'exercice.
pleuvoir	**pleuv-**	Il vaut mieux qu'il ne **pleuv**e pas samedi.
pouvoir	**puiss-**	Il faut que nous **puiss**ions dormir.
savoir	**sach-**	Il est important que vous **sach**iez comment s'appelle le médecin.

À vous la parole

10-10 Prendre de bonnes habitudes. Expliquez comment Thomas doit changer certaines de ses habitudes pour améliorer sa santé.

MODÈLE   Il n'est pas raisonnable.
  ➤ Il faut qu'il soit raisonnable.

1. Il ne prend pas des repas équilibrés.
2. Il ne dort pas assez.
3. Il ne fait pas de sport.
4. Il ne sait pas quel est son taux (*level*) de cholestérol.
5. Il n'a pas de vacances.
6. Il ne sait pas se détendre.
7. Il n'est pas très énergique.
8. Il ne fait pas attention à sa santé.

10-11 Pour réduire le stress. Imaginez que vous conseillez une personne qui voudrait réduire son stress. Regardez le modèle et donnez vos conseils d'une manière plus personnelle.

MODÈLE   Il faut avoir du temps libre.
  ➤ Il faut que vous ayez du temps libre.

1. Il faut avoir des loisirs.
2. Il faut être plus relax.
3. Il est utile de faire du yoga.
4. Il est important de savoir comment se détendre.
5. Il vaut mieux être patient/e.
6. Il est important d'avoir des amis.
7. Il vaut mieux faire du sport aussi.
8. Il faut pouvoir dormir sept ou huit heures par nuit.

10-12 Solutions. Comment est-ce qu'on pourrait résoudre les problèmes suivants ? Discutez des solutions possibles avec des camarades.

MODÈLE   É1 Je ne réussis pas dans mes études ; j'ai toujours de très mauvaises notes.
  É2 Il faut que tu fasses plus d'efforts et que tu en parles avec tes profs.
  É3 Oui, et il est important que tu sois toujours en classe et que tu lises les textes.

1. Je ne réussis pas dans mes études ; j'ai toujours de très mauvaises notes.
2. J'ai de très mauvaises relations avec mes colocataires.
3. Je ne me sens pas bien ; je suis toujours fatigué/e.
4. Je suis très stressé/e par tous mes problèmes.
5. J'ai besoin d'être en forme, mais j'ai beaucoup de difficulté.

10-13 Le Malade imaginaire

A. Avant de lire. Vous allez lire un extrait d'une pièce de théâtre, *Le Malade imaginaire*, écrit par Molière en 1673. « Molière » est le nom de plume de Jean-Baptiste Poquelin, né en 1622 à Paris d'une famille bourgeoise. Les comédies de Molière sont toujours très appréciées et continuent à être jouées en France et dans le monde entier. Molière observait de manière précise les gens, et il a créé des personnages types comme l'avare (*the miser*), l'hypocrite et l'aristocrate arrogant. Par contre, il célèbre les gens de condition modeste qui sont souvent représentés dans ses pièces par le domestique qui est plus intelligent que son maitre. Dans cette scène, le malade imaginaire, Argan, parle avec sa domestique, Toinette, qui s'est déguisée en médecin. Avant de lire la scène, répondez à ces questions :

1. Que veut dire l'expression *malade imaginaire* ?
2. D'après le titre de la pièce, *Le Malade imaginaire*, et le fait que c'est une comédie, qu'est-ce que vous imaginez comme scénario ?

Stratégie

Il est utile de jouer une pièce de théâtre plutôt que de simplement la lire. Imaginez que vous êtes sur une scène et que vous incarnez (*act*) les personnages (*characters*). Prenez une bonne respiration, puis d'une voix ferme, jouez le dialogue à voix haute.

Orthographe :
maitre (maître)

B. En lisant. Examinez quelques aspects comiques de cet extrait en répondant aux questions suivantes.

1. Quelles sont les maladies préférées du « docteur » ?
2. Complétez le schéma avec les symptômes d'Argan et le diagnostic correspondant de Toinette. Pourquoi est-ce que cet échange est amusant ?

Les symptômes	Le diagnostic
des lassitudes par tous les membres	

3. Comment est-il possible qu'Argan ne reconnaisse pas sa servante Toinette ?

Scène X — TOINETTE, en médecin ; ARGAN

TOINETTE : Vous ne trouverez pas mauvais, s'il vous plaît, la curiosité que j'ai eue de voir un illustre malade comme vous êtes ; et votre réputation qui s'étend[1] partout, peut excuser la liberté que j'ai prise.

ARGAN : Monsieur, je suis votre serviteur…

TOINETTE : Je suis médecin passager, qui vais de ville en ville, de province en province, de royaume en royaume, pour chercher d'illustres matières à ma capacité, pour trouver des malades dignes[2] de m'occuper… Je veux des maladies d'importance, de bonnes fièvres continues…, de bonnes pestes[3]…, de bonnes pleurésies[4], avec des inflammations de poitrine ; c'est là que je me plais[5], c'est là que je triomphe… Donnez-moi votre pouls. Allons donc, que l'on batte comme il faut. Ah ! Je vous ferai bien aller comme vous devez. Ouais ! Ce pouls-là fait l'impertinent[6] ; je vois bien que vous ne me connaissez pas encore. Qui est votre médecin ?

ARGAN : Monsieur Purgon.

TOINETTE : … De quoi dit-il que vous êtes malade ?

ARGAN : Il dit que c'est du foie, et d'autres disent que c'est de la rate.

TOINETTE : Ce sont tous des ignorants. C'est du poumon que vous êtes malade.

ARGAN : Du poumon ?

TOINETTE : Oui. Que sentez-vous ?

ARGAN : Je sens de temps en temps des douleurs[7] de tête.

TOINETTE : Justement, le poumon.

ARGAN : Il me semble parfois que j'ai un voile[8] devant les yeux.

TOINETTE : Le poumon.

ARGAN : J'ai quelquefois des maux de cœur.

TOINETTE : Le poumon.

ARGAN : Je sens parfois des lassitudes par tous les membres.

TOINETTE : Le poumon.

ARGAN : Et quelquefois il me prend des douleurs dans le ventre, comme si c'était des coliques.

TOINETTE : Le poumon. Vous avez appétit à ce que vous mangez ?

ARGAN : Oui, monsieur.

TOINETTE : Le poumon. Vous aimez à boire un peu de vin ?

ARGAN : Oui, monsieur.

TOINETTE : Le poumon. Il vous prend un petit sommeil après le repas, et vous êtes bien aise de dormir ?

ARGAN : Oui, monsieur.

TOINETTE : Le poumon, le poumon, vous dis-je.

[1]*spreads* [2]*worthy* [3]*plagues* [4]*lung diseases* [5]*j'aime* [6]*is acting impertinent* [7]*des maux* [8]*curtain*

Extrait de : Molière

C. En regardant de plus près. Maintenant, examinez les éléments suivants du texte.

1. Toinette dit, en bon médecin : « Donnez-moi votre pouls. » Qu'est-ce qu'elle va faire ensuite ? (Pensez à un mot en anglais qui ressemble au mot français **pouls**.)
2. Ensuite, Toinette dit : « Ouais ! » Cette prononciation correspond au mot…
   a. où
   b. oui
   c. une
3. Argan ressent « des lassitudes par tous les membres ». Qu'est-ce que ça signifie, « les membres » ?
   a. les yeux
   b. les oreilles
   c. les bras et les jambes

D. Après avoir lu. Discutez des questions suivantes avec vos camarades de classe.

1. À votre avis, quels remèdes est-ce que Toinette va suggérer pour le petit problème médical de son maitre Argan ?
2. Molière a écrit beaucoup de pièces comiques au XVIIe siècle. Dans cette pièce, il se moque (*makes fun of*) des médecins de son époque. Pourquoi est-ce que nous trouvons aujourd'hui que c'est toujours amusant ?
3. Quelles techniques rendent ce dialogue comique, à votre avis ?
4. Imaginez comment les acteurs peuvent jouer cette scène. Avec un/e partenaire, jouez les rôles de Toinette et d'Argan vous-mêmes !

Argan discute de ses problèmes médicaux avec son frère. Toinette écoute attentivement.

LEÇON 2 — Sauvons la planète

Points de départ

Pour protéger la Terre

TEXT AUDIO 10.6

La planète va mal

Le réchauffement climatique est un problème sérieux, et les humains ont une grande part de responsabilité. La température augmente à cause des gaz à effet de serre, surtout le dioxyde de carbone, ou CO_2.

Quelques problèmes et leurs causes :

Orthographe :
bruler (brûler)

La pollution atmosphérique
- les gaz carboniques rejetés par des usines
- les gaz d'échappement des voitures et des avions
- la déforestation (lorsqu'on brule le bois)

La pollution sonore
- le bruit des moteurs, des sirènes
- le bruit de la musique trop forte

La pollution de l'eau et du sol
- les déchets industriels
- les déchets domestiques
- la déforestation (à cause de l'érosion)

Quelques conséquences graves

- Les glaciers fondent au Groenland et dans l'Antarctique.
- Il y a de plus en plus d'ouragans, de tornades, de pluies abondantes, d'inondations.
- Les écosystèmes sont menacés, par exemple, les ours blancs et le corail sont en péril.

La circulation sur le Périphérique à Paris.

Qu'est-ce qu'on peut faire pour sauver la Terre ?

- réduire son empreinte écologique* : consommer moins et de préférence des produits locaux, recycler, réutiliser
- utiliser des sources d'énergie renouvelables : le soleil, le vent, les vagues, les ordures
- se déplacer autrement : les vélos en libre-service, la marche à pied, les transports en commun, le covoiturage, les tramways électriques, les voitures hybrides

* une estimation des ressources naturelles que chaque personne consomme selon son mode de vie.

Vie et culture

La pollution sonore

Les Canadiens sont de plus en plus sensibles à l'effet[1] du bruit sur leur qualité de vie. Quelles sont les principales sources de bruit ? Les avions, les voitures et les motos, les sirènes des ambulances et des voitures de police, les alarmes des appartements et des voitures, les appareils électriques et la musique. Selon le portail canadien sur la santé, la pollution sonore engendre[2] principalement deux effets sur la santé : le stress et la perte[3] d'audition. Le niveau sonore se mesure en décibel (dB), et le seuil[4] acceptable se situe entre 70 et 90 dB. D'après la loi canadienne, l'intensité du bruit, dans les usines et autres lieux de travail, ne doit pas dépasser 85 dB (pour certaines provinces, c'est 90 dB), mais on sait que dans les discothèques, par exemple, le son peut atteindre[5] jusqu'à 110 décibels !

Sources : http://www.hc-sc.gc.ca/francais/vsv/mode/baladeur.html
Cette page, rattachée au site de Santé Canada, présente l'unité de mesure et les seuils acceptables.
Également, le portail canadien sur la santé et les normes professionnelles en matière de bruit en milieu de travail.
http://www.chp-pcs.gc.ca/CHP/index_f.jsp?pageid=4005/odp/Top/Health/Environmental_Health/Noise_Pollution

Et vous ?

1. Êtes-vous sensible à la pollution sonore, vous aussi ?
2. Quand est-ce que vous vous plaignez du bruit ? Pensez-vous qu'il y a des solutions ?
3. Pensez-vous que le niveau sonore des appareils MP3 menace la santé de l'ouïe[6] comme certains spécialistes le craignent ?

L'écotourisme

Les Canadiens sont nombreux à faire du tourisme vert. Les parcs nationaux du Canada forment un réseau exceptionnel pour découvrir les merveilles

Le parc national Banff : premier parc national au Canada et troisième parc au monde

de la faune et de la flore locales, prendre contact avec la nature et pratiquer une foule d'activités telles que le canot, l'escalade et la randonnée.

Dans les régions rurales du Québec, on pratique même l'agrotourisme : les agriculteurs ouvrent des gîtes pour accueillir[7] un petit nombre de touristes. Les habitants des villes peuvent y découvrir les charmes de la vie rurale, la cuisine régionale, les coutumes et l'histoire des lieux. Des organisations locales organisent aussi des visites guidées et des promenades dans des sites historiques et touristiques.

La devise[8] du tourisme vert est : « Ne prenez que des photos ; ne laissez que des traces de pas[9]. »

Pourquoi, à votre avis, est-ce que le tourisme vert est très développé au Canada ? Avez-vous déjà vécu une aventure écotouristique ?

Sources : http://www.statcan.ca/francais/Pgdb/health26_f.htm (for numbers of 1920 and 1922);
http://www.statcan.gc.ca/pub/82-229-x/2009001/demo/lif-fra.htm (for 2005 numbers).

[1]*impact* [2]*generates* [3]*loss* [4]*threshold* [5]*reach* [6]*hearing*
[7]*welcome* [8]*motto* [9]*footprints*

À vous la parole

10-14 Contre chaque nuisance, il y a au moins une solution ! Pour chaque problème indiqué, trouvez une solution sur l'affiche ci-dessous en travaillant avec un/e partenaire. Il y a souvent plus d'une solution !

MODÈLE É1 La déforestation est un problème sérieux.
  É2 Utilisez du papier recyclé !

1. La température continue à augmenter.
2. Il y a trop de sacs en plastique et d'emballages non biodégradables.
3. Nous gaspillons l'électricité.
4. Nous utilisons trop d'eau. Bientôt, il n'y aura plus d'eau potable.
5. Il y a trop de gaz carbonique dans l'atmosphère ; l'air de la ville est vraiment pollué.
6. Nous produisons trop de déchets.
7. L'eau devient très polluée.

DES ÉCO-GESTES POUR LA CONSOMMATION ET LE DÉVELOPPEMENT DURABLE

- Ne jetez pas tous les déchets domestiques à la poubelle ; triez-les et recyclez les emballages en plastique, les boites de conserve, le papier, le carton, les bouteilles en verre. Compostez les aliments de table. On fait du compost avec les restes de fruits, de légumes, les coquilles d'œuf et le pain et les céréales. Il vaut mieux éviter la viande et les produits laitiers.
- Privilégiez les transports en commun, le vélo, le covoiturage.
- Utilisez au maximum la lumière naturelle et les ampoules basse consommation.
- Ne laissez pas les lumières allumées et les appareils électriques en veille[1] ; éteignez-les !
- Prenez une douche rapide au lieu d'un bain pour ne pas gaspiller l'eau ; économisez entre 150 et 200 litres d'eau ! Coupez l'eau du robinet quand vous vous brossez les dents, vous rasez ou vous lavez les mains.
- Utilisez des paniers ou des sacs réutilisables pour faire vos courses ; refusez des sacs en plastique et des emballages non biodégradables.
- Utilisez le papier recyclé et n'imprimez[2] pas tous vos courriels.
- Ne jetez pas les huiles de cuisine ou de moteur usagées dans l'évier ; elles empêchent[3] l'oxygénation de la faune et de la flore. Apportez-les au centre de déchets.

[1] on stand-by [2] print [3] prevent

10-15 Suggérons des comportements adéquats aux gens.
Avec un/e partenaire, suggérez des solutions peu polluantes à l'aide des verbes et des expressions d'obligation et de nécessité (Leçon 1, page 405). Voici quelques verbes utiles pour vos conseils : **composter, économiser, gaspiller, recycler, trier, utiliser.**

MODÈLE   se déplacer en ville

     É1   Pour se déplacer en ville, il est important de prendre les transports en commun !

     É2   Oui, ou bien il faut rouler à bicyclette.

1. faire la lessive
2. imprimer ses travaux tout au long de la session
3. faire les courses
4. nettoyer l'entrée de garage
5. se débarrasser (*get rid of*) des vieilles boites, des bouteilles, des journaux et magazines
6. jeter les restants de nourriture lors de la préparation d'un repas

10-16 Les soucis écologiques chez vous.
Quels sont les problèmes liés à l'environnement chez vous, et qu'est-ce qu'on fait pour les réduire ? Parlez-en avec un/e partenaire.

MODÈLE   la pollution sonore

     É1   Dans la résidence où j'habite, tous mes voisins mettent leur chaine stéréo trop fort. Alors, je ne peux pas travailler dans ma chambre. Je dois aller à la bibliothèque. Pendant la nuit, il y a des motos qui passent dans la rue : ça me réveille.

     É2   Dans ma résidence, on n'a pas le droit de mettre la musique trop fort après dix heures du soir.

Orthographe : chaine (chaîne)

1. la pollution sonore
2. la pollution atmosphérique
3. la pollution des lacs et des rivières
4. le gaspillage d'énergie
5. les déchets non biodégradables

SONS ET LETTRES

TEXT AUDIO 10.7

La consonne *gn*

The consonant /ɲ/, as in **campagne** or **soigne**, is pronounced with the tip of the tongue placed against the lower front teeth with the tongue body touching the hard palate. It is as if you were pronouncing /n/ and /j/ simultaneously. It is always spelled **gn**.

À vous la parole

10-17 Répétition. Répétez chaque mot.

TEXT AUDIO 10.8

le signe	il gagne	elle soigne	gagner	l'Espagne
les Espagnoles	la montagne	soignez	la baignoire	l'Allemagne

TEXT AUDIO  10.9

10-18 Phrases. Maintenant, répétez les phrases suivantes.

1. Il y a beaucoup de vignes magnifiques en Champagne et en Bourgogne.
2. Digne, Cagnes et Cannes sont en Provence.
3. Les Montaigne vont en Allemagne et en Espagne.
4. Ta nièce se soigne à Cannes ou à Cagnes ?
5. Diagnostic : votre fille a mal au poignet.

Formes et fonctions

1. Le subjonctif avec les expressions de volonté

• Les verbes qui permettent d'exprimer sa volonté comme par exemple *vouloir*, *souhaiter* ou encore *préférer* entraine dans la deuxième proposition l'emploi du subjonctif. Évidemment, si le sujet du verbe de volonté est le même que le sujet de l'action envisagée, on emploie l'infinitif :

Elles veulent [qu'il **parte**].	*They want him to leave.*
Je voudrais [**partir** demain].	*I want to leave tomorrow.*
Je préfère qu'il **attende** jusqu'à demain.	*I prefer that he wait until tomorrow.*
Je préfère **attendre** jusqu'à demain.	*I prefer to wait until tomorrow.*

Voici d'autres verbes utiles pour faire part de sa volonté :

aimer	J'aimerais [que tu **fasses** plus de sport].
aimer mieux	Elle aimerait mieux [que nous l'**accompagnions**].
demander	Nous demandons [que vous vous **déplaciez** en transport en commun].
désirer	Ils désirent [que nous **soyons** plus attentifs].
exiger	J'exige [que vous **partiez** immédiatement].
souhaiter	Tu souhaites [qu'ils **utilisent** un bac de recyclage recycling bin] ?

À vous la parole

10-19 Pour un campus plus vert. La pollution existe autour de vous ; quels sont vos souhaits face à ce problème et aux solutions envisageables ?

MODÈLE Il y a beaucoup de bruits de moteur et de sirène autour de la résidence universitaire.
➤ J'aimerais qu'il y ait moins de pollution sonore.

1. On ne fait pas le recyclage des matières à l'université.
2. La majorité des employés viennent à l'université en voiture.

3. À la cafétéria, les déchets de table sont versés directement à la poubelle.
4. Le café est vendu dans des verres de styromousse jetables.
5. Les lumières des salles de classe sont allumées en permanence.
6. Les gens ne sont pas prêts à modifier leurs comportements.

10-20 Harmonie ou conflit. Parlez-en avec un/e partenaire : pour chaque catégorie, dites si vous et vos parents partagez les mêmes souhaits, désirs, etc.

MODÈLE   votre future profession : votre souhait

    É1 Je souhaite être biologiste. Mes parents souhaitent que je sois avocat.

    É2 Mes parents souhaitent que je sois architecte et moi aussi. J'adore dessiner et je veux travailler comme architecte.

1. vos études : votre souhait
2. vos projets pour l'été prochain : votre préférence
3. votre prochaine voiture : votre désir
4. votre futur/e mari ou femme : votre préférence
5. vos futurs enfants : votre souhait
6. votre lieu de résidence éventuel : votre désir

2. D'autres verbes irréguliers au subjonctif

- Certains verbes comme *boire*, *prendre* et *aller* ont deux bases dans la formation du subjonctif : une forme particulière pour les personnes *nous* et *vous* et une autre pour les autres personnes. Les terminaisons du subjonctif restent les mêmes.

    Il faut que tu **boives** de l'eau.

    Il faut que vous **buviez** de l'eau

    Il vaut mieux que je **prenne** mon vélo.

    C'est dommage que vous ne **preniez** pas plus souvent le bus.

    Il faut que tu **ailles** au centre de recyclage.

    Elle veut que vous y **alliez**.

- Comme on peut l'observer à la lecture des exemples précédents, la base employée à la 1ère et à la 2e personne du pluriel est identique à celui de l'indicatif présent conjugué aux mêmes personnes :

    Nous **buv**ons de l'eau tous les jours.

    Il est important que nous **buvions** de l'eau.

LE SUBJONCTIF DE QUELQUES VERBES IRRÉGULIERS

		BOIRE	**DEVOIR**	**PRENDRE**	**VENIR**	**ALLER**	**VOULOIR**
Il faut que…							
	je	b**oiv**e	d**oiv**e	pr**enn**e	v**ienn**e	**aill**e	**veuill**e
	tu	b**oiv**es	d**oiv**es	pr**enn**es	v**ienn**es	**aill**es	**veuill**es
	il elle on	b**oiv**e	d**oiv**e	pr**enn**e	v**ienn**e	**aill**e	**veuill**e
	nous	**buv**ions	**dev**ions	**pren**ions	**ven**ions	**all**ions	**voul**ions
	vous	**buv**iez	**dev**iez	**pren**iez	**ven**iez	**all**iez	**voul**iez
	ils elles	b**oiv**ent	d**oiv**ent	pr**enn**ent	v**ienn**ent	**aill**ent	**veuill**ent

- Certains verbes en *-er* dits à « changement orthographique » possèdent deux radicaux au présent de l'indicatif.

  - C'est le cas des verbes en *–eler* dont la base change :

    J'app**elle** mes amis.   Nous app**el**ons nos amis.

  - C'est aussi le cas des verbes en *–eter* dont la base change dans le même contexte :

    J'ach**è**te une voiture électrique.   Nous ach**et**ons une voiture électrique.

  - Les verbes en *–érer* sont sujets à un changement semblable :

    Je préf**è**re la nature.   Nous préf**ér**ons les pratiques peu polluantes.

  - Enfin, on se rappellera que les verbes en *–yer* sont également sujets à un changement orthographique :

    Je nett**oie** la rivière.   Nous nett**oy**ons la rivière.

  - Ces changements se maintiennent au subjonctif avec les personnes *nous* et *vous*.

Fiche pratique

Pour apprendre les particularités orthographiques des verbes, on peut s'exercer à les écrire. Il est aussi utile de relier la forme écrite à sa prononciation en respectant les distinctions sonores pertinentes, par exemple la différence entre *é* et *è* du verbe *préférer* ou encore la différence entre *è* et *e* du verbe *acheter*. Une prononciation juste aide à mémoriser la bonne graphie.

LE SUBJONCTIF DES VERBES EN *-ER* AVEC DES CHANGEMENTS ORTHOGRAPHIQUES

		PRÉFÉRER	**ACHETER**	**APPELER**	**NETTOYER**
Il faut que…					
	je	préf**è**re	ach**è**te	app**ell**e	nett**oi**e
	tu	préf**è**res	ach**è**tes	app**ell**es	nett**oi**es
	il elle on	préf**è**re	ach**è**te	app**ell**e	nett**oi**e
	nous	préf**ér**ions	ach**et**ions	app**el**ions	nett**oy**ions
	vous	préf**ér**iez	ach**et**iez	app**el**iez	nett**oy**iez
	ils elles	préf**è**rent	ach**è**tent	app**ell**ent	nett**oi**ent

À vous la parole

10-21 C'est important ! Pour réduire la pollution, qu'est-ce qu'il est important de faire ?

MODÈLE   les employés de la ville / nettoyer les rivières
➤ Il est essentiel que les employés de la ville nettoient les rivières.

1. les familles / prendre des douches rapides plutôt que (*rather than*) des bains
2. la ville / pouvoir établir un programme de recyclage
3. nous / aller porter nos déchets toxiques au centre de traitement de notre quartier
4. vous / acheter des produits recyclables
5. tout le monde / ne pas boire d'eau en bouteille
6. nous / réduire le nombre de déchets
7. tu / devenir plus écolo
8. nous / venir tous à la manifestation pour le développement durable
9. les professeurs / ne pas venir sur le campus en voiture individuelle
10. les résidents / faire du compost

10-22 Nos préférences. Avec un/e partenaire, décidez si vos préférences sont les mêmes que les préférences de votre professeur. Comparez vos réponses avec celles de vos camarades de classe.

MODÈLE   essayer de toujours parler français en classe

É1 Je n'aime pas essayer de toujours parler français.
É2 Moi, ça me va. Et le prof préfère que nous essayions de toujours parler français.

1. faire les devoirs
2. acheter un bon dictionnaire
3. prendre des notes
4. aller au labo de langues
5. venir en classe tous les jours
6. faire des crêpes
7. aller voir des films français
8. ne pas boire de vin
9. parler comme les Français

10-23 Micro-trottoir sur le réchauffement climatique

A. Avant d'écouter. Un micro-trottoir est une technique journalistique où on pose la même question à plusieurs personnes dans la rue pour avoir leurs réponses spontanées. Avant d'écouter, dressez une liste de deux ou trois questions qu'un journaliste pourrait poser au sujet de l'environnement.

B. En écoutant. Écoutez le micro-trottoir et répondez aux questions suivantes.

1. D'abord, notez les questions que le journaliste pose dans la première colonne.
2. Pour chaque question, complétez le tableau avec les réponses des gens interviewés.

	Jeune femme	**Homme**	**Femme**
Question n° 1 :	*C'est un problème ; il faut réagir.*		
Question n° 2 :			
Question n° 3 : *Qu'est-ce qui va nous arriver dans une vingtaine d'années ?*			

3. Qui est le plus optimiste ? Le plus pessimiste ? Pourquoi ?

C. Après avoir écouté. Discutez de ces questions avec vos camarades de classe.

1. Posez ces trois questions à vos camarades de classe. Est-ce que vous avez d'autres opinions et d'autres solutions ? Lesquelles ?
2. Avec quelle personne interviewée est-ce que vous êtes d'accord ? Pourquoi ?

LEÇON 3 — Le bien commun : la politique et le civisme

Points de départ

TEXT AUDIO 10.11

On s'engage

Ce sont les élections étudiantes pour les représentants aux conseils universitaires. Tous les étudiants inscrits sur la liste électorale ont le droit de voter. Ils se rendent au bureau de vote, prennent un bulletin de vote et votent pour leurs candidats préférés. Les étudiants élus ont un mandat de deux ans.

Ces citoyens se mobilisent dans les rues de Paris contre les réformes proposées par le gouvernement français ; c'est une journée de grèves et de manifestations partout en France pour protester contre la réduction de postes dans le secteur public, y compris les hôpitaux.

Gisèle travaille comme bénévole dans un centre de distribution pour « Restaurants du cœur ». C'est une association humanitaire qui distribue de la nourriture et sert des repas chauds aux personnes en difficulté.

Vie et culture

Les Canadiens face à leurs responsabilités civiques

Dans un pays démocratique, une des principales responsabilités civiques est de voter aux élections. Saviez-vous…

- que le premier ministre est élu pour une période maximale de cinq ans ?
- que le système électoral est le scrutin majoritaire uninominal à un tour, c'est-à-dire que le candidat qui remporte le plus de votes est élu, même s'il n'a pas la majorité et que le parti qui compte le plus de candidats forme normalement le gouvernement ?
- que les Canadiens votent le lundi ?
- que le taux de participation à l'élection générale fédérale de 2011 était de 61,4 % avec une participation d'environ 50 % chez les 18 à 24 ans mais de plus de 80 % chez les 65 à 74 ans ?
- qu'un des partis, le Bloc québécois, est un parti souverainiste dont les députés élus ne sont implantés qu'au Québec ?

À votre avis, pourquoi le taux de participation aux élections est-il aussi bas chez les jeunes et aussi élevé chez les personnes agées ? Qu'est-ce que cela nous apprend sur l'engagement civique et politique des Canadiens ? Selon vous, pourquoi est-ce que le Québec présente un parti « provincial » dans le cadre d'élections fédérales ?

Les associations bénévoles

La notion de solidarité est très importante pour les francophones, au Canada comme en France, et il y a beaucoup d'associations humanitaires qui s'occupent de donner du soutien aux personnes en difficulté. Il y a des banques alimentaires pour aider les gens qui n'ont pas les moyens de se nourrir et plusieurs associations comme S.O.S. Amitié où des bénévoles répondent aux coups de téléphone des gens avec des problèmes divers qui ont besoin d'une écoute sympathique. Il y a aussi des associations qui s'occupent des visites à domicile pour les personnes âgées ou handicapées. Si vous étudiez au Québec ou en France, une bonne façon de vous intégrer dans votre communauté d'accueil[1] est de devenir bénévole (*volunteer*).

Et vous ?

1. Est-ce que vous faites beaucoup de bénévolat ? Dans quels domaines ?
2. À votre avis, est-ce que la notion de solidarité joue un rôle dans la culture nord-américaine ? Comment ?

Source : http://www.statcan.gc.ca/pub/75-001-x/2012001/article/11629-fra.htm

[1]*host*

Des jeunes Québécois se mobilisent contre la hausse des frais de scolarité universitaire.

À vous la parole

10-24 La vie civique. Trouvez l'expression qui correspond le mieux à chaque définition.

MODÈLE   pour voter, il faut vous y inscrire   b. la liste électorale

1. pour voter, il faut vous y inscrire
2. un endroit où on stocke et distribue les aliments aux personnes qui en ont besoin
3. un arrêt de travail pour protester
4. une personne qui est née dans un pays et qui a le droit d'y voter
5. la période pendant laquelle un élu garde son poste
6. une personne qui fait don de ses services pour aider les gens ou les animaux
7. le papier sur lequel on marque son vote
8. une démonstration collective organisée pour exprimer une opinion

a. une manifestation
b. la liste électorale
c. un bulletin de vote
d. une banque alimentaire
e. un/e bénévole
f. un/e citoyen/ne
g. une grève
h. un mandat

10-25 Vous êtes engagé/e ? En groupes de trois ou quatre, parlez de votre niveau d'engagement dans la vie politique et dans la vie de votre communauté en comparant vos réponses aux questions suivantes.

MODÈLE   Est-ce que vous avez déjà voté ? Quand ? Où ? Pour quelles élections ?

   É1 Moi, j'ai voté pour la première fois aux élections fédérales de 2011. Je me suis inscrite sur la liste électorale quand j'ai eu 18 ans. Et toi ?

   É2 Je n'ai jamais voté. Je n'avais pas 18 ans lors des dernières élections fédérales et la politique provinciale ne m'intéresse pas.

   É3 C'est dommage que tu ne participes pas aux élections provinciales. Je trouve que la politique locale est très importante pour notre qualité de vie. Moi, je vote toujours.

1. Est-ce que vous avez déjà voté ? Quand ? Où ? Pour quelles élections ?
2. Est-ce que vous vous êtes présenté/e comme candidat/e pour des élections (peut-être comme délégué/e de classe, par exemple) ? Lesquelles ? Est-ce que vous avez gagné ?
3. Est-ce que vous avez travaillé dans une campagne électorale ? Pour qui ? Quand ? Est-ce que votre candidat a gagné ?
4. Est-ce que vous avez participé ou assisté à une manifestation ? Pour quelle cause ? Quand ?
5. Quelles sont vos expériences avec le bénévolat ? Est-ce que vous avez été obligé/e de faire du bénévolat quand vous étiez à l'école primaire, secondaire ou au cégep ? Si oui, est-ce que cette expérience a été positive ou négative ?

10-26 Affiches et slogans. Imaginez que vous préparez une affiche ou un slogan pour une manifestation sur le campus. Les affiches et les slogans prennent souvent la forme d'une phrase impérative ou alors ils contiennent les expressions : **À bas**… (*Down with…*), **Plus de**… (*No more…*), **Vive**…, **Non à**… Organisez-vous en groupes de trois ou quatre et trouvez des slogans intéressants pour protester contre les situations indiquées ou pour encourager les gens à changer leurs comportements.

MODÈLES l'utilisation des transports en commun : Vive le tramway et le métro !
Oui au covoiturage ! À bas les grosses voitures !

1. la construction de nouvelles résidences avec l'énergie solaire
2. la réduction du nombre de postes de professeurs dans votre université
3. le développement d'un programme de recyclage sur le campus
4. le gaspillage de papier
5. l'augmentation des frais de scolarité dans votre université
6. le remplacement des cours avec des profs par des cours en ligne
7. les semestres plus longs et les vacances plus courtes

Formes et fonctions

1. Le subjonctif avec les expressions d'émotion

- Lorsque le verbe de la proposition principale exprime une émotion telle que la joie, la tristesse, la peur ou encore la colère, le verbe de la proposition subordonnée est au subjonctif.

Je regrette que vous **partiez** si tôt.	*I'm sorry (that) you're leaving so soon.*
Elle est contente que tu **viennes** avec nous.	*She's happy (that) you're coming with us.*

Voici quelques expressions et verbes d'émotion qui entrainent l'utilisation du subjonctif :

avoir peur	J'ai peur que notre association se **défasse**.
être étonné/e	Nous sommes étonnés qu'il ne **soit** pas venu avec nous.
surpris/e	—Vous êtes surprise qu'il **pleuve** ? Il pleut pourtant bien souvent par ici.
triste	Je suis triste qu'ils se **séparent**; ils formaient un joli couple.
déçu/e	—Êtes-vous déçus qu'il ne **veuille** pas de notre aide ?
désolé/e	Je suis désolée que tu **doives** travailler durant ta journée de congé.
fâché/e	Elle est vraiment fâchée que Pierre **parte**.
furieux/-euse	Tu es furieux qu'elle **achète** sans réfléchir.
inquiet/-iète	Nous sommes inquiets que notre fille de seize ans **aille** à cette fête seule.

content/e	Elles est très contente que tu nous **accompagnes** en voyage.
heureux/-euse	Je suis bien heureuse que vous **acceptiez** notre invitation à souper.
enchanté/e	Je suis enchanté que vous **puissiez** venir avec nous.
ravi/e	Ils sont ravis que l'hôtesse de l'air **soit** si aimable.
Il est / C'est dommage	C'est dommage qu'elle **veuille** partir.
étonnant	C'est étonnant qu'ils **obtiennent** tant de votes.
malheureux	C'est malheureux que personne ne **nettoie** cette ruelle.

• Lorsque le sujet qui ressent l'émotion est le même que celui qui fait l'action dans la deuxième proposition, rappelons qu'on emploie une proposition infinitive. Dans le cas particulier du verbe *regretter*, de la locution verbale *avoir peur* comme des expressions de type *être* + adjectifs d'émotion, le verbe à l'infinitif est précédé de la préposition **de** ou **d'** lorsque le mot commence par une voyelle.

Je regrette **de ne pas pouvoir** participer.	*I'm sorry to not be able to participate.*
J'ai peur **d'être malade**.	*I'm afraid of getting sick.*
Elle est contente **de voter** dans ces élections.	*She's happy to vote in these elections.*

À vous la parole

10-27 Votre réaction. Exprimez votre réaction face à ces situations.

MODÈLES Souvent, les jeunes ne votent pas en grand nombre.
➤ Je suis déçue que les jeunes ne votent pas en grand nombre.

Vous travaillez comme bénévole pour une campagne électorale.
➤ Je suis ravi de travailler comme bénévole pour une campagne électorale.

1. Vous faites du bénévolat.
2. Vos voisins sont très engagés dans la politique locale.
3. Vous n'avez pas le temps d'aider votre association humanitaire préférée ce semestre.
4. Vos parents font beaucoup d'éco-gestes.
5. Vos amis ne participent jamais aux manifestations sur le campus.
6. Votre ami/e se présente aux élections comme délégué/e de classe.
7. Votre voisin/e n'est pas inscrit/e sur la liste électorale.

10-28 Que d'émotions ! Avec un/e partenaire, réagissez à ces annonces de votre professeur. Comparez vos réactions avec les réactions de vos camarades de classe.

MODÈLES Il n'y a pas de devoirs ce soir.

 É1 Je suis surpris qu'il n'y ait pas de devoirs.
 É2 Je suis contente qu'il n'y ait pas de devoirs.

 Vous aurez un examen vendredi.

 É1 C'est dommage qu'on ait un examen vendredi.
 É2 Oui, je suis étonnée d'avoir un autre examen.

1. Il n'y aura pas cours demain.
2. Tout le monde ira au restaurant ensemble cette fin de semaine.
3. Je vous achèterai un souvenir en France cet été.
4. Vous n'aurez pas d'examen final.
5. Les résultats du dernier examen sont excellents.
6. Vous faites beaucoup de progrès en français.

10-29 On va tout savoir. Comparez vos réponses avec celles de vos camarades de classe.

MODÈLE Nommez une chose qui vous rend heureux/-euse.

 É1 Je suis heureuse que ma petite sœur vienne me voir cette fin de semaine. Et toi ?
 É2 Je suis heureux que mon cours de biologie finisse la semaine prochaine. Et toi ?
 É3 Je suis heureux d'avoir une bonne note pour l'examen de français !

1. Nommez une chose qui vous rend heureux/-euse.
2. Nommez une chose qui vous inquiète.
3. Nommez une chose qui vous surprend.
4. Nommez une chose qui vous rend triste.
5. Nommez une chose que vous regrettez.
6. Nommez une chose qui vous fait peur.
7. Nommez une chose qui vous fâche.

2. Le subjonctif avec les expressions de doute

- On emploie également le subjonctif dans la proposition subordonnée d'un verbe qui exprime le doute, par exemple le verbe *douter* :

 Je doute que ce candidat **ait** une   *I doubt that this candidate has a*
  solution réaliste à ce problème.   *realistic solution for this problem.*

Orthographe :
sûr/sure (sûr/sûre)

- En contraste, des verbes d'opinion tels que **croire, penser, estimer, trouver** et **être sûr/sure** ainsi que des expressions impersonnelles telles qu'**il est clair, il est certain, il est évident, il est sûr, il est vrai,** lorsqu'employés dans une phrase affirmative, envisagent le fait exprimé dans la deuxième proposition comme réel et demandent, donc, un verbe à l'indicatif dans la subordonnée.

 Je crois [que les études universitaires **sont** importantes].
 Je pense [que la protection de l'environnement **devrait** être une priorité].

J'estime [que la ministre de la famille **a** raison].

Je trouve [que le maire (*mayor*) **fait** beaucoup pour la ville].

Je suis sûr [que c'**est** la meilleure solution].

Il est certain [que j'**écrirai** à mon député].

Il est sûr [que le réchauffement planétaire **est** préoccupante].

- Notons toutefois que lorsque les verbes d'opinion sont employés dans des phrases négatives ou encore dans des phrases interrogatives, leur signification change passant de l'affirmation au doute. L'expression du doute rend nécessaire l'utilisation du subjonctif dans la proposition subordonnée :

Je ne pense pas que ce **soit** possible.	*I don't think that's possible.*
Est-ce que vous pensez toujours qu'il **puisse** gagner cette élection ?	*Do you still think he can win this election?*
Est-ce que vous trouvez que le problème du réchauffement climatique **soit** une priorité ?	*Do you believe that the problem of global warming is a priority?*
On n'est pas sûr que ce **soit** la meilleure solution.	*We are not sure that this is the best solution.*
Il n'est pas évident que les gens **soient** prêts à changer leurs habitudes.	*It is not obvious that people are ready to change their habits.*

À vous la parole

10-30 Débat politique. Imaginez un débat entre deux candidats qui ne sont pas d'accord ; répondez donc avec une phrase qui dit le contraire.

MODÈLE   Je pense que c'est une bonne solution sur le plan économique.
➤ Je ne pense pas que ce soit une bonne solution sur le plan économique.

1. Je trouve que nous pouvons réduire le nombre de voitures en ville.
2. Je suis sûr que nous trouverons une solution.
3. Je pense que la parité politique est une bonne idée.
4. Il est évident que les individus sont prêts à modifier leurs comportements.
5. Je suis sûr/e que le gouvernement peut établir un règlement efficace.
6. Il est évident qu'on doit interdire la circulation des voitures au centre-ville.
7. Nous devons réduire le budget pour résoudre la crise économique.

10-31 Interview. Imaginez que vous interviewez un/e candidat/e et posez-lui des questions d'après vos notes. Avec un/e partenaire, jouez les rôles du journaliste et du candidat.

MODÈLE   É1 Madame, est-ce que vous pensez que le rôle de la femme dans la politique est plus important aujourd'hui que dans le passé ?
É2 Mais oui, il est évident que le rôle de la femme dans la politique est plus important aujourd'hui.

OU É2 Non, je ne pense pas que le rôle de la femme dans la politique soit plus important aujourd'hui que dans le passé. Elles ont toujours joué un rôle important.

1. Le rôle de la femme dans la politique est plus important aujourd'hui que dans le passé.
2. L'environnement est une question de première importance.
3. Le gouvernement peut résoudre tous les problèmes sociaux.
4. Les soins médicaux doivent être gratuits pour tout le monde.
5. Les entreprises sont responsables pour le nettoyage des rivières.
6. Les différences entre les pays pauvres et les pays riches grandissent.
7. La biogénétique peut réduire la faim dans le monde.

10-32 Le plus grand problème. Quel est, pour vous, le plus grand problème dans les domaines suivants ? Comparez votre opinion avec celle de vos camarades de classe.

MODÈLE l'environnement

É1 Je pense que le plus gros problème, c'est le réchauffement climatique. Si les glaciers fondent, le niveau de la mer augmentera et nous aurons plus d'inondations. Certains pays pourraient même disparaitre.

Orthographe :
disparaitre (disparaître)

É2 Tout à fait d'accord. Mais je ne suis pas très optimiste. Je ne pense pas que les gens soient prêts à changer leurs mauvaises habitudes.

É3 Il est évident que le gouvernement doit prendre des mesures pour réduire les émissions de gaz à effet de serre.

1. l'environnement
2. la situation économique
3. l'aide aux personnes en difficulté
4. la situation politique
5. l'accès aux études postsecondaires

 Parlons

10-33 Les opinions sont partagées

Est-ce que vous avez déjà participé à un débat ? Il faut donner des arguments pour ou contre une affirmation. Le professeur va vous diviser en deux groupes, donner à chaque groupe une affirmation et vous dire si vous êtes « pour » ou « contre ».

A. Avant de parler. Dans vos groupes, élisez une personne responsable du groupe et une personne secrétaire qui va prendre des notes. Le responsable lira votre affirmation et votre position « pour » ou « contre ». Ensuite, tous les membres du groupe travailleront ensemble pour trouver tous les arguments possibles pour soutenir votre position. Faites une liste de ces arguments et décidez ensemble de l'ordre de vos arguments.

MODÈLE   Affirmation : Il faut interdire l'utilisation des voitures sur le campus.
POUR

- il y a trop de circulation sur le campus
- le campus est dangereux pour les piétons (*pedestrian*s)
- il faut un campus avec moins de pollution et plus d'espaces verts
- la marche est bonne pour la santé

B. En parlant. Après dix minutes de préparation, les membres de chaque équipe donnent leurs arguments devant la classe.

MODÈLE   Nous estimons qu'il faut interdire l'utilisation des voitures sur le campus parce que le campus est devenu dangereux pour les étudiants qui essayent d'aller à leurs cours à pied. Nous souhaitons que le campus devienne un espace vert où les étudiants et les professeurs pourront marcher ou rouler à bicyclette, deux pratiques aussi bonnes pour l'environnement que pour la santé.

C. Après avoir parlé. Après avoir entendu tous les arguments, le professeur et la classe décident quel groupe avait les meilleurs arguments et les a présentés de la manière la plus convaincante.

Venez chez nous !
La Francophonie face au défi écologique

Est-ce que vous saviez que *Greenpeace*, l'organisation mondiale pour l'environnement et la paix, a été créée par douze Canadiens de Vancouver en Colombie-Britannique ? En 1971, souhaitant protester contre les essais nucléaires que les Américains voulaient faire en Alaska, le groupe met sur pied l'organisation « Ne faites pas de vagues » qui deviendra rapidement « Greenpeace ». Aujourd'hui, plus de trente années après sa création, Greenpeace est un véritable réseau mondial présent dans plus de trente pays, dont plusieurs pays de la Francophonie. De la campagne S.O.S. forêts à l'opération d'étiquetage[1] obligatoire des OGM[2] (Organismes génétiquement modifiés) en passant par la dénonciation du gaspillage du papier en publicité, les trois millions de membres s'activent pour protéger nos ressources et notre planète.

Même sans faire partie[3] d'un groupe organisé, des gens dans le monde entier font des efforts pour protéger l'environnement, pour empêcher la destruction des forêts, des rivières et des prairies, et pour conserver nos ressources naturelles. En France, des initiatives sont prises pour réduire la pollution et éliminer le gaspillage des ressources énergétiques. La ville de Strasbourg, par exemple, a introduit des tramways qui marchent à l'électricité, donc qui ne polluent pas. En Afrique, au Sénégal et en Côte d'Ivoire, il y a de nombreux parcs naturels pour la protection des animaux sauvages. Ces parcs servent aussi de centres de recherche pour l'histoire naturelle et la conservation de la nature. Voici donc des exemples, dans le monde francophone, de questionnements et de réponses face aux problèmes écologiques actuels.

Cet écolo fait pousser des légumes dans un jardin sur le toit de son immeuble à Montréal.

[1] labelling   [2] genetically engineered food   [3] belonging

Greenpeace : une organisation mondiale bien de chez nous

10-34 L'environnement et nous

A. Avant de regarder. Vous allez entendre deux personnes parler de l'environnement.

1. Fabienne travaille dans une grande ville, mais elle habite à la campagne. Pourquoi, à votre avis, est-ce qu'elle a pris cette décision ?
2. Jean-Claude est de Madagascar. Il trouve que c'est dommage que les habitants de cette ile détruisent le paysage. Pourquoi font-ils cela à votre avis ?
3. Maintenant, écoutez et regardez pour trouver les réponses.

B. En regardant. Entourez les réponses correctes. Il peut parfois y avoir plusieurs réponses possibles pour chaque question.

1. Fabienne dit…
   a. qu'elle a trouvé la bonne solution contre la pollution.
   b. qu'elle n'a pas de leçon à donner.
   c. que c'est le gouvernement qui devrait s'occuper du problème.
2. Elle habite à la campagne parce qu'elle…
   a. adore la nature.   b. déteste la ville.   c. a des animaux.
3. Elle trouve qu'en ville, il y a trop de…
   a. circulation.   b. gens.   c. bruit.
4. Le seul inconvénient d'habiter la campagne, c'est…
   a. le manque d'activités.   b. la distance.   c. la solitude.
5. Jean-Claude est né à Madagascar. Il dit que c'est…
   a. une grande ville.   b. une ile magnifique.   c. une région montagneuse.
6. Selon lui, il faut surtout protéger…
   a. l'eau des rivières.   b. la terre.   c. les plantes et les animaux.
7. Les habitants détruisent leur environnement pour avoir…
   a. de l'argent.   b. des maisons.   c. des usines.

C. Après avoir regardé. Est-ce que les problèmes mentionnés par Fabienne et Jean-Claude sont les mêmes problèmes écologiques que chez vous ? Dans quelles autres régions du monde est-ce que ces problèmes existent ? Quelles sont les solutions possibles à ces problèmes ?

10-35 Faire sa part comme citoyen

A. Avant de parler. La santé, le bienêtre et l'environnement sont interreliés. Plusieurs études rapportent que le bienêtre est lié au fait de se sentir utile. Dans bien des domaines, l'action du gouvernement suit une initiative citoyenne.

En groupe de deux ou trois, choisissez une cause dans laquelle vous aimeriez vous impliquer. Voici quelques exemples :

- l'accès au logement à faible cout: (*low cost*) (pour les familles, pour les étudiants)
- le soutien aux familles (don de vêtements, de jouets, de livres; soutien pour les parents, pour les adolescents)
- les occasions de voyage pour les étudiants (programmes d'échange étudiant; expérience humanitaire)
- la réduction du stress en milieu urbain
- la protection de l'environnement

B. En parlant. Décrivez le problème que vous avez choisi. Pourquoi est-il important de s'impliquer dans cette cause ? Que peut-on faire en tant que citoyen pour améliorer la situation ? Proposez quelques solutions possibles. Enfin, considérez d'une façon critique vos solutions : ont-elles une portée (*reach*) universelle ou sont-elles plutôt limitées à votre quartier ou à votre université ? Expliquez pourquoi.

C. Après avoir parlé. Maintenant, partagez votre discussion et vos solutions avec vos camarades de classe. Quelle cause semble la plus importante ? Avez-vous appris de nouvelles façons de vous impliquer ?

10-36 L'arbre nourricier

A. Avant de lire. Dans les contes folkloriques, les animaux peuvent parler et ressemblent beaucoup aux êtres humains. Ce conte présente deux personnages bien connus dans le folklore de l'Afrique et des Caraïbes, Oncle lièvre (*hare*) et Oncle hyène. Oncle hyène n'est pas très intelligent et il est goulu (*gluttonous*) ; Oncle lièvre, par contre, représente l'intelligence. La cupidité (*greed*) d'Oncle hyène le rend vulnérable aux ruses d'Oncle lièvre, et cela le mène à sa fin. Est-ce que ces personnages vous font penser à d'autres personnages de contes folkloriques que vous connaissez ?

L'adaptation de ce conte du peuple soninké au Sénégal aborde le problème de la déforestation dans la région aride du Sahel, entre le désert du Sahara et les forêts équatoriales. Dans la tradition soninké, ce sont les personnes plus âgées qui racontent les contes aux jeunes, surtout à la tombée de la nuit. Ces contes sont souvent interactifs ; il faut que le public réponde aux questions rituelles d'une façon bien déterminée. Voici la raison pour laquelle ce conte commence avec le conteur qui dit « **Xay** » (prononcé comme le mot *Hi* en anglais) ; le public répond « **Xay** » et le conteur commence à raconter son histoire.

> **Stratégie**
>
> Pour lire et comprendre un conte populaire d'une autre culture, pensez aux contes de votre propre culture. Par exemple, connaissez-vous un conte dans votre langue dans lequel les animaux sont les principaux personnages ? Comment ces animaux sont-ils représentés, quel rôle jouent-ils dans l'histoire ?

B. En lisant. Cherchez les réponses aux questions suivantes.

1. Dans la première partie du conte :
   a. Oncle Hyène et Oncle Lièvre vont chercher de la nourriture pour leurs familles : qu'est-ce qu'ils trouvent ?
   b. À quelles parties de l'arbre est-ce qu'Oncle Lièvre goute ?
   c. Quelle est l'importance du mot magique « dunwari » ?

2. Dans la deuxième partie du conte :
   a. Qu'est-ce qu'Oncle Hyène doit dire quand il arrive sous l'arbre ?
   b. Qu'est-ce qu'Oncle Hyène décide de faire avec l'arbre ?

3. Dans la troisième partie du conte :
   a. Pourquoi est-ce qu'Oncle Hyène appelle sa famille et puis la moitié du village ?
   b. Comment est-ce qu'Oncle Hyène meurt ?
   c. Qu'est-ce qui se passe avec l'arbre ?

C. En regardant de plus près. Maintenant, examinez les éléments suivants du texte.

1. En étudiant le contexte, expliquez le sens des expressions suivantes :
   a. il a mangé à sa faim
   b. mettre un coussinet sur sa tête
   c. cet arbre merveilleux

2. Vous connaissez sans doute le premier mot dans chaque paire de mots apparentés ci-dessous. Quel est le sens du second mot dans chaque cas ?
   a. porter / un porteur
   b. appeler / un appel
   c. parler / la parole
   d. un coussinet / un coussin

D. Après avoir lu. Discutez des questions suivantes avec vos camarades de classe.

1. Un conte, c'est surtout un texte oral ; il faut l'écouter. Quelles caractéristiques d'un texte oral est-ce que vous remarquez dans ce conte ?
2. Quel est le rôle des animaux dans ce conte ? Pourquoi, à votre avis, est-ce que le narrateur a choisi ces animaux comme personnages principaux ?
3. Quelle est la morale du conte ?
4. Comparez le message écologique donné dans ce conte avec celui de la liste de recommandations qui figure dans la Leçon 2 (pp. 412, 414). Quel message est le plus efficace ? Pourquoi, à votre avis ?

L'arbre nourricier

Dites-moi « xay » !

—Xay !

Il y avait la famine au village. Oncle Hyène et Oncle Lièvre ont décidé d'aller chercher de la nourriture pour leurs familles. Oncle Hyène est parti mais n'a rien trouvé. Oncle Lièvre s'est mis aussi en route[1]. Après avoir marché longtemps, il a rencontré un arbre. Il s'est arrêté sous son ombre[2] et a dit :

—Arbre, que ton ombre est fraîche !

—Tu as goûté mon ombre mais tu n'as pas goûté mes feuilles[3].

Alors Lièvre a pris plusieurs feuilles et les a goûtées.

—Arbre, que tes feuilles sont bonnes !

—Tu as goûté mes feuilles mais tu n'as pas encore goûté mon écorce[4].

Lièvre a pris un bout d'écorce et l'a mis dans sa bouche. Il a dit :

—Arbre, que ton écorce est bonne !

—Tu as goûté mon écorce mais tu n'as pas goûté ce qu'il y a dans mon ventre.

—Comment faire pour en avoir ?

—Si tu dis « dunwari », je m'ouvrirai.

Lièvre a dit « dunwari » et l'arbre s'est ouvert. Il y est entré et a mangé à sa faim. Quand il avait assez mangé, il a pris de la nourriture pour sa famille.

De retour au village, Oncle Lièvre a dit à Oncle Hyène qu'il avait rencontré un arbre, qu'il avait mangé à sa faim et qu'il avait rapporté de la nourriture à sa famille. Oncle Hyène lui a dit :

—Montre-moi où tu as trouvé cet arbre merveilleux. J'irai à mon tour demain matin. Quand j'aurai mangé à ma faim, je rapporterai de la nourriture à ma famille.

—D'accord, lui a répondu Lièvre, demain matin je te montrerai cet arbre.

Il se sont mis en route le lendemain[5], et Lièvre a indiqué le chemin à Hyène :

—Tu marcheras, marcheras jusqu'à cet arbre là-bas. Tu t'arrêteras dessous et tu diras « que ton ombre est bonne ! ».

Hyène est allé jusqu'à l'arbre, et il lui a dit :

—Arbre, que ton ombre est bonne !

—Tu as goûté mon ombre mais tu n'as pas goûté mes feuilles.

Hyène a pris plusieurs feuilles et les a goûtées.

—Arbre, que tes feuilles sont bonnes !

—Tu as goûté mes feuilles mais tu n'as pas goûté mon écorce.

Hyène a pris un bout d'écorce et l'a mis dans sa bouche. Il a dit :

—Que ton écorce est bonne !

—Tu as goûté mon écorce mais tu n'as pas goûté ce qu'il y a dans mon ventre.

—Comment faire pour en avoir ?

—Si tu dis « dunwari », je m'ouvrirai.

Hyène a dit « dunwari » et l'arbre s'est ouvert. Il y est entré et a mangé à sa faim. Quand il avait assez mangé, il a pris de la nourriture pour sa famille.

Oncle Hyène s'est dit alors : « Ah ! Si j'avais quelqu'un pour m'aider, je rapporterais cet arbre au village. » L'arbre lui a répondu :

—Tu n'as pas besoin de porteurs, je peux t'aider moi-même. Mets ton coussinet[6] sur la tête.

Hyène a mis son coussinet sur la tête, puis a porté l'arbre sur sa tête, et l'a emporté au village. Arrivé là, il a appelé :

—Venez vite ! J'ai rapporté quelque chose de la forêt ! Venez m'aider à déposer ce lourd fardeau[7] !

Sa femme et ses enfants sont venus mais n'ont pas réussi à déposer l'arbre.

—Eh bien ! Appelez la moitié du village !

La moitié du village est venue mais sans résultat.

—Alors, appelez tout le village !

Le village entier est venu mais sans succès.

Écrasé sous le poids[8] de l'arbre, Hyène est mort. Alors l'arbre est parti et est retourné à sa place dans la forêt. Je remets le conte là où je l'ai trouvé.

[1]est parti [2]shade [3]leaves [4]bark [5]le jour suivant [6]small cushion [7]burden [8]weight

Écrivons

10-37 Une brochure

A. Avant d'écrire. Le gouvernement québécois publie souvent des brochures qui contiennent des conseils pour préserver l'environnement. Imaginez que vous faites partie d'une équipe qui doit préparer une de ces brochures. Voici quelques sujets possibles :

1. la lutte (*fight*) contre le bruit
2. l'utilisation des transports en commun
3. le tri et le recyclage des déchets
4. la conservation des ressources énergétiques
5. la conservation des forêts et des rivières

D'abord, choisissez votre sujet, puis notez deux ou trois aspects du problème et deux ou trois solutions possibles. Ensuite, trouvez un slogan qui attirera l'attention du lecteur. N'oubliez pas que, dans les brochures de ce type, on utilise souvent des statistiques et des verbes à l'impératif.

B. En écrivant. Maintenant, rédigez votre brochure. Utilisez les notes que vous avez préparées et organisées, puis incorporez votre slogan. Pensez aussi à la présentation visuelle de votre brochure : les couleurs, les graphiques, les illustrations, etc.

MODÈLE

Réduire pour un Québec plus propre !

Savez-vous que les Québécois produisent assez de déchets pour remplir 5 millions de sacs poubelles chaque jour ?

Recyclons ensemble pour une meilleure qualité de vie au Québec !

Il faut réduire nos déchets !

Pensez à recycler le papier, le plastique, le verre, le carton et les boites de conserve.

C. En révisant. Relisez attentivement votre brochure en réfléchissant aux questions suivantes. Ensuite, apportez les changements nécessaires.

1. Est-ce que votre slogan est bien placé ? Est-ce que votre contenu est assez riche ? Avez-vous inclus des statistiques et une brève description du problème et des solutions possibles ?
2. Est-ce que les mots sont bien épelés ? Est-ce que les accords sont bien marqués ? Est-ce que les phrases sont bien formées ?

D. Après avoir écrit. Imprimez votre brochure et distribuez-la à vos camarades de classe. Qui a la brochure qui explique le mieux le/s problème/s ? Qui propose les solutions les plus innovatrices ? Les mieux adaptées au problème ? Qui a le meilleur slogan ?

VOCABULAIRE

TEXT AUDIO 10.13–10.29

Leçon 1

10.13 le corps humain — *the human body*

la bouche	mouth
le bras	arm
les cheveux (m.)	hair
la cheville	ankle
le cœur	heart
le cou	neck
le coude	elbow
les doigts (m.)	fingers
les doigts de pied (m.) (Fr.)	toes
le dos	back
l'épaule (f.)	shoulder
l'estomac (m.)	stomach
le foie	liver
le genou	knee
la gorge	throat
la jambe	leg
la langue	tongue
les lèvres (f.)	lips
le nez	nose
l'œil (m.) (les yeux)	eye (eyes)
l'oreille (f.)	ear
les orteils (m.)	toes
le pied	foot
le poignet	wrist
la poitrine	chest
les poumons (m.)	lungs
la taille	waist
la tête	head
le visage	face
le ventre	belly, abdomen

10.14 pour parler des *handicaps — *to talk about handicaps*

le basket-fauteuil	wheelchair basketball
être *handicapé/e	to be handicapped
un fauteuil roulant	wheelchair

10.15 des maux (m.), un mal et des symptômes (m.) — *pain/s, ache/s and symptoms*

avoir mal (partout)	to hurt (everywhere)
avoir mal au cœur	to be nauseated
avoir mal à la tête	to have a headache
avoir mal au ventre	to have a stomach ache
un coup de soleil	sunburn
de la fièvre	fever
la grippe	flu
un/e malade	sick person
le nez qui coule	runny nose
un rhume	cold
se sentir (fatigué/e)	to feel (tired)
tousser	to cough
la toux	cough

des remèdes (m.) — *remedies* 10.16

une aspirine	aspirin
des gouttes (f.) pour le nez / les yeux	nose/eye drops
une lotion hydratante	hydrating lotion
un sirop	cough syrup
une tisane (à la menthe)	herbal tea (mint)
la vitamine (C)	vitamin(C)

pour rester en forme — *to stay in shape* 10.17

faire de l'exercice	to exercise
consulter le médecin	to see a doctor
(faire / suivre) un régime	(to be on) a diet
un repas équilibré	well-balanced meal
réduire le stress	to reduce stress
(essayer de) bien manger	(to try) to eat well
faire de la musculation	to do strength / resistance training, to lift weighs
la santé	health

choses à éviter pour rester en forme — *things to avoid to stay in shape* 10.18

l'alcool (m.)	alcohol
fumer (m.)	to smoke
les mauvais gras (m.)	fat, grease
grignoter	to snack
sauter un repas	to skip a meal

VOCABULAIRE *quatre-cent-trente-sept* **437**

10.19 expressions de nécessité — expressions of necessity

Il est important que…	It is important that . . .
Il est nécessaire que…	It is necessary that . . .
Il est urgent que…	It is urgent that . . .
Il est utile que…	It is useful that . . .
Il faut que / Il ne faut pas que…	You must / must not . . .
Il vaut / vaudrait mieux que…	It is / would be better (best) that / if . . .

Leçon 2

10.20 bon pour l'environnement — good for the environment

un éco-geste	ecological act or gesture
économiser	to save, economize
l'énergie renouvelable (f.) (l'énergie solaire)	renewable energy (solar power)
éteindre (les lumières)	to turn off (the lights)
nettoyer	to clean
un panier	a basket
préserver	to preserve
protéger	to protect
le recyclage	recycling
recycler	to recycle
respirer	to breathe
sauver, sauvegarder	to protect
les transports en commun (m.)	public transportation
trier	to sort
utiliser	to use

10.21 mauvais pour l'environnement — bad for the environment

le bruit	sound, noise
le CO_2 (dioxyde de carbone)	carbon dioxide
contaminer	to contaminate
la décharge municipale	garbage dump, landfill
les déchets (m.) domestiques / industriels	household / industrial waste, refuse
la déforestation	deforestation
gaspiller	to waste
un gaz (à effet de serre)	(greenhouse) gas
le gaz (m.) carbonique	carbon gas
les gaz d'échappement (m.)	exhaust fumes
l'huile usée (f.)	waste (used) oil
laisser les lumières allumées	to leave the lights on
mettre la musique à fond	to turn the music up loud
non biodégradable	non-biodégradable
une nuisance	harmful thing
les ordures (f.)	trash, waste
polluer	to pollute
la pollution (atmosphérique / sonore)	(air / noise) pollution
un produit chimique	chemical product
le réchauffement climatique	global warming
un sac en plastique	plastic bag
toxique	toxic
une usine	factory
verser	to pour

10.22 des choses menacées par la pollution — things threatened by pollution

l'air (m.)	air
l'eau potable (f.)	drinking water
un écosystème	ecosystem
l'environnement (m.)	environment
un fleuve	river
un glacier	glacier
un ours blanc	polar bear
la planète	planet
une ressource naturelle	natural resource
le sol	ground, earth
la terre (la Terre)	earth (the Earth)

10.23 autres mots utiles — other useful words

un appareil électrique	electrical appliance
augmenter	to increase
bruler	to burn
consommer	to consume
se déplacer	to get around, to travel
une empreinte écologique	ecological footprint
un emballage	packaging
fondre	to melt
une inondation	flood
la lune (la Lune)	moon (the Moon)
un moteur	engine
un ouragan	hurricane
une poubelle	trash can
une tornade	tornado
une vague	(ocean) wave

10.24 **quelques verbes de volonté qui exigent le subjonctif** — *some verbs of volition that require the subjunctive*

- aimer (mieux) — *to like (prefer)*
- désirer — *to desire, to want*
- exiger — *to require, to demand*
- souhaiter — *to hope, to wish*

Leçon 3

10.25 **pour s'engager** — *to get involved*

- un bulletin de vote — *ballot*
- un bureau de vote — *polling station*
- un/e candidat/e — *candidate*
- un/e citoyen/ne — *citizen*
- élire — *to elect*
- le gouvernement — *government*
- s'inscrire sur la liste électorale — *to register to vote*
- un mandat — *term (of office)*
- voter — *to vote*

10.26 **les manifestations (f.)** — *protests*

- une grève — *strike*
- se mobiliser (contre) — *to organize (against)*
- protester — *to protest*
- une réduction — *reduction*

10.27 **le bénévolat** — *volunteering*

- une association humanitaire — *humanitarian association*
- une banque alimentaire — *food bank*
- un/e bénévole — *volunteer*

quelques expressions d'émotion qui exigent le subjonctif — *some expressions of emotion that require the subjunctive* **10.28**

- avoir peur que — *to be afraid*
- être content/e que — *to be happy*
- être déçu/e que — *to be disappointed*
- être désolé/e que — *to be sorry*
- Il / C'est dommage que… — *It's too bad, a shame…*
- être enchanté/e que — *to be delighted (to meet someone)*
- être étonné/e que — *to be surprised*
- Il / C'est étonnant que… — *It's surprising…*
- être fâché/e que — *to be angry, upset*
- être furieux/-euse que — *to be furious*
- être heureux/-euse que — *to be happy*
- être inquiet/-iète que — *to be worried, uneasy, anxious*
- être ravi/e que — *to be delighted*
- être surpris/e que — *to be surprised*
- être triste que — *to be sad*
- Il est / C'est malheureux que — *It's a pity/shame*
- regretter que — *to regret*

d'autres mots utiles — *other useful words* **10.29**

- douter — *to doubt*
- estimer — *to consider, believe, judge*
- résoudre — *to solve*
- y compris — *including*

CHAPITRE 11 | Quoi de neuf ? Cinéma et médias

—Alors, ce film. C'était bien, non ? —J'adore ce film ; je suis fan de Godard.

DISCOVER
Go to the **Resources** for Chapitre 11 on MyFrenchLab to watch the *On démarre* video in which moviegoers react to films they've just seen. Complete the related video activities in the **Assessments** for this chapter under Additional Practice.

APPLY
- Video
- Activities : On démarre ! 11-01 to 11-02

LEÇON 1

Le grand et le petit écran

LEÇON 2

Êtes-vous branché/e ?

LEÇON 3

On s'informe

Venez chez nous !
Le cinéma

MyFrenchLab
Visit MyFrenchLab to access the audio clips for each chapter, additional exercises and quizzes, and much more!

Après avoir complété ce chapitre, vous devriez être en mesure de / d'
- exprimer vos préférences en matière de télévision et de cinéma
- vous exprimer à propos des technologies : ordinateur, Internet, caméra Web, etc.
- ordonner des évènements dans le temps tout en exprimant des durées
- discuter des principales caractéristiques des médias francophones

Sur le plan de la grammaire, ce chapitre vous permettra de vous familiariser avec
- les verbes **croire** et **voir** ainsi qu'avec la conjonction **que**
- l'emploi des temps verbaux avec certaines conjonctions
- les phrases en **si** ainsi que les expressions **depuis** et **il y a... que**
- l'emploi des prépositions dans les expressions de temps et l'ordre des évènements

En matière de phonétique, ce chapitre vous permettra de vous familiariser avec
- le **e** instable avec différents groupes de consonnes

LEÇON 1 — Le grand et le petit écran

Points de départ

 TEXT AUDIO 11.1

Qu'est-ce qu'il y a à la télé ?

JEUDI 28 MAI

	SRC	TVA	Canal V	TQc
18 h 00	Le téléjournal	Le TVA 18 heures	Rire et délire	Kaboum! (R)
18 h 30		Sucré salé	450, Chemin du golf (R)	Ramdam (R)
18 h 55	Les nouvelles du sport			
19 h 00	Des squelettes dans le placard	Dépenses xtrêmes (1re de 2) Maisons de luxe à louer.	Quotidienne loft story	Ramdam (R) Simon et Thomas veulent tout deux inviter Liang au bal. Rediffusion vendredi 12h30.
19 h 30	Un gars, une fille (R) Guy et Sylvie ne verront plus la psychanalyse du même œil1.	Histoires de filles (R) La bande s'isole au chalet2 de Laurier pour un jeûne3 de 48 heures.	Vert avec Albert	Coureurs des bois Ariane et Gérard vont cueillir la salicorne7 dans les battures8 de Kamouraska.
20 h 00	Perdus Locke entreprend d'arrêter les voyages dans le temps de plus en plus violents de lile.	Dr House (R) Le journaliste Fletcher Stone s'effondre4 au cours d'une fête de départ à la retraite5. (1h)	VENGEANCE AMOUREUSE (5) Can. 2005. Thriller de Douglas Jackson avec Alexandra Paul et William R. Moses. — Une psychologue animant une émission de radio est menacée par un homme qui la tient responsable de sa rupture6 avec sa petite amie. (2h)	Une pilule, une petite granule (R) La grossesse après 35 ans est-elle aussi risquée qu'on le croit ?
20 h 30				
21 h 00	Bons baisers de France	Destination Nor'ouest II (7e de 8) Au cœur des Rocheuses, prisonniers d'un véritable labyrinthe, le groupe se divise de nouveau. (1h)		QUE FAISAIENT LES FEMMES PENDANT QUE L'HOMME MARCHAIT SUR LA LUNE ? (5) Bel. Fr. Can. Suis. 2001. Comédie dramatique de Chris Vander Stappen avec Marie Bunel. — Une jeune Belge cherche le courage d'annoncer à ses parents qu'elle est tombée amoureuse d'une femme durant un séjour à Montréal. (1h45)

JULIE : J'ai vraiment envie de regarder la télé ce soir ; qu'est-ce qu'il y a après le *Téléjournal* de 18 h ?

SYLVAIN : Attends, je vais regarder dans le guide télé… Bon, à Radio-Canada, il y a le jeu télévisé *Des squelettes dans le placard* suivi d'une reprise de la série *Un gars, une fille*. À 20 h, c'est le feuilleton américain *Perdus* et ensuite l'émission culturelle *Bons baisers de France*.

JULIE: Hum ! J'aimais beaucoup l'émission *Un gars, une fille* mais j'ai déjà vu toute la série. Puis, les quelques fois où j'ai essayé de regarder *Perdus*, j'avoue n'avoir absolument rien compris. Est-ce qu'il y a un film ?

SYLVAIN: Attends, laisse-moi voir... Oui, il y en a deux : à 20 h, Canal V passe le thriller canadien anglais *Vengeance amoureuse* et à 21 h, Télé-Québec passe la coproduction Belgique / France / Canada / Suisse *Que faisaient les femmes pendant que l'homme marchait sur la lune ?* une comédie dramatique tournée à Montréal. Les deux sont cotés 5, c'est pas fort... Est-ce qu'il y en a un qui t'intéresse ?

JULIE: Bof ! Je n'aime pas les films doublés. Le deuxième a un titre original, mais il commence un peu trop tard. Est-ce qu'il y a autre chose ? Un documentaire ? Un magazine spécialisé ?

SYLVAIN: Euh... oui, en fait à 19 h 30, on pourrait regarder *Coureurs des bois* ; c'est une émission axée sur la nature et ses ressources. Chaque semaine, on apprend à identifier, cueillir et cuisiner une plante sauvage ; cette semaine, c'est la salicorne de Kamouraska, une plante verte et rouge qu'on mange avec des fruits de mer ou du poisson. Ensuite, on pourrait regarder *Une pilule, une petite granule*, tu sais le magazine spécialisé dans les questions de santé et de bienêtre.

JULIE: Oui, ça a l'air bien, peut-être un peu sérieux, j'aimerais aussi voir un peu d'action, j'ai peur de m'endormir !

SYLVAIN: Ah oui ? Attends une minute. Ça y est ! J'ai trouvé : *Destination Nor'Ouest* !

JULIE: Oh ! Est-ce que c'est l'émission où des voyageurs tentent de reproduire l'exploit d'Alexander Mackenzie en voyageant à bord d'un canot d'écorce de la rivière La Paix, en Alberta, à l'océan Pacifique ?

SYLVAIN: Oui, c'est exactement ça, les dix voyageurs essaient d'effectuer la traversée en 74 jours tout comme l'avait fait Mackenzie en 1791.

JULIE: Génial, ma sœur et son copain m'en ont parlé, il faut que je voie cette émission. Vite, allume la télé !

SYLVAIN: Hum, ça va être difficile...

JULIE: Pourquoi ?

SYLVAIN: Ben[*], c'est toi qui as la télécommande !

[*]variante de **bien**

DES GENRES D'ÉMISSIONS

une émission
   d'actualité
   de cuisine
   culturelle
   de musique
   de science-fiction
   sportive
   de téléachat
   de téléréalité
   de variétés
   pour enfants

un dessin animé
un documentaire
un feuilleton
un film
un jeu télévisé
le téléjournal (Can.), le bulletin
   d'informations (Fr.)
un magazine
un reportage
une série

À vous la parole

11-1 Quel genre d'émission ? À partir des descriptions partielles, déterminez avec un/e partenaire le genre d'émission dont il s'agit.

MODÈLES   dernier épisode

    É1   C'est peut-être une série.

    É2   S'il y a des épisodes, ça peut aussi être un feuilleton.

1. invités : la chanteuse acadienne Carolyne Jomphe, le comédien Roy Dupuis et le président-fondateur du Cirque du Soleil, Guy Laliberté
2. l'or bleu : la crise de l'eau dans le monde
3. le journal de la semaine
4. à gagner cette semaine : un voyage à Tahiti
5. « Sophie est toujours sur un nuage, même si Martin et Malik s'empressent de lui faire remarquer que sa rencontre avec David ressemble étrangement à son dernier coup de foudre... Venu retrouver sa douce à Montréal, David dévoile à sa mère les véritables raisons de son voyage. Ruth supportera-t-elle le choc de voir son ennemie jurée se transformer en bru (*daughter-in-law*) ? »
6. séries éliminatoires : les Canadiens de Montréal contre les Bruins de Boston
7. Pour bien terminer la semaine, Ricardo reçoit l'animateur André Robitaille et cuisine un magret de canard à l'orange ainsi qu'un délicieux moelleux au chocolat et aux noisettes.
8. l'île aux enfants

Quel genre d'émission est-ce que vous préférez ?

SAMEDI 20 JUIN

	19 h 00	19 h 30	20 h 00	21 h 00	21 h 30	22 h 00	22 h 30
Radio-Canada	Cinéma LA GRANDE SÉDUCTION. (3) Can. 2003. Comédie dramatique de Jean-François Pouliot avec Raymond Bouchard, David Boutin et Pierre Collin. — Les habitants d'un village isolé organisent une vaste supercherie pour convaincre un médecin de s'installer dans leur patelin.			Les invincibles		Le Téléjournal	Casino
Télé-Québec	Planète bleue Namaqualand, miracle au cœur du désert Namaqualand, un désert à la floraison magique, floraison suivie par un été sec et torride.		Cinéma québécois L'IDENTITÉ. Les cinéastes dans la trentaine et la quarantaine ont du mal à définir leur génération.	Belle et Bum Bruno Pelletier, Émilie-Claire Barlow			Cinéma SEPT ANS DE RÉFLEXION. (3) É.-U. 1954. Comédie satirique de Billy Wilder avec Tom Ewell, Marilyn Monroe et Evelyn Keyes. — Pendant une absence de sa femme, un homme flirte avec une jolie voisine.
RDI	Le journal RDI	Humanima	Découverte LE CORRIDOR Y TO Y/LE SCIENTIFIQUE DE L'ANNÉE/LE TÉLÉSCOPE A 400 ANS. — Le riche écosystème entre le Yukon et le parc de Yellowstone est de plus en plus menacé.	Le Téléjournal	Grands reportages : les films IMAX — chasseurs de tempêtes parcourez la planète pour traquer les plus terribles tempêtes, tels que les ouragans.		Tout le monde en parlait 1969, LE 'BILL 63'. Le gouvernement provincial unioniste de Jean-Jacques Bertrand concocte la Loi 63.
TV5	Mondial d'impro		Le plus grand cabaret du monde Michel Boujenah, Guy Roux, Eve Angeli			Caméra café	
ARTV	Pour l'amour du country		Céline Dion : live à Paris		Callas assoluta MARIA CALLAS ASSOLUTA. (4) Fr. 2004. Documentaire de Philippe Kohly. — Évocation de la vie et de la carrière de la célèbre cantatrice grecque, décédée en 1977.		
ÉVASION	Soleil tout inclus		Destination Destination : Thaïlande				

À vous la parole

11-2 Qu'est-ce qu'on regarde ce soir ? Qu'est-ce qu'on pourrait bien regarder à la télévision ce soir ? Avec un/e partenaire, jouez les rôles de deux amis. Consultez le guide télé du samedi 20 juin et discutez de vos choix.

MODÈLE   É1   J'ai envie de rire.
            É2   On pourrait regarder le *Mondial d'impro* sur TV5, c'est généralement très comique. Le film *La grande séduction* a aussi plusieurs scènes vraiment très drôles.

1. J'adore les vieux films.
2. J'aime beaucoup les émissions scientifiques.
3. Il n'y a pas de reportage à RDI ce soir ?
4. Pourquoi pas un film ce soir ?
5. J'ai envie de regarder quelque chose de différent.
6. J'ai mal à la tête, alors rien de sérieux pour moi ce soir !
7. Est-ce qu'il y a un documentaire ?
8. Ça me tente de regarder un concert, mais je n'ai pas envie de sortir.
9. J'ai besoin de me changer les idées.
10. Je voudrais suivre l'actualité, savoir ce qui se passe dans le monde.

Vie et culture

La télévision francophone au Canada

Regardez les deux extraits du guide télé dans cette leçon. À quelle heure est-ce que les principales chaines passent le téléjournal et, ensuite, les émissions les plus populaires ? Quels genres d'émissions est-ce qu'on peut voir à la télé pendant la soirée ? Avez-vous accès à toutes ces chaines francophones dans votre ville ? Sinon, à quelles chaines avez-vous accès ? Est-ce que vous les regardez parfois ?

Télévision canadienne et identité culturelle

L'influence de la télé américaine est très répandue[1] au Canada. Même sur les chaines francophones, on trouve un grand nombre d'émissions et de films américains doublés[2] en français. Pouvez-vous en trouver des exemples dans l'extrait des deux programmes montréalais que vous avez ici ?

Afin de répondre à cette domination culturelle, le gouvernement a créé le réseau de la CBC (*Canadian Broadcasting Corporation*) et son pendant francophone, la SRC (Société Radio-Canada) dont le mandat est de diffuser des produits culturels canadiens. En moyenne, ce sont les Québécois qui sont les plus fidèles[3] à la télévision canadienne (francophone). Aucune émission américaine ne figure dans le palmarès (*top ten*) des 10 émissions les plus écoutées à l'automne 2011 et à l'hiver 2012 publié par le Conseil des directeurs médias du Québec. Parmi les dix émissions les plus populaires, on retrouve les émissions de variétés *On connaît la chanson* et *Tout le monde en parle* ainsi que le feuilleton *Yamaska*.

Sources : Média 2013. Télévision. http://www.cdmq.ca/contenus/Outils-media/Guide-media-2013/Television.aspx

Écran de téléviseur ou écran d'ordinateur ?

Le changement le plus important à être survenu en matière d'écoute d'émissions de télévision concerne le support : l'écran d'ordinateur tend à remplacer l'écran de téléviseur. Ce phénomène est particulièrement marquant chez les jeunes.

Sources : L'écran d'ordinateur en voie de remplacer l'écran de télé ? *La Presse* canadienne. *Branchez-vous ! Matin*, 18 juin 2008. http://www.matin.qc.ca/articles/20080618163056/lecran_dordinateur_voie_remplacer_lecran_tele.html

Et vous ?

1. Quelles sont vos habitudes en matière de télévision ? La regardez-vous fréquemment ? Quelles chaines ? Quels genres d'émissions ?
2. Est-ce que vous trouvez que votre identité culturelle est bien représentée à la télévision ?

[1]*widespread* [2]*dubbed* [3]*loyal*

DES GENRES DE FILMS

pour enfants	raconte des histoires destinées aux enfants
une comédie	raconte les mésaventures amusantes des gens
une comédie dramatique	raconte une histoire pleine de drames mais avec des moments assez drôles
une comédie musicale	raconte une histoire dansée et chantée
une comédie romantique	raconte les histoires d'amour des personnages
un dessin animé	est fait surtout pour les enfants ; à partir d'images dessinées et filmées, il met en vedette, par exemple, des animaux qui parlent
un documentaire	est un reportage sur la société, l'histoire, la nature, la science, la religion, etc.
un drame psychologique	examine les relations entre les gens
un film d'action	raconte une histoire avec beaucoup de scènes d'action, quelquefois avec de la violence
un film d'animation	est fait avec des effets spéciaux, des images dessinées, des images créées sur ordinateur
un film d'aventures	raconte les aventures d'un personnage courageux
un film d'espionnage	est plein de suspense, avec des agents secrets qui partent en mission
un film historique	raconte des évènements historiques ou la vie d'un personnage historique
un film d'horreur	doit faire peur aux gens ; il y a des monstres, des fantômes, des vampires ou bien des psychopathes
un film policier	raconte un crime et l'enquête (*investigation*) pour retrouver le criminel
un film de science-fiction	raconte des évènements futuristes et imaginaires
un western	est un film d'aventures avec des cowboys dans le Far-Ouest

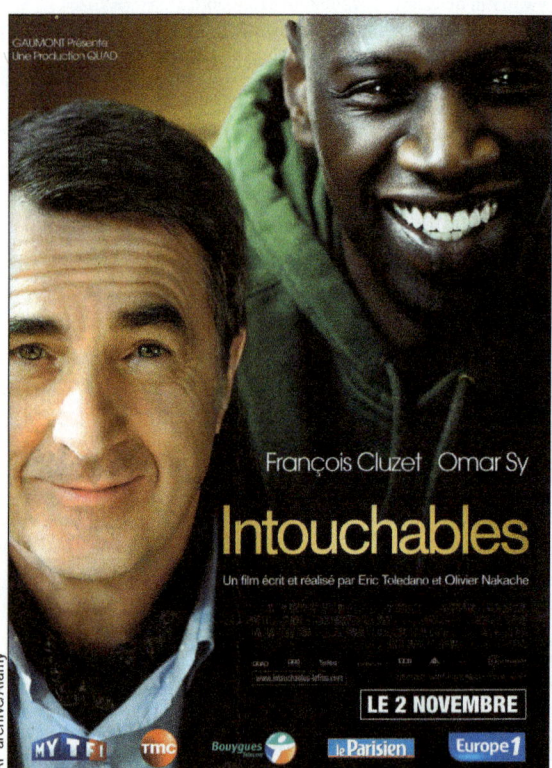

François Cluzet joue le rôle de Philippe, un riche Parisien confiné à une chaise roulante depuis son accident de parapente. Omar Sy est Driss, le jeune homme des banlieues que Philippe embauche pour lui donner les soins dont il a besoin. Ce film très apprécié du public traite de la relation sincère et authentique qui s'établit entre ces deux hommes aux origines et aux parcours si différents.
Site officiel du film : http://www.gaumont.fr/fr/film/Intouchables.html

Premier long métrage du réalisateur d'origine serbe Ivan Grobvic, *Roméo Onze* est l'avatar que présente Rami, un jeune homme d'origine libanaise vivant à Montréal. Timide et manquant de confiance de lui en raison de son infirmité, Rami se présente dans ses séances de clavardage nocturnes comme Roméo11, un riche homme d'affaires parcourant le monde pour ses rendez-vous. Avec ce personnage fictif, dans l'anonymat d'Internet, Rami échange avec des inconnues dans l'espoir de les rencontrer. L'une d'elles, Malaury26, souhaitera faire sa connaissance en personne… Ci-contre : Ali Ammar, l'interprète de Rami.

11-3 Films préférés. Quels genres de films est-ce que vous préférez ? Classez ces films par ordre de préférence et parlez-en avec un/e camarade de classe. Ensuite, comparez vos listes avec les listes des autres membres de la classe. Quel est le genre de films le plus populaire dans votre classe ?

MODÈLE moi   mon partenaire

  1. comédies romantiques   4. films d'aventures
  2. films historiques   5. westerns
  3. drames psychologiques   6. films policiers

  É1 J'adore les comédies romantiques. Mais j'aime aussi regarder des films historiques et des drames psychologiques. Et toi ?
  É2 J'aime bien les films d'aventures et les films d'action. J'apprécie aussi les bons films de science-fiction.

11-4 Caractéristiques des films. Pour être jugé bon, un film doit posséder certaines caractéristiques. Quelles sont ces caractéristiques, selon vous et votre partenaire ?

MODÈLE un drame psychologique

  É1 Un bon drame psychologique doit être triste.
  É2 Dans un bon drame psychologique, on trouve un problème social.

SONS ET LETTRES

TEXT AUDIO 11.2

Le *e* instable et les groupes de consonnes

In Chapter 5, you've learned that, generally speaking, an unstable **e** is dropped within words when it occurs after only one pronounced consonant (**un feuilleton**), but that it is retained when it occurs after two pronounced consonants (**le gouvernement**). This general rule also applies across words in phrases. Compare:

dans ce film   avec ce film
Essaie de zapper !   Arrête de zapper !
On peut regarder.   Elles peuvent regarder.
C'est le journal télévisé.   On préfère le journal télévisé.
beaucoup de chaines   quelques chaines

Within words, unstable **e** is retained when it occurs after a group of consonants ending in /r/ or /l/. Compare:

nous monterons   nous montrerons
facilement   simplement

Unstable **e** occurs in many one-syllable grammatical words: the pronouns **je**, **te**, **me**, **se**, **le**; the negative particle **ne**; the determiners **le**, **ce**; the preposition **de**; the conjunction **que**. In these words, the unstable **e** is usually retained when it occurs at the beginning of a phrase. Compare:

j**e** peux	Mais j∅ peux sortir.
N**e** fais rien.	On n∅ fait rien.
c**e** documentaire	C'est c∅ documentaire.
M**e** téléphon∅ras-tu ?	On m∅ téléphon**e**ra.

This principle applies to combinations of two one-syllable words. Note that when two unstable **e**'s occur in succession, one of them is generally deleted.

J**e** n∅ sais pas.
D**e** n∅ pas l∅ faire est triste.
N**e** l∅ regarde pas.
On n∅ **le** veut pas.
Essaie d**e** l∅ faire.

À vous la parole

11-5 Comptons les consonnes ! Indiquez les **e** instables qui devraient être prononcés.

MODÈLE ➤ nous d∅vons   nous montr**e**rons

1. le petit écran
2. une vedette
3. le Festival de Cannes
4. une série de films
5. l'autre chaine
6. Arrête de parler !
7. J'aime ce magazine.
8. Tu ne regardes pas ?
9. pas de musique

TEXT AUDIO  11.3

11-6 Choix d'émissions. Lisez le dialogue suivant, phrase par phrase, en ne prononçant que les **e** instables indiqués.

—Arrête d**e** zapper ! Qu'est-ce qu**e** tu m'énerves !
—J**e** ne trouve rien d'intéressant. Qu'est-ce qu**e** tu veux qu'on regarde ?
—R**e**gardons dans le magazine télé. Tiens, je vois qu'on passe l**e** célèbre film *Au revoir, les enfants.*
—Je l'ai déjà vu, c**e** film. J**e** ne l'ai pas trouvé si bon que ça.
—Alors n**e** l**e** regard**e** pas. Va dans ta chambre écouter de la musique.

Formes et fonctions

1. Les verbes *croire* et *voir* et la conjonction *que*

- Voici la conjugaison du verbe **croire** ainsi que celle, identique, du verbe **voir**.

	CROIRE *to believe*	**VOIR** *to see*
SINGULIER		
je	crois	vois
tu	crois	vois
il / elle / on	croit	voit
PLURIEL		
nous	croy**ons**	voy**ons**
vous	croy**ez**	voy**ez**
ils / elles	croi**ent**	voi**ent**

IMPÉRATIF : **Crois**-moi ! **Croyez**-nous ! **Voyons** !
PASSÉ COMPOSÉ : J'ai **cru** ce qu'il disait. J'ai **vu** cette émission.
FUTUR SIMPLE : Je le **croir**ai quand je le **verr**ai.

- Le verbe *croire* entre dans plusieurs constructions. Chacune apporte une nuance de sens.

  - Dans la construction [croire + complément d'objet direct] le verbe *croire* a le sens de 'penser que quelqu'un dit la vérité, ou que quelque chose est vrai'.

    Est-ce que tu **crois** Jean ? –Oui, bien sûr, je le crois. (Oui, je pense que Jean dit vrai).

    L'histoire de cette actrice, nous la **croyons**. (Nous pensons que l'histoire est vraie).

  - Avec la préposition *à*, le verbe *croire* veut dire soit 'avoir confiance en quelque chose', soit 'penser que quelque chose ou quelqu'un existe'.

    Nous **croyons à** l'avenir du cinéma. *We believe in the future of film.*
    Ils **croient au** Père Noël. *They believe in Santa Claus.*

  - Avec la préposition *en*, le verbe *croire* exprime, selon le contexte, la foi religieuse ou la confiance en soi.

    Nous **croyons en** Dieu. *We believe in God.*
    Je **crois en** moi. *I believe in myself.*

- Comme nous l'avons vu au chapitre précédent, le verbe **croire** fait partie de la classe des verbes d'opinion comme **penser** et **trouver** qui prennent une proposition subordonnée en **que**. Rappelons qu'à la forme affirmative, le verbe de la deuxième proposition est à l'indicatif mais qu'à la forme négative, il peut se mettre au subjonctif.

Je **crois que** tu **as** raison.	*I think (that) you are right.*
Je ne **crois** pas **que** tu **aies** raison.	*I don't think (that) you are right.*
Ils **pensent que** Denys Arcand **est** un grand réalisateur.	*They think (that) Denys Arcand is a great director.*
Ils ne **pensent** pas **que** le cinéma d'auteur **soit** une priorité.	*They don't think (that) art-house cinema is a priority.*
Elle **trouve que** c'est un bon film.	*She thinks (that) it's a good film.*

- Voici, pour terminer, quelques expressions courantes employant le verbe **croire** :

Je crois. / Je crois que oui.	*I think so.*
Je ne crois pas. / Je crois que non.	*I don't think so.*

• Le verbe **voir** comme la plupart des verbes de perception alterne entre un sens physique, 'voir avec les yeux' et un sens mental, 'voir avec l'esprit'.

- Dans les deux cas, la chose ou la personne vue apparait dans la position d'objet direct.

As-tu vu ce DVD ? –Oui, je l'ai vu l'année dernière.	*Have you seen this DVD? Yes, I saw it last year.*
Vous voyez le problème ? —Non, nous ne le voyons pas.	*Do you see the problem? No, we don't see it.*

- Dans le sens mental, **voir** peut introduire une proposition en **que**. Le fait perçu est envisagé comme réel, le verbe de la deuxième proposition est à l'indicatif.

Je **vois que** tu aimes bien cette actrice.	*I see that you like this actress.*

À vous la parole

11-7 Les croyances. À quoi croient ces personnes ? Pour chaque phrase, choisissez dans la liste suivante la réponse qui convient.

MODÈLE Mme Martin achète des billets de loto chaque semaine.
➤ Elle croit à la chance.

Réponses possibles :

l'amour	la chance	la médecine
l'argent	Dieu	le Père Noël
l'avenir	la discipline	le plaisir

1. Je voudrais avoir beaucoup d'enfants.
2. Anne a six ans, son frère a quatre ans.
3. Michel est un jeune homme sentimental.
4. Vous travaillez 24 heures sur 24.
5. M. Leblanc va à l'église toutes les semaines.
6. Nous sortons jusqu'à trois heures du matin tous les soirs.
7. M. Gervais a trois enfants et il est très autoritaire.
8. Quand il ne se sent pas bien, il va tout de suite voir le médecin.

11-8 C'est mon avis.
Avec un/e partenaire, donnez votre opinion sur les sujets suivants. Ensuite, comparez vos idées avec les idées des autres étudiants de votre classe.

MODÈLE le plus grand réalisateur

    É1 Je pense que Jean-Luc Godard est le plus grand réalisateur.

    É2 Je ne pense pas. Je crois que c'est Alfred Hitchcock.

1. le plus grand réalisateur
2. le plus beau film
3. la plus grande actrice
4. l'acteur le plus amusant
5. le film le plus connu

11-9 Les opinions sur la télé.
Quelle est votre opinion? Quelle est l'opinion de votre partenaire ? Comparez vos idées avec les idées de vos camarades de classe.

MODÈLES La télé peut informer les gens.

    É1 Oui, je crois que la télé peut informer les gens.

    É2 Je suis tout à fait d'accord, je crois qu'il est utile de regarder le téléjournal, par exemple.

    (*aux autres*) Nous croyons que la télé peut informer les gens. Par exemple...

1. La télé peut informer les gens.
2. Les acteurs ont une responsabilité vis-à-vis de leur public.
3. La publicité crée des besoins artificiels.
4. Les séries américaines donnent une fausse (*false*) image de la vie aux États-Unis.
5. La télé banalise la violence.
6. La télé peut être très éducative pour les enfants.

11-10 Que de choses à voir !
Imaginez ce que chaque personne voit. Attention au temps du verbe !

MODÈLES Nous sommes allés au cinéma.
➤ Nous avons vu le film *Laurence Anyways* de Xavier Dolan.

Les Desmarais iront au Festival international de films de Toronto pour les vacances.
➤ Ils verront des vedettes de cinéma.

1. Elle va souvent au club vidéo.
2. Nous avons regardé la télévision toute la soirée hier.
3. Ils vont visiter la cité du cinéma à Montréal.
4. Nous venons de sortir du cinéma répertoire.
5. Elles sont allées au théâtre.
6. Nous irons à Cannes le mois prochain.

2. L'emploi des temps verbaux avec certaines conjonctions

- Pour parler de deux évènements qui se déroulent au même moment, on emploie les conjonctions suivantes :

quand, lorsque	*when*
dès que, aussitôt que	*as soon as*
pendant que	*while*

- Lorsque l'action est en cours (*ongoing*) ou encore habituelle, les deux verbes sont au présent :

Je mets le DVD **pendant qu'**il cherche ses lunettes.	*I'm putting the DVD on while he's looking for his glasses.*
Quand j'ai du temps libre la fin de semaine, je vais toujours au cinéma.	*When I have free time on the weekend, I always go to the movies.*

- Pour parler d'évènements futurs qui auront lieu (*will occur*) au même moment, notez que le français, contrairement à l'anglais, emploie le temps futur dans les deux propositions.

On verra le dernier film d'Atom Egoyan **quand** il **sortira** en salle.	*We'll see Atom Egoyan's last movie when it is out.*
Dès que l'émission **commencera**, tu m'appelleras, non ?	*As soon as the show starts, you'll call me, won't you?*

- Avec le mode impératif, on peut employer soit le futur, soit le présent :

Il est tard. Éteins la télé **dès que** le documentaire **se terminera**.	*It's late. Turn off the TV as soon as the documentary is over.*
Quand ils **arrivent** à la gare, **faites**-moi signe.	*When they arrive at the train station, let me know.*

- Lorsque les deux évènements simultanés se déroulent dans le passé, on emploie un temps du passé pour chaque verbe :

On **a regardé** une émission intéressante l'autre soir **quand** ils **étaient** chez nous.

We watched an interesting show the other evening when they were at our house.

À vous la parole

11-11 D'une pierre deux coups. On est tous pressés. Pour gagner du temps, suggérez des activités que ces personnes peuvent faire pendant qu'elles font autre chose.

MODÈLE   Pendant qu'elle lit le journal, ma mère...
➤ Pendant qu'elle lit le journal, ma mère boit son café.

1. Pendant qu'elle regarde la télé, ma sœur...
2. Quand j'attends l'autobus...
3. Pendant que mon professeur déjeune...
4. Quand je parle au téléphone...
5. Pendant que je lis mes courriels...
6. Quand mes parents sont dans la voiture, ils...
7. Pendant que mon colocataire fait ses devoirs...
8. Quand je suis dans l'avion ou dans le train...
9. Pendant qu'il prend sa douche, mon frère...

11-12 Scénarios de film. Vous êtes coscénariste : imaginez ce que font vos acteurs dans les situations suivantes. Attention au temps du verbe !

MODÈLES   Pauline allait à la plage quand tout à coup (*suddenly*)...

   É1   elle a vu son amoureux avec une autre femme.
   É2   sa voiture est tombée en panne.

1. Les policiers arrêteront le suspect dès que...
2. Les enfants jouaient dans le parc pendant que...
3. L'héroïne entrait dans la boutique quand...
4. Les ennemis attaquaient la base militaire pendant que...
5. Paul pensait la demander en mariage dès que...
6. Et à ce moment, Marie lui dit : « Nous achèterons la villa sur le bord de la Méditerranée lorsque... »

Stratégie

Pour bien comprendre le récit d'un souvenir fortement associé à un contexte historique et social, il est utile de faire référence à ses connaissances sur cette période historique. Que se passait-il à cette époque? Comment la situation influençait-elle les activités quotidiennes?

11-13 Opinions sur la télévision. Quelles sont vos opinions et les opinions de vos camarades de classe au sujet de la télévision dans notre société ?

A. Avant de parler. Mettez-vous en groupes de quatre ou cinq et choisissez dans cette liste un sujet de discussion. Avant de discuter, réfléchissez sur vos opinions et écrivez les points essentiels.

- La télé doit informer les gens et les enrichir au niveau culturel.
- Les émissions violentes à la télé poussent les gens à la violence quotidienne.
- La télé joue un rôle dans le problème de l'obésité chez les enfants et les adultes.
- Les séries américaines donnent une image fausse (*false*) de la vie américaine.
- Tout le monde devrait avoir un accès gratuit à la télé numérique.
- Les émissions de téléréalité ont baissé (*lowered*) la qualité de la télévision en général.

B. En parlant. Maintenant, partagez vos opinions avec les autres membres de votre groupe pour découvrir ce qu'ils pensent. Voici quelques expressions utiles.

Pour exprimer votre opinion	Pour réagir aux opinions des autres
Je pense/Je crois/Je trouve que...	Je (ne) suis (pas) (tout à fait) d'accord...
À mon avis, ...	Au contraire...
Pour moi, ...	D'un autre côté, ...

MODÈLE É1 Je crois qu'à cause de la télévision on accepte de plus en plus la violence dans la vie de tous les jours.

É2 Je suis tout à fait d'accord avec Kathleen. On voit de la violence non seulement pendant le journal télévisé, mais aussi dans tous les feuilletons et séries les plus populaires. Même les émissions pour enfants...

É3 Je ne suis pas tout à fait d'accord avec vous. À mon avis, ce n'est pas parce que les gens regardent la violence qu'ils deviennent violents.

C. Après avoir parlé. Est-ce que les membres de votre groupe étaient tous d'accord ou est-ce qu'il y avait des différences d'opinion ? Faites un résumé de votre discussion pour vos camarades de classe.

LEÇON 2 — Êtes-vous branché/e ?

Points de départ

Êtes-vous technophile ou technophobe ?

Voulez-vous savoir où vous en êtes dans l'évolution informatique ? Alors, répondez aux questions suivantes pour découvrir si vous êtes technophile ou technophobe.

Première partie :

1. Qu'est-ce que vous faites pour acheter vos livres au début de la session ?
   a. Je fais de la recherche en ligne pour voir où je peux trouver les livres les moins chers et je les commande avec une carte bancaire sur un site Web.
   b. Je fais de la recherche en ligne pour découvrir les livres qu'il me faut et je vais les acheter à la librairie.
   c. Je vais à la librairie et je demande de l'aide au libraire.

2. Qu'est-ce que vous faites quand vous devez faire un exposé devant la classe ?
   a. Je navigue sur Internet pour trouver des informations et je prépare une présentation multimédia avec de la musique, du texte et des clips vidéo. Bien sûr, je sauvegarde une copie sur ma clé USB et je m'envoie une copie par courriel en pièce jointe avant l'exposé. En classe, j'ouvre mon courrier électronique pour retrouver mon fichier et je fais mon exposé avec un ordinateur portable.
   b. Je prépare une belle affiche avec de jolies images que j'ai numérisées et imprimées à la maison avec mon imprimante multifonction. J'y mets aussi quelques photos numériques que j'ai retouchées avec un logiciel sur ordinateur.
   c. J'écris mon plan et les idées importantes dans mon cahier. Je fais ma présentation à l'oral devant la classe.

3. Comment est-ce que vous communiquez avec les membres de votre famille et vos amis ?
   a. On a un blogue où on affiche les dernières nouvelles et des photos. Pour parler, on se sert de caméras Web et de nos ordis pour se voir en même temps qu'on se parle. C'est génial et ça ne coute pas cher.
   b. On échange souvent des messages instantanés et des courriels. Quelquefois, je leur envoie des liens pour des sites intéressants où ils peuvent télécharger de la musique ou même des logiciels utiles.
   c. Je leur téléphone quelquefois, et je reçois régulièrement des lettres de ma mère.

4. Qu'est-ce que vous faites pour vous détendre ?
   a. Je télécharge de la musique sur mon iPod ou mon baladeur MP3, je navigue sur Internet et je mets à jour mon profil sur Facebook.
   b. Je joue aux jeux en ligne sur Internet avec des joueurs de pays différents.
   c. Je lis un roman ou des bandes dessinées et quelquefois, je me promène s'il fait beau.

Comptez vos points pour la première partie : Les réponses a = 2 points ; b = 1 point ; c = 0

Deuxième partie :
Maintenant, ajoutez un point pour chaque élément de la liste ci-dessous que vous possédez.

- ❏ un baladeur MP3
- ❏ un clavier sans fil
- ❏ une clé USB
- ❏ un disque dur externe
- ❏ une imprimante
- ❏ un balladeur (un iPod)

- ❏ un lecteur / graveur CD
- ❏ un lecteur / graveur DVD
- ❏ un lecteur CD / DVD
- ❏ un moniteur à écran plat
- ❏ un ordinateur
- ❏ un ordinateur portable

- ❏ un assistant numérique (un ANP)
- ❏ un réseau sans fil
- ❏ un numériseur (un scanneur)
- ❏ une souris optique sans fil
- ❏ une caméra Web
- ❏ un téléphone intelligent

Maintenant, additionnez les points pour la première et la deuxième partie.

Votre score ?

20–25 Vous êtes vraiment technophile. Vous adorez les nouveaux gadgets et vous êtes parmi les premiers à essayer chaque nouvelle technologie. Mais vous passez peut-être un peu trop de temps devant l'écran. Pensez à sortir un peu respirer l'air frais !

15–19 Vous aimez bien la technologie et vous savez vous en servir pour vous faciliter la vie. Attention de ne pas développer trop de dépendance envers ces nouvelles technologies.

6–14 Vous semblez avoir trouvé le bon équilibre entre le virtuel et le réel. Vous vous servez de la technologie mais vous n'oubliez pas non plus qu'il y a plus que la technologie et la nouveauté dans la vie.

0–5 Oh là là, vous ne suivez vraiment pas l'évolution technologique. Vous ne comprenez pas pourquoi tout le monde semble adorer ces ordinateurs et cet Internet auxquels vous résistez toujours. Mais attention ! Il y a des bons éléments de la technologie qui pourraient vous simplifier la vie. À vous de les trouver.

Avec un ordinateur portable, on peut travailler n'importe où, même dans un canoé.

À vous la parole

11-14 Définitions. Trouvez le mot qui correspond à chaque définition.

MODÈLE C'est l'appareil qui produit le texte sur papier.
➤ C'est une imprimante.

1. C'est un logiciel utilisé pour écrire des textes.
2. C'est un ordinateur qu'on peut facilement transporter.
3. C'est sur cette partie de l'ordinateur qu'on tape (*type*).
4. C'est un message qu'on reçoit par Internet.
5. C'est ce qu'on regarde lorsqu'on utilise l'ordinateur.
6. C'est très pratique pour sauvegarder un fichier et le transporter.
7. C'est un terme général pour les programmes.
8. Cela permet un enseignement visuel et interactif.
9. Cela permet de reproduire une photo ou un texte sauvegardé/e dans un fichier.
10. Pour prendre des photos, c'est très pratique.

11-15 Savoir faire technologique. Combien de ces appareils est-ce que vous savez utiliser ? Comment est-ce que vous les utilisez ? Comparez vos réponses avec les réponses d'un/e partenaire.

MODÈLE un lecteur DVD

É1 Mon ordinateur portable a un lecteur DVD. Je regarde beaucoup de DVD et quelquefois, je télécharge des films.

É2 Moi aussi j'aime les DVD. Je les regarde avec mon lecteur et souvent je regarde des émissions de télévision sur Internet.

1. une clé USB
2. une souris et un clavier sans fil
3. une caméra Web
4. un baladeur
5. un numériseur
6. un appareil photo numérique
7. un téléphone intelligent
8. une imprimante

Vie et culture

Du global au local

Lors de son apparition, Internet affichait essentiellement des sites Web en anglais, langue de la mondialisation[1]. Aujourd'hui, avec la localisation, les firmes multinationales telles que Coca-Cola, McDonald's et Mercedes-Benz font la promotion de leurs produits et de leurs services en adaptant linguistiquement et culturellement leurs sites Web pour chacun des pays ciblés[2]. Ainsi, pour la francophonie, on crée, en plus du site international, un site pour la Belgique, un pour la France, un pour le Luxembourg et un pour la Suisse. Qu'est-ce que les grandes sociétés[3] font dans le cas d'un pays bilingue comme le Canada ? Elles publient deux versions du même site : une anglaise et une française.

La Toile du Québec

La Toile du Québec, le portail des Internautes québécois, répertorie des milliers de sites francophones touchant l'actualité et les médias, l'art et la culture, l'éducation, le gouvernement, le sport et les loisirs, le tourisme et les régions, et bien d'autres sujets encore. Chaque semaine, il offre un classement des 15 mots-clés[4] les plus recherchés. Voici, dans le désordre, la liste présentée la semaine du 27 mai au 2 juin 2013 :

Emploi-Québec – Google
– Youtube – Cyberpresse – LCN
– Les PAC – Météomédia
– Hotmail – Canada 411 – AccèsD
– Horoscope
– Facebook – Loto-Québec
– Kijiji – Desjardins

Et vous ?

1. Est-ce que vous pouvez deviner lequel de ces mots-clés s'est classé au premier rang* ?
2. Êtes-vous un grand utilisateur ou une grande utilisatrice d'Internet ? À quelle fin est-ce que vous l'utilisez ? Pour payer vos factures[5] ? Pour choisir vos séances de cinéma ? Pour vous inscrire à vos cours ?
3. Est-ce que vous connaissez les moteurs de recherche francophones ? Google Canada ? AltaVista Canada ? Les utilisez-vous ?

*Réponse : le média social Facebook

Le français : une langue branchée

La présence du français sur Internet a forcé la création de nombreux mots tels que « navigateur »[6] et « page d'accueil »[7]. Le Québec s'est illustré à ce chapitre avec ses créations lexicales adoptées par l'Académie de la langue française en France.

> **baladodiffusion** (*podcasting*) : formé à partir de BALADeur et de radioDIFFUSION (verbe : baladodiffuser)
> **clavardage** (*chat*) : formé à partir de CLAVier et de bAvARDAGE (verbe : clavarder)
> **courriel** (*e-mail*) : formé à partir de COURRIer ÉLectronique (*electronic mail*)
> **polluriel** (*spam*) : formé à partir de POLLUtion et courRIEL
> **pourriel** (*junk mail*) : formé à partir de POUbelle et de couRRIEL

Dans certains cas, les Français et les Québécois emploient des mots différents pour exprimer la même réalité. Par exemple, l'assemblage de caractères destinés à communiquer ses émotions, comme ☺ ou encore ☹, se nomme *frimousse* en France et *binette* au Québec.

Le dernier-né en matière terminologique concerne l'univers de *Twitter* et des *tweets* que plusieurs revues francophones tant françaises que québécoises traduisent par *gazouillis*. Ainsi, envoyer un *tweet* devient *gazouiller*.

[1]*globalization* [2]*corporations* [3]*keywords* [4]*bills*
[5]*browser* [6]*homepage*

À vous la parole

11-16 Internet et vous. Faites un sondage dans votre classe pour déterminer les pourcentages de gens qui utilisent Internet pour les activités suivantes.

MODÈLE   pour envoyer et recevoir des courriels

    É1 Qui utilise Internet pour envoyer des courriels ?

    É2 Un, deux, trois, quatre, cinq. Cinq personnes dans notre groupe envoient des courriels. Trois personnes utilisent aussi la messagerie instantanée.

    É3 Cinq personnes ou 100 % des membres de notre groupe envoient des courriels. Trois personnes ou 60 % utilisent la messagerie instantanée.

1. pour envoyer et recevoir des courriels
2. pour utiliser la messagerie instantanée
3. pour obtenir des renseignements administratifs
4. pour accéder à votre compte bancaire
5. pour acheter des livres, des CD ou des vêtements
6. pour télécharger de la musique ou des films
7. pour jouer ou télécharger des jeux
8. pour téléphoner
9. pour regarder des films
10. pour faire de la recherche pour vos cours

SONS ET LETTRES

Le *e* instable et les groupes consonne + /j/

Unstable **e** is pronounced when it occurs before groups consisting of a consonant + the semi-vowel /j/. Compare the corresponding present indicative versus imperfect or present subjunctive **nous** and **vous** forms:

nous appelons	nous appelions
vous devez	vous deviez
vous achetez	il faut que vous achetiez
nous jetons	il est nécessaire que nous jetions

These groups also occur in the conditional **nous** and **vous** forms. Compare the corresponding future and conditional forms:

nous zapperons	nous zapperions
vous trouverez	vous trouveriez

Recall that **i** is pronounced as the vowel /i/ rather than the semi-vowel /j/ after consonant groups ending with /r/ or /l/, for example: **le client**, **crier**. Such combinations occur especially in the **nous** and **vous** forms of the conditional of **-re** verbs. Compare:

vous prendrez	vous prendriez
nous nous détendrons	nous nous détendrions

À vous la parole

11-17 Changements de temps. Mettez le verbe à la forme correspondante du temps indiqué.

1. à l'imparfait

MODÈLE   vous jetez
➤ vous jetiez

| nous amenons | vous devez | nous appelons |
| vous achetez | nous épelons | |

2. au futur simple

MODÈLE   il est
➤ il sera

elles font   je montre   elle regarde   ils doivent

3. au conditionnel

MODÈLE   nous vendrons
➤ nous vendrions

| nous regarderons | vous descendrez | vous ferez |
| nous prendrons | vous réparerez | |

11-18 Comptine. Lisez cette comptine à voix haute.

TEXT AUDIO  11.5

Pomme de reinette et pomme d'api,
D'api d'api rouge.
Pomme de reinette et pomme d'api,
D'api d'api gris.
C'est à la halle[1]
Que je m'installe
C'est à Paris que je vends mes fruits.
Pomme de reinette et pomme d'api,
D'api d'api gris.

[1]*marché*

Formes et fonctions

1. Les phrases avec *si*

La conjonction **si** peut introduire une proposition qui exprime une condition. Dans cet usage, l'autre proposition exprime généralement le résultat ou la conséquence.

| Elle nous **accompagnera** au cinéma **si** elle **a** le temps. | *She is coming / will come with us to the movies if she has the time.* |

Le choix du temps verbal dans les deux propositions est important.

- On emploie le présent dans la phrase en **si** lorsque le résultat se déroule dans le futur. Trois temps verbaux permettent l'expression du futur en français, le présent, le futur proche ou le futur simple :

condition	résultat
[**Si** je **trouve** ce nouveau roman],	[je l'**achète**].
	[je **vais l'acheter**].
	[je l'**achèterai**].

- On emploie l'imparfait dans la phrase en **si** lorsque la situation est hypothétique; le résultat est alors au conditionnel.

| **Si** j'**avais** assez d'argent, je m'**achèterais** un nouvel ordinateur portable. | *If I had enough money, I would buy myself a new laptop.* |
| Ils **pourraient** répondre plus rapidement s'il leur **envoyait** un texto. | *They could respond more quickly if he sent them a text.* |

À vous la parole

11-19 S'informer et se distraire sur Internet. David explique à son amie Céline comment profiter d'Internet. Terminez chaque phrase d'une façon logique.

MODÈLE Si tu achètes un ordinateur portable avec une connexion sans fil...
➤ Si tu achètes un ordinateur portable avec une connexion sans fil, tu pourras travailler n'importe où.

1. Si tu as besoin de lire un article en ligne...
2. Si tu veux rester en contact avec tes amis et ta famille...
3. Si tu veux écouter de la musique...
4. Si tu cherches un numéro de téléphone...
5. Si tu veux avoir les dernières nouvelles...
6. Si tu as le temps de jouer...
7. Si tu veux regarder un film sur ordinateur...
8. Si tu souhaites vérifier ton solde bancaire et payer une facture...

11-20 Choix de profession. Quelques jeunes gens ne peuvent pas décider quelle profession choisir. Qu'est-ce qu'ils feraient s'ils choisissaient une profession dans les arts ou dans les médias ?

MODÈLE journaliste
> Si vous étiez journaliste, vous pourriez écrire des articles pour un journal ou un magazine.

1. présentateur/-rice à la télé
2. acteur/-rice
3. réalisateur/-rice
4. chanteur/-euse
5. photographe
6. musicien/ne
7. chef d'orchestre
8. écrivain/e

11-21 Des rêves et des projets. Qu'est-ce que vous ferez ou feriez dans les situations suivantes ? Avec un/e partenaire, parlez de vos projets et de vos rêves.

MODÈLE être une actrice / un acteur célèbre
> É1 Si tu étais une actrice célèbre, qu'est-ce que tu ferais ?
> É2 Je serais très riche et j'habiterais à Paris, au bord de la Seine.

1. avoir ton diplôme demain
2. être millionnaire
3. trouver un emploi aujourd'hui
4. aller en vacances
5. être en France
6. être le premier ministre du Canada
7. avoir 50 ans

2. Les expressions *depuis* et *il y a... que*

Depuis et **il y a... que** s'emploient avec une expression de temps et permettent d'indiquer qu'un évènement qui a commencé dans le passé, se poursuit dans le présent. Le verbe se met au présent.

J'habite Toronto depuis deux ans.	*I've been living in Toronto for two years.*
Il y a deux ans que j'habite Toronto.	

- Pour connaitre la durée (*how long*), on emploie la question **depuis combien de temps ?**

—**Depuis combien de temps** est-ce que tu écris des poèmes ?	—*How long have you been writing poems?*
—J'écris des poèmes **depuis** trois ans.	—*I've been writing poems for three years.*

- Pour savoir à quel moment un évènement a commencé, on emploi la question **depuis quand ?**

—**Depuis quand** est-ce que tu travailles ici ?	—*Since when have you been working here?*
—Je travaille ici **depuis** 2009.	—*I've been working here since 2009.*

- La structure **il y a ... que** donne la vedette à la durée :

  Il y a trente minutes **que** je suis en ligne. — *I've been online for thirty minutes.*

  Il y a combien de temps que tu as cet ordinateur ? — *How long have you had this computer?*

À vous la parole

11-22 Ça fait longtemps ! Mettez l'accent sur la durée en utilisant **il y a... que**.

MODÈLE Julie est à l'université depuis trois ans.
➤ Il y a trois ans que Julie est à l'université.

1. Elle étudie l'informatique depuis deux ans.
2. Elle travaille à la bibliothèque de l'université depuis trois heures.
3. Elle a son nouvel ordinateur depuis dix semaines.
4. Elle prépare un site Web depuis un mois.
5. Elle utilise un appareil photo numérique depuis quelques semaines.
6. Elle cherche une imprimante depuis quinze jours.

11-23 La biographie d'un journaliste. Avec un/e partenaire, parlez de la carrière de David en précisant depuis quand ou depuis combien de temps il fait les choses suivantes.

MODÈLES 1996 : David devient photographe.

É1 Depuis quand est-ce que David est photographe ?
É2 Il est photographe depuis 1996.

OU É1 Depuis combien de temps est-ce que David est photographe ?
É2 Il est photographe depuis [...] ans.

1996 David devient photographe.
1998 David étudie l'anglais.
2000 David travaille pour un magazine.
2002 David voyage pour le travail.
2004 David gagne des prix pour ses reportages.
2006 David a son bureau à Londres.
2007 David visite la Tunisie tous les ans.
2009 David est chef de bureau.

11-24 Et vous ? Posez des questions à un/e partenaire pour savoir s'il ou si elle fait les choses suivantes et, si oui, depuis combien de temps.

MODÈLE pratiquer un sport

É1 Est-ce que tu pratiques un sport ?
É2 Oui, je fais du patinage de vitesse.

É1 Depuis combien de temps est-ce que tu patines ?
É2 Depuis sept ans.

1. pratiquer un sport
2. jouer d'un instrument
3. faire la cuisine
4. habiter la résidence ou un appartement
5. travailler
6. avoir une connexion Internet
7. avoir un blogue
8. être fiancé/e ou marié/e

11-25 Participer à un forum de discussion sur Internet

A. Avant d'écrire. Imaginez que vous allez participer à un forum de discussion au sujet de l'importance des médias dans la vie des étudiants.

1. D'abord, dressez une liste de questions que vous voudriez poser aux autres membres du forum. Quels aspects de ce sujet vous intéressent ?
2. Les cinq opinions suivantes viennent de ce forum. Lisez-les et choisissez-en une à laquelle vous voudriez répondre.

La jeune génération, trop orientée vers le visuel, ne possède plus la capacité de lire. – Robert

Les médias ont trop de pouvoir parce qu'ils déterminent quelles informations nous allons lire et voir. – Une amie

Les étudiants d'aujourd'hui restent mal informés, malgré (*in spite of*) une véritable explosion des médias. – Vanessa

Si notre société devient de plus en plus violente, c'est parce que les médias nous y habituent. – Céline

Les nouvelles universités, entièrement « en ligne », nous préparent mieux pour le monde du travail que les universités plus traditionnelles. – Benoit

B. En écrivant. Maintenant, composez une réponse à une de ces personnes. Êtes-vous d'accord ou pas avec l'opinion exprimée ?

Pour exprimer votre opinion	Pour réagir aux opinions des autres
Je pense / Je crois / Je trouve que...	Je (ne) suis (pas) (tout à fait) d'accord...
À mon avis...	Au contraire...
Pour moi...	D'un autre côté...

MODÈLES ▶ Je ne suis pas tout à fait d'accord avec Vanessa. Je trouve que certains jeunes gens, aujourd'hui, sont très bien informés. Tous mes amis lisent au moins un journal par jour et nous discutons ensemble des évènements politiques. Je sais que ce n'est pas toujours le cas, mais...

▶ Je suis tout à fait d'accord avec Céline pour dire que la télévision banalise la violence et que les gens s'habituent de plus en plus à accepter la violence dans la vie de tous les jours. On voit de la violence non seulement pendant le téléjournal, mais aussi dans tous les feuilletons les plus populaires. Même les émissions pour enfants...

C. Après avoir écrit.

1. Créez un mini-forum dans votre classe et échangez vos opinions. Est-ce que vous partagez les mêmes opinions sur les différents sujets ?
2. Visitez un forum français pour découvrir d'autres sujets de discussion.

Ces étudiants travaillent à la terrasse d'un café avec un ordinateur portable.

LEÇON 3 — On s'informe

Points de départ

La lecture et vous

TEXT AUDIO  11.6

Quelles sont vos habitudes de lecture ? Complétez le questionnaire pour en savoir plus ! D'après vos résultats, est-ce que vous êtes un lecteur sérieux, un lecteur occasionnel ou un lecteur pragmatique ? Comparez vos réponses aux réponses de vos camarades de classe.

Fiche pratique

Pour apprendre de nouveaux mots, il est utile d'associer un exemple que vous connaissez bien à chaque catégorie.

une bande dessinée : *Astérix ;*
un dessin animé : *Les 101 dalmatiens ;*
un film d'animation : *L'homme qui plantait des arbres.*

Indiquez vos trois types de lecture préférés :
- ☐ les journaux (nationaux, régionaux, spécialisés — sport, économie)
- ☐ les magazines (d'information, de télévision, féminins ou familiaux)
- ☐ les romans (d'amour, historiques, policiers, de science-fiction)
- ☐ les livres de loisirs (de cuisine, de sport, de bricolage, de jardinage)
- ☐ les livres d'art (sur la peinture, l'architecture, le cinéma)
- ☐ les livres d'histoire ou les biographies
- ☐ les blogues, les forums de discussion et les journaux en ligne
- ☐ les poésies
- ☐ les bandes dessinées (les BD)
- ☐ les ouvrages de référence (le dictionnaire, l'atlas, l'encyclopédie)

Comment choisissez-vous un livre ?
- ☐ les recommandations des critiques dans la presse ou en ligne
- ☐ les recommandations d'amis
- ☐ la réputation de l'auteur
- ☐ la publicité

Comment obtenez-vous les livres ?
- ☐ vous les empruntez à une bibliothèque
- ☐ vous les empruntez à des amis
- ☐ vous les achetez dans une librairie
- ☐ vous êtes abonné/e à un club de lecture
- ☐ vous les téléchargez en ligne

Pourquoi lisez-vous ?
- ☐ pour vous détendre ☐ pour vous instruire ☐ pour vous distraire

Quand lisez-vous ?
- ☐ en vacances ☐ chez vous
- ☐ en voyage ☐ en écoutant de la musique
- ☐ dans les transports en commun ☐ au lit pour vous endormir
- ☐ à la bibliothèque ☐ devant l'ordinateur

Cette distributrice offre aux voyageurs de la région de Charlevoix un livre usagé pour la modique somme de 2 $

À vous la parole

11-26 De la lecture pour tout le monde. Quel type de livre, de magazine ou de site Web est-ce qu'on pourrait conseiller à chaque personne décrite ici ?

MODÈLE un enfant
➤ On pourrait lui offrir une histoire pour enfants ou une bande dessinée.

1. un étudiant qui prépare son diplôme en journalisme
2. quelqu'un qui adore l'art mais n'a pas souvent l'occasion d'aller au musée
3. quelqu'un qui aime bricoler
4. quelqu'un qui apprend l'anglais
5. quelqu'un qui regarde souvent la télévision
6. quelqu'un qui s'intéresse à l'histoire
7. quelqu'un qui adore la science-fiction
8. quelqu'un qui fait beaucoup de sport

Vie et culture

La presse française

Regardez la séquence vidéo, *Je lis la presse*, où Pauline montre et décrit ses journaux et magazines préférés. D'après sa description, qu'est-ce qu'un quotidien ? Un hebdomadaire ? Un mensuel ?

Pauline achète *Le Monde*, mais elle est abonnée[1] au quotidien *Libération*. Comment est-ce qu'elle décrit son magazine préféré, *Le Nouvel Observateur* ? Quel autre hebdomadaire est-ce qu'elle achète, et pourquoi ? Pauline a acheté un mensuel, *Géo* ; pourquoi ?

Voici la liste des dix hebdomadaires et bimensuels les plus lus en France pour la période allant de juillet 2012 à juin 2013. Pour chaque magazine, identifiez son genre : par exemple, est-ce que c'est un magazine féminin ? Un magazine télé ? Qu'est-ce que vous pouvez déduire des priorités ou des goûts des gens qui les achètent ?

[1]subscribes

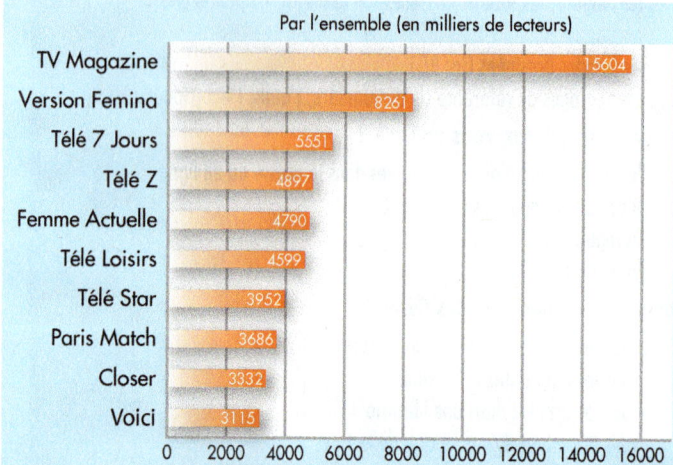

Le Top Ten des hebdomadaires les plus lus

Par l'ensemble (en milliers de lecteurs)

- TV Magazine : 15604
- Version Femina : 8261
- Télé 7 Jours : 5551
- Télé Z : 4897
- Femme Actuelle : 4790
- Télé Loisirs : 4599
- Télé Star : 3952
- Paris Match : 3686
- Closer : 3332
- Voici : 3115

Source : AUDIPRESSE ONE, *L'audience de la Presse en France de Juillet 2012 à Juin 2013*, http://www.audipresse.fr/media/document/one20122013/ONE20122013_CP_26_09_2013.pdf.

11-27 D'après le titre. De quel genre de livre, de journal ou de magazine s'agit-il, d'après le titre ?

MODÈLE   *Marie-Claire Maison*
➤ C'est probablement un magazine féminin, un magazine de décoration.

1. *Télérama*
2. *InfoMatin*
3. *Elle*
4. *Le Nouvel Observateur*
5. *Mieux-être*
6. *Lucky Luke dans le Far-Ouest*
7. *Le Guide Pratique du Droit*
8. *Cuisine Minceur*

11-28 Et vous ? Quelles sont vos habitudes ? Comparez-les avec celles d'un/e camarade de classe.

1. Qu'est-ce que vous lisez tous les jours ? Le journal, des magazines ? Quels journaux ou magazines ? Les infos en ligne ? Les profils de vos amis sur Facebook ?
2. Quels genres d'ouvrages de référence est-ce que vous consultez ? Des livres ? Des articles ? Des documents en ligne ?
3. Qu'est-ce que vous lisez pour vos cours ? Avez-vous beaucoup de lecture à faire ?
4. Qu'est-ce que vous lisez pour vous informer ? Pour vous détendre ?
5. Qu'est-ce que vous lisez quand vous êtes en vacances ?
6. Quel est le dernier livre que vous avez lu ? Est-ce que vous êtes en train de lire un livre en ce moment ?
7. Quel/le est votre auteur/e préféré/e ? Est-ce que vous avez un journaliste ou un blogueur préféré ?

Parallèles

On aime lire.
Mathilde et Diandra nous expliquent ce qu'elles aiment lire.

Diandra achète des magazines dans un kiosque à Paris.

Mathilde apprécie beaucoup la lecture.

Formes et fonctions

1. Quelques prépositions avec les expressions de temps

● Il est important de bien connaître la différence entre les prépositions **pour** et **pendant** en français car les deux peuvent se traduire par la préposition *for* en anglais.

● On emploie **pendant** pour exprimer une durée spécifique. Par exemple :

Elles ont regardé la télé **pendant** cinq heures d'affilée hier après-midi.	*They watched television for five straight hours yesterday afternoon.*
Ma grand-mère regarde ses feuilletons **pendant** une heure et demie tous les jours.	*My grandmother watches her soap operas for an hour and a half every day.*
Elle sera au cinéma **pendant** deux heures.	*She will be at the movie theatre for two hours.*

- **Pour** permet d'exprimer une durée planifiée dans l'avenir. Le plus souvent cette préposition accompagne les verbes de déplacement **aller**, **partir**, **sortir** et **venir**.

Ils vont en France **pour** trois semaines et demie cet été.	*They are going to France for (a period of) three and a half weeks this summer.*
Agathe vient chez nous **pour** la fin de semaine.	*Agathe is coming to our house for the weekend.*
Elle est partie faire des études à Nice **pour** un semestre.	*She left to study in Nice for a semester.*

- Il est aussi important de connaître la différence entre **dans** et **en** car les deux prépositions peuvent se traduire en anglais par *in*. On emploie **en** pour exprimer le temps nécessaire pour accomplir une action. On emploie **dans** pour exprimer dans combien de temps on accomplira une action.

Le dernier candidat de *Star Académie* a interprété cette chanson **en** trois minutes vingt-cinq secondes.	*The last contestant on Star Académie performed this song in three minutes twenty-five seconds.*
Je vais le faire **dans** cinq minutes. Un peu de patience, voyons !	*I'm going to do it in five minutes. Be patient!*

Fiche pratique

Quand deux mots en français correspondent au même mot en anglais, par exemple *pendant* et *pour* qui se traduisent par *for* ou encore *en* et *dans* qui correspondent à *in*, il est utile de composer des phrases qui illustrent bien le contraste de sens. Par exemple :

Je suis parti en Belgique **pour** quinze jours, je suis resté **pendant** un an. ('je devais séjourner en Belgique seulement quinze jours, mais finalement je suis resté un an')

J'ai terminé les devoirs de maths **en** vingt minutes. Je vais commencer les devoirs de français **dans** cinq minutes. ('vingt minutes ont été nécessaires pour terminer mes devoirs de maths, je prends une pause de cinq minutes, puis je ferai le devoir de français')

11-29 Le Festival de Cannes. Complétez ces phrases qui parlent du Festival international de film à Cannes.

MODÈLE Les grandes vedettes partiront à Cannes...
➤ e. pour quinze jours.

1. Les grandes vedettes partiront à Cannes...
2. Cette actrice ne se presse pas ; elle se maquille et s'habille pour la grande soirée...
3. Le réalisateur parle aux journalistes...
4. Ce jeune acteur sans argent est allé à Cannes...
5. Il restera chez des amis...
6. Les professionnels du cinéma visionnent énormément de films...
7. Les invitées d'honneur sortiront après la projection du film...
8. Quand il fait beau, les vedettes se promènent quelquefois sur la plage...

a. pendant les douze jours du Festival.
b. pendant deux nuits.
c. pour toute la soirée.
d. pendant trente-cinq minutes.
e. pour quinze jours.
f. pour seulement trois jours.
g. pendant l'après-midi.
h. pendant des heures et des heures.

11-30 Chez Sophie et Guy. Sophie est une jeune fille dynamique qui accomplit tout assez rapidement. Par contre, son papa Guy est très occupé en ce moment et il remet (*puts off*) tout à plus tard. Imaginez leurs réponses aux situations suivantes en jouant les rôles de Sophie et de Guy avec un/e partenaire.

MODÈLES Guy : appeler le médecin pour fixer un rendez-vous

É1 (Sophie) « Papa, tu as appelé le médecin pour me fixer un rendez-vous ? »

É2 (Guy) « Non, chérie, mais je vais l'appeler dans dix minutes. »
Sophie : finir tes devoirs

É2 (Guy) « Sophie, tu as fini tes devoirs ? »

É2 (Sophie) « Oui, Papa, je les ai finis en 20 minutes. »

1. Sophie : mettre la table
2. Sophie : promener le chien
3. Guy : préparer le dîner
4. Sophie : ranger ta chambre
5. Guy : écrire un mot pour le prof
6. Guy : signer l'autorisation parentale pour la sortie avec l'école
7. Sophie : préparer une salade

11-31 Projets de vacances. C'est bientôt la fin de la session. En groupes de trois ou quatre, parlez de vos projets. Voici quelques idées pour vous aider.

MODÈLE
É1 Moi, je vais me reposer pendant quelques jours et ensuite je dois travailler. Et toi, Rachel ?

É2 Moi, je compte me reposer pendant une semaine et ensuite, je vais travailler pendant trois semaines. Et toi, Nathan ?

É3 Je ne suis pas paresseux comme vous deux ! Je ne vais pas me reposer du tout. Je vais partir étudier en France pour trois semaines et après je voyagerai en Europe pendant dix jours avant de retourner au Canada.

Quelques possibilités :

aller à la plage / montagne
faire du bénévolat
partir à l'étranger
partir en vacances
rendre visite à la famille / aux amis
se reposer
suivre des cours
travailler

2. L'ordre des évènements

• Pour ordonner des évènements dans le temps, on emploie l'expression **avant de** suivi d'un verbe à l'infinitif. Notez que lorsque la proposition infinitive est placée au début de la phrase, une virgule (le signe de ponctuation « **,** ») la sépare de la proposition suivante :

Avant d'aller au travail, j'ai regardé les nouvelles.

Avant de me coucher, je lis un peu.

Le ministre va y réfléchir **avant de répondre** aux journalistes.

Before going to work, I watched the news.

Before going to bed, I read a little.

The minister will think about it before responding to the journalists.

- On peut aussi employer l'expression **après avoir / après être**, selon le choix de l'auxiliaire, suivi du participe passé.

Après avoir entendu la nouvelle, j'ai téléphoné à ma sœur.	*After hearing the news, I called my sister.*
Le soir, je lis le journal **après avoir regardé** les nouvelles.	*In the evening, I read the paper after watching the news.*
Après s'être installé, l'ambassadeur se réunira avec son personnel.	*After getting settled in, the ambassador will meet with his staff.*

À vous la parole

11-32 Vos activités. Avec un/e partenaire, parlez de vos activités passées, actuelles et futures.

MODÈLE Avant de venir en classe aujourd'hui,…

    É1 Avant de venir en classe aujourd'hui, j'ai travaillé à la bibliothèque de l'université.

    É2 Et moi, avant de venir en classe, j'ai déjeuné à la cafétéria du campus.

1. Avant de venir en classe aujourd'hui…
2. Après avoir fait mes devoirs hier soir…
3. Avant de me coucher, normalement…
4. Avant de sortir avec mes amis la fin de semaine…
5. Après avoir passé mes examens ce semestre…
6. Après avoir terminé mes études…
7. Avant de prendre ma retraite (*to retire*)…

11-33 Une journée typique. Expliquez quel est l'ordre logique des évènements, à votre avis.

MODÈLES manger, se brosser les dents

    ➤ Après avoir mangé, je me brosse les dents.

    y mettre du sucre, boire mon café

    ➤ Avant de boire mon café, j'y mets du sucre.

1. s'habiller, prendre une douche
2. mettre un manteau, sortir
3. arriver au bureau, acheter le journal
4. travailler un peu, dîner
5. quitter le bureau, téléphoner au chef de section
6. quitter le gym, aller au supermarché
7. manger, faire la vaisselle
8. regarder la télé, se coucher

11-34 Dernières nouvelles. Imaginez le reportage d'un journaliste qui doit utiliser un style plus succinct.

MODÈLES Le premier ministre a parlé avec ses députés. Ensuite, il a donné une conférence de presse.
➤ Après avoir parlé avec ses députés, le premier ministre a donné une conférence de presse.
OU ➤ Avant de donner une conférence de presse, le premier ministre a parlé avec ses députés.

1. Le ministre a parlé devant la chambre des communes, mais, d'abord, il a lu la proposition.
2. L'ambassadeur a annoncé la nouvelle, mais, d'abord, il a téléphoné au ministre.
3. Le ministre des Finances se réunira avec son personnel et, ensuite, il annoncera son plan économique.
4. Le ministre annoncera sa réforme éducative, mais il va d'abord prévenir (*to inform*) la presse.
5. Le journaliste a interviewé le sous-ministre et, ensuite, il a rédigé son article.

11-35 Narration. Expliquez à votre partenaire ce que vous avez fait hier et ce que vous allez faire demain. Utilisez les expressions de la liste.

d'abord	avant de + infinitif	après avoir	+ participe passé
ensuite	enfin	après être	

MODÈLE ➤ Hier, c'était dimanche. Je me suis levé très tard. D'abord, je me suis préparé un café et j'ai lu mes courriels. Après avoir répondu à mes courriels, j'ai déjeuné puis je me suis douché. Avant de sortir, j'ai lu le journal...

11-36 Revue de presse

A. Avant d'écouter. En France comme au Canada, vous pouvez régulièrement entendre une revue de presse à la radio ou même à la télévision, le matin. Dans ces émissions, un journaliste résume et commente des articles récents qu'il a sélectionnés. Dans cette revue de presse, vous allez entendre un journaliste qui parle de quatre thèmes différents : **le sport**, **la politique**, **les régions** et **la culture**. Avec un/e partenaire, pensez aux mots-clés que le journaliste pourrait employer pour parler de chaque thème. Par exemple, pour le thème de **la politique**, on pourrait entendre des mots comme **élections**, **premier ministre**, **parti politique**. Quand vous écoutez cette revue de presse, utilisez les mots-clés que vous avez identifiés pour vous aider à comprendre.

B. En écoutant. Complétez le tableau en écoutant la revue de presse.

1. Pendant la première écoute, indiquez, dans la première colonne, le thème (**sport**, **politique**, **région**, **culture**) pour chaque partie.
2. Écoutez de nouveau et entourez les magazines ou journaux mentionnés dans chaque partie. Il peut y avoir plusieurs sources pour chaque thème. (Attention : pour le premier thème, seulement un des journaux mentionnés a été sélectionné comme modèle. C'est à vous de trouver les autres.)
3. Écoutez une dernière fois et complétez la troisième colonne avec un fait intéressant que vous avez appris pour chaque thème.

Thème	Source		Un fait intéressant
1. *la politique*	(le Figaro) Libération Le Monde	le Parisien La Nouvelle République	*Les élections européennes sont dans deux semaines.*
2.	la Montagne les Échos	la Voix du Nord l'Équipe	
3.	l'Express le Nouvel Observateur	le Point	
4.	Géo Prima	Première Marie-Claire	

C. Après avoir écouté. Maintenant, répondez aux questions suivantes avec vos camarades de classe.

1. Après avoir écouté cette revue de presse, est-ce que vous avez envie de lire un de ces articles ? Lequel de ces articles vous intéresse particulièrement ? Pourquoi ?
2. Est-ce que vous aimeriez écouter une revue de presse chez vous ? Pourquoi ?

Quels journaux et magazines est-ce que vous reconnaissez dans ce kiosque qui se trouve à Marrakech au Maroc ?

Venez chez nous!
Le cinéma

Les Français ont joué un grand rôle dans le développement du cinéma. C'est en 1895, à Lyon, que les frères Lumière inventent le cinématographe, une machine qui permet de produire les premiers films. Deux ans après, le premier studio cinématographique est construit à Montreuil, près de Paris. Depuis, le film français est devenu un véhicule important de la culture francophone.

Louis et Auguste Lumière ont présenté le premier film de l'histoire du cinéma en 1895 : *La Sortie des usines Lumière.*

Voyage dans la Lune, tourné en 1902 par Georges Méliès, est le premier film de science-fiction.

Observons

11-37 Réflexions sur le cinéma

A. Avant de regarder. Si vous habitiez les environs de Cannes, qu'est-ce que vous pourriez faire au moment du Festival international du film ? Faites une liste d'activités possibles. Vous allez entendre une Niçoise qui décrit sa propre expérience, puis un étudiant à l'Université de Nice qui décrit ses préférences cinématographiques.

B. En regardant. Trouvez toutes les bonnes réponses possibles à chaque question.

1. Selon Fabienne, des célébrités viennent à Cannes...
   a. de tous les pays.
   b. à tous les moments.
   c. pour les vacances.
   d. pour la promotion de leur film.

2. Fabienne... à Cannes au moment du Festival.
   a. ne va jamais
   b. est souvent
   c. va tous les ans

3. Elle a eu l'occasion... quelques célébrités.
   a. de voir
   b. de diner avec
   c. d'interviewer

4. Édouard va au cinéma...
   a. aussi souvent que possible.
   b. très souvent.
   c. tous les soirs.

5. Le dernier film qu'il a vu, c'était un film...
   a. américain.
   b. espagnol.
   c. français.

6. Pour lui, un grand classique du cinéma, c'est...
   a. *Harry, un ami qui vous veut du bien.*
   b. *L'Auberge espagnole.*
   c. *Le Seigneur des anneaux.*
   d. *Matrix.*

C. Après avoir regardé. Maintenant, discutez des questions suivantes avec vos camarades de classe.

1. Est-ce qu'il est possible pour les gens chez vous de côtoyer (*to get close to*) des célébrités comme le fait Fabienne à Cannes ? Pourquoi est-ce que les gens aiment cela, à votre avis ?

2. Êtes-vous d'accord avec Édouard quand il nomme des « grands classiques » ? Quels sont les grands classiques pour vous ?

Le cinéma canadien de langue française à l'honneur

Les prix Écrans canadiens, le pendant des oscars aux États-Unis et des césars en France, soulignent l'excellence du cinéma national tant anglophone que francophone. En 2013, à l'occasion de la première édition du gala, le film *Rebelle* du Montréalais Kim Nguyen a remporté de nombreux prix dont ceux du meilleur film, du meilleur scénario original, de la meilleure réalisation, de la meilleure interprétation masculine dans un rôle de soutien ainsi que de la meilleure interprétation féminine dans un premier rôle.

Sur la scène locale, la Soirée des Jutra, cérémonie qui a lieu chaque année en février ou en mars au Québec, récompense les films de langue française tournés dans la belle province. Cette soirée, nommée Jutra en l'honneur du grand cinéaste québécois Claude Jutra, est diffusée dans toute la francophonie.

Il arrive parfois que le gagnant du meilleur film soit ensuite choisi comme représentant du Canada aux oscars dans la catégorie du meilleur film en langue étrangère. En 2013, *Rebelle* de Kim Nguyen représentait le Canada, en 2012 c'était *Monsieur Lazhar* de Philippe Falardeau tandis qu'en 2011 c'était *Incendie* de Denis Villeneuve. Ces prestigieuses nominations en disent long sur le talent cinématographique canadien.

Le palais des Festivals à Cannes

Lors de la Soirée des Jutra 2013, Kim Nguyen, un réalisateur montréalais, a notamment remporté les prestigieux prix du meilleur film, de la meilleure réalisation et du meilleur scénario pour son film *Rebelle*. À ses côtés, on aperçoit Rachel Mwanza, l'actrice congolaise qui tient le premier rôle dans ce film. Elle tient ici la statuette qui lui a été remis pour son interprétation.

VENEZ CHEZ NOUS ! • LE CINÉMA

Stratégie

Chaque type de texte comporte ses caractéristiques propres. En tenir compte facilite grandement la lecture. En particulier, les critiques de films se terminent souvent par une recommandation générale qui donne le ton de l'ensemble de la critique, par exemple :

—À voir à tout prix!
—À voir en DVD la maison.
—À voir.
—À éviter.

Lisons

11-38 Critiques d'un film canadien

Regardez cette photo du film canadien *Monsieur Lazhar*. Qu'est-ce qui se passe dans le film, à votre avis ?

A. Avant de lire. De nos jours, on peut visiter plusieurs sites Web où les cinéphiles affichent leurs opinions sur les films récents. Voici quatre critiques du film québécois *Monsieur Lazhar*. Avant de les lire, pensez aux critiques de film que vous avez lues récemment.

1. Quels types de renseignements est-ce que vous y avez trouvés ? Par exemple, dans chacune de ces critiques, on parlera probablement de l'intrigue et des personnages et il y aura aussi une appréciation du film. Quelles autres conventions seront respectées dans ces critiques ?

2. Étant donné que ces critiques se trouvent sur un site Web, comment est-ce qu'elles seront différentes des autres critiques ?

B. En lisant. Cherchez les réponses aux questions suivantes.

1. En général, est-ce que les critiques de ce film sont positives ou négatives ? Qu'est-ce qui a influencé votre réponse ?

2. Trouvez un extrait dans une des critiques qui résume le scénario du film.

3. Identifiez les personnages principaux et les acteurs principaux.

4. Qui est le réalisateur du film ? Comment est-ce que vous le savez ?

5. Pour Marc-André, quels sont les points forts du film ? Et pour Cassandra ?

6. Pour Marie-Ange, quels sont les points faibles du film ?

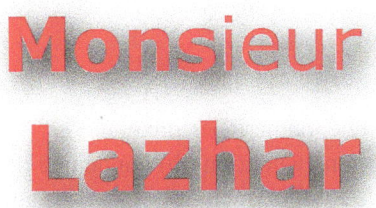

Monsieur Lazhar

★★★★☆ 4

Canada, 2011

De Philippe Falardeau

Avec Mohamed Fellag, Sophie Nélisse, Émilien Néron, Évelyne de la Chenelière, Danielle Proulx

Comédie dramatique, 94 min, Général

Critique de **Richard**
Excellent ★★★★☆

« Monsieur Lazhar », du réalisateur Philippe Falardeau, est un film d'une grande tendresse. Les personnages sont attachants et Fellag, qui tient le rôle principal, joue vraiment bien ce professeur d'origine algérienne qui doit s'adapter à une nouvelle vie, dans une société différente de la sienne. Il nous remplit d'émotions. Film magnifique et émouvant. À voir absolument.

Critique de **Marc-André**
Vraiment bien! ★★★☆☆

« Monsieur Lazhar », l'adaptation cinématographique de la pièce de théâtre du même nom, traite avec retenue et équilibre une variété de thèmes allant du suicide à l'exil en passant par la relation entre élèves et enseignant. Mohamed Fellag offre une interprétation magistrale de cet Algérien en deuil qui propose ses services comme enseignant dans une école primaire québécoise s'exposant ainsi aux préjugés culturels de sa société d'accueil. Le film qui examine les rapports humains qui s'établissent dans la salle de classe invite à la réflexion sur la force du silence qui entoure la mort quand les enfants y sont confrontés. Il s'agit d'un film sobre et touchant qui aborde de façon subtile des thèmes forts. Je le recommande fortement pour l'intérêt des sujets qu'il aborde et pour la qualité du jeu des acteurs.

Critique de **Marie-Ange**
Une grande déception! ★★☆☆☆

Quelque chose m'a surement échappé car je ne vois sincèrement pas pourquoi ce film a retenu l'attention des critiques. Le seul point positif que je vois est le jeu des enfants. À part ça, le film « Monsieur Lazhar » est une succession de petites histoires entremêlées, un mélange de bons sentiments qui n'apporte aucun point de vue et ne débouche sur aucune conclusion. J'ai failli m'endormir plusieurs fois et n'attendais que la fin pour pouvoir partir. À éviter.

Critique de **Cassandra**
Philippe Falardeau... Réalisateur brillant! ★★★★★

Pour moi « Monsieur Lazhar » est certainement l'un des meilleurs films de l'année. J'étais émue, troublée et renversée tout à la fois, passant de la tristesse à la joie, de la colère aux rires. Cette adaptation est un chef d'œuvre avec ses personnages admirablement bien conçus. Les acteurs offre une performance mémorable en particulier Fellag qui tient le rôle titre de Bachir Lazhar, cet exilé algérien mais aussi Sophie Nélisse et Émilien Néron, ces deux enfants particulièrement affectés par la mort de leur enseignante. La salle de classe devient le théâtre d'un dialogue où la mort et l'exil se mêlent avec la beauté et le sens de la discipline. À voir absolument, tout simplement excellent !

Orthographe :
surement (sûrement)

C. En regardant de plus près. Maintenant, examinez les aspects suivants de ces critiques.

1. Quels sont les éléments communs à ces quatre critiques ?

2. Chaque personne organise sa critique d'une manière personnelle. Par exemple, la première personne a) donne son évaluation ; b) donne une liste des points forts du film ; c) parle des acteurs. Comment est-ce que les autres critiques sont organisées ?

3. Pour chacune des critiques, trouvez une phrase ou une expression qui résume l'opinion de la personne qui l'a écrite.

D. Après avoir lu. Discutez des questions suivantes avec vos camarades de classe.

1. Est-ce que vous pouvez résumer l'opinion de chaque critique ? Quelle critique vous semble la plus convaincante et pourquoi ?

2. D'après ce que vous avez lu, quelle impression avez-vous de ce film ? Est-ce que vous voudriez le voir ? Pourquoi ? Avez-vous déjà vu un film semblable ? Si oui, décrivez-le.

11-39 La critique d'un film

A. Avant d'écrire. Pensez aux critiques de films que vous avez déjà lues. Quels sont les éléments importants d'une bonne critique ?

B. En écrivant. Choisissez un film que vous avez vu récemment et écrivez une petite critique.

1. D'abord, notez le nom du réalisateur et des personnages principaux. Quels rôles jouent-ils ?

2. Ensuite, faites un résumé assez bref de l'intrigue, puis écrivez quelques phrases qui donnent plus de précisions sur l'histoire. Utilisez le vocabulaire que vous connaissez.

3. Enfin, n'oubliez pas de donner votre opinion sur ce film.

C. Après avoir écrit. Échangez votre critique avec un/e camarade de classe ou lisez votre critique à vos camarades de classe. Ne donnez pas le titre du film. Les autres vont essayer de deviner de quel film il s'agit.

Parlons

11-40 Un questionnaire sur le cinéma

A. Avant de parler. Ce questionnaire a pour objectif de sonder les opinions des Français à propos du cinéma. Quelles sont les questions posées ? Comment est-ce que vous interprétez les réponses ?

LES FRANÇAIS FONT LEUR CINÉMA

QUESTION : Voici un certain nombre d'opinions que l'on entend aujourd'hui à propos du cinéma. Vous-même, dites-moi, pour chacune d'entre elles si vous la partagez tout à fait, assez, peu ou pas du tout ?

A) La présence de vedettes au générique d'un film ne garantit pas le succès de ce film :

	%
- Tout à fait	46
- Assez	29
- Peu	12
- Pas du tout	8
- NSP*	5

B) Le fait que la télévision diffuse un grand nombre de films donne moins envie d'aller au cinéma :

- Tout à fait	42
- Assez	26
- Peu	13
- Pas du tout	16
- NSP	3

C) Un bon film n'a pas forcément de succès :

- Tout à fait	40
- Assez	31
- Peu	14
- Pas du tout	7
- NSP	8

D) Il y a moins de bons films qu'avant :

- Tout à fait	28
- Assez	20
- Peu	22
- Pas du tout	19
- NSP	11

QUESTION : Parmi les choses suivantes, qu'est-ce qui vous donne le plus envie d'aller voir un film ?

	1er choix %	2e choix %	Total %
- Les acteurs	25	24	49
- Le metteur en scène	5	6	11
- Le sujet	37	20	57
- Les critiques	5	8	13
- Le bouche-à-oreille	9	10	19
- Les extraits à la télévision ou les bandes-annonces dans les salles	8	13	21
- Les récompenses qu'il a pu obtenir (Palme à Cannes, Oscar, César…)	3	5	8
- L'affiche	1	2	3
- NSP	7	11	18

QUESTION : Généralement, préférez-vous… ?

- Les films français	49
- Les films américains	17
- Les films étrangers autres qu'américains	4
- Pas de préférence (spontanée)	28
- NSP	2

* Ne se prononcent pas

B. En parlant. Discutez de ces mêmes questions avec un/e partenaire pour découvrir vos opinions.

MODÈLE É1 Est-ce que tu penses que la présence d'une vedette garantit le succès d'un film ?

É2 Pas du tout. Il y a de bons acteurs qui ont fait de mauvais films qui n'ont pas eu de succès...

C. Après avoir parlé. Avec votre professeur et les autres étudiants, partagez vos réponses et établissez un schéma pour comparez vos réponses aux réponses des Français. Est-ce que vous voyez beaucoup de similarités ou beaucoup de différences ?

VOCABULAIRE

TEXT AUDIO 11.8–11.24

11.8 Français canadien

un assistant numérique personnel	PDA
un baladeur	iPod
la baladodiffusion	podcasting
baladodiffuser	to podcast
une binette	emoticon
une caméra Web	webcam
le clavardage	chat (on the computer)
clavarder	to chat (on the computer)
un courriel	e-mail
un guide télé	listing of TV programs
un metteur en scène	stage director
les nouvelles	news
un numériseur	scanner
un polluriel	spam
un pourriel	junk mail
un réalisateur	film director
le téléjournal	news broadcast

11.9 Leçon 1

des genres d'émissions — *kinds of programs*

un dessin animé	cartoon, animated film
un divertissement	variety show
un documentaire	documentary
une émission sportive	sports event
un feuilleton	soap opera
un jeu télévisé	game show
le journal télévisé (le JT) (Fr.)	news broadcast
les informations (les infos) (Fr.)	news
un magazine	investigative news magazine
une émission de musique	music program
une émission de télé-achat	infomercial
une émission de téléréalité	reality show
un reportage	special report
une série	series

pour regarder la télévision — *to watch TV* 11.10

allumer	to turn on (an appliance)
une chaine	TV station
un écran	screen
un magazine télé (Fr.)	listing of TV programs
une télécommande	TV remote control
zapper	to channel surf

des genres de films — *film types* 11.11

une comédie	comedy
une comédie musicale	musical
un drame psychologique	psychological drama
un film d'aventures	adventure film
un film d'espionnage	spy film
un film historique	historical movie
un film d'horreur	horror movie
un film policier	detective/police movie
un film de science-fiction	science fiction movie
un western	western

pour parler des films — *to talk about films* 11.12

célèbre	famous
doublé/e	dubbed
doubler	to dub
un metteur en scène (Fr.)	film or stage director
le personnage (principal)	(main) character
plein de	full of
des sous-titres (m.)	subtitles
tourner (un film)	to shoot (a film)
une vedette	a movie star
en version originale (en VO)	in the original language

quelques verbes — *some verbs* 11.13

croire	to believe
Je crois que oui.	I think so.
Je ne crois pas. / Je crois que non.	I don't think so.
raconter	to tell
voir	to see

482 quatre-cent-quatre-vingt-deux CHAPITRE 11 • QUOI DE NEUF ? CINÉMA ET MÉDIAS

Leçon 2

11.14 **un ordinateur (un ordi)** — *computer*
- un clavier — *keyboard*
- une disquette — *diskette, floppy disc*
- un graveur CD — *CD burner*
- une imprimante — *printer*
- un lecteur CD-ROM, DVD — *CD-ROM drive, DVD drive*
- un moniteur — *monitor*
- un ordinateur portable — *laptop*
- un PDA (Fr.) — *PDA*
- un scanneur — *scanner*
- une souris — *mouse*

11.15 **pour travailler à l'ordinateur** — *to work at the computer*
- une base de données — *database*
- un courriel — *e-mail message*
- le courrier électronique — *e-mail*
- en ligne — *online*
- envoyer — *to send*
- un fichier — *computer file*
- imprimer — *to print*
- un logiciel — *software program*
- un moteur de recherche — *search engine*
- une pièce jointe — *attachment*
- la recherche — *research*
- un réseau — *network*
- sauvegarder (un fichier) — *to save (a file)*
- le traitement de texte — *word processing, editing*

11.16 **pour exprimer la durée** — *to express duration*
- depuis combien de temps ? — *for how long?*
- depuis quand ? — *since when?*
- il y a... que — *it's been . . . /for . . .*

11.17 **autres mots utiles** — *other useful words*
- les affaires (f.) — *business*
- l'enseignement (m.) — *instruction, teaching*
- éviter — *to avoid*
- grâce à — *thanks to*
- manquer — *to miss, to be lacking*
- se servir de (quelque chose) — *to use (something)*
- tout le monde — *everyone*

pour exprimer une opinion — *to express an opinion* — 11.18
- Je pense / Je crois — *I think, I believe*
- Je trouve que... — *I find that . . .*
- À mon avis... — *In my opinion . . .*
- Pour moi... — *For me . . .*

Pour réagir à une opinion — *to react to an opinion* — 11.19
- Je suis (tout à fait) d'accord — *I agree (completely)*
- Je ne suis pas (tout à fait) d'accord — *I do not agree (completely)*
- Au contraire — *On the contrary*
- D'un autre côté — *On the other hand*

Leçon 3

à lire — *to read* — 11.20
- un atlas — *atlas*
- une bande dessinée (une BD) — *comics, comic book*
- une biographie — *biography*
- une encyclopédie — *encyclopedia*
- un hebdomadaire — *weekly magazine*
- un journal (des journaux) — *newspaper(s)*
- un livre d'art — *art book*
- un livre de cuisine — *cookbook*
- un livre d'histoire — *history book*
- un livre de loisirs — *book on leisure time or hobbies*
- un magazine — *magazine*
- un mensuel — *monthly magazine*
- un ouvrage de référence — *reference book*
- la poésie — *poetry*
- la presse — *the press*
- une publicité (une pub) — *advertisement*
- un quotidien — *daily magazine*
- un roman — *novel*

pour choisir un livre — *to choose a book* — 11.21
- un/e auteur/e — *author*
- une recommandation — *recommendation*

11.22	où obtenir un livre / magazine	where to get a book / magazine	
	s'abonner (à)	to subscribe (to)	
	un kiosque	newsstand	
11.23	pour situer l'action dans le temps	to order events in time	
	avant de + inf.	before	
	après avoir / être + part. passé	after having . . .	

quelques mots utiles	some useful words	11.24
se distraire	to amuse oneself	
s'informer	to get information, to inquire, to find out	
s'instruire	to educate oneself, to improve one's mind, to learn	

CHAPITRE 12 | Les beaux-arts

—Je vous présente le groupe… *Macadam*

DISCOVER
Go to the **Resources** for Chapitre 12 on MyFrenchLab to watch the *On démarre* video about a group of musicians playing during *la Fête de la Musique*. Complete the related video activities in the **Assessments** for this chapter under Additional Practice.

APPLY
- Video
- Activities : On démarre ! 12-01 to 12-02

LEÇON 1
Fêtons la musique !

LEÇON 2
L'art et ses formes d'expression

LEÇON 3
Allons voir un spectacle !

Venez chez nous !
Modes d'expression artistique

MyFrenchLab
Visit MyFrenchLab to access the audio clips for each chapter, additional exercises, and much more!

Après avoir complété ce chapitre, vous devriez être en mesure de / d'
- parler de différentes formes d'art telles que la musique, la peinture et le théâtre
- exprimer vos préférences artistiques
- discuter de l'art et de l'artisanat caractéristique de certains pays de la francophonie

Sur le plan de la grammaire, ce chapitre vous permettra de vous familiariser avec
- la conjugaison du verbe **peindre**

Le chapitre sera aussi l'occasion de réviser
- les constructions mettant en jeu un verbe suivi de l'infinitif
- l'emploi des temps verbaux présent et passé
- les pronoms compléments d'objet

LEÇON 1   Fêtons la musique !

Points de départ

TEXT AUDIO  12.1

Tu es musicienne ?

Claire arrive au café avec son violon.

BEN: Tiens, je ne savais pas que tu étais musicienne !
CLAIRE: Bof, pas vraiment. Je joue pour le plaisir.
BEN: Tu fais partie d'un orchestre ?
CLAIRE: Non, je joue quelquefois avec des copains, c'est tout.
BEN: De la musique classique ?
CLAIRE: Non, c'est surtout de la musique traditionnelle ou folklorique.
BEN: Ah, ça c'est intéressant ! Tu me diras quand tu feras un concert ?
CLAIRE: C'est entendu. Mais est-ce que ça t'intéresserait de jouer avec nous ?
BEN: Tu plaisantes ! Avec mon saxophone ?
CLAIRE: Et pourquoi pas ?

Quelques instruments

- le violon
- la flute traversière
- le violoncelle

Nous jouons dans un trio de musique classique.

- le saxophone
- la clarinette
- le trombone
- la trompette
- le piano

Orthographe : flute (flûte)

Ils font partie d'un groupe de jazz.

- la batterie
- le clavier
- la guitare électrique
- la guitare basse

Eux, ils ont formé un groupe de rock.

À vous la parole

12-1 Ils jouent de quel instrument ? De quel instrument est-ce que ces personnes jouent ?

MODÈLE

➤ Marie-Hélène joue de la clarinette.

Marie-Hélène

1. **Claire et moi**

2. **Thomas**

3. **Sylvie et toi**

LEÇON 1 • FÊTONS LA MUSIQUE ! *quatre-cent-quatre-vingt-sept* **487**

4. Adrien **5. Fred** **6. Vanessa et David**

Vie et culture

Montréal, ville en musique

Chaque été, les rues de Montréal vibrent[1] littéralement au son des multiples concerts gratuits[2] offerts dans le cadre des nombreux festivals qui s'enchainent pour le plus grand plaisir des Montréalais et des touristes de passage. L'animation commence, vers la mi-juin, avec les FrancoFolies, un évènement essentiel pour la musique d'expression francophone. Apprécié du public parce qu'on peut y entendre des groupes des quatre coins du monde, ce festival met également à l'honneur les musiciens francophones de tout le pays. Les amateurs de musique ancienne se régalent[3] ensuite pendant le Festival Montréal Baroque qui consiste en une semaine de concerts dans des églises et dans des salles de musée. Suit immédiatement, fin juin début juillet, le Festival international de jazz de Montréal qui, depuis plus de 30 ans, convie les plus grands artistes du jazz à son rendez-vous musical. Oscar Peterson, Diana Krall et Oliver Jones, vedettes du jazz canadien, s'y sont illustrés. Mi-juillet, les nuits de Montréal prennent une teinte d'exotisme avec le Festival international nuits d'Afrique, dans lequel musiciens et danseurs africains soulèvent les foules au moyen de leurs balafons, leurs percussions et leurs chants traditionnels. Les amateurs de blues ne sont pas en reste[4] puisque, vers la mi-aout, le Festiblues international de Montréal s'empare[5] des rues de la métropole pour une série de concerts mélodieux où l'harmonica et la guitare électrique résonnent à l'unisson.

Et vous ?

Est-ce que vous avez déjà assisté à l'un ou l'autre de ces festivals ou à un festival équivalent dans votre ville ? Lequel vous semble le plus intéressant ? Pourquoi ?

[1]*vibrate* [2]*free* [3]*treat themselves* [4]*ne sont pas oubliés* [5]*grab hold of*

12-2 Des musiciens célèbres. Avec un/e partenaire, identifiez ces musiciens célèbres.

MODÈLE   Oscar Peterson
          É1   C'est un pianiste canadien.
          É2   Oui, il joue du jazz.

1. Diana Krall
2. Eric Clapton
3. Yo-Yo Ma
4. Elton John
5. Alanis Morissette
6. Céline Dion
7. Leonard Cohen
8. Louis Armstrong
9. Sting

12-3 Choisir un concert. Regardez cet extrait de journal pour choisir un concert avec votre partenaire, selon la situation décrite.

MUSIQUE

Les Mélodînes. Les bons crus musicaux des jeudis midis. Chantale Dionne, soprano ; Louise-Andrée Baril, piano. Œuvres de J. Canteloube, Rachmaninov, Granados, Brahms. 12 h 10. Studio théâtre. 8 $ taxes incluses.

Orchestre symphonique de Montréal. Emmanuel Villaume, chef d'orchestre, Andreas Haefliger, pianiste ; Marina Piccinini, flutiste. Œuvres de Colgrass et de Mahler. 20 h 00. Salle Wilfrid Pelletier de la Place des Arts. 18,50 $ (étudiants) ; 49,65 $ taxes en sus.

Les poètes de l'Amérique française. Denise Boucher, poétesse ; Claude Lapointe, mezzo-soprano ; Anna-Marie Bernard, piano. Concert-lecture. 20 h 00. Maison de la culture du Plateau-Mont-Royal. Laissez-passer.

Chansons génétiquement modifiées. Magali Lemieux et Philippe Bournival. Fusion de genres et de styles musicaux. 12 h 30. Collège Maisonneuve, café étudiant. Entrée libre.

MODÈLE   Vous voulez écouter de la musique pendant l'heure du diner.
          É1   Est-ce que nous pouvons assister à un concert pendant l'heure du diner ?
          É2   Oui, au Studio théâtre, il y a un concert de musique classique à 12 h 10.

1. Vous voudriez assister à un concert avec plusieurs styles de musique.
2. Vous aimeriez entendre un grand orchestre.
3. Vous aimez les concerts de piano et surtout la musique classique.
4. Vous adorez écouter des gens qui chantent.
5. Vous êtes amateur/-rice de poésie.
6. Vous aimez la musique, mais vous n'avez pas beaucoup d'argent.

Formes et fonctions

Vue d'ensemble : les verbes suivis de l'infinitif

Plusieurs verbes en français peuvent être suivis d'un infinitif.

- Dans certains cas, la combinaison verbe + infinitif sert la formation d'un temps verbal.

  - C'est le cas, par exemple, du **futur proche** qui est formé du verbe **aller** suivi d'un infinitif.

    Elle **va chanter** avec sa chorale mercredi prochain.
    She is going to sing with her choir next Wednesday.

  - C'est aussi le cas du **passé récent** qui, pour sa part, est formé du verbe **venir**, de la préposition **de** et d'un infinitif.

    Elle **vient de terminer** sa dernière pièce.
    She just finished her last composition.

    Je **viens d'apprendre** cette chanson.
    I've just learned that song.

- Il est important de noter que selon le verbe, l'infinitif apparait parfois directement à la suite du verbe, sans préposition.

  - C'est le cas des verbes de sentiments tels qu'**adorer**, **aimer**, **désirer**, **détester**, **espérer** et **préférer**.

    J'**aime** bien **écouter** de la musique classique, mais mon copain **préfère écouter** du jazz.
    I like listening to classical music, but my boyfriend prefers listening to jazz.

  - C'est aussi le cas des verbes **devoir**, **pouvoir** et **vouloir** qui se combinent avec un infinitif sans préposition.

    —Tu **veux venir** avec nous à un concert ce soir ?
    —Do you want to come with us to a concert tonight?

    —Malheureusement, je ne **peux** pas **venir**. Je **dois travailler** ce soir.
    —Unfortunately, I can't come. I have to work tonight.

  - Les verbes **falloir (il faut)** et **savoir** se construisent, eux aussi, avec un infinitif sans préposition.

    —Vous **savez jouer** du violon ?
    —Do you know how to play the violin?

    —Non, **il faut commencer** jeune.
    —No, one must learn at a young age.

- Pour plusieurs verbes, il est nécessaire de placer la préposition **à** ou **de** devant le verbe à l'infinitif.

- Les verbes ci-dessous demandent la préposition **à** devant le verbe à l'infinitif :

aider à	*to help*	Il m'**aide à chanter** mieux.
apprendre à	*to learn*	J'**apprends à jouer** du piano.
commencer à	*to begin*	Elle **a commencé à jouer** de la flute traversière quand elle avait neuf ans.
continuer à	*to continue*	Nous **continuons à apprécier** le jazz.
inviter à	*to invite*	Je t'**invite à aller** à un concert avec moi.
réussir à	*to succeed*	Vous **avez réussi à jouer** du piano. Bravo !

- Les verbes ci-dessous demandent la préposition **de** devant le verbe à l'infinitif :

accepter de	*to agree*	Il **a accepté de jouer** avec nous.
arrêter de	*to stop*	J'**ai arrêté de jouer** du piano il y a longtemps.
décider de	*to decide*	Ils **ont décidé de former** un orchestre ensemble.
essayer de	*to try*	Je vais **essayer de chanter** plus.
finir de	*to finish*	Elle **finit de suivre** des cours lundi.
oublier de	*to forget*	J'**ai oublié d'apporter** ma clarinette à la répétition (*rehearsal*).
refuser de	*to refuse*	La diva **refuse de chanter** cette aria.
rêver de	*to dream of*	Elle **rêve d'être** musicienne professionnelle.

À vous la parole

12-4 Des détails. Pour chaque phrase, ajoutez un verbe logique pour donner plus de détails.

MODÈLE Adrien apprend la flute à l'école.
➤ Adrien apprend à jouer de la flute à l'école.

SUGGESTIONS

suivre   écouter   jouer   aller   préparer   pratiquer   danser

1. Elle finit ses devoirs pour le prof de piano.
2. Je continue mes leçons de chant.
3. Tu as oublié le concert hier soir ?
4. Delphine arrête la danse.
5. Nous adorons le jazz.
6. J'essaie le saxophone.
7. Vous commencez avec ce groupe folklorique ?
8. Tu préfères quel type de musique ?

12-5 Les talents et les projets musicaux. Identifiez qui dans votre classe a des talents et des projets musicaux. Posez des questions à vos camarades de classe pour découvrir qui fait quoi. N'oubliez pas d'inclure le professeur !

MODÈLES savoir jouer d'un instrument

    É1 Est-ce que tu sais jouer d'un instrument ?
    É2 Non, je ne sais pas jouer d'un instrument.
    OU Oui, je sais un peu jouer du piano, mais j'aimerais apprendre à jouer du violoncelle.

1. savoir jouer d'un instrument
2. aimer chanter
3. commencer tout juste à jouer d'un instrument
4. vouloir faire partie d'un groupe musical
5. rêver d'être chanteur/euse de rock (de rap, de jazz, d'opéra)
6. refuser d'écouter du rap
7. réussir à chanter de l'opéra
8. essayer de jouer d'un instrument

12-6 Pendant les vacances. C'est bientôt les vacances. Avec un/e partenaire, discutez de vos projets.

MODÈLE Pendant les vacances, je refuse…

    É1 Pendant les vacances, je refuse de me lever tôt. Et toi ?
    É2 Et moi, je refuse de travailler. Je voudrais me reposer à la plage.

1. Pendant les vacances, j'ai accepté…
2. Je vais certainement…
3. Mais, j'ai aussi décidé…
4. J'aimerais apprendre…
5. Si j'avais le temps, je voudrais…
6. Je pourrais toujours…
7. En fait, je rêve…
8. Finalement, je sais que je vais réussir…

TEXT AUDIO  12.2

12-7 À la claire fontaine

A. Avant d'écouter. Est-ce que vous connaissez des chansons traditionnelles en anglais : *Auld lang syne* ou *Greensleeves,* par exemple ? Est-ce que vous connaissez aussi des chansons traditionnelles françaises ?

Si oui, quelles chansons ?

Daniel le Mée qui chante *À la claire fontaine*

Quels sont souvent les sujets ou les thèmes des chansons traditionnelles ? La chanson *À la claire fontaine* met en scène une personne — Pierre —, une fleur — la rose — et un oiseau — le rossignol (*nightingale*). Souvent, dans les chansons traditionnelles, il y a beaucoup de répétitions, et c'est le cas pour cette chanson. Il y a un refrain, mais d'autres vers (*lines*) se répètent aussi. Ces répétitions vont vous aider à comprendre la chanson.

B. En écoutant. Trouvez les réponses aux questions suivantes.

1. Identifiez les instruments que vous entendez.
2. Identifiez la voix que vous entendez : est-ce que c'est une voix…
   a. de soprano ?
   b. de ténor ?
   c. de basse ?
3. Quels sont les thèmes de la chanson ?
   a. l'amour
   b. la nature
   c. le regret
4. Dans cette chanson, il y a plusieurs couplets et un refrain ; quel est le refrain ?
5. Dans cette chanson, il y a beaucoup de répétitions. Quels sont les vers répétés ? Pourquoi, à votre avis ?

C. Après avoir écouté. Est-ce que cette chanson vous plaît ? Pourquoi ? Les chansons traditionnelles sont très populaires parmi les francophones. Il existe entre autres des centaines de version de la chanson *À la claire fontaine* dont une version francofolk récente du groupe manitobain *Oh My Darling*. On les chante pour les fêtes, surtout aux mariages et on les chante comme berceuses aux enfants. À quels moments est-ce qu'on chante des chansons traditionnelles (ou d'autres chansons) chez vous ?

LEÇON 2   L'art et ses formes d'expression

Points de départ

TEXT AUDIO  12.3

Les artistes et leurs œuvres d'art

Les artistes au travail

Paul-Émile Borduas a peint cette toile alors qu'il approchait la quarantaine. Rêvant d'exil et de liberté dans les îles du Pacifique, il y a représenté une Tahitienne. Cette peinture montre bien comment la structure, les formes et les couleurs l'emportent sur le détail figuratif chez cet artiste considéré comme le père de l'automatisme pictural.

Paul-Émile Borduas (1905–1960) *La Tahitienne*, 1941. Huile sur toile. 38,8 cm x 32,7 cm. Musée des Beaux-arts du Canada (no. 15795)

Henri Rousseau a peint ce tableau dans le style primitif. Le sujet de ce tableau est une femme qui se promène dans une forêt exotique avec des fleurs et des arbres immenses. Les couleurs sont très vives.

Henri J.F. Rousseau (1844–1910), *Femme se promenant dans une forêt fantastique*, 1905. Huile sur toile/The Barnes Foundation, Merion, Pennsylvania, USA/The Bridgeman Art Library.

Ce tableau abstrait et cubiste de Fernand Léger s'intitule ***Éléments mécaniques***. C'est un bon exemple d'art moderne avec ses formes géométriques qui se répètent.

Éléments mécaniques, 1918–23 (Huile sur toile) by Fernand Léger (1881–1955). Kunstmuseum, Basle, Switzerland/Per Willi/Bridgeman Art Library.

Claude Monet a peint ce paysage d'hiver. Regardez l'utilisation de la lumière et surtout ses reflets sur la neige. Monet a été le grand maître des impressionnistes.

Claude Monet (1840–1926), *La pie, effet de neige*, Musée d'Orsay, Paris.

LEÇON 2 • L'ART ET SES FORMES D'EXPRESSION   *quatre-cent-quatre-vingt-quinze*   **495**

Attention à la prononciation du son /gn/ dans les formes plurielles du verbe **peindre** :

—Qu'est-ce que vous **peignez** en ce moment ?
—Nous **peignons** une nature morte avec de belles fleurs.

PEINDRE *to paint*

SINGULIER		PLURIEL	
je	peins	nous	peig**n**ons
tu	peins	vous	peig**n**ez
il / elle / on	peint	ils / elles	peig**n**ent

PASSÉ COMPOSÉ : Renoir **a peint** beaucoup de toiles. J'aime les toiles **qu'**il a peint**es**.
FUTUR : Je **peindrai** ton portrait.
SUBJONCTIF PRÉSENT : Il faut que je **peigne** ce tableau avant la nuit.

Vie et culture

L'art visuel au Canada

On peut dire que la peinture canadienne a pris son envol avec le Groupe des Sept formé à Toronto entre 1910 et 1920. Voulant se détacher du style pastoral influencé par l'art européen et jugé trop statique pour la nature sauvage et vivante du Canada, les Sept cherchaient à définir un style proprement canadien. Leurs œuvres puissantes et magnifiques représentent souvent des paysages peints non pas à des fins imitatives mais plutôt afin de livrer, en peinture, les impressions ressenties devant la nature.

Durant les années 40, dans la période dite de grande noirceur au Québec, un deuxième groupe d'artistes va ébranler le monde des beaux-arts : les automatistes. Réunis autour du peintre Paul-Émile Borduas, le groupe signe, en 1948, le Manifeste du refus global, un document choc qui exprime le refus d'une société fermée, dominée par la religion et le conservatisme. Sur le plan artistique, le mouvement automatiste, inspiré du surréalisme, fait place à la spontanéité dans la création et privilégie l'exploration du monde intérieur. Les œuvres essentiellement non figuratives et abstraites se détachent de l'esthétisme conventionnel pour servir de canal entre la pensée intuitive et la toile.

Et vous ?

1. Est-ce que vous connaissez les œuvres de ces groupes d'artistes ? Est-ce que vous les avez déjà vues dans un de nos musées ?
2. De façon générale, est-ce que vous êtes sensible à l'expression artistique ? À la peinture ? À la musique ? Pourquoi ?

À vous la parole

👥 **12-8 Artistes célèbres.** Avec un/e partenaire, choisissez deux artistes qui vous intéressent dans la liste suivante. Faites un peu de recherches et présentez-les devant la classe. Parlez du style de chaque artiste et de ses œuvres d'art. Si possible, montrez une photo d'une de ses œuvres à vos camarades de classe.

Vincent Van Gogh, *Autoportrait*, 1889
Musée d'Orsay, Paris

MODÈLE É1 Nous avons choisi Paul-Émile Borduas et Vincent Van Gogh.

É2 Van Gogh était un peintre néerlandais de style postimpressionniste. Il a peint surtout des paysages et des portraits. Il a aussi fait 35 autoportraits. Voici un autoportrait qu'il a peint vers la fin de sa vie.

É1 Et moi, je vais parler de Paul-Émile Borduas, le peintre et sculpteur québécois qui…

1. Marc Chagall
2. Emily Carr
3. Mary Cassatt
4. Pablo Picasso
5. Berthe Morisot
6. Camille Claudel
7. Auguste Rodin
8. Jean-Paul Riopelle
9. Robert Doisneau
10. Bill Reid
11. Auguste Renoir
12. Jean-Paul Lemieux

👥 **12-9 Une œuvre d'art que vous aimez.** Apportez en classe une œuvre d'art ou une reproduction d'œuvre d'art. Présentez-la à vos camarades de classe. N'oubliez pas de parler de l'artiste, du type d'art et de dire pourquoi vous l'aimez.

MODÈLE ▶ Voici une œuvre d'Henri Matisse. C'est un collage qui s'appelle ***Les bêtes de la mer***. C'est assez abstrait et très coloré. J'aime la technique de Matisse et le sujet de ce collage. Les couleurs sont très vives et très intenses. Il y a beaucoup d'énergie exprimée dans ce collage.

Formes et fonctions

Vue d'ensemble des temps verbaux : le présent et le passé

- **Le présent de l'indicatif** est un temps bien versatile en français. En plus d'exprimer le moment présent (par ex. : *Qu'est-ce que tu fais ? – Je mange.*), il permet d'exprimer des actions ou encore des états habituels (par ex. : *Le samedi, je me lève à 9h, prends un café, lis le Monde, puis je déjeune.*). Voyons ces autres exemples :

> Il **parle** français couramment.
> *He speaks French fluently.*
>
> Elle **peint** une nature morte pour l'anniversaire de sa mère.
> *She is painting a still life for her mother's birthday.*

Le temps présent sert également de temps de narration, c'est-à-dire de temps employé pour raconter une histoire, un récit ou encore un fait historique, comme dans l'exemple ci-dessous :

> **En 1874**, Monet, Degas, Renoir et d'autres artistes **exposent** leurs tableaux. **C'est** le début de l'impressionnisme.
> *In 1874, Monet, Degas, Renoir and other artists exhibited their paintings. It was the beginning of Impressionism.*

Associé à un adverbe, sa valeur temporelle s'étend du passé au futur. Observons les exemples ci-dessous :

> Catherine Baudet, politologue, journaliste et poète, **habite** à l'Ile Maurice **depuis 2009**. ('Elle a commencé à habiter Maurice en 2009 et y habite encore à ce jour')
>
> Nous **allons** au musée **demain**. (L'adverbe *demain* donne une interprétation future au verbe)
>
> Antoine **est** en visite à la maison pour une semaine. (Il est déjà arrivé et il sera là encore quelques jours)
>
> Si vous **êtes** libres vendredi soir, nous vous invitons à souper.

- **Le passé composé** et **l'imparfait** permettent tous deux l'expression d'évènements passés.

L'imparfait s'emploie pour exprimer des actions habituelles dans le passé; des états mentaux et des sentiments; ainsi que pour décrire des personnes, des lieux et des conditions météorologiques dans le passé. Dans un texte narratif, l'imparfait correspond par conséquent aux éléments de la trame, du cadre, du *background*. Revoyons le paragraphe d'introduction du texte *Une abominable feuille d'érable sur la glace* de Roch Carrier (Chapitre 8) et soulignons les verbes à l'imparfait en observant le contexte d'utilisation. S'agit-il d'une description ? D'un état mental ou d'une action habituelle ?

Les hivers de mon enfance <u>étaient</u> des saisons longues, longues. Nous <u>vivions</u> en trois lieux : l'école, l'église et la patinoire. La vraie force apparaissait sur la patinoire. Les vrais chefs se manifestaient sur la patinoire. L'école était une sorte de punition. Les parents ont toujours envie de punir les enfants et l'école était leur façon la plus naturelle de nous punir. De plus, l'école était un endroit tranquille où l'on pouvait préparer les prochaines parties de hockey, dessiner les prochaines stratégies. Quant à l'église, nous trouvions là le repos de Dieu : on y oubliait l'école et on rêvait à la prochaine partie de hockey. À travers nos rêveries, il nous arrivait de réciter une prière : c'était pour demander à Dieu de nous aider à jouer aussi bien que Maurice Richard. Tous, nous portions le même costume que lui, ce costume rouge, blanc, bleu des Canadiens de Montréal, la meilleure équipe de hockey du monde : tous, nous peignions nos cheveux à la manière de Maurice Richard et, pour les tenir en place, nous utilisions une sorte de colle, beaucoup de colle. Nous lacions nos patins à la manière de Maurice Richard, nous mettions le ruban gommé sur nos bâtons à la manière de Maurice Richard. Nous découpions dans les journaux toutes ses photographies. Vraiment, nous savions tout à son sujet.

Le passé composé, de son côté, exprime des actions achevées, celles qui font avancer la narration, l'histoire. Considérons, par exemple, les phrases ci-dessous tirées de *L'arbre nourricier* au chapitre 10. La première phrase comporte un verbe à l'imparfait qui fournit le cadre général du conte (Il y avait de la famine au village), tandis que les phrases suivantes, qui comportent des verbes au passé composé, font progresser la narration (ont décidé d'aller, est parti, n'a rien trouvé, etc.).

Il y **avait** la famine au village. Oncle Hyène et Oncle Lièvre **ont décidé** d'aller chercher de la nourriture pour leurs familles. Oncle Hyène **est parti** mais **n'a rien trouvé**. Oncle Lièvre **s'est mis** aussi en route.

(*L'arbre nourricier*)

À vous la parole

12-10 Bien dit. Déterminez si chaque phrase évoque le présent, le futur ou le passé et suggérez d'autres façons de dire la même chose si c'est possible.

MODÈLE   On va au musée cette fin de semaine pour voir la nouvelle exposition.
➤   On va aller au musée pour voir la nouvelle exposition.

1. Elle vient nous voir la semaine prochaine.
2. Il apprend le français à l'université.
3. Le jeune artiste s'installe à Montréal à l'âge de 23 ans pour parfaire (*perfect*) son art.
4. Cette fin de semaine, je travaille samedi et dimanche.
5. On part cet après-midi.
6. Elle termine sa sculpture.

7. En ce moment, il peint un tableau abstrait.
8. Ils arrivent au Canada le 18 mai.

12-11 Toujours le sport. Racontez cette histoire au passé ; employez le passé composé ou l'imparfait, selon le cas.

MODÈLE C'est un samedi après-midi au début du mois de juin.
➤ C'était un samedi après-midi au début du mois de juin.

(1) Il y a une partie de baseball à deux heures de l'après-midi. (2) Il fait très chaud et lourd. (3) Le ciel est gris. (4) Les parents sont anxieux. (5) Ils pensent qu'il va pleuvoir. (6) On fait nos derniers préparatifs quand il commence à pleuvoir très fort. (7) L'arbitre (*referee*) nous dit qu'on doit jouer sous la pluie. (8) Les spectateurs ne sont pas contents. (9) Nous allons commencer la partie quand on voit un éclair à l'horizon. (10) Juste après, on entend du tonnerre. (11) L'arbitre siffle (*whistles*). (12) Tout le monde doit quitter le terrain. (13) On attend une demi-heure dans les voitures des spectateurs mais la pluie ne s'arrête pas. (14) Finalement, la partie est annulée et on rentre à la maison. (15) Je ne suis pas heureux. Quelle mauvaise journée !

12-12 Histoire à suivre. En groupes de cinq ou six, choisissez un début et puis imaginez la suite de l'histoire. Chaque membre du groupe va ajouter une phrase à tour de rôle.

MODÈLE Il faisait sombre.

É1 Il pleuvait depuis trois jours et…
É2 … les petits chats n'étaient pas contents parce que…
É3 … ils avaient faim.
É4 Ils cherchaient à manger quand soudainement…
É5 … un gros chien est arrivé.
É1 Les petits chats…

1. Il faisait sombre…
2. C'était une journée ordinaire…
3. Il faisait beau et le soleil brillait…
4. C'était la première fois que…
5. Ils ont toujours voulu…

 12-13 Visites de musées

Avec un/e partenaire, présentez un musée d'art francophone à vos camarades de classe. Choisissez un musée de la liste ci-dessous ou trouvez un autre musée qui vous intéresse particulièrement :

En Afrique

  le Musée de Manéga (au Burkina Faso)

  le Musée national du Mali

  le Musée Théodore Monod d'art africain (au Sénégal)

Au Canada

  le Musée d'art contemporain de Montréal

  le Musée des beaux-arts de Montréal

  le Musée national des beaux-arts du Québec

En Europe

  le Musée d'art moderne et d'art contemporain de Liège (en Belgique)

  le Musée de l'art wallon (en Belgique)

  le Musée d'art et d'histoire de Genève (en Suisse)

  le Musée d'art et d'histoire de Neuchâtel (en Suisse)

  le Musée d'art moderne Lille Métropole (en France)

  le Musée Marc Chagall à Nice (en France)

  la Fondation Maeght (en France)

Une visite guidée de l'exposition ¡ Cuba ! Art et histoire de 1868 à nos jours au Musée des beaux-arts de Montréal. Avec plus de 400 œuvres, c'était la plus grande exposition d'art cubain jamais réalisée.

A. Avant de parler. Cherchez des renseignements dans les catégories suivantes :

- Description générale :

MODÈLE ➤ Le Musée des beaux-arts de Montréal contient plus de 35 000 objets de l'Antiquité jusqu'à l'époque moderne.

- Informations pratiques : l'adresse du musée, les jours et les heures d'ouverture, les tarifs

Parallèles

Musée et galerie d'art.
Diandra se trouve devant un musée et Mathilde devant une galerie d'art.

Voici la galerie d'art Interface à Dijon.

Voici Beaubourg, ou le Centre Pompidou, à Paris.

MODÈLE ▶ Le musée se trouve sur la rue Sherbrooke, à Montréal. Il est ouvert de 11 h à 17 h en semaine à l'exception du mercredi où il est ouvert jusqu'à 21 h. Le samedi et le dimanche, on peut s'y rendre dès 10 h le matin. Le musée est fermé le lundi. L'entrée à la collection du musée est gratuite ; il faut seulement payer pour les expositions temporaires. C'est 20 $ pour les adultes de 31 ans et plus, 12 $ pour les 13 à 30 ans et gratuit pour les enfants de 12 ans et moins.

- Les collections et les expositions

MODÈLE ▶ Il y a des collections de cultures anciennes, d'art canadien et européen, d'arts décoratifs et d'art contemporain.

- Une ou deux œuvres d'art (ou une exposition) que vous allez présenter avec plus de précision.

MODÈLE ▶ Nous avons choisi une sculpture et un paysage. Le tableau s'appelle *Arbre déraciné* ; Marc-Aurèle Fortin l'a peint vers 1928. C'est un tableau d'un gros arbre qui…

- Votre commentaire personnel

MODÈLE ▶ Nous pensons que ce musée serait intéressant à visiter. On peut y voir des œuvres d'artistes connus comme Cézanne, Matisse et Renoir, et aussi des œuvres d'artistes canadiens.

B. En parlant. Avec votre partenaire, faites votre exposé à vos camarades de classe. Pensez à rendre votre exposé plus intéressant avec quelques images du musée et des œuvres d'art qu'on y trouve.

C. Après avoir parlé. Considérez les questions suivantes avec vos camarades.

1. Quels étaient les musées les plus intéressants ?
2. Quels musées est-ce que vous aimeriez visiter ? Pourquoi ?

LEÇON 3 — Allons voir un spectacle !

Points de départ

Le spectacle

Pour voir un ballet ou un opéra, vous pouvez aller au Palais Garnier à Paris. Le Palais Garnier est un chef-d'œuvre de l'architecture théâtrale du XIXe siècle. Dans la salle de spectacle, le plafond (*ceiling*) a été peint par Marc Chagall en 1964.

Pour voir une pièce, vous pouvez aller au Théâtre du Rideau Vert à Montréal. Véritable institution, ce théâtre a été l'un des premiers à produire des œuvres de chez nous, en plus des grands classiques d'ailleurs.

Rémi et Sophie planifient leur fin de semaine.

SOPHIE : Alors, qu'est-ce qu'on fait en fin de semaine ?
RÉMI : Je ne sais pas. Tu as pris le *Voir* ?
SOPHIE : Non, j'ai oublié, mais on peut le consulter en ligne à l'adresse www.voir.ca. Qu'est-ce que tu voudrais faire ? Voir un film ? Aller à un concert ? Aller au musée ?
RÉMI : Un spectacle, ce serait bien. Pourquoi pas un concert ?
SOPHIE : Ou un opéra ? Ou même un ballet ! Ça fait longtemps qu'on n'est pas allé voir un spectacle de danse.
RÉMI : Eh, pas si vite ! Tu sais bien que je ne suis pas un fanatique de danse. Regarde plutôt les concerts à l'affiche.
SOPHIE : Eh bien, il y a Jane Birkin au Théâtre Maisonneuve, Cœur de pirate à la Maison du festival et Catherine Durand à l'Ange cornu.
RÉMI : Bof. Ça me dit rien.

SOPHIE : Tiens, c'est les FrancoFolies et il y a un concert gratuit chaque soir ! Ce soir, c'est le groupe Mes Aïeux, demain, vendredi, ce sera Stefie Shock et samedi, il y a une soirée hip hop avec le groupe Dubmatique. J'adorerais voir le groupe Mes Aïeux ce soir, mais je travaille tôt demain matin.

RÉMI : Ah oui, moi aussi j'aimerais beaucoup les voir. Le concert ne finira peut-être pas trop tard, puis tu pourras te reposer pendant la fin de semaine !

SOPHIE : Oui, tu as raison. Attends, laisse-moi vérifier à quelle heure ça commence... Ouf ! Ça commence dans une demi-heure. Vite ! Dépêche-toi, il faut partir !

RÉMI : Ok, c'est un départ...

Vie et culture

Pariscope

La plupart des grandes villes publient un hebdomadaire relatant l'actualité culturelle (cinéma, musique, théâtre, dernières publications, etc.) : à Vancouver, c'est le *Georgia Straight*, à Toronto, le *Now* et à Montréal, le *Voir*. Si vous êtes à Paris, le périodique indispensable pour planifier vos sorties culturelles est le *Pariscope*. Il sort tous les mercredis. Son nom est un jeu de mots qui combine « Paris » et « périscope ». Regardez le sommaire : Quels renseignements est-ce que vous y trouverez ? Qu'est-ce que vous pourriez faire à Paris ? Qu'est-ce que vous choisiriez de faire ?

Est-ce qu'il y a un magazine semblable pour votre ville ou votre région ? Qu'est-ce que vous faites pour trouver des idées, des renseignements quand vous voulez sortir ?

sommaire
du mercredi 4 au mardi 10 septembre 2013

6 à venir
8 ma ville
10 actu(s)
12 rencontre
14 théâtre
  nouvelles pièces 18
  liste des spectacles 22
  théâtre parisiens associés 24
  les salles de plus de 100 places 31
  les salles jusqu'à 100 places 38
  hors paris 41
  cabarets dîners spectacles 41

45 cinéma
  actus & dvd 46
  sommaire général 49

118 arts
  expositions dans les musées et autres sites 120
  expositions dans les galeries 125
  musées à Paris 127
  autres sites à Paris 131
  musées en Ile-de-France 131

134 enfants
  spectacles, théâtre classique, animations, marionnettes, cirques parcs d'attractions, aquanums et zoo 136

139 l'agenda
  animations, fores et salons visites conférences 139

142 musique
  concerts classiques, hors pans, musique du monde, danse, opéras, vanétés, jazz, pop-rock, musique électronique, radios fm 144

148 à table
  restaurants rive droite, rive gauche, portes de paris 150

155 paris la nuit

Source : "Sommaire (table of contents)", "Sommaire" 25 juin au 1er juillet 2008, (C) Pariscope., Pariscope/LaGardere Active

À vous la parole

12-14 Sorties. Regardez les pages *la Villette* du *Pariscope* qui proposent une gamme d'activités pour toute la famille au Parc de la Villette, un énorme complexe dans le 19e arrondissement de Paris. Suggérez une ou deux possibilités de sorties dans les catégories suivantes :

MODÈLE cinéma
➤ On pourrait voir *Sauvegardons notre planète* au cinéma Louis-Lumière.

1. cinéma
2. théâtre
3. concerts
4. spectacles de danse
5. expositions

Musique, danse...
La Villette vit au rythme de l'Afrique !

« Afrique[s] »
Concerts, danse, colloque
du 24 juin au 12 juillet - Grande Halle de la Villette
Une invitation au voyage au cœur des cultures africaines.
Un rendez-vous unique !
Programme détaillé sur www.villette.com

À ne pas manquer
cette semaine :

jusqu'au 28 juin 20 h *« 2147, l'Afrique »*
Moïse Touré, Jean-Claude Gallotta, Rokia Traoré.
Une mise en récit par la danse, le théâtre et la musique de l'Afrique à l'horizon 2147.
15 €/TR 10 €/ Carte Villette 9 € - 16 ans 8 €

27 juin 10 h-18 h *Colloque*
« La création artistique en Afrique et ses liens avec l'Europe »
Accès libre.

Afrique[s]
continue avec :

3 juillet 21 h 30 *Salif Keita*
25 €/TR et Carte Villette 20 €

8 et 9 juillet 21 h 30 *Les lauréats 2008 des Rencontres « Danse l'Afrique danse »*
12 €/TR et Carte Villette 9 €

du 8 au 12 juillet 20 h *« Le Sacre du Printemps »*
Une reprise contemporaine du chef-d'œuvre classique de Stravinsky, 14 danseurs livrent une danse brute, colorée et efficace. Chorégraphie de Heddy Maalem
15 €/TR 10 €/Carte Villette 9 €/-16 ans 8 €

la villette
Pour petits et grands, expos, animations, spectacles...

Cité des sciences
Les expositions de la Cité sont une invitation à découvrir l'univers des sciences et des techniques : jouez avec la lumière, décodez votre carte génétique, faites parler la Joconde, plongez au cœur de mises en scène sonores, montez à bord d'un vrai sous-marin... Autant d'expériences qui vous font explorer les secrets de la science.

Nouvelles expositions

Le grand récit de l'Univers
Une vaste enquête interactive sur l'origine de la matière, la lumière et l'énergie, un voyage de 13,7 milliards d'années, de la Terre jusqu'au vide extragalactique. Permanent.

Expo 2CV
Plein feux sur la grande histoire d'une petite voiture populaire.
Jusqu'au 30 novembre.

Les expositions : 8 €
Les expositions + le planétarium : 11 €
Sous-marin Argonaute : 3 € (gratuit - de 7 ans)

Spectacles

– Au planétarium : *À l'aube de la conquête spatiale* ou la rétrospective, en images, de cinquante années d'exploration.
– Au cinéma Louis-Lumière : *Paroles d'insecte* et *Sauvegardons notre planète*, deux films en relief.
– À la Géode : avec un écran hémisphérique de 1000 m2, plongez dans l'image ! Programme (voir pages cinéma). *Géode : 9 €*

Courtesy of le Parc de la Villette et son architecte Bernard Tschumi

12-15 Qu'est-ce qu'on fait ? Avec un/e partenaire, proposez quelques sorties pour cette fin de semaine.

MODÈLE
É1 Qu'est-ce qu'on fait cette fin de semaine ?
É2 Pourquoi pas aller au cinéma ? Il y a un nouveau film avec Audrey Tautou que j'aimerais voir.
É1 Non, ça ne me dit rien. Je n'aime pas beaucoup cette actrice. Un concert plutôt ?
É2 Peut-être, mais…

12-16 Les sorties. Avec un/e partenaire, discutez de vos préférences culturelles.

MODÈLE
Est-ce que vous préférez le théâtre, le cinéma, la danse ou l'opéra ?
É1 J'adore l'opéra. Je sais que c'est un peu curieux parce que beaucoup d'étudiants n'aiment pas l'opéra. Mais moi, j'adore ça.
É2 Pas moi. J'aime plutôt la danse. Je fais du ballet depuis 12 ans et j'aime bien aller à des spectacles de danse.
É1 Tu y vas beaucoup ? Moi, je ne vais pas très souvent à l'opéra parce que c'est cher.
É2 Je vais assez souvent à des spectacles de danse sur le campus. Tu sais, ce n'est pas très cher et ça vaut vraiment le coup…

1. Est-ce que vous préférez le théâtre, le cinéma, la danse ou l'opéra ?
2. Assistez-vous régulièrement à des spectacles ? Combien de fois par semaine, par mois ou par an ? Avec qui est-ce que vous y allez ?
3. Combien d'argent est-ce que vous consacrez (*devote*) aux sorties culturelles par semaine ou par mois ?
4. Est-ce qu'il y a des spectacles sur votre campus qui ne sont pas très chers pour les étudiants ? Est-ce que vous y allez ? Pourquoi ?
5. Est-ce que vos habitudes culturelles sont différentes des habitudes de vos parents ? Est-ce qu'ils sont abonnés à un théâtre ou à un opéra, par exemple ? Et vous ?
6. Est-ce que vous avez les mêmes préférences que vos parents ou que vos amis pour les spectacles de musique et de danse, les pièces de théâtre et les films ?

Des artistes du Cirque du soleil. Reconnaissez-vous leur style unique ? Avez-vous déjà vu un de leurs spectacles ?

Formes et fonctions

Vue d'ensemble : les combinaisons de pronoms compléments

Les chapitres précédents nous ont donné l'occasion d'étudier plusieurs pronoms personnels : les pronoms compléments d'objet **le**, **la**, **les**, **lui**, **leur**, **me**, **te**, **nous**, **vous** et le pronom réfléchi **se**, le pronom partitif **en** et le pronom locatif **y**. La fonction principale des pronoms est d'éviter la répétition dans les échanges verbaux comme dans les textes.

Il est parfois souhaitable de remplacer deux compléments (Tu m'as déjà dit **que ton frère et sa copine ne venait pas manger**? –Oui, je te **l'**ai déjà dit AU LIEU DE –Oui, je t'ai dit **que ton frère et sa copine ne venait pas manger**.). Les pronoms se combinent toutefois selon certains ordres spécifiques qu'il importe de connaitre.

- Observons les combinaisons de compléments ci-dessous qui apparaissent avec les verbes de transfert comme prêter quelque chose à quelqu'un, offrir quelque chose à quelqu'un, etc.

Tu **me le** prêtes ?	*Will you lend it to me?*
Je **te l'**offre.	*I'm giving it to you.*
Il **me l'**a déjà dit.	*He already told me.*
Tu pourrais **me l'apporter** ?	*Could you bring it to me?*

Notons que dans ces exemples, les pronoms **me** et **te** jouent le rôle de compléments d'objet indirect ; ils expriment en effet la personne **à qui** l'on prête, offre, dit quelque chose. Notons de plus que ces pronoms apparaissent immédiatement entre le sujet et les pronoms compléments d'objet direct **le**, **l'**, **la**, **les** qui expriment la chose prêtée, offerte, dite. L'ordre est le suivant :

sujet	me te se nous vous	le / l' la les	**verbe**	ex. :	Je vous les envoie ce soir. Ils se le diront en personne.

Bien entendu, lorsque la chose donnée, prêtée, ou offerte est quantifiée comme dans les exemples ci-dessous, on emploie le pronom partitif **en** au lieu du pronom complément d'objet direct. Par exemple :

Du chocolat ? Il **t'en** offre souvent.
Des livres ? Elle **m'en** prête deux.
Des courriels ? Je **vous en** enverrai plusieurs pendant mon voyage.

- Observons à présent les combinaisons ci-dessous qui impliquent elles aussi une personne et un objet. La personne à qui l'on offre, prête, dit quelque chose est exprimée à la 3e personne, ce qui entraine l'utilisation des pronoms **lui** et **leur**.

Tu **le lui** prêtes ?		*Will you lend it to him/her?*	
Je **la leur** offre.		*I'm giving it to them.*	
Il **le leur** a déjà dit.		*He already told them.*	
Tu pourrais **la lui apporter** ?		*Could you bring it to her/him?*	

L'ordre est alors le suivant :

sujet	le / l' la les	lui leur	**verbe**

Si toutefois la chose offerte est quantifiée, le complément d'objet direct est remplacé par le pronom partitif **en** qui se place immédiatement avant le verbe comme dans l'exemple ci-dessous :

Ne **leur en** donne pas !   *Don't give them any!*

- Lorsque le verbe est conjugué à l'**impératif**, les pronoms suivent un ordre inversé, soit :

Voilà mon billet ; apporte-**le-moi** !   *There's my ticket; bring it to me!*
Dis-**le-nous** s'il-te-**plaît**.   *Tell it to us please.*

verbe	le la les	moi / m' toi / t' lui nous vous leur

Avec le pronom *en*, l'ordre est le suivant :

verbe	moi / m' toi / t' lui nous vous leur	en

Voilà du café ; sers-**t'en** !   *Here's some coffee; help yourself!*
Donnez-**nous-en** !   *Give us some!*

- En terminant, mentionnons que l'expression *il y a* (there is) qui comporte le pronom locatif *y* peut se combiner avec le pronom *en* :

Il y a deux spectacles ce soir à la Place des Arts.   Il y **en** a deux.   *There are two.*

Fiche pratique

Notons que les pronoms compléments qui apparaissent à la suite de verbes conjugués à l'impératif sont reliés par des traits d'union. Par exemple : Ce billet de spectacle est à moi. Rendez-**le-moi**!

Est-ce qu'il y a beaucoup de choix de couleurs ? — Oui, il y **en** a beaucoup. *Yes, there is (are?) a lot*

À vous la parole

12-17 À un concert. Vous écoutez des gens qui parlent pendant l'entracte d'un concert de musique classique. Avec un/e partenaire, imaginez de quoi ils parlent probablement.

MODÈLE Il y en a beaucoup.

    É1 Il y a beaucoup de musiciens.
    É2 Il y a beaucoup de violons.

1. Tenez, je vous le donne.
2. Non, il n'y en a pas.
3. Vous m'en donnez deux, s'il vous plaît ?
4. Est-ce que vous le lui avez donné ?
5. Passez-les-moi, s'il vous plaît.
6. Pas de problème ; il y en a pour tout le monde.

12-18 Il y en a combien ? Avec un/e partenaire, trouvez la bonne réponse.

MODÈLES musiciens dans un trio

    É1 Il y a combien de musiciens dans un trio ?
    É2 Il y en a trois.

    francophones au Québec

    É1 Il y a combien de francophones au Québec ?
    É2 Il y en a plus de sept millions.

1. musiciens dans un quartette
2. flutes dans un orchestre
3. semaines dans un semestre/trimestre
4. examens pour le cours de français
5. étudiants dans le cours de français
6. ordinateurs dans le labo de langues
7. étudiants à l'université
8. personnes dans votre ville

12-19 Qui en prend ? Après le concert, il y a une réception pour les musiciens et leurs invités. On arrose (*toast*) l'évènement avec du champagne. À qui est-ce qu'on en sert ?

MODÈLE au chef d'orchestre ?
    ➤ Oui, on lui en sert.

1. à sa mère ?
2. à son fils de sept ans ?
3. au pianiste ?
4. à ses amis ?
5. à sa femme ?
6. à sa petite-fille ?
7. aux membres de l'orchestre ?

Affiche annonçant une représentation de la pièce *Les Belles-sœurs* de Michel Tremblay. Produite pour la première fois le 28 aout 1968 au Théâtre du Rideau Vert à Montréal, cette pièce a depuis été traduite en vingt-deux langues et jouée dans le monde entier.

12-20 Donnant donnant. Est-ce que vous faites les choses suivantes pour votre colocataire ou votre meilleur/e ami/e, et est-ce qu'il ou elle les fait pour vous ?

MODÈLE   prêter l'ordinateur

É1   Tu lui prêtes ton ordinateur ?
É2   Non, je ne le lui prête jamais.
É1   Et il te prête son ordinateur ?
É2   Non, il ne me le prête jamais.

1. prêter l'ordinateur
2. prêter le dictionnaire de français
3. prêter des vêtements
4. prêter des livres
5. emprunter des CD
6. envoyer une carte d'anniversaire
7. s'offrir des cadeaux
8. demander des conseils

Lisons

12-21 L'archer aveugle

A. Avant de lire. Le texte que vous allez lire est un chapitre tiré du roman *L'énigme du retour*, de Dany Laferrière, un auteur canadien d'origine haïtienne vivant à Montréal qui vient d'être nommé « immortel » par l'Académie française. Son roman, gagnant du prix Médicis en 2009, raconte l'histoire d'un exilé haïtien installé à Montréal qui, après avoir appris le décès de son père, retourne en Haïti pour les funérailles. Écriture à la forme originale, le roman alterne entre prose et haïku.

Le titre du chapitre est *L'archer aveugle*. Ce titre peut sembler surprenant car pour tirer une flèche (*arrow*), il est important de voir. Comme on le comprend à la lecture du texte, *aveugle* signifie ici 'sans regarder, au hasard'. Dans le contexte d'un décès, que peut bien désigner cet archer aveugle ?

B. En lisant. Vous allez constater que la forme du texte dans ce chapitre est inspirée des haïkus, ces petits poèmes courts, issus de la tradition japonaise qui visent à créer une image, une impression chez le lecteur en utilisant peu de mots. À la lecture des paragraphes, essayez de vous représenter les scènes.

1. Dany Laferrière utilise un vocabulaire propre au domaine de la peinture pour suggérer ses perceptions d'Haïti. Relevez dans le texte six mots qui appartiennent au domaine de la peinture :
   la peinture primitive
2. Les temps verbaux employés par l'auteur permettent aussi de se déplacer du moment présent, aux souvenirs d'enfance en passant par des situations hypothétiques. Relevez les verbes du texte et placez-les dans le tableau ci-dessous, en fonction du temps (ou du mode) de conjugaison. Pourquoi l'auteur a-t-il choisi ce temps ou ce mode verbal ? Que veut-il exprimer ?
   – présent : *est, trouve,*
   – passé composé : *est entré,*
   – plus-que-parfait : *avais oublié*

Stratégie

Use your familiarity with a particular literary genre to predict the content and the structure of a text. What might you expect, for example, in reading an Haïku, that is a short poem, as opposed to a prose passage? How can you adjust your own approach to the text accordingly?

L'ARCHER AVEUGLE

C'est par le bruit que la Caraïbe
est entrée en moi.
J'avais oublié ce vacarme[1].   [1]*bruit*
Cette foule hurlante[2].   [2]*howling*
5 Ce trop-plein d'énergie[3].   [3]*pent-up*
Ville de gueux[4] et de riches   [4]*beggars*
debout avant l'aube[5].   [5]*dawn*
On trouve pareille énergie
dans la peinture primitive
10 où le point de fuite[6]   [6]*vanishing point*
se situe non au fond du tableau,
mais dans le plexus
de celui qui regarde la toile.
Quand on observe une scène de marché
15 chez n'importe quel peintre de rue
on n'a pas l'impression de pénétrer
dans le marché
mais plutôt le sentiment que c'est le marché
qui vous pénètre en vous intoxiquant
20 avec ses odeurs et ses saveurs.
D'où un mouvement de recul
devant ces fortes couleurs primaires.
Si on meurt plus vite qu'ailleurs,
la vie est ici plus intense.
25 Chacun porte en soi la même somme[7]   [7]*amount*
d'énergie à dépenser
sauf que la flamme est plus vive[8]   [8]*brighter*
quand son temps pour bruler
est plus bref.
30 Derrière moi, les montagnes bleues
qui entourent la ville.
Et ce ciel d'aube légèrement rosé.
Un homme encore endormi
sous un camion rempli de melons.
35 Dans les médias internationaux
Haïti apparait toujours déboisé[9].   [9]*cleared of trees*
Pourtant je vois des arbres partout.
Il faut dire qu'enfant je détestais les arbres
au point de rêver d'asphalter la planète.
40 Les gens voulaient toujours savoir pourquoi
un enfant n'aimait pas les arbres.
L'impression qu'ils me regardaient de haut[10].   [10]*looked down*
Deux corbillards[11] se croisent   [11]*hearse*
dans cette rue poussiéreuse
45 au pied de la montagne.

> Chacun emmène son client
> à son rendez-vous.
> Le dernier taxi coute plus cher.
> La mort, cet archer aveugle.
> 50 Actif à minuit comme à midi.
> Trop de gens dans cette ville
> pour qu'il puisse, au moins une fois,
> rater sa cible[12].
>
> Je n'ai qu'à faire circuler la rumeur
> 55 que je suis retourné vivre là-bas
> sans préciser de quel là-bas il s'agit
> afin qu'à Montréal on puisse croire
> que je suis à Port-au-Prince
> et qu'à Port-au-Prince on soit sûr que
> 60 je suis encore à Montréal.
> La mort serait de n'être plus
> dans aucune de ces deux villes.
>
> Tiré du roman *L'Énigme du retour* de Dany Laferrière. Dany Laferrière (2009) L'Énigme du retour, Boréal, pp. 124–126.

[12]*target*

- imparfait : *apparait,*
- subjonctif :
- infinitif :
- conditionnel :

C. En regardant de plus près. Maintenant examinez les éléments suivants du texte.

1. Dans *L'Énigme du retour*, le personnage principal vit un retour dans son pays natal après un exil. Quelle impression dominante partage-t-il de Port-au-Prince en Haïti? Comment dépeint-il la ville?
2. Que désigne en fin de compte *l'archer aveugle*?
3. L'auteur exprime plusieurs oppositions dans ce texte. Il le fait parfois en utilisant des mots de sens contraire, parfois en utilisant des concepts ou des images contraires. Essayez de relever trois de ces oppositions.

D. Après avoir lu. Discutez des questions suivantes avec vos camarades de classe.

1. Dans l'exil comme en situation d'immigration, on laisse le plus souvent des souvenirs, des amis et des membres de la famille derrière soi. Pourtant, le retour dans le pays d'origine est souvent décrit comme difficile. Pourquoi selon vous?
2. Est-ce que vous avez déjà lu un roman de Dany Laferrière? Si oui, partagez vos impressions avec vos camarades de classe. Si non, est-ce que cet extrait vous donne envie de lire ses livres ? Pourquoi ?
3. Avez-vous déjà voyagé en Haïti? Si oui, partagez-vous la description que fait Laferrière de son pays d'origine? Avez-vous ressenti les mêmes impressions? Si non, est-ce un pays qui vous attire? Un endroit que vous aimeriez visiter? Pour quelles raisons?

Venez chez nous !
Modes d'expression artistique

Un artiste dessine devant une sculpture au Louvre.

Partout dans le monde, les gens s'expriment à travers l'art. Dans le monde francophone, on trouve une grande variété de modes d'expression artistique : des grands maîtres de l'impressionnisme français aux masques et sculptures africains, en passant par l'art de style primitif haïtien. Côté musique, on trouve le zydeco en Louisiane, l'afropop à Madagascar ou en Guinée, ainsi que des grands compositeurs comme Bizet, Debussy et Ravel sans oublier, de nos jours, les nombreux chanteurs et chanteuses populaires. Il y a également de nombreux artisans partout dans le monde francophone. Ce sont des personnes qui font des objets à la main à l'aide de techniques telles que l'émail sur cuivre (*copper enamelling*), l'orfèvrerie (*metal work; gold, silver*), la poterie (*pottery*), le tissage (*weaving*), le tricot (*knitting*), etc. Sans être des œuvres d'art, les productions artisanales ont une valeur artistique certaine.

12-22 L'art et l'artisanat

A. Avant de regarder. Est-ce que vous connaissez des artistes ou des artisans ? De quelles sortes ? Où est-ce qu'ils vendent leurs créations ? Écoutez Sylviane, une artiste sérigraphe à Seillans, qui nous montre son art, son atelier et son magasin à côté.

B. En regardant. Entourez toutes les réponses possibles.

1. Sylviane dit qu'elle est…
   a. une sérigraphe parmi beaucoup d'autres en France.
   b. une des dernières sérigraphes manuelles en France.
   c. la meilleure artiste sérigraphe en France.

2. La sérigraphie moderne se fait…
   a. à la main.
   b. dans les usines.
   c. avec des machines sophistiquées.

3. Sylviane travaille comme…
   a. les Chinois il y a 3000 ans.
   b. les artisans du Moyen-Âge.
   c. ses parents il y a 30 ans.

4. Elle réalise ses créations…
   a. chez elle, dans une petite pièce.
   b. chez des amis qui ont un bon atelier.
   c. dans un atelier à côté de son magasin.

5. Elle peut faire des choses…
   a. personnalisées.
   b. dans le style demandé par ses clients.
   c. très sophistiquées.

6. Pour ses motifs, elle s'inspire…
   a. des fruits et légumes.
   b. du folklore.
   c. de la nature.
   d. des enfants.
   e. des animaux.

C. Après avoir regardé. Maintenant, discutez des questions suivantes avec vos camarades de classe.

1. Est-ce que vous connaissiez la sérigraphie ? Qu'est-ce que vous pensez des objets que vous avez vus dans la vidéo ? Est-ce que vous aimeriez avoir un tee-shirt ou un foulard décoré selon la technique de la sérigraphie ?
2. Sylviane dit qu'elle est « artisan ou artiste sérigraphe ». Quelle est la différence à votre avis ? Est-ce que vous pensez qu'elle est artiste ou plutôt artisan ? Pourquoi ?

L'artisanat

Les artisans peuvent avoir un métier très créatif. Au Canada comme dans d'autres pays francophones, les artisans travaillent à leur compte[1] et gagnent leur vie avec la vente des œuvres qu'ils ont créées. Dans certains cas, il peut être assez difficile de déterminer s'il s'agit[2] d'art ou d'artisanat, parce qu'après tout, le mot « artisan » contient bien le mot « art ». Par exemple, est-ce que les masques africains sont considérés comme de l'artisanat ou comme des œuvres d'art, ou comme les deux à la fois[3] ? Il est certain que ces masques ont inspiré des artistes modernes comme Pablo Picasso et Henri Matisse. Ils font partie aussi des grandes collections d'art dans certains musées du monde et dans des collections privées.

[1]*are self-employed* [2]*if it's about*
[3]*at the same time*

Au Bénin, on peut trouver de belles tapisseries comme ce « Lion dans la forêt ».

Cet artisan haïtien vend ses tableaux aux amateurs (*aficionados*) d'art folklorique.

Stratégie

Use what you know about the famous people, historical events, and general subject matter of an expository text to better understand the content. If you are not familiar with some of the people or events mentioned, consider doing preliminary research to familiarize yourself with them before you tackle the text.

12-23 La découverte de l'art africain

Des masques africains

En 1907, avec le tableau *Les demoiselles d'Avignon*, Pablo Picasso lance un nouveau style, le cubisme. Regardez le visage de ces femmes. Quelle est la ressemblance avec les masques africains ?
Pablo Picasso, *Les demoiselles d'Avignon*, 1907. Art Resource, NY.

A. Avant de lire. Ce passage décrit des artistes connus, des mouvements artistiques et des époques historiques. Avant de le lire, examinez rapidement le texte pour identifier les deux siècles (*centuries*) indiqués par des chiffres romains. D'après le texte, comment est-ce que la connaissance du continent africain par les Européens a changé à travers les siècles ? Ensuite, trouvez le nom de quatre artistes dans le texte. Est-ce que vous les connaissez ? Finalement, trouvez le mouvement artistique qui est cité dans ce texte. Quels artistes faisaient partie de ce mouvement ? Maintenant, lisez le texte en vous servant de ces connaissances qui vont vous aider à bien comprendre.

B. En lisant. Répondez aux questions suivantes.

1. D'après le texte, qui a découvert l'art africain et quand ?
2. Au XXe siècle, plusieurs artistes ont reconnu les qualités de l'art africain. D'après le texte, quelles sont ces qualités ?
3. D'après le texte, quand est-ce que les grandes collections privées ont commencé ?
4. Où est-ce qu'on peut voir de l'art africain de nos jours ?

La découverte de l'art africain

À partir du XVe siècle les navigateurs portugais explorent l'Afrique et l'Europe et découvrent peu à peu l'art africain…

La véritable rencontre de l'art africain et de l'Europe se fait au XXe siècle.

Il y est décelé[1] une nouvelle écriture qui va répondre pour certains artistes comme Matisse, Picasso, Gauguin, Vlaminck, à leur préoccupation[2] et marquer le point de départ de la rupture avec les normes académiques. Ces artistes occidentaux sont les premiers à reconnaitre autant de valeurs humanistes chez les artistes africains. Ils admirent la puissante abstraction de cette expression, la richesse, la variété, la vitalité qui rayonnent[3] dans cet art. Ils y trouvent une nouvelle source d'inspiration et même un style nouveau, le cubisme, art abstrait qui casse le carcan[4] des lois imposées aux artistes depuis la Renaissance.

Enfin, les objets d'art africain vont être regardés comme des œuvres d'art. Il n'était plus[5] question de beauté, de laideur, mais bien d'une émotion directe, d'une manifestation spontanée.

L'engouement[6] pour l'art africain caractérise « les Années folles ». C'est aussi bien sûr le temps des grandes collections privées.

De nos jours, des centaines d'expositions d'art africain sont organisées chaque année dans le monde. Des musées, des galeries d'art et des collectionneurs privés s'arrachent[7] ces œuvres dans les grandes ventes aux enchères[8] internationales et atteignent[9] des prix records.

Source : www.danse-africaine.net. Printed with permission.

[1]*remarqué* [2]*concerns* [3]*shine forth* [3]*the yoke* [5]*no longer* [6]*l'enthousiasme* [7]*snap up* [8]*auction* [9]*reach*

C. En regardant de plus près. Maintenant, examinez les aspects suivants du texte.

1. Regardez l'expression « une nouvelle écriture » à la ligne 4. Vous savez que le mot « écriture » a un rapport avec le verbe « écrire ». Normalement, ce mot veut dire « les signes graphiques qu'on utilise pour écrire ». Mais ici, ce mot a une autre signification. Quelle est la signification du mot « écriture » dans ce texte ?
2. Regardez le verbe « reconnaitre » à la ligne 6. Vous remarquez sans doute le verbe « connaitre » dans ce verbe. Si vous considérez en plus le contexte, qu'est-ce que ce verbe veut dire ?
3. À la ligne 11, on parle de « beauté » et de « laideur ». Ces deux noms sont dérivés d'adjectifs qui décrivent l'apparence physique. Quel est l'adjectif qui correspond à « beauté » ? Si vous savez que « laid » est un synonyme de l'adjectif « moche », quelle est la signification de « laideur » ?
4. Regardez le mot « centaines » à la ligne 14. Quel chiffre est-ce que vous remarquez dans ce mot ? D'après cela, que veut dire l'expression « des centaines d'expositions » ?

D. Après avoir lu. Discutez des questions suivantes avec vos camarades de classe.

1. Est-ce que vous avez déjà vu des expositions d'art africain dans un musée ou dans une galerie ? Qu'est-ce que vous pensez des œuvres d'art que vous avez vues ?
2. À votre avis, est-ce que les civilisations africaines ont eu une influence sur d'autres mouvements artistiques en Occident ? Dans quels domaines ? Est-ce que cette influence est toujours reconnue ? Pourquoi, à votre avis ?

12-24 L'art chez moi

A. Avant d'écrire. Pensez aux œuvres d'art et à leurs reproductions qu'il y a dans votre chambre, dans votre appartement ou chez vos parents et faites-en une petite liste. Est-ce que vous pouvez identifier un style ou des préférences pour un certain type d'art ou pour un certain artiste ? Quel est l'œuvre d'art que vous préférez ?

B. En écrivant. Rédigez un texte de trois ou quatre paragraphes qui décrivent le/s type/s d'art que vous préférez et une œuvre chez vous que vous aimez en particulier.

1. Pour commencer, complétez ce tableau qui va vous aider à organiser votre texte.

Introduction	MODÈLE	VOUS :
Pour écrire une bonne introduction : • Identifiez les œuvres d'art qu'il y a chez vous. • Donnez-en quelques exemples précis. • Indiquez vos preferences (pour le style, les matières, les artistes, les œuvres). • Indiquez votre œuvre préférée.	➤ l'art africain chez mes parents ➤ des masques, des sculptures, des batiks, des tableaux ➤ j'adore les petites sculptures et les batiks ➤ je préfère le grand batik au-dessus (*above*) de la cheminée	
Paragraphe 2 Décrivez votre œuvre d'art préférée.	MODÈLE ➤ le grand batik a beaucoup de couleurs très vives… ➤ c'est une scène de village	VOUS :
Paragraphe 3 Dites pourquoi vous aimez cette œuvre et expliquez son importance pour vous.	MODÈLE ➤ c'est un souvenir du village de ma grand-mère au Ghana	VOUS :
Conclusion Écrivez deux ou trois phrases pour terminer votre essai.	MODÈLE ➤ L'art africain est très important pour mon père et aussi pour moi. Quand j'étais petite, je ne l'aimais pas beaucoup parce que c'était différent de l'art chez mes amis. Mais maintenant, je l'apprécie.	VOUS :

2. Maintenant, utilisez vos notes pour rédiger votre texte. Si vous voulez, vous pouvez accompagner votre texte d'une image ou d'une photo.

MODÈLE ➤ J'aime bien l'art africain. Mon père vient du Ghana et nous avons donc chez nous beaucoup d'œuvres d'art qui viennent de son pays. Il y a des masques, des sculptures, des batiks et des tableaux. J'aime surtout le grand batik que nous avons au-dessus de la cheminée. Mon batik préféré représente une scène de village avec des petites maisons, des baobabs, des femmes qui préparent à manger, des enfants qui jouent, des hommes qui travaillent dans les champs. Il y a beaucoup de couleurs très vives surtout dans des tons jaunes et orangés. Je peux contempler ce batik pendant des heures…

Ce batik me rappelle le village de ma grand-mère au Ghana et quand je le regarde, je pense à elle…

L'art africain est très important pour mon père et aussi pour moi. Quand j'étais petite je ne l'aimais pas beaucoup parce que c'était différent de l'art chez mes amis. Mais maintenant, j'apprécie beaucoup.

C. En révisant. Réfléchissez aux questions suivantes et puis faites tous les changements nécessaires.

1. Relisez votre texte pour en analyser le contenu : est-ce que vous avez utilisé les notes que vous avez prises pour décrire l'art chez vous ?
2. Relisez de nouveau votre texte pour analyser le style et la forme : est-ce que vous avez bien organisé vos informations en paragraphes logiques qui se suivent, à commencer par une bonne introduction ? Est-ce que vous avez utilisé une variété de mots ou d'expressions pour décrire les œuvres d'art que vous mentionnez ?
3. Donnez un titre à votre texte et si vous avez une photo ou un dessin, écrivez une légende (*caption*).

D. Après avoir écrit. Échangez votre texte avec vos camarades de classe. Est-ce que vous avez les mêmes gouts artistiques ou est-ce que vos gouts sont différents ?

12-25 La musique que je préfère

Quel type de musique est-ce que vous préférez ? Le jazz ? La musique pop ? Le rock ? Le rap ? La musique punk ? Qui est votre musicien/ne préféré/e ? Préparez un exposé sur la musique que vous aimez et présentez-le à votre classe.

A. Avant de parler. Pour faire un bon exposé oral, il faut se préparer à l'avance :

1. D'abord, pensez à la musique et / ou au musicien ou à la musicienne que vous voudriez présenter.

2. Ensuite, pensez aux choses que vous aimeriez dire : par exemple, vous pourriez décrire le style de musique, parler un peu de son histoire et donner ses caractéristiques. Si vous présentez un/e musicien/ne ou un groupe, vous pourriez mentionner quelques aspects de sa biographie, parler de sa musique et dire pourquoi vous l'appréciez.

3. Il est important que vos camarades de classe puissent comprendre votre exposé, donc ne cherchez pas de mots compliqués dans le dictionnaire. Essayez plutôt d'utiliser des mots que vous connaissez et d'accompagner votre exposé de supports visuels.

4. Pour rendre votre présentation plus intéressante, pensez aussi à apporter quelques extraits que vous pouvez faire écouter aux autres.

B. En parlant. Présentez votre exposé à vos camarades.

MODÈLE ➤ J'ai décidé de faire mon exposé sur Corneille, un chanteur d'origine rwandaise devenu citoyen canadien. Corneille, de son vrai nom Nyungura Cornélius, est né en Allemagne en 1977, mais a grandi au Rwanda, le pays de ses parents. En 1993, à l'âge de 16 ans, il se découvre une passion pour la musique alors qu'il fait partie d'un groupe de R'n'B. Le groupe remporte le prix « Découverte 1993 », mais la guerre éclate au Rwanda, et le conflit violent qui oppose les Hutus aux Tutsis force la famille du musicien à se réfugier en Allemagne.

En 1997, Corneille quitte l'Europe pour entreprendre des études en communication à l'Université Concordia de Montréal, puis il reprend sa passion musicale dans un nouveau groupe, O.N.E., qu'il forme avec deux Haïtiens. En 2001, il quitte son groupe et poursuit une carrière solo. Son premier album, ***Parce qu'on vient de loin***, raconte son vécu sur de magnifiques mélodies. D'une voix sublime, Corneille chante les textes qu'il a écrits et nous parle tout en douceur du deuil, de l'espoir, de l'amour et de la mélancolie. Très populaire en France, où on l'entend beaucoup à la radio, il est aussi consacré au Québec où il a gagné le Félix du meilleur interprète masculin de l'année en 2004. Les Canadiens anglophones l'apprécient également surtout depuis la parution de son album anglophone *The Birth of Cornelius*. Papa depuis peu, il vient de sortir un nouvel album : ***Les inséparables.***

Voici un extrait de ma chanson préférée…

C. Après avoir parlé. Quelles présentations ont été particulièrement intéressantes ? Pourquoi ? Est-ce que vous aimeriez en savoir plus sur un style de musique ou sur une musicienne ou un musicien en particulier ?

VOCABULAIRE

TEXT AUDIO  12.5–12.13

Leçon 1

12.5 **la musique…** — *music*
- classique — *classical music*
- folklorique — *folk music*
- traditionnelle — *traditional music*
- un chœur — *chorus*
- un opéra — *opera*
- un orchestre — *orchestra*
- une représentation — *production*
- un trio — *trio*

12.6 **quelques instruments (m.)** — *some instruments*
- la clarinette — *clarinet*
- le clavier — *keyboards*
- la flute traversière — *flute*
- la guitare basse — *bass guitar*
- la guitare électrique — *electric guitar*
- le trombone — *trombone*
- la trompette — *trumpet*
- le violon — *violin*
- le violoncelle — *cello*

12.7 **quelques verbes suivis de à ou de devant l'infinitif** — *verbs followed by à or de before an infinitive*
- accepter de — *to accept*
- aider à — *to help*
- arrêter de — *to stop*
- continuer à — *to continue*
- décider de — *to decide*
- essayer de — *to try*
- refuser de — *to refuse*
- rêver de — *to dream of*

12.8 **d'autres mots utiles** — *other useful words*
- C'est entendu. — *It's understood; OK.*
- espérer — *to hope*

Leçon 2

les artistes et leur art — *artists and their art* 12.9
- un dessin — *sketch/drawing*
- un/e dessinateur/-rice — *designer; illustrator*
- un maitre — *master*
- une nature morte — *still life*
- une œuvre d'art — *work of art*
- un pastel — *pastel*
- un paysage — *landscape*
- peindre — *to paint*
- un/e photographe — *photographer*
- une photo(graphie) — *photo(graph)*
- un portrait — *portrait*
- un sculpteur — *sculptor*
- un tableau — *painting*
- une tapisserie — *tapestry*

pour parler d'art — *to talk about art* 12.10
- la composition — *composition*
- une couleur — *colour*
  - sombre — *sombre, dark*
  - vive — *bright, vivid*
- l'utilisation de la lumière — *use of light*
- s'intituler — *to be titled*
- un reflet — *reflection*
- le style — *style*
  - abstrait — *abstract*
  - cubiste — *cubist*
  - impressionniste — *Impressionist*
  - primitif — *primitive*
- le sujet — *subject*

pour situer l'action dans le temps — *to situate events in time* 12.11
- pendant que — *while*

VOCABULAIRE *cinq-cent-vingt-et-un* **521**

Leçon 3

12.12 **quelques expressions pour se décider** — *expressions used in deciding*

après tout	*after all*
ça (ne) me dit rien	*I'm not interested in that*
ça (ne) fait rien	*that doesn't matter*
ça vaut le coup	*it's worth it*
un choix	*choice*
être fanatique de	*to be a fan of*
pas si vite	*not so fast*
planifier	*to plan*
plutôt	*rather*
pourquoi pas ?	*why not?*
risquer de…	*to run the risk of…*
se faire un petit plaisir	*to treat oneself*

quelques expressions utiles — *useful expressions* **12.13**

un chef-d'œuvre, des chefs-d'œuvre	*masterpiece(s)*
un spectacle	*show*

APPENDICE 1 Verbes réguliers

VERBE INFINITIF	PRÉSENT DE L'INDICATIF	PRÉSENT DU SUBJONCTIF	IMPARFAIT	PASSÉ COMPOSÉ	FUTUR	CONDITIONNEL	IMPÉRATIF
verbes -er							
regarder *to look at*	je regarde tu regardes il regarde nous regardons vous regardez ils regardent	que je regarde que tu regardes qu'il regarde que nous regardions que vous regardiez qu'ils regardent	je regardais tu regardais il regardait nous regardions vous regardiez ils regardaient	j'ai regardé tu as regardé il a regardé nous avons regardé vous avez regardé ils ont regardé	je regarderai tu regarderas il regardera nous regarderons vous regarderez ils regarderont	je regarderais tu regarderais il regarderait nous regarderions vous regarderiez ils regarderaient	regarde regardons regardez
verbes -ir							
dormir *to sleep*	je dors tu dors il dort nous dormons vous dormez ils dorment	que je dorme que tu dormes qu'il dorme que nous dormions que vous dormiez qu'ils dorment	je dormais tu dormais il dormait nous dormions vous dormiez ils dormaient	j'ai dormi tu as dormi il a dormi nous avons dormi vous avez dormi ils ont dormi	je dormirai tu dormiras il dormira nous dormirons vous dormirez ils dormiront	je dormirais tu dormirais il dormirait nous dormirions vous dormiriez ils dormiraient	dors dormons dormez
verbes -ir/-iss							
choisir *to choose*	je choisis tu choisis il choisit nous choisissons vous choisissez ils choisissent	que je choisisse que tu choisisses qu'il choisisse que nous choisissions que vous choisissiez qu'ils choisissent	je choisissais tu choisissais il choisissait nous choisissions vous choisissiez ils choisissaient	j'ai choisi tu as choisi il a choisi nous avons choisi vous avez choisi ils ont choisi	je choisirai tu choisiras il choisira nous choisirons vous choisirez ils choisiront	je choisirais tu choisirais il choisirait nous choisirions vous choisiriez ils choisiraient	choisis choisissons choisissez
verbes -re							
attendre *to wait for*	j'attends tu attends il attend nous attendons vous attendez ils attendent	que j'attende que tu attendes qu'il attende que nous attendions que vous attendiez qu'ils attendent	j'attendais tu attendais il attendait nous attendions vous attendiez ils attendaient	j'ai attendu tu as attendu il a attendu nous avons attendu vous avez attendu ils ont attendu	j'attendrai tu attendras il attendra nous attendrons vous attendrez ils attendront	j'attendrais tu attendrais il attendrait nous attendrions vous attendriez ils attendraient	attends attendons attendez
verbes pronominaux							
se laver *to wash oneself*	je me lave tu te laves il se lave/on se lave nous nous lavons vous vous lavez ils se lavent	que je me lave que tu te laves qu'il se lave/qu'on se lave que nous nous lavions que vous vous laviez qu'ils se lavent	je me lavais tu te lavais il se lavait nous nous lavions vous vous laviez ils se lavaient	je me suis lavé/e tu t'es lavé/e il s'est lavé/elle s'est lavée nous nous sommes lavé/e/s vous vous êtes lavé/e/s ils/elles se sont lavés/lavées*	je me laverai tu te laveras il se lavera nous nous laverons vous vous laverez ils se laveront	je me laverais tu te laverais il se laverait nous nous laverions vous vous laveriez ils se laveraient	lave-toi lavons-nous lavez-vous

Comme **dormir** : s'endormir, mentir, partir, ressentir, servir, sortir.   Comme **choisir** : désobéir (à), finir, grandir, grossir, maigrir, obéir (à), pâlir, punir, réfléchir (à), réussir (à), rougir.
Comme **attendre** : descendre, se détendre, (s')entendre, perdre, rendre (à), rendre visite (à), répondre (à), vendre.

*Although agreement of the past participle is shown with reflexive verbs like se laver, recall that when a noun follows the verb, no past participle agreement is made. For example, *Elle s'est lavé les cheveux.*

Verbes irréguliers en -er

VERBE INFINITIF	PRÉSENT DE L'INDICATIF	PRÉSENT DU SUBJONCTIF	IMPARFAIT	PASSÉ COMPOSÉ	FUTUR	CONDITIONNEL	IMPÉRATIF
verbes -er							
acheter to buy	j'achète tu achètes il achète nous achetons vous achetez ils achètent	que j'achète que tu achètes qu'il achète que nous achetions que vous achetiez qu'ils achètent	j'achetais	j'ai acheté	j'achèterai	j'achèterais	achète achetons achetez
appeler to call	j'appelle tu appelles il appelle nous appelons vous appelez ils appellent	que j'appelle que tu appelles qu'il appelle que nous appelions que vous appeliez qu'ils appellent	j'appelais	j'ai appelé	j'appellerai	j'appellerais	appelle appelons appelez
commencer to call	je commence tu commences il commence nous commençons vous commencez ils commencent	que je commence que tu commences qu'il commence que nous commencions que vous commenciez qu'ils commencent	je commençais nous commencions	j'ai commencé	je commencerai	je commencerais	commence commençons commencez
s'essuyer to wipe, to dry oneself	je m'essuie tu t'essuies il s'essuie nous nous essuyons vous vous essuyez ils s'essuient	que je m'essuie que tu t'essuies qu'il s'essuie que nous nous essuyions que vous vous essuyiez qu'ils s'essuient	je m'essuyais	je me suis essuyé/e*	je m'essuierai	je m'essuierais	essuie-toi essuyons-nous essuyez-vous
manger to eat	je mange tu manges il mange nous mangeons vous mangez ils mangent	que je mange que tu manges qu'il mange que nous mangions que vous mangiez qu'ils mangent	je mangeais nous mangions	j'ai mangé	je mangerai	je mangerais	mange mangeons mangez
préférer to prefer	je préfère tu préfères il préfère nous préférons vous préférez ils préfèrent	que je préfère que tu préfères qu'il préfère que nous préférions que vous préfériez qu'ils préfèrent	je préférais	j'ai préféré	je préférerai**	je préférerais**	

Comme **acheter** : amener, geler, (se) lever, (se) promener.   Comme **appeler** : (s')appeler, épeler, jeter, (se) rappeler.   Comme **s'essuyer** : (s')ennuyer, essayer, essuyer, nettoyer, payer.
Comme **manger** : (s')arranger, exiger, loger, nager, partager, protéger, ranger, voyager.   Comme **commencer** : recommencer.   Comme **préférer** : compléter, espérer, s'inquiéter, posséder, protéger, répéter, suggérer.
*Although agreement of the past participle is shown with reflexive verbs like s'essuyer, recall that when a noun follows the verb, no past participle agreement is made. For example, *Elle s'est essuyé les cheveux.*
**Note that the future and conditional forms of the *préférer*-type verbs (*préférer, espérer, répéter, suggérer*) are spelled here with an accent grave, based on the 1990 Orthographic reform (règle 3A): « *On accentue sur le modèle de semer les futurs et conditionnels des verbes du type céder : je cèderai, je cèderais…* ». The accent grave clearly indicates the pronunciation of [ɛ].

D'autres verbes irréguliers

VERBE INFINITIF	PRÉSENT DE L'INDICATIF	PRÉSENT DU SUBJONCTIF	IMPARFAIT	PASSÉ COMPOSÉ	FUTUR	CONDITIONNEL	IMPÉRATIF
aller *to go*	je vais / tu vas / il va / nous allons / vous allez / ils vont	que j'aille / que tu ailles / qu'il aille / que nous allions / que vous alliez / qu'ils aillent	j'allais	je suis allé/e	j'irai	j'irais	va ; vas-y / allons ; allons-y / allez ; allez-y
avoir *to have*	j'ai / tu as / il a / nous avons / vous avez / ils ont	que j'aie / que tu aies / qu'il ait / que nous ayons / que vous ayez / qu'ils aient	j'avais	j'ai eu	j'aurai	j'aurais	aie / ayons / ayez
boire *to drink*	je bois / tu bois / il boit / nous buvons / vous buvez / ils boivent	que je boive / que tu boives / qu'il boive / que nous buvions / que vous buviez / qu'ils boivent	je buvais	j'ai bu	je boirai	je boirais	bois / buvons / buvez
connaître *to know, be acquainted with*	je connais / tu connais / il connaît / nous connaissons / vous connaissez / ils connaissent	que je connaisse / que tu connaisses / qu'il connaisse / que nous connaissions / que vous connaissiez / qu'ils connaissent	je connaissais	j'ai connu	je connaîtrai	je connaîtrais	
courir *to run*	je cours / tu cours / il court / nous courons / vous courez / ils courent	que je coure / que tu coures / qu'il coure / que nous courions / que vous couriez / qu'ils courent	je courais	j'ai couru	je courrai	je courrais	cours / courons / courez
croire *to believe*	je crois / tu crois / il croit / nous croyons / vous croyez / ils croient	que je croie / que tu croies / qu'il croie / que nous croyions / que vous croyiez / qu'ils croient	je croyais	j'ai cru	je croirai	je croirais	crois / croyons / croyez
devoir *must, to have to; to owe*	je dois / tu dois / il doit / nous devons / vous devez / ils doivent	que je doive / que tu doives / qu'il doive / que nous devions / que vous deviez / qu'ils doivent	je devais	j'ai dû	je devrai	je devrais	
dire *to say*	je dis / tu dis / il dit / nous disons / vous dites / ils disent	que je dise / que tu dises / qu'il dise / que nous disions / que vous disiez / qu'ils disent	je disais	j'ai dit	je dirai	je dirais	dis / disons / dites
se distraire *to amuse oneself*	je me distrais / tu te distrais / il se distrait / nous nous distrayons / vous vous distrayez / ils se distraient	que je me distraie / que tu te distraies / qu'il se distraie / que nous nous distrayions / que vous vous distrayiez / qu'ils se distraient	je me distrayais	je me suis distrait/e	je me distrairai	je me distrairais	distrais-toi / distrayons-nous / distrayez-vous
écrire *to write*	j'écris / tu écris / il écrit / nous écrivons / vous écrivez / ils écrivent	que j'écrive / que tu écrives / qu'il écrive / que nous écrivions / que vous écriviez / qu'ils écrivent	j'écrivais	j'ai écrit	j'écrirai	j'écrirais	écris / écrivons / écrivez
envoyer *to send*	j'envoie / tu envoies / il envoie / nous envoyons / vous envoyez / ils envoient	que j'envoie / que tu envoies / qu'il envoie / que nous envoyions / que vous envoyiez / qu'ils envoient	j'envoyais	j'ai envoyé	j'enverrai	j'enverrais	envoie / envoyons / envoyez

Comme **devoir** : recevoir (passé composé : j'ai reçu).   *Comme* **écrire** : décrire.

VERBE INFINITIF	PRÉSENT DE L'INDICATIF	PRÉSENT DU SUBJONCTIF	IMPARFAIT	PASSÉ COMPOSÉ	FUTUR	CONDITIONNEL	IMPÉRATIF
être to be	je suis tu es il est nous sommes vous êtes ils sont	que je sois que tu sois qu'il soit que nous soyons que vous soyez qu'ils soient	j'étais	j'ai été	je serai	je serais	sois soyons soyez
faire to do, make	je fais tu fais il fait nous faisons vous faites ils font	que je fasse que tu fasses qu'il fasse que nous fassions que vous fassiez qu'ils fassent	je faisais	j'ai fait	je ferai	je ferais	fais faisons faites
falloir to be necessary	il faut	qu'il faille	il fallait	il a fallu	il faudra	il faudrait	
s'instruire to educate oneself	je m'instruis tu t'instruis il s'instruit nous nous instruisons vous vous instruisez ils s'instruisent	que je m'instruise que tu t'instruises qu'il s'instruise que nous nous instruisions que vous vous instruisiez qu'ils s'instruisent	je m'instruisais	je me suis instruit/e	je m'instruirai	je m'instruirais	instruis-toi instruisons-nous instruisez-vous
lire to read	je lis tu lis il lit nous lisons vous lisez ils lisent	que je lise que tu lises qu'il lise que nous lisions que vous lisiez qu'ils lisent	je lisais	j'ai lu	je lirai	je lirais	lis lisons lisez
mettre to put, put on	je mets tu mets il met nous mettons vous mettez ils mettent	que je mette que tu mettes qu'il mette que nous mettions que vous mettiez qu'ils mettent	je mettais	j'ai mis	je mettrai	je mettrais	mets mettons mettez
mourir to die	je meurs tu meurs il meurt nous mourons vous mourez ils meurent	que je meure que tu meures qu'il meure que nous mourions que vous mouriez qu'ils meurent	je mourais	je suis mort/e	je mourrai	je mourrais	meurs mourons mourez
naître to be born	je nais tu nais il naît nous naissons vous naissez ils naissent	que je naisse que tu naisses qu'il naisse que nous naissions que vous naissiez qu'ils naissent	je naissais	je suis né/e	je naîtrai	je naîtrais	
ouvrir to open	j'ouvre tu ouvres il ouvre nous ouvrons vous ouvrez ils ouvrent	que j'ouvre que tu ouvres qu'il ouvre que nous ouvrions que vous ouvriez qu'ils ouvrent	j'ouvrais	j'ai ouvert	j'ouvrirai	j'ouvrirais	ouvre ouvrons ouvrez
peindre to paint	je peins tu peins il peint nous peignons vous peignez ils peignent	que je peigne que tu peignes qu'il peigne que nous peignions que vous peigniez qu'ils peignent	je peignais	j'ai peint	je peindrai	je peindrais	peins peignons peignez
pleuvoir to rain	il pleut	qu'il pleuve	il pleuvait	il a plu	il pleuvra	il pleuvrait	
pouvoir to be able to	je peux tu peux il peut nous pouvons vous pouvez ils peuvent	que je puisse que tu puisses qu'il puisse que nous puissions que vous puissiez qu'ils puissent	je pouvais	j'ai pu	je pourrai	je pourrais	
prendre to take	je prends tu prends il prend nous prenons vous prenez ils prennent	que je prenne que tu prennes qu'il prenne que nous prenions que vous preniez qu'ils prennent	je prenais	j'ai pris	je prendrai	je prendrais	prends prenons prenez

Comme **lire** : élire, relire. Comme **mettre** : permettre, promettre, remettre, soumettre. Comme **ouvrir** : couvrir, découvrir, offrir soumettre. Comme **peindre** : éteindre.
Comme **prendre** : apprendre, comprendre, surprendre.

VERBE INFINITIF	PRÉSENT DE L'INDICATIF	PRÉSENT DU SUBJONCTIF	IMPARFAIT	PASSÉ COMPOSÉ	FUTUR	CONDITIONNEL	IMPÉRATIF
réduire to reduce	je réduis tu réduis il réduit nous réduisons vous réduisez ils réduisent	que je réduise que tu réduises qu'il réduise que nous réduisions que vous réduisiez qu'ils réduisent	je réduisais	j'ai réduit	je réduirai	je réduirais	réduis réduisons réduisez
savoir to know	je sais tu sais il sait nous savons vous savez ils savent	que je sache que tu saches qu'il sache que nous sachions que vous sachiez qu'ils sachent	je savais	j'ai su	je saurai	je saurais	sache sachons sachez
suivre to follow	je suis tu suis il suit nous suivons vous suivez ils suivent	que je suive que tu suives qu'il suive que nous suivions que vous suiviez qu'ils suivent	je suivais	j'ai suivi	je suivrai	je suivrais	suis suivons suivez
valoir to be worth	il vaut	qu'il vaille	il valait	il a valu	il vaudra	il vaudrait	
venir to come	je viens tu viens il vient nous venons vous venez ils viennent	que je vienne que tu viennes qu'il vienne que nous venions que vous veniez qu'ils viennent	je venais	je suis venu/e	je viendrai	je viendrais	viens venons venez
vivre to live	je vis tu vis il vit nous vivons vous vivez ils vivent	que je vive que tu vives qu'il vive que nous vivions que vous viviez qu'ils vivent	je vivais	j'ai vécu	je vivrai	je vivrais	vis vivons vivez
voir to see	je vois tu vois il voit nous voyons vous voyez ils voient	que je voie que tu voies qu'il voie que nous voyions que vous voyiez qu'ils voient	je voyais	j'ai vu	je verrai	je verrais	vois voyons voyez
vouloir to want	je veux tu veux il veut nous voulons vous voulez ils veulent	que je veuille que tu veuilles qu'il veuille que nous voulions que vous vouliez qu'ils veuillent	je voulais	j'ai voulu	je voudrai	je voudrais	veuille veuillons veuillez

Comme **réduire** *: construire, produire.* *Comme* **venir** *: devenir, maintenir, obtenir, retenir, revenir, soutenir, (se) souvenir, tenir.* *Comme* **voir** *: revoir.*

APPENDICE 2 Lexique français-anglais

This glossary lists most French words found in the text. The vocabulary can be divided into two types: productive vocabulary and receptive vocabulary. Productive vocabulary words appear in the **Points de départ** and **Formes et fonctions** sections and occasionally in the **Vie et culture** sections; these words reappear periodically. You are expected to recognize these words when you read and hear them and to use them yourself in exercises and conversational activities. All other words, including those presented in readings and realia, are receptive vocabulary; you are expected only to recognize them and to know their meanings when you see them in written form or hear them in context.

- For all productive vocabulary items, the numbers following an entry indicate the chapter and lesson in which that vocabulary item is first introduced (e.g., **mardi** Tuesday, 1-3). Since verbs in their infinitive form are occasionally introduced as vocabulary items before their conjugation is presented, refer to the Index to locate where the conjugation is introduced.

- To find the meaning of an expression, try to locate the main word in the expression and look that up. For example, the expression **Je vous en prie** is found with the entry for the verb **prier**; the expression **faire du sport** is found under the entry for the noun **sport**.

- The gender of nouns is indicated by the abbreviations *m.* for masculine and *f.* for feminine. Feminine and masculine nouns that are closely related in meaning and identical or similar in pronunciation are listed under a single entry: **architecte** *m./f.*; **étudiant** *m.*, **étudiante** *f*. Nouns that occur only in the plural form are followed by the gender indication *pl.*: **beaux-arts** *m. pl.*, vacances *f. pl.* Nouns and adjectives that show no agreement and do not change in the plural or feminine are indicated by the abbreviation *inv.*

- Adjectives with differing masculine and feminine written forms are shown in the masculine form followed by the feminine ending: **allemand/e**, **ambitieux/-euse**, **canadien/ne**. For adjectives whose masculine and feminine forms vary considerably, both forms are listed: **cher/chère**. Special prenominal forms of adjectives are given in parentheses: **beau (bel), belle**. When necessary for clarity, adjectives and adverbs are indicated by *adj.* and *adv.*, respectively.

- An asterisk (*) before a word indicates that the initial **h** is aspirate.

- The dagger (†) appears after productive verbs showing some irregularity in conjugation; these verbs appear in their full conjugation in the verb charts, Appendix 1. Verbs showing irregularities in conjugation that are considered part of receptive vocabulary are not always included in the glossary, since you are only expected to recognize and not produce these verbs. However, the conjugations of many of these verbs are similar to conjugations you will find in Appendix 1. For example, the verb **admettre** is conjugated just like the verb **mettre**. For verbs that require a preposition under certain conditions, the latter appears in parentheses: **commencer (à)**, (**il commence son travail, il commence à travailler**); for verbs that always require a preposition, the preposition is indicated without parentheses: **s'occuper de** (**il s'occupe de moi**).

A

à to, at, in, on, P-1
abbaye *f.* abbey, 9-3
abîmé/e worn, worn out, 7-2
abominable abominable
abondant/e abundant
    pluies *f.* **abondantes** heavy rains
abonnement *m.* subscription
s'abonner (à) to subscribe (to), to buy season tickets
    être abonné/e to be subscribed (to), to have season tickets
d'abord first (of all), 6-2
absence absence
absent/e absent, missing, 8-1
absolument absolutely
abstrait/e abstract, 12-2
accent accent
accepter (de) to accept, 12-1
accès *m.* access
accessoire *m.* accessory
accident *m.* accident
accompagner to accompany, 6-3
    Tu veux/Vous voulez m'accompagner ? Do you want to come with me?, 6-3
d'accord OK, all right, 5-1
    être (tout a fait) d'accord to agree completely, 11-1
    Je suis d'accord... I agree ... , 11-2
    Je ne suis pas d'accord... I disagree ... , 11-2
accordéon *m.* accordion
accueillir to welcome
achat *m.* purchase
    émission *f.* **de télé-achat** infomercial, 11-1
    faire † des achats to shop, 6-2
acheter † to buy, 5-2
acteur *m.*, **actrice** *f.* actor/actress, 3-3
actif/-ive active
action *f.* action
    film *m.* **d'action** action film, 11-1
activité *f.* activity, 1-3
actuel/le current
addition *f.* bill, 5-1
additionner to add
adjectif *m.* adjective
admettre † to admit
administratif/-ive administrative, 3-1
administration *f.* administration
admirer to admire
adolescent/e (ado) adolescent
adorable adorable
adorer to adore, love, 2-1
adresse *f.* address
adulte *m.*; *adj.* adult
adverbe *m.* adverb

aéroport *m.* airport, 9-1
aérosol *m.* aerosol
affaires *f. pl.* belongings, things, 7-1; business
    faire des affaires to be in business
    femme *f.* **d'affaires** businesswoman, 3-3
    homme *m.* **d'affaires** businessman, 3-3
affectueux/-euse affectionate, warm-hearted
affiche *f.* poster, P-2
afficher to post
affilée : d'affilée in a row
affirmatif/-ive affirmative
l'Afghanistan Afghanistan
afin de + *inf.* in order to + *verb*
africain/e African
Afrique *f.* Africa, 9-2
âge *m.* age, 1-2
    Quel est ton/votre âge ? What is your age?, 1-2
    Quel âge as-tu/avez-vous ? How old are you?, 1-2
    d'un certain âge middle-aged, 2-1
âgé/e aged, elderly, old, 2-1
agence *f.* agency
    agence de voyage travel agency
    agence immobilière real estate agency
agenda *m.* datebook
agent/e de police *m./f.* police officer, 3-3
agent immobilier *m.* real estate agent
s'agir de to be about
    il s'agit de... it's about ...
agneau *m.* lamb, 5-3
    côtelette *f.* **d'agneau** lamb chop, 5-3
agréable pleasant, 7-2
agricole agricultural
agriculteur *m.*, **agricultrice** *f.* farmer
aide *f.* help, assistance
aider (à) to help, 12-1
    aider les gens to help people, 3-3
ail *m.* garlic
aimable lovable
aimer to like, to love, 1-3
    aimer beaucoup to like or love a lot
    aimer bien to like fairly well
    aimer mieux to prefer, 10-2
aîné/e older (brother/sister)
ainsi (que) thus, in such a way
air *m.* air, 10-2
    air frais fresh air
    avoir l'air (d'être) + *adj.* to seem/to appear (to be) + *adj.*, 8-3
    en plein air outdoors, 3-3
aisance *f.* ease
aisé/e easy, well off
ajouter to add
alarme *f.* alarm
album *m.* album

alcool *m.* alcohol, 10-1
    alcoolisé/e *adj.* containing alcohol, 5-1
alerte *adj.* alert
Algérie *f.* Algeria, 9-2
algérien/ne Algerian, 9-2
alimentaire *adj.* relating to food
    banque *f.* **alimentaire** food bank, 10-3
aliments *m. pl.* food, 5-2
allant (de) going (from)
Allemagne *f.* Germany, 9-2
allemand/e *adj.* German, 9-2
allemand *m.* German (language), 3-2
aller † to go, 2-3
    aller sur Internet to go online, 9-3
    Ça ne va pas. Things aren't going well., P-1
    Ça peut aller. I'm getting by, P-1
    Ça va, et toi ? Fine, and you?, P-1
    Comment allez-vous ? How are you?, P-1
    Comment ça va ? How are you?, P-1
    On y va ? Shall we go?, 6-3
allo hello (telephone only)
allumer to turn on (an appliance), 11-1
alors so, 2-3; then
alphabet *m.* alphabet
alpinisme *m.* mountain climbing, 6-2
    faire † de l'alpinisme to go mountain climbing, 8-2
ambassadeur *m.*, **ambassadrice** *f.* ambassador
ambitieux/-euse ambitious, 2-1
améliorer to improve
amener † to bring (along) a person
américain/e American, 9-2
Amérique *f.* **centrale** Central America
Amérique *f.* **du Nord** North America, 9-2
Amérique *f.* **du Sud** South America, 9-2
Amérique *f.* **latine** Latin America
ami *m.*, **amie** *f.* friend, P-1
amoureux/-euse in love, 8-3
    tomber amoureux/-euse (de) to fall in love (with), 7-3
amphithéâtre *m.* amphitheater, lecture hall, 3-1
ampoule *f.* **(électrique)** (light)bulb, 10-2
    ampoule basse consommation energy-saving lightbulb, 10-2
amputé/e amputated
amusant/e funny, 2-1
s'amuser to have fun, 8-3
an *m.* year, 1-2
    J'ai 19 ans. I am 19 years old., 1-2
analyse *f.* analysis
analytique analytical
anchois *m.* anchovy
ancien/ne old, antique, 6-2; former, 7-2
anglais/e *adj.* English, 9-2

APPENDICE 2 LEXIQUE FRANÇAIS-ANGLAIS **A7**

anglais *m.* English (language), P-2
Angleterre *f.* England, 9-2
angoisse *f.* anguish
angoissé/e anguished
animal *m.* animal, 1-1
    animal familier pet, 1-1
animateur *m.*, **animatrice** *f.* organizer
animation *f.* animation, excitement
    film *m.* **d'animation** animated film, 11-1
animé/e animated, excited
année *f.* year, 6-1
    l'année dernière last year, 6-1
    l'année prochaine next year
anniversaire *m.* birthday, 1-2
    Joyeux anniversaire ! Happy birthday!, 8-2
annonce *f.* advertisement
annoncer to announce
annuaire *m.* phone book
anorak *m.* ski jacket, parka, 4-3
Antarctique *f.* Antarctica
anthropologie *f.* anthropology, 3-2
antibiotique *m.* antibiotic
anxiété *f.* anxiety
anxieux/-euse anxious, 8-3
aout August, 1-2
apéritif *m.* (**un apéro**) before-meal drink
appareil *m.* **électrique,** electrical appliance, 10-2
appareil *m.* **(photo)** camera, 9-1
    appareil *m.* **(photo) numérique** digital camera, 9-1
appartement *m.* apartment, 4-1
    appartement sous les toits attic apartment, 7-2
appartenir † to belong to
appel *m.* call
appeler † to call, 8-3
    s'appeler to be called, 8-3
    Je m'appelle… My name is … , P-1
appliquer to apply (sthg)
apporter to bring (an object), 8-1
apprécier to appreciate
apprendre † to learn, 5-1
    apprendre à † to teach, to learn, 8-1
apprentissage *m.* learning, apprenticeship
approprié/e appropriate
après after, after that, 3-1
    après avoir/être… after having … , 11-2
    après-midi *m.* afternoon, 1-3
    après tout after all, 12-2
    d'après vous according to you
    de l'après-midi in the afternoon, P.M., 4-2
aquarelle *f.* watercolor
aquarium *m.* aquarium
arabe *m.* Arabic
l'Arabie saoudite Saudi Arabia
arbre *m.* tree, 7-3
    arbre fruitier fruit tree, 7-3
archéologie *m.* archaeology
archipel *m.* archipelago
architecte *m./f.* architect, 3-3
architecture *f.* architecture
argent *m.* money, 3-3
argentin/e Argentinian, 9-2
Argentine *f.* Argentina, 9-2

argot *m.* slang
argument *m.* argument
armoire *f.* armoire, 7-2
s'arranger † to be all right, to work out, 8-3
arrêt *m.* stop
arrêter (de) to stop, 12-1
    Arrête ! Stop it!
    s'arrêter to stop oneself
arrière back, rear
    arrière-grand-parent *m.* great-grandparent
arrivée *f.* arrival
arriver to arrive, 1-3
arrondissement *m.* Parisian city district
arroser to water; to celebrate with wine or champagne
art *m.* art, 11-3
    arts *pl.* **décoratifs** decorative arts, interior design
    arts *pl.* **du spectacle** performing arts, 3-2
article *m.* article
    articles *pl.* **de toilette** toiletries, 4-1
articulatoire *adj.* articulatory
artifice *f.* artifice
    feu *m.* **d'artifice** fireworks, 8-2
artificiel/le artificial
artisan *m.* craftsman
artisanal/e handcrafted
artisanat *m.* arts and crafts
artiste *m./f.* artist, 3-3
artistique artistic
asiatique Asiatic
ascenseur *m.* elevator, 7-1
Asie *f.* Asia, 9-2
aspect *m.* aspect, side
asperge *f.* asparagus, 5-2
aspiré/e aspirated
aspirine *f.* aspirin
s'asseoir to sit down
    Asseyez-vous ! Sit down!, P-2
assez rather, 1-1; enough, 4-1
assiette *f.* plate, 5-3
assistant *m.* **social, assistante** *f.* **sociale** social worker, 3-3
assister à to attend, 2-2
association *f.* association
    association étudiante student association, 3-1
    association humanitaire humanitarian association, 10-3
associé/e associate(d)
astrologie *f.* astrology
astrologue *m./f.* astrologer
astronomie *f.* astronomy, 3-2
atelier *m.* studio (artist); workshop
athlète *m./f.* athlete
atlas *m.* atlas, 11-3
atmosphérique atmospheric
    pollution *f.* **atmosphérique** air pollution, 10-2
attendre to wait (for), to expect, 3-3
attention *f.* attention
    faire † attention (à) to pay attention (to); to be careful
attentivement attentively

attraper to catch
au (à + le) 2-3
    au revoir good-bye, P-1
auberge *f.* inn, 9-3
    auberge de jeunesse youth hostel, 9-3
au-dessous *adv.* below
au-dessus *adv.* above
augmenter to increase, 10-2
aujourd'hui today, 1-3
auprès de next to, close to
aussi also, P-1
    aussi … que as … as, 4-3
    aussi bien que as well as, 9-2
    moi aussi me too
aussitôt que as soon as, 11-1
Australie *f.* Australia, 9-2
australien/ne Australian, 9-2
autant (de) … que as many/much … as, 6-3
auteur *m.* author, 11-3
(auto)bus *m.* city bus
automatique automatic
auto(mobile) *f.* car
automne *m.* fall, 6-1
autonome independent, 3-3
autonomie *f.* autonomy
autoritaire authoritarian, 8-1
autorité *f.* authority
autoroute *f.* highway
autour de around
autre other, another, 2-1
    d'autres *adj.* other
autrefois in the past
autrement otherwise
Autriche *f.* Austria, 9-2
autrichien/ne Austrian, 9-2
aux (à + les) 2-2
avance : (être) en avance (to be) early, 4-2
avant de + *inf.* before … , 11-3
avant-hier the day before yesterday, 6-1
avantage *m.* advantage
avec with, 1-3
avenir *m.* future
aventure *f.* adventure
    film *m.* **d'aventures** adventure film, 11-1
aventurier *m.*, **aventurière** *f.* adventurer
avenue *f.* avenue, 9-3
aveugle *adj.* blind
avion *m.* plane, airplane 9-1
avis *m.* opinion, 11-2
    à mon avis, … in my opinion, … , 11-2
    à votre avis, … in your opinion, …
avocat *m.*, **avocate** *f.* lawyer, 3-3
avoir † to have, 1-2
    avoir † le droit to have the right
avril April, 1-2
ayant having

B

bac(calauréat) *m.* high school exit exam (*France*), 3-2
bacc(alauréat) *m.* **(en)** B.A. or B.S. degree (in) (*Can.*), 3-2
bacon *m.* bacon, 5-2
bagage *m.* luggage
baguette *f.* French bread (long, thin loaf), 5-3

le Bahreïn Baharain
baignoire *f.* bathtub
bain *m.* bath
   maillot *m.* **de bain** bathing suit, 4-3
   prendre un bain to take a bath
   salle *f.* **de bains** bathroom, 7-1
baisser to lower
bal *m.* ball, dance
   bal populaire *m.* street dance, 8-2
balade *f.* walk, stroll
baladeur *m.* **MP3** MP3 player, 11-2
balcon *m.* balcony, 7-1
ballet *m.* ballet, 2-2
banaliser to make commonplace
banane *f.* banana, 5-2
bande-annonce *f.* (movie) trailer
bande dessinée *f.* **(une BD)** comic, comic strip, 11-2
banlieue *f.* suburbs
banque *f.* bank
   banque alimentaire food bank, 10-3; food pantry
   banque de données data bank
banquier *m.*, **banquière** *f.* banker
baptême *m.* baptism, 8-2
bar *m.* bar
barbe *f.* beard
bas/se low
   en bas downstairs
base de données *f.* database
basilic *m.* basil
baskets *m. pl.* sports shoes, 4-3
basket(-ball) *m.* basketball, 2-3
   basket-fauteuil *m.* wheelchair basketball, 10-1
bateau *m.* boat, 7-3
   bateau à voile sailboat, 7-3
bâtiment *m.* building, 7-1
batterie *f.* percussion, drum set, 2-2
battre to beat, to break (record)
   se battre to fight
battu/e beaten
beau (bel), belle beautiful, handsome, 2-1
   Il fait beau. It's beautiful weather., 6-1
beaucoup a lot, 1-1
beau-frère *m.* brother-in-law, 8-1
beau-père *m.* stepfather, father-in-law, 1-1
beaux-arts *m. pl.* fine arts, 3-2
beige beige, 4-3
belge Belgian, 9-2
Belgique *f.* Belgium, 9-2
belle-mère *f.* stepmother, mother-in-law, 1-1
belle-sœur *f.* sister-in-law, 8-1
bénévolat *m.* volunteering, 10-3
bénévole *m./f.* volunteer, 10-3
besoin *m.* need
   avoir besoin de to need
bête stupid, 2-1
beurre *m.* butter, 5-2
bibliothèque *f.* library, 2-2
   bibli *f.* (Can.) library
   bibliothèque municipale municipal library, 2-2
   bibliothèque universitaire (la B.U.) university library, 3-2

bien well, fine, P-1
   être bien dans sa peau to have confidence in oneself, 8-1
   faire † du bien to do (someone) good
   bien sûr of course, 2-1
bienêtre *m.* well-being, 10-1
bientôt soon
   à bientôt see you soon, P-1
bienvenu/e *adj.* welcome
bienvenue *f.* welcome; you're welcome (Can.)
bière *f.* beer, 5-1
biftèque *m.* steak, 5-3
   biftèque haché ground beef, 5-3
bijou *m.* piece of jewelry
bilingue bilingual
billet *m.* ticket, 9-1
   billet aller-retour round-trip ticket
   billet d'avion airplane ticket, 9-1
   billet d'entrée entrance ticket
bimensuel *m.* semi-monthly publication
bio = biologique
biodégradable biodegradable, 10-2
biographie *f.* biography, 11-3
biologie *f.* biology, 3-2
biologique organic, 5-1
biscuit *m.* cookie, 5-2
bise *f.* kiss
   faire † une/la bise to kiss hello/good-bye on the cheeks
blanc/blanche white, 4-3
bleu/e blue, 4-3
blond/e blond, 2-1
bloquer to block
blouson *m.* heavy jacket, 4-3
boire † to drink, 5-1
bois *m.* woods, 6-3; wood
boisson *f.* drink, 5-1
   boisson alcoolisée alcoholic beverage, 5-1
   boisson chaude hot drink, 5-1
   boisson rafraichissante cold drink, 5-1
boite *f.* can 5-3
   boite de conserve can of food
   boite postale post office box
bol *m.* bowl, 5-2
bonbon *m.* piece of candy
bon/ne good, 3-1
   Bon anniversaire ! Happy birthday!, 8-2
   bonjour hello, P-1
   bon marché *adj. inv.* inexpensive
   Bonne année ! Happy New Year!, 8-2
   Bonnes vacances ! Have a good vacation!, 8-2
   bonsoir good evening, P-1
   Bon voyage ! Have a good trip!, 8-2
   Il fait bon. It's nice weather., 6-1
bonheur *m.* happiness
bonnet *m.* **de laine** knit/wool cap, 4-3
bord *m.* edge, shore
   au bord (du lac) at the shore (of the lake), 7-3
   au bord de la mer at the seashore
bordé/e par bordered by, limited by, flanked by
border to border, to line up with, to limit
botanique *f.* botany, 3-2

botte *f.* boot, 4-3
boubou *m.* African robe, dress
bouche *f.* mouth, 10-1
boucher *m.*, **bouchère** *f.* butcher
boucherie *f.* butcher shop; 5-3
bougie *f.* candle, 8-2
bouillabaisse *f.* seafood stew
bouillir to boil
bouillon *m.* broth, stock
boulanger *m.*, **boulangère** *f.* baker
boulangerie *f.* bakery, 5-3
boulevard *m.* boulevard, 9-3
boulot *m.* work (*colloq.*), 4-1
bout *m.* tip, end
   au bout at the end
bourgeois/e *adj.* bourgeois, middle-class
bouteille *f.* bottle, 5-1
boutique *f.* boutique, shop
branché/e plugged in, connected with
bras *m.* arm, 10-1
bravo ! great! well done!
bref/brève brief
Brésil *m.* Brazil, 9-2
brésilien/ne Brazilian, 9-2
Bretagne *f.* Brittany
breton/ne Breton
bricolage *m.* do-it-yourself, 2-3
   faire † du bricolage to do do-it-yourself projects, 2-3
bricoler to do odd jobs, to tinker 2-3
   bricoleur *m.*, **bricoleuse** *f.* do-it-yourselfer
brise *f.* breeze
brocante *f.* flea market
brochure *f.* brochure, pamphlet
brodé/e embroidered
bronzé/e (sun)tanned
bronzer to get a suntan
brosse *f.* chalkboard eraser, P-2; brush, 4-1
   brosse à cheveux hairbrush, 4-1
   brosse à dents toothbrush, 4-1
se brosser to brush one's ... , 4-1
   se brosser les cheveux to brush one's hair, 4-1
   se brosser les dents to brush one's teeth, 4-1
brouillard *m.* fog, 6-1
   Il y a du brouillard. It's foggy., 6-1
brouillon *m.* rough draft
bruit *m.* sound, noise, 10-2
brulé/e burned
bruler to burn, 10-2
brun/e brunette, 2-1
bruyant/e noisy
budget *m.* budget
la Bulgarie Bulgaria
bulletin *m.* **de vote** ballot, 10-3
bureau *m.* desk, P-2; office, 3-3
   bureau de vote polling station, 10-3
   bureau des inscriptions registrar's office, 3-1
   bureaux administratifs administrative offices 3-1
le Burkina Faso Burkina Faso
bus *m.* (city) bus, 9-1
but *m.* goal, aim, purpose

C

ça that
    Ça depend . That depends.
    Ça (ne) fait rien. That doesn't matter. 12-3
    Ça (ne) me dit rien. I'm not interested in that. 12-3
    Ça ne va pas . Things aren't going well., P-1
    Ça peut aller. I'm getting by
    Ça va ? How are things?, P-1
    Ça va. It's going fine., P-1
    Ça vaut le coup. It's worth it. (*fam.*), 12-3
    C'est ça. That's right.
    Comment ça va ? How's it going?, P-1
câble *m.* cable (television)
caché/e hidden
cacher to hide, 8-2
cadeau *m.* present, gift, 8-2
cadre *m.* business executive; frame (for a picture)
café *m.* café, 2-3; coffee, 5-1
    café au lait with milk, 5-2
    café crème with cream, 5-1
    café déca(féiné) decaffeinated coffee
    café serré strong cup of expresso coffee
    pause-café *f.* coffee break
caféine *f.* caffeine
cafétéria *f.* cafeteria, 3-1
cahier *m.* notebook, P-2
caisse *f.* cash register
caissier *m.*, **caissière** *f.* cashier
calcul *m.* calculus, 3-2
calculatrice *f.* calculator, P-2
calendrier *m.* calendar
calme calm, 1-1
se calmer to calm down, 8-3
camarade *m./f.* friend, buddy
    camarade de classe classmate, P-1
Cameroun *m.* Cameroon, 9-2
camerounais/e Cameroonian, 9-2
campagne *f.* countryside, 6-2; campaign
    à la campagne in the country, 6-2
    campagne électorale electoral campaign
    pain *m.* **de campagne** round loaf of bread, 5-3
camping *m.* campground, 9-3
    faire † du camping to camp, to go camping, 6-2
camping-car *m.* RV, 9-3
campus *m.* campus
Canada *m.* Canada, 9-2
canadien/ne Canadian, 9-2
canapé *m.* couch, 7-2
candidat/e *m./f.* candidate, 10-3
canne *f.* cane, walking stick
cannette *f.* (soda) can
canoé *m.* canoe
capacité *f.* ability
car *m.* excursion bus, intercity bus, 9-1
caractère *m.* nature, disposition, 1-1
carafe *f.* **(d'eau)** carafe (of water), 5-2

caravane *f.* camper (vehicle), 9-3
cardinal/e cardinal
carnet *m.* small notebook
    carnet d'adresses address book, 9-1
carotte *f.* carrot, 5-3
carrière *f.* career, 3-3
carte *f.* map, P-2; playing card, 2-2
    à la carte from the menu; cafeteria-style
    carte bancaire debit card, 9-1
    carte de crédit credit card, 9-1
    carte mémoire memory card
    carte météorologique weather map
    carte postale postcard, 6-2
    jouer aux cartes to play cards, 2-2
carton *m.* cardboard
cas *m.* case
casquette *f.* baseball cap, 4-3
cassecroute *m. inv.* snack, 5-1
casser to break, to crack
cassette *f.* cassette tape
catégorie *f.* category
cathédrale *f.* cathedral, 9-3
catholicisme *m.* Catholicism
catholique Catholic
cause *f.* cause
    à cause de due to, because of, 6-3
causer to cause; to chat
cave *f.* wine cellar, 9-3
CD *m. inv.* CD, compact disk, P-2
ce (c') it, that
    c'est... this/it is ... , P-1
    c'est-à-dire that is to say
    ce sont... these/they are..., P-1
ce (cet), cette this, that, 4-3
ces these, those, 4-3
céder to relinquish
ceinture *f.* belt
cela that
    Cela vous convient ? Does this suit you?, 9-3
célèbre famous, 11-1
célébrer to celebrate
célébrité *f.* celebrity
céleste celestial
célibataire single, 1-1
    mère *f.***/père** *m.* **célibataire** single mother/father, 8-1
cendre *f.* ash
cendrier *m.* ashtray
cent hundred, 1-2
centre *m.* center
    centre étudiant student center, 3-1
    centre informatique computer center, 3-1
    centre sportif sports complex, 3-1
    centre urbain urban center, downtown area
centre-ville *m.* downtown, 7-2
cèpe *m.* type of mushroom
cependant however
céramique ceramic
céréales *f. pl.* cereal, 5-2
cérémonie *f.* ceremony, 8-2

    cérémonie civile civil (wedding) ceremony, 8-2
    cérémonie religieuse religious ceremony
cerise *f.* cherry, 5-3
certain/e certain
certainement certainly
ces *see* **ce**
chacun/e each one
chaîne *f.* chain; TV (or radio) station, 11-1
chaise *f.* chair, P-2
chambre *f.* bedroom, 4-1
champ *m.* field, 7-3
champignon *m.* mushroom, 5-3
champion *m.*, **championne** *f.* champion
championnat *m.* championship
chance *f.* luck
    avoir de la chance to be lucky
changement *m.* change
changer to change
chanson *f.* song
chant *m.* singing
chanter to sing, 4-2
chanteur *m.*, **chanteuse** *f.* singer, 3-3
chapeau *m.* hat, 2-1
chapelle *f.* chapel
chaque each, 7-1
char *m.* (carnival) float
charcuterie *f.* pork butcher shop; cooked pork meats, 5-3
charmant/e charming
charges *f. pl.* utilities, 7-1
    charges comprises utilities included
chariot *m.* shopping cart
charte *f.* charter
chasse *f.* hunting
chat/te *m./f.* cat, 1-1
châtain *adj. inv.* chestnut-colored, auburn, 2-1
château *m.* castle, 9-3
    château fort fortress, 9-3
chaud hot, 5-1
    chocolat *m.* **chaud** hot chocolate, hot cocoa, 5-1
    Il fait chaud. It's hot (weather)., 6-1
    J'ai chaud. I'm hot. 6-1
chauffeur *m.* driver
chausser to put shoes on
chaussette *f.* sock, 4-3
chausson *m.* slipper
    chausson de danse ballet slipper
chaussure *f.* shoe, 4-3
    chaussure à talon high-heeled shoe, 4-3
chef *m.* boss; chef
    chef d'entreprise corporate manager
    chef d'œuvre *m.* (**chefs-d'œuvre** *pl.*) masterpiece, 12-3
chemin *m.* way, 9-3; path
    indiquer le chemin to give directions, 9-3
    chemin de fer railroad
cheminée *f.* chimney
chemise *f.* man's shirt, 4-3
chemisier *m.* blouse, 4-3
chêne *m.* oak; oak tree

cher/chère expensive, 4-3
chercher to look for, 2-2
chéri/e *m./f.* love, darling
cheval *m.* horse, 6-2
    faire † du cheval to go horseback riding, 6-2
cheveux *m. pl.* hair, 4-1
    avoir † les cheveux courts/longs/bouclés to have short/long/curly hair
cheville *f.* ankle, 10-1
chez at the home of, at the place of, 1-1
    chez (les jeunes) among (the young)
    chez nous at our place, 1-1
chic *adj. inv.* chic, stylish, 4-3
chien/ne *m./f.* dog, 1-1
    chien d'assistance service dog
    chien guide guide dog
chiffre *m.* numeral, digit
le Chili Chile
chimie *f.* chemistry, 3-2
Chine *f.* China, 9-2
chinois/e *adj.* Chinese, 9-2
chinois *m.* Chinese (language)
chocolat *m.* **chaud** hot chocolate, 5-1
chœur *m.* chorus, 12-1
choisir to choose, 7-1
choix *m.* choice, 12-3
cholestérol *m.* cholesterol
chômage *m.* unemployment
choquant/e shocking
chorale *f.* choir
chose *f.* thing, 10-1
    quelque chose something, 5-2
    ne pas faire † grand-chose to not do much, 2-3
chou *m.* cabbage
choucroute *f.* sauerkraut
chouette ! neat!
Chunnel *m.* undersea rail tunnel linking France with England
chute *f.* fall
Chypre Cyprus
ci-dessous below
ci-dessus above
cidre *m.* cider
ciel *m.* sky, 6-1
    Le ciel est couvert. The sky is overcast., 6-1
cigarette *f.* cigarette
cimetière *m.* cemetery
ciné = **cinéma**
cinéaste *m.* filmmaker
cinéma *m.* cinema, the movies, 2-2
cinématographe *m.* cinematographer
cinq five, 1-2
cinq-pièces *m.* three-bedroom apartment/house, 7-1
cinquante fifty, 1-2
cinquième fifth, 7-1
circulation *f.* traffic
citer to cite
citoyen *m.*, **citoyenne** *f.* citizen, 10-3
citron *m.* lemon, 5-1
    citron pressé lemonade, 5-1

civil/e civil
civique civic
clair/e clear; light (for colors)
clarinette *f.* clarinet, 12-1
classe *f.* class of students, school year, grade; school classroom
    classes *pl.* **préparatoires (classes prépas)** prepatory classes for entrance to **les Grandes Écoles**
classique classic
    musique *f.* **classique** classical music, 1-3
clavier (sans fil) *m.* (wireless) computer keyboard, 11-2; musical keyboard, 12-1
clé/clef *f.* key, 9-1
    clé USB USB key drive, flash drive, 11-2
climat *m.* climate
clinique *f.* private hospital, 3-3
clip (vidéo) *m.* video clip, 11-2
CO_2 *m.* **(dioxyde de carbone)** carbon dioxide, 10-2
coca(-cola) *m.* cola, 5-1
cocher to check off
code *m.* code
    code postal postal code
cœur *m.* heart, 10-1
    avoir mal au cœur to be nauseated, 10-1
se coiffer to fix one's hair, 4-1
coin *m.* corner
    au coin de at the corner (of)
    avec coin cuisine with a kitchenette, 7-2
colère *f.* anger, 8-3
    en colère angry, 8-3
collant *m.* pantyhose, 4-3, tights
collège *m.* middle school
collier *m.* necklace
colline *f.* hill, 6-1
coloc(ataire) *m./f.* roommate, housemate, 2-1
colocation *f.* renting a house or an apartment together
Colombie *f.* Colombia, 9-2
colombien/ne Colombian, 9-2
colonie *f.* colony
    colonie de vacances summer camp
colonisation *f.* colonization
colonne *f.* column
combattre to fight, to combat
combien how much
    combien de how many
combinaison *f.* combination
combiner to combine
comédie *f.* comedy; drama 11-1
    comédie dramatique dark comedy, 11-1
    comédie musicale musical, 11-1
    comédie romantique romantic comedy, 11-1
commander to order, 5-1
comme like, as
commencer (à) † to begin, to start, 4-2
comment how, 2-1
    Comment ça va ? How's it going?, P-1

    Comment dit-on… ? How do you say…?, P-2
    Comment tu t'appelles ? What is your name?, P-1
    Comment vous appelez-vous ? What is your name?, P-1
commentaire *m.* comment
commenter to comment on, to give a commentary on
commerçant *m.*, **commerçante** *f.* merchant, 5-3
communauté *f.* community
communément communally, in common
communication *f.* communication
communiquer to communicate
les Comores Comoro Islands
compagnie *f.* company
comparaison *f.* comparison
comparatif/-ive comparative
comparer to compare
compliment *m.* compliment
compliqué/e complicated
comportement *m.* behavior
se comporter to behave, to act
composé/e composite
composition *f.* composition, 12-2
compréhension *f.* comprehension
comprendre † to understand, 5-1
    Je ne comprends pas. I don't understand., P-2
compris/e *adj.* included
    y compris including, 10-3
comptabilité *f.* accounting, 3-2
comptable *m./f.* accountant, 3-3
compte *m.* account
compter to count
comptine *f.* nursery rhyme
concentration *f.* (*Can.*) concentration in area of studies
concept *m.* concept
concerner to concern
    en ce qui concerne as to, in relation to
concert *m.* concert, 2-2
concierge *m./f.* caretaker, manager
concombre *m.* cucumber, 5-3
condamner to condemn
condiment *m.* condiment, 5-3
conditionnel *m.* conditional tense
conduire to drive
confiserie *f.* confectionery, candy store
confiture *f.* jam, 5-2
conflit *m.* conflict
conformiste conformist, 1-1
confort *m.* comfort
confortable comfortable (material objects), 7-2
congé *m.* leave
    congé de maternité maternity leave
    prendre congé to take leave, say good-bye
congélateur *m.* freezer
congrès *m.* conference
conjonction *f.* conjunction
conjugaison *f.* conjugation
conjugué/e conjugated

connaissance *f.* knowledge, understanding, 8-1; acquaintance
connaitre † to know, be familiar with, 8-3
connecté/e connected
connecter to connect
connexion *f.* **sans fil** wireless connection/card, 11-2
connu/e known
conquête *f.* conquest
consacrer to devote
conseil *m.* piece of advice; council
    conseil de classe meeting of teachers, administration, and elected parent and student representatives
    conseil universitaire elected university governing body
    demander un conseil to ask for advice
conseiller to advise
conseiller *m.*, **conseillière** *f.* advisor
conséquence *f.* consequence
conservateur/-trice conservative
conservation *f.* conservation
conserver to store
consister to consist
consommateur *m.*, **consommatrice** *f.* consumer
consommation *f.* drink
consommer to consume, 10-2
consonne *f.* consonant
constituer to be, to constitute, to form
construire † to construct, build
consultation *f.* visit with a health professional
consulter to consult
    consulter le médecin to see a doctor, 10-1
contaminer to contaminate
contempler to contemplate
contemporain/e contemporary
contenir † to contain
content/e happy, 8-3
conteur *m.* storyteller
continent *m.* continent, 9-2
continuer to go on/keep going, 9-3
    continuer (à) to continue, 12-1
    continuer tout droit keep going straight ahead, 9-3
contraire *m.* opposite
    au contraire, ... to the contrary, ... , 11-2
contraste *m.* contrast
contribuer to contribute
contrôle *m.* inspection, control, test
convaincre to convince
convenir † to suit
    Cela vous convient ? Does this suit you?, 9-3
copain *m.*, **copine** *f.* friend, 2-1
copieux/-euse copious, hearty, 5-2
corail *m.* coral
Corée *f.* Korea, 9-2
coréen/ne Korean, 9-2
corps *m.* body, 10-1
    corps humain human body, 10-1
correspondance *f.* correspondance

correspondant/e *m./f.* pen pal
correspondre to correspond
corriger to correct
corso *m.* procession (of floats)
costume *m.* man's suit, 4-3
    costume-cravate *m.* suit and a tie
côte *f.* coast
côté *m.* side
    à côté de next to, beside 3-1
    d'un autre côté, ... on the other hand, ... , 11-2
Côte-d'Ivoire *f.* Ivory Coast, 9-2
côtelette *f.* **(d'agneau)** (lamb) chop, 5-3
coton *m.* cotton, 4-3
côtoyer to rub shoulders with
cou *m.* neck, 10-1
se coucher to go to bed, 4-1
coude *m.* elbow, 10-1
couleur *f.* color, 4-3
    de quelle couleur est... ? what color is ... ?
couloir *m.* hallway, 7-1
coup *m.* blow, strike, punch
    ça vaut le coup it's worth it, 12-3
    coup de soleil sunburn
    coup de téléphone phone call
couper to cut, to chop
    couper l'eau du robinet to turn off the running water (from the faucet), 10-2
couple *m.* couple
couplet *m.* verse of a poem
cour *f.* courtyard, 7-1
courant/e current
    au courant up-to-date (for a person)
courant *m.* **d'air** draft, breeze
courir † to run, 4-2
couronne *f.* crown
courriel *m.* (Can.) e-mail message
courrier électronique *m.* e-mail, 11-2
cours *m.* course, class, 3-1
    au cours de during
course *f.* errand, 2-3
    faire † des courses to run errands, including grocery shopping, 2-3
    faire † les courses to do the weekly grocery shopping, 5-3
court/e short, 4-3
cousin *m.*, **cousine** *f.* cousin, 1-1
coussin *m.* cushion
coussinet *m.* small cushion
couter to cost, 5-1
coutume *f.* custom
couture *f.* sewing, dressmaking
    haute couture designer fashion
couturier *m.* fashion designer
couturière *f.* dressmaker, seamstress
couvert : Le ciel est couvert The sky is overcast., 6-1
couvrir † to cover
covoiturage *m.* carpooling, 10-2
craie *f.* stick of chalk, P-2
cravate *f.* tie, 4-3
crayon *m.* pencil, P-2
créer to create

crème *f.* cream, 5-1
    crème glacée (Can.) ice-cream
crèmerie *f.* dairy store
créole *adj.* Creole
créole *m.* Creole (language)
crevette *f.* shrimp, 5-3
crier to yell, 8-3
crime *m.* crime
crise *f.* crisis
cristal *m.* crystal
critère *m.* criterion
critique *f.* critique, criticism, (critical) review, 11-3
critique *m.* (movie, literary) critic (person), 11-3
croire † **(à, en)** to believe, 10-3
    Je crois/Je crois que oui. I think so., 7-3
    Je crois que... I believe that ... , 10-3
    Je ne crois pas/Je crois que non. I don't think so., 11-2
croisière *f.* cruise
croissant *m.* croissant, 5-2
croquemadame *m. inv.* grilled ham and cheese sandwich topped with a fried egg
croquemonsieur *m. inv.* grilled ham and cheese sandwich, 5-1
croustillant/e crusty
crudités *f. pl.* cut-up raw vegetables, 5-3
cubiste cubist, 12-2
cuiller, cuillère *f.* spoon, 5-1
cuir *m.* leather, 4-3
cuisine *f.* kitchen, 7-1
    avec coin cuisine with a kitchenette, 7-2
    faire † la cuisine to cook, 2-2
cuisinière *f.* stove, 7-2
culturel/le cultural
cupidité *f.* greed

D

d'abord first
d'accord OK, agreed, 5-2
dame *f.* lady, P-2
danger *m.* danger
le Danemark Denmark
dans in, into, inside, P-2
danse *f.* dance, 3-2
    faire † de la danse to dance, to study dance, 2-2
danser to dance
d'après... according to ...
date *f.* date, 1-2
    Quelle est la date ? What is the date?, 1-2
d'autres *adj.* other
davantage more
de (d') from, of, about, P-1
    De rien. Not at all., You're welcome., P-2
déambulateur *m.* walker
débarquer to disembark
débat *m.* debate
debout standing, on one's feet
    être debout to be up, 4-1

début *m.* beginning
décédé/e deceased, 1-1
décembre December, 1-2
déception *f.* disappointment
déchet *m.* waste, refuse, 10-2
    déchets *pl.* **domestiques** household garbage, 10-2
    déchets *pl.* **industriels** industrial waste, 10-2
déchèterie *f.* waste collection center, 10-2
décider (de) to decide, 12-1
    se décider to make up one's mind, 12-3
déclaration *f.* declaration
décontracté/e relaxed
décorer to decorate
découverte *f.* discovery
découvrir † to discover; to uncover
décrire † to describe, 8-1
déçu/e disappointed, 10-3
    être déçu/e que to be disappointed that, 10-3
déduire to deduce
défaire † to undo
défaite *f.* defeat, loss
défi *m.* challenge
défilé *m.* parade, 8-2
    défilé de mode fashion show
définir to define
définition *f.* definition
déforestation *f.* deforestation, 10-2
degré *m.* degree; step
    Il fait vingt degrés. It's 20 degrees (Celsius)., 6-1
se déguiser to disguise oneself, to dress up in costume
dehors outside
    en dehors de outside of
déjà already, 4-1
déjeuner *m.* lunch, 5-2
déjeuner to have lunch, 1-3
délégué/e *m./f.* delegate
    délégué/e de classe elected class representative
délicieux/-euse delicious, 5-3
demain tomorrow, 2-3
    à demain see you tomorrow, P-1
demander to ask, request, 2-2
démarrer to begin, to start
demi/e half
    demi-frère *m.* half-brother, stepbrother, 8-1
    demi-kilo *m.* half-kilo
    demi-sœur *f.* half-sister, stepsister, 8-1
    demi-tour *m.* U-turn
    et demi/e and a half, 4-2
    faire † demi-tour to make a U-turn
démocratie *f.* democracy
démocratique *adj.* democratic
démodé/e old-fashioned, out-of-date, 4-3
demoiselle *f.* young lady, single woman
démonstratif/-ive demonstrative
dent *f.* tooth, 4-1
    se brosser les dents to brush one's teeth, 4-1
    se laver les dents to brush one's teeth

dentifrice *m.* toothpaste, 4-1
dentiste *m./f.* dentist, 3-3
départ *m.* departure
    au départ de leaving from, originally
département *m.* department, regional administrative unit in France
dépasser to exceed
se dépêcher to hurry up, 4-1
dépendant/e *adj.* dependent
dépendre de to depend on
    Ça depend. That depends.
dépense *f.* expenditure
dépenser to spend
déposer to drop off, to place
depuis since, 11-2
depuis combien de temps… ? for how long … ?, 11-2
depuis quand… ? since when … ?, 11-2
dernier/-ière last, 3-1
derrière behind, 3-1
des *pl.* some, P-2
dès que as soon as, 11-1
désagréable disagreeable, 1-1
désastre *m.* disaster
descendant (de) *m.* descendant (of)
descendre to go down, 6-2
    descendre de to get off
    descendre en ville to go downtown
descente *f.* descent
désert *m.* desert
se déshabiller to undress, 4-1
désignation *f.* name, designation
désirer to desire, to want, 10-2
désobéir à to disobey, 7-1
désolé/e sorry, 8-3
    Je suis désolé/e… I am sorry…, 8-3
dessert *m.* dessert, 5-2
desservir to serve, to stop at
dessin *m.* drawing, 3-2
    dessin animé cartoon, animated film, 11-1
dessinateur/-trice *m./f.* draftsman/woman, 12-2
dessiner to draw
dessous : en dessous underneath
destination *f.* destination
se détendre to relax, 7-3
détente *f.* relaxation; release (of a consonant)
déterminer to determine, to work out
détester to detest, 3-1
deux two, 1-2
    deux fois par jour twice a day, 4-1
deuxième *m.* second, 1-1
devant in front of, 3-1
développement *m.* development
    développement durable sustainable development
développer to develop
devenir † to become, 6-1
deviner to guess
devoir † must, to have to, should, 3-3
devoir *m.* essay, assignment 3-2

devoirs *m. pl.* homework, P-2
    faire † des devoirs to do homework
d'habitude usually, 6-1
diagnostic *m.* diagnosis
dialecte *m.* dialect
dialogue *m.* dialogue
dictionnaire *m.* **(un dico)** dictionary, 3-2
différence : à la différence de unlike
différent/e different
différer † to differ
difficile difficult, 3-2
diffusion *f.* (commercial) distribution
dimanche Sunday, 1-3
diminuer to decrease, to lower
dîner *m.* dinner, 5-2; lunch (*Can.*)
dîner to have dinner, 1-3; to have lunch (*Can.*)
dioxyde *m.* **de carbone (CO_2)** carbon dioxide
diplomate *m./f.* diplomat
diplôme *m.* degree, 3-2
    avoir un diplôme to have a degree
dire † to say, 8-1
    Ça (ne) me dit rien. I'm not interested in that., 12-3
direct : en direct *adv.* live
    émission *f.* **en direct** live broadcast
directeur *m.* **directrice** *f.* manager
discipliné/e disciplined, 1-1
discuter de to have a discussion, to talk
disjoint/e disjointed, stressed (pronouns)
disparaître to disappear
disparition *f.* disappearance
disponible available
se disputer to argue, 8-3
disque *m.* **dur (externe)** (external) hard drive, 11-2
disquette *f.* diskette
distractions *f. pl.* amusements, diversions, used once in 5-2
se distraire to amuse oneself, 11-3
divers/e various
diversité *f.* diversity
divertissement *m.* variety show, 11-1
divisé/e divided, split
diviser to divide, to split
divorcé/e divorced, 1-1
divorcer to divorce, 8-1
dix ten, 1-2
dixième tenth, 7-1
dix-huit eighteen, 1-2
dix-huitième eighteenth
dix-neuf nineteen, 1-2
dix-neuvième nineteenth, 7-1
dix-sept seventeen, 1-2
dix-septième seventeenth
doctorat *m.* doctorate, Ph.D.
documentaire *m.* documentary, 11-1
dodo (*colloq.*) sleep, 4-1
    faire † dodo (*colloq.*) go to sleep, 4-1
doigt *m.* finger, 10-1
domaine *m.* area, field
domicile *m.* place of residence

dommage *m.* damage
    C'est dommage. It's too bad. It's a pity., 8-3
    Il est/C'est dommage que… It's too bad that … , It's a shame that … , 10-3
    Quel dommage. What a pity.
donc then, therefore
donnée *f.* data
    base *m.* **de données** database
donner to give, P-2
    donner sur to look onto or lead out to, 7-1
doré/e golden brown, glazed
dormir to sleep, 4-2
dos *m.* back, 10-1
dossier *m.* file, case, folder
double double
doublé/e dubbed, 11-1
doubler to dub
doucement gently, softly
douche *f.* shower
    prendre une douche to take a shower, 4-1
se doucher to shower, 4-1
doué/e to be talented, 3-3
douleur *f.* pain
doute *m.* doubt
    sans aucun doute without a doubt
    sans doute probably
douter to doubt, 10-3
doux/douce gentle, soft, sweet
douzaine *f.* dozen, 5-3
douze twelve, 1-2
douzième twelfth, 7-1
drame *m.* **(psychologique)** (psychological) drama, 11-1
drapeau *m.* flag
dresser (une liste) to make (a list)
se droguer to take drugs, to be on drugs
drogue *f. sg.* (illegal) drugs
droit *adv.* straight, 9-3
    tout droit straight ahead, 9-3
droit *m.* law, 3-2
droite *f.* right, 3-1
    à droite (de) to the right (of), 3-1
drôle amusing, funny, strange, 2-1
du (= **de** + **le**) 2-2
durable sustainable
dur/e hard, difficult, stiff
durée *f.* length of time, duration
durer to endure, last
duvet : manteau *m.* **en duvet** down coat
DVD *m. inv.* DVD, P-2
dynamique dynamic, 1-1

E

eau *f.* water, 5-3
    eau minérale mineral water, 5-1
    eau minérale gazeuse carbonated mineral water
    eau minérale plate still mineral water
    eau potable drinkable water, 10-2
échange *m.* exchange
échanger to exchange, 11-2

échappement *m.* exhaust; escape
    gaz *m. pl.* **d'échappement** exhaust fumes, 10-2
échapper to escape
écharpe *f.* scarf, 4-3
échecs *m. pl.* chess, 2-2
échelle *f.* ladder
éclair *m.* lightning, 6-1
    Il y a des éclairs. There is lightning., 6-1
éco-geste *m.* ecological act, gesture, 10-2
école *f.* school, 1-3
    école de commerce business school
    école maternelle preschool, nursery school
    école primaire elementary school
    école secondaire secondary school
écologie *f.* ecology
écologique ecological, 10-2
économie *f.* economy; economics, 3-2
    faire † des économies *pl.* to save money
économique economical
    sciences *f. pl.* **économiques** economics, 3-2
économiser to save, economize, 10-2
l'Écosse Scotland
écosystème *m.* ecosystem
écotourisme *m.* ecotourism
écoute *f.* listening
écouter to listen, P-2
    écouter de la musique to listen to music, 1-3
écran *m.* screen, 11-1
    écran (plat) (flat-screen) monitor, 11-2
écraser to crush
écrire † to write, 8-1
écrivain *m.* writer, 3-3
écureuil *m.* squirrel
éducatif/-ive educational
effacer to erase, P-2
effet *m.* effect
    en effet yes, indeed, 7-3
efficace efficient, effective
effort *m.* effort
égal/e equal
église *f.* Catholic church, 2-2
égoïste selfish, 2-1
l'Égypte Egypt
élaborer to elaborate
électricité *f.* electricity
électrique electric
électronique electronic
élégance *f.* elegance
élégant/e elegant, 2-1
éléphant *m.* elephant
élève *m./f.* pupil, student (elementary age)
éliminer to eliminate
élire to elect, 10-3
elle *f.* she, her, it, P-1
    elle-même *f.* herself
elles *f. pl.* they, them, P-1
    elles-mêmes *f. pl.* themselves
élu/e elected
e-mail *m.* e-mail, 11-2
    par e-mail by e-mail (as medium), 11-2

emballage *m.* packaging, 10-2
embarras *m.* trouble
embarrassé/e embarrassed, 8-3
s'embrasser to kiss, 8-3
les Émirats arabes unis United Arab Emirates
émission *f.* program, 11-1
    émission de musique music program, 11-1
    émission de télé-achat in text infomercial, 11-1
    émission de téléréalité reality show, 11-1
    émission sportive televised sports event, 11-1
emmener † to bring someone along
émotion *f.* emotion
empêcher to prevent
emploi *m.* use; job
employé/e *m./f.* employee, white-collar worker
employer † to use
emporter to bring something, to take with
empreinte *f.* **écologique** ecological footprint
emprunter to borrow
en *prep.* to, at, P-1; *pron.* some, any, 5-3
    en ligne online, 11-2
enchaînement *m.* linking
enchanté/e delighted (to meet you), P-1
encore still, yet, again, another, 4-2
    encore un quart d'heure another fifteen minutes, 4-2
encyclopédie *f.* encyclopedia, 11-3
s'endormir to fall asleep, 4-2
endroit *m.* place, 7-3
énergie *f.* energy
    énergie renouvelable renewable energy, 10-2
    énergie solaire solar energy, 10-2
énergique energetic, 2-1
énervé/e irritable
s'énerver to become irritated/worked up
enfance *f.* childhood
enfant *m./f.* child, 1-1
enfin finally
enfourner to put in the oven
engagement *m.* involvement, commitment
s'engager to get involved, 10-3
s'ennuyer † to become bored, 8-3
ennuyeux/-euse boring, tedious, 3-2
enquête *f.* poll, survey
enrichir to enrich
enseignant/e *m./f.* teacher, instructor
enseignement *m.* teaching
enseigner to teach
ensemble together, 1-3
ensuite next, then
entendre to hear, 3-1
    s'entendre (avec) to get along (with), 8-3
    entendu : C'est entendu. It's understood. OK. 12-1
enthousiaste enthusiastic
entourer to surround; to circle
entraînement *m.* practice (sport)

s'entrainer to practice (sport)
entraineur *m.* trainer, coach
entre between, 4-2
entrée *f.* appetizer or starter, 5-2; entrance, foyer, 7-1
entreprise *f.* firm, place of business
entrer to go/come in
entretien *m.* interview
énumérer to enumerate, to list
envie *f.* urge, craving
    avoir envie de (+ *nom*, + *inf.*)… to want, desire (sthg, to do sthg) … , 4-3
environ about, approximately
environnement *m.* environment, 10-2
environs *m. pl.* surroundings
envoyer † to send, 11-2
épaule *f.* shoulder, 10-1
épeler † to spell
épice *f.* spice, 5-2
épicerie *f.* grocer's shop, 5-3
épicier *m.*, **épicière** *f.*, grocer
épinards *m. pl.* spinach, 5-3
épisode *m.* episode, 11-1
époque *f.* era, time
époux *m.*, **épouse** *f.* spouse
épreuve *f.* test, 8-1
éprouver to feel, to experience
équilibré/e balanced, 10-1
équipe *f.* team
équipé/e equipped, 7-2
équivalent *m.* equivalent
érosion *f.* erosion
erreur *f.* mistake, error
escalier *m.* staircase, stairs, 7-1
espace *m.* place, space
    espace vert green, grassy area
espadrilles running shoes
Espagne *f.* Spain, 9-2
espagnol/e *adj.* Spanish, 9-2
espagnol *m.* Spanish (language), 3-2
espion *m.* spy
espionnage *m.* spying, 11-1
    film *m.* **d'espionnage** spy film, 11-1
en espèces in cash
espérer † to hope, 12-1
essai *m.* essay
essayer (de) † to try, 10-1
essence *f.* gas
essuyer † to dry
    s'essuyer † to dry oneself off, wipe off, 4-1
est *m.* east
estimer to consider, to believe, to judge, 10-3
estomac *m.* stomach, 10-1
et and, P-1
établir to establish
établissement *m.* establishment
étage *m.* floor, 7-1
    premier étage second floor, 7-1
étagère *f.* bookcase, (book)shelf, 7-2
étape *f.* stage, step (in a process)
état *m.* state
    état civil marital status, 1-1

États-Unis *m. pl.* the United States, 9-2
été *m.* summer
    l'été prochain next summer
éteindre † to turn off, 10-3
    éteindre les lumières to turn off the lights, 10-2
étendu/e extended, 8-1
étoile *f.* star, 9-3
étonnant/e surprising, 10-3
étonné/e surprised, 10-3
étranger/-ère foreign, 3-2
étranger/-ère *m./f.* stranger, foreigner
être † to be, P-1
    être (tout à fait) d'accord to agree (completely), 11-1
    être en train de + *inf.* to be busy doing something, 4-1
    Ne sois pas … Don't be … , 7-3
    sois, soyez… ! be … ! , 7-3
    Soyez calme ! Be calm!, 7-3
être *m.* **humain** human being
études *f. pl.* studies, 3-2
    faire † **des études (de)** to study (sthg)
étudiant *m.*, **étudiante** *f.* student, P-2
étudier to study
Europe *f.* Europe, 9-2
européen/ne European
eux *m. pl.* they, them, P-2
    eux-mêmes *m. pl.* themselves
évènement *m.* event, 8-2
éventuel/le probable
éventuellement probably, perhaps
évident obvious
évier *m.* (kitchen) sink, 7-2
éviter to avoid, 10-1
exacte exact
exactement exactly
exagérer to exaggerate
examen *m.* exam, 3-2
    passer un examen to take an exam
    préparer un examen to study for an exam, 3-2
    réussir un examen to pass an exam
excès *m.* excess
exercer to exercise, exert
exercice *m.* exercise
    faire † **de l'exercice** to exercise, 10-1
exigeant/e demanding, 8-1
exiger † to require, to demand, 10-2
exotique exotic
expérience *f.* experience; experiment
explication *f.* explanation
expliquer to explain, 6-2
exposé *m.* oral presentation, report, 3-2
exposer to state, to explain; to exhibit
exposition *f.* exhibition, 2-3
expression *f.* expression
    expression fixe set expression, idiom
expresso *m.* small cup of strong coffee
exprimer to express
    s'exprimer to express oneself
externe external
extrait *m.* exerpt, extract

extrême extreme
extrêmement extremely

F

fabriquer to make, to produce
fac = **faculté**
face *f.* face, side
    en face (de) facing, across from, 3-1
fâché/e angry, upset, 8-3
se fâcher (contre) to get angry (at, with), 8-3
facile easy, 3-2
facilement easily
faciliter to facilitate, to make easier
façon *f.* way
    de toute façon in any case
facteur *m.*, **factrice** *f.* mail carrier, 3-3
facture *f.* bill
faculté *f.* college, university
faible weak
faim *m.* hunger, 5-1
    avoir faim to be hungry, 5-1
faire † to do, to make, 2-2
    Ça (ne) fait rien. That doesn't matter., 12-3
    deux et deux font quatre 2 + 2 = (equals) 4
    faire partie de to belong to, 8-1
    faire penser à to remind one of
    Il fait beau. It's beautiful weather., 6-1
    Ne t'en fais pas !/Ne vous en faites pas ! Don't worry!, 8-3
    se faire du souci to worry, 8-3
    se faire un petit plaisir to treat oneself, 12-3
fairepart *m. inv.* (birth, wedding) announcement
fait *m.* fact
    en fait in fact
falloir † to be necessary
    Il faut… to need, 5-3; you have to/must, 5-1 (in Lisons)
    Il ne faut pas… you must not
    Il faut que… It is necessary that/You must … , 10-1
    Il ne faut pas que… You must not … , 10-1
fameux/-euse famous
familial/e familial, related to family
familier/-ière familiar
famille *f.* family, 1-1
    famille étendue extended family, 8-1
    famille monoparentale single-parent family, 8-1
    famille nombreuse big family, 1-1
    famille recomposée blended family, 8-1
fanatique *m.* fan, fanatic
    être fanatique de to be a fan of, 12-3
fantaisiste fantastic (not based in reality)
fantastique fantastic (great, wonderful); fantasy
    film *m.* **fantastique** fantasy film
fantôme *m.* phantom, ghost
farine *f.* flour

fariné/e floured
fasciné/e fascinated
fatigué/e tired, P-1
faune *f.* wildlife, fauna
faut *see* **falloir**
faute *f.* mistake
    faire † une faute to make a mistake
fauteuil *m.* armchair, 7-2
    basket-fauteuil *m.* wheelchair basketball, 10-1
    fauteuil roulant wheelchair, 10-1
faux/-sse false
favoriser to favor
Félicitations ! Congratulations!, 8-2
féliciter to congratulate
féminin/e feminine
féminisation *f.* feminization (esp. names of professions)
femme *f.* wife, woman, 1-1
    femme au foyer stay-at-home mother, 8-1
    femme d'affaires businesswoman, 3-3
fenêtre *f.* window, P-2
férié : jour *m.* **férié** legal holiday, 8-2
ferme *f.* farm, 7-3
fermer to close, P-2
festival *m.* festival
fête *f.* party, 2-2; holiday, 8-2
    fête religieuse *f.* religious holiday, 8-2
fêter to celebrate, 8-2
feu *m.* fire
    feu d'artifice fireworks, 8-2
    feu rouge stoplight
feuille *f.* sheet of paper; leaf
feuilleton *m.* series, soap opera, 11-1
feutre *m.* felt-tip pen, marker, P-2
fève *f.* broad bean, favor baked in **la Galette des rois**
février February, 1-2
fiançailles *f. pl.* engagement
fiancé/e engaged, 1-1
se fiancer to get engaged, 8-3
fichier *m.* computer file, 11-2
fidèle faithful
fièvre *f.* fever
    avoir de la fièvre to have a temperature, to run a fever
figure *f.* face, 4-1; figure, shape
    figure géométrique geometric shape
fil *m.* thread, wire
fille *f.* daughter, girl, 1-1
film *m.* film, 1-3
fils *m.* son, 1-1
fin *f.* end
    fin de semaine (*Can.*) weekend
fin/e thin, elegant, delicate, 4-3
final/e final, 3-2
finalement finally, 11-3 (only used in a fiche pratique)
finir to finish, 7-1
la Finlande Finland
fitness *m.* cardio workout
fixer to set (an appointment)
flamand *m.* Flemish (language)

fleur *f.* flower, 8-2
fleurir to flourish
fleuve *m.* river
flore *f.* flora, plant life
flûte *f.* recorder
    flûte traversière flute, 12-1
foie *m.* liver
foire *f.* fair
fois *f.* time
    deux fois par jour twice a day, 4-1
    x fois par semaine x times a week
    une fois once, one time
folklorique folkloric
    musique *f.* **folklorique** folk music, 12-1
foncé/e dark (color)
fonction *m.* function
fonctionnaire *m./f.* government worker, 3-3
fonctionner to function
fond *m.* bottom, end
    à fond deeply; loudly
fondre to melt, 10-2
fondu/e melted
fontaine *f.* fountain
football *m.* **(le foot)** soccer, 1-3
football *m.* **américain** American football, 2-2
foraine : fête foraine *f.* fair
forcément inevitably, necessarily
forêt *f.* forest, 7-3
formation *f.* formation; training
    avoir une formation to have training
forme *f.* shape; form
    être en forme to be in shape (after exercising, or after being sick), P-1
former to form, to train
formidable great, 7-3
fort *adv.* loudly, 8-3
fort/e *adj.* strong, stout, 2-1
forum *m.* forum
    forum de discussion discussion forum, newsgroup
foulard *m.* silk scarf, 4-3
foule *f.* crowd
four *m.* oven, 7-2
fourchette *f.* fork
fourrure *f.* coat, fur
foyer *m.* home, household, 8-1
    femme *f.* **au foyer** stay-at-home mother, 8-1
    homme *m.* **au foyer** stay-at-home father, 8-1
frais/fraîche fresh
    Il fait frais. It's cool (weather)., 6-1
fraise *f.* strawberry, 5-3
français/e *adj.* French, 9-2
français *m.* French (language), P-2
    faire † du français to study French, 2-3
France *f.* France, 9-2
francophone French-speaking
francophonie *f.* French-speaking world
fréquence *f.* frequency
frère *m.* brother, 1-1
frigo *m.* (*colloq.*) fridge
frite *f.* French fry, 5-1
froid cold, 6-1

Il fait froid. It's cold (weather)., 6-1
J'ai froid. I'm cold., 6-1
fromage *m.* cheese, 5-2
fromager *m.* cheese maker, cheese seller
frontière *f.* border, 9-2
fruit *m.* fruit, 5-2
    fruits *pl.* **de mer** seafood
fruitier/fruitière *adj.* fruit, 7-3
    arbre *m.* **fruitier** fruit tree, 7-3
fumé/e *adj.* smoked
fumée *f.* smoke
fumer to smoke, 10-1
fumet *m.* aroma
furieux/-euse furious, 8-3
futur *m.* future tense
    futur proche immediate future

G

gadget *m.* gadget
gagner to win
    gagner de l'argent to earn money, 3-3
galérie *f.* (art) gallery
galette *f.* cake for the Epiphany, 8-2; savory dinner crepe made with buckwheat flour
gant *m.* glove, 4-3
    gant de toilette wash mitt, 4-1
garage *m.* garage
garantir to guarantee
garçon *m.* boy, 1-1
gare *f.* train station, 2-2
garer to park, 7-1
gaspiller to waste, 10-2
gâteau *m.* cake, 8-2
gauche *f.* left, 3-1
    à gauche (de) to the left (of), 3-1
gaz *m.* gas, 10-2
    gaz à effet de serre greenhouse gas, 10-2
    gaz carbonique carbon gas, 10-2
    gaz *pl.* **d'échappement** exhaust fumes, 10-2
gazeux/-euse carbonated
geler † to freeze, 6-1
    Il gèle. It's freezing (weather)., 6-1
gêné/e bothered, embarrassed, 8-3
général/e general
généralement generally
généreux/-euse generous, warm-hearted, 2-1
générique *m. sg.* screen credits
génial : C'est génial. It's great/awesome. 11-2
genou *m.* knee, 10-1
genre *m.* (grammatical) gender; kind, type
    genre littéraire literary genre
gens *m. pl.* people, 3-3
gentil/le kind, nice, 2-1
    C'est gentil à toi/vous. That's kind (of you).
géographie *f.* geography
géologie *f.* geology
gérant *m.*, **gérante** *f.* manager
gestion *f.* management, 3-2

gilet *m.* cardigan sweater, 4-3
gite (rural) *m.* (rural) bed and breakfast, 9-3
glace *f.* ice cream, 5-1
    glace au chocolat chocolate ice cream, 5-1
glacé/e ice-cold, frozen, iced
    crème *f.* **glacée** (*Can.*) ice cream
    thé *m.* **glacé** iced tea
glacier *m.* glacier, 10-2
glaçon *m.* ice cube, 5-1
golf *m.* golf, 1-3
gomme *f.* eraser, P-2
gorge *f.* throat, 10-1
    avoir mal à la gorge to have a sore throat
goulu/e gluttonous
gout *m.* taste, liking
    avoir le gout du travail to have a strong work ethic, 8-1
gouter *m.* afternoon snack, 5-2
gouter to have a snack, to taste
goutte *f.* drop
gouvernement *m.* government, 10-3
grâce à thanks to
graisse *f.* fat, grease
graissé/e greased
gramme *m.* (*abbr.* gr) gram
grand-chose *m. inv.* : **pas grand-chose** not very much, not a great deal, 2-3
    ne pas faire † grand-chose to not do much, 2-3
grand/e tall, 2-1
    grand magasin *m.* department store, 4-3
    grande surface *f.* superstore, 5-3
    grandes vacances *f. pl.* summer vacation, 8-2
grandir to grow taller, to grow up (for children)
grand-mère *f.* grandmother, 1-1
grand-père *m.* grandfather, 1-1
grand-parent *m.*, (**grands-parents** *pl.*) grandparent, 1-1
grasse *adj.* fatty, oily, greasy
gratuit/e free
gratuitement for free
grave serious, 8-3
    Ce n'est pas grave. It's not serious., 8-3
graveur *m.* **CD/DVD** CD/DVD burner, 11-2
gravité *f.* gravity, seriousness
grève *f.* strike, 10-3
grignoter to snack, 10-1
grillé/e grilled, toasted, 5-2
grimper to climb up
grippe *f.* flu
gris/e gray, 4-3
Groenland *m.* Greenland
gros/se fat, 2-1
to gain weight, 4-1
grotte *f.* **(préhistorique)** (prehistoric) cave, 9-3
groupe *m.* group
    groupe de consonnes *m.* consonant cluster
guerre *f.* war
    guerre de Sécession (American) Civil War
    Première Guerre mondiale First World War
    Seconde Guerre mondiale Second World War
guide *m.* guide (tour guide or guidebook), 9-3
guidé/e guided
la Guinée Guinea
guitare *f.* guitar, 1-3
    guitare basse bass guitar, 12-1
    guitare électrique electric guitar, 12-1
gymnase *m.* gym, 2-2
gymnastique *f.* exercises; gymnastics
    faire de la gym to do exercises, to work out

H

s'habiller to get dressed, 4-1
habitation *f.* dwelling, housing
habiter to live (in a physical sense), 1-1
habitude *f.* habit
    d'habitude usually, 6-1
habituel/le habitual
habituellement usually
s'habituer à to get used to
*****haché/e** chopped, ground, 5-3
*****hamburger** *m.* hamburger, 5-1
*****handicap** *m.* handicap, disability, 10-1
*****handicapé/e** handicapped, 10-1
    être *handicapé/e to be handicapped/disabled, 10-1
*****haricot** *m.* bean, 5-3
    *****haricot vert** green bean, 5-2
harmonica *m.* harmonica, 2-2
harmonie *f.* harmony
*****haut** high
hebdomadaire *adj.* weekly, 11-3
*****hein !** huh!, understood?
heure *f.* hour, 4-2
    être à l'heure to be on time, 4-2
    Il est une heure. It's one o'clock., 4-2
    Quelle heure est-il ? What time is it?, 4-2
    Vous avez l'heure ? Do you have the time?, 4-2
heureusement luckily, 8-1
heureux/-euse happy, 8-3
*****heurter** to strike
hexagone *m.* hexagon
    L'Hexagone (*colloq.*) France
hier yesterday
histoire *f.* history, 3-2; story
    histoire drôle joke
historique historical
    film *m.* **historique** historical movie, 11-1
hiver *m.* winter, 6-1
*****hockey** *m.* hockey, 2-3
*****hollandais/e** Dutch, hollandaise (sauce)
*****Hollande** *f.* Holland
*****homard** *m.* lobster
homme *m.* man, 2-1
    homme au foyer stay-at-home father, 8-1
    homme d'affaires businessman, 3-3
honte *f.* shame
hôpital *m.* public hospital, 3-3
horaire *m.* schedule

horaires *pl.* **d'ouverture** opening hours, business hours
horloge *f.* clock, 4-2
horreur *f.* horror
    film *m.* **d'horreur** horror movie, 11-1
    Quelle horreur ! How awful!, 5-1
*****hors** except; outside
hôte *m.* guest or host
hôtel *m.* hotel, 2-2
huile *f.* oil, 5-3
    huile d'olive olive oil
    huile usagée waste (used) oil, 10-2
*****huit** eight, 1-2
*****huitième** eighth, 7-1
huitre *f.* oyster
humain/e human
    corps *m.* **humain** human body, 10-1
    sciences *f. pl.* **humaines** social sciences, 3-2
*****hyène** *f.* hyena
hygiéniste *m./f.* **dentaire** dental hygienist
hypermarché *m.* superstore

I

ici here, 3-1
idéal/e ideal
idéaliste idealistic, 1-1
idée *f.* idea
identifier to identify
identité *f.* identity
idiomatique idiomatic
il *m.* he, it, P-1
ile *f.* island
ils *m. pl.* they, P-1
il y a there is/are, P-2; ago, 6-1
    il n'y a pas de… there isn't/aren't … , P-2
    il y a deux jours two days ago, 6-1
    il y a longtemps a long time ago, 6-1
    il y a … que it's been … , for … , 11-2
illogique illogical
illustre illustrious
imaginaire imaginary
imaginer to imagine
imam *m.* imam, leader of prayers in a Muslim mosque
imbécile *m./f.* idiot
immense huge, immense
immeuble *m.* building, 7-1
immigré/e immigrant
immobilier *m.* real estate business
immunodéficitaire immunodeficient
imparfait *m.* imperfect tense
impatience *f.* impatience
impératif *m.* imperative
imper(méable) *m.* raincoat, 4-3
impliquer to involve, to implicate
importance *f.* importance
important, 5-3
impression *f.* impression
impressionnisme *m.* Impressionism
impressionniste Impressionist, 12-2
imprimante *f.* **(multifonction)** (multifunction) printer, 11-2
imprimer to print, 11-2

inclure to include
inclus/e included
inconvénient *m.* disadvantage, inconvenience
incorporer to blend
Inde *f.* India, 9-2
indéfini/e indefinite
indication *f.* sign, indication
indien/ne Indian, 9-2
indifférence *f.* indifference
indigestion *f.* indigestion
indiquer to indicate, 9-3
indiscipliné/e undisciplined, 1-1
indiscret/-ète indiscreet
indispensable necessary
individualiste individualistic, 1-1
individu *m.* individual
individuel/le individual
indulgent/e indulgent, lenient
industriel/le industrial, 10-2
industriel/le *m./f.* manufacturer, industrialist
infection *f.* infection
infinitif *m.* infinitive
infirmerie *f.* health center/clinic, 3-1
infirmier *m.*, **infirmière** *f.* nurse, 3-3
informaticien *m.*, **informaticienne** *f.* programmer, 3-3
information *f.* information
informations *f. pl.* (**les infos**) news, 11-1
informatique *f.* computer science, 3-2
s'informer to get information, 11-3
ingénieur *m.* engineer, 3-3
innovateur/-trice innovative
innovation *f.* innovation
inondation *f.* flood, 10-2
inquiet/-ète worried, uneasy, anxious, 8-3
s'inquiéter † to worry, 8-3
inquiétude *f.* worry
insatisfait/e unsatisfied
inscription *f.* registration, enrollment
    bureau *m.* **des inscriptions** registrar's office, 3-1
s'inscrire to register, to enroll
    s'inscrire sur la liste électorale to register to vote, 10-3
insensible insensitive
instable unstable
installer to put in, to install
instant *m.* moment, instant
s'instruire † to educate oneself, to improve one's mind, 11-3
instrument *m.* instrument, 12-1
    instrument de musique musical instrument
insulter to insult
insupportable unbearable
intégrer † to incorporate, integrate
    s'intégrer to integrate, to fit in
intelligent/e intelligent, smart, 2-1
intensité *f.* intensity
interactif/-ive interactive
interdiction *f.* ban
interdire † to ban, to forbid
intéressant/e interesting, 3-2
s'intéresser (à) to be interested (in), 3-3

intérieur *m.* inside, interior
interlocuteur *m.* partner in dialogue, interlocutor
internaute *m.* Internet user, 11-2
Internet *m.* Internet
    aller sur Internet to go on the Internet
    surfer sur Internet to surf the Internet
interpréter † to interpret; to perform
interrogatif/-ive interrogative
interrogation *f.* quiz
interviewer to interview
intime intimate
s'intituler to be titled, 12-2
intrigue *f.* plot, scheme
invariable invariable
inventer to invent
invitation *f.* invitation
invité/e *m./f.* guest
inviter to invite, 1-3
Irak *m.* Iraq
Iran *m.* Iran
l'Irlande du nord Northern Ireland
irrégularité *f.* irregularity
irrégulier/-ière irregular
Israël Israel
Italie *f.* Italy, 9-2
italien/ne *adj.* Italian, 9-2
italien *m.* Italian (language)
item *m.* item
ivoirien/ne Ivorian, 9-2

J

jalousie *f.* jealousy
jaloux/-ouse jealous, 8-3
jamais ever
    ne … jamais never, 4-1
jambe *f.* leg, 10-1
jambon *m.* ham, 5-1
janvier January, 1-2
Japon *m.* Japan, 9-2
japonais/e *adj.* Japanese, 9-2
japonais *m.* Japanese (language)
jardin *m.* garden, yard, 1-3
jardinage *m.* gardening, 2-3
    faire † **du jardinage** to garden, to do some gardening, 2-3
jaser (*Can.*) to chatter, prattle
jaune yellow, 4-3
jazz *m.* jazz, 2-2
je (j') I, P-1
jean *m. sg.* jeans, 4-3
jet *m.* spurt, spray; jet
jeter † to throw/throw out
jeu *m.* game, 2-2
    jeu de mot pun
    jeu de société board game, 2-2
    jeu électronique computer game
    jeu télévisé game show, 11-1
    jeu vidéo video game
    Jeux *pl.* **Olympiques** Olympic games
jeudi Thursday, 1-3
jeune *adj.* young, 2-1
jeune *m./f.* young person
jeûne *m.* fast

jeûner to fast
jeunesse *f.* youth, young people
jogging *m.* jogging, 2-3
    faire † **du jogging** to go jogging, to jog, 2-3
joie *f.* joy
joli/e pretty, 2-1
la Jordanie Jordan
jouer to play, 1-3
    jouer une pièce to perform a play
    jouer à to play (a sport), 1-3
    jouer de to play (an instrument), 1-3
jour *m.* day, 1-3
    ce jour-là that day
    jour férié legal holiday, 8-2
journal *m.* newspaper, 11-3
    journal télévisé (le JT) news broadcast, 11-1
journalisme *m.* journalism, 3-2
journaliste *m./f.* journalist, 3-3
journée *f.* day, 4-1
joyeux/-euse *adj.* merry, cheerful
    Joyeux Anniversaire ! Happy Birthday!, 8-2
    Joyeux Noël ! Merry Christmas!, 7-2
juger to judge
juif *m.*, **juive** *f.* Jewish
juillet July, 1-2
juin June, 1-2
jumeau *m.*, **jumelle** *f.* twin
jupe *f.* skirt, 4-3
jus d'orange *m.* orange juice, 5-1
jusqu'à until, 4-2
justifier to justify
juteux/-euse juicy

K

kayak *m.* kayak
kilo *m.* kilo, 5-3
kiosque *m.* newsstand
le Koweït Kuwait

L

la (l') *f.* the, P-1; *pron.* her, it
là there
là-bas there, over there, 7-3
labo(ratoire) *m.* laboratory, 3-1
    labo(ratoire) de chimie chemistry lab, 3-1
    labo(ratoire) des langues language lab, 3-1
lac *m.* lake, 7-3
laid/e ugly
laine *f.* wool, 4-3
laïque secular
laisser to leave (alone)
    laisser les lumières allumées to leave the lights on, 10-2
lait *m.* milk, 5-2
lampe *f.* lamp, 7-2
lancer to throw
    lancer un pari to make a wager
langage *m.* language
langagier/-ière linguistic, of language

langue *f.* language, 3-2; tongue, 10-1
    langue étrangère foreign language, 3-2
    langue maternelle native language, 9-2
f. which one, 8-2
lapin *m.* rabbit
large big, large, loose-fitting, roomy, 4-3
lavabo *m.* bathroom sink, 4-1
laver to wash
    se laver to wash oneself, 4-1
    se laver les cheveux to wash one's hair, 4-1
    se laver les dents to brush one's teeth
    se laver la figure to wash one's face, 4-1
    se laver les mains to wash one's hands, 4-1
(l') *m.* the, P-1; *pron.* him, it, 6-1
leçon *f.* lesson, 1-3
    leçon de chant singing lesson, 1-3
lecteur *m.*, **lectrice** *f.* reader
    lecteur CD *m.* CD player, P-2
    lecteur CD/DVD *m.* CD/ DVD drive, 11-2
    lecteur DVD *m.* DVD player, P-2
    e-book reader/device, 11-3
lecture *f.* reading
légende *f.* caption; legend; key
leger/-ère light
légume *m.* vegetable, 5-2
lémur *m.* lemur
m. which one, 8-2
pl. the, P-2 ; *pron.* them, 6-1
m. pl., **lesquelles** *f. pl.* which ones, 8-1
lettre *f.* letter
lettres *f. pl.* humanities, 3-2
leur *adj.* their, 1-2; *pron.* to them, 6-2
leurs *adj. pl.* their, 1-2
lever † to raise
    lever le doigt to raise one's hand
    se lever † to get up, 4-1
    Levez-vous ! Get up/Stand up!, P-2
lèvre *f.* lip, 10-1
liaison *f.* link, liaison
le Liban Lebanon
libraire *m./f.* bookseller
librairie *f.* bookstore, 2-2
libre free (a person), available, 6-3
    Je ne suis pas libre. I'm not free., 6-3
    Tu es/vous êtes libre(s) ? Are you free?, 6-3
libre-service *m.* self-service
licence *f.* Bachelor's degree (in French university system)
licorne *f.* unicorn
lien *m.* (Web) link, 11-2; connection, tie
lieu *m.* place
    au lieu de instead of
    avoir lieu to take place, 8-2
    lieu de travail workplace
lièvre *m.* hare
ligne *f.* line
    en ligne online, 11-2

limite *f.* border, limit
limité/e limited
    limité/e à limited to
    limité/e par bordered by, limited by
limiter to limit, to restrict
limonade *f.* lemon-lime soft drink, 5-1
linguistique *f. sg.* linguistics
lire † to read, 8-1
    Je lis un roman. I'm reading a novel, 3-2
    Lisez les mots… ! Read the words … !, P-2
liste *f.* list
lit *m.* bed, 7-2
litre *m.* liter, 5-3
littérature *f.* literature, 3-2
livre *m.* book, P-2
locataire *m./f.* tenant, renter, 7-1
location *f.* renting
logement *m.* lodgings, accommodation, 9-3
loger † to stay temporarily, 9-3
logiciel *m.* software program, 11-2
logique logical
loin *adv.* far away, a long way
    C'est loin. It's far.
    au loin in the distance
    loin (de) far from, 3-1
lointain/e *adj.* distant, faraway
loisir *m.* leisure time, 2-3
long/longue long, 4-3
longtemps a long time, 6-1
    il y a longtemps a long time ago, 6-1
lors de during, at the time of
lorsque when, 11-1
loto *m.* lottery, 2-2
louer to rent, 7-1
louisianais/e *adj.* from Louisiana
lourd/e heavy, 6-1
    Il fait lourd. It's humid., 6-1
loyer *m.* rent, 7-1
m. him, P-1; *pron.* to him, to her, 6-2
    lui-même *m.* himself
luisant/e gleaming, shining
lumière *f.* light, 9-3
    éteindre les lumières to turn off the lights, 10-2
    spectacle *m.* **son et lumière** sound and light historical production, 9-3
lunaire lunar, pertaining to the moon
lundi Monday, 1-3
    le lundi every Monday, on Mondays, 6-1
lune (Lune) *f.* moon (the Moon)
    être dans la lune to have one's head in the clouds
    lune de miel honeymoon
lunettes *f. pl.* eyeglasses, 4-3
    lunettes de soleil pair of sunglasses, 4-3
lutte *f.* struggle; wrestling
lutter to struggle, fight
luxe *m.* luxury

luxueux/-euse luxurious
lycée *m.* high school

M

ma *f.* my, 1-1
McDo *m.* McDonald's restaurant
machine *f.* machine
macroéconomique *adj.* macroeconomic
le Madagascar madagascar
madame (Mme) Mrs., Ms., P-1
mademoiselle (Mlle) Miss, P-1
magasin *m.* store, 4-3
    grand magasin department store, 4-3
magasiner (*Can.*) to shop
magazine *m.* news show, 11-1; magazine, 11-3
    magazine télé listing of TV programs, 11-1
maghrébin/e North African, 8-1
magistral/e *adj.* brillant
magnétophone *m.* tape player
magnétoscope *m.* videocassette player/recorder
magnifique magnificent, 4-3
mai May, 1-2
maigre skinny, thin, 2-1
    to lose weight, 6-1
m. e-mail message, 11-2
maillot *m.* **(de bain)** swimsuit, 4-3
main *f.* hand, 4-1
maintenant now, 1-3
maintenir † to affirm, to uphold
maire *m.* mayor
mairie *f.* city hall, 2-2
mais but, P-2
maison *f.* house, home, 1-3
    rester à la maison to stay home, 1-3
maitre *m.* master, 12-2
maitrise *f.* mastery; M.A. or M.S. degree in former French academic system
majeur/e *adj.* principal, major
majeure (en) *f.* (*Can.*) academic major (in), 3-2
majoritairement predominantly
mal *adv.* badly, P-1
    pas mal not bad, P-1
mal *m.* **(maux** *pl.***)** pain, ache, 10-1
    avoir du mal à respirer to have difficulty breathing
    avoir mal to hurt, 10-1
    avoir mal à la tête to have a headache, 10-1
    avoir mal au cœur to be nauseated, 10-1
    avoir mal partout to hurt all over, 10-1
malade *adj.* sick, P-1
malade *m./f.* sick person
    malade imaginaire hypochondriac
maladie *f.* sickness, disease
malentendant/e *m./f.* hearing-impaired
malgache *adj.* from Madagascar
malgré in spite of
malheureux/-euse unhappy, unfortunate, 8-3
le Mali Mali

mandat *m.* term (of office), 10-3
manière *f.* **de vivre** way of life
manifestation *f.* protest, demonstration, 10-3
manger † to eat, 2-2
manque *m.* lack
manquer to miss, to be lacking
manteau *m.* overcoat, 4-3
manuel *m.* manual, handbook
maquillage *m.* makeup, 4-1
se maquiller to put on makeup, 4-1
marche *f.* walking, pace; step
    faire de la marche to walk for exercise
marché *m.* market, 2-2
    bon marché *adj.* inexpensive, 4-3
    marché en plein air open-air market
marcher to walk
mardi Tuesday, 1-3
mari *m.* husband, 1-1
mariage *m.* wedding, 8-2; marriage
marié *m.*, **mariée** *f.* bridegroom/bride, 8-2
marié/e married, 1-1
se marier to get married, 8-3
marier to marry
    marier les expressions to match the expressions
marin/e related to the sea
maritime coastal, seaside, maritime
marmotte *f.* groundhog; sleepy head (*colloq.*)
Maroc *m.* Morocco, 9-2
marocain/e Moroccan, 9-2
marraine *f.* godmother, 8-2
marron *adj. inv.* brown, 4-3
marquant/e *adj.* outstanding
mars March, 1-2
masque *m.* mask
masse *f.* group, mass
master : diplôme *m.* **de master** M.A. or M.S. degree in current French academic system
match *m.* (**matchs** *pl.*) game (sports), 2-2
mathématiques *f. pl.* (**les maths**) mathematics, 3-2
matière *f.* matter, material, subject
matin *m.* morning, 1-3
    dix heures du matin ten o'clock in the morning, 4-2
    du matin in the morning; A.M., 4-2
Maurice Republic of Mauritius
mauvais/e bad, 3-1
    Il fait mauvais. The weather's bad., 6-1
maux *see* **mal**
mazurka *f.* mazurka, Polish folk dance
me (m') *pron.* me, to me, 8-2
mécanicien *m.*, **mécanicienne** *f.* mechanic
méchant/e mean, naughty, 2-1
médecin *m.* doctor (M.D.), 3-3
médecine *f.* medicine, 3-3
médias *m. pl.* media, 11-1
médical/e medical
médicament *m.* medicine, drug
médiocre mediocre, 3-2
se méfier to be suspicious
meilleur/e *adj.* better, best

meilleur/e ami/e *m./f.* best friend
Meilleurs vœux ! Best wishes!, 8-2
mél *m.* e-mail address (*France*)
mélange *m.* mixture, blend, combination
mélanger to mix
melon *m.* cantaloupe, 5-3
membre *m.* member, limb
même same; even, 7-1
    en même temps at the same time
mémoire *f.* memory
mémoire *m.* long essay, M.A. thesis
menacé/e threatened, 10-2
menacer to threaten
ménage *m.* household
mener † to lead, to carry out
    mener à sa fin to lead to one's end
mensuel/le monthly, 11-2
mental/e mental
menthe *m.* mint
    thé *m.* **à la menthe** mint tea
    tisane *f.* **à la menthe** herbal mint tea
mentionner to mention
mentir to lie, 4-2
mer *f.* sea, 7-3
    au bord de la mer at the seashore
merci thank you, P-2
mercredi Wednesday, 1-3
mère *f.* mother, 1-1
mère célibataire single mother
mère unique single mother
mériter to earn, merit
merveilleux/-euse marvelous, wonderful
mes *pl.* my, 1-1
mésaventure *f.* misfortune
message *m.* message
messagerie instantanée *f.* instant messaging, 11-1
messe *f.* Catholic mass
mesure *f.* measurement
mesurer to measure
métaphore *f.* metaphor
météo(rologie) *f.* weather forecast, 6-1
métier *m.* occupation, job, 3-3
métro *m.* subway, 9-1
metteur en scène *m.* film or stage director
mettre † to put on, 4-3
    mettre à jour to update
    mettre la musique à fond to turn the music up loud
    mettre la table to set the table
    mettre une heure to take an hour
meublé/e furnished, 7-2
meuble *m.* piece of furniture, 7-2
meurtre *m.* murder
mexicain/e Mexican, 9-2
Mexique *m.* Mexico, 9-2
micro(phone) *m.* microphone
micro-trottoir *m.* sidewalk interview
midi noon, 4-2
mieux better
    mieux … que better … than
militaire military
militant/e *m./f.* political activist
militer to be a political activist

mille thousand
milliard billion
million million
mince *adj.* thin, slender, 2-1
    Mince ! Shoot!, 4-2
mincir to lose weight
mineure *f.* **(en)** (*Can.*) minor, 3-2
minijupe *f.* miniskirt, 4-3
ministère *m.* ministry, department
ministre *m.* minister, secretary
minorité *f.* minority
minuit midnight, 4-2
minute *f.* minute, 4-2
mitaine *f.* (*Can.*) mitten
se mobiliser (contre) organize (against), 10-3
mobinaute *m./f.* someone who accesses internet via a mobile device
mobylette *f.* moped, motor scooter, 9-1
mocassin *m.* loafer, 4-3
moche ugly, 2-1
modalité *f.* form, modality
mode *f.* fashion, 4-3
    à la mode stylish, fashionable, 4-3
mode *m.* form, mode
    mode articulatoire articulatory mode
    mode d'emploi directions
modèle *m.* model
moderne modern, 7-2
modeste modest
modifier to modify
moelle *f.* marrow
moelleux/-euse moist
moi me, P-1
    moi-même myself
moins less, 4-2
    moins (de) … que less … than, 4-2
    moins le quart a quarter to, 4-2
    moins vingt twenty to, 4-2
mois *m.* month, 1-2
    le mois prochain next month
moitié *f.* half
moment *m.* moment, 6-1
    à ce moment-là at that moment, 6-1
mon *m.* my, 1-1
monde *m.* world
    avoir une vision du monde to have a worldview, 8-1
    tout le monde everyone, everybody, 11-2
mondial/e worldwide
moniteur *m.* monitor, 11-2
    moniteur avec un écran plat flat-screen monitor, 11-2
moniteur *m.*, **monitrice** *f.* (sports) instructor, (camp) counselor
monnaie *f.* currency; change
mononucléose *f.* mononucleosis
monoparental/e single-parent, 8-1
monotone monotonous
monsieur (M.) Mr., P-1
monsieur *m.* man, P-2
monstre *m.* monster
montagne *f.* mountain, 7-3
montée *f.* climb
monter to go up, 6-2

montre *f.* watch, 4-2
montrer to show, P-2
monument *m.* monument, 2-2
    monument aux morts veterans' memorial, 2-2
se moquer de to tease, mock
morceau *m.* piece, 5-3
mort *f.* death
mort *m.* deceased person, cadaver
mortel/le mortal
mosquée *f.* mosque
mot *m.* word
    mot à mot word for word
    mot apparenté cognate
    mot-clé *m.* keyword
    mot juste right word
    mot-valise *m.* portmanteau word
moteur *m.* engine, 10-2
    moteur de recherche search engine
moto *f.* motorcycle
    faire † de la moto to ride a motorcycle
motoneige *f.* snowmobile
    faire † de la motoneige to go snowmobiling
mouche *f.* fly (insect)
    bateau-mouche *m.* Paris river boat
mouiller to moisten
mourir † to die, 6-2
moutarde *f.* mustard, 5-3
moyen *m.* way, means
    moyen de transport means of transportation, 9-1
moyen/ne *adj.* medium, average
    le Français moyen the average French person
moyenne *f.* average
muet/te silent, mute
muguet *m.* lily of the valley, 8-2
multiculturel/le multicultural, 8-1
multiethnique multiethnic
multifonction multifunction, 11-2
multimédia multimedia, 11-2
multiple multiple
municipal/e municipal, 2-2
mur *m.* wall, 7-2
musculation *f.* bodybuilding, 10-1
    faire † de la musculation to do strength/resistance training; to lift weights, 10-1
musée *m.* museum, 2-3
musical/e *adj.* musical
    comédie *f.* **musicale** musical, 11-1
musicien *m.*, **musicienne** *f.* musician, 3-3
musique *f.* music, 1-3
    faire † de la musique to play (make) music, 2
musulman/e Muslim
mystérieux/-euse mysterious
mythe *m.* myth

N

nager † to swim, 2-3
naissance *f.* birth
naître † to be born, 6-2
narratif/-ive narrative
narration *f.* narrative, account
nasal/e nasal
natation *f.* swimming, 2-3
    faire † de la natation to swim, 2-3
nationalité *f.* nationality, 9-2
nature *f.* nature, 7-3
    nature morte still life, 12-2
navet *m.* turnip
navette *f.* shuttle, bus
navigateur (web) *m.* (Web) browser, 11-2
ne ... jamais never, 4-1
ne ... pas not, 1-1
ne ... personne no one, 5-2
ne ... rien nothing, 5-2
nécessaire necessary, 5-1
nécessairement necessarily
nécessité *f.* need, necessity
néerlandais/e Dutch, 9-2
néerlandais *m.* Dutch (language)
négatif/-ive negative
neiger to snow, 6-1
    Il neige. It's snowing., 6-1
nettoyer † to clean, 10-2
neuf nine, 1-2
neuf/ve *adj.* brand-new, 7-2
neuvième ninth, 7-1
neveu *m.* nephew, 1-1
    neveux *pl.* nieces and nephews, 1-1
nez *m.* nose, 10-1
nièce *f.* niece, 1-1
le Niger Nigeria
Noël *m.* Christmas, 8-2
noir/e black, 4-3
nom *m.* last name, P-2
    nom de plume pen name
nombre *m.* number, 1-2
nombreux/-euse numerous
nommer to name
non no, P-1
    non plus neither
    moi non plus me neither
non biodégradable nonbiodegradable, 10-2
non-voyant/e *m./f.* visually handicapped person
nord *m.* north, 9-2
normalement normally, 1-3
la Norvège Norway
nos *pl.* our, 1-2
note *f.* grade, 3-2
    avoir une (bonne/mauvaise) note to have/receive a (good/bad) grade, 3-2
notre *m./f.* our, 1-2
nourricier/-ière nourishing
nourrir to nourish
    se nourrir to feed, to eat
nourriture *f.* food, nourishment
nous we, P-1; *pron.* us, to us, 8-2
    nous-mêmes ourselves
nouveau (nouvel), nouvelle new, 3-1
    de nouveau again, 4-1
nouveauté *f.* novelty, new release, new publication, new model

nouvelle *f.* piece of news, 8-3
nouvelles *f. pl.* news
novembre November, 1-2
nuage *m.* cloud, 6-1c
    Il y a des nuages. It's cloudy., 6-1
nucléaire *adj.* nuclear
    centrale *f.* **nucléaire** nuclear power plant
    énergie *f.* **nucléaire** nuclear power
nuisance *f.* something harmful, environmental problem; nuisance
nuit *f.* night, 4-1
numéro *m.* number
numéroter to number
nymphéa *m.* water lily

O

obéir à to obey, 7-1
obésité *f.* obesity
obligatoire required, 3-2
observer to observe
obtenir † to obtain, 9-2
occasion *f.* chance, opportunity, occasion
    avoir l'occasion de to have the opportunity to
Occident *m.* the West
occupé/e busy, P-1
s'occuper de to take care of, 7-3
océan *m.* ocean
Océanie *f.* Pacific, 9-2
octobre October, 1-2
odeur *f.* odor
œil *m.* (**yeux** *pl.*) eye, 10-1
œuf *m.* egg, 5-2
    œuf en chocolat chocolate egg, 8-2
    œufs sur le plat/au plat fried eggs, 5-2
œuvre *f.* work (esp. literary or artistic)
    œuvre d'art work of art, 12-2
office *m.* **de tourisme** tourism office, 9-3
officiel/le official
offrir † to give (a gift)
ognon *m.* onion, 5-3
oiseau *m.* bird, 1-1
olive *f.* olive
Oman Oman
omelette *f.* omelet
omniprésent/e omnipresent
on one, people in general, 1-3
    On y va ensemble ? Shall we go (there) together?, 6-3
oncle *m.* uncle, 1-1
onze eleven, 1-2
onzième eleventh, 7-1
opéra *m.* opera, 12-1
opinion *f.* opinion
optimiste optimistic, 1-1
orage *m.* (thunder)storm, 6-1
    Il y a un orage. There is a (thunder)storm., 6-1
oral/e oral
orange *adj. inv.* orange (color), 4-3
orange *f.* orange (fruit), 5-1
Orangina *m.* Orangina orange soda, 5-1
orchestre *m.* orchestra, 12-1
ordinaire ordinary

ordi(nateur) *m.* computer, P-2
    ordinateur portable laptop computer, 11-2
ordonnance *f.* prescription
ordre *m.* order
ordures *f. pl.* trash, waste, 10-2
oreille *f.* ear, 10-1
organiser to plan, to organize, 2-3
originaire (de) originally (from), native (of)
origine *f.* origin
orphelin/e orphaned
orteil *m.* toe
ou or, P-1
où where, 2-2
ouest *m.* west
oublier (de) to forget
Ouf ! Whew!, 4-2
oui yes, P-1
ouragan *m.* hurricane, 10-2
ours *m.* bear
    ours blanc polar bear, 10-2
ouvrage *m.* **de référence** reference book, 11-3
ouvert/e open
ouverture *f.* opening
ouvrier *m.*, **ouvrière** *f.* worker, laborer
ouvrir † to open, P-2

P

PACS *m.*, **pacte** *m.* **civil de solidarité** legal document recognizing a civil union in France
se pacser to sign a PACS agreement
pagne *m.* wrap, piece of (African) cloth
pain *m.* bread, 5-2
    du pain avec du chocolat bread with chocolate, 5-2
    pain au chocolat chocolate croissant, 5-2
    pain de campagne round loaf of bread, 5-3
    pain de mie loaf of sliced bread
    pain grillé toast, 5-2
    petit pain roll, 5-3
paire *f.* pair
le Pakistan Pakistan
paix *f.* peace
pâle pale, 7-1
pâlir to become pale
panier *m.* basket, 10-2
pantalon *m. sg.* slacks, 4-3
pantouflard/e homebody, stay-at-home, 2-1
paquet *m.* package, 5-3
par by, through
    par exemple for example
    (deux fois) par jour/semaine (twice) a day/week, 4-1
    par terre on the floor, 7-2
paradoxalement paradoxically
parapluie *m.* umbrella, 4-3
parc *m.* park, 2-3
    parc de loisirs theme park
parce que because
pardon excuse me, P-2
parent *m.* parent; relative, 1-1
paresseux/-euse lazy, 2-1

parfaitement perfectly, completely
parfois sometimes
pari *m.* bet, wager
parité *f.* **(politique)** political parity
parler to speak, P-2
    parler au telephone to talk on the phone, 1-3
    Parlez plus fort ! Speak louder!, P-2
parmi among
paroisse *f.* parish; county in Louisiana
parrain *m.* godfather, 8-2
part *f.* slice, share, proportion
partager † to share
partenaire *m./f.* partner
participer à to participate in
particulier/-ière particular, specific, exceptional, special
    en particulier particularly, in particular
particularité *f.* special feature
partie *f.* part
    faire † **partie de** to belong to, 8-1
partir to leave, 4-2
    à partir de from
    partir en vacances to go on vacation, 5-2
partitif/-ive partitive
partout everywhere, all over, 10-1
pas not, P-1
    ne … pas not, 1-3
    pas du tout not at all
    pas mal not bad, P-1
    pas si vite not so fast, 12-3
    pas tout à fait not quite
passage *m.* passage
passager *m.*, **passagère** *f.* passenger
passant *m.*, **passante** *f.* passerby
passé *m.* past
    passé composé compound past tense
passeport *m.* passport, 9-1
passer to go/come by, 6-2
    passer (du temps) to spend time
    passer une soirée tranquille to spend a quiet evening, 6-3
    se passer to happen, 8-3
passion *f.* passion
passionné/e passionate
pastel *m.* pastel, 12-2
pasteur *m.* pastor, Protestant minister
pâte *f.* pasta, dough, 5-2
pâté *m.* pâté, 5-3
patience *f.* patience
patin *m.* **à glace** ice skate; ice-skating
patin *m.* **à roulettes** roller skate; roller-skating
patinage *m.* skating
pâtisserie *f.* pastry shop, 5-3
pâtissier *m.*, **pâtissière** *f.* pastry chef
patron *m.*, **patronne** *f.* boss
pauvre poor
pavillon *m.* building, 3-1
    pavillon principal main building, 3-1
payer † to pay
pays *m.* country, 9-2

le Pays de Galles Wales
paysage *m.* landscape, 12-2
Pays-Bas *m. pl.* The Netherlands, 9-2
peau *f.* skin
    être bien dans sa peau to have confidence in oneself, 8-1
pêche *f.* peach, 5-3; fishing, 6-3
    aller à la pêche to go fishing, 6-3
peigne *m.* comb, 4-1
se peigner to comb one's hair
peindre † to paint, 12-2
peintre *m.* painter, 12-2
peinture *f.* painting, 3-2
pellicule *f.* roll of film
pendant during, for, 4-2
    pendant que while, 11-1
pénicilline *f.* penicillin
pensée *f.* thought
penser to think
    penser (à) to think of
    penser (de) to think about
    Je pense que non. I don't think so.
    Je pense que oui. I think so.
    Je pense que … I think that …
perdre to lose, to waste
    perdre son sang-froid to lose one's composure, 8-3
père *m.* father, 1-1
    père célibataire single father, 8-1
    père unique
période *f.* period
périodique *m.* periodical
perle *f.* pearl
permettre † **(à, de)** to permit, 8-1
permis *m.* permit, 3-1
    permis de conduire driver's license, 9-1
persan/e *adj.* Persian
persil *m.* parsley
personnage *m.* character, 11-1
    personnage principal main character, 11-1
personnalisé/e personalized
personne *f.* person, P-1
    personne âgée elderly person
    personne du troisième âge senior citizen
    personne en difficulté person in difficult situation, disadvantaged
    ne … personne no one, nobody, 5-2
personnel/le personal
perspective *f.* perspective
persuader to persuade
perte *f.* loss
pessimiste pessimistic, 1-1
petit-déjeuner *m.* breakfast, 5-2
petit/e short, small, little, 2-1
petite annonce *f.* classified ad
petit commerçant *m.* owner of a small retail shop
petit-enfant *m.* grandchild, 1-1
petite-fille *f.* granddaughter, 1-1
petit-fils *m.* grandson, 1-1
petit pois *m.* pea, 5-3
peu *m.* a little, 1-1
    un petit peu a little bit

peur *f.* fear
    avoir † peur to be afraid, 10-3
    faire † peur to frighten, scare
peut-être maybe, 2-1
phare *m.* lighthouse, beacon
pharmacie *f.* pharmacy
pharmacien *m.*, **pharmacienne** *f.* pharmacist, 3-3
phénomène *m.* phenomenon
philosophie *f.* philosophy, 3-2
photographe *m./f.* photographer, 12-2
photo(graphie) *f.* photograph, photography, 2-1
phrase *f.* sentence
physiologie *f.* physiology, 3-2
physique *adj.* physical
physique *f.* physics, 3-2
physique *m. sg.* physical traits, 2-1
piano *m.* piano, 1-3
pièce *f.* play, 2-3; room 7-1
    un cinq-pièces *m.* three-bedroom apartment, 7-1
    pièce de monnaie coin
    pièce jointe (e-mail) attachment, 11-2
pied *m.* foot, 10-1
    à pied on foot, 9-1
pierre *f.* stone
piétonnier/-ière for pedestrians
pincée *f.* pinch (in cooking)
pingouin *m.* penguin
piquant/e spicy, hot
piquenique *m.* picnic, 6-2
    faire † un piquenique to have a picnic, 6-2
piquer to sting
pire worse
piscine *f.* swimming pool, 2-2
pizza *f.* pizza, 5-1
placard *m.* cupboard, kitchen cabinet, 7-2
place *f.* (city) square, 2-3; seat, place, 6-3
plage *f.* beach, 7-3
se plaindre to complain
plaisanter to joke
    Tu plaisantes ! You're joking!
plaisir *m.* pleasure, 6-3
    avec plaisir with pleasure, 6-3
    se faire un petit plaisir to treat oneself, 12-3
plan *m.* map, blueprint
    plan de ville city map, 9-1
    plan du campus map of campus, 3-1
planche *f.* board
    planche à voile windsurfing, windsurfing board, 6-2
    faire † de la planche à voile to windsurf, 6-2
planète *f.* planet, 10-2
planifier to plan, 12-3
plantain *m.* plantain
plante *f.* plant
plastique *m.* plastic, 10-2
plat *m.* dish or course, 5-2
    plat préparé prepared dish, 5-3
    plat principal main dish, 5-2

plein/e (de) full (of), 11-1
    en plein air *adj./adv.* in the open air, outdoors
    faire † le plein to fill up the gas tank of a car
pleurer to cry, 8-3
pleuvoir † to rain, 6-1
    Il pleut. It's raining., 6-1
pluie *f.* rain, 6-1
plupart *f.* majority, most
plus *adv.* more; plus
    de plus en plus more and more
    en plus additionally, besides
    non plus neither
    moi non plus me neither
    plus (de) … que more … than
plusieurs several
plutôt more, rather, 12-3
pneumonie *f.* pneumonia
poche *f.* pocket
poêle *f.* pan
poème *m.* poem
poésie *f.* poetry, 11-3
poète *m./f.* poet
poignet *m.* wrist, 10-1
point *m.* point, period, spot
pointe : de pointe high-tech, state-of-the-art
poire *f.* pear, 5-2
poirier *m.* pear tree
poison *m.* poison
poisson *m.* fish, 5-2
poissonnerie *f.* seafood shop, 5-3
poitrine *f.* chest, 10-1
poivre *m.* pepper, 5-2
poivron *m.* (bell) pepper
    poivron rouge red pepper
    poivron vert green pepper
policier: film *m.* **policier** detective/police film, 11-1
polluer to pollute, 10-2
pollution *f.* pollution, 10-2
    pollution atmosphérique air pollution, 10-2
    pollution sonore noise pollution, 10-2
polo *m.* polo shirt, 4-3
pommade *f.* ointment, salve
pomme *f.* apple, 5-2
pomme *f.* **de terre** potato, 5-2
populaire popular
popularité *f.* popularity
porc *m.* pork, 5-3
portable *m.* cell phone; laptop computer 11-2
porte *f.* door, P-2
portée *f.* reach
portefeuille *m.* wallet, 9-1
portemonnaie *m. inv.* change purse, 9-1
porter to wear, 4-3; to carry
portrait *m.* portrait, 12-2
portugais/e *adj.* Portuguese, 9-2
Portugal *m.* Portugal, 9-2
poser to place, put

poser une question to ask a question, 2-1
posséder † to possess, 7-3
posséssif/-ive possessive
possibilité *f.* possibility
possible possible
postal/e postal
poste *m.* job, position
poste *f.* post office
poster *m.* poster
pot *m.* jar, 5-3
potable *adj.* drinkable
    eau *f.* **potable** drinking water, 10-2
potager *m.* vegetable garden, 7-3
poubelle *f.* trash can, 10-2
poudre *f.* powder
    poudre à pâte baking powder (Louisiana)
poule *f.* hen
poulet *m.* chicken, 5-2
pouls *m.* pulse
poumon *m.* lung, 10-1
pour for, 2-1
    pour + *inf.* in order to
    pour moi for me, 11-2
pourboire *m.* tip
pourcentage *m.* percentage
pourquoi why
    pourquoi pas ? why not?, 12-3
pousser to push, encourage
pouvoir *m.* power
pouvoir † to be able to, 3-3
poux *m. pl.* lice
pratiquant/e practicing
    être pratiquant/e to practice a faith, 8-1
pratique *adj.* practical, 7-2
pratique *f.* practice
pratiquer to do, to engage in
pré *m.* meadow
précédent/e previous
précis/e precise
prédécesseur *m.* predecessor
prédiction *f.* prediction
préfecture *f.* **(de police)** prefecture (police headquarters)
préféré/e favorite, 8-1
préférence *f.* preference, 3-2
préférer † to prefer
préhistorique prehistoric, 9-3
premier/-ière first, 1-1
    C'est le premier mai. It's May first., 1-2
prendre † to take; to have a meal, 5-1
    prendre congé to take leave, say good-bye
    prendre le petit-déjeuner to have breakfast, 5-2
    prendre un bain to take a bath
    prendre une douche to take a shower, 4-1
    Prenez un stylo ! Take a pen!, P-2
prénom *m.* first name, P-2
prénominal/e prenominal, before the noun

préparer to prepare, 1-3
   préparer le dîner to fix dinner, 1-3
   préparer un diplôme (en) to do a degree (in), 3-2
   préparer un examen to study for an exam, 3-2
   préparer une leçon to prepare for a lesson/class, 1-3
préposition *f.* preposition
près (de) close (to), near, 3-1
   tout près very near
présent *m.* present, present tense
présentateur *m.*, **présentatrice** *f.* presenter; newscaster
présenter to introduce, present, P-1
   Je te/vous présente Loïc. Let me introduce Loïc to you., P-1
   se présenter to introduce oneself
   se présenter candidat/e to stand for election
préservation *f.* conservation, preservation
préserver to preserve
président/e *m./f.* president
presque almost
presse *f.* press, 11-3
pressé/e squeezed; in a hurry
   citron *m.* **pressé** lemonade, 5-1
prestige *m.* prestige, 3-3
prêt/e ready
prêter to lend
prétexte *m.* excuse
prêtre *m.* Catholic priest
prévenir † to prevent, to avoid; to warn someone
prévu/e predicted, foreseen, anticipated
prier to beg, to pray
   Je vous/t'en prie. You're welcome., 9-3
prière *f.* prayer
primaire primary
primitif/-ive primitive, 12-2
principal/e main, principal, 3-1
printemps *m.* spring, 6-1
   au printemps in the spring, 6-1
priorité *f.* priority
pris/e : Je suis pris/e. I'm busy. I have a previous engagement., 6-3
privé/e private
privilégier to favor
prix *m.* price, 4-3; prize
probable probable
probablement probably
problème *m.* problem
   sans problème no problem, 5-1
prochain/e next
proche close
producteur *m.*, **productrice** *f.* producer
produire † to produce, to bring in
   se produire to occur, to happen
produit *m.* product
   produit chimique chemical product
prof *m.* = **professeur**
professeur *m.* professor, P-2; teacher, 3-2
professeure *f.* (Can.) professor, teacher
profession *f.* profession, 3-3

profond/e deep
programme *m.* **d'études** course of study
projet *m.* (future) plan
   projets *pl.* **de vacances** vacation plans, 5-2
promenade *f.* walk, stroll, 2-2
   faire † **une promenade** to take a walk, 2-2
se promener † to take a walk
promettre † **(à, de)** to promise
pronom *m.* pronoun
   pronom complément d'objet direct direct-object pronoun
   pronom complément d'objet indirect indirect-object pronoun
   pronom disjoint stressed pronoun
   pronom réfléchi reflexive pronoun
   pronom relatif relative pronoun
   pronom sujet subject pronoun
pronominal/e pronominal
prononcer to pronounce
prononciation *f.* pronunciation
propos *m.* remark
   à propos de on the subject of, about
proposer to propose, to suggest
propre one's own, 6-1; clean
propriétaire *m./f.* landlord/landlady; homeowner, 6-1
protéger † to protect, 10-2
protester to protest, 10-3
prothèse *f.* artificial limb, prosthesis
proverbe *m.* proverb
province *f.* province
provisions *f. pl.* food supplies
provoquer to provoke
proximité *f.* nearness, closeness, proximity
   à proximité de near
prune *f.* plum
psychologie *f.* psychology, 3-2
psychologique psychological
psychologue *m./f.* psychologist
public *m.* public, 3-3
   avoir un contact avec le public to have contact with the public, 3-3
public/publique *adj.* public
publicitaire *adj.* promotional, advertising
publicité *f.* **(une pub)** advertisement, 11-3
   travailler dans la publicité to work in advertising
puce *f.* flea
   marché *m.* **aux puces** flea market
puis then, 6-2
pull(over) *m.* pullover sweater, 4-3
punir to punish

Q

le Qatar Qatar
qualification *f.* label, description, qualification
quand when
   quand même anyway, just the same
quantité *f.* quantity, 5-3
quarante forty, 1-2
quart *m.* quarter, 4-2

   et quart a quarter after, 4-2
   moins le quart a quarter to, 4-2
   quart d'heure *m.* quarter of an hour, 4-2
quartier *m.* neighborhood, 7-1
quatorze fourteen, 1-2
quatorzième fourteenth, 7-1
quatre four, 1-2
quatrième fourth, 7-1
quatre-vingts eighty, 1-2
quatre-vingt-dix ninety, 1-2
quatre-vingt-onze ninety-one, 1-2
que (qu') what, whom, which, that, 8-2
   qu'est-ce que/qui ... ? what ... ?, 8-2
   Qu'est-ce que tu as ? What's wrong?, 8-3
quel/le which, 7-1
   Quel âge as-tu/avez-vous ? How old are you?, 1-2
   Quel est ton/votre âge ? What's your age?, 1-2
   Quelle est la date ? What's the date?, 1-2
   Quelle heure est-il ? What time is it?, 4-2
   Quel temps fait-il ? What's the weather like?, 6-1
quelque some
quelque chose something, 5-2
quelquefois sometimes, 4-1
quelque part somewhere
quelqu'un someone, 8-1
question *f.* question, 2-1
   poser une question to ask a question, 2-1
questionnaire *m.* questionnaire, survey of questions
queue *f.* line (of people)
qui who, which, whom, 2-1
quinze fifteen, 1-2
   quinze jours two weeks
quinzième fifteenth, 7-1
quitter to leave, 4-2
quoi what, 8-2
   n'importe quoi anything, no matter what
   Quoi de neuf ? What's new?
quotidien *m.* daily publication, 11-3
quotidien/ne daily

R

rabbin *m.* rabbi
racine *f.* root, origin, 8-1
   avoir des racines to have roots/origins, 8-1
raconter to tell a story, 11-1
radio *f.* radio, 1-3
   écouter la radio to listen to the radio, 1-3
   radio-réveil *m.* clock radio, 4-2
rafraîchissant/e refreshing, 5-1
raisin *m.* grape, 5-3
raison *f.* reason
   avoir raison to be right
raisonnable reasonable, 1-1
rajouter to add (some) more
randonnée *f.* hike, 6-2

faire † une randonnée to take a hike, 6-2
ranger † to arrange, to tidy up, 7-2
rap *m.* rap music
rapide quick, rapid
rapidement quickly, rapidly
rappel *m.* reminder
se rappeler † to remember, 8-3
rapport *m.* relationship, 8-1; report
    avoir des bons rapports avec qqn to get along well with sb, 8-1
rare rare
rarement rarely, 4-1
se raser to shave, 4-1
rasoir *m.* razor, 4-1
rater to miss, 8-1
ravi/e delighted, 8-3
rayon *m.* supermarket section, aisle, 5-3
    rayon boucherie meat counter, 5-3
    rayon boulangerie-pâtisserie bakery/pastry aisle, 5-3
    rayon charcuterie deli counter, 5-3
    rayon crèmerie dairy aisle
    rayon fruits et légumes produce aisle, 5-3
    rayon poissonnerie fish counter, 5-3
    rayon surgelés frozen foods, 5-3
rayonnement *m.* influence
réagir to react
réalisateur *m.*, **réalisatrice** *f.* film director, 11-1
réaliste realistic, 1-1
rebelle rebellious, 8-1
récemment recently
recensement *m.* census
récent/e recent
réception *f.* welcome; reception (room)
réceptionniste *m./f.* receptionist
recette *f.* recipe
recevoir † to receive, 11-2
réchauffement *m.* **climatique** global warming, 10-2
réchauffer to reheat
recherche *f.* research, 11-2
    à la recherche de in search of
    faire † de la recherche to do research
récipient *m.* container
réciprocité *f.* reciprocity
récit *m.* narrative, 6-2
réciter to recite
recommandation *f.* recommendation, 11-3
recommander to recommend
recommencer (à) † to begin again
récompense *f.* reward, award
recomposé/e blended, put together again
    famille *f.* **recomposée** blended family, 8-1
reconnaître † to recognize
reconstitué/e reconstituted
recyclage *m.* recycling, 10-2
recycler to recycle, 10-2
rédacteur *m.*, **rédactrice** editor
rédaction *f.* composition, short essay
rédiger to compose, write
réduction *f.* reduction, cut

réduire † to reduce, 10-1
réduit/e reduced, lower
réfléchi/e reflexive; thoughtful
    pronom *m.* **réfléchi** reflexive pronoun
réfléchir à to think of/about, 7-1
reflet *m.* reflection, 12-2
refléter to reflect
réflexion *f.* reflection
réforme *f.* reform
refrain *m.* chorus, refrain
réfrigérateur *m.* (**un frigo**, *colloq.*) refrigerator, 7-2
refroidir to cool down
refuser (de) to refuse, 6-3
regarder to watch, 1-3
    regarder la télé to watch TV, 1-3
    Regardez le tableau ! Look at the board!, P-2
    regarder un film to watch a film on TV, 1-3
régime *m.* diet, 10-1
    être au régime to be on a diet
    faire † / suivre † un régime to diet, 10-1
région *f.* area, region
régional/e regional
règle *f.* ruler, P-2
régler to adjust, to regulate
regret *m.* regret
regretter to be sorry, to regret
régulier/-ière regular
régulièrement regularly
reine *f.* queen
relation *f.* relation, relationship
    relation familiale family relation, 1-1
relier to join, link together
religieux/-euse religious
religion *f.* religion
relire † to reread
remarié/e remarried, 1-1
remarquer to notice, to observe; to point out
rembourser to reimburse
remède *m.* remedy
remercier to thank, P-2
    Je te/vous remercie. Thank you.
    Je te/vous remercie d'être venu/e. Thank you for coming.
remettre † to hand in/over; to put off
remplacer to replace
remue-méninges *m. inv.* brainstorming
rencontre *f.* meeting, encounter
rencontrer to meet
    se rencontrer to meet (each other), 8-3
rendez-vous *m.* meeting, date, appointment, 6-3
rendre (à) to hand in, P-2; to give back, 3-1
    rendre visite à to visit someone, 3-1
    se rendre to go
rénové/e renovated, 7-2
renseignement *m.* information, 9-3
renseigner to inform
se renseigner to get information, 9-3
rentrée *f.* back-to-school

rentrer to return home, 4-1; to go/come back, 6-2
répandu/e widespread
réparer to repair
repartir to leave again
repas *m.* meal, 5-2
    repas équilibré well-balanced meal, 10-1
répéter † to repeat, P-2; to rehearse
répétition *f.* rehearsal, 12-1; repetition
replanter to replant
réplique *f.* line in a play; retort
répondre (à) to answer
    Répondez en français ! Answer in French!, P-2
répondeur *m.* (**automatique**) answering machine
reportage *m.* report (esp. news), 11-1
repos *m.* rest, 6-2
se reposer to rest, 8-3
reprendre † to take back
représentant *m.*, **représentante** *f.* **de commerce** sales representative, 3-3
représentation *f.* (theatrical) production, 12-1; representation
réputation *f.* reputation
réseau *m.* network, 11-2
    réseau sans fil wireless network, 11-2
    réseau social social network, 11-2
réservation *f.* reservation
réserve *f.* **naturelle** nature reserve
réservé/e reserved, 1-1
réserver to reserve
résidence *f.* dormitory, 3-1
résidentiel/le residential, 7-1
résolu/e *adj.* resolved
résoudre to resolve, to solve, 10-3
respirer to breathe
responsabilité *f.* responsibility, 3-3
ressembler à to look like, to resemble
    se ressembler to look alike, to be alike
ressentir to feel, be affected by
ressource *f.* resource
    ressource naturelle natural resource, 10-2
restaurant *m.* restaurant, 2-3
    restaurant universitaire (resto U) dining hall, 3-1
restauration *f.* restaurant business, catering
    restauration à la chaine chain restaurant business
rester to stay, 1-3
    rester à la maison to stay home, 1-3
    rester à la résidence to stay in the dorm, 2-2
    rester en forme to stay in shape, 10-1
résultat *m.* result
résumé *m.* summary
résumer to summarize
résurrection *f.* resurrection
retard : être en retard to be late, 4-2
retenir † to retain, 9-2
retomber to fall again

retoucher to edit a picture, to touch up, 11-2
retour *m.* return
retourner to go back, 6-2
retraite *f.* retirement
    prendre † sa retraite to retire
retransmettre † to broadcast, to retransmit
retrouver (qqn) to meet up with (sb), 3-1
    se retrouver to meet, 8-3
réunion *f.* meeting, 9-2
la Réunion Reunion Island
se réunir to get together
réussir (à) to succeed/pass, 7-1
    réussir un examen to pass an exam, 3-2
réutiliser to reuse
rêve *m.* dream
    faire † un rêve to have a dream
réveil *m.* alarm clock, 4-2
se réveiller to wake up, 4-1
réveillon *m.* Christmas or New Year's Eve
revenir † to return, 6-2
rêver (de) to dream, 12-1
réviser to review, 1-3
revoir † to see again
    au revoir good-bye, P-1
révolution *f.* revolution
revue *f.* review, journal
rez-de-chaussée *m.* (**RdeCh**) ground floor, 7-1
rhume *m.* cold
rideau *m.* curtain, 7-2
rien *m.* nothing
    De rien. Not at all. You're welcome., P-2
    ne … rien nothing, 5-2
rire *m.* laugh
rire to laugh
ris *m. pl.* **de veau** veal sweetbreads
risque *m.* risk
risquer (de) to risk, run the risk of, 12-3
rite *m.* rite, ritual
rituel *m.* ritual
rivière *f.* large stream or river (tributary), 7-3
riz *m.* rice, 5-2
robe *f.* dress, 4-3
robot *m.* robot
rock *m.* rock music, 2-2
roi *m.* king
rôle *m.* role, part
roman *m.* novel, 11-3
romanche *m.* Romansch (language spoken in Switzerland)
rond/e round
rosbif *m.* roast beef, 5-3
rose pink, 4-3
rose *f.* rose (flower)
rosé *m.* rosé wine, 5-1
rôti *m.* roast, 5-3
    poulet *m.* **rôti** rotisserie chicken
    rôti de porc pork roast, 5-3
rôtie *f.* (*Can.*) piece of toast, 5-2
rouge red, 4-3

la Roumanie Romania
routine *f.* routine, 4-1
roux/-sse redhead, redhaired, 2-1
rue *f.* street, 7-1
rugby *m.* rugby, 2-2
rupture *f.* break, rupture
rural/e rural, 9-3
la Russie Russia
rythme *m.* rhythm

S

sa *f.* his, her, 1-1
sac *m.* purse, 4-3; sack
    sac à dos backpack, 9-1
    sac à main ladies' handbag
    sac en plastique plastic bag, 10-2
sage wise; well-behaved (for children)
saison *f.* season, 6-1
salade *f.* salad, lettuce, 5-1
    salade de fruits fruit salad
    salade verte green salad, 5-1
salaire *m.* salary, 3-3
salle *f.* room, P-2
    salle à manger dining room, 7-1
    salle de bain bathroom, 7-1
    salle de classe classroom, P-2
    salle de séjour living room, 7-1
    salle de spectacle auditorium
salon *m.* lounge, living room
    salon de coiffure hairdressing salon
saluer to greet, P-1
salut hi, bye, P-1
samedi Saturday, 1-3
    samedi dernier last Saturday, 6-1
sandale *f.* sandal, 4-3
sandwich *m.* (**sandwichs** *pl.*) sandwich, 5-1
    sandwich au jambon ham sandwich, 5-1
    sandwich au fromage cheese sandwich, 5-1
sang *m.* blood
sang-froid *m.* composure, 8-3
sanglot *m.* sob
sans without, P-2
    sans doute undoubtedly
    sans problème no problem
sapin *m.* pine tree, 7-3; Christmas tree, 8-2
satellite *f.* satellite
satisfait/e satisfied, happy
sauce *f.* sauce
saumon *m.* salmon, 5-3
sauter to jump, to skip
    sauter un repas to skip a meal, 10-1
sauvage wild, savage
sauvegarder (un fichier) to save (a file), 11-2; to protect, 10-2
sauver to protect, 10-2
savane *f.* savannah
savoir † to know (how), 8-3
savon *m.* soap, 4-1
saxophone *m.* saxophone, 2-2
scanner *m.* scanner
scénario *m.* screenplay, script, scenario

science *f.* science, 3-2
    sciences *pl.* **de l'éducation** education, 3-2
    sciences *pl.* **économiques** economics, 3-2
    sciences *pl.* **humaines** social sciences, 3-2
    sciences *pl.* **naturelles** natural sciences, 3-2
    sciences *pl.* **physiques** physical sciences, 3-2
    sciences *pl.* **politiques** political science, 3-2
science-fiction *f.* science fiction, 11-1
    film *m.* **de science-fiction** science fiction film, 11-1
scientifique *adj.* scientific
scientifique *m.* scientist
scolarité *f.* schooling
sculpteur *m.* sculptor, 12-2
sculpture *f.* sculpture, 3-2
séance *f.* showing at a movie theater
sec/sèche dry
secondaire secondary
secrétaire *m./f.* secretary, 3-3
secteur *m.* sector
    secteur privé private sector
    secteur public public sector
sécurisant/e reassuring, 8-1
sécurité *f.* security
sédentaire unmoving, sedentary
seize sixteen, 1-2
seizième sixteenth, 7-1
séjour *m.* living room, 7-1; stay (abroad)
sel *m.* salt, 5-2
selon according to
semaine *f.* week, 1-3
    la semaine prochaine next week
    par semaine per week
semblable *adj.* similar
sembler to appear
    il me semble it seems to me, 7-3
semestre *m.* semester, 3-2
semi-voyelle *f.* semivowel, glide
semoule *f.* semolina
Sénégal *m.* Senegal, 9-2
sénégalais/e Senegalese, 9-2
sens *m.* meaning; direction, way
sensible sensitive, 8-3
sentiment *m.* feeling, 8-3
sentimental/e sentimental
sentir to smell
se sentir to feel
séparer to divide, to pull apart, to separate
    se séparer to separate (couple), 8-3
sept seven, 1-2
septembre September, 1-2
septième seventh, 7-1
série *f.* TV serial, 11-1; series
sérieux/-euse serious, 2-1
sérigraphie *f.* silkscreen printing
se serrer la main to shake hands
serveur *m.*, **serveuse** *f.* server (in restaurant), 3-3

service *m.* service, tip
    Le service est compris ? Is the tip included?
    service compris gratuity included
services *m. pl.* service sector, 3-3
serviette *f.* **(de toilette)** towel, 4-1
servir to serve, 4-2
    se servir de (qqch) to use (sthg), 11-2
ses *pl.* his, her, 1-1
seul/e *adj.* alone, only
seulement only, 5-1
Seychelles *f. pl.* Seychelle Islands
shampoing *m.* shampoo, 4-1
short *m. sg.* shorts, 4-3
si yes, 1-3; if, whether, 7-3
SIDA *m.* AIDS
siècle *m.* century
sieste *f.* nap
    faire † la sieste to take a nap
sigle *m.* initials, acronym
signaler to indicate, to be a sign of
signe *m.* sign
silence *m.* silence
s'il te/vous plaît please, P-2
similaire alike, similar
similarité *f.* likeness, similarity
simplifier to simplify
singulier/-ière singular
sinon *adv.* otherwise, or else
sirène *f.* siren, foghorn; mermaid
sirop *m.* syrup
site *m.* site, 9-3
    site culturel cultural site, 9-3
    site historique historical site, 9-3
    site web Web site, 11-2
situé/e located, situated, 7-1
situer to situate
six six, 1-2
sixième sixth, 7-1
ski *m.* skiing, 6-2
    faire † du ski to ski, 6-2
    faire † du ski nautique to water ski, 6-2
    ski de fond cross-country skiing
    ski de piste downhill skiing
slogan *m.* slogan
smartphone *m.* smart phone
SNCF *f.* **(Société** *f.* **nationale des chemins de fer français)** French national railway company
snack-bar *m.* snack bar
soccer *m.* *(Can.)* soccer
sociable outgoing, 1-1
socialisme *m.* socialism
sociologie *f.* sociology, 3-2
sœur *f.* sister, 1-1
    belle-sœur sister-in-law, 8-1
    demi-sœur stepsister
se soigner to take care of oneself
soie *f.* silk, 4-3
soif *f.* thirst, 5-1
    avoir † soif to be thirsty, 5-1
soin *m.* care
    soins *pl.* **dentaires** dental care

soins *pl.* **médicaux** medical care, treatment
soir *m.* evening, 1-3
    ce soir tonight, 2-3
    du soir in the evening, P.M., 4-2
soirée *f.* evening, 6-3
    Bonne soirée ! Have a good evening!
soixante sixty, 1-2
soixante-et-un sixty-one, 1-2
soixante-dix seventy, 1-2
soixante-et-onze seventy-one, 1-2
sol *m.* ground, earth
    sous-sol *m.* basement, under ground 7-1
solde *f.* sale, 4-3
    en solde on sale
soldé/e *adj.* on sale
soleil *m.* sun, 6-1
    Il y a du soleil. It's sunny., 6-1
solidarité *f.* solidarity
solution *f.* solution
sombre somber, dark, 12-2
sommaire *m.* brief table of contents
somme *f.* amount, sum
sommeil *m.* sleep
    avoir sommeil to be tired
sommet *m.* top, summit
son *m. adj.* his, her, 1-1
son *m.* sound, volume
    baisser le son to turn down the volume
sondage *m.* survey, poll
sonner to ring, 4-2
sonore resonant, sonorous
    pollution *f.* **sonore** noise pollution, 10-2
sophistiqué/e sophisticated
sortie *f.* outing, trip
sortir to go out, 4-2
souci *m.* worry, concern
    se faire † du souci to worry, 8-3
souhaiter to hope, to wish, 10-2
soulier *m.* *(Can.)* shoe
soumettre † to submit
soupe *f.* soup, 5-2
souper *m.* *(Can.)* dinner, 5-2
souper to have supper/dinner
source *f.* source, credit
sourd/e *adj.* deaf
souris *f.* mouse, 11-2
    souris sans fil wireless mouse, 11-2
sous under, below, 7-2
    sous les toits in the attic, 7-2
sous-sol *m.* basement, 7-1
sous-titre *m.* subtitle, 11-1
sous-titré/e subtitled
soutenir † to support
soutien *m.* support; aid
souvenir *m.* memory, recollection; souvenir, memento
se souvenir † de to remember
souvent often, 4-1
soyez *see* **être**
spécial/e peculiar, special
spécialisation *f.* **(en)** major (in), 3-2
spécialité *f.* speciality

spectacle *m.* show, 12-3
    spectacle son et lumière sound and light historical production, 9-3
sport *m.* sport, 2-3
    faire † du sport to do/play sports, 2-3
    sports d'hiver winter sports, 6-2
sportif/-ive athletic, 2-1
stade *m.* stadium, 2-2
stage *m.* internship, professional training
standardiste *m./f.* telephone operator, receptionist
station *f.* **de métro** subway stop, 3-1
statistique *f.* statistic
stéréotype *m.* stereotype
stress *m.* stress
stressé/e stressed, P-1
strophe *f.* stanza
studio *m.* studio apartment, 7-1
style *m.* style, 12-2
stylo *m.* pen, P-2
subjonctif *m.* subjunctive mood
subventionné/e subsidized
succès *m.* success
succession *f.* sequence, succession
sucre *m.* sugar, 5-1
sucré/e sweet (for food)
sud *m.* south
la Suède Sweden
suggérer † to suggest
suisse *adj.* Swiss, 9-2
Suisse *f.* Switzerland, 9-2
suivant/e *adj.* following, next
suivi/e *adj.* consistent, continuous; followed by
suivre † to follow, 3-2
    suivre un cours to take a course, 3-2
    suivre un régime to be on a diet, 10-1
sujet *m.* subject, 12-2
super super, 4-2
superbe superb
superlatif *m.* superlative
supermarché *m.* supermarket
superstition *f.* superstition
supplément *m.* extra or additional part
    en supplément extra charge
supplémentaire extra or additional
sur over, on, 7-2
surconsommation *f.* overconsumption
sûr/sure sure
    bien sûr of course, 2-1
surf *m.* surfing, 6-2
    faire † du surf to surf, 6-2
    faire † du surf des neiges to snowboard, 6-2
surface *f.* surface area
    grande surface superstore, 5-3
surfer (sur Internet) to surf (the Internet), 11-2
surgelé/e *adj.* frozen, 5-3
surgelés *m. pl.* frozen foods, 5-3
surpopulation *f.* overpopulation
surprenant/e surprising
surprendre † to surprise
surpris/e surprised, 8-3

surtout above all, 7-2
surveiller to oversee
survol *m.* overview, survey
sympa(thique) nice, 1-1
symptôme *m.* symptom
synagogue *f.* synagogue
syncopé/e syncopated, irregular (rhythm)
syndicat *m.* (trade) union
    Syndicat d'initiative tourist office
la Syrie Syria
système *m.* system

T

ta *f.* your, 1-1
tabac *m.* specialty shop for tobacco products, newspapers, magazines
table *f.* table
    table basse coffee table, 7-2
tablette tactile *f.* touch screen tablet
tableau *m.* board, P-2; painting 12-2; chart, table
tâche *f.* chore, task
taille *f.* waist, 10-1; size
    de taille moyenne average height, 2-1
tailleur *m.* women's suit, 4-3
talon *m.* heel
    chaussure *f.* **à talons** high-heeled shoe, 4-3
    talons *pl.* **hauts** high heels
    talons *pl.* **plats** flat heels
tant *adv.* (so) much
    tant d'autres so many others
tante *f.* aunt, 1-1
taper to type
tapis *m.* rug, 7-2
tapisserie *f.* tapestry, 12-2
tard late, 4-1
tarte *f.* pie, 5-3
    tarte aux pommes apple pie, 5-2
tartelette *f.* small pie or tart
tartine *f.* slice of bread, 5-2
tasse *f.* cup, 5-1
taux *m.* rate, level
    taux de cholestérol cholesterol level
taxi *m.* taxi, 9-1
te (t') *pron.* you, to you, 8-2
technicien *m.* **(de labo), technicienne** *f.* **(de labo)** lab technician, 3-3
technologie *f.* technology, 11-2
technologique technological
technophile *m.* technology-lover
technophobe *m.* technology-hater
teeshirt *m.* T-shirt, 4-3
télé *f.* = **télévision**
téléachat *m.* infomercial, 11-1
télécharger to download, to upload, to stream, 11-2
télécommande *f.* TV remote control, 11-1
téléfilm *m.* made-for-TV film
téléphoner (à qqn) to phone (sb), 1-3
    se téléphoner to phone one another, 7-3
téléréalité *f.* reality TV, 11-1

téléspectateur *m.*, **téléspectatrice** *f.* TV viewer
télévisé/e televised
télévision *f.* TV, television, P-2
    télévision numérique digital TV
    télévision satellite satellite TV
tempérament *m.* disposition, temperament
température *f.* temperature, 6-1
tempéré/e temperate
temple *m.* (Protestant) church
temps *m.* weather, 6-1; time; tense
    depuis combien de temps…? for how long … ?, 11-2
    de temps en temps from time to time
    Quel temps fait-il ? What's the weather like?, 6-1
    temps libre free time
tendance *f.* tendency
tendre tender, affectionate
tendresse *f.* tenderness
tenir † to hold, 9-2
tennis *m.* tennis, 1-3; *m. pl.* tennis shoes
tension *f.* tension; blood pressure
tente *f.* tent
terminer to end, to finish
terrain *m.* **de sport** playing field, court, 3-1
terrasse *f.* terrace, 7-1
terre (Terre) *f.* earth (the Earth), 10-2
    par terre on the floor, 7-2
terrine *f.* loaf made of ground meats, fish, and/or vegetables
territoire *m.* territory
tes *pl.* your, 1-1
tête *f.* head, 10-1
têtu/e stubborn, 1-1
texto *m.* text message, 11-2
TGV *m.* (**train** *m.* **à grande vitesse**) TGV, high-speed train
la Thaïlande Thailand
thé *m.* tea, 5-1
    thé au citron with lemon
    thé au lait with milk, 5-1
théâtre *m.* theater, 2-3
    théâtre romain Roman theater, 9-3
thème *m.* theme
thèse *f.* thesis
thon *m.* tuna, 5-3
le Tibet Tibet
ticket *m.* (subway) ticket
tigre *m.* tiger
timide shy, 1-1
tirage *m.* printing, circulation in print
tirer to pull, to draw, to fire
    tirer une conclusion to draw a conclusion
    tirer un feu d'artifice to shoot fireworks
tisane *f.* herbal tea
    tisane à la menthe mint herbal tea
tissu *m.* fabric, 4-3
titre *m.* title
toast *m.* toast
le Togo Togo
toilette : faire † **sa toilette** to wash oneself

toilettes *f. pl.* toilets, restroom, 7-1
    articles *m. pl.* **de toilette** toiletries, 4-1
toi you, P-1
    toi-même yourself
toit *m.* roof, 7-1
    sous les toits in the attic, 7-2
tomate *f.* tomato, 5-3
    tomate bio(logique) organic tomato, 5-3
tombe *f.* grave, gravestone
tombée : à la tombée de la nuit at nightfall
tomber to fall
    tomber amoureux/-euse (de) to fall in love (with), 8-3
ton *adj.* your, 1-1
ton *m.* shade, tone
tonnerre *m.* thunder, 6-1
    Il y a du tonnerre. There is thunder., 6-1
tornade *f.* tornado, 10-2
tôt early, 4-1
toujours always, 4-1
tour *f.* tower
tour *m.* trip, outing, visit; round
    faire † **un tour** take a walk
    premier tour first round of voting
    second tour second round of voting
    tour de scrutin voting round
tourisme *m.* tourism
    faire † **du tourisme** *m.* to go sightseeing, 8-2
tourner to turn, 9-3
    tourner un film to shoot a film, 11-1
tous *m. pl.* all
tout *m.* everything
tout, tous, toute, toutes all
    tous/toutes les… every … , 4-1
    tous les jours every day, 4-1
    tout à fait completely, 11-2
    tout de suite right away, immediately
    tout droit straight ahead, 9-3
    tout le monde everyone, everybody, 11-2
tousser to cough
toux *f.* cough
toxique toxic
trace *f.* trace
tradition *f.* tradition
traditionnel/le traditional, 8-1
    musique *f.* **traditionnelle** traditional music, 12-1
traduction *f.* translation
traduire translate
tragédie *f.* tragedy
train *m.* train, 9-1
    être en train de + *inf.* to be busy doing sthg, 4-1
traitement de texte *m.* word processing, editing
tramway *m.* tram, 9-1
tranche *f.* slice, 5-2
tranquil/le calm, tranquil, 7-1
transfert *m.* transfer

transport *m.* **en commun** public transportation, 10-2
travail *m.* work, 3-3
    avoir le gout du travail to have a strong work ethic, 8-1
travailler to work, to study, 1-3
    travailler dans le jardin to work in the garden/yard, 1-3
travailleur/-euse hardworking, 8-1
travers : à travers across, through
traverser to cross, 9-3
treize thirteen, 1-2
treizième thirteenth, 7-1
trente thirty, 1-2
trente-et-un thirty-one, 1-2
très very, P-1
    Très bien, merci. Very well, thank you., P-1
triangle *m.* triangle
trier to sort, 10-2
trimestre *m.* trimester, quarter, 3-2
trio *m.* trio, 12-1
triste sad, 8-3
trois three, 1-2
troisième third, 7-1
trombone *m.* trombone, 12-1
trompette *f.* trumpet, 12-1
trop too much, 1-1
troupe *f.* troop
trouver to find, 4-2
    Je trouve que… I find that … , 11-2
    se trouver to be located, 3-1
truite *f.* trout
tu you, P-1
tuer to kill
tulipe *f.* tulip
la Tunisie Tunisia
tuque *f.* (*Can.*) ski cap
la Turquie Turkey
typique typical, 1-3

U

un one, 1-2
un/e a, an, one, P-2
    -unième : vingt-et-unième twenty-first, 7-1
uni/e united
uniforme *adj.* regular, uniform
uniforme *m.* uniform
union *f.* **libre** cohabitation, 8-1
universel/le universal
universitaire related to the university
université *f.* university, 3-1
urbain/e related to the city, urban
urgence *f.* emergency
urgent urgent, 10-1
usage *m.* use, custom, (language) usage
usé/e waste, used
usine *f.* factory, 10-2
utile useful
utilisation *f.* use
    utilisation de la lumière use of light, 12-2
utiliser to use, 10-2

V

vacances *f. pl.* vacation, 6-1
    grandes vacances summer vacation, 8-2
vague *f.* (ocean) wave, 10-2
vaisselle *f.* dishes
    faire † la vaisselle to do the dishes
valise *f.* suitcase, 9-1
vallée *f.* valley, 7-3
valoir † to be worth
    ça vaut le coup it's worth it, 12-3
    Il vaut/vaudrait mieux que… It is/would be better (best) that … , 10-1
valse *f.* waltz
vaste vast
vaut *see* **valoir**
vedette *f.* movie star, 11-1
veille : en veille on stand-by (an appliance)
vélo *m.* bicycle, 2-3
    faire † du vélo to ride a bicycle, to go bike riding, 2-3
vendeur *m.*, **vendeuse** *f.* sales clerk, 3-3
vendre to sell
vendredi Friday, 1-3
venir † to come, 2-2
    venir de + *inf.* to have just (done sthg), 9-2
vent *m.* wind, 6-1
    Il y a du vent. It's windy., 6-1
vente *f.* sales
ventre *m.* belly, abdomen, 10-1
    avoir † mal au ventre to have a stomachache, 10-1
verbal/e verbal
verbe *m.* verb
    verbe pronominal reflexive verb
verglas *m.* sleet, ice on the ground, 6-1
    Il y a du verglas. It's icy, slippery., 6-1
vérifier to check, verify
vérité *f.* truth, 8-1
verre *m.* glass, 5-1
vers toward, around, 4-2
vers *m.* line of verse
verser to pour
version *f.* version
    version française (V.F.) dubbed in French
    version multilingue (V.M.) available dubbed in several languages using digital TV
    version originale (V.O.) in the original language, 11-1
    en version originale avec des sous-titres en français (en V.O.S.T.F.) in the original language with French subtitles, 11-1
vert/e green, 4-3 ; unripe
veste *f.* jacket, suit coat, 4-3
vestimentaire *adj.* pertaining to clothes
vêtement *m.* clothing, 4-3
viande *f.* meat, 5-2
vidéocassette *f.* videotape
vie *f.* life, 7-1
vieux (vieil), vieille old, 3-1

Viêtnam *m.* Vietnam, 9-2
vietnamien/ne *adj.* Vietnamese, 9-2
vif/vive *adj.* bright, vivid, 12-2
villa *f.* house in a residential area, villa, 7-3
village *m.* village, 9-3
    village médiéval medieval village, 9-3
    village perché village perched on a hillside, 9-3
ville *f.* city, 2-2
vin *m.* wine, 5-1
    vin blanc white wine, 5-1
    vin rosé rosé wine, 5-1
    vin rouge red wine, 5-1
vinaigre *m.* vinegar, 5-3
vingt twenty, 1-2
vingt-et-un twenty-one, 1-2
vingt-deux twenty-two, 1-2
vingtième twentieth, 7-1
violet/te *m.* purple, 4-3
violon *m.* violin, 12-1
violoncelle *m.* cello, 12-1
virtuel *m.* virtual reality
virus *m.* virus
visage *m.* face, 10-1
vision *f.* vision
    avoir une vision du monde to have a worldview, 8-1
visite *f.* visit, 3-1
    rendre visite à to visit a person, 3-1
visiter to visit a place, 6-2
vitesse *f.* speed
vitrine *f.* display window, 4-3
vive… (les vacances) ! hurray for … (vacation)!, 6-3
vivre † to live, 8-1
vœu *m.* wish, 8-2
    Meilleurs vœux ! Best wishes!, 8-2
voici … here is/are … , P-1
voilà … here/there is/are … , P-2
voile *f.* sail, sailing
    faire † de la voile to go sailing, 6-2
voile *m.* veil
voilé/e veiled
voir † to see, 2-1
    voir une exposition to see an exhibit
    voir un film to see a film (in a cinema)
    voir une pièce to see a play
    Voyons ! See here!, 8-3
    Voyons … Let's see … , 9-1
voisin *m.*, **voisine** *f.* neighbor, 7-1
voiture *f.* automobile, car, 3-1
    voiture hybride hybrid car
voix *f.* voice
    à haute voix out loud
vol *m.* flight, 9-1
voler to fly; to steal
volley(ball) *m.* volleyball, 2-2
volonté *f.* wish, will
    de bonne volonté *adv.* willingly
Volontiers. With pleasure, gladly., 6-3
vomir to vomit
vos *pl.* your, 1-2

voter to vote, 10-3
votre *m./f.* your, 1-2
vouloir † to want, to wish, 3-3
    je voudrais I would like, 5-1
vous you, P-1; *pron.* to you, 8-2
    vous-même yourself
    vous-mêmes yourselves
voyage *m.* trip, voyage, 9-1
voyager † to travel, 3-3
voyant/e *m./f.* fortune-teller
voyelle *f.* vowel
voyons *see* **voir**
vrai/e true
    C'est vrai. That's true.
    C'est pas vrai ! It can't be!, 8-3

vraiment really, 1-1
vue *f.* view
    vue d'ensemble overview
vulnérable vulnerable

W

W.-C. *m. pl.* toilets, restroom (*lit.* water closet), 7-1
webcam *f.* webcam
weekend *m.* weekend, 1-3
    ce weekend this weekend, 2-3
    le weekend on weekends, every weekend, 6-1
western *m.* western (film), 11-1
Wi-Fi *m.* wireless network

wolof *m.* Wolof (language spoken in Senegal)

Y

y *pron.* there, 9-1
    y compris including, 10-3
yaourt *m.* yogurt, 5-2
le Yémen Yemen
yeux *m. pl. see* **œil**

Z

zèbre *m.* zebra
zéro *m.* zero, 1-2
zoologie *f.* zoology, 3-2
Zut (alors) ! Darn!, 4-2

APPENDICE 3   Lexique Anglais-Français

A

a, an un/e
abdomen ventre *m.*
able: to be able to pouvoir †
about de, environ
    it is about... il s'agit de…
abroad à l'étranger
absent, missing absent/e
accident accident *m.*
according to d'après
accountant comptable *m./f.*
accounting comptabilité *f.*
ache mal (des maux) *m.*
acquaintance connaissance *f.*
across from en face de
action film film *m.* d'action
active actif/-ive
activity activité *f.*
actor/actress acteur *m.*, actrice *f.*
address adresse *f.*
    address book carnet *m.* d'adresses
to adore adorer
adventure movie film d'aventures *m.*
advertisement annonce *f.*, publicité *f.* (pub)
to be affected by ressentir
affectionate affectueux/-euse
Afghanistan l'Afghanistan
afraid: to be afraid avoir peur
Africa Afrique *f.*
African africain/e
after, afterward après
    after having... après avoir/être + part. passé…
afternoon après-midi *m.*
    in the afternoon, P.M. de l'après-midi
again encore
age âge *m.*
    What is your age? Quel est ton/votre âge ?, Quel âge as-tu/avez-vous ?
aged, old âgé/e
ago il y a…
    two days ago il y a deux jours
to (not) agree (ne pas) être † d'accord
air air *m.*
    air conditioning climatisation *f.*
    air pollution pollution *f.* atmosphérique
airplane avion *m.*
airport aéroport *m.*
aisle (in a store) rayon *m.*
alarm clock réveil *m.*
alcohol alcool *m.*
Algeria Algérie *f.*
Algerian algérien/ne
alive vivant/e
all tout, tous, toute, toutes
    all alone tout/e seul/e
    all of a sudden tout d'un coup
    all right d'accord
    all the same quand même
    all the time tout le temps, toujours
to allow permettre † de
almost presque, à peu près
alone seul
along: to get along (with) s'entendre (avec)
Alps Alpes *f. pl.*
already déjà
also aussi
always toujours
ambitious ambitieux/-euse
America Amérique *f.*
    Central America Amérique centrale
    Latin America Amérique latine
    North America Amérique du nord
    South America Amérique du sud
American américain/e
amphitheater amphithéâtre *m.*
amputated amputé/e
to amuse oneself se distraire, s'amuser
amusements distractions *f. pl.*
amusing drôle, amusant/e
and et
anger colère *f.*
angry fâché/e, en colère
    to become angry se fâcher
animal animal *m.*
animated film film *m.* d'animation
ankle cheville *f.*
to announce annoncer
announcement (public) annonce *f.*
    birth announcement fairepart *m. inv.* de naissance
    civil union announcement fairepart *m. inv.* de PACS
    wedding announcement fairepart *m. inv.* de mariage
to answer répondre (à)
    to answer the phone répondre au téléphone
    to answer a question répondre à une question
answer réponse *f.*
    answering machine répondeur *m.*
anthropology anthropologie *f.*
antique ancien/ne
antibiotic antibiotique *m.*
anxious anxieux/-euse ; inquiet/-ète
anyway quand même
apartment appartement *m.*
to appear (good) avoir l'air (bon)
appetizer entrée *f.*
apple pomme *f.*
April avril
Arabic arabe *m.*
architect architecte *m./f.*
Argentina Argentine *f.*
Argentinian argentin/e
to argue se disputer

arm bras *m.*
armchair fauteuil *m.*
armoire armoire *f.*
around vers, autour de
to arrange ranger †
to arrive arriver
arrival arrivée *f.*
art art *m.*
    art book livre *m.* d'art
article article *m.*
as comme
    as ... as aussi… que
    as many/much ... as autant (de)… que
    as soon as dès que, aussitôt que
Asia Asie *f.*
Asian asiatique
to ask demander
    to ask a question poser une question
    to ask for directions demander le chemin
asleep endormi/e
asparagus asperge *f.*
aspirin aspirine *f.*
assignment devoir *m.*
association association *f.*
    humanitarian association association humanitaire
    student association association étudiante
astronomy astronomie *f.*
at à
    at last enfin
    at once tout de suite
    at X's house chez X
    at the same time en même temps
    at the side of au bord de
athletic sportif/-ive
Atlantic Ocean océan *m.* Atlantique
atlas atlas *m.*
to attend assister à
attention attention *f.*
    to pay attention faire † attention
attorney avocat/e *m./f.*
August aout
aunt tante *f.*
Australia Australie *f.*
Australian australien/ne
Austria Autriche *f.*
Austrian autrichien/ne
author auteur *m.*
authoritarian autoritaire
autumn automne *m.*
avenue avenue *f.*
awake réveillé/e
away: right away tout de suite
automobile voiture *f.*

B

baby bébé *m.*
    to babysit faire † du baby-sitting

back dos *m.*
    to come back revenir †
    backpack sac *m.* à dos
bacon bacon *m.*
bad mauvais/e
    Not bad. Pas mal.
    It's too bad. C'est dommage.
badly mal
bag sac *m.*
Baharain le Bahreïn
bakery/pastry aisle rayon *m.* boulangerie-pâtisserie
balcony balcon *m.*
ballot bulletin *m.* de vote
banana banane *f.*
baptism baptême *m.*
bare nu/e
basement sous-sol *m.*
basket panier *m.*
basketball basket(-ball) *m.*
bathing suit maillot *m.* (de bain)
bathroom salle *f.* de bains
to be être †
beach plage *f.*
bean *haricot *m.*
    green bean *haricot vert
bear ours *m.*
    polar bear ours blanc
to bear supporter
beautiful beau (bel), belle
    It's beautiful weather. Il fait beau.
because parce que
    because of à cause de
to become devenir †
bed lit *m.*
    to get out of bed se lever †
    to go to bed se coucher
    (rural) bed and breakfast gîte (rural) *m.*
bedroom chambre *f.*
beef bœuf *m.*
    ground beef biftèque *m.* haché
beer bière *f.*
before avant
    before (doing something) . . . avant de + *inf.*
to beg prier
to begin commencer †
beginning début *m.*
behind derrière
beige beige
Belgian belge
Belgium Belgique *f.*
to believe croire † (à, en)
    I believe that . . . Je crois que…
    I don't believe so. Je ne crois pas.
belly ventre *m.*
to belong to faire † partie de, appartenir † à
belongings affaires *f. pl.*
beside à côté de
best le/la meilleur/e
    Best wishes! Meilleurs vœux !
better meilleur/e *adj.*, mieux *adv.*
    better . . . than meilleur/e… que, mieux… que

it is better (to) il vaut mieux
it would be better (to) il vaudrait mieux
between entre
beverage boisson *f.*
    alcoholic beverage boisson alcoolisée
bicycle vélo *m.*
    to go for a bike ride faire † du vélo
big grand/e, gros/se, large
bill (restaurant) addition *f.*
    utility bill facture *f.*
billion milliard *m.*
biography biographie *f.*
biology biologie *f.*
bird oiseau *m.*
birthday anniversaire *m.*
    Happy birthday! Joyeux anniversaire ! Bon anniversaire !
black noir/e
blackboard tableau *m.*
blind *adj.* aveugle
blond blond/e
blouse chemisier *m.*
blue bleu/e
board planche *f.*
board game jeu *m.* de société
boat bateau *m.*
    sailboat bateau à voile
body corps *m.*
book livre *m.*
    e-book livre *m.* électronique, livre *m.* numérique
bookcase étagère *f.*
bookstore librairie *f.*
boot botte *f.*
border frontière *f.*
bored ennuyé/e
    to become bored s'ennuyer †
boring ennuyeux/-euse
born: to be born naitre †
to borrow emprunter
boss patron/ne *m./f.*, chef *m.*
botany botanique *f.*
both tous/toutes les deux
to bother gêner
bothered gêné/e
bottle bouteille *f.*
bowl bol *m.*
box carton *m.*, boite *f.*
    box of cereal paquet *m.* de céréales
boy garçon *m.*
    boyfriend petit ami *m.*, copain *m.*
brand-new neuf/neuve
Brazilian brésilien/ne
Brazil Brésil *m.*
bread pain *m.*
    round loaf of bread pain de campagne
    sliced bread pain de mie
    slice of bread tranche *f.* de pain
to break casser
    to break up se séparer
breakfast petit-déjeuner *m.*
    to have breakfast prendre † le petit-déjeuner
to breathe respirer

bride mariée *f.*
bridegroom marié *m.*
to bring (along) a person amener †
to bring (something) apporter, emporter
British anglais/e
brochure brochure *f.*
bronchitis bronchite *f.*
brother frère *m.*
    brother-in-law beau-frère *m.*
    half-brother demi-frère *m.*
    step-brother demi-frère *m.*
brown marron *adj. inv.*
brunette brun/e, châtain *inv.*
to brush se brosser
    to brush one's teeth se brosser les dents, se laver les dents
    to brush one's hair se brosser les cheveux, se coiffer
building bâtiment *m.*, immeuble *m.*, pavillon *m.*
Bulgaria la Bulgarie
Burkina Faso le Burkina Faso
to burn bruler
bus (city) bus *m.*
    bus (between cities) car *m.*
business les affaires *f. pl.*, entreprise *f.*
    businessman homme *m.* d'affaires
    businesswoman femme *f.* d'affaires
to be busy doing something être en train de…
    I'm busy. Je suis pris/e. Je suis occupé/e.
but mais
butcher shop boucherie *f.*
butter beurre *m.*
to buy acheter †
by par
bye salut

C

cable cable *m.*
cafeteria cafétéria *f.*, restaurant *m.* universitaire
cake gâteau *m.*
calculator calculatrice *f.*
calendar calendrier *m.*
    day planner agenda *m.*
call appel *m.*
to call appeler †
    to be called/named s'appeler †
calm calme
    to calm down se calmer
camera appareil *m.* photo
    camcorder, video camera caméscope *m.*
    digital camera appareil *m.* (photo) numérique
Cameroon Cameroun *m.*
Cameroonian camerounais/e
campground camping *m.*
to camp/go camping faire † du camping
camper (vehicle) caravane *f.*
campus campus *m.*
can boite *f.*, **(soda)** cannette *f.*
can (to be able to do something) pouvoir †
Canada Canada *m.*

Canadian canadien/ne
candidate candidat/e
candle bougie *f.*
candy bonbon *m.*
cantaloupe melon *m.*
cap casquette *f.*
   knit/wool cap bonnet *m.* de laine
caption légende *f.*
car voiture *f.*
carpooling covoiturage *m.*
carafe carafe *f.*
card carte *f.*
   to play cards jouer aux cartes
care: to take care of s'occuper de
   to take care of oneself se soigner
career carrière *f.*
careful prudent/e
carrot carotte *f.*
to carry apporter
   to carry out (food) emporter
cartoon dessin *m.* animé
cash argent *m.*
   cash register caisse *f.*
cashier caissier *m.*, caissière *f.*
castle château *m.*
cat chat/te *m./f.*
cathedral cathédrale *f.*
CD, compact disk CD *m. inv.*
   CD burner graveur *m.* CD
   CD player lecteur *m.* CD
to celebrate fêter
celebrity célébrité *f.*, vedette *f.*
cello violoncelle *m.*
cell phone portable *m.*
center centre *m.*
century siècle *m.*
cereal céréales *f. pl.*
chair chaise *f.*
   armchair fauteuil *m.*
   wheelchair fauteuil *m.* roulant
chalk (stick of) craie *f.*
change purse porte-monnaie *m.*
channel chaîne *f.*
character personnage *m.*
   main character personnage principal
to chat bavarder, jaser (*Can.*)
   to chat online t'chatter (*Can.*)
cheese fromage *m.*
chemical product produit chimique *m.*
chemistry chimie *f.*
chemistry lab labo(ratoire) *m.* de chimie
chess échecs *m. pl.*
chest poitrine *f.*
chicken poulet *m.*
child enfant *m./f.*
   grandchild petit-enfant *m.*
Chile le Chili
China Chine *f.*
Chinese chinois/e
chocolate chocolat *m.*
   dark chocolate chocolat noir
   hot chocolate chocolat chaud
   milk chocolate chocolat au lait
   white chocolate chocolat blanc

choir chorale *f.*
chorus chœur *m.*
to choose choisir
church (Catholic) église *f.*, (**Protestant**) temple *m.*
citizen citoyen/ne *m., f.*
city ville *f.*
   in the city en ville
   city bus bus *m.*
   city hall mairie *f.*
   city map plan *m.* de ville
civil wedding cérémonie *f.* civile
clarinet clarinette *f.*
class (subject) cours *m.*
   chemistry class cours de chimie
   elective class cours facultatif
   required class cours obligatoire
class (group of people) classe *f.*
   French class classe de français
classical classique
   classical music musique *f.* classique
classified ad petite annonce *f.*
classmate camarade *m./f.* de classe
classroom classe *f.*, salle *f.* de classe
clean *adj.* propre
to clean nettoyer †
clear clair/e
climate climat *m.*
   climate change changement *m.* climatique
clock horloge *f.*
   clock radio radio-réveil *m.*
to close fermer
   closed fermé/e
closet placard *m.*
clothing vêtement *m.*
cloud nuage *m.*
   It's cloudy. Il y a des nuages. Le ciel est couvert.
coast côte *f.*
   East Coast côte est
   West Coast côte ouest
coat manteau *m.*
   down coat anorak *m.*
   raincoat imperméable *m.*
   suit coat veste *f.*
coffee café *m.*
   coffee break pause-café *f.*
   coffee with cream café crème
   coffee with milk café au lait
   decaffeinated coffee café déca(féiné)
   strong cup of expresso coffee café serré
coffee table table *f.* basse
cohabitation union *f.* libre
coin pièce *f.* (de monnaie)
cola coca(-cola) *m.*
cold froid/e ; rhume *m.*
   I have a cold. J'ai un rhume. Je suis enrhumé/e.
   I'm cold. J'ai froid.
   It's cold (weather). Il fait froid.
cold cuts charcuterie *f.*
college fac(ulté) *f.*
Colombia Colombie *f.*

Colombian colombien/ne
color couleur *f.*
comb peigne *m.*
to comb se peigner
to come venir †
   to come back revenir †
   to come by passer
   to come home rentrer
   to come in entrer
comedy comédie *f.*
comfortable (material objects) confortable (**person**) à l'aise
comic strip bande *f.* dessinée (BD)
communication communication *f.*
Comoro Islands les Comores
completely tout à fait
composition rédaction *f.*, composition *f.*
computer ordinateur *m.*
   computer center centre *m.* informatique
   computer file fichier *m.*
   computer science informatique *f.*
   laptop computer ordinateur portable, portable *m.*
concert concert *m.*
condiments condiments *m. pl.*
conformist conformiste
Congratulations! Félicitations !
connection (wireless) connexion *f.* (sans fil)
to consume consommer
to contaminate contaminer
continent continent *m.*
to cook faire † la cuisine
cookie biscuit *m.*
cooking cuisine *f.*
to do the cooking faire † la cuisine *f.*
cool: It's cool weather. Il fait frais.
contrary: To the contrary,... au contraire,...
copious copieux/-euse
corner coin *m.*
   at the corner (of) au coin de
   corner café café *m.* du coin
co-renter colocataire *m./f.*
corridor couloir *m.*
to cost coûter
cotton coton *m.*
couch canapé *m.*
cough toux *f.*
to cough tousser
country pays *m.*
   foreign country pays étranger
   in this country dans ce pays
country(side) campagne *f.*
   in the country à la campagne
course cours *m.*
   to take a course suivre † un cours
of course bien sûr
courtyard cour *f.*
cousin cousin *m.*, cousine *f.*
credit card carte *f.* de crédit
critic (person) critique *m.*
criticism critique *f.*
critique critique *f.*
croissant croissant *m.*
   chocolate croissant pain *m.* au chocolat

to cross traverser
cruise croisière *f.*
to cry pleurer
cucumber concombre *m.*
cuisine cuisine *f.*
culture culture *f.*
cup tasse *f.*
cupboard placard *m.*
curtain rideau *m.*
customer client/e *m./f.*
to cut couper
cute mignon/ne
Cyprus Chypre

D

dairy: dairy aisle rayon *m.* crèmerie
    dairy products produits *m. pl.* laitiers
dance danse *f.*
to dance faire † de la danse, danser
dangerous dangereux/-euse
dark-haired brun/e
Darn! Zut (alors) !
database base *m.* de données
date date *f.*, **(meeting)** rendez-vous *m.*
    birth date date de naissance
to date sortir avec
datebook agenda *m.*
daughter fille *f.*
day jour *m.*, journée *f.*
    day before yesterday avant-hier
    Have a good day! Bonne journée !
    that day ce jour-là
dead mort/e
dear cher/chère
death mort *f.*
debate débat *m.*
debit card carte *f.* bancaire
deceased décédé/e
December décembre
to decide décider
deep profond/e
deeply profondément
degree (in) diplôme *m.* (en)
    to do a degree (in) préparer un diplôme (en)
    to have a degree avoir un diplôme, une formation
deli: deli counter rayon *m.* charcuterie
    deli meats charcuterie *f.*
delicious délicieux/-euse
delighted enchanté/e, ravi/e
Denmark le Danemark
dentist dentiste *m./f.*
department store grand magasin *m.*
departure départ *m.*
to descend descendre
to describe décrire †
desert désert *m.*
to desire désirer, vouloir †
desk bureau *m.*
dessert dessert *m.*
detective movie film *m.* policier
to detest détester
dictionary dictionnaire *m.*

to die mourir †
diet régime *m.*
    to be on a diet suivre † un régime, faire † un régime
different différent/e
difficult difficile
difficulty: to have difficulty avoir † du mal à + *inf.*
dining hall restaurant *m.* universitaire (resto U), cafétéria *f.*
dining room salle *f.* à manger
dinner diner *m.*, souper *m.* (*Can.*)
    to have dinner diner, souper (*Can.*)
    to fix dinner préparer le diner
    Dinner's ready! À table !
director directeur *m.*, directrice *f.* ; administrateur *m.*, administratrice *f.*
    film director réalisateur *m.*, réalisatrice *f.*
    stage director metteur *m.* en scène
disability handicap *m.*
    to have a disability être handicapé/e
disagreeable désagréable
to disappear disparaitre
disappointed déçu/e
disciplined discipliné/e
to discuss discuter
dish assiette *f.*, plat *m.*
    to do the dishes faire † la vaisselle
to disobey désobéir à
disposition caractère *m.*
display window vitrine *f.*
to divorce divorcer
divorced divorcé/e
to do faire †
    to do do-it-yourself projects bricoler, faire du bricolage
    to not do much ne pas faire grand-chose
do-it-yourselfer bricoleur *m.*, bricoleuse *f.*
do-it-yourself projects bricolage *m.*
doctor (M.D.) médecin *m.*, docteur *m.*
documentary documentaire *m.*
dog chien/ne *m./f.*
    guide dog chien *m.* guide
    service dog chien *m.* d'assistance
door porte *f.*
dormitory résidence *f.*
to doubt (that) douter (que)
    without a doubt sans doute
to download télécharger
downtown centre-ville *m.*
    to go downtown descendre en ville
dozen douzaine *f.*
draftsman/woman dessinateur *m.*, dessinatrice *f.*
drama drame *m.*, comédie *f.*
to draw dessiner
drawing dessin *m.*
dream rêve *m.*
to dream rêver
dress robe *f.*
    to get dressed s'habiller
    to get undressed se déshabiller
dressing (oil and vinegar) vinaigrette *f.*
drink boisson *f.*

    cold drink boisson rafraichissante
    hot drink boisson chaude
to drink boire †
drive (computer)
    (external) hard drive disque *m.* dur (externe)
    flash drive clé *f.* USB
    USB key drive clé *f.* USB
to drive aller † en voiture, conduire †
    to go for a drive faire † un tour en voiture
driver's license permis *m.* de conduire
drug (medicine) médicament *m.*
    (illegal) drogue *f. sg.*
drum set batterie *f.*
to dry essuyer †
    to dry oneself off s'essuyer †
to dub doubler
dubbed doublé/e
due to à cause de
dumb bête
during pendant
dynamic dynamique

E

each chaque
    each one chacun/e
ear oreille *f.*
    to have an earache avoir † mal aux oreilles
early tôt
    to be early être † en avance
to earn money gagner de l'argent
earth (the Earth) terre (la Terre) *f.*
east est
East Coast côte *f.* est
easy facile
to eat manger †
    to eat between meals grignoter
    to eat breakfast prendre † le petit-déjeuner
    to eat dinner diner, souper (*Can.*)
    to eat lunch déjeuner, diner (*Can.*)
    to eat a snack gouter
e-book livre *m.* électronique, livre *m.* numérique
    e-book reader lecteur *m.* e-book
ecological écologique
    ecological footprint empreinte *f.* écologique
ecology écologie *f.*
economics sciences *f. pl.* économiques, économie *f.*
economy économie *f.*
edge bord *m.*
to edit pictures retoucher
to educate oneself s'instruire †
education (academic discipline) sciences *f. pl.* de l'éducation
egg œuf *m.*
    fried egg œuf sur le plat, œuf au plat
Egypt l'Égypte
eight huit
eighteen dix-huit
eighty quatre-vingts

elbow coude *m.*
elderly âgé/e
electronic game jeu *m.* électronique
elegant élégant/e
elementary school école *f.* primaire
elevator ascenseur *m.*
eleven onze
e-mail e-mail *m.*, courrier *m.* électronique, courriel *m.* (*Can.*)
    by e-mail par e-mail
    e-mail message mail *m.*, message *m.* électronique, courriel *m.* (*Can.*)
embarrassed embarrassé/e, gêné/e
employee employé/e
empty vide
to encourage encourager
encyclopedia encyclopédie *f.*
end fin *f.*
energetic énergique
engaged fiancé/e
    to get engaged se fiancer
engagement fiançailles *f. pl.*
engine moteur *m.*
engineer ingénieur *m.*
England Angleterre *f.*
English *adj.* anglais/e
English (language) anglais *m.*
enough assez
    enough of assez de
to enter entrer
entertainment (TV show) divertissement *m.*
enthusiastic enthousiaste
entrance (foyer) entrée *f.*
environment environnement *m.*
equipped équipé/e
errand course *f.*
    to run errands faire † des courses
eraser (pencil) gomme *f.*
eraser (board) brosse *f.*
especially surtout
essay essai *m.*, rédaction *f.*
Europe Europe *f.*
European européen/ne
even (same) même
even (number) (nombre) pair
evening soir *m.*, soirée *f.*
event évènement *m.*
eventually finalement
every chaque ; tout, tous, toute, toutes
    every day tous les jours
    every evening tous les soirs
    everyone tout le monde
    everything tout
    everywhere partout
exam examen *m.*
    final exam examen final
    midterm exam examen partiel
    oral exam examen oral
    to pass an exam réussir un examen
    to study for an exam préparer un examen
    to take an exam passer un examen
example exemple *m.*
    for example par exemple

except sauf
    except for à part
excited enthousiaste, agité/e, impatient/e
excursion bus car *m.*
excuse excuse *f.*
    Excuse me. Pardon, Excusez-moi.
exercise exercice *m.*
    to exercise faire † de l'exercice
exhaust fumes gaz *m. pl.* d'échappement
exhibit exposition *f.*
expensive cher / chère
to explain expliquer
eye (eyes) œil *m.* (yeux)

F

face figure *f.*, visage *m.*
to face donner sur
facing face à, en face de
factory usine *f.*
to fail rater
    to fail an exam échouer à un examen
fair juste
    It's not fair! Ce n'est pas juste !
fairly assez
faithful fidèle
fall automne *m.*
to fall tomber
    to fall asleep s'endormir
    to fall in love (with) tomber amoureux/-euse (de)
false faux/fausse
family famille *f.*
    big family famille nombreuse
    blended family famille recomposée
    extended family famille étendue
    single-parent family famille monoparentale
    family relations relations *f. pl.* familiales
    family room séjour *m.*
famous célèbre, connu/e
fan fanatique *m.*
    to be a fan of être fanatique de
far (from) loin (de)
farm ferme *f.*
farmer fermier *m.*, fermière *f.*, agriculteur *m.*, agricultrice *f.*
fashion mode *f.*
    to be in fashion être à la mode
    fashion designer couturier *m.*
    high fashion haute couture *f.*
    out of fashion démodé/e
fashionable à la mode
fast rapide *adj.*, vite *adv.*
to fast jeûner
    to break a fast déjeuner
fat *adj.* gros/se
fat graisse *f.*
father père *m.*
    father-in-law beau-père *m.*
    single father père célibataire, père unique
    stepfather beau-père *m.*
favorite préféré/e
fear peur *f.*
to fear avoir † peur de

February février
to feel se sentir, toucher ; ressentir
    to feel bad aller † mal
    to feel better aller † mieux
    to feel good aller † bien
    to feel great être † en forme
    to feel like doing something avoir † envie de + *inf.*
feminine féminin/e
fever fièvre *f.*
few peu, un peu de, quelques
fiancé/e fiancé *m.*, fiancée *f.*
field champ *m.*
    playing field terrain *m.* de sport
fifteen quinze
fifty cinquante
to fill remplir
film film *m.*
    filmmaker cinéaste *m./f.*
    film director réalisateur *m.*, réalisatrice *f.*
final final/e
finally finalement, enfin
to find trouver
    I find that... Je trouve que...
fine bien
    Fine, also. Bien aussi.
    Fine, and you? Ça va, et toi ?
    fine arts beaux-arts *m. pl.*
finger doigt *m.*
to finish finir, terminer
Finland la Finlande
first premier/-ière
    first (of all) d'abord
    first course entrée *f.*
    first floor rez-de-chaussée *m.*
fish poisson *m.*
    fish counter rayon *m.* poissonnerie
to fish pêcher
fishing pêche *f.*
    to go fishing aller † à la pêche
five cinq
to fix réparer
    to fix one's hair se coiffer
fixed-price meal menu *m.*, prix *m.* fixe
flight vol *m.*
flood inondation *f.*
floor étage *m.*
    first (ground) floor rez-de-chaussée *m.*
    second floor premier étage *m.*
    on the floor par terre
flour farine *f.*
to flow couler
flower fleur *f.*
flu grippe *f.*
flute flûte *f.* traversière
to fly aller † en avion, voler
fog brouillard *m.*
    It's foggy. Il y a du brouillard.
follow suivre †
food aliment *m.*, nourriture *f.*
    food bank banque *f.* alimentaire
foot pied *m.*
    on foot à pied

football football *m.* américain
    football game match *m.* de football américain
    football stadium stade *m.*
for pour ; depuis (+ time expression) ; pendant (+ time expression)
foreign *adj.* étranger/-ère
foreigner étranger *m.*, étrangère *f.*
forest forêt *f.*
to forget oublier
former ancien/ne
fortunately heureusement
forty quarante
four quatre
fourteen quatorze
France France *f.*
free (a person) libre ; **(a thing)** gratuit/e
    I'm not free. Je ne suis pas libre.
to freeze geler †
    It's freezing. Il gèle.
French *adj.* français/e
    French bread (long, thin loaf) baguette *f.*
    French toast pain *m.* perdu
    French fries frites *f. pl.*
French (language) français *m.*
French-speaking francophone
French-speaking world francophonie *f.*
fresh frais / fraîche
Friday vendredi
friend ami / e, camarade *m./f.*, copain *m.*, copine *f.*
    best friend meilleur/e ami/e *m./f.*
    (my) boyfriend (mon) petit ami *m.*, (mon) copain *m.*, (mon) ami *m.*
    (my) girlfriend (ma) petite amie *f.*, (ma) copine *f.*, (mon) amie *f.*
    Your friend, Amitiés
friendly sociable
friendship amitié *f.*
from de (d')
front: in front of devant
frozen foods surgelés *m. pl.*
fruit fruit *m.*
    fruit juice jus *m.* de fruit
fun: to have fun s'amuser
    to be fun être † agréable, être † amusant/e
    for fun pour s'amuser
    It's fun. C'est amusant.
    to make fun of se moquer de
funny amusant/e, drôle
furious furieux/-euse
furnished meublé/e
furniture meuble *m.*
future avenir *m.*
    future tense futur *m.*

G

to gain weight grossir
game jeu *m.* ; **(sports)** match *m.*
    game show jeu *m.* télévisé
garage garage *m.*
garden jardin *m.*
to garden faire † du jardinage, travailler dans le jardin
garlic ail *m.*
gas gaz *m.*
    gas (for a car) essence *f.*
    carbon gas gaz carbonique
    greenhouse gas gaz *m.* à effet de serre
generous généreux/-euse
gentle doux/douce
geography géographie *f.*
geology géologie *f.*
German *adj.* allemand/e
German (language) allemand *m.*
Germany Allemagne *f.*
to get obtenir †
    to get a (good) grade avoir † une (bonne) note
    to get along (with someone) s'entendre avec (quelqu'un)
    to get angry (with) se fâcher (contre)
    to get a degree obtenir † un diplôme
    to get divorced divorcer
    to get dressed s'habiller
    to get engaged se fiancer
    to get information s'informer, se renseigner
    to get involved s'engager
    to get married se marier
    to get off descendre
    to get ready se préparer
    to get a tan bronzer
    to get together se retrouver, se réunir
    to get undressed se déshabiller
    to get up se lever †
    Get up/stand up! Levez-vous !
    to get used to s'habituer à
gift cadeau *m.*
girl fille *f.*, jeune fille *f.*
girlfriend petite amie *f.*, copine *f.*
to give donner, offrir †
    to give advice conseiller
    to give back rendre
    to give a present offrir † (un cadeau)
glacier glacier *m.*
glad content/e
glass verre *f.*
glasses lunettes *f. pl.*
    sunglasses lunettes de soleil
global warming réchauffement *m.* climatique, changement *m.* climatique
glove gant *m.*
to go aller †
    to go around faire † un tour
    to go around the world faire † le tour du monde
    to go back retourner
    to go by passer
    to go down descendre
    to go downtown descendre en ville
    to go home rentrer
    to go in entrer
    to go on/keep going continuer
    to go online aller † sur Internet
    to go on vacation partir en vacances
    to go out sortir
    to go to bed se coucher
    to go to the doctor aller † chez le médecin
    to go up monter
God Dieu
godfather parrain *m.*
godmother marraine *f.*
golf golf *m.*
good bon/ne *adj.*, bien *adv.*
good-bye au revoir, salut
Good evening. Bonsoir.
Good morning. Bonjour.
Good night. Bonne nuit.
Have a good day. Bonne journée.
Have a good evening. Bonne soirée.
grade note *f.*
    to have/get a (bad) grade avoir † une (mauvaise) note
grandchild petit-enfant *m.*
granddaughter petite-fille *f.*
grandfather grand-père *m.*
grandmother grand-mère *f.*
grandparents grands-parents *m. pl.*
grandson petit-fils *m.*
grape raisin *m.*
    bunch of grapes grappe *f.* de raisins
gray gris/e
grease graisse *f.*
Great! Génial !
green vert/e
    green bean *haricot *m.* vert
    green salad salade *f.* (verte)
grilled grillé/e
    grilled ham-and-cheese sandwich croquemonsieur *m.*
grocery store épicerie *f.*, supermarché *m.*
ground sol *m.*, terre *f.*
    ground floor rez-de-chaussée *m.*
    on the ground par terre
to grow pousser
    to grow larger, fatter grossir
    to grow old vieillir
    to grow taller grandir
    to grow up (for children) grandir
guest invité *m.*, invitée *f.*
guide (tour guide or guidebook) guide *m.*
Guinea la Guinée
guinea pig cochon *m.* d'Inde
guitar guitare *f.*
    bass guitare guitare basse
    electric guitar guitare électrique
gym gymnase *m.*

H

hair cheveux *m. pl.*
    to do one's hair se coiffer
    to have short/long/curly hair avoir † les cheveux courts/longs/bouclés
    to wash one's hair se laver les cheveux
half demi/e
    half-brother demi-frère *m.*
    half-kilo demi-kilo *m.*
    half-past et demi/e
    half-sister demi-sœur *f.*

hallway couloir *m.*
ham jambon *m.*
    ham sandwich sandwich *m.* au jambon
hamburger *hamburger *m.*
hand main *f.*
    to hand in/over remettre †
    on the other hand, ...
    d'autre part, en revanche
    to raise your hand lever † le doigt, lever † la main
handicap handicap *m.*
    to be handicapped être handicapé/e
handsome beau (bel), belle
to happen se passer, avoir † lieu
    What happened? Qu'est-ce qui s'est passé ?
happy heureux/-euse, content/e
    Happy birthday! Joyeux anniversaire !, Bon anniversaire !
    Happy New Year! Bonne année !
hard (difficult) difficile ; dur/e
    hardworking sérieux/-euse, travailleur/-euse
harmonica harmonica *m.*
hat chapeau *m.*
to hate détester
to have avoir †
    to have a drink prendre † une boisson
    to have a good time s'amuser
    Have a nice weekend! Bon week-end !
    to have just (done something) venir † de + *inf.*
    to have to (do something) devoir †
he *(pron.)* il
head tête *f.*
headline gros titre *m.*
health santé *f.*
    health center/clinic infirmerie *f.*
    healthy bon/ne pour la santé
    to be healthy (person) être † en bonne santé
hear entendre
heart cœur *m.*
    heart attack crise *f.* cardiaque
hearty copieux/-euse
heavy lourd/e
    heavy jacket blouson *m.*
height taille *f.*
    of average height de taille moyenne
Hello. Bonjour.
    Hello (telephone only). Allo.
to help aider (à)
her elle ; la ; son, sa, ses
    to her lui
    herself elle-même
herbal tea tisane *f.*
here ici
    Here is/are ... Voici...
    Here/there is/are ... Voilà...
Hi! Salut !
high *haut/e
high school lycée *m.*
hike randonnée *f.*
    to go on a hike faire † une randonnée

hill colline *f.*
him le ; lui
    to him lui
    himself lui-même
his son, sa, ses
history histoire *f.*
hockey *hockey *m.*
to hold tenir †
holiday fête *f.*
    legal holiday jour *m.* férié
    religious holiday fête religieuse
home maison *f.*
    at my/our home chez moi/nous
    stay-at-home mother/father femme *f.* au foyer, homme *m.* au foyer
homeowner propriétaire *m./f.*
homebody pantouflard/e
homework devoirs *m.*
    to do homework faire † des devoirs *m.*
to hope espérer †, souhaiter
horror movie film *m.* d'horreur
horse cheval *m.*
    to go horseback riding faire † du cheval
hospital (public) hôpital *m.*
    private hospital clinique *f.*
hostel (youth) auberge *f.* de jeunesse
hot chaud
    hot (food) épicé/e
    hot chocolate chocolat *m.* chaud
    I am hot. J'ai chaud.
    It's hot (weather). Il fait chaud.
hotel hôtel *m.*
hour heure *f.*
    for an hour pendant une heure, pour une heure, depuis une heure
    in an hour dans une heure, en une heure
house maison *f.*
    at the home of chez
    housemate colocataire *m./f.*
how comment
    How are you? Comment allez-vous ?
    how many combien de
    how much combien
    How's it going? Comment ça va ?
human being être *m.* humain
human body corps *m.* humain
humanities lettres *f.*
humid lourd/e
    It's humid. Il fait lourd.
hundred cent
hunger faim *m.*
    to be hungry avoir † faim
Hurray for ... ! Vive...!
hurricane ouragan *m.*
to hurry up se dépêcher
    in a hurry pressé/e
hurt blessé/e
to hurt (somewhere) avoir † mal à
to hurt (someone) faire † mal à
husband mari *m.*

I

I je (j')
ice glace *f.*

ice cream glace *f.* ; crème *f.* glacée (*Can.*)
ice cube glaçon *m.*
ice on the ground verglas *m.*
icy: It's icy. Il y a du verglas.
idealistic idéaliste
if si
    If I were you À ta/votre place
important important/e
in à, dans, en
    in-laws beaux-parents *m. pl.*
including y compris
independent autonome
India Inde *f.*
Indian indien/ne
individualistic individualiste
indulgent indulgent/e
industrial industriel/le
    industrial waste déchets *m. pl.* industriels
inexpensive bon marché
infection infection *f.*
information renseignement *m.*
    to get information se renseigner, s'informer
injured blessé/e
inn auberge *f.*
inside dans, à l'intérieur de, dedans
instant messaging messagerie *f.* instantanée
instead of au lieu de
intelligent intelligent/e
intensity intensité *f.*
interesting intéressant/e
to be interested (in) s'intéresser (à)
Internet Internet *m.*
    connect to the Internet se connecter sur Internet
    to go on the Internet aller † sur Internet
    Internet access accès *m.* à Internet
    Internet browser browser *m.*
    on the Internet sur Internet
interview interview *f.*, entretien *m.*
to interview interviewer
into dans
to introduce présenter
    Je vous/te présente X. This is X.
invitation invitation *f.*
to invite inviter
Iran l'Iran
Iraq l'Irak
irritable énervé/e
irritated: to become irritated s'énerver
island île *f.*
Israel Israël *m.*
Israeli israélien/ne
it ce (c') ; il ; elle ; le ; la
it is ... c'est...
Italian (*adj.*) italien/ne
Italian (*language*) italien *m.*
Italy Italie *f.*
Ivorian ivoirien/ne
Ivory Coast Côte *f.* d'Ivoire

J

jacket blouson *m.*
    (suit coat) jacket veste *f.*

jam confiture *f.*
January janvier
Japan Japon *m.*
Japanese *(adj.)* japonais/e
Japanese (language) japonais *m.*
jar pot *m.*
jazz jazz *m.*
jealous jaloux/-ouse
jeans jean *m. sg.*
job poste *m.*, travail *m.*, métier *m.*
    full-time job travail à plein temps
    part-time job travail à mi-temps
to jog faire † du jogging
joke histoire drôle *f.*, blague *f.*, plaisanterie *f.*
to joke plaisanter, blaguer, raconter des histoires drôles
Jordan la Jordanie
journalism journalisme *m.*
journalist journaliste *m./f.*
July juillet
June juin

K

kayak kayak *m.*
kangaroo kangourou *m.*
keyboard clavier *m.*
key clé *f.*, clef *f.*
    key word mot *m.* clé
kilo(gram) kilo(gramme) *m.*
kilometer kilomètre *m.*
kind gentil/le
    That's kind (of you). C'est gentil à toi / vous.
king roi *m.*
to kiss s'embrasser
kitchen cuisine *f.*
    kitchen cabinet placard *m.*
    (with) kitchenette (avec) coin *m.* cuisine
knee genou *m.*
to kneel se mettre † à genoux
to know (how to) savoir †
    to know or be familiar with connaître †
knowledge connaissance *f.*
koala (bear) koala *m.*
Korea Corée *f.*
Korean *adj.* coréen/ne
Korean (language) coréen *m.*
Kuwait le Koweït

L

lab(oratory) laboratoire *m.* (labo)
    lab technician technicien *m.*, technicienne *f.* de laboratoire
lacrosse crosse *f.* **to play lacrosse** jouer à la crosse
lady dame *f.*
lake lac *m.*
lamb agneau *m.*
    lamb chop côtelette *f.* d'agneau
    leg of lamb gigot *m.* d'agneau
lamp lampe *f.*
landlord/landlady propriétaire *m./f.*
language langue *f.*

    in the original language en version *f.* originale (en V.O.)
    foreign language langue *f.* étrangère
    language lab labo(ratoire) *m.* de langues
    native language langue *f.* maternelle
laptop (ordinateur) portable *m.*
last dernier/dernière
    last month le mois dernier
    last Saturday samedi dernier
    last week la semaine dernière
    last year l'année dernière, l'an dernier
to last durer
late tard
    to be late être † en retard
to laugh rire †
law loi *f.*
    law school faculté *f.* de droit
    study of law droit *m.*
lawyer avocat *m.*, avocate *f.*
lazy paresseux/-euse
to learn apprendre (à) †
leather cuir *m.*
to leave partir ; (someone, something) quitter
    to leave the lights on laisser les lumières allumées
Lebanon le Liban
lecture conférence *f.*
    lecture hall amphithéâtre *m.*
left gauche *f.*
    leftovers restes *m. pl.*
    to the left à gauche
leg jambe *f.*
leisure activities loisirs *m. pl.*
    leisure time temps *m.* libre
lemon citron *m.*
    lemonade citron *m.* pressé
    lemon-lime soft drink limonade *f.*
to lend prêter
lenient indulgent/e
less moins
    less . . . than moins (de)… que
letter lettre *f.*
lettuce salade *f.*
library bibliothèque *f.* ; bibli (*Can.*)
    public (city) library bibliothèque *f.* municipale
    university library bibliothèque *f.* universitaire (B.U.)
license permis *m.*
    driver's license permis de conduire
to lie mentir
life vie *f.*
to lift lever †
light (color) clair/e ; **(weight)** léger, légère
light lumière *f.*
    to turn on the lights allumer les lumières
    to turn out the lights éteindre les lumières
    to leave the lights on laisser les lumières allumées
lightbulb ampoule *f.* (électrique)
    energy-saving lightbulb ampoule basse consommation

lightning éclair *m.*
    There's lightning. Il y a des éclairs.
likable sympa(thique)
like comme
to like aimer
    to like fairly well aimer bien
    to like or love a lot aimer beaucoup
line ligne *f.*
    online en ligne
    to stand in line faire † la queue
linguistics linguistique *f.*
linking enchaînement *m.*
lip lèvre *f.*
    lipstick rouge *m.* à lèvres
to listen to écouter
    to listen to music écouter de la musique
list liste *f.*
    listing of TV programs magazine *m.* télé
    to make a list faire † une liste
liter litre *m.*
literature littérature *f.*
little petit/e
    little bit peu *m.*
    a little bit un petit peu
to live habiter ; vivre †
    to live together without being married cohabiter ; vivre † en union *f.* libre
liver foie *m.*
    chicken liver foie de volaille
    goose liver paté foie gras
living room séjour *m.*, salle *f.* de séjour
loaf of sliced bread pain *m.* de mie
to locate trouver
    located situé/e
    to be located se trouver
long long/ue
    a long time longtemps
    a long time ago il y a longtemps
    for how long . . . ? depuis combien de temps…?
to look (seem) avoir † l'air (+ *adj.*)
    to look after soigner
    to look at regarder
    to look for chercher
    to look like ressembler à
    to look onto donner sur
to lose perdre
    to lose one's composure perdre son sang-froid
    to lose weight maigrir, mincir
a lot beaucoup (de)
lottery loto *m.*
    to play the lottery jouer au loto
loudly fort
lovable aimable
love amour *m.*
to love aimer
    to be in love (with) être † amoureux/-euse (de)
    to fall in love (with) tomber amoureux/-euse (de)
luck chance *f.*
    good luck bonne chance *f.*

luckily heureusement
   to be lucky avoir † de la chance
luggage bagages m. pl.
   to carry up luggage monter les bagages
lunch déjeuner m.
   to eat lunch déjeuner, dîner (Can.)
lung poumon m.

M

mad fâché/e, en colère
   to get mad se fâcher
Madagascar le Madagascar
Madam, ma'am madame f. (Mme)
magazine magazine m.
   monthly magazine mensuel m.
   weekly magazine hebdomadaire m.
mail courrier m.
   e-mail e-mail m., courriel m. (Can.)
   mail carrier facteur m., factrice f.
main character personnage m. principal
main dish plat m. principal
major (in) spécialisation f. (en), majeure f. (en) (Can.)
majority plupart f.
to make faire †
   to make a mistake faire † une faute
makeup maquillage m.
   to put on makeup se maquiller
Mali le Mali
man homme m., monsieur m.
manager directeur m., directrice f.
map carte f.
   city map plan m. de ville
March mars
mark (grade) une note
market marché m.
   flea market marché aux puces
   open-air market marché en plein air
   supermarket supermarché m.
marital status état m. civil
marriage mariage m.
married marié/e
   to get married se marier
masculine masculin
master maître m.
to master maîtrise
mastery maîtrise f.
mathematics mathématiques f. (les maths)
May mai
maybe peut-être
mayonnaise mayonnaise f.
mayor maire m.
me moi
   me neither moi non plus
   me too moi aussi
   not me pas moi
meal repas m.
   before-meal drink apéritif m.
   balanced meal repas m. équilibré
mean méchant/e
to mean (to say) vouloir † dire
means of transportation moyen m. de transport

meat viande f.
   meat counter rayon m. boucherie
mechanic mécanicien m., mécanicienne f.
media médias m. pl.
medicine (field of study) médecine f.
   medicine (drug) médicament m.
mediocre médiocre
to meet se rencontrer, se retrouver, se connaître, faire la connaissance de qqn
to meet up with (se) retrouver, se réunir
meeting rendez-vous m., réunion f., rencontre m.
melon (cantaloupe) melon m.
to melt fondre
Merry Christmas! Joyeux Noël !
message message m.
   text message texto m.
meter mètre m.
Mexican mexicain/e
Mexico Mexique m.
microwave (oven) (four à) micro-ondes m.
middle milieu m.
   to be in the middle of doing sthg être † en train de faire qqch
   in the middle au milieu de
   in the middle of May à la mi-mai
   middle-aged d'un certain âge
   middle school collège m.
midnight minuit
milk lait m.
   milk chocolate chocolat m. au lait
million million m.
mineral water eau f. minérale
minor (in) mineure f. (en) (Can.)
mint menthe f.
   mint tea thé m. à la menthe
   herbal mint tea tisane f. à la menthe
minute minute f.
mirror miroir m., glace f.
Miss Mademoiselle f. (Mlle)
to miss manquer, rater
   I miss him/her. Il/Elle me manque.
   I miss them. Ils/Elles me manquent.
   I miss you. Tu me manques. Vous me manquez.
missing absent/e
mistake faute f., erreur f.
   to make a mistake faire † une faute, se tromper
Mister Monsieur m. (M.)
modern moderne
moment moment m.
   at that moment à ce moment-là
Monday lundi
money argent m.
monitor moniteur m., écran m.
   flat-screen monitor moniteur avec un écran plat, écran plat
month mois m.
   last month le mois dernier
   next month le mois prochain
moon (the Moon) lune (la Lune) f.
moped mobylette f.
more . . . than plus (de)… que

morning matin m.
   Good morning. Bonjour.
   (X o'clock) in the morning (X heures) du matin
Moroccan adj. marocain/e
Morocco Maroc m.
most plupart f.
mother mère f.
   mother-in-law belle-mère f.
   single mother mère célibataire, mère unique
   stepmother belle-mère f.
motorcycle moto f.
motorscooter mobylette f.
mountain montagne f.
   to go mountain climbing faire † de l'alpinisme f.
mouse souris f.
   wireless mouse souris sans fil
mouth bouche f.
to move (an object) bouger
to move (one's home) déménager
movie film m.
   movie star vedette f., star f.
   movie theater cinéma m.
MP3 player baladeur m. MP3
Mr. Monsieur m. (M.)
Mrs. Madame f. (Mme)
Ms. Madame f. (Mme)
multimedia multimédia
museum musée m.
mushroom champignon m.
music musique f.
musical comédie f. musicale
musician musicien m., musicienne f.
must devoir †
   You (One) must . . . Il faut…
   You (One) must not . . . Il ne faut pas…
mustard moutarde f.
my mon, ma, mes
   My name is . . . Je m'appelle…
myself moi-même

N

name (last) nom m.
   first name prénom m.
   nickname surnom m.
   My name is . . . Je m'appelle…
   What is your name? Comment vous appelez-vous/tu t'appelles ?
to name nommer
nationality nationalité f.
natural sciences sciences f. naturelles
nature nature f., caractère m.
nausea mal m. au cœur
   to be nauseated avoir † mal au cœur
near (to) près (de)
   very near tout près (de)
   nearly à peu près, presque
Neat! Chouette !
necessary nécessaire, indispensable
   to be necessary falloir † : il faut, être † nécessaire, être † indispensable

neck cou *m.*
necklace collier *m.*
to need avoir † besoin de, il faut
need besoin *m.*
neighbor voisin/e *m./f.*
neighborhood quartier *m.*
neighboring voisin/e
neither non plus, ne… ni… ni
nephew neveu *m.*
    nieces and nephews neveux *pl.*
nervous agité/e, nerveux/-euse
Netherlands Pays-Bas *m. pl.*
network réseau *m.*
    social network réseau *m.* social
    wireless network réseau *m.* sans fil
never ne… jamais
new nouveau (nouvel), nouvelle
    brand-new neuf, neuve
news informations *f. pl.*, (infos) nouvelles *f. pl.*
    news broadcast journal *m.* télévisé
    newsgroup forum *m.* de discussion
newspaper journal *m.*
newsstand kiosque *m.* à journaux
next prochain/e, ensuite
next to à côté de
nice sympa(thique), gentil/le, agréable
niece nièce *f.*
    nieces and nephews neveux *m. pl.*
Nigeria le Niger
night nuit *f.*
    at night la nuit, le soir
nine neuf
nineteen dix-neuf
ninety quatre-vingt-dix
no non
    no longer ne… plus
    no matter what n'importe quoi
    no more ne… plus
    no one ne… personne
noise bruit *m.*
    to make noise faire † du bruit
    noise pollution pollution *f.* sonore
nonbiodegradable non-biodégradable
noon midi
normally normalement
north nord *m.*
North America Amérique *f.* du nord
Northern Ireland l'Irlande du nord
Norway la Norvège
nose nez *m.*
    to have a runny nose avoir † le nez qui coule
not pas, ne… pas
    not at all pas du tout
    not bad pas mal
    not me pas moi
    not yet pas encore
notebook cahier *m.*
nothing ne… rien
novel roman *m.*
November novembre
now maintenant
number chiffre *m.*, numéro *m.*

nurse infirmier *m.*, infirmière *f.*

O

to obey obéir à
to obtain obtenir †
obvious évident/e
occupation métier *m.*, profession *f.*
October octobre
odd bizarre
odd jobs: to do odd jobs around the house bricoler, faire † du bricolage
of de (d')
    of course bien sûr
offer offre *f.*
    job offer offre d'emploi
to offer offrir †
office bureau *m.*
    administrative offices bureaux *pl.* administratifs
    registrar's office bureau des inscriptions
often souvent
oil huile *f.*
    olive oil huile d'olive
    waste (used) oil huile usagée
ointment pommade *f.*
OK d'accord
old vieux (vieil), vieille ; ancien/ne
    to be X years old avoir † X ans
    How old are you? Quel âge avez-vous/ as-tu ?
    old-fashioned démodé/e
    older person personne *f.* âgée
olive olive *f.*
Oman Oman
omelet omelette *f.*
on à, sur
    on foot à pied
    on purpose exprès
    on sale en solde
    on TV à la télé
    on the contrary si, au contraire
once une fois
    once upon a time il était une fois
one un/e
onion ognon *m.*
online en ligne
    to go online aller † sur Internet
only seulement, ne… que, uniquement
open ouvert/e
to open ouvrir †
opinion opinion *f.*, avis *m.*
    in my opinion à mon avis, d'après moi
opposite contraire *m.* ; *prep.* en face (de)
optimistic optimiste
optional facultatif/-ive
or ou
orange (color) orange *adj. inv.*
    orange (fruit) orange *f.*
    orange juice jus *m.* d'orange
    Orangina orange soda Orangina *f.*
order (in restaurant) commande *f.* ;
    (general) ordre *m.*
    to be out of order être † en panne
    to give orders donner des ordres

    in order to pour + *inf.*, afin de + *inf.*
to order (food) commander
organic biologique, bio
to organize organiser
    to organize (against) se mobiliser (contre)
other autre
our notre, nos
ourselves nous-mêmes
outdated démodé/e
outdoors en plein air, dehors
outgoing sociable
outside dehors, à l'extérieur
oven four *m.*
    microwave oven four à micro-ondes, micro-ondes *m.*
over sur
    over there là-bas
overcast: It's overcast. Le ciel est couvert.
overcoat manteau *m.*
to overlook donner sur
to owe devoir †
to own posséder †, avoir †
owner propriétaire *m./f.*
oyster huître *f.*

P

Pacific Océanie *f.*
    Pacific Ocean océan *m.* Pacifique
to pack faire † ses valises *f. pl.*
package paquet *m.*, colis *m.*
packaging emballage *m.*
page page *f.*
    on page X à la page X
pain mal (des maux) *m.*, douleur *f.*
to paint peindre †
painter peintre *m.*
painting peinture *f.*, tableau *m.*
pair paire *f.*
    in pairs en groupes *m. pl.* de deux
Pakistan le Pakistan
pale pâle
    to become pale pâlir
pants pantalon *m. sg.*
pantyhose collant *m.*
paper papier *m.*
    paper (written for a course) dissertation *f.*, un essai *m.*, un devoir *m.* écrit
parent parent *m.*
park parc *m.*
to park garer
parking garage garage *m.*, parking *m.*
to participate in participer à
partner partenaire *m./f.*
part-time à mi-temps
party fête *f.*, soirée *f.*
to pass by passer
    to pass (an exam/a course) réussir (à)
passerby passant *m.*, passante *f.*
passport passeport *m.*
pasta pâtes *f. pl.*
pastime passe-temps *m.*
pastry pâtisserie *f.*
    pastry chef pâtissier *m.*, pâtissière *f.*

pâté pâté *m.*
path chemin *m.*
to pay payer †
   to pay attention (be careful) faire † attention
peach pêche *f.*
pear poire *f.*
peas petits pois *m. pl.*
pedestrian piéton *m.*
   pedestrian street rue *f.* piétonne
pen stylo *m.*
pencil crayon *m.*
penicillin pénicilline *f.*
people gens *m. pl.*
pepper poivre *m.*
   chili pepper piment *m.* rouge
   green pepper poivron *m.* vert
   hot pepper piment *m.*
   red pepper poivron *m.* rouge
percussion batterie *f.*
perfect parfait/e, idéal/e
perfectly parfaitement
performing arts arts *m. pl.* du spectacle
perhaps peut-être
permit permis *m.*
to permit permettre †
person personne *f.*
personality personnalité *f.*, caractère *m.*
pessimistic pessimiste
pet animal *m.* familier
pharmacist pharmacien *m.*, pharmacienne *f.*
pharmacy pharmacie *f.*
philosophy philosophie *f.*
to phone téléphoner à, appeler †
   to phone one another se téléphoner
photo(graph) photo(graphie) *f.*
photographer photographe *m./f.*
physical sciences sciences *f. pl.* physiques
physics physique *f.*
physiology physiologie *f.*
piano piano *m.*
   to play the piano jouer du piano
picnic piquenique *m.*
   to have a picnic faire † un piquenique
to picnic piqueniquer
picture photo(graphie) *f.*, tableau *m.*, peinture *f.*, image *f.*, dessin *m.*, illustration *f.*
pie tarte *f.*
   apple pie tarte aux pommes
piece morceau *m.*
   piece of advice conseil *m.*
   piece of furniture meuble *m*
   piece of information renseignement *m.*
   piece of news nouvelle *f.*
   piece of toast tartine *f.*, rôtie *f. (Can.)*, toast *m.*
pig cochon *m.*
pineapple ananas *m.*
pink rose
pizza pizza *f.*
place endroit *m.*, lieu *m.*
   at my/our place chez moi/nous
   at X's place chez X
   at your place chez toi/vous

   to take place avoir † lieu
   in your place à ta/votre place
to plan organiser, planifier
plan projet *m.*
   to have plans être pris/e, avoir † des projets
   to make plans faire † des projets
plane avion *m.*
planet planète *f.*
plastic plastique *m.*
   plastic bag sac *m.* en plastique
plate assiette *f.*
play (theater) pièce *f.* (de théâtre)
to play jouer
   to play an instrument jouer (de)
   to play a sport jouer (à)
   to play sports faire † du sport
   playing field terrain *m.* de sport
player joueur *m.*, joueuse *f.*
pleasant agréable
please s'il te plait, s'il vous plait
poem poème *m.*
poet poète *m.*
poetry poésie *f.*
police officer agent *m.* de police
political science sciences *f. pl.* politiques
poll (opinion) sondage *m.*, enquête *f.*
polling station bureau *m.* de vote
to pollute polluer
pollution pollution *f.*
   air pollution pollution atmosphérique
   noise pollution pollution sonore
pork porc *m.*
Portugal Portugal *m.*
Portuguese *adj.* portugais/e
Portuguese (language) portugais *m.*
possible possible
   It's possible. C'est possible.
possibly éventuellement
to post afficher, annoncer
postcard carte *f.* postale
poster affiche *f.*, poster *m.*
post office poste *f.*
potato pomme *f.* de terre, patate *f. (fam.)*
position (job) poste *m.* ; position *f.*
to pour verser
practical pratique
practice répétition *f.* (musique, théâtre), entrainement *m.* (sport)
to practice répéter † (musique, théâtre), s'entrainer (sport)
to prefer préférer †, aimer mieux
to prepare préparer
   prepared dish plat *m.* préparé
prescription ordonnance *f.*
present cadeau *m.*
to present présenter, offrir †, donner, remettre †
to press appuyer † sur; insister
   to press the button appuyer † sur le bouton
press presse *f.*
prestige prestige *m.*

pretty joli/e
   pretty good pas mal du tout
to prevent empêcher
price prix *m.*
printer imprimante *f.*
   multifunction printer imprimante multifonction
probably probablement
problem problème *m.*
   no problem sans problème
produce aisle rayon *m.* fruits et légumes
profession profession *f.*
professor professeur *m.*, professeure *f. (Can.)*
program (TV) émission *f.*
programmer informaticien *m.*, informaticienne *f.*
project projet *m.*
to promise promettre †
to protect protéger †, sauver, sauvegarder
protest manifestation *f.*
to protest manifester (contre), protester
psychological drama drame *m.* psychologique
psychology psychologie *f.*
public public *m.* ; *adj.* public/publique
   public transportation transport *m.* en commun
pullover sweater pull(over) *m.*
to punish punir
purple violet/-te
purse sac *m.* à main
to push pousser
to push (a button) appuyer † sur (un bouton)
to put mettre †, placer †
   to put away ranger †
   to put in installer
   to put makeup on se maquiller
   to put on (clothes) mettre †
   to put on shoes chausser

Q

Qatar le Qatar
quantity quantité *f.*
quarter quart *m.* ; trimestre *m.*
   quarter past et quart
   quarter to moins le quart
Québec Québec *m.*
Québécois québécois/e
queen reine *f.*
question question *f.*
   to answer a question répondre à une question
   to ask a question poser une question
quiet *adj.* réservé/e, silencieux/-ieuse
quiet silence *m.*, tranquillité *f.*
quietly en silence, doucement, sans bruit, silencieusement
quite assez
quiz interrogation *f.*

R

rabbit lapin *m.*
radio radio *f.*
rain pluie *f.*

to rain pleuvoir †
　It's raining. Il pleut.
raincoat imper(méable) m.
to raise lever †
　to raise one's hand lever † le doigt, lever † la main
　to raise a child élever † un enfant
rapid rapide
rapidly vite, rapidement
rarely rarement
rather assez, plutôt
raw vegetables crudités f. pl.
razor rasoir m.
to read lire †
　to read out loud lire † à haute voix
ready prêt/e
real vrai/e, réel/le, véritable, authentique
realistic réaliste
reality show émission f. de téléréalité
really vraiment
　Really? Ah bon ?
reason raison f.
　the reason why la raison pour laquelle
reasonable raisonnable
reassuring sécurisant/e
rebellious rebelle
to receive recevoir †
receptionist réceptionniste m./f.
recipe recette f.
recommendation recommandation f.
recorder flute f.
to recycle recycler, faire † du recyclage
recycling recyclage m.
red rouge
redhead, redhaired roux/-sse
reference book ouvrage m. de référence
to reflect (on) réfléchir (à)
refreshing rafraichissant/e adj.
refrigerator réfrigérateur m., frigo m.
region région f.
to register s'inscrire
　to register to vote s'inscrire sur la liste électorale
rehearsal répétition f.
to rehearse répéter †
relative parent m.
relax se détendre, se décontracter, se relaxer
remarried remarié/e
remedy remède m.
to remember se rappeler †, se souvenir † de
remote control télécommande f.
renovated rénové/e
rent loyer m.
to rent louer
renter locataire
　co-renter colocataire m./f.
to repeat répéter †
report exposé m., rapport m., reportage m.
Republic of Mauritius Maurice
Republic of Seychelles les Seychelles
to request demander (à, de)
to require exiger
required obligatoire

reservation réservation f.
to reserve réserver, faire † une réservation
reserved réservé/e
residential résidentiel/le
　residential neighborhood quartier m. résidentiel
resource ressource f.
　natural resource ressource naturelle
responsibility responsabilité f.
responsible responsable
rest repos m.
to rest se reposer
restaurant restaurant m.
restroom toilettes f. pl., W.-C. m. pl.
to return revenir †
　to return home rentrer
　to return (object) rendre
Reunion Island la Réunion
rice riz m.
to ride a bicycle faire † du vélo m.
right droite f.
　to the right à droite
　to be right avoir † raison
　It will be all right. Ça va s'arranger.
ring bague f., anneau m.
　diamond ring bague en diamants
　engagement ring bague de fiançailles
　wedding ring alliance f.
to ring sonner
ripe mûr/mure
river (to the sea) fleuve m.
　river (tributary) rivière f.
roast rôti m.
　pork roast rôti de porc
　roast beef rosbif m.
rock music rock m.
role (film or theater) rôle m.
　role play jeu m. de rôle
roll of film pellicule f.
roll (bread) petit pain m.
Romania la Roumanie
roof toit m.
room pièce f., salle f.
　bedroom chambre f.
　classroom salle (de classe)
roommate colocataire m./f., camarade de chambre m./f.
routine routine f.
rug tapis m.
rugby rugby m.
ruler règle f.
to run courir †
　to run errands faire † des courses f.
running shoes espadrilles
Russia la Russie
RV camping-car m.

S

sad triste
sailboat bateau m. à voile
　to go sailing faire † de la voile
salad salade f.
salary salaire m.

sale solde f., promotion f.
　to be on sale être † en solde
sales clerk vendeur m., vendeuse f.
sales representative représentant m., représentante f. de commerce
salmon saumon m.
　smoked salmon saumon fumé
salt sel m.
salty salé/e
same même
　just the same quand même
　the same thing la même chose f.
sandal sandale f.
sandwich (ham, cheese) sandwich m. (au jambon, au fromage)
Santa Claus Père m. Noël
Saturday samedi
Saudi Arabia l'Arabie saoudite
to save (money) économiser, faire † des économies
　to save a file sauvegarder un fichier
saxophone saxophone m.
to say dire †
to scan scanner, passer au scanner
scanner scanner m.
to scare faire † peur à
　to be scared avoir † peur
scarf écharpe f.
　silk scarf foulard m.
schedule emploi m. du temps
school école f.
　business school école de commerce
　elementary school école primaire
　middle school collège m.
　high school lycée m.
　nursery school école maternelle
　school within a university faculté f.
　secondary school école secondaire
science science f.
science-fiction science-fiction f.
Scotland l'Écosse
screen écran m.
　flat screen écran m. plat
sculpture sculpture f.
sea mer f.
seafood fruits m. pl. de mer
search engine moteur m. de recherche
seashore bord m. de la mer
season saison f.
　to have season tickets être † abonné/e, avoir † un abonnement
seat place f., siège m.
second (unit of time) second m.
second (order) deuxième ; second/e (when there are only two items in a series)
　second floor premier étage m.
secretary secrétaire m./f.
to see voir †
　Let's see . . . Voyons...
　See you soon! À bientôt !
　See you tomorrow! À demain !
to seem (good) avoir † l'air (bon)
selfish égoïste
to sell vendre

to send envoyer †
semester semestre *m.*
Senegal Sénégal *m.*
Senegalese sénégalais/e
sensitive sensible
to separate se séparer
separated séparé/e
September septembre
series feuilleton *m.*, série *f.*
serious sérieux/-euse, grave
to serve servir
service sector services *m. pl.*
to set mettre †
    to set the table mettre † la table
seven sept
seventeen dix-sept
seventy soixante-dix
several plusieurs
shampoo shampoing *m.*
shape forme *f.*
    to be in shape (after exercising, or after being sick) être † en forme
    to get back in shape retrouver la forme, se remettre † en forme
    to get in shape se mettre † en forme
    square shape forme carrée
    to take shape prendre forme
to share partager †
to shave se raser
she elle
sheet of paper feuille *f.* de papier
shelf étagère *f.*
shirt (man's) chemise *f.*
    shirt (woman's) chemisier *m.*
shoe chaussure *f.*
to shop faire † du shopping
    to shop for groceries faire † les courses *f. pl.*
shopkeeper commerçant *m.*, commerçante *f.*
shore plage *f.*, bord *m.* de la mer
short petit/e, court/e
shorts short *m. sg.*
shoulder épaule *f.*
to shout crier
show spectacle *m.*, représentation *f.*, émission *f.* (TV)
to show montrer
to shower se doucher, prendre † une douche
shrimp crevette *f.*
shuttle (bus) navette *f.*
shy timide, réservé/e
sick malade
side côté *m.*
sightseeing tourisme *m.*
    to go sightseeing faire † du tourisme *m.*
silk soie *f.*
since (because) puisque
since (time) depuis
    since when . . . ? depuis quand…?
to sing chanter
singer chanteur *m.*, chanteuse *f.*
singing lesson leçon *f.* de chant
single célibataire
sink (bathroom) lavabo *m.*

sink (kitchen) évier *m.*
Sir Monsieur *m.*
sister sœur *f.*
    half-sister demi-sœur *f.*
    sister-in-law belle-sœur *f.*
    stepsister demi-sœur *f.*
to sit down s'asseoir †
    Sit down! Asseyez-vous !
site site *m.*
    Web site site *m.* (Web)
to situate situer
    to be situated at être † situé/e à
six six
sixteen seize
sixty soixante
size taille *f.*
    middle-sized de taille *f.* moyenne
to ski faire † du ski *m.*, skier
skin peau *f.*
skinny maigre
to skip (a meal) sauter (un repas)
to skip (a class) sécher † (un cours)
skirt jupe *f.*
    miniskirt minijupe *f.*
sky ciel *m.*
slacks pantalon *m. sg.*
to sleep dormir
    to be asleep être endormi/e
    to fall asleep s'endormir
    to go back to sleep se rendormir
sleet verglas *m.*
slice tranche *f.*, part *f.*
slim mince
slow lent/e
to slow down ralentir
slowly lentement
small petit/e
smart intelligent/e
smart phone smartphone *m.*
smoke fumée *f.*
to smoke fumer
smoked fumé/e
to snack grignoter, gouter
snack cassecroute *m. inv.*, en-cas *m.*, collation *f.*
    afternoon snack gouter *m.*
    snack bar snack-bar *m.*
snake serpent *m.*
sneakers baskets *m. pl.*, tennis *m. pl.*
snow neige *f.*
    snowman bonhomme *m.* de neige
    snowmobile motoneige *f.*
    to go snowmobiling faire † de la motoneige
to snow neiger
    It's snowing. Il neige.
snowboard planche *f.* à neige
to snowboard faire † du surf des neiges
so alors
    so do I moi aussi
soap savon *m.*
    laundry soap lessive *f.*
    soap opera feuilleton *m.*
soccer football (foot) *m.*, soccer *m. (Can.)*
    soccer game match *m.* de football

sociable sociable
social network réseau *m.* social
social sciences sciences *f. pl.* humaines
social worker assistant *m.*, assistante *f.* social/e
sociology sociologie *f.*
sock chaussette *f.*
software (program) logiciel *m.*
some des ; en ; quelques
    someone quelqu'un
    something quelque chose
    sometimes quelquefois
    somewhere quelque part
son fils *m.*
    grandson petit-fils *m.*
    son-in-law gendre *m.*, beau-fils *m.*
    stepson beau-fils *m.*
song chanson *f.*
soon bientôt
sorry désolé/e
    to be sorry être † désolé/e, regretter
to sort trier
so-so ça peut aller
sound bruit *m.*
soup soupe *f.*
    soup kitchen soupe *f.* populaire
south sud *m.*
South America Amérique *f.* du sud
souvenir souvenir *m.*
Spain Espagne *f.*
Spanish *adj.* espagnol/e
Spanish (language) espagnol *m.*
to speak parler
    Speak louder! Parlez plus fort !
speciality spécialité *f.*
to spell épeler †
to spend (money) dépenser
to spend (time) passer
spice épice *f.*
spicy épicé/e
spinach épinards *m. pl.*
spoon cuillière *f.*
    soupspoon grande cuillerée
    spoonful (of) cuillerée (de)
    tablespoon grande cuillière
    teaspoon petite cuillière
sport sport *m.*
    sport coat veste *f.*
    sports show émission *f.* sportive
    to do/play sports faire † du sport
spring printemps *m.*
    in the spring au printemps
spouse époux *m.*, épouse *f.*
spy movie film *m.* d'espionnage
square carré *m.*
    square (in a city) place *f.*
to squeeze presser
stadium stade *m.*
staircase escalier *m.*
stairs escalier *m.*
star étoile *f.*
    movie star vedette *f.*, star *f.*
to start commencer †
    to start exercising again se remettre † à faire de l'exercice

to stay rester
    to stay home rester à la maison
    to stay in a hotel loger † à l'hôtel
    to stay overnight passer la nuit
    to stay with a friend loger † chez un/e ami/e
steak biftèque *m.*, steak, *m.*
stepbrother demi-frère *m.*
stepdaughter belle-fille *f.*
stepfather beau-père *m.*
stepmother belle-mère *f.*
stepsister demi-sœur *f.*
stepson beau-fils *m.*
still encore
stomach estomac *m.*, ventre *m.*
    to have a stomachache avoir † mal au ventre
stop arrêt *m.*
    bus stop arrêt *m.* de bus
    stoplight feu *m.* rouge
stop sign stop *m.*, arrêt *m.* (Can.)
to stop (s')arrêter
    Stop it! Arrête !
store magasin *m.*, boutique *f.*
story (of a building, house) étage *m.*
    first story rez-de-chaussée *m.*
    second story premier étage
story histoire *f.*
stout fort/e
stove cuisinière *f.*
straight ahead tout droit
strange bizarre, drôle
stranger étranger *m.*, étrangère *f.*
strawberry fraise *f.*
stream (large) rivière *f.*
to stream (media) télécharger
street rue *f.*
    streetcar tramway *m.*
strength training musculation *f.*
    to do strength training faire † de la musculation
strep throat angine *f.*
stressed stressé/e
strike grève *f.*
to strike faire † (la) grève
    to be on strike être † en grève
strong fort/e
stubborn têtu/e
student étudiant *m.*, étudiante *f.*
studies études *f. pl.*
studio atelier *m.*
    studio apartment studio *m.*
to study étudier, travailler
    to study for an exam préparer un examen
    to study (French) faire † du (français)
    to study tonight, this weekend travailler ce soir, ce week-end
stuff affaires *f. pl.*
stupid bête, idiot/e, stupide
    to do something stupid faire † une bêtise
stylish chic, à la mode
to subscribe (to) s'abonner (à)
suburb banlieue *f.*
subtitle sous-titre *m.*

to subtitle doubler
subway métro *m.*
to succeed réussir (à)
sugar sucre *m.*
    brown sugar sucre roux
    powdered sugar sucre glace
to suggest suggérer †, proposer
suit (man's) costume *m.*
    suit (woman's) tailleur *m.*
suitcase valise *f.*
summer été *m.*
    summer camp colonie *f.* de vacances
    summer vacation grandes vacances *f. pl.*
sun soleil *m.*
    It's sunny. Il y a du soleil.
sunburn coup *m.* de soleil
Sunday dimanche
sunglasses lunettes *f. pl.* de soleil
super super
supermarket aisles rayons *m. pl.* du supermarché
supper souper *m.*
    to have supper souper
to support soutenir †
sure sûr/sure
surfing surf *m.*
to surf faire † du surf
    to surf the Web surfer sur Internet
surprised étonné/e, surpris/e
sweater (cardigan) gilet *m.*
Sweden la Suède
to swim nager †, faire † de la natation
swimming la natation *f.*
    swimming pool piscine *f.*
swimsuit maillot *m.* (de bain)
Swiss suisse
Switzerland Suisse *f.*
symptom symptôme *m.*
Syria la Syrie

T

T-shirt teeshirt *m.*
table table *f.*
    to set the table mettre † la table
tablet tablette *f.*
    touch screen tablet tablette *f.* tactile
to take prendre †
    to take a nap faire † la sieste
    to take a test passer un examen
    to take a trip faire † un voyage
    to take care of s'occuper de
    to take care of oneself se soigner
    to take courses suivre † des cours
    to take someone somewhere emmener †
    to take something somewhere emporter
talented doué/e
to talk parler
tall grand/e
to tan bronzer
taste gout *m.*
to taste gouter
taxi taxi *m.*
tea thé *m.*

teacher professeur *m.*, enseignant/e *m./f.*
team équipe *f.*
technology technologie *f.*
to tease someone plaisanter avec quelqu'un, taquiner
tedious ennuyeux/-euse
teenager adolescent *m.*, adolescente *f.*
telephone téléphone *m.*
    cell phone portable *m.*
    phone number numéro *m.* de téléphone
    phone book annuaire *m.*
to telephone (someone) téléphoner à
television télévision *f.* (télé)
to tell dire †
    to tell a joke raconter une histoire drôle
    to tell a lie mentir
    to tell a story raconter (une histoire)
ten dix
tenant locataire *m./f.*
tender tendre
tennis tennis *m.*
    tennis shoes tennis *m. pl.*
tent tente *f.*
terrace terrasse *f.*
term (of office) mandat *m.*
test examen *m.*, épreuve *f.*
text message texto *m.*
Thailand la Thaïlande
to thank remercier
    Thank you! Merci !
    Thank you for coming. Je te/vous remercie d'être venu/e.
that cela, ça
    That's all. C'est tout.
    That's it. Ça y est.
    That's too bad. C'est dommage.
that (*rel. pron.*) qui, que
theater théâtre *m.*
their leur/s
them eux, elles, les
    to them leur
themselves eux-mêmes, elles-mêmes
then alors, ensuite, puis
there là ; y
there is/are . . . voilà, il y a…, voici
therefore donc
these ces
they ils, elles, on
thin fin/e, mince
thing chose *f.*
    something quelque chose
    something interesting quelque chose d'intéressant
    the same thing la même chose
think penser, réfléchir à
    I don't think so. Je pense que non. Je (ne) pense pas.
    I think so. Je pense que oui.
    I think that . . . Je pense que…
thirst soif *f.*
    to be thirsty avoir † soif
thirteen treize
thirty trente

this ce (cet), cette
   this is . . . c'est/ce sont…, voici
thousand mille
three trois
throat gorge *f.*
   to have a sore throat avoir † mal à la gorge
through par, à travers
to throw (out) jeter †
thunderstorm orage *m.*
thunder tonnerre *m.*
   There is thunder. Il y a du tonnerre.
Thursday jeudi
Tibet le Tibet
ticket billet *m.*
   museum ticket entrée *f.*
   subway ticket ticket
   theater/concert ticket place *f.*
to tidy up ranger †
tie (clothing) cravate *f.*
   tie (game) match *m.* nul
   tie (link) attache *f.*, lien *m.*
to tie attacher, lier ; nouer (une cravate, un foulard) ; faire † match nul
tights collant *m.*
time l'heure *f.* ; temps *m.*
   for a long time depuis longtemps
   full-time à plein temps
   long time longtemps
   part-time à mi-temps
   What time is it? Quelle heure est-il ?
tip (money) pourboire *m.*
   tip (advice) conseil *m.*, tuyau *m.* (*fam.*)
tired fatigué/e
title titre *m.*
to à, en
toast pain grillé *m.* rôtie *f.* toast *m.*
today aujourd'hui
toe orteil *m.*
together ensemble
Togo le Togo
toilet toilettes *f. pl.*
toiletries articles *m. pl.* de toilette
tomato tomate *f.*
tomorrow demain
   day after tomorrow après-demain *m.*, lendemain *m.*
tonight ce soir
too aussi
   me too moi aussi
   too much trop
tooth dent *f.*
   toothbrush brosse *f.* à dents
   toothpaste dentifrice *m.*
tornado tornade *f.*
tourism office office *m.* de tourisme, Syndicat *m.* d'initiative
tourist touriste *m./f.*
toward vers
towel serviette *f.* (de toilette)
to towel off s'essuyer †
town ville *f.*
   town hall mairie *f.*
toxic toxique
traffic circulation *f.*

traffic circle rond-point *m.*
traffic jam embouteillage *m.*
train train *m.*
   train station gare *f.*
tramway tramway *m.*
transportation (means of) moyen *m.* de transport
   mass transportation transports *m. pl.* en commun
trash ordures *f. pl.*
   trash can poubelle *f.*
to travel voyager †
tree arbre *m.*
   Christmas tree sapin *m.* de Noël
   pine tree sapin *m.*
   fruit tree arbre fruitier
tremendous formidable
trimester trimestre *m.*
trip voyage *m.*
   to go on a trip faire † un voyage, voyager †, partir
   Have a good trip! Bon voyage !
trombone trombone *m.*
trousers pantalon *m. sg.*
true vrai/e
   That's true. C'est vrai.
trumpet trompette *f.*
truth vérité *f.*
to try essayer † (de)
Tuesday mardi
tuna thon *m.*
Tunisia la Tunisie
turkey dinde *f.*
Turkey la Turquie
to turn tourner
   to turn off (the lights) éteindre † (les lumières)
   to turn off the running water (from the faucet) couper l'eau du robinet
   to turn on (an appliance) allumer
TV télévision *f.* (télé)
   TV (or radio) station chaîne *f.*
   TV remote control télécommande *f.*
   TV series série *f.*
twenty vingt
twin jumeau *m.*, jumelle *f.*
two deux
typical typique

U

ugly moche, laid/e
umbrella parapluie *m.*
uncle oncle *m.*
under sous
underground au sous-sol
to understand comprendre †
undisciplined indiscipliné/e
to undress se déshabiller
uneasy inquièt/e
unfortunately malheureusement
unhappy malheureux/-euse
unhealthy mauvais/e pour la santé
United Arab Emirates les Émirats arabes unis
United States États-Unis *m. pl.*

university université *f.*, faculté *f.* (fac)
   university dining hall restaurant *m.* universitaire (resto U)
   university library bibliothèque *f.* universitaire (B.U., bibli, *Can.*)
unmarried célibataire
until jusqu'à
up: to be up être † debout
   to get up se lever †
   to go up monter
   Time's up! C'est l'heure !
to update mettre † à jour
to upload télécharger
to be upset être † fâché/e, en colère
upstairs en *haut
urgent urgent
us nous
to use (something) se servir de (quelque chose) employer †, utiliser
useful utile
usually d'habitude, habituellement
utilities charges *f. pl.*

V

vacation vacances *f. pl.*
   vacation plans projets *m. pl.* de vacances
   to go on vacation partir en vacances
valley vallée *f.*
vanilla vanille *f.*
   vanilla ice cream glace *f.* à la vanille
variety show divertissement *m.*
VCR magnétoscope *m.*
vegan végétalien/ne
vegetable légume *m.*
   vegetable garden potager *m.*
   cut-up raw vegetables crudités *f. pl.*
vegetarian végétarien/ne
very très
   very good très bon/ne
   very much beaucoup
   very well très bien
video vidéo *f.*
   video games jeux *m. pl.* vidéos, jeux *m. pl.* électroniques
   videotape vidéocassette *f.*
Vietnam Viêtnam *m.*
Vietnamese vietnamien/ne
village village *m.*
vinaigrette vinaigrette *f.*
vinegar vinaigre *m.*
   balsamic vinegar vinaigre balsamique
   cider vinegar vinaigre de cidre
viola violon *m.* alto
violin violon *m.*
to visit (someone) rendre visite à
to visit (someplace, something) visiter
volleyball volley(ball) *m.*
volunteer bénévole *m./f.*, volontaire *m., f.*
volunteering bénévolat *m.*
to vote voter

W

waist taille *f.*
to wait (for) attendre

waiter/waitress serveur *m.*, serveuse *f.*
to wake up se réveiller
Wales le Pays de Galles
walk promenade *f.*
to walk marcher, aller † à pied
    to take a walk se promener †, faire † une promenade
    to walk for exercise faire † de la marche
    to walk the dog promener † le chien, sortir le chien
wall mur *m.*
wallet portefeuille *m.*
to want vouloir †, avoir † envie de, désirer
war guerre *f.*
    World War I la Première Guerre mondiale
    World War II la Seconde Guerre mondiale
wardrobe *(furniture)* armoire *f.*, *(clothing)* garde-robe *f.*
warm chaud/e
    It's warm weather. Il fait chaud. Il fait bon.
    I'm warm. J'ai chaud.
    warm-hearted affectueux/-euse
to wash se laver
    to wash one's face se laver la figure
    to wash one's hands se laver les mains
    to wash oneself faire † sa toilette
wash mitt gant *m.* de toilette
waste gaspillage *m.*, déchet *m.* ; perte *f.*
    industrial waste déchets *pl.* industriels
    household waste déchets *pl.* domestiques
to waste (resources) gaspiller
    to waste time perdre du temps
wasted *adj.* usé/e
watch montre *f.*
to watch regarder, voir †
    to watch a game voir † un match
    to watch a game on TV regarder un match (à la télé)
    to watch a movie voir † un film
    to watch a movie on TV regarder un film (à la télé)
    to watch a play voir † une pièce (de théâtre)
    to watch TV regarder la télé
water eau *f.*
    mineral water eau minérale
    sparkling water eau gazeuse / pétillante
    tap water eau du robinet
water skiing ski *m.* nautique
    to go water skiing faire † du ski nautique
wave (ocean) vague *f.*
way of life manière *f.* de vivre
we nous, on
to wear porter, mettre †
weather temps *m.*
    weather forecast météo(rologie) *f.*
    What's the weather like? Quel temps fait-il ?
    The weather's bad. Il fait mauvais.
    It's nice weather. Il fait bon.
Web Web *m.*, toile *f.*

Web address adresse *f.* Web
webcam webcam *f.*
Web page page *f.* Web
Web site site *m.* Web
wedding mariage *m.*
Wednesday mercredi
week semaine *f.*
weekend week-end *m.*, fin *f.* de semaine *(Can.)*
to weigh peser †
weight poids *m.*
weight lifting musculation *f.*
    to do weight lifting faire † de la musculation
welcome *(adj.)* bienvenu/e ; bienvenue *f.*
    You're welcome. Je t'en prie/Je vous en prie. Bienvenue. *(Can.)*
    Welcome to . . . Soyez la bienvenue !
well bien
    well-being bienêtre *m.*
    Well done! Bravo !
    well-done (cooked) bien cuit/e
west ouest *m.*
western western *m.*
What . . . ? Qu'est-ce que/qui…?, Quel/le…?
    What? Quoi ?
    What about you? Et toi ?/Et vous ?
    What color is . . . ? De quelle couleur est…?
    What did you say? Comment ?
    What happened? Qu'est-ce qui s'est passé ?
    What is that? Qu'est-ce que c'est ?
    What's the matter? Qu'est-ce que tu as/vous avez ?
    What's your name? Comment tu t'appelles/vous appelez-vous ?
wheelchair fauteuil *m.* roulant
    wheelchair basketball basket-fauteuil *m.*
when quand, lorsque, où
where où
whether si
which quel/le ; que (qu'), qui
    which one/s lequel, laquelle, lesquels, lesquelles
while pendant que
white blanc/blanche
who qui
why pourquoi
wife femme *f.*
willingly volontiers
to win gagner
the winner le/la gagnant/e ; le vainqueur ; le/la champion/ne
wind vent *m.*
    It's windy. Il y a du vent.
window fenêtre *f.*
    shop window vitrine *f.*
    to window-shop faire du lèche-vitrine
to windsurf faire † de la planche à voile
wine vin *m.*
    red wine vin *m.* rouge
    white wine vin *m.* blanc
winter hiver *m.*

winter sports sports *m. pl.* d'hiver
to wipe (off) essuyer †
to wish vouloir †, souhaiter
wish(es) vœu(x) *m.*
    Best wishes! Meilleurs vœux !
with avec
within dans
without sans
woman femme *f.*
to wonder se demander
wonderful génial/e, merveilleux/-euse
wood bois *m.*
woods bois *m.*, forêt *f.*
wool laine *f.*
word mot *m.*
    in other words en d'autres termes
    word-for-word mot à mot
    words (song) paroles *f. pl.*
work travail *m.*
to work travailler
    hardworking travailleur/-euse
    It'll work out. Ça va s'arranger.
    to work at the computer travailler à l'ordinateur
    to work out faire † du sport, s'entrainer
worker (manual labor) ouvrier *m.*, ouvrière *f.*
worker (white-collar) employé/e *m./f.*
workplace lieu de travail *m.*
workshop atelier *m.*
world monde *m.*
    around the world tour *m.* du monde
worn, worn out (objects) abîmé/e
worried inquiet/-ète, anxieux/-euse
to worry s'en faire † (du souci), s'inquiéter †
wounded blessé/e
wrist poignet *m.*
to write écrire †, rédiger
writer écrivain *m.*

Y

yard jardin *m.*
year an *m.*, année *f.*
    I am 19 years old. J'ai 19 ans.
    Happy New Year! Bonne année !
to yell crier
yellow jaune
Yemen le Yémen
yes oui ; si *(after negative question)*
yesterday hier
yet encore
    not yet pas encore
yogurt yaourt *m.*
young jeune
you tu, vous, toi
    to you te (t'), vous
your ton, ta, tes ; votre, vos
yourself toi-même, vous-même
yourselves vous-mêmes

Z

zero zéro *m.*
zoology zoologie *f.*

APPENDICE 4 — *L'alphabet phonétique international*

a	la p**a**tte, le m**a**l	b	le **b**ureau
ɑ	la p**â**te, le m**â**le	k	le **c**ahier, **q**ui
e	**é**coutez	ʃ	la **ch**aise
ɛ	**e**lle	d	**d**ans
ə	p**e**tit	f	la **f**emme
i	**i**l, le styl**o**	g	le **g**arçon
o	le styl**o**, bient**ô**t, le tabl**eau**	ɲ	espa**gn**ol
ɔ	la g**o**mme	ʒ	le **j**our, **g**entil
u	n**ou**s	l	**l**a
y	d**u**	m	le **m**al
ø	d**eux**	n	**n**euf
œ	l**eu**r, la s**œu**r	ŋ	le campi**ng**
ã	l'**en**fant	p	le **p**ère
ɛ̃	le cous**in**	r	la **r**ègle
ɔ̃	b**on**jour	s	**s**alut, **c**inq
œ̃	**un**	t	la **t**ante
j	la n**i**èce, la f**ill**e, le cra**y**on	v	**v**oici
ɥ	l**u**i	z	**z**éro, la cou**s**ine
w	m**oi**, j**ou**er		

Index

A
à
  contraction, 93–94
  + infinitive, 490–491
  and places, 373
abbreviations, 119
accents, pronunciation, 14, 128
address formats, 10–11
adjectives
  and colours, 170, 172
  comparative and superlative, 295–297
  demonstrative, 173–176
  descriptive, 39–42
  for nationality, 76–77
  number and gender agreement, 36–39, 41, 73–74, 109–110, 111, 292–295
  for people, 73–74
  placement, 107–110, 292–295
  possessive, 36–39
  preceding nouns, 109
  vocabulary, 66, 142
adverbs
  comparative form, 260–261
  of intensity and frequency, 153–154
  and present indicative, 498
  and quantity, 217–219
  in sentence structure, 281–282
  superlative, 261–262
age, 50
Agence intergouvernementale de la Francophonie (AIF), 24
agreement
  of adjectives, 36–39, 41, 73–74, 109–110, 111, 292–295
  nouns and articles, 18–19, 111
  of past-participle, 251–252, 282–283, 330
aller
  futur proche, 112–114
  + infinitive, 113, 114, 490
  present tense, 112
alphabet, pronunciation, 13, A40
ami / amie, 71
Anctil, Gabriel, 332–333
après, 472
articles
  contractions, 86–87, 93–94
  definite, 17, 54, 200
  and gender, 16–17
  and **il y a**, 19
  indefinite, 16–17, 199

  negative form, 200
  partitive, 199–200
  plural, 18–19
attendre, 302
au, with countries, 373
aussitôt que, 452
avant de, 471
avoir
  après +, 472
  expressions with, 49, 51
  + **mal à**, 401
  negative form, 51–52
  passé composé, 241–243
  past participles with, 282–283
  subjunctive, 407
  use of, 49–51

B
bienvenue, 14
boire, 197–198
Borduas, Paul-Émile, 495, 496

C
Carrier, Roch, 348–350
ce, cet, cettes, ces, 173–175
c'est
  and **ce sont**, 20–21
  and **il / elle est**, 128–129
choisir, 284–285
classroom, 12–14, 28–29
cognates, 10, 25, 78, 110
combien, 165
command form, 106, 107, 508
conditional, 385–386
conjunctions and *temps verbaux*, 452–453
connaître, 342
consonants. *See* pronunciation
contractions, 85, 86–87, 93–94
count nouns, 199–200
coûter, 174, 176
croire, 449–450
culture. *See* French life and culture

D
dates and months, 44, 47, 55, 67
days and week, 53–54, 67, 92, 149
  times of, 148, 158–159, 160
de / d' and **du, des**
  with adverbs, 217
  contractions, 85

  with **en**, 219–220
  + infinitive, 491
  in negative sentences, 16, 200
  with nouns, 218
  and places, 8, 373–374
  plural, 18–19
  as preposition, 84–86
definite article, 17, 54, 200
demonstrative adjectives, 173–176
depuis, 463–465
dès que, 452
descriptive adjectives, 39–42
devenir, 375–376
devoir, 130–131, 132
dire, 319–320
direct object
  and nouns, 177
  pronouns, 176–178, 330–332
  in sentence structure, 280–283
dormir, 162–164, 185–187

E
écrire, 319–320
e-mails, 167–168
emphasis, 178
en, 219–221, 358
  with countries, 373
enchaînement, 81–82
endormir, 163
English–French glossary, A32
-**er** verbs, 56–57, 162
  irregular verbs, A2
  and subjunctive, 418
est-ce que / qu', 59, 82–83, 164
être
  après +, 472
  as auxiliary, 251
  c'est and **ce sont**, 20–21
  c'est and **il / elle est**, 128–129
  and *passé composé*, 248, 251–253, 271
  past participles with, 251–252, 282
  present tense, 6
  and pronoun subjects, 6–8
  subjunctive, 407
étudier, 120
exclamation mark, 303–304

F
faire, 91–93
  expressions with, 91, 103
  and **jouer**, 89

and weather, 234–235
faux amis, 10, 110
finir, 285–286
fixed expressions, 2
Francophone places
   Acadia (Maritimes), 64
   Africa, 64, 516–519
   Belgium, 24
   Canada, 24, 90, 97–100, 135, 161, 205, 212, 224, 300, 325–326, 422, 445, 477–478, 496
   France, 24, 61, 90, 108, 118, 161, 205, 212, 223, 306–312, 325, 359, 468, 475–476, 481
   France d'outre-mer, 264–265
   Haiti, 24
   Maritimes, 24, 64
   Martinique, 265–266
   Montréal, 249, 488
   Paris, 387–388, 390–392, 504
   Québec, 24, 61–64, 108, 135–141, 205, 226, 277, 290, 459
   Sénégal, 432–434
   St-Boniface (Winnipeg), 80
   Switzerland, 24
   Vieux-Québec, 258
French life and culture
   announcements, 42–43
   around the world, 23–25
   art and artists, 494–498, 513–519
   back-to-school time, 13
   beliefs and opinions, 450–451
   birthdays and anniversaries, 44, 47
   cafés, 192–195
   city life, 273–278
   classified ads and jobs, 133–134
   colours, 169–170
   compliments, 171
   and computer technology, 456–460
   countries and nationality, 368–371
   country life, 299–301
   cultural diversity, 306–309
   daily routine, 148, 182–184
   dates, 55
   déménagement, 277
   documents, 42–43
   education and university, 13, 105–107, 115–119
   environment and pollution, 412–415, 430–434
   everyday activities and leisure, 53–55, 88–90, 101
   family, 31–34, 61–65, 317–318
   fashion, 171
   feelings, 335–338
   femininization of professions, 124–126
   food and meals, 55, 192–195, 203–205, 210–216, 223–228
   francophone Canada, 300
   friends and social life, 70–71
   greetings and introductions, 4
   health and well-being, 400–404
   holidays and travel, 247–249, 325–326, 351–352, 357–360, 368–371, 378–382
   invitations, 257–259
   life events, 324–327
   marriage, 345–347
   merci and replies, 13
   morning routine, 147–149
   movies, 446–447, 475–481
   music, 486–489
   names for children, 33
   pets, 31, 33
   poetry, 155–157, 245–246
   politics and social engagement, 421–424
   poutine, 205
   prices, 174
   professions, 124–129
   reading and media, 467–469
   religious rituals, 325, 345–347, 351
   seasons, 236–237
   shopping, 184–185
   shows, 503–506
   sleeping, 185–187
   stories, 432–434
   supermarket and shops, 212–216
   television, 441–445
   time concepts, 158–162
   vie de quartier, 290
   weather, 233–237, 249
   winter, 234, 245–246, 268–269
   young people, 316–318
French–English glossary, A6
frequency, 153–154, 323
futur proche, 151, 178, 361–362, 490
   and **aller,** 112–114
   expressions with, 113, 207
futur simple, 361–363

G
gender
   adjectives and endings, 38, 41, 73–74, 109–110, 292–293
   and articles, 16–17
   clothing vocabulary, 189
   professions, 124–126, 144
glossaries
   English–French, A32
   French–English, A6
goodbyes, 3, 28
greetings, 2–6, 8–9, 28

I
idioms. *See* vocabulary
-ier verbs, 120

il / elle, as subject, 7
il / elle est, 128–129
il y a, 19, 242, 508–509
il y a… que, 463–464
immediate future. *See futur proche*
imperative form, 106, 107, 508
imperfect forms, 239–240
   vs. *passé composé,* 328–330, 498–499
   + **si,** 208–209
indefinite article, 16–17, 199
indirect object pronouns, 321–322, 330–331
infinitive
   description, 6
   with **-oir** verbs, 132
   politeness and directness, 132
   preceding verbs, 490–492
interrogative forms. *See* questions
intonation, in questions, 58
introductions, 2–6, 8–9, 28
inversions, 165
-ir verbs, 162–164
irregular verbs, 130, 407–409, 417–419, A2

J
jouer, 84, 89, 209

L
Laferrière, Dany, 510–512
language functions
   asking where someone is from, 82–84
   describing people, 73–75
   describing the past, 239–240
   expressing emotion, 424–426
   indefinite expressions, 207–208
   making comparisons, 260–262
   and necessity, 405–407
   negative expressions, 207–208
   order of events, 471–472
   quantity expressions, 217–219
   talking about studies, 120–121
   and volition, 416–417
le, la, l', les, 17–19, 94, 176–178, 507–508
leur, 321–322, 507–508
Le Clézio, J.M.G, 304–305
liaison, 57, 81–82, 360–361, 371–372
lire, 319–320
loi 101, 137
lorsque, 452
lui, 321–322, 507–508

M
mal à, 401
mass nouns, 199–200
me and m', 330–331, 339–340, 507–508
merci, 13, 171
messages, 60
Molière, 409–410

money, 117
Monsieur Lazhar, 478–479
Montesquieu, 387–388
months and dates, 44, 47, 55, 67

N
nationality, 76–77, 102, 369, 397–398
negative form
    and articles, 200
    avoir, 51–52
    de / d' and **du, des** in, 16, 200
    ne / n' and **pas**, 9, 51, 57, 242
    negative expressions, 207–208
    and questions, 59
    in sentence structure, 57, 282
Nelligan, Émile, 245–246
n'est-ce pas, 59
no and yes, answers to questions, 58–59
noun phrases, number and gender, 74, 111
nouns
    count and mass, 199–200
    and **de / d'**, 217–218
    and direct objects, 177
    gender, 16–17
    of measure, 217–218
    plural, 18, 111
    preceded by adjectives, 109
nous, 330–331, 507–508
number (agreement)
    adjectives and endings, 36–39, 41, 74, 109, 292–293
    nouns and articles, 18–19, 111
numbers
    0 to 100, 45
    100 and up, 116, 117
    large numbers, 117
    pronunciation and spelling, 45–46, 48

O
on, 7, 57
où, 82–84, 102, 162, 382–384

P
partir, 128–129, 163–164, 209
partitive articles, 199–200
pas. *See also* negative form
    and **ne / n'**, 9, 51, 57, 242
passé composé
    and **avoir**, 241–243, 393
    and **être**, 248, 251–253, 271, 393
    vs. imperfect, 328–330, 498–499
passé récent, 490
passé simple, 393
past participles
    with **avoir**, 282–283
    with **être**, 251–252, 282
    formation and examples, 242
    agreement, 251–252, 282–283, 330

past tenses, 498–499. *See also* imperfect forms; *passé composé*
    conditional, 385–386
    description and narration of, 253–255
    expressions for, 243, 270
    passé récent, 490
    passé simple, 393
peindre, 496
pendant, 469–471
pendant que, 452
personal pronouns, and être, 6–8
possessive adjectives, 36–39
pour, 469–471
pourquoi, 165
pouvoir, 130–133
préférer, 174, 175–176
prendre, 197–198, 209, 358
prepositions
    de / d', 84–86
    and expressions of time, 469–471
    jouer +, 84, 89
    of place, 105–107, 373–374
    use of, 107
    vocabulary, 142
present indicative, use of, 498
Prévert, Jacques, 155–156
pronominal verbs, 147, 150–153, 339–342, 354
pronouns
    and combined complements, 507–509
    direct object, 176–178, 330–332
    en, 219–221
    indirect object, 321–322, 330–331
    relative, 382–385
    stressed, 21
    subjects, 6–7, 20–21
pronunciation
    accents, 14, 128
    alphabet, 13
    combination -ill-, 279
    consonant gn, 415–416, 496
    consonant groups, 447–448, 460–461
    consonant /j/, 460–461
    consonant l, 279–280
    consonant r, 292
    consonants s and z, 8, 404–405
    enchaînement, 81–82, 360
    final consonants, 7–8, 72, 81–82
    letter e, 72, 196–197, 447–448, 460–461
    letter h, 216–217
    liaison, 57, 81–82, 360–361, 371–372
    ne / n' and **pas**, 57
    numbers, 45–46, 48
    semi-vowels, 327–328, 338–339
    tension and rhythm, 35
    unstable e, 196, 447–448, 460–461
    verbs, 56–57, 418
    vowel sound /e/, 128

vowel sound /i/, 35
vowel sound /o/, 119
vowel sound /ø/, 172–173
vowel sound /œ/, 172–173
vowel sound /ɔ/, 119
vowel sound /u/, 35
vowel sound /y/, 150
vowel sound /ɛ/, 128
vowels, 35
vowels, nasal, 238, 250

Q
quand, 452
que / qu', 382–384
    + **croire** or **voir**, 449–450
    + **il y a**, 463–464
    and subjunctive, 405
quel / quelle, questions with, 121–122
Queneau, Raymond, 201–202
questions
    information questions, 58–59, 164
    with interrogative words, 164–167
    negative, 59
    with **quel / quelle**, 121–122
    written answers, 167–168
    yes-no answers, 58–59
qui, 382–384

R
-**re** verbs, 301–303
reading selections
    adresses en francophonie, 10–11
    L'arbre nourricier, 434
    L'Archer aveugle, 510–512
    Bonheur d'occasion, 77–78
    faire-part et documents, 42–43
    Familiale, 155–156
    famille au Québec, 62–64
    Gens du pays, 98–99
    La leçon de choses, 201–202
    Le Malade imaginaire, 409–411
    newspaper headings, 25
    Paris, 387–388
    petites annonces et emplois, 133–134
    La pluralité culturelle, 306–307
    Soir d'hiver, 246
    Sommeil : quelle sorte de dormeur êtes-vous ?, 185–186
    Sur la 132, 333
    Le tour du monde en quatre-vingt jours, 394–395
    Une abominable feuille d'érable sur la glace, 348–350
reflexive pronouns, 150–153
reflexive verbs, 147, 150–153, 339–342, 354
regarder, 56
regular verbs, 405–407, A1
revenir, 375–376
Révolution tranquille, 137

rhythm in speech, 35
Roy, Gabrielle, 77

S
savoir, 342–343
se laver, 151
se lever, 151
se / s', 339–341
seasons, 236–237
sentence
    exclamation, 303–304
    negative in, 57, 282
    structure, 280–284
servir, 192
si, 208–209, 462–463
La Sorbonne, 108
sortir, 162–164
subject, in sentence structure, 280–283
subjects pronouns, 6–7, 20–21
subjunctive mood
    avoir and **être,** 407
    and doubt, 426–427
    and emotion, 424–426, 439
    -**er** verbs, 418
    irregular verbs, 407–409, 417–419
    and necessity, 405–407, 438
    regular verbs, 405–407
    verbs with *changement orthographique,* 418
    and volition, 416–417, 439
suivre, 120

T
te and t', 330–331, 507–508
temps verbaux, 498–499
    and conjunctions, 452–453
tenir, 375–376
time and time concepts, 158–162
    of the day, 158–161
    days and week, 53–54, 67, 92, 148, 149, 158–160
    months and dates, 44, 47, 55, 67
    24-hour clock, 161
    vocabulary, 188–189
town and city places, 79–81
tu *vs.* **vous,** 4, 7

U
un / une, 16–17
Université de Montréal, 105, 108
Université de Nice, 118
university, 115–119
unstable e, 196, 447–448, 460–461

V
venir, 375–376, 490
    and place of origin, 82–84
verb forms. *See also* specific verbs
    and adverbs, 153–154
    with auxiliary, 251

combinations of, 113
of communication, 319–320, 353
conditional, 385–387
and conjunctions, 452–453
-**er** verbs (*See* -**er** verbs)
futur proche (*See futur proche*)
-**ier** verbs, 120
and infinitive (*See* infinitive)
-**ir** verbs, 162–164, 284–286, 313, 375–376
irregular verbs, 130, 407–409, 417–419, A2
past tenses (*See* past tenses)
politeness and directness, 131–132
present tense, 498
pronunciation and writing, 418
-**re** verbs, 301–303
reflexive (pronominal) verbs, 147, 150–153, 339–342, 354
regular verbs, 405–407, A1
in sentence structure, 280–283
subjunctive mood (*See* subjunctive mood)
of transfer, 322, 353
vocabulary, 145, 189
Vernes, Jules, 393–394
Vigneault, Gilles, 98–99
vocabulary
    activities, 67, 89, 271
    adjectives, 66, 142
    age, 67
    apartments, 274–275, 278, 313, 314
    art and artists, 494, 521
    bathroom, 148
    beliefs and opinions, 454, 465, 483
    cafés and restaurants, 229
    Canadian French, 28, 55, 66, 71, 102, 126, 139–140, 142, 188, 229, 270, 313, 337, 353, 396, 482
    character and disposition, 66, 102
    classroom, 13, 28–29
    clothing, 169–170, 189–190
    computer technology, 459, 483
    continents, 396
    countries, 102, 369, 396–397
    daily routine, 188
    days and week, 53–54, 67
    decisions, 522
    directions, 379
    drinks, 193, 229
    education and courses, 105, 116, 143–144
    environment and pollution, 438
    with **faire,** 91, 103
    family, 32, 66, 318, 353
    feelings and emotions, 336, 354, 355, 424–425
    food and meals, 193, 203–205, 212–213, 218, 229–231
    France, 55

for future, 142–143
games, 103
goodbyes, 28
health and well-being, 401, 437
historical and cultural sites, 379, 398
holidays and travel, 247–248, 270–271, 354, 357, 396, 398, 471
human body, 400–401, 437
of intensity, 67
introductions and greetings, 3, 28
invitations, 258, 271
life events, 354
marital status, 66
months, 44, 67
music, 68, 103, 487, 521
for a narrative, 271
nationalities, 76, 102, 369, 397–398
nature and country life, 299, 314
orders, 29
people descriptions, 73–74
pets, 66
physical characteristics, 102
place to live, 274–275, 290, 313–314
places, 68
politics and social engagement, 439
prepositions, 142
professions and work, 124–126, 144
reading and media, 483–484
to say when, 67
seasons, 236
sports, 68, 103
subjunctive verbs, 439
supermarket and shops, 213, 230–231
television and movies, 442, 446, 482
thank yous, 29
time, 158–159, 161, 188–189
toiletries, 188
towns and cities, 79, 103
transportation, 357, 396
university, 105
verbs, 145, 189
weather, 233, 234, 270
wishes, 326, 354
voicemail, 60
voir, 449–450
vouloir, 130–131, 132–133
vous, 330–331, 507–508
    vs. **tu,** 4, 7
vowels. *See* pronunciation

W
weather, 233–237, 249, 270
week. *See* days and week

Y
y, 364–365
yes and no, answers to questions, 58–59